Q방법론의 적용과 사례

한국주관성연구학회 편
Korean Society for the Scientific Study of Subjectivity

푸른사상
PRUNSASANG

1994년 서재에서의 김흥규 교수

1998년 국제Q학회에서

1998년 국제Q학회 참가자들과 함께

2003년 KBS에서

2005년 태국 RAJABHAT대학에서

2008년 출판기념회에서 제자들과 함께

2008년 출판기념회에서 가족과 함께

2011년 국제Q학회 스티븐슨상(제2회) 수상. 영국에서 아들이 대신 받음.

Q 방법론의 적용과 사례

이 책을 故 김흥규 교수님께 바칩니다.

■ 서문

한국주관성연구학회 회장 김흥규 한국외국어대학교 언론정보학부 교수가 국제주관성연구학회(ISSSS/International Society for the Scientific Study of Subjectivity)에서 수여하는 제2회 스티븐슨 상(Stephenson Award)을 수상했다. 주관성 연구의 근간이 되는 'Q 방법론'을 창안한 윌리엄 스티븐슨(William Stephenson) 교수의 이름을 딴 상으로, 이 분야에 공로가 있는 인물에게 시상한다.

'주관성'이란 인간의 내적인 특성으로 가치나 태도, 신념과 같은 모든 주관적 영역을 포괄하는 것으로, Q 방법론은 이러한 인간의 내면을 과학적으로 측정하는 방법을 말한다.

예를 들자면 이런 것이다.

소비자들이 유명 브랜드의 제품을 선호하는 현상에 대해, 기존의 통계적 방법론에서는 제품의 품질과 디자인 등 객관적 사실에만 의존해 결과를 분석한다. 하지만 소비자의 구매에는 단순히 객관적 사실만 작용하는 게 아니다. 브랜드에 대한 느낌과 남들에게 보여주기 위한 과시욕이라는 인간 내면의 속성, 즉 주관성에 의해 다양한 결과가 나타날 수 있는 것이다. 즉 객관적 사실만으로는 분석할 수 없는 현상, 주관적 속성에 의한 현상을 분석해 내는 것이 Q 방법론이다.

그는 이번 수상에 대해 "그동안 주관성 연구는 논리 실증주의로 해결할 수 없다는 이유만으로 배척 받아왔다"며, "이번 수상이 인간의 주관성이 개입되는 다양한 분야의 학문에서 널리 이용되고 활성화되는 데 계기가 됐으면 한다."고 전했다.

고려대학교 신문방송학과를 졸업한 김흥규 교수는 미주리 주립 대학교 언론대학원에서 석·박사 학위를 취득했다. 1995년 한국주관성 연구학회를 창립했으며, Q 방법론에 대한 저서뿐만 아니라, 200여 편의 연구 보고서와 논문을 쓰는 등 한국 학계에 Q 방법론을 보급하는데 힘써 오고 있다.

위의 글은 2011년 10월호 『월간 조선』에 실린 기사이다.

이 짧은 기사가 故 김흥규 교수님의 생을 다 표현하지는 못 하겠지만, 어쩌면 다를 표현한 것이기도 하다는 생각을 한다.

'닥터 Q'로 불렸던 故 김흥규 교수님께서는 학자로서의 모든 시간을 인간의 주관성 연구에 바쳐 한국주관성연구학회를 통하여 후학들에게 길을 열어주고 이끌어 왔다. 그분을 기리며 이 책을 낸다. 故 김흥규 교수님께서 생전에 발표하신 연구와 그의 동료, 제자들과 함께 발표했던 연구들을 모아 한 권의 책으로 엮었다. 이 책은 인간의 주관성 연구에 관한 이론적 고찰과 정치, 저널리즘, 광고, 마케팅, 심리, 문화, 보건, 의학 등 다양한 분야에 주관성 연구가 어떻게 적용되고 있는지, 그 사례를 통해 전개하고 있다. 이 책이 과학적 연구에 새로운 지평을 열고자 했던 故 김흥규 교수님의 못다 이룬 꿈을 함께 나누고, 더 크게 키워 나가는 작은 씨앗이 되기를 바란다.

2014년 5월 5일
한국주관성연구학회 회장 최 원 주

추모의 글

　김흥규 교수를 처음 만난 것은 1979년 가을, 내가 고려대학교에 초빙교수로 갔을 때다. 그때 고인은 고려대 신문방송학과를 졸업한 후, 유학 준비를 하면서 내 조교로 있던 그의 동기를 만나기 위해 연구실에 들렀다. 나와 고인, 그 인연의 시작이다.

　나는 처음 만날 때부터 고인의 매력에 푹 빠졌다. 그는 부드러운 인상에, 내가 부러워할 만큼 악기도 잘 다루었다. 이런 연유로, 나는 그의 미주리대학교 유학을 도와주었다. 1980년 겨울 학기, 그는 나와 함께 미주리대학교로 유학 길에 올랐다.

　어느 날, 그가 나에게 결혼식 주례를 부탁했다. 미국에서는 교수가 주례를 서지 않는다. 난 결혼식 주례를 한 번도 경험해 보지 않은 탓에 그의 부탁을 거절할 수밖에 없었다. 당시 고려대 김상협 총장께서 이런 사실을 아시곤 나를 불러 주례를 한 번 서 보라고 권유했다. 우여곡절 끝에 나는 1979년 겨울, 신라호텔에서 난생 처음 주례를 맡았다. 우리 말도 시원찮은 처지에, 그 어설픈 주례로, 화려한 결혼식을 무사히 치룬 것이 다행이었다.

　고인은 미주리대 유학생으로 온 지 1년이 지날 즈음, 아들 현준이를 얻었다. 우리 내외는 현준이 '조부모'로 병원에 등록하고 병원 가는 일을 자임했다. 그때부터 나는 고인을 아들처럼, 그의 부인 영신이를 딸처럼 여기며 살아왔다.

　고인은 미주리대 대학원에서 2년 만에 석사과정을 마치고 바로 박사과정에 들어갔다. 그는 Q 방법론에 큰 관심을 가졌다. 당시는 Q 방법론의 창설자 스티븐슨 박사가 건강하게 생존해 있을 때다. 스티븐슨 박사댁에서 Q모임을 할 때마다, 고인은 열심히 여기에 참가했다. 미국의 Q

학회를 처음부터 이끌어 온 스티븐슨 박사의 수제자 스티브 브라운 박사와도 Q에 관한 토론을 하면서, 고인은 Q에 대한 연구를 크게 발전시켰다.

고인은 매우 힘들게 2년 만에 박사학위를 마쳤다. 당시, 한국외국어대학교에 조교수 자리가 났다. 그는 논문을 빨리 끝내고 그 자리에 지원할 시점을 맞춰야 했다. 나는 때때로 새벽에 전화를 걸어, 학교에 나와 논문 이야기를 하자고 했다. 부인 영신이 밤늦게 논문을 쓰다가 깊게 잠이 든 고인을 보곤, "지금 막 일어나서 샤워 중"이라고 거짓말했던 것을 나는 잘 알고 있었다.

그는 어렵게 2년 만에 박사학위를 받았고, 한국외국어대에서 강의를 시작했다. 한국에서 Q 방법론을 연구하고 또 후학을 지도하는 데 고인은 큰 역량을 발휘하였으며, 특히 한국의 간호학 분야에 Q 방법론을 전파한 선구자가 되었다. 고인의 지도를 받은 수많은 한국의 간호학 Q논문들은 미국 의료분야에서 많은 Q연구를 끌어내는 데 원동력이 되었다.

그는 모교인 미주리대에 교환교수로 와서 광고학과 관련한 몇몇 과목들을 강의하기도 했다. 그는 미국 대학에서 강의할 때, 학생들의 얼굴과 이름을 잘 일치시키기 어렵자, 학생들 사진을 일일이 찍어 활용했다. 그는 강의 시간에 학생 이름을 제대로 불러 주었고, 그 덕에 미국 학생들은 고인에게 후한 강의 평가를 내렸다. 고인은 매사에 꾸준하게 도전하는 노력파였다.

지금도 내 마음에 걸리는 일이 있다. 딸 혜선이가 UCLA 졸업반일 때다. 고인이 안식년으로 로스앤젤레스에 와서 우리 집을 몇 번 방문했을 때 일이다. 그때 고인은 감기가 너무 오래 가고 몸이 많이 피로하다고 말한 적이 있었다. 지금 생각하니, 그때가 고인의 폐암 초기였던 것 같다. 고인을 바로 병원으로 데리고 가서 정밀진단을 받도록 하지 못한 것이 내내 마음에 걸린다.

Q방법론의 적용과 사례

몹쓸 병이 왔는지도 모르고, 그는 왕성한 연구 욕으로 태국과 유럽의 몇 나라를 방문했다. 나는 그의 계획을 직접 도와 줄 수 없는 은퇴인이 된 것을 아쉽게 생각하면서 힘내라고 고인을 격려해 주었을 뿐이다.

그는 투철한 신앙심으로 오랜 기간 암과 투병했다. 그러면서도 그는 후학을 도와서 미국 ISSSS(International Society for the Scientific Study of Subjectivity) 연차회의에 수 차례 참석하여 놀라운 창의력과 지도력을 보여 주었다. 나는 ISSSS의 전 회장으로서, Q학문 발전에 대한 고인의 업적을 높이 평가하는 편지를 후학들로부터 여러 번 받았다.

작년 10월 서울에 들렸을 때, 나는 분당에 있는 고인의 집을 찾았다. 폐암 말기에 접한 고인은 내가 미주리 컬럼비아 시절 이야기를 할 때, 어렵게 웃곤 했다. 그랬던 고인의 얼굴을 나는 지금도 잊을 수 없다. 미국에 돌아와 얼마 안 되어서 그의 부음을 들었을 때, 우리 부부의 슬픔은 마치 친아들을 잃은 것처럼 컸다.

그러나 하느님은 고인의 아름다운 성품과 학자로서 뛰어난 창의력을 필요로 해서, 남보다 빨리 그를 하늘나라로 데려가신 것으로 나는 믿는다. 그가 짧은 일생에 이루어 놓은 Q에 대한 공적은 학계에 크게 빛날 것으로 나는 굳게 믿는다.

고인의 명복을 빈다.

2014년 5월

장 원 호

Q 방법론의 적용과 사례

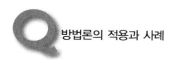
방법론의 적용과 사례

제1부

이 론

Q 방법론의 유용성 연구[*]

김 흥 규

한국외국어대 언론정보학부 교수

[*] 본 논문은 〈주관성 연구〉 창간호(1999. 12) pp.15–23 논문 전문을 재게재한 논문임을 알려드립니다.

Q 방법론의 유용성 연구

Q 방법론의 유용성 연구는 넓게는 Q의 과학정신에 대한 탐구로서 그 동안 기존 과학의 패러다임이 간과해 왔던, 혹은 적절히 다루고 있지 못했던 문제점을 논의하는 것이며, 좁게는 Q의 적용가능성(applicability)영역과 연구의 과정 및 기대효과를 제시함으로서 가능할 것이다.

본고는 이러한 두 가지 관점에서 Q의 방법론을 조명하고 그 유용성 혹은 적합성에 관해 논의하고자 한다. 다시 말해 Q의 유용성 연구는 먼저 Q의 본질에 대한 논의가 불가피한 것이며, Q의 본질이나 특성은 R (기존의 방법론을 통칭)과의 상대적 비교를 통해 효과적으로 드러 낼 수 있을 것이다.

1. Q 방법론과 R방법론의 비교

Q 방법론은 그 과학철학과 이론에 있어 R 방법론과는 양립할 수 없

는(incommensurable) 점이 많이 발견된다.[1] 그 점에서도 Q는 인간의 주관성(subjectivity)을 강조하며 이를 과학의 대상으로 포함하고 있으며, 가설의 검증보다는 가설의 발견에 초점을 두는 가설생성의 논리(abduction)이며, 이것은 연구자에 의한 조작적 정의(operational definition)가 아니라 피험자 스스로의 언어로 정신을 드러내는(operant)방법론이라는 점에서 R 방법론과 크게 구별된다.

1) 과학으로서의 주관성(Subjectivity)

설명(explanation)과 이해(understanding)라는 두 단어는 과학 논리에 있어 한 세기 이상 동안 논쟁의 대상이 되어 왔다. Chargoff는 이러한 점에 있어 괴테와 뉴튼의 차이를 상기시킨다. 즉 시인으로서의 괴테는 세상을 이해하길 원하며, 과학자로서의 뉴튼은 설명하기를 원했던 것이다.[2]

사실 사회과학의 방법론에 있어 객관과 주관, 혹은 설명과 이해라는 대립적 전통은 아리스토텔레스적 패러다임과 갈릴레이적 패러다임으로부터 시작된 것이다. 즉 전자는 인간행위를 목적 지향적으로 간주하며, 반면에 후자는 인과론적 법칙에 부합시켜서 이를 설명하고자 했다.[3]

이에 대해서 데카르트는 물질 세계에는 인과론적 기계론을, 그리고

---

1 Steven R. Brown, "A Fundamental Incommensurability between Objectivity and Subjectivity", in Science, Psychology, and Communication (eds.) S.R. Brown and D.J. Brenner (N.Y.: Teachers College Press, 1972), pp.57~94.

2 William Stephenson, "Newton's Fifth Rule: An Exposition of Q Pro Re Theological Pro Re Scienta," unpublished paper, 1976, p.48.

3 박순영, 「사회과학을 위한 방법론적 결정」, 김동일 외, 『사회과학 방법론 비판』 (서울: 청람, 1983), p.109.

정신 세계에는 목적론이 타당하다는 이원적 방법론을[4] 제시한 바 있다.

그러나 19세기에 들어 이러한 대립적 전통은 실증주의와 반실증주의로 이어지고, 또한 20세기의 신실증주의로[5] 뿌리내림으로 더욱 첨예화되었다. 즉 자연주의에 근거한 실증주의적 연구는 객관성(objectivity)의 원리를 중심으로 보이는 세계를 계량적(quantitative)으로 설명하는 반면, 반자연주의 혹은 인본주의에 입각한 해석학, 현상학, 비판이론 등은 인간의 주관성(subjectivity)을 강조하고 세계를 질적(qualitative)으로 이해하려는데 초점을 맞추어 왔다.

그러나 이러한 이분법적 구조와 대립의 양성은 때때로 명료하지도, 생산적이지 못했다.[6] 후기 구조주의자 Foucault는 인간에 대한 결정주의적 입장의 대안인 인본주의도 그 분석도구와 수준이 인간을 다루는데 부적절하다고 보며 대립적 방법론의 전통을 서로 배타적으로 볼 것이 아니라 이를 변증법적으로 종합할 수 있는 방안을 제안한 바 있다.[7] 이것은 Max Weber가 주관과 객관 사이의 긴장을 해소시키기 위해 이념형(ideal typology)을[8] 제시했던 노력과 맥을 같이하는 것으로 Stephenson은 Q 방법론을 통해 이를 완성시키고자 한 것이다. 연구자와 연구 대상자, 연구의 각 주체 사이의 단절성을 극복한 것이다. 다시 말해 행위자 스스

---

4 이명현, 이동근 공편, 『언어과학이란 무엇인가』, (서울: 문학과 지성사, 1977), p.101.

5 K.G. Hempel, Openheim, K. Popper 등의 학자가 이에 속한다. 박순영, 위의 논문, p.108 참고

6 M. Foucault, Power/Knowledge: Selected Interviews and Other Writings (England: Havester, 1980).

7 한상진, 「구조주의 방법론」, 『사회과학 방법론 비판』 참고.

8 이념형이란 경험주의와 역사주의의 통합을 통해 만들어진 것으로 평균개념이나 개별적 특징을 보편화시킨 사고 형상이 아니라 구체적인 사회적 인간행위의 일관된 의미관계속에서 구체적 사실의 특정요소들이 종합된 것을 의미한다. Max Weber, The Theory of Social and Economic Orginazation, (New York: Oxford Univ. Press, 1947) 참고.

로의 조작을 통해(Q-sorting) 자신을 투사하고 그것을 객관적인 한 구조물(operant framework) 안에 투영시킴으로써 설명과 이해의 구분을 희석시킨 것이다. Q 방법의 과정은 Wittgenstein이 주장하듯, "우리는 우리 자신에 대한 사실들을 그려나가며 그 그림은 우리가 본 현실에 대한 모델"과도 같은 것이다.[9] 이와 같은 피험자 자신이 스스로의 언어로 자신을 드러내고 스스로 결정한다는 의미에서 Q 방법은 自決的(operant)이라 부르는 것이다.

이해와 설명간의 대립의 문제는 기본적으로 연구자가 관찰자 자신이 될 수 없기 때문에 발생하는 필연적인 문제일 수 있다. 연구자가 자기 스스로를 묘사하듯 인간 행위를 연구할 수 있다면, 설명과 이해의 구분은 없어지고 인간 행위를 총체적으로 파악할 수 있을 것이다. 즉 이해와 설명의 근본적인 차이는 연구대상을 감지하고 파악하는 방법과 그 매개물에 기인한다. 현상학적 관점에서는 사회 현상을 의미의 구조로 파악하고 그 매개물로서 몇 가지 개념적 도구를 이용한다.[10] Alfred Schutz 는 Edmund Husserl의 지향성, 내적 시간의식, 자연적 태도, 간주관성(intersubjectivity) 등의 개념적 도구로 일상 생활에서의 상징적 이해 구조를 밝힐 수 있다고 믿는다.[11] 이것은 해석학에서의 유의미성과 관련하여 감정이입과 추체험적 방법과도 동일한 것이다.[12]

물론 Stephenson은 경험주의 방법론이 갖는 한계와 오류를 극복하기 위한 이해의 방법으로 Q 방법론을 주장하고 있지만, 해석학이나 현상학

---

9 Steven R. Brown, *Political Subjectivity*, (New Haven, Mass.: Yale Univ. Press, 1980), p.6.

10 에도 피브체비치, 이명호 역, 『후설에서 샤르트르에로』, (서울: 지학사, 1975) pp.10~118.

11 차인석, 한진숙 공저, 『현대의 철학 I』, (서울: 서울대 출판부, 1980) p.35.

12 리타드 러드니, 신형원 역 『사회과학의 철학』, (서울: 연구사, 1986) p.126.

에서 제시하는 것처럼 다소 애매 모호하고 주관적인(때때로 신비적인) 해석방법과는 거리를 두고 있다. 즉 해석학에서의 간주관성, 감정이입과 추체험[13] 그리고 현상학에서의 초월과 환원의 방법 등은[14] 객관적 근거를 갖지 못하고 주관적인 해석에 머물 수 있다는 문제점을 Q 방법론에서는 콘코스(concourse)이론과 요인분석 등을 통해 이를 객관적인 방법으로 측정하고 있다.

Stephenson의 수많은 논문과 주장을 통해서 내린 하나의 결론은 사회과학 연구는 인간의 주관적 영역으로 확장되어야 하며, 소위 인간의 객관적 영역만이 타당한 과학적 범주에 속한다는 주장을 거부해야 한다는 것이다.

앞서 언급하였듯이, Stephenson의 과학정신은 Wilhelm Dilthey나[15] Han G. Gadamer의[16] 해석학적 연구에 영향을 받았으며 그들이 제기했던 문제들을 Q 방법론을 통해 해결하고 있다. 즉 Gadamer는 논리 실증주의의 특성인 "이성화(합리화)에 대한 갈망"을 비판하며 외부적으로 명백히 관찰되지 않은 것은 과학이 아니라는 견지가 인간의 존재를 객관과 주관으로 두 조각내는 실수이며 특히 후자를 신비적이고 무가치한 것으로 버리는 오류를 범한다고 지적한 바 있다.[17] 결국, Gadamer가 궁극적으로

---

13 Wilheim Dilthey, *The Development of Hermeneutics in W. Dilthy : Selected Writings*, H. P. Rickman (ed. and trans..), (London: Cambridge Univ. Press, 1976); 박순영, 위의논문, pp.118~127 참고.

14 C.A. 반 퍼어스, 손봉호 역 『현상학과 분석철학』, (서울: 탑출판사, 1983).

15 *Dilthey*, op. cit., pp.246~63.

16 Hans G. Gadamer, "Theory, Technology, Practice; The Task of the Science of Man," *Social Research*, Vol. 44, 1977, pp.529~61.

17 Patrick O'Brien, "Against Misinterpretation: Some Philosophical Roots of Q", Paper Presented at the first ISSSS, 1985. p.5.

추구했던 해석의 구조와 의견의 객관적 구조의 이해 방법을 Stephenson
이 Q로써 완성한 것이다. Dilthey의 해석학적 연구도 Q 방법에 반영되
어 나타나 있다.

> 지금까지 나는 예술작품 특히 시의 창작 과정에 대해 생각해 보았다. 이
> 제 우리는 개인(인간)과 인간 존재의 특정 형태에 대해 과학적으로 연구하
> 는 것이 가능한 가에 대해, 또 그것이 어떻게 이루어질 수 있는가에 대해 의
> 문을 제기해야 한다. 이것은 매우 중요한 것으로 우리의 행동은 항상 다른
> 사람의 이해를 전제로 하며, 인간 행복의 많은 부분은 타인의 정신 활동에
> 대한 감정이입으로부터 나오기 때문이다. 사실 철학과 역사는 인간의 이해
> 가 객관화될 수 있다는 전제로 시작한다.[18]

　　Dilthey의 이러한 과제는 Stephenson이 추구해 왔던 과학 정신과 일치하
며 "타인의 정신 활동"에 접근할 수 있는 길로써 Q를 주창한 것이다. 지
금까지 설명한 것들의 골자 중의 하나는 Stephenson을 오직 Q 방법론에
만 관련시켜서 생각해서는 안된다는 것이다. Q에 대한 많은 비평가들은
Stephenson의 과학철학과 이론들이 단순히 Q를 방어하고 전파하기 위해
만들어졌다고 생각하지만,[19] 사실은 그 반대이다. Stephenson의 관심은 항
상 과학의 대상과 과학적 사고와 그 이론에 초점이 맞춰졌다. Q 방법론
이란 그가 추구하는 과학정신을 실현시키는 단순한 수단인 것이다.

18　Dilthey, op. cit., p.246.

19　Keith P. Sanders, "William Stephenson: The Study of (His) Behavior," *MCR, Dec.*, 1974.
　　pp.12~13.

2) 가설생성(abdudction) vs. 가설연역(hypothesis-deduction)

앞서 설명한 바대로, 과학 특히 사회과학의 전통에서는 연역 (deduction)과 귀납(induction)의 방법을 사용하는 가설 연역적 경험주의 (Hypothetico-Deductive Empiricism)가 과학의 기존 패러다임으로 간주 되어 왔다. 즉 연구자는 내적논리와 일관성이라는 표준적 연역검증에 부합되는 가설 혹은 이론들을 먼저 만들고, 그 다음 이것들을 표준적인 귀납적 방법으로 검증하는 것이다. 가설 연역주의자들은 종종 가설을 세우는 것이 단지 심리학적으로 흥미 있는 일이지만 오직 천재만이 할 수 있는 영역이지 논리학의 영역이 아니라고 주장한다.[20] 그러나 이것은 분명한 잘못이다. 어떤 가설은 논리적으로 검증하여 예측하는 것이 논리적일 수 있는 것 같이, 관찰을 통해 가설을 만들어 내는 과정도 논리적인 것이다.

N. Hanson의 주장대로 만유인력이라는 가설(이론)을 만들기 위해서는 뉴튼과 같은 천재가 필요한 것은 사실이지만 관찰을 통해 그러한 가설을 만들어 내는 것이 논리적이지 않다고 말하는 것은 잘못된 것이다. 오히려 Stephenson은 가설 연역주의자들의 검증하기 위한 가설을 미봉(ad hoc)가설이라고 명명하면서 이는 Q 방법론이 만들어 내는 참(genuine)가설과는 구별됨을 설명하고 있다.[21] Stephenson은 가설생성이 만들어 내는 참가설을 가설 연역주의자들이 사용하는 미봉가설과 구별하면서 가설은 검증 조건(Tc)과 검증결과(Tr)를 구분할 수 있어야 한다는 R. Carnap

---

20 N. R. Hanson, Patterns of Discovery, (Cambridge Univ. Press, 1958), p.72; 존 G. 커넬, 김종술 역, 『주류사회과학 방법론 비판』, (서울: 나남, 1990), p.133에서 재인용.

21 Peirce는 추론(inference)을 argument라고 불렀으며 '인지 정신의 필수적인 기능'(essential function of the congnitive mind)이라고 정의하고 있다.

의 생각으로[22] 발전시켰다. 예를 들어 소금을 물에 놓으면(Tc), 그것은 녹는다(Tr). 요인분석(R)을 하게 되면, 평가물 혹은 검사물(test)은 요인화(Tc)되어 그것들은 요인 공간에 서로 관련되어 무리지어 나타난다(Tr).[23] 소금의 예에서 연구자는 소금은 용해될 수 있는(soluble) 물질이라고 말할 수 있다. 그러나 용해성이란 개념은 검사 조건에 관해 아무런 새로운 것을 말해 주지 않는다. 그 개념은 조작적으로 잘 정의되었지만, 과학적 이해에는 도움이 되지 못한다. 용해성이란 소금의 미봉적 속성 때문에 미봉가설에 불과한 것이다.

그러나 그것을 검증조작(test operation)으로 바꾸었을 때 참가설이 존재할 수 있다. 즉 소금의 용해성이란 수중에서 Brown 원리에 따라 소금 분자를 구성한다든지, 수중에서 콜로이드 상태를 형성하는 것으로 이론화시킨다면 그것은 옳든 그르든 참가설이 될 수 있다. 그것은 적어도 과학자의 호기심을 충족 시켜 주며 과학적 탐구의 가능성을 열어 주기 때문이다. 요인분석으로는 참가설을 발견하기가 매우 어렵다. 여기서의 요인(factor)은 소금이 물에 녹기 때문에 수용성을 지닌다라고 말하는 것처럼 미봉가설인 것이다. 많은 평가(teat)로부터의 "경험적 일반화"는 가설의 미봉적 본질을 바꿀 수 없으며, 그것은 마치 어떤 소금은 강물이나 샘물 혹은 목욕탕 물에서 용해된다는 것과 같은 의미밖에는 새로운 것을 말해 주지 않는다. 즉 R방법론에서의 검사 조건은 생산적이지 못한 것이다.

신실증주의자였던 K. Popper 자신도 과학적 발견의 논리를 언급하면

---

22 R. Carnap. "Testability and Meaning," *Philosophy of Science*, 1936~7, Vol. 3, pp.419~71; Vol. 4, pp.1~40.

23 William Stephenson, *Let's Be Abductive, not Hypothetico-deductive*, unpublished paper 196?, pp.10~15.

30

제1부 이론

서 관찰된 진술과 실험 결과의 진술들이 언제나 이미 발견된 사실들의 해설일 뿐이며 따라서 이론 검증은 너무나 쉬운 것이 된다고 지적한 바 있다.[24] 우리가 단지 순환 논리 안에서 논쟁하기를 원치 않는다면 우리의 이론에 대해 매우 비판적인 태도를 가져야 한다고 설명한 것은 R방법론이 갖는 미봉가설의 위험성을 경고한 것이다.

Stephenson은 Q 방법론을 통해 바로 가설생성의 과정으로 참가설을 생성해 낼 수 있음을 강조하고 있다. 과학적 단계에 있어 가설생성이란 명제로부터 가설을 단순히 연역하는 것이 아니라 가설을 발견(discovery)하는 단계이므로 가설 연역적 방법보다 선행하는 것이다. 일단 "working theory"가 만들어진 후에 그 가설의 논리 전개가 가능하며 검증을 위한 완전한 가설의 연역이 만들어 질 수 있기 때문이다.

Stephenson의 이러한 가설생성의 개념은 Charles Pierce (1839-1914)의 아이디어에 유래한다. Pierce는 감각적 '기호(sign)'를 통해 현실의 활발한 구성과 재구성이 된다는 점을 강조하는데,[25] 여기서 그는 세 단계의 귀납적 논리를 체계화시키고 있다.

Pierce에 따르면, 과학적 탐구의 세단계는 가설생성, 연역, 귀납의 순으로 이루어진다. 가설생성은 "완벽한 논리적 형태"를 띠고 있으며 논리적 규칙에 방해받지 않는 것이어야 함을 강조하였다.[26]

왜냐하면 가설생성이 논리적 규칙에 방해를 받는다면, 그것은 이에 획득된 지식이 동원된 것이며 따라서 발견을 유도할 수 없기 때문이다.

---

24 Karl R. Popper, *The Logic of Scientific Discovery*, (New York: Basic Books, 1959) p.107.

25 이러한 기호에 대한 커뮤니케이션 이론은 오늘날 기호학, 특히 구조분석과 스피치커뮤니케이션에서 사용되고 있다. John Fiske, *Introduction to Communication*, (London: Methten, 1991) 참고.

26 Stephenson, op. cit., 196?, p.8.

이러한 논리적 규칙은 아마도 K. Popper가 반증(falsification)이라고 불렀던 것과 같을 것이다.[27]

이처럼 최초의 인식 단계로서의 가설생성은 아직 직관이라 불려지는 미성숙된 아이디어, 암시, 관념인 것이다. Pierce는 이러한 논리를 인간 사고의 창의적이며 비교적 자유로운 영역으로 발전시켰다.

논리실증주의자들과 전통적인 귀납주의자들에게 이러한 가설생성이 간과된 이유는 그것이 전자에게는 Popperian적 맥락에서 보자면, 반증될 수 없는 것이며, 후자에게는 명제가 수없이 많으며 변화하기 때문일 것이다. 즉 가설생성은 전적으로 인지의 가상적 단계이며 Stephenson의 과학세계에 있어서는 인간 주관성의 창의적이며 언어적인 측면을 반영하는 것이다.

Q 방법론은 과학적 발견으로서의 새로운 길을 열어 주고 있다. Q 방법론에 깔려 있는 논리는 마치 어두운 방에 손전등을 비추는 것으로 종종 비유되고 있다.[28] 우리는 그 빛이 닿는 곳을 볼 수 있으며 나머지 부분은 무엇이어야 하는지를 추측할 수 있다. 이때 우리는 방안에 무엇이 있어야 하는가를 미리 정해 놓은 조작적(operational) 개념에서가 아니라 단지 빛이 비추는 것을 보는 것이다. 이처럼 Q 방법론은 '발견'에 초점을 두고 있는 가설발견의 방법론인 것이다.

---

27 Karl Popper, *The Open Society and its Enemines*, (Princetion: Princeton Univ. Press, 1950) 참고.

28 Keith P. Sanders 교수의 Advanced Research Method in Journalism (Fall, 1982) 강의노트 중에서 발췌.

3) 자결적 반응(operant response) vs 조작적 정의(operational definition)

앞서 논의한 주관성의 문제와 가설생성의 논리가 Q의 과학정신을 대변하고 있다면 Q의 자결적 반응은 보다 구체적으로 통계적인 연계성을 갖는다. 즉 R에서의 변인은 측정항목이나 자극(stimuli)인데 반해 Q에서의 변인은 '사람'(a person)이라는 점이다. 따라서 Q의 분석자료 메트릭스는 행과 열이 뒤집혀진 상태로 배열되었지만 Q가 단순히 '거꾸로 한 R'(inverted R)이라고는 볼 수 없다. 이것은 Q가 인간의 주관적 내면세계를 탐구하는 것으로 출발하며, 이미 설명한 바대로 철학과 그 이론이 R의 그것과는 양립할 수 없는 것이기 때문이다.

R에서는 모집단의 모든 사람들에게 객관적이며 측정될 수 있는 속성이나 특성에 관심을 갖는다. 즉, 인간행위를 분자화시킨 요소인 변인 a, b사이의 관계가 궁극적인 관심사이다. R방법론자에게는 예컨대 광고의 노출빈도(a)와 상품의 호감도(b)사이에 "어떠한 관계가 있는가?"라는 문제가 놓여 있다. 그들은 기본적으로 전체란 부분의 합이라고 생각하므로 한 현상을 부분으로 쪼개어 분석한다.

그러나 Q에서는 한 현상이란 총체적인 반응(시각, 생각, 이미지 등의)이며 이것은 주관적이고 쪼개어 분석할 수 없는 것이다. 따라서 한 개인으로부터의 행위적 총체(behavior totality)로서 변이(variate) A, B사이의 관계에 초점이 맞춰진다. 예컨대, Q 방법론자는 광고에 대한 "너의 전체적인 시각(A)과 나의 시각(B)사이의 관계는 무엇인가?"라는 문제에 관심을 갖는다.

바꾸어 표현하면, R에서는 어떤 사람A가 B보다 척도 X(예를 들어 능력, 특성 등)에 있어 높은 점수를 받았다면 A는 B보다 X를 더 많이 갖고 있다고 가정한다, 여기서 중요시하는 것은 A와 B사이의 차이이다. 그러나 Q에서는 한 사람이 Q항목 (예를 들면 진술문 등) A, B, C를 그 사람에게 있어 의미의 상대적 중요성에 따라 순서를 정하기 때문에 그 사람에게는 항목A가 B나 C보다, 그리고 B는 C보다 좀 더 중요하다는 한 개인 내의 의미성에 관심을 갖는다.

따라서 R은 점수를 얻기 때문에 수동적이고 Q는 점수를 부여하므로 능동적이라 할 수 있으며, R은 피험자가 갖고 있는 어떤 의미의 객관적 표현이고 Q는 피험자에 의한 인상(impression)의 주관적 제시이다. R은 사건의 발생(occurrence)이며, Q는 과정(operant)인 것이다.[29]

R에서는 조작적 정의와 타당도가 필수적이다. 만일 사람과 사람사이의 표준적 의미(standard meaning)를 가정할 수 없다면 개인 A가 개인 B보다 X척도에 있어 더 높은 점수를 갖는다는 발견은 아무런 의미가 없기 때문이다.[30] 예를 들어, R에서는 두 사람이 같은 점수를 얻었다면 그것은 두 사람에게 같은 정도의 의미를 갖는다. 따라서 R의 척도(rating scale)는 마치 온도계와 같이 선험적(a priori)의 의미를 가져야 한다. 그것은 결국 R에서는 커다란 사례수를 필요로 한다는 것인데 그렇게 해야만 개인적 의미가 사라지고 비로소 산술평균은 '진실된 의미'(오차 속에서의)의 표현으로 남게 된다. Q에서는 조작적 정의보다는 자결적 반응이 강조되며, 외적 타당도(external validity)의 개념도 그 의미를 상실한다.[31] 그것은 한 개인의 시각에 어떠한 외부적 기준을 갖지 못한다는 Q의 확고한 신념 때문이다.

---

29 Brown, op. cit., p.75 in Brown/Brenner.

30 Brown, *Political Subjectivity*, p.174.

31 그러나 내적 타당도는 중요하다. 응답자는 연구자나 자기 자신을 속일 수 있기 때문이다.

다음의 가정들은 기술적인 측면에서 R과 Q의 가장 커다란 차이를 보여준다. R에서 사람들(표본)간의 점수차는 사람들이 갖고 있는 그 변인의 속성에 있어서의 개인차(individual difference)를 반영한다는 이론에 의존한다. 반대로 Q는 진술문들(Q-statements)간의 점수차는 그 사람에 있어 진술문들이 갖는 중요도의 차이를 반영하는 것이므로 '의미성에 있어서 개인내의 차이(intraindividual difference in significance)에 근거한다.[32]

이러한 과정을 통해 피험자는 그들의 언어로서 스스로 모델링해 나가며 자신의 주관성구조를 표현하는 것이다.

2. Q 방법론의 유용성

1) 방법론적 진보

Q 방법론은 주관성의 과학이므로 자아(self)와 관련된 모든 영역에 적용이 가능하다. 여론, 태도, 집단, 역할, 문화, 사회화, 의사결정, 선전, 가치, 신념, 퍼스넬리티, 커뮤니케이션, 문학, 이미지, 아이디어등 자아가 포함된 모든 영역의 연구에 유용한 것이다.[33]

실제로 Q 방법론의 학술지인 Operant Subjectivity지에는 시, 자서전, 광고, 과학철학, 소비자 선호, 정치문화, 해외여행, 정신분석, 영화, 식량정책, 의사결정, 간호사와 환자와의 관계, 윤리, 청소년 교육, 미디어 효과 등 수많은 분야의 연구논문을 게재하고 있다.

오늘날 거의 모든 사회과학과 인문과학의 상당영역은 Q 방법론의 적용대상이 될 수 있으며, 그 동안 간과해 왔거나 잘못 다루었던 주관성

---

32 Stephenson, *The Study of Behavior*, p.58.
33 *Brown, Political Subjectivity*, pp.58~178 참고.

의 문제까지 포함시킬 수 있으므로 학문의 영역이 그만큼 넓어졌다고 할 수 있겠다. 예를 들어 커뮤니케이션 문제를 정보이론으로 접근했던 Ruesch와 Bateson의 연구에[34] Q 방법론을 적용해 보면 Q의 유용성이 잘 드러난다. Stephenson은 자아(intrapersonal), 대인(interpersonal), 집단, 문화 커뮤니케이션의 각 수준에 있어 비교를 한 바 있다.[35]

그 동안 자아 커뮤니케이션은 "작은 블랙홀"의 개념으로 여겨져 아무도 무슨 일이 일어나고 있는지 들어갈 수 없으며 본인만이 유일한 관찰자요 참여자였기 때문에 수신, 전환, 저장 등의 신경학적인 개념 이외에는 논의 조차될 수 없었다. 오직 본인만이 그의 행위를 예측할 수 있는 것이었다. 다시 말해 이들도 자아를 관찰할 수 없는 영역으로 간주했던 것이다. 그러나 Q 방법론에 있어 이것은 매우 기본적인 개념이며 다른 것보다 우선된다. 주관성과 관련된 자아심리학(self-psychology)에 기초한 Q 방법론으로서는 당연한 것이다.

두사람이 대화하는 상황인 대인간 네트워크에 있어 정보가 흐르는 방향은 일정치 않으며, 한사람이 말할 때 다른 이는 듣고 이해하며 따라서 언제나 정보의 손실이 있기 마련이다. 한사람이 말할 때 다른 이는 그가 말하는 모든 것은 완벽하게 수용할 수 없기 때문이다. 자기 자신에 대한 내적 시각과 다른 이로부터 입수한 자신에 대한 지식과는 불일치가 늘 존재한다. 그러나 Stephenson은 이러한 대인간 수준에 있어서도 Q-sort를 하듯 자신에 대해, 또한 타인에 대해 묘사할 수 있다고 주장한다.

조직 혹은 집단 수준에 있어, 예컨대 선거처럼 수백만의 유권자가 하

---

34 J. Ruesch and G. Bateson, *Communication: The Social Matrix of Psychiatry* (New York: Norton, 1951), Stephenson, Play Theory, p.5에서 재인용

35 Stephenson, *Play Theory of Mass Communication* (Chicago: University of Chicago Press, 1967), pp.5~9.

나의 결정을 하는 경우 후보자가 여론의 행방을 아는 것이 매우 중요한 관건이 된다. 정보이론으로 행해진 Ruesch 등의 연구는 집단 커뮤니케이션 수준에 있어서도 시사하는 바가 많지 않다. 그러나 Q는 여론측정에 있어 어렵게 여겨 왔던 문제들을 해결하여 정치적 의견을 찾아내고 정치적 의제를 결정해 주는 중요한 도구로서 기능 할 수 있게 해준다.

문화적 네트워크 수준에 있어 Ruesch 등의 연구를 보면 문화란 수없이 많은 메시지와 밝혀지지 않는 정보원이 개입하며 무엇이 보내지고 수용되는가를 알 수 없기 때문에 정보의 교정이란 불가능한 것으로 보인다. 개인은 그가 의식하지 못하는 사이에 매스미디어와 신화, 일차집단 등 많은 요인에 의해 영향을 받기 때문에 행위에 있어 관습적 측면이 강조된다. 그러나 정보이론에서는 관습적 행위를 전체적인 인간 커뮤니케이션 네트워크 중 매우 작은 부분으로 취급하며 상징주의를 인정하지 않는다. 따라서 문화적 네트워크 수준에서 연구자는 예측뿐만 아니라 관찰 자체도 쉬운 일이 아니다.

이와 반대로 Q는 사회적 특성(social character)을 매우 쉽게 측정해 준다. 사회적 특성에 관한 Riesman의 개념도 Q에 의해 측정될 수 있음을 Stephenson자신이 보여 주었다.[36] Q는 기존의 방법론이 방법론적 한계로 인해 사회 현상을 올바로 연구할 수 없었던 점을 지적하며 구체적으로 그 대안을 제시해 준다. 사회 속에서 인간은 언제나 특수한 의미를 가지므로 인간의 주관성을 배제해서는 인간의 본질과 사회 현상을 제대로 연구할 수 없다는 것을 Q를 통해 증명한 셈이다.

Q방법론의 유용성 연구

---

36 Ibid, pp.80~88 참고.

2) Q 방법론의 실용성 및 향도성(嚮導性)

지금까지는 Q 방법론을 통해 주관성을 측정할 수 있으며 그러한 특성과 탐구가 과학에 크게 기여할 수 있음을 살펴보았다. Q의 유용성은 Q가 향도적(heuristic) 특성을 지녔다는 것에서도 잘 나타난다. 이것은 Q의 탐사적(exploratory) 특징과 관련된 것으로 발견을 통해 이론적으로 대안적 시각을 제공하며,[37] 한편으로는 R로서는 인식할 수 없었던 이론적 틀과 구체적 방법을 조명해 준다.

그 중의 한 예가 광고에 있어서의 Q-model[38]이다.(〈그림 1〉 참고) 이모형은 광고기획시 인구학적 시장세분화가 갖는 한계를 극복하기 위해 심리학적 세분화를 통해 목표 수용자를 찾아내고 그들에게 적합한 메시지를 만들도록 유도해 주며 메시지 효과 분석까지 가능하도록 Q가 광고 커뮤니케이션의 전 과정에 적용될 수 있음을 잘 보여주고 있다.

광고 연구에 있어 Q 방법론의 사용은 매우 유용하며 실용적인 것으로 보인다. 기존의 객관주의적 접근은 소비자를 객관적 속성(나이, 수입, 사회계층 등)에 따라 목표 수용자를 결정하여 많은 오류와 문제점을 안고 있었다. 사실 소비 행위란 적어도 커뮤니케이션 이론[39]에 있어서는 언어체계[40]이며 많은 주관성이 개입한다. Q는 이러한 주관성의 구조를 파악하고 그것의 유사성에 따라 사람들을 묶어 주기 때문에 심리학적 세분화에 매우 적합성을 갖는다.

---

37 Fred N. Kerlinger, "Q Methology in Behavioral Research," pp.28~29 in Brown/Brenner.

38 Hung K. Kim, "Q-model in Advertising: its Design and Application", *Sungkok Journalism Review*, Vol. 4, 1993, pp.109~129.

39 William Stephenson, "Foundation of Communication Theory," *Pycological Record*, Vol. 19, 1969, pp.65~82.

40 Stephenson은 언어체계를 Schemata라고 부른다.

Q에 있어 주관성이란 단지 어떤 관점에 대한 커뮤니케이션을 의미한다. 주관성이란 개인의 내적 준거틀에 기초하므로 자아지시적이다. 이것은 형이상학적이거나 신비한 것이 아니라 "순수한 행위"[41]로서 "나에게는 …" 혹은 "내 의견으로는 …"으로 시작할 수 있는 진술이다.

Q는 상품이나 브랜드, 회사, 광고, 캠페인에 대한 느낌, 의견, 의향, 인지 등을 총체적으로 조명하여 시장세분화를 가능케 해주고 이것은 분할된 시장의 특성을 고찰한 후 목표시장의 선정을 자연스럽게 유도한다. 이때, 시장상황과 경쟁사 활동분석의 자료를 참고로 활용될 수 있겠다.

광고 메시지의 제작 절차는 목표수용자를 면밀히 검토한 후 그들의 주관성 구조에 따라 행해져야 하는데 최종 결과물(광고물)이 나오기까지는 먼저 제품의 컨셉트를 필요로 한다. Q는 목표수용자들이 특정제품과 관련하여 가질 수 있는 모든 주관적 특성들로부터 컨셉트를 찾아내고 자아지시적 주관성의 구조, 다시 말해 목표수용자의 schemata의 검토를 통해 표현 컨셉트를 도출해 준다. 이러한 과정은 논리적인 비약이나 추측에 의한 것이 아니라 충분한 증거와 논리에 따라 행해지는 것이다. 여기서 Q의 가설생성적 특성이 잘 확인된다.

Q의 향도적 역할은 광고메시지의 효과측정에 있어 더욱 잘 드러난다. 일정기간의 광고 집행 후 소비자들의 소비 행위, 제품의 시장 위치, 타 경쟁 상품과의 관계, 제품 이미지, 마케팅 믹스와 관련된 요소, 광고 이미지 등 여러 관점들로부터의 자아 지시적 진술문을 Q표본으로 취하여 그 효과의 양상을 살펴볼 수 있다. 이것은 기존 광고 메시지의 효과를 종합적으로 파악할 수 있는 좋은 기회를 제공해 준다.

---

41 Brown, *Political Subjectivity*, pp.1~6.

또한 Q가 제시해 왔던 광고물 자체를 역으로 Q 표본으로 이용해 Q-sorting함으로써 경쟁상황 속에서 목표수용자들이 특정 광고물을 어떻게 수용하고 있는가를 발견하여 수정된 광고 컨셉트 및 표현 컨셉트로 활용할 수도 있다. 이것은 마치 Q가 가설발생적 기능(아이디어의 생산기능)이 중요하지만 이론을 검증하는 기능을 동시에 갖고 있음을 확인해 주고 있다.[42] 광고에 주관성이 중요하고 강조되는 한, Q 방법론은 광고 커뮤니케이션 전체 과정의 각 단계에 효율적으로 적용될 수 있으며 목표 소비자에 적합한 상징들을 논리적으로 추출해 줌으로써 커뮤니케이션의 효율성을 높여 준다.

이처럼 Q 방법론은 새로운 아이디어를 제동하는 철학으로서 이용될 수 있으며 Q를 통한 가설생성은 이전까지 생각치 못했던 여러 분야의 연구를 가능케 해준다는 의미에서 그 향도적 특성을 지니고 있는 것이다.

3. 결론

지금까지 본고는 Q 방법론의 본질과 관련하여 Q가 인간 주관성의 과학이며, 기존의 가설연역적 방법과는 상이한 가설생성 혹은 가설발견의 방법임을 설명하였다. 이것은 또한 구체적 수준에서 연구자의 조작적 정의가 아닌 자결적 과정으로 주관성이 측정될 수 있음을 밝히고 있다. 다시 말해 Q는 통계적 집합체인 동시에 과학철학이며 주관성과 관련한 여러 이론들의 총체[43]라는 점을 강조하였다.

---

42 Kim, op. cit; 저자는 Q 방법론을 광고 메시지 제작에 실제로 적용한 연구를 약 30개 정도 행하였다.

43 Sanders, op. cit., p. 12.

오늘날 Q는 사회학으로부터 심리학, 정치학, 저널리즘, 문학, 간호학, 의학, 교육학, 정책학등 실로 거의 모든 분야에서 널리 이용되고 있으며, 이러한 경향은 경험주의적 방법론에 대한 한계와 인간의 주관성 탐구에 대한 필요성 인식과 더불어 빠르게 확산되고 있다. 그러나 Q 방법론의 적용시 Q본질에 대한 이해부족과 미숙으로 말미암아 그 유용성이 잘 드러나지 않고 있으며 불필요한 오해를 야기시키기도 한다. 따라서 Q 방법론자들은 특히 Q의 유용성과 적합성이 극대화되도록 연구설계를 해야 하며 그 실용적 가치[44]에 중점을 두고 연구할 필요가 있겠다.

Q가 이룩해 온 방법론적 진보를 통해, 또한 Q가 갖는 실용적 가치와 향도적 기능을 통해 Q가 새로운 패러다임임을 인정받을 수 있도록 Q연구는 다양한 분야에 걸쳐 적절한 적용이 요구된다.

구체적으로는 양자이론, 유희이론, 콘코스이론, 행위간 심리학(interbehavioral psychology), 자아심리학 등으로 구성되어 있다.

44 이것은 앞선 광고 메시지 제작에 결정적인 단서를 제공하거나 간호학 연구에서 간호 중재(nursing intervention)도구를 개발하는 등 다양한 형태로 나타날 수 있다.

■■■ 참고문헌

C.A. 반 퍼어스, 손봉호 역, 『현상학과 분석철학』 (서울: 탑출판사, 1983)

김흥규, 「Q 방법론의 이해와 적용」, 『언론학논선』 7 (서울: 서강대 언론문화연구소, 1990).

김흥규, 「Q 방법론의 과학정신탐구」, 『언론학보』 (서울: 한양대 언론문화연구소, 1993).

김동일 외, 『사회과학 방법론 비판』 (서울: 청람, 1983).

리타드 러드니, 신형원 역, 『사회과학의 철학』 (서울: 연구사, 1986).

에도 피브체비치, 이명호 역, 『후설에서 샤르트르에로』 (서울: 지학사, 1975).

이명현, 이동근 공편, 『언어과학이란 무엇인가』 (서울: 문학과지성사, 1977).

차인석, 한진숙 공저, 『현대의 철학 I』 (서울: 서울대 출판부, 1980).

Brown, Steven R., "A Fundamental Incommensurability between Objectivity and Subjectivity", in *Science, Psychology, and Communication* (eds.) S.R. Brown and D.J.Brenner (N.Y.: Teachers College Press, 1972).

Brown, Steven R., *Political Subjectivity* (New Haven, Mass.: Yale Univ. Press, 1980).

Carnap, R., "Testability and Meaning," *Philosophy of Science*, Vol. 3-4, 1936~7.

Dilthey, Wilheim, *The Development of Hermeneutics in W. Dilthy: Selected Writings*, H. P. Rickman(ed. and trans,.), (London: Cambridge Univ. Press, 1976).

Fiske, John, *Introduction to Communication* (London: Methten, 1991) 참고.

Foucault, M, *Power/Knowledge: Selected Interviews and Other Writings* (England: Havester, 1980).

Gadamer, Hans G, "Theory, Technology, Practice; The Task of the Science of Man," *Social Rearch*, Vol. 44, 1977.

Hanson, N. R., Patterns of Discovery (Cambridge Univ. Press, 1958) ; 존 G. 커넬, 김종술 역, 『주류사회과학 방법론 비판』(서울: 나남, 1990).

Kerlinger, Fred N., "Q Methodology in Behavioral Research," pp.28~29 in Brown/ Brenner.

Kim, Hung K., "Q-model in Advertising: its Design and Application", *Sungkok Journalism Review*, Vol. 4, 1993.

O'Brien, Patrick, "Against Misinterpretation: Some Philosophical Roots of Q", Paper Presented at the first ISSSS, 1985.

제1부 이론

Popper, Karl R, The Open Society and its Enemines (Princetion: Princeton Univ. Press, 1950).

Popper, Karl R, *The Logic of Scientific Discovery* (New York: Basic Books, 1959).

Ruesch, J. and Bateson, G. *Communication: The Social Matrix of Psychiatry* (New York: Norton, 1951).

Sanders, Keith P, "William Stephenson: The Study of (His) Behavior", *MCR*, Dec.,1974.

Stephenson, William, "Newton's Fifth Rule: An Exposition of Q Pro Re Theological ProRe Scienta," unpublished paper, 1976. Man," *Social Research*, Vol. 44, 1977.

Stephenson, William, *Let's Be Abductive, not Hypothetico-deductive*, unpublished paper, 196?.

Stephenson, William, "Foundation of Communication Theory", *Psycological Record*, Vol.19, 1969.

Stephenson, William, *Play Theory of Mass Communication* (Chicago: University of Chicago Press, 1967).

Weber, Max. *The Theory of Social and Economic Orginazation* (New York: Oxford Univ. Press, 1947) 참고.

Q–블럭과 Q–도구의 일치도 연구[*]

김 흥 규

한국외국어대 언론정보학부 교수

[*] 본 논문은 〈주관성 연구〉 제16호(2008. 6) pp.5–16 논문 전문을 재게재한 논문임을 알려드립니다.

Q-블럭과 Q-도구의 일치도 연구

1. 연구의 목적

본 연구의 목적은 사정도구로의 Q-블럭(Q-Block)과 Q-도구(Q-Tool)의 일치성을 조사하는 것이다. 다시 말해 Q 방법론을 통해 밝혀진 Q 요인(Q factor)에 대한 인구통계학적 특성이나 주제와 관련된 여러 특성들 간의 차이를 손쉽게 수행할 수 있도록 개발된 Q-블럭(Talbott, 1963)과 Q-도구(김흥규, 1999; 2001)의 일치성(agreement)을 측정함으로써 두 사정도구의 신뢰도를 구성하는 등가(equivalency)의 요소를 점검하는 것이다. 이것은 또한 Q방법으로 추론된 작동이론(working theory)과 조작적 측정도구가 지니는 예측 타당도(predictive validity)와 구성 타당도(construct validity) 등을 확인할 수 있는 가치를 제공한다는 점에서 방법론적 의의가 있을 것이다.

2. Q-블럭과 Q-도구의 비교

주관성의 과학적 탐구를 행하는 Q 방법론이 질적 방법(qualitative method)인지 양적 방법(quantitative method)인지를 구분하려는 논의가 종종 있었다. 최근에는 이 두 가지 방법을 혼합한 복합적 방법(mixed method)의 다양한 양상이 있기에 Q 방법론을 이러한 관점으로 조명하는 것도 흥미로운 사실이다. 질과 양은 혼합적으로 사용할 수 있지만 개념적으로는 반대되는 것이다. Q 방법론을 질적, 양적 관계를 중심으로 살펴보면 적어도 다음과 같은 두 가지 관점이 있을 수 있다.

첫 번째는 Q를 인문사회과학 방법에서 복합적 모형(mixed model)의 예로 보는 관점이다. 이것은 Q 방법론이 상관관계계수와 요인분석을 수행할 때 수를 사용하고 있으며 해석하는 데 있어서는 보다 질적인 절차를 따르고 있기에 혼합적 분석모형으로 보는 것이다.

두 번째 관점은 Q 방법론에 관해 다소 급진적인 시각으로 질적/양적 이분법의 유용성을 무시하고 있다. 즉, Q 분석의 거의 모든 단계에서 질적, 양적 방법은 이미 녹아들어 갔다는 것이다. Q 표본을 준비할 때부터 우리는 질적, 양적인 면을 고려하고 있으며 이론적 혹은 판단적 요인분석을 행할 때 요인의 추출은 가설 발견적(abductory) 기술을 사용하기 때문이다. 또한 베리맥스(varimax) 회전을 할 때나 회전을 어느 시점에서 멈추어야 할지를 결정할 때에도 단순히 숫자에 연연해 판단할 수 없다는 것이다.

요인이란 결국 연구자와 자료의 상호작용의 결과인 셈이다. 더구나 요인을 나타내는 서열표(factor array)는 비슷한 방식으로 분류된 Q 소트들의 단순한 평균이 아니라 복합적 게슈탈트, 즉 형태적 전체(patterned whole)로 간주하는 것이다. 이러한 관점에서 Q 방법론은 하나의 복합적 방법 이상이며 양적/질적 이분법적 구조 속에서 Q가 어느 곳에 위치해 있느냐의 문제는 인간과학에 있어 분류와 측정의 본질에 대한 근본적인 문제와 맥을 같이한다고 할 수 있다.

그럼에도 불구하고 보다 넓은 관점에서 Q 방법론의 유용성을 높여주는 연구설계는 가능할 것이다. Q 방법론을 통해 발견된 작동이론이 아니라 하더라도 Q를 통해 확인된 자결적 요인들이 실제로 어느 정도 존재하며 이것들은 여러 다른 변인들과(예컨대 인구학적 변인 등) 어떠한 관계를 갖고 있는가를 추가적으로 연구할 수 있다. 예를 들어 선거 캠페인 기획자는 수백, 수천의 유권자를 대상으로 정치적 의견을 묻기 전에 정치적 주관성 요인을 찾아내어 이를 중심으로 대규모 여론조사를 실시하여 주관적 요인들과 기타 변인 간의 관계를 바탕으로 보다 효율적인 캠페인 전략을 창출할 수 있을 것이다.

이렇듯 연구자는 종종 Q 연구를 통해 Q 요인(유형)을 찾아내는 것뿐만 아니라 실제로 바깥세상에서 밝혀진 각 유형들이 얼마나 존재하며 지역적 분포나 인구학적 특성 등에 대해 알기를 원하는 경우가 있다. 대규모의 피험자를 통해 Q 연구를 진행할 수 없기 때문에 우리는 종종 Q 유형을 확인하기 위해 사정도구(assessment tool)를 개발해 간단한 서베이 등을 통해 특정인이 어떤 유형에 속하는가를 쉽게 판별하고 그들의 인구통계학적 변인이나 연구주제와 관련한 변인들과의 관련성을 추론할 수 있는 것이다. 다시 말해 Q 연구를 통해 발견한 유형들의 분포비율을 알아내거나 Q 유형들의 지역적 분포도 그리고 성별, 연령별 차이는 물론 다른 변인들과의 차이점이나 관련성을 검증할 수도 있다. 이것은 Q 연구를 통한 유형의 발견을 R 연구로 연결시켜 주는 하나의 고리 역할을 수행하는 것이다.

1) Q-블럭(Q-Block)

Q-블럭은 1963년 아이오와 대학교의 탤벗 교수에 의해 개발된 것으로 높은 신뢰도를 입증한 바 있다.

그는 미시간 주에서 핵 방사능 대피소에 대한 태도 연구에서 나타난 4개의 요인에서 동일한 동의 수준에 있는 진술문과 다른 요인들에 있어 현저히 낮은 진술문이 포함되도록 블럭을 만들었다. 진술문 간에 표준점수 차이가 1.00 이상 나면 현저한 차이가 있는 것으로 간주해 한 블럭에 4개의 진술문이 모두 들어가도록 하여 총 4개의 블럭으로 설문을 구성한 것이다.

<표 1>에 나타나 있듯이 하나의 블럭에는 4개의 유형을 대표하는 각각의 진술문이 들어 있는데 그것들은 모두 다른 유형들과는 공히 구별되는 것이어야 하며 서베이 응답자는 이들을 서열화 시켜 가장 동의하는 것에 4점을 주고 그 다음 동의하는 것에 3점, 2점을 차례로 주고 가장 동의치 않는 것에 1점을 주게 하였다. 이것은 마치 매우 상이한 4개의 진술문을 가지고 Q 소팅 하는 과정과도 같은 것이다. 이러한 방식으로 4개 블럭에 걸쳐 점수를 주게 하고 이들을 모두 합산하여 가장 높은 점수를 받은 유형으로 응답자를 분류하는 방법이다. <표 1>에서는 A 유형이 16점을 받았고 D유형이 11점, B가 7점, C가 6점을 받았으므로 본 설문에 응답한 사람을 A유형으로 간주하면 된다.

Q-블럭의 단점은 Q 요인분석의 결과가 사용된 Q 표본에 있어(특정 유형에 표준점수가 높고 나머지 유형 모두에 낮은 경우처럼) 판별적 진술문(discrimiating statement)의 수가 많지 않은 경우 블럭의 수가 제한된다는 점과 한 블럭안의 진술문의 특정조합이 판별력에 영향을 주어 이른바 블럭의 내적 일관성(internal consistency)을 떨어뜨릴 수 있다는 문제를 들 수 있다.

2) Q-도구(Q-Tool)

Q-도구는 Q-블럭의 구성상의 어려움이나 내적 일관성의 문제를 해결하면서 보다 높은 타당도를 유지하며 보다 쉬운 방법으로 고안된 사정도구이다. 이것은 김흥규의 1998년 "가치와 라이프스타일 유형에 따른 소비자 특성연구"에 처음 사용되어졌으며 2005년에도 같은 도구를 사용해 높은 신뢰도를 보여주었다.

〈표 1〉 Q-블럭의 점수체계표

The type associated with each item				Most Agree ← → Least Agree				Shelter Types			
				Rank	Rank	Rank	Rank				
				4	3	2	1	A	B	C	D
Q-Block 1	B	1.1	The radioactivity after an attack would make the earth, or some areas of it, impossible to live in for years or even centuries.	4	3	2	①		❶		
	A	1.2	If a nuclear attack comes, our area here will probably get a heavy dose of fallout radioactive materials.	④	3	2	1	❹			
	D	1.3	I wish the people in government would stop talking so much about fallout shelters and do something about them.	4	③	2	1				❸
	C	1.4	A person dies when his time is up. There's nothing anyone can do about it.	4	3	②	1			❷	
Q-Block 2	D	2.1	It is the federal government's responsibility to protect all citizens by supplying them, rich and poor, with shelters.	4	3	②	1				❷
	B	2.2	I don't think there is really anything an ordinary citizen like me can do to protect himself in case of a nuclear war.	4	③	2	1		❸		
	A	2.3	I think everyone should find out as much as he can about fallout shelters and other civil defense matters so that he can be prepared in case of attack.	④	3	2	1	❹			
	C	2.4	I think that if all of us prayed for peace there would be nothing to worry about.	4	3	2	①			❶	

Q-Block		No.	Statement	4	3	2	1				
Q-Block 3	C	3.1	In the eyes of God, things like fallout shelters are immoral.	4	3	②	1				❷
	B	3.2	It seems to me that the Russians are more likely to use germ warfare than they are to attack us with nuclear weapons.	4	3	2	①	❶			
	A	3.3	If I had the money, I'd get a fallout shelter built for my family right away.	④	3	2	1	❹			
	D	3.4	I think a community shelter would be a good idea, but you can't get people around here interested in building a thing like that.	4	③	2	1				❸
Q-Block 4	C	4.1	My fate is in the hands of God. There is no use building fallout shelters or anything like that, since what God wills will be done.	4	3	2	①				❶
	B	4.2	Fallout shelters just won't do the job. All shelters do is make people think they are safe when they really aren't.	4	3	②	1				❷
	D	4.3	It seems to me than, if the government wants us to have fallout shelters, it ought to start a program for building shelters.	4	③	2	1				❸
	A	4.4	I see building a shelter as something like buying insurance. Better to spend a little now even if we never use it, so we'll have it just in case.	④	3	2	1	❹			
			Type Scores (Sum of Col.)					16	7	6	11

출처 : Talbot, A, D,(1963). *The Q block method of indexing Q typologies.* p.13.

제1부 이론

<표 2> 궁극적 가치의 판별을 위한 Q-도구

가치 유형	특징
가족 중심적 가치	가족 중심의 편안하고 안락한 삶이 최대 목표이며, 마음의 평화와 행복도 나와 가족이 있기에 가능하다. 사회적으로 꼭 인정을 받아야 하는 것은 아니며 국가와 사회, 그리고 이웃의 복지보다는 우리 가족 중심의 활동과 만족이 늘 우선한다.
희생적 실천 가치	가족의 안정과 안녕이 물론 중요하지만 자식의 성공이 더욱 중요하며 사회적 인정(이웃이나 주위의 칭찬과 인정)을 받음으로써 행복한 삶도 의미를 갖는다. 개인적인 자유로움이나 신나는 생활이란 큰 가치가 없다.
정서적 안정 가치	가족의 안전과 행복이 중요한데 이것은 주로 진실한 사람이나 삶의 지혜, 마음의 평화로 이룩된다는 사실을 믿고 있다. 신나고 재미있는 생활이나 평등, 사회복지에는 별 관심이 없다.
성취적 목표 가치	삶의 목표를 세우고 이를 성취함으로써 진정한 나를 찾을 수 있으며 만일 성취하지 못한다면 사회적 존경이나 인정도 받지 못할 것이다. 아름다움의 세계나 평등이나 평화로운 세계는 나의 삶과 큰 관계가 없는 듯하다.
유희적 욕구 가치	자유로움과 미의 세계보다 더 높은 가치가 있을까? 신나고 재미있는 삶과 진실한 우정은 국가나 사회, 때로는 가족의 안녕보다도 더 중요하게 생각된다.

출처: 김흥규(1999). 가치와 라이프스타일 유형에 따른 소비자 특성 연구. 광고학 연구, 10(2), p.176.

〈표 3〉과 〈표 4〉에 제시된 자료는 위에서 설명한 2개의 Q-도구를 이용해 시차를 두고 조사한 대규모 표본의 연구로서, 모두 높은 상관관계를 보여주고 있어 사용했던 Q-도구의 신뢰도가 있으며 응답자 스스로의 자가진단에 의한 분류에 문제가 없는 것으로 보인다. 1998년과 2005년에 실시된 궁극적 가치 유형별 빈도 분포를 비교해 보면 그 분포가 크게 다르지 않는데 이것은 궁극적 가치는 짧은 시간동안 쉽게 변하지 않는다는 이론을 검증한 것으로 이것은 주로 사용했던 Q-도구의 신뢰도와도 관련이 높다고 하겠다(〈표 3〉 참조할 것).

〈표 3〉 궁극적 가치유형별 빈도 분포표

가치 유형	1998 년 *		2005 년 **	
	빈도	퍼센트	빈도	퍼센트
가족 중심적 가치	964	51.2	772	51.5
희생적 실천 가치	318	16.9	172	11.5
정서적 안정 가치	186	9.9	241	16.1
성취적 목표 가치	190	10.1	223	14.9
유희적 욕구 가치	224	11.9	92	6.1
합계	1882	100	1500	100.1

출처 : * 김흥규(1999). 가치와 라이프스타일 유형에 따른 소비자 특성 연구. 『광고학
　　　연구』, 10(2), p.176.
　　　** 현대리서치연구소(2005. 12). KT BcN 서비스 발굴을 위한 시장 세분화
　　　조사 보고서. p.11.

Q-도구를 이용한 또 다른 연구는 TV 뉴스의 시청유형에 관한 연구인
데(김승환, 2008) 2006년 6월에 실시한 시청자 유형들에 있어 빈도분포
가 2007년 10월에 측정한 빈도분포가 매우 유사한 양상을 띠고 있다(〈표
4〉 참조).

〈표 4〉 TV뉴스의 시청유형 분포

시청 유형	2006. 6		2007. 10	
	빈도	퍼센트	빈도	퍼센트
수동적 채널 선택형	106	26.8	885	22.9
간추린 뉴스 선호형	153	38.7	186	48.2
적극적 시청형	108	27.3	93	24.2
주변요소 관심형	28	7.1	18	4.7
합계	395	100.0	38	100.0

출처 : 김승환(2008). 「텔레비전 뉴스의 시청유형과 그 특성에 관한 연구」. 한국외국어
　　　대학교 일반대학원 박사학위논문. p.69.

앞서 설명한 Q-블럭은 진술문의 수가 비교적 많은 경우 블럭의 구성은 쉽고 타당도를 증가시킬 수 있으나 Q 표본의 수가 적은 경우, 그리고 특별히 비언어적(non-verbal) 표본을 사용한 경우 단계별 사정도구를 만들 수 있다.

<표 5> 아로마 사정도구

기쁨 추구형 (Ecstasy)	명상형 (Meditation)	위로형 (Comfort)
레몬 (Lemon) (+) 일랑일랑 (Ylang-Ylang) (+)	레몬 (Lemon) (+) 펜넬 (Fennel) (+) 샌들우드 (Sandalwood) (+)	레몬 (Lemon) (−) 펜넬 (Fennel) (+) 유칼립투스 (Eucalyptus) (+)

<표 5>는 "아로마 선호 유형" 연구(김흥규, 2001)로서 사정도구를 제시하고 있는데 아로마 중 레몬, 일랑일랑, 펜넬 등으로 쉽게 유형을 구별하고 있다. 즉 면담 시 레몬을 좋아하면 유형 A와 유형 B 중의 하나이고 레몬을 싫어하면 유형 C가 되는데 유형 A와 B는 일랑일랑으로 판별한다. 즉, 일랑일랑을 좋아한다면 유형 A이며 펜넬을 좋아하면 유형 B가 된다. 마찬가지로 펜넬을 좋아한다면 유형 B와 C 둘 중의 하나인데 만일 유칼립투스를 좋아하면 유형 C로 분류한다. 표본 수가 적고 선호와 비선호가 비교적 뚜렷한 경우는 몇 가지 표본이 리트머스와도 같은 역할을 수행해 쉽게 피험자의 유형을 알아낼 수 있게 된다.

아로마 선호유형의 확인을 위한 사정도구는 특정 유형과 기타 유형간의 차이가 매우 큰 항목을 선정해 구성한 것으로 제3유형은 레몬에 매우 부정적인 반면 제1유형과 제2유형은 매우 호감을 갖고 있어 일단 제1, 제2유형과 제3유형으로 양분한 다음 제1유형과 제2유형 간에 큰 차이를 보인 일랑일랑으로 세분하도록 되어 있다. 이러한 분류방법을 다시 한 번 확실히 하기 위해 샌들우드를 제2유형이 선호하는지를 살펴보면 도

Q-블럭과 Q-도구의 일치도 연구

움이 될 것이다. 간단히 말해 레몬과 일랑일랑, 펜넬 등의 아로마를 이용해 아로마의 선호유형을 손쉽게 확인할 수 있다는 것이다.

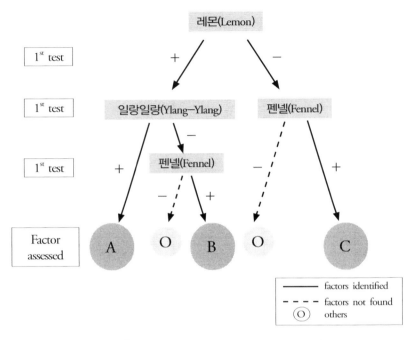

〈그림 1〉 아로마 요인의 단계별 사정과정(Q-flow)

〈그림 1〉은 이상의 아로마 요인의 확인을 위한 단계별 사정과정을 도표로 나타낸 것으로(이를 Q-flow라 명명함) 모두 3단계 테스트로 구성되어 있으며 레몬, 일랑일랑, 펜넬로서 매우 간단히 Q 요인을 확인할 수 있음을 보여준다. 실선으로 표시된 것은 A, B, C 요인으로 확인되며 점선은 Q 요인분석에서 찾지 못했던 기타 요인으로 귀결된다.

3. 연구방법

본 연구의 목적인 Q 방법에 의해 발견한 요인을 확인할 때 사용하고 Q-블럭과 Q-도구의 일치성을 측정하기 위해 두 가지 주제에 관해 각기 두 가지 사정도구를 만들었다(〈표 6〉~〈표 9〉 참조). 표 6과 표 7은 과일선호에 관한 예이고 〈표 8〉과 〈표 9〉는 TV뉴스 선택에 관한 예를 사용하였다.

본 연구를 위해 2008년 5월 28일부터 6월 5일까지 총 127명의 자료를 수집하였으며 일치도 검증을 위해서는 홀스티(Holsti, 1969)가 개발한 공식을 이용하였다.

$$일치도 = \ 일치도 = \ \frac{2M}{N_1 + N_2}$$

(N은 사례수, M은 유형이 일치한 사례수)

〈표 6〉 과일선호 연구의 Q-도구

유형	특성	선택
A	새콤달콤한 과일을 좋아하며, 앵두, 살구 등 작은 과일이나 망고나 감처럼 달기만 한 과일은 좋아하지 않는 편이다.	
B	새콤달콤한 과일은 좋아하지만 무엇보다 당도가 높은 과일이 좋으며, 배와 수박 등 수분이 많은 것은 좋아하지 않는 편이다.	
C	과육이 소프트하며 수분이 많고 달콤한 과일이 좋으며, 텁텁하거나 신맛이 나는 과일은 싫어한다.	

그러나 본 연구는 동일한 사례에서 두 사정도구에 의한 유형분류가 일치하는가를 확인하는 것이므로 N1과 N2가 동일한 사례이므로 일치도는 $\frac{일치사례수}{전체사례수}$ 로 계산할 수 있다. 예를 들어 과일선호 연구의 경우 100개의 사례 중 Q-블럭과 Q-도구로 사정한 유형이 일치한 것이 70 사례였다면 일치도는 $\frac{70}{100}$ =0.70이 되는 것이다.

〈표 7〉 과일연구의 Q-블럭

유형	과일명	가장 좋아함	보통	가장 싫어함	유형별 해당 점수		
					A	B	C
A	바나나	3	2	1			
B	망고	3	2	1			
C	수박	3	2	1			
A	귤	3	2	1			
B	한라봉	3	2	1			
C	메론	3	2	1			
A	배	3	2	1			
B	파인애플	3	2	1			
C	체리	3	2	1			
유형별 총 점수							
본인의 유형							

〈표 8〉 TV뉴스 채널선택 연구의 Q-도구

채널 선택 유형	특성	선택
수동적 채널 선택형	뉴스 및 정보에 비교적 무관심한 편이며 자발적으로 뉴스를 보지 않는다. 채널 선택에 수동적이며 친숙한 채널, 평소 좋아하는 채널을 선호하는 경향이 있다.	
간추린 뉴스 선호형	바쁜 생활 때문에 시청 가능한 시간대에 뉴스를 본다. 비교적 짧은 시간 내에 그날의 뉴스를 파악해야 하므로 사실(fact) 위주의 간추린 뉴스를 선호한다.	
적극적 시청형	나름대로 자신의 관점을 갖고 뉴스를 시청하며 수동적인 해석보다는 뉴스의 공정성·객관성·정확성·심층성 등을 판단해가며 뉴스를 시청하는 편이다.	
주변요소 관심형	뉴스 내용보다는 앵커나 기자의 특성(용모, 음성...) 등 주변적 요소에 관심이 많은 편이다. 스튜디오 세트와 그래픽의 세련미 등 TV의 시각적 효과에 영향을 받는다.	

한편 특정 사정도구에 의한 유형분류는 우연의 일치로 발생할 수 있는 확률을 제거한 일치도를 계산할 수 있는데 본 연구에서는 스콧(Scott, 1955) 파이지수(Pi index) 개념을 이용해 다음과 같은 공식을 사용하였다.

$$Pi = \frac{observed\ agreement\ (\%) - expected\ agreement\ (\%)}{1 - expected\ agreement\ (\%)}$$

4. 일치도 검증 결과

1) 두 도구 간 유형별 구성비 검증

과일선호 연구로부터 나타난 A, B, C 세 유형에 대한 분포도를 보여주는 〈표 10〉은 Q-도구와 Q-블럭 모두에 있어 동일한 결과를 보여준다. 유형 C가 가장 크고 다음은 유형 B, A 순으로 나타났다. 그 중 유형 B는 두 사정도구 간 분포가 동일했으며(24.4%) 유형 A에서는 Q-블럭이, 유형 C에서는 Q-도구가 상대적으로 크게 나타났다. 이러한 결과는 두 도구 모두 유형별 상대적 크기를 예측하는데 있어서는 유사성이 높은 것으로 판단된다.

〈표 9〉 TV 뉴스 채널선택 연구의 Q-블럭

유형	진술문	가장 동의	동의	비 동의	가장 비동의	유형별 해당 점수 A	B	C	D
A	나는 그냥 느낌이 좋아서 특정 채널만 보고 다른 채널의 뉴스는 시청하지 않는 편이다.	4	3	2	1				
B	나는 앵커의 멘트(말이나 표현)가 과장되거나 선정적인 것은 싫다.	4	3	2	1				
C	나는 다른 채널에 보도 안되는 뉴스가 있는 특정 채널의 뉴스를 선호한다.	4	3	2	1				
D	내가 주로 시청하는 뉴스 채널은 앵커가 편안한 느낌이 들어 좋다.	4	3	2	1				
B	나는 뉴스 프로그램 중간의 간추린 뉴스를 좋아한다.	4	3	2	1				
C	내가 주로 시청하는 뉴스 채널은 전체적으로 뉴스 완성도가 높고 내용 전달이 충실하다고 생각한다.	4	3	2	1				
D	내가 주로 시청하는 뉴스 채널은 기자의 자질이 뛰어나고 리포트에 중량감이 느껴진다.	4	3	2	1				
A	나는 친숙한 채널을 보게 되며 안 보던 채널의 뉴스는 어색한 느낌이 든다.	4	3	2	1				
C	내가 주로 시청하는 뉴스 채널은 뉴스 내용이 타 방송사에 비해 상대적으로 공정하다고 생각한다.	4	3	2	1				
D	내가 주로 시청하는 뉴스 채널은 화질이 좋고 화면 구성이 깔끔하다는 인상을 받는다.	4	3	2	1				
A	나는 일일드라마를 보고 난 뒤, 이어서 자동적으로 뉴스를 보는 편이다.	4	3	2	1				
B	나는 스크롤 뉴스(화면 하단에 흘러가는 자막뉴스)를 보고 짧은 시간 내 그날의 뉴스를 파악하는 편이다.	4	3	2	1				

유형별 총 점수

본인의 유형

사정도구 과일선호유형	Q−도구 (Q−Tool)	Q−블럭 (Q−Block)	평균구성비 (%)
A	25(19.7%)	40(31.5%)	25.56
B	31(24.4%)	31(24.4%)	24.4
C	71(55.9%)	56(44.1%)	40.0

〈표 11〉 TV 뉴스 선택유형의 Q−도구와 Q−블럭의 빈도표

사정도구 TV 뉴스 선택유형	Q−도구 (Q−Tool)	Q−블럭 (Q−Block)	평균구성비 (%)
I	33(26/0%)	23(18.1%)	22.05
II	53(41.7%)	53(41.7%)	41.70
III	36(28.3%)	35(27.6%)	27.95
IV	5(3.9%)	16(12.6%)	8.25

〈표 11〉에 제시된 결과 또한 앞선 사례연구와 동일하다. TV뉴스의 선택유형에 있어 유형 II의 시청자가 두 사정도구에 있어 가장 많았으며, 다음은 유형 III, 유형 I, 유형 IV 순으로 나타났다. 이 같은 구성비는 두 도구에 의해 사정된 8개의 셀에 있어 예외없이 나타난 것으로 매우 신뢰도가 높은 것으로 평가할 수 있다. 예를 들어 유형 I과 III은 평균 구성비가 22.05%와 27.95%로 비슷한 분포를 갖지만 유형분류에 있어 오차변량은 크지 않아 두 도구간의 상관관계는 그만큼 높다고 할 수 있다.

2) 두 도구 간 유형분류 일치도 검증

〈표 12〉는 과일선호 연구에 있어 Q−도구와 Q−블럭의 분류 일치도를 보여주고 있는데 두 도구에 의한 특정 유형이 겹치는(표에서 색칠된

부분) 부분이 일치한 것이므로 이를 모두 합한 것을 전체 사례수로 나눈 것이 일치도라 할 수 있다. 즉, 두 도구 간 유형분류 일치도는 동일하게 분류된 유형별 합을 총 사례수로 나눈 값이다.

여기서의 일치도는 $100 \left(\dfrac{15+20+44}{127} \right) = \dfrac{79}{127} = 62.20\%$ 이다.

즉, 약 62%라는 다소 낮은 일치도는 유형 A를 사정하는데 있어 두 도구 간 불일치에 기인한다. 즉 Q 도구로 분류한 유형 A 25개 중 Q 블럭으로 15개가 일치했지만 Q-블럭으로 분류한 유형 A 40개 중 Q-도구는 오직 15개만 일치하고 있어 유형 A의 분류에 있어 불일치가 매우 높았기 때문이다.

〈표 12〉 과일선호에 대한 동의표

		과일 Q-블럭			전체
		1	2	3	
과일 Q-도구	1	15	4	6	25
	2	5	20	6	31
	3	20	7	44	71
전체		40	31	56	127

한편 표 13은 TV뉴스 시청유형에 있어 Q 도구와 Q 블럭의 분류 일치도를 보여준다. 총 127개의 사례 중 유형별 분류가 일치하는 것이 19+40+25+5=89개 이므로 두 사정도구 간 분류의 일치도는 =70.08%이다. 이것은 앞선 표 12보다 일치도가 다소 높아진 것으로 유형의 수(4개)가 많아 졌음에도 오히려 높아진 것을 감안하면 더욱 향상된 것이라고 할 수 있다.

		Q–블럭				전체
		1	2	3	4	
Q–도구	1	19	4	6	4	33
	2	3	40	4	6	53
	3	1	9	25	1	36
	4	0	0	0	5	5
전체		23	53	35	16	127

그러나 두 사정도구 간의 일치는 우연히 발생할 수 있으며 그러한 우연의 일치가 분류해야 할 유형의 수에 달려 있다는 점을 고려해야 한다. 예를 들어 2개 유형인 경우 어떤 사람이 A 혹은 B로 분류할 확률은 50%이므로 두 도구에 있어 우연의 일치도는 $\frac{1}{2} \times \frac{1}{2} = 0.25$ 가 된 것이다.

이점을 고려해 만든 일치도 검증 방법이 스콧(1955)의 파이지수로서

$$Pi = \frac{관찰된\ 일치도\ -\ 기대된\ 일치도}{1\ -\ 기대된\ 일치도}$$

앞선 과일선호 유형에서 보면 유형이 3개가 있으므로 기대된(우연의) 일치도는 $\left(\frac{1}{3}\right)^2 + \left(\frac{1}{3}\right)^2 + \left(\frac{1}{3}\right)^2 = \frac{1}{3} =$(약 0.33)이다.

따라서 $Pi = \frac{0.622 - 0.33}{1 - 0.33} = 43.58$(%)이 된다. 마찬가지로 TV뉴스 시청유형은 4개의 유형이 있으므로 $Pi = \frac{0.7008 - 0.25}{1 - 0.25} = 60.11$(%)로 나타났다.

5. 논의 및 결론

본 연구는 유형의 수가 3개와 4개인 사례를 통해 Q-도구와 Q-블럭의 유형분류의 일치도를 검증한 것이다. Q-블럭의 구성은 유형 간 상대적 차별성이 큰 대표적 Q 표본을 골라 블럭을 구성하는 방법으로 분류의 과정은 Q 소팅과 동일하여 간소화된 Q 소트라 할 수 있다. 따라서 발견된 Q요인(유형)간 차이가 두드러지며 Q블럭을 구성할 충분한 양의(적어도 40개 이상의) Q표본이 있어야 가능하다. 요인 간 유사성이 높거나 Q표본의 수가 적은 경우 Q-블럭을 만드는 것이 처음부터 불가능하다. 또한 Q-블럭은 간소하긴 하지만 또 다른 Q소팅을 행해야 한다는 번거로움이 있다. 통계적 관점에서 볼 때 유형의 요인 가중치(factor weight)가 낮은 사람은 Q-블럭으로 사정할 때 다른 유형으로 분류될 가능성이 있으며 요인의 수가 적을수록 동점으로 나타날 확률도 높게 된다.

한편 Q-도구는 요인의 해석시 사용한 요인 배열표와 요인 간 차이, 인터뷰, 인구학적 특성 등을 종합적으로 고려해 만든 요인에 대한 간략한 설명이므로 요인 가중치가 비교적 낮은 사람도 어려움 없이 스스로를 특정유형으로 분류할 수 있다. 그러니까 Q-블럭은 연구자에 의해 사정되어지는 것이고 Q-도구는 피험자가 특정유형에 속한다고 주장하는 것이다. 따라서 Q-도구의 유형분류는 유형간 상호배타적인 반면 Q-블럭에서는 특정 유형들에 있어 동일한 점수가 나와 분류가 불가능해 질 수도 있다.

Q 방법론의 한 결과인 유형분류를 이용해 서베이 등 대규모 표본에 적용할 경우 Q-도구는 매우 간단히 유형의 확인이 가능하다는 편리성이 있지만 이것이 보다 높은 타당도를 지니고 있음은 보장할 수 없다. 왜냐하면 연구자가 행한 Q 요인의 해석은 종종 많은 해석 중 하나일 수

있기 때문이다. 따라서 Q-도구의 사용은 그만큼 신중을 기해야 한다고
도 볼 수 있다.

본 연구에서 사용한 두 가지 사례에서 두 사정도구 간의 일치도는 높
게 나타나지 않았지만 각 유형별 인구 구성비에 있어서는 일치했으며
이것은 특히 Q-도구에 의한 이전의 다른 연구에서 보여준 높은 신뢰도
를 지지해 주고 있다. 앞으로의 연구는 Q-블럭을 구성하는 Q 표본들의
다양한 조합과 Q-도구와의 일치도 검증을 통해 사정도구들의 신뢰도와
타당도 연구는 계속될 수 있다.

■■■ 참고문헌

김승환(2008), 「텔레비전 뉴스의 시청유형과 그 특성에 관한 연구」, 한국외국어대학
　　　교 일반대학원 박사학위논문.
김홍규(2008), 『Q 방법론: 과학철학, 이론, 분석 그리고 적용』, 서울: 커뮤니케이션
　　　북스.
＿＿＿(2001), 「아로마 선호 유형」, 제11차 한국주관성연구학회 학술대회 발표논문,
　　　한국주관성연구학회.
＿＿＿(1999), 「가치와 라이프스타일 유형에 따른 소비자 특성 연구」, 『광고학 연구』.
　　　10(2). pp.173-197.
현대리서치연구소(2005). 「KT BcN 서비스 발굴을 위한 시장 세분화 조사 보고서」.
Talbott, A. D.(1963), *The Q block method of indexing Q typologies*. Presented at the AEJ
　　　Conference, Lincoln, Lebraska.
Holsti, O.(1969), Content analysis for the social science and humanities. Reading. MA:
　　　AddisonWesley.
Scott, W.(1955), Reliability of content analysis: The case of nominal scale coding. *Public
　　　Opinion Quarterly*, 17, pp.321-325.

제1부 이론

제2부

정치·저널리즘

Q 방법론의 정치학적 적실성과 적용가능성[*]

김 흥 규

한국외국어대 언론정보학부 교수

[*] 본 논문은 〈주관성 연구〉 제8호(2003. 12) pp.5-19 논문 전문을 재게재한 논문임을 알려드립니다.

Q 방법론의 정치학적 적실성과 적용가능성

1. 들어가며

Q 방법론이 윌리엄 스티븐슨(William Stephenson)에 의해 창안된 지 벌써 65년 이상이 지난 지금 새로운 방법론으로서의 Q에 대한 소개는 때늦은 감이 없지 않다. 그러나 최근 국내에서도 Q 방법론이 대안적 방법론으로서 여러 분야의 학자 등에 의해 주목받기 시작했으며 다양한 연구들이 행해지고 있다.

본고는 Q 방법론을 단순히 '거꾸로 된 R'(inverted R)로 간주하여 단지 하나의 분석방법으로 이해하려는 데서 오는 오해와 제한성을 극복하려는 노력과 함께 인간의 주관성과 관계된 여러 정치학적 연구영역을 제시하는데 그 목적이 있다. 따라서 본고는 먼저 Q 방법론의 연구대상이 되는 인간의 주관성(subjectivity)의 개념과 과학철학적 관점 등을 살펴보며, 다음으로 정치학적 적용가능성을 검토하고자 한다.

2. 과학으로서의 주관성

설명(explanation)과 이해(understanding)라는 두 단어는 과학논리에 있어 한 세기 이상동안 논쟁의 대상이 되었다. Chargoff는 이러한 점에 있어 괴테와 뉴튼의 차이를 상기시킨다. 즉 시인으로서의 괴테는 세상을 이해하길 원하며, 과학자로서의 뉴튼은 설명하기를 원했던 것이다(Stephenson, 1976, p.48).

사실 과학의 방법론에 있어서 객관과 주관, 혹은 설명과 이해라는 대립적 전통은 아리스토텔레스적 패러다임과 갈릴레이적 패러다임으로부터 시작된 것이다. 즉 전자는 인간행위를 목적 지향적으로 간주하며, 반면에 후자는 인과론적 법칙에 부합시켜서 이를 설명하고자 했다(박순영, 1983). 이에 대해서 데카르트는 물질 세계에는 인과론적 기계론을, 그리고 정신세계에는 목적론이 타당하다는 이원적 방법론(이명현, 이동근, 1977)을 제시한 바 있다.

그러나 19세기에 들어 이러한 대립적 전통은 실증주의와 반실증주의로 이어지고, 또한 20세기의 신실증주의(박순영, 1983)로 뿌리내림으로 더욱 첨예화되었다. 즉, 자연주의에 근거한 실증주의적 연구는 객관성(objectivity)의 원리를 중심으로 보이는 세계를 계량적(qualitative)으로 설명하는 반면, 반자연주의 혹은 인본주의에 입각한 해석학, 현상학, 비판이론 등은 인간의 주관성(subjectivity)을 강조하고 세계를 질적(qualitative)으로 이해하려는데 초점을 맞추어왔다.

그러나 이러한 이분법적 구조와 대립의 양성은 때때로 명료하지도, 생산적이지 못했다(Foucalt, 1980). 후기 구조주의자 Foucault는 인간에 대한 결정주의적 입장의 대안인 인본주의도 그 분석도구와 수준이 인간을 다루는데 부적절하다고 보며 대립적 방법론의 전통을 서로 배타적으로 볼 것이 아니라 이를 변증법적으로 종합할 수 있는 방안을 제안한 바 있다(한상진, 1983). 이것은 Max Weber가 주관과 객관 사이의 긴장을 해소시키기 위해 이념형(ideal typology)(Weber, 1947)을 제시했던 노력과 맥을 같이 하는 것으로 Stephenson은 Q 방법론을 통해 이를 완성시키고자 한 것이다. 연구자와 연구 대상자, 연구의 각 주체 사이의 단절성을 극복한 것이다. 다시 말해 행위자 스스로의 조작을 통해(Q-sorting) 자신을 투사하고, 그것을 객관적인 한 구조물(operant framework) 안에 투영시킴으로써 설명과 이해의 구분을 희석시킨 것이다. Q 방법의 과정은 Wittgenstein이 주장하듯, "우리는 우리 자신에 대한 사실들을 그려나가며 그 그림은 우리가 본 현실에 대한 모델"과도 같은 것이다(Brown, 1980, p.6). 이와 같은 피험자 자신이 스스로의 언어로 자신을 드러내고 스스로 결정한다는 의미에서 Q 방법은 自決的(operant)이라 부르는 것이다.

사실 이해와 설명간에 대립의 문제는 기본적으로 연구자가 관찰자 자신이 될 수 없기 때문에 발생하는 필연적인 문제일 수 있다. 연구자가 다시 스스로를 묘사하듯 인간 행위를 연구할 수 있다면, 설명과 이해의 구분은 없어지고 인간 행위를 총체적으로 파악할 수 있을 것이다. 즉 이해와 설명의 근본적인 차이는 연구대상을 감지하고 파악하는 방법과 그 매개물에 기인한다. 현상학적 관점에서는 사회 현상을 의미의 구조로 파악하고 그 매개물로서 몇 가지 개념적 도구를 이용한다(피브체비치, 1975, pp.110-118). Alfred Shutz는 Edmund Husserl의 지향성, 내적 시간의식, 자연적 태도, 간주관성(intersubjectivity) 등의 개념적 도구로 일상생활에서의 상징적 이해 구조를 밝힐 수 있다고 믿는다(차인석, 한진숙, 1980). 이것은 해석학에서의 유의미성과 관련하여 감정이입과 추체험적 방법과도 동일한 것이다(러드니, 1986).

물론 Stephenson은 경험주의 방법론이 갖는 한계와 오류를 극복하기 위한 이해의 방법으로 Q 방법론을 주창하고 있지만, 해석학이나 현상학에서 제시하는 것처럼 다소 애매모호하고 주관적인(때때로 신비적인) 해석방법과는 거리를 두고 있다. 즉, 해석학에서의 간주관성, 감정이입과 추체험(Dilthey, 1976; 박순영, 1983) 그리고 현상학에서의 초월과 환원의 방법 등은(퍼어스, 1983) 객관적 근거를 갖지 못하고 주관적인 해석에 머물 수 있다는 문제점을 Q 방법론에서는 concourse이론과 요인분석 등을 통해 이를 객관적인 방법으로 측정하고 있다.

그러나 이러한 대립적 긴장 와해의 시도는 객관적 엄밀성에 대한 실증주의자들의 주장을 수용함을 의미하지는 않는다. 그것들은 인간의 존재와 창조, 혁신, 변화 등의 영역을 연구하는데 있어서 가장 중요한 것들을 차단시키기 때문이다. 비엔나학파로 대표되는 논리 실증주의가 그동안 현상학과 해석학 등에서 비판 받아왔던 점들과 그 대안적 방법론으로서 Q가 제시할 수 있는 것을 정리해 보면 다음과 같다(김흥규, 1990).

첫째, 자연 현상에는 가치의 구조가 개입되지 않지만 사회 안에서의 인간은 특수한 의미와 적합성의 구조를 가지므로 인간의 주관성을 배제하여서는 인간의 본질과 사회 현상을 제대로 연구할 수 없다는 것이다. Stephenson에 의하면, 주관성이란 "신비스러운 것도 로맨틱한 것도 아니며, 단순히 타인 혹은 자기 자신에게 이야기 할 수 있는 어떤 것"을 말한다(Stephenson, 1968, p.500). Q 방법론은 응답자 스스로가 자극들(대개는 진술문)을 비교하여 순서를 정함으로써 이를 모형화시키고 결국 그의 주관성을 스스로 표현해 가는 것(operant)이다.

둘째, 논리 실증주의에서는 사회적 사실과 현상이 자연 현상과 마찬가지로 독립적으로 존재하는, 다시 말해 이미 구성된(pre-constituted)것으로 간주하지만 사회적 현실은 의미적으로 구성되어지기(constructed) 때문에 의미의 해석을 통한 이해의 방법이 필요한 것이다(최협, 1983). 이러한 의미에서 Q 방법론은 이해의 방법으로 통칭되는 해석학과 현상학 등의 방법에 영향을 받았다.

Q 방법론은 '외부로부터 설명'하는 방법이 아니라 '내부로부터 이해'하는 접근 방법이다. 이것은 Q 방법론이 연구자의 조작적 정의(operational definition)가 응답자 스스로 그들의 의견과 의미를 만들어 가는 自決的 정의(operant definition)의 개념을 채택하고 있는 가장 중요한 근거가 된다. 즉, 연구자의 가정이 아니라 행위자의 관점에서부터 Q 방법론은 시작된다. 따라서 여기에 사용되는 진술문(Q-statement)은 모두 응답자의 자아 참조적(self-referent) 의견 항목으로 구성되어 있다.

Stephenson의 수많은 논문과 주장을 통해서 내린 하나의 결론은 사회과학 연구는 인간의 주관적 영역으로 확장되어야 하며, 소위 인간의 객관적 영역만이 타당한 과학적 범주에 속한다는 주장을 거부해야 한다는 것이다.

앞서 언급하였듯이, Stephenson의 과학정신은 Wilhelm Dilthey(Dilthey, 1976)나 Hans G. Gadamer(Gadamer, 1977)의 해석학적 연구에 영향을 받았으며 그들이 제기했던 문제들을 Q 방법론을 통해 해결하고 있다. 즉, Gadamer는 논리 실증주의의 특성인 "이성화(합리화)에 대한 갈망"을 비판하며 외부적으로 명백히 관찰되지 않은 것은 과학이 아니라는 견지가 인간의 존재를 객관과 주관으로 두 조각 내는 실수이며 특히 후자를 신비적이고 무가치한 것으로 버리는 오류를 범한다고 지적한 바 있다(O'brien, 1985, p.5). 결국, Gadamer가 궁극적으로 추구했던 해석의 구조와 의견의 객관적 구조의 이해방법을 Stephenson이 Q로써 완성한 것이다. Dilthey의 해석학적 연구도 Q 방법에 반영되어 나타나 있다.

지금까지 나는 예술작품 특히 시의 창작 과정에 대해 생각해 보았다. 이제 우리는 개인(인간)과 인간 존재의 특정 형태에 대해 과학적으로 연구하는 것이 가능한가에 대해, 또 그것이 어떻게 이루어질 수 있는가에 대해 의문을 제기해야 한다. 이것은 매우 중요한 것으로 우리의 행동은 항상 다른 사람의 이해를 전제로 하며, 인간 행복의 많은 부분은 타인의 정신 활동에 대한 감정이입으로부터 나오기 때문이다. 사실 철학과 역사는 인간의 이해가 객관화될 수 있다는 전제로 시작한다(Dilthey, 1976)

Dilthey의 이러한 과제는 Stephenson이 추구해왔던 과학정신과 일치하며 "타인의 정신 활동"에 접근할 수 있는 길로써 Q를 주장한 것이다. 지금까지 설명한 것들의 골자 중의 하나는 Stephenson을 오직 Q 방법론에만 관련시켜서 생각해서는 안된다는 것이다. Q에 대한 많은 비평가들은 Stephenson의 과학철학과 이론들이 단순히 Q를 방어하고 전파하기 위해 만들어졌다고 생각하지만(Sanders, 1974), 사실은 그 반대이다. Stephenson의 관심은 항상 과학의 대상과 과학적 사고와 그 이론에 초점이 맞춰졌다. Q 방법론이란 그가 추구하는 과학정신을 실현시키는 단순한 수단인 것이다.

3. 가설생성(abdudction)의 논리

앞서 설명한 대로, 과학 특히 사회과학의 전통에서는 연역(deduction)과 귀납(induction)의 방법을 사용하는 가설 연역적 경험주의(Hypothetico-Deductive Empiricism)가 과학의 기존 패러다임으로 간주 되어왔다. 즉, 연구자는 내적 논리와 일관성이라는 표준적 연역검증에 부합되는 가설 혹은 이론들을 먼저 만들고, 그 다음 이것들을 표준적인 귀납적 방법으로 검증하는 것이다. 가설 연역주의자들은 종종 가설을 세우는 것이 단지 심리학적으로 흥미있는 일이지만 오직 천재만이 할 수 있는 영역이지 논리학의 영역이 아니라고 주장한다(Hanson, 1958). 그러나 이것은 분명한 잘못이다. 어떤 가설은 논리적으로 검증하여 예측하는 것이 논리적일 수 있는 것 같이, 관찰을 통해 가설을 만들어내는 과정도 논리적인 것이다.

Hanson의 주장대로 만유인력이라는 가설(이론)을 만들기 위해서는 뉴튼과 같은 천재가 필요한 것은 사실이지만 관찰을 통해 그러한 가설을 만들어 내는 것이 논리적이지 않다고 말하는 것은 잘못된 것이다. 오히려 Stephenson은 가설 연역주의자들의 검증하기 위한 가설을 미봉(ad hoc)가설이라고 명명하면서 이는 Q 방법론이 만들어내는 참(genuine)가설과는 구별됨을 설명하고 있다. Stephenson은 abdudction이 만들어내는 참가설을 가설 연역주의자들이 사용하는 미봉가설과 구별하면서 가설은 검증조건(Tc)과 검증결과(Tr)를 구분할 수 있어야 한다는 R. Carnap의 생각으로(Carnap, 1936-7) 발전시켰다. 예를 들어 소금을 물에 넣으면 (Tc) 그것은 녹는다(Tc). 요인분석(R)을 하게 되면, 평가물 혹은 검사물(test)은 요인화(Tc)되어 그것들은 요인 공간에 서로 관련되어 무리지어 나타난다(Tr)(Stephenson, 196?). 소금의 예에서 연구하는 소금은 용해될 수 있는(soluble) 물질이라고 말할 수 있다. 그러나 용해성이란 개념은 검사 조건에 관해 아무런 새로운 것을 말해주지 않는다. 그 개념은 조작적으로 잘 정의되었지만, 과학적 이해에는 도움이 되지 못한다. 용해성이란 소금의 미봉적 속성 때문에 미봉가설이다. 그러나 그것을 검증조작(test operation)으로 바꾸었을 때 참가설이 존재할 수 있다. 즉, 소금의 용해성이란 수중에서 Brown 원리에 따라 소금분자를 구성한다든지, 수중에서 콜로이드 상태를 형성하는 것으로 이론화시킨다면 그것은 옳든 그르든 참가설이 될 수 있다. 그것은 적어도 과학자의 호기심을 충족시켜 주며 과학적 탐구의 가능성을 열어주기 때문이다. 요인분석으로는 참가설을 발견하기가 매우 어렵다. 여기서의 요인(factor)은 소금이 물에 녹기 때문에 수용성을 지닌다고 말하는 것처럼 미봉가설인 것이다. 많은 평가(test)로부터의 "경험적 일반화"는 가설의 미봉적 본질을 바꿀 수 없으며, 그것은 마치 어떤 소금은 강물이나 샘물 혹은 목욕탕 물에서 용해된다는 것과 같은 의미밖에는 새로운 것을 말해주지 않는다. 즉 R방법론에서의 검사조건은 생산적이지 못한 것이다.

신실증주의자였던 Popper 자신도 과학적 발견의 논리를 언급하면서 관찰된 진술과 실험 결과의 진술들이 언제나 이미 발견된 사실들의 해석일 뿐이며 따라서 이론 검증은 너무나 쉬운 것이 된다고 지적한 바 있다(Popper, 1959, p.107). 우리가 단지 순환 논리 안에서 논쟁하기를 원치 않는다면 우리의 이론에 대해 매우 비판적인 태도를 가져야 한다고 설명한 것은 R방법론이 갖는 미봉가설의 위험성을 경고한 것이다.

Stephenson은 Q 방법론을 통해 바로 abduction의 과정으로 참가설을 생성해 낼 수 있음을 강조하고 있다. 과학적 단계에 있어 abduction이란 명제로부터 가설을 단순히 연역하는 것이 아니라 가설을 발견(discovery)하는 단계이므로 가설 연역적 방법보다 선행하는 것이다. 일단 "working theory"가 만들어진 후에 그 가설의 논리 전개가 가능하며 검증을 위한 완전한 가설의 연역이 만들어 질 수 있기 때문이다.

Stephenson의 이러한 abduction의 개념은 Charles Peirce(1839~1914)의 아이디어에 유래한다. Peirce는 감각적 '기호(sign)'를 통해 현실의 활발한 구성과 재구성이 된다는 점을 강조하는데(Fiske, 1991), 여기서 그는 세 단계의 귀납적 논리를 체계화시키고 있다.

Peirce에 따르면, 과학적 탐구의 세 단계는 abduction, 연역, 귀납의 순으로 이루어진다. abduction은 "완벽한 논리적 형태"를 띠고 있으며 논리적 규칙에 방해받지 않는 것이어야 함을 강조하였다(Stephenson, 196?). 왜냐하면 abduction이 논리적 규칙에 방해를 받는다면, 그것은 이에 획득된 지식이 동원된 것이며 따라서 발견을 유도할 수 없기 때문이다. 이러한 논리적 규칙은 아마도 Popper가 반증(falsification)이라고 불렀던 것과 같을 것이다(Popper, 1950).

이처럼 최초의 인식 단계로서의 abduction은 아직 직관이라 불리는 미성숙된 아이디어, 암시, 관념인 것이다. Peirce는 이러한 논리를 인간 사고의 창의적이며 비교적 자유로운 영역으로 발전시켰다.

논리실증주의자들과 전통적인 귀납주의자들에게 이러한 abduction이 간과된 이유는 그것이 전자에게는 Popperian적 맥락에서 보자면, 반증될 수 없는 것이며, 후자에게는 명제가 수없이 많으며 변화하기 때문일 것이다. 즉, abduction은 전적으로 인지의 가상적 단계이며 Stephenson의 과학세계에 있어서는 인간주관성의 창의적이며 언어적인 측면을 반영하는 것이다.

Q 방법론은 과학적 발견으로서의 새로운 길을 열어주고 있다. Q 방법론에 깔려 있는 논리는 마치 어두운 방에 손전등을 비추는 것으로 종종 비유되고 있다.[1] 우리는 그 빛이 닿는 곳을 볼 수 있으며 나머지 부분은 무엇이어야 하는지를 추측할 수 있다. 이때 우리는 방안에 무엇이 있어야 하는가를 미리 정해 놓은 조작적(operational) 개념에서가 아니라 단지 빛이 비추는 것을 보는 것이다. 이처럼 Q 방법론은 '발견'에 초점을 두고 있는 abduction의 방법론인 것이다.

4. 정치적 주관성(Political Subjectivity)

대부분의 사회과학 분야와 마찬가지로 기존의 가설 연역적 방법론에

---

1 Keith Sanders 교수의 Advanced Research Method in Journalism(Fall, 1982) 강의 노트 중에서.

대한 회의와 논란은 정치학에서도 끊임없이 제기되어 왔다. 이것은 연구방법들이 통합되고 개발되어진 이유도 있지만 주로 정치적 행위에 대한 가설 연역적 방법들의 부적실성을 드러냈기 때문이다. 수없이 많은 응답자와 고비용이 투자된 많은 연구들은 탐구자의 외부적(external) 관점에 따라 이론이 선정되고, 결과는 가설적으로 해석되어지며, 특정도구가 고안되어지며, 응답된 점수는 분석되어 졌다. 이때 예상치 못한 결과가 나타나면 최초의 연구 틀을 벗어난 무리한 추론과 해석을 강요받기도 한다.

그러나 Q 방법론에서는 연구되어지는 피험자의 내적(internal) 관점으로부터 그들 자신의 의미에 따라 자극들을 비교하여 순서를 정하게 된다. 이러한 자결적 주관성(operant subjectivity)은 척도나 질문지 방법과는 매우 다르다. 환경문제의 해결을 위한 한 사람의 판단은 어떤 연구자들에 의해 극단적 낙천주의자로 간주될 수도 있고, 또는 다른 이들에 의해 개혁주의자라고 간주될 수도 있다. 그러나 그것이 피험자 자신의 것이라는 사실은 의심할 여지가 없다. 한 사람의 관점에 대해 외부적 기준이 있을 수 없음은 명백하다. 따라서 자결적 접근 방법에 근본적으로 Q 방법론은 매우 유용하다. 여론과 공중의 태도, 집단, 역할, 문화, 사회화, 의식결정, 퍼스낼리티, 선전, 가치, 커뮤니케이션, 이미지 등 자아가 관여된 정치적 문제와 사회과학적 문제를 연구대상으로 한다. 어떤 개인이나 집단이 민주적 원리에 따르고 있는지를 알기 위해서는 예컨대, "나는 민주주의를 신봉한다"라는 진술문을 단순한 말로서의 표현이 아니라 그것이 다른 자아참조적(self-referent) 생각들 속에서 어떤 위치에 속하는가를 총체적으로 분석하여 그 의미를 이해해야만 한다.

〈표1〉에는 정치학 관련 연구에 있어 Q 방법론적 적용이 가능한 연구영역이 제시되어 있으며, 〈표2〉에는 그 중에서도 정책 분야에 국한해 최

근 연구된 참고문헌을 담고 있다. 그러나 이것은 단지 Q 방법론을 적용
시킨 몇 가지 예에 불과하다. Q 방법론은 자아가 관여된 그리고 주변 상
황에 어떠한 관점을 가질 수 있는 모든 문제에 있어 중요한 자결적 요인
들을 밝혀준다.

〈표 1〉 Q 방법론 적용이 가능한 정치학적 영역의 예

Public Opinion and Attitudes

Political Ideology

Political Imagery

Political Communication

Group Behavior

Policy

    Decision Making

    Public Administration

Political Personality

    Self

    Political and Social Roles

    Social and National Character

Philosophies and Value Systems

〈표 2〉 정책연구와 관련된 최근의 Q 연구문헌

Barry, J., & Proops, J. (1999). Seeking sustainability discourses with Q methodology. *Ecological Economics*, 28, 337-345.

Brown, S.R., & Coke, J.G. (1976). Public attitudes about land use policy and their impact on statepolicy-makers. *Publius*, 6, 97-134.

deLeon, P., & Brittain, C. (n.d. [1997]). *After words: Q-methodology as a policy tool: Concepts and practice*. Unpublished manuscript, University of Colorado-Denver.

Durning, D. (1999). The transition from traditional to postpositivist policy analysis: A role for Q-methodology. *Journal of Policy Analysis and Management*, 18, 389-410.

Durning, D., & Osuna, W. (1994). Policy analysts roles and value orientations: An empirical investigation using Q methodology. *Journal of Policy Analysis and Management*, 13, 629-657.

Fairweather, J.R., & Swaffield, S. (1994, April). *Preferences for land use options in theMackenzie/Waitaki Basin* (Research Report No. 224). Canterbury, New Zealand: Agribusiness& Economics Research Unit, Lincoln University.

Fairweather, J.R., & Swaffield, S. (1996). Preferences for scenarios of land-use change in theMackenzie/Waitaki Basin. *New Zealand Forestry*, 41(1), 17-26.

Galve-Peritore, A.K., & Peritore, N.P. (1995). Mexican biotechnology policy and decision makers attitudes toward technology policy. In N.P. Peritore & A.K. Galve-Peritore (Eds.), Biotechnology in Latin America (pp. 69-95). Wilmington, DE: Scholarly Resources.

Lynn, L.E., Jr. (1999). A place at the table: Policy analysis, its postpositive critics, and the future of practice. *Journal of Policy Analysis and Management*, 18, 411-425.

Newman, T.D. (1999, April). *Physician assisted suicide and voluntary euthanasia: The links between ethics and policy*. Read at the meeting of the Midwest Political Science Association, Chicago.

Pelletier, D., Kraak, V., McCullum, C., Uusitalo, U., & Rich, R. (1999). The shaping of collective values through deliberative democracy: An empirical study from New Yorks North Country. *Policy Sciences*, 32, 103-131.

Peritore, N.P. (1999). *Third World environmentalism: Case studies from the global South*. Gainesville: University Press of Florida.

Steelman, T.A., & Maguire, L.A. (1999). Understanding participant perspectives: Q-methodology in national forest management. *Journal of Policy Analysis and Management*, 18, 361-388.

Swaffield, S.R., & Fairweather, J.R. (1998). In search of Arcadia: The persistence of the rural idyllin New Zealand rural subdivisions. *Journal of Environmental Planning and Management*, 41,111–127.

Van Eeten, M. (1999). *Dialogues of the deaf: Defining new agendas for environmental deadlocks*. Delft, The Netherlands: Eburon. [Chap. 6, Something in the air: The controversy over the futureof civil aviation in the Netherlands, pp. 113–142; Appendix, pp.169–174.]

Van Eeten, M. (in press). Recasting the intractable issues of transportation policy: The widerimplications of the Netherlands civil aviation controversy. *Journal of Policy Analysis andManagement*.

Weimer, D.L. (1999). Comment: Q–method and theisms. Journal of Policy Analysis and Management, 18,426–429. Durning, D., & Edwards, D. (1992). Attitudes of consolidation elites: An empirical assessment of their views of city–county mergers. Southeastern Political Review, 20, 355–383.

Wright, C.M., Riggle, C.G., & Wright, B.G. (1998). Technique for pre–implementation assessmentin total quality programs. *International Journal of Quality & Reliability Management*, 15, 414–430.

Decisionmaking

Ascher, W., & Brown, S.R. (1987). Technologies of mediation: An assessment of methods for the mediation of international conflicts. In H. Chestnut (Ed.), *Contributions of technology to international conflict resolution* (Proceedings, International Federation of Automatic Control)(pp. 95–103). Oxford, U.K.: Pergamon Press.

Brown, S.R. (1989). A feeling for the organism: Understanding and interpreting political subjectivity. *Operant Subjectivity*, 12, 81–97.

Brown, S.R. (1994). *Representative exposure and the clarification of values*. Keynote address, Policy Sciences Institute, Yale University School of Law, New Haven, CT. (Available:http://facstaff.uww.edu/cottlec/QArchive/qindex.htm)

Brown, S.R. (1998). *Autobiography and problem selection*. Society for the Policy Sciences, Yale University School of Law, New Haven, CT.

Q 방법론의 정치학적 적실성과 적용가능성

Brown, S.R. (1998). *Decision structures*. Read at the meeting of the Brunswik Society and the Judgment and Decision Society, Dallas.

Dick, M.J., & Edelman, M. (1993). Consequences of the budget crunch: Using Q-methodology to prioritize subscription cancellations. *Journal of Nursing Education*, 32, 181-182.

Edgens, J.G. (1997). *The private property rights opinions of two Michigan township boards: A Q-methodology inquiry*. Doctoral dissertation, Michigan State University.

Gargan, J.J., & Brown, S.R. (1993). What is to be done? Anticipating the future and mobilizing prudence. *Policy Sciences*, 26, 347-359.

Maxwell, J.P., & Brown, S.R. (in press). Identifying problems and generating solutions under conditions of conflict. *Operant Subjectivity*.

Stephenson, W. (1987). How to make a good cup of tea. Operant Subjectivity, 10, 37-57.

Organizations and Public Administration

Brown, S.R., Durning, D.W., & Selden, S.C. (1999). Q methodology. In G.J. Miller & M.L. Whicker (Eds.), *Handbook of research methods in public administration* (pp. 599-637). NewYork: Marcel Dekker.

Peterson, R.S., Owens, P.D., & Martorana, P.V. (1999). The Group Dynamics Q-sort in organizational research: A new method for studying familiar problems. *Organizational Research Methods*, 2, 107-139.

Sun, M.T-W., & Gargan, J.J. (1999). Public administration scholar-practitioner differences: A Q study of theory-practice connections in Taiwan. In H-K. Wong & H.S. Chan (Eds.), *Handbook of comparative public administration in the Asia-Pacific Basin* (pp. 141-161). New York: Marcel Dekker.

▓▓▓ 참고문헌

김흥규(1990), 『Q 방법론의 이해와 적용』, 서울: 서강대 언론문화연구소.

리타드 러드니, 신형원 역(1986), 『사회과학의 철학』, 서울: 연구사.

박순영(1983), 「사회과학을 위한 방법론적 결정」, 김동일 외, 『사회과학 방법론 비판』, 서울: 청람.

에도 피브체비치, 이명호 역(1975), 『후설에서 샤르트르에로』, 서울: 지학사, pp.110-118.

이명현, 이동근(1977), 『언어과학이란 무엇인가』, 서울: 문학과 지성사, p.101.

차인석, 한진숙(1980), 『현대의 철학 I』, 서울: 서울대 출판부, p.35.

최협(1983), 「계량적 접근과 질적 접근」, 김동일 외, 『사회과학 방법론 비판』, 서울: 청람.

한상진(1983), 「구조주의 방법론」, 김동일 외, 『사회과학 방법론 비판』, 서울: 청람.

Brown, R. S.(1980), *Political Subjectivity*, New Haven, Mass: Yale Univ. Press.

Dilthey, W.(1976), *The Development of Hermeneutics in W. Dilthey: Selected Writings*, in H. P. Rickman(ed., and trans.), London: Cambridge Univ. Press.

Fiske, J.(1991), *Introduction to Communication*, London: Methten.

Foucault. M.(1980), *Power/Knowledge: Selected Interviews and Other Writing*, England: Havester.

Gadamer, G. H.(1977), "Theory, Technology Practice: The Task of the Science of Man," *Social Research*, 44, pp.529-561.

Hanson, N. R.(1958), *Patterns of Discovery*, Cambridge Univ. Press.

O'Brien, P.(1985), "Against Misinterpretation: Some Philosophical Roots of Q", Paper Presented at the First Summer Institute for the Scientific Study of Subjectivity, Univ. of Missouri.

Popper, K.(1950), *The Open Society and Its Enemies*, Princeton: Princeton Univ. Press.

Popper, K.(1959), *The Logic of Scientific Discovery*, New York: Basic Books.

Sanders, K.(1974), "Stephenson. W.: The Study of (His) Behavior," *MCR*, pp.9-16.

Stephenson, W.(1968), "Consciousness out-Subjectivity in," *Psychological Record*, 18.

Stephenson, W.(196?), Let's Be Abductive, *Not Hypothetico-Deductive*, Unpublished

Q방법론의 정치학적 적실성과 적용가능성

Paper, pp.15−20.

Stephenson, W.(1976), *Newton's Fifth Rula: An Exposition of Q Pro Re Theological Pro Re Scienta*. Unpublished Paper.

Weber, M.(1947), *The Theory of Social and Economic Organization*, New York: Oxford Univ. Press.

제2부 정치 · 저널리즘

정치부 기자들의 정치인 인식 유형 연구[*]

임 도 경

경희대 언론정보학과 객원교수

[*] 본 논문은 〈주관성 연구〉 제17호(2008. 12) pp.67–82 논문 전문을 재게재한 논문임을 알려드립니다.

정치부 기자들의 정치인 인식 유형 연구

1. 서론

1) 문제 제기

한국 언론의 환경은 6·29선언이 나오던 1987년을 기점으로 전환기에 들어서게 되었다. 그 전의 언론정책은 국가 차원의 정책 변화에 따른 부수적 변화라는 차원에서 초점이 맞춰졌다(유재천, 1991). 하지만 언론통제가 약화되면서부터는 언론의 자율성과 영향력이 신장되고 언론 그 자체가 '권력기구화'되고 있다는 지적이 나올 정도로 환경이 급변했다(한상진, 1994; 양승목, 1995; 조항제, 2002; 송호근, 2005). 이런 상황에서 언론 민주화보다는 이제 언론사 내부의 문제가 더 중요한 변수로 떠올랐다(유창하, 1990; 남효윤, 2006).

한편, 이병국(2003)은 국내에서 1980년대 후반부터 시작된 언론환경의 가시적인 변화로 세 가지를 들고 있다. 첫째, 국가개입이 줄면서 언론의 자유 또는 자율성이 개선됐고, 둘째, 시장개방으로 언론매체가 양적으로 팽창했으며, 셋째, 민주화와 함께 언론환경의 변화로 시민사회가 활성화돼 결과적으로 언론민주화를 위한 사회적 노력이 증가했다는 것이다. 이 결과 취재의 성역이 허물어지고 기자 개인의 뉴스선택 권한이 과거보다 현저하게 확대되었다는 것이다.

또한 기술적인 변화로 인한 매체환경 변화가 이끌고 있는 영향도 만만치 않다. 디지털 기술의 발전으로 이메일을 통한 '주문형 뉴스' 생산(김경희, 2002), 오프라인 뉴스에서 파생된 온라인 매체의 출발과 온라인 뉴스 룸의 통합(김사승, 2006), 온라인 시민 저널리즘의 대두(정회경·김사승, 2007) 등은 모두 이러한 변화의 대표적 예로 꼽힌다. 이 변화들은 매체 이용패턴뿐만 아니라, 정보의 생산과 유통 같은 보다 근본적인 기제에도 영향을 미치고 있는데, 특히 뉴스의 생산과 소비에 있어서 더욱 두드러지고 있다. 일례로, 전통적 뉴스 생산의 양식이 전체적으로, 또는 부분적으로 파괴되고 있다는 사실만 보더라도 그러하다.

저널리즘의 영역에서 뉴스의 생산과정(체계)은 일반적으로 권력 작용의 문제로 파악되었다. 예컨대, 건스(Gans, 1980)는 뉴스가 생산되는 과정을 일종의 '권력 체계(a system of power)'라 인식하였다. 또한 비슷한 맥락에서 슈메이커(Shoemaker, 1991)는 사회적 사건에 대한 특정 뉴스의 생성은 저널리스트 개인이나 소속된 미디어 기업의 차원뿐 아니라 정치, 경제, 문화를 아우르는 전체 사회체계(social system)의 권력적 경합의 결과물이라고 파악하여, 뉴스의 생산에 고도의 사회적 권력이 작용하고 있음을 지적하였다.

이렇게 볼 때, 뉴스 생산(과정)을 다루는데 있어서 문제의 핵심은 어떠한 권력 요소들이 뉴스의 생산과 유통에 영향력을 행사하는가를 탐지하는데 있다. 이에 따라 많은 선행연구들은 뉴스 생산을 좌우하거나 결정

짓는 주요 요소들을 파악하는데 관심을 기울였다. 예컨대, 경제적 비즈니스 모델 측면에서 뉴스 생산을 파악하거나(Croteau & Hoynes, 2001), 현실정치의 영역에서 파워 엘리트와 미디어 종사자 간 담합을 핵심 요소로 보거나(강명구, 2004), 전통적 게이트키핑(gate-keeping) 이론을 접목시켜 미디어 기업 내부 간 의사결정을 주요 변수로 설정하는 등 다양한 방향에서 논의가 전개되었다.

그러나 사회 전체의 민주화 과정이 발전적으로 진행되고, 현장 취재 기자의 역할이 강화되면서 뉴스 생산과정에서 외부 요인의 영향력은 상대적으로 감소되는 추세에 있다. 다시 말해서, 뉴스생산 과정에서 외적 요인보다는 내부 요인들에 의한 영향이 점차 커지고 있다고 하겠다. 특히 기자 개인의 영향력이 점차 커져가고 있는 것은 주시해야할 상황인 것으로 보인다. 예컨대, 2008년 2월, 청와대 수석 관련기사 삭제를 둘러싼 국민일보 노조의 반발이나 삼성 관련 기사의 보도 여부를 소재로 2006년 6월부터 약 1년간 지속되었던 이른바 '시사저널 사태'는 뉴스생산요인 연구에서 미디어 기업을 향한 외부 압력이나 조직 내부 통제에 쏠렸던 관심을 이제는 기자 개인의 역량에 기울여야 할 시점이라는 것을 잘 보여주었다.

이러한 국내 언론에서의 변화 양상은 한편으로 그간 뉴스생산의 영향 요인과 관련해 중점적으로 연구된 내부 조직구조나 외부 환경 위주의 논의들과는 다른 접근방법이 필요하다는 사실을 암시하고 있다. 이제까지 뉴스 생산과정을 다룬 저널리즘 연구는 비교적 거시 차원에서 이루어졌다. 즉, 미디어와 사회적·정치적·문화적 행위자의 권력관계가 어떤 방식으로 정보(뉴스)의 생산에 영향을 미치는지, 아니면 미디어 내부의 여러 관행이나 규범이 뉴스 생산양식에 어떠한 영향을 투사하는가에 초점이 맞춰졌다. 다시 말해, 기자 개인의 역할이 중요해졌음에도 불구하고 미시적 시각에서 개별 저널리스트가 갖고 있는 보도대상에 대한 인식과 태도를 개관하거나, 그런 요인이 뉴스 보도에 미치는 영향력을 규명한 연구는 별로 없었다. 그 때문에 나날이 중요도가 커지는 기자 개인의 인식이 뉴스생산에 미치는 영향을 파악하는 것은 상당한 의의를 지닌다고 할 수 있을 것이다.

이런 문제의식을 바탕으로 이 연구는 Q 방법을 통해 정치부 기자들의 정치인에 대한 인식의 유형과 상관관계를 밝히는데 초점을 맞췄다.

2. 연구방법 및 연구설계

1) Q 표본(Q sample)의 구성

Q 표본의 구조화는 연구자들이 자신의 관점을 부각시키는데 사용되지만 Q 표본의 선정을 훨씬 효율적으로 도와준다. 이때 구조화된 각 셀(혹은 차원)로부터 진술문은 철저하게 이질성의 원칙에 따라야 한다(Stephenson, 1953, p.65). 즉, 한 셀 안에서는 매우 다른 진술문들을 선정함으로써 연구설계의 제약효과를 최소화시킬 수 있다는 것이다. 내부의 변량보다 셀과 셀 사이의 변량이 더 크다고 전제돼야 전체적으로 그 표본은 종합적이고 포괄적이 될 수 있기 때문이다. 또 각 셀별로 같은 수의 진술문이 들어가기 때문에 표본은 대표성을 지니게 된다(김흥규, 2008, p.108).

본 연구는 Q 모집단을 구축하기 위한 예비연구를 시행했다. 3월 4일부터 3월 29일까지 25일간 3개 일간지(중앙일보, 경향신문, 세계일보) 정치부와 1개 방송사(MBC) 정치부, 8개 인터넷 뉴스 사이트(프레시안·

오마이뉴스 · 뷰스앤뉴스 · 뉴시스 · 데일리안 · 시사파일 · 고뉴스 · 민중의소리)의 현장 정치부 기자들 52명을 대상으로 정치인들에 대한 인식이 담긴 180여개의 1차 진술문을 받았다.

앞서 언급한 디머스와 웨크먼(Demers & Wackman, 1988)의 연구에 따르면 기자 개인의 인식에 미치는 영향 요소들은 그 현실적인 영향력의 차원에서 상당한 격차를 나타낸다. 즉, 저널리스트들은 미디어 조직의 강령보다는 직무 자율성 또는 기자라는 직업이 지켜야 할 직업적 관행에 더욱 충성스럽다는 것이다. 또한 비슷한 이유로 기자 개인이 맺는 사회적 관계로 인한 영향도 축소되는 것으로 밝혀졌다. 이는 저널리즘이 객관성 규범의 수행을 위해 개인적인 이해관계가 어느 정도 배제돼야한다는 전제 때문인 것으로 분석된다.

이런 연구는 유창하(1990)의 연구와도 맥이 닿아있다. 유창하는 뉴스가치기준, 직업관과 직업윤리, 그리고 사회적 자아의식의 네 차원 중 지연이나 학연 등이 포함된 사회적 자아의식은 중요기사에서 상당히 약하게 작용한다는 사실을 보여주었다. 다시 말해, 특정 정치부 기자가 정치와 정치인에 대하여 갖는 인식은 기자라는 전문직 직군에 소속됨으로써 얻게 되는 사회적 준거에 무엇보다 영향을 받을 공산이 크다고 할 수 있다.

디머스와 웨크먼(1988)이나 유창하(1990)의 연구를 종합해 보면, 기자들의 인식이 게이트 키핑에 작용하는 요인 중에서는 전문직업관과 직업윤리가 가장 강하게 작용하는 것으로 볼 수 있다. 이에 따라 정치부 기자들로부터 받은 180여개의 1차적 Q 진술문을 전문직업관(중립적, 참여적)과 직업윤리(취재원 중심, 수용자 중심) 등 두 차원을 채택해 진술문을 4차원으로 구조화해 각 셀별로 9개씩 배치했다.

정치부 기자들의 정치인 인식 유형 연구

2) P 표본(P sample)의 선정

본 조사는 신문(11명-조선, 중앙, 경향, 한겨레), 방송(5명-MBC, YTN), 인터넷(6명-프레시안, 오마이뉴스, 데일리서브라이즈, 고뉴스, 뷰스앤뉴스, 뉴데일리), 통신사(3명-연합통신) 등 25명의 현장 정치부 기자들을 대상으로 실시됐다. 예비조사 때와 달리 통신사를 포함시킨 것은 통신사가 각 언론사에 기사를 공급함으로써 미디어간 게이트키퍼 역할을 하는 중요한 위치를 차지하고 있기 때문이다. 출입처별로는 정치부 일진 기자들이 출입하는 청와대 10명, 초임 기자부터 중견급인 국회반장까지 정치부 경력기자가 골고루 배치되는 국회(여야 각 정당) 출입 15명으로 했다. 출입처별로 기자 수를 배분한 것은 정치부 경력이 가능한 경험이 적은 기자에서부터 오랜 경험을 가진 기자들까지 다양하게 선정하기 위함이다. 또 성별 차의 여지를 고려해 4명의 여성 기자를 포함시켰다. 그밖에 인구통계학적 자료를 얻기 위해 연령과 기자경력, 기자 개인의 정치적 성향도 질문에 포함시켰다.

3) Q 분류(Q sorting) 과정 및 절차

P표본으로 선정된 각 응답자(Q-sorter)에게 일정한 방법에 따라 Q 표본을 분류시키게 하는 것을 Q 분류라고 한다. Q 분류는 응답자가 특정의 주제나 이슈 또는 상황에 관한 자신의 마음 속 태도에 점수를 매겨 배치함으로써 모형화하는 것이다. Q 분류에는 강제 분류방법과 비강제 분류방법이 있는데, 본 연구에서는 36개의 진술문을 한 장씩 카드로 만들어 정상분포곡선 형태로 만드는 강제분류방법을 썼다. 강제분류방법은 P 표본의 판단 속에 들어있는 진술문 간의 비교 우위를 알아낼 수 있다는 점에서 더 유용하기 때문이다.

조사에서는 36개의 진술문이 적힌 카드를 조사대상자들인 P표본에게 읽게 한 후 1차적으로 동의하는 것, 중립, 동의하지 않는 것 등 세 그룹으로 나누게 했다. 그런 다음 가장 동의하는 +4점부터 +1점까지 배열하게 하고, 다시 가장 비동의 −4점부터 −1점까지 배열하게 한 후 나머지를 중립에 배치하는 방법으로 강제분포 시킨 후 아래 〈그림 1〉과 같은 분포도에 해당 진술문의 번호를 적게 했다. 조사 직후 대상 전원에게 동의도가 높은 6개의 진술문과 비동의도가 높은 6개의 진술문을 택한 이유에 대한 심층인터뷰를 실시하였다.

〈그림 1〉 Q 표본의 분포도

카드의 수	3	3	4	5	6	5	4	3	3
점수	−4	−3	−2	−1	0	+1	+2	+3	+4

가장 비동의　⇦　　중립　　⇨　가장 동의

4) 자료의 분석

각 매체 정치부 기자 25명에게 36개의 진술문에 대한 Q 분류를 한 후 분석을 위해 가장 비동의하는 진술문에 1점을 부과하고, 중립인 경우 5점, 가장 동의하는 진술문에 9점을 부여하는 등 점수화해 코딩했다. 분석은 QUANL PC프로그램을 이용해 수행했다.

3. 연구결과

1) Q 요인의 형성

본 연구에서 정치부 기자들이 정치인에 대해 갖고 있는 인식이 보도에 미치는 영향에 대한 유형은 3개로 분석됐다. 조사 전 진술문을 구조화 시켰을 때의 이론적 관점은 일종의 '조작적 정의'와 같은 것이기 때문에 실제 조사의 결과는 이와 다르게 나타날 수 있다. 각각의 유형은 정치부 기자들이 정치인에 대한 인식을 어떤 식으로 정치보도에 투영시키고 있 는 지를 중심으로 의식상태에 따라 비슷한 의견이나 생각, 태도를 가진 사람을 묶기 때문에 각 유형은 각각의 특성을 설명하게 된다.

전체 연구대상자 25명 가운데 제1유형에 속한 기자는 15명, 제2유형 에 속한 기자는 7명, 제3유형에 속한 기자는 4명이었다. 각 유형 내에서 인자 가중치가 높은 사람일수록 그가 속한 유형의 전형적인 사람으로서 그 유형을 대표한다고 볼 수 있다.

각 유형의 아이겐 값은 각각 8.3465, 2.0151, 1.5961이다. 다른 요인 에 비해 첫 번째 아이겐 값이 매우 큰 것은 아마도 변인(사람 수)이 14명 으로 많아서 나타나는 현상으로 볼 수 있다. 각 유형별 변량은 0.3339, 0.0806, 0.0638이다. 또한 이들의 합계는 0.4783으로 전체 변량의 약 48%를 설명하고 있음을 알 수 있다또한 각 유형간의 상관관계는 각 유 형간의 유사성을 보여주는 것으로 제1유형과 제2유형의 상관계수는 .531로 상관관계가 다소 높으며, 제1유형과 제3유형은 .324, 제2유형과 제3유형은 .348의 상관관계를 보이고 있다〈표 1 참조〉. R 방법론에서는 요인간 상관계수가 낮을수록 바람직하다고 말할 수 있다. 그렇지만 Q에 서는 높은 상관계수가 반드시 두 요인간 차이가 없음을 의미하지 않으 며, 오히려 이론적 개념들 간의 연계와 분리를 통해 새로운 연구가설을 만들어내는 데 참고가 될 수 있다.

〈표 1〉 유형간 상관관계

	제1유형	제2유형	제3유형
제1유형	1.000		
제2유형	0.531	1.000	
제3유형	0.324	0.348	1.000

각 유형별 특성과 차이를 파악하기 위해 각 유형에서 36개의 진술문 중 강한 긍정을 보이는 항목(표준점수 +1.00 이상)과 강한 부정을 보이는 항목(표준점수 −1.00 이상)을 중심으로 해석했다. 또한 각 유형의 특성을 보다 분명히 밝혀내기 위해 개별 진술문항에 대한 특정 유형의 표준점수가 다른 유형의 두드러진 차이를 나타내는 문항을 중심으로 해석했다. 또한 Q 표본 분류 당시 양극단에서 선택한 진술문의 내용에 대한 의견을 심층 인터뷰해 이를 유형의 특성을 해석하는데 참조했다.

2) 정치부 기자들의 유형별 특성

각 유형별 특성 분석에는 1차적으로 Q 분류를 한 분석자료와 함께 소팅 당시 P 샘플에게 동의도가 높은 6개 진술문과 동의도가 낮은 6개 진술문을 선택한 배경에 대한 인터뷰 내용이 참고됐다. 또한 2차적으로 실시된 각 유형의 대표값을 보이는 샘플에 대한 심층인터뷰와 이들이 작성한 기사분석까지 참고해 각 유형의 특성을 분석해보았다.

(1) 제1유형: 맥락 해석 중심형

제1유형은 뉴스 구성에서 개별적인 사안에 집중하기보다는 그 사안들을 형성하고 있는 맥락을 봐야한다는 입장이기 때문에 이들을 '맥락 해석 중심형'이라고 명명할 수 있겠다. 이들은 정치인 개개인의 움직임이나 특성 그 자체보다는 그런 요인들이 현장 정치권의 큰 흐름과 어떻게 연결을 갖고 있는 지를 큰 맥락 속에서 해석해주는 것이 정치부 기자의 역할이라고 생각한다. 이들은 취재원으로서 정치인에 대해 기본적으로 우호적인 시각을 바탕으로 하고 있으며, 언론의 역할과 정치발전이라는 큰 맥락 안에서 정보를 흐름에 맞춰 해석하고 기사를 쓰는 것이 자신의 역할이라는 유형이다.

이들이 정치인에 대해 갖고 있는 기본적인 시각은 긍정적이다. 정치인들이 배신을 밥 먹듯이 하는 존재, 환골탈태할 줄 모르는 뻔뻔한 인간, 권력 만족감에 취해서는 부류, 특권의식을 갖는 한심한 부류, 언론에 비친 가공물 등 진술문에 거론된 부정적인 이미지에 대부분 강하게 부동의하고 있다. 오히려 정치인들은 논두렁 정기라도 받고 태어난 특별한 사람들이라 개개인의 특장점을 유심히 본다는 측면에 더 강하게 동의를 하고 있다. 이들은 "사회적 가치를 최종적으로 결정하는 것이 정치며, 이해와 갈등을 통합하는 기능을 하는 것이 정치다. 이런 일들을 하는 정치인들은 분야별로 베스트 오브 베스트가 되는 것이다. 기자들이 싸움이 재미있으니까 그 관점만 쓰는데, 무엇이 옳으니 그르니 판단하는 것은 주제넘은 일이라고 본다."고 말한다.

그럼에도 불구하고 처세술에 넘어가 기사를 써놓고 후회를 하는 일에 대해서는 강한 부정을 하고 있어 선의로 바라보되 기자 본연의 임무인 객관성 유지의 선을 넘어서지 않겠다는 의지를 읽을 수 있다. 이들은 "기사는 기사거리가 될 때 나오는 것이지 접대로 나오는 것이 아니다"고 분명히 밝히고 있다.

이들이 해석자 입장에 서게 된 데는 정치부 기자로서 느끼는 사회적 책임감에서 비롯된 것으로 보인다. 이들은 사회적으로 정치인에 대한 인식이 부정적으로 자리 잡혀 스스로 정치 불신을 키우고 있으나 이러한 결과를 초래하기까지 그간의 언론에도 잘못이 있음을 인정하고 반성해야 한다는 입장이다. 이렇게 잘못된 시각을 바로 잡기 위해서는 사안 자체에 집중하기 보다는 맥락을 이해시키는 기사가 더 필요하다는 입장이다.

이런 관점은 젤리저(Zelizer, 1993)의 저널리스트의 역할에 대한 개념정의와 맞닿아 있는 것으로 보인다. 젤리저는 미디어가 정치과정의 '전달자(disseminator)'이자 '해석자(interpreter)'이자 특정 정치적 신념의 '옹호자(advocator)'이자 '비판자(adversary)'이며, 공적 차원에서의 정치적 토론을 주재하는 '중개자(mediator)'라고 하였다. 또 미디어는 사회적으로 중요한 의제를 설정하는 '의제 설정자(agenda-setter)'이자 정치 과정의 속도를 조절하는 '조정자(scheduler)'라고 했다.

이들의 인식 속에서 여론에 비친 정치인과 실제적인 정치인의 모습은 많이 다르다. 정치인들에 대한 국민 불신은 잘못 전달되거나 근거가 부족한데서 오는 것이 많다는 입장이다. 우리나라 정치 풍토는 나날이 개선돼가고 있고, 성에 차지 않지만 해가 거듭할수록 정치인들의 정책개발능력과 선량으로서의 기본 자세는 나아지고 있다고 한다.

정치인들의 부정적인 이미지 형성에 언론이 작용했다는 점에 대해서도 수긍하는 부분이 많다. 정치인들이 상황을 정략적으로 판단하고 행동할 수밖에 없는 것은 그들 개인의 성향 때문이 아니라 전체적인 정치판의 흐름 때문이며, 여기에 언론도 일조했다고 한다. 국회의원의 전문성이 떨어지는 것조차 언론이 마감에 쫓기거나, 전문성을 이해할 만큼의 수준이 안돼서 부각시키지 못한 언론도 책임이 있다고 말한다. 정치인이 이미지 메이킹에 과도하게 신경을 쓰는 것도 언론에서 포퓰리즘을 만들어내는 데도 기인한다고 한다.

이러한 이들의 시각은 미디어가 '매개된 정치 현실(mediated political reality)' 또는 '환상 결합(combination of fantasy)'을 수용자들에게 전한다는 전제(조영권, 2006)에서 출발한다. 실상 정치적 행위는 일반 대중이 직접 경험하기가 쉽지 않기 때문에 그 전체적인 해석은 어디까지나 미디어가 제공하는 지평 안에서 유효하다고 해도 과언이 아니다. 이 점에서, 정치 불신의 상당 부분은 현실을 제대로 구성하지 못한 미디어의 책임이라고 보는 시각을 갖고 있는 것이다. 부분보다는 맥락화를 중시하는 해석적 입장에 선 것도 이 때문이다.

하지만 이들이 설정한 해석의 틀은 물론 자신이 소속한 조직문화의 차원을 벗어나지 않기 때문에 분명한 한계가 있다. 본질적으로 투쟁적이지 않은 이들은 자신의 정치적 소신과 조직이 지향하는 정치적 이념이 다를 경우, 큰 갈등 없이 조직의 이념을 수용한다. 그래서 해석의 범주는 한정적이다.

(2) 제2유형: 취재원 밀착형

제2유형은 일단 정치기사의 중심 구도를 인물 그 자체에 두기 때문에 '취재원 밀착형'이라고 명명할 수 있겠다. 이 유형은 누가 그 말을 했고, 누구에게 이것이 불리하고 유리하는가라는 인물 중심적 관점이 기사구성의 기조를 이룬다. 이렇다 보니 자연스럽게 특정 인물 혹은 그룹의 시각을 중심으로 사건을 서술하는 입장에 서게 된다. 제1유형이 '정치발전'이라는 큰 맥락을 상정하고 그 속에서 정치인의 자리매김과 언론의 역할을 놓고 고심하고 있는 데 비해 이 유형은 특정인, 혹은 특정집단의 목소리가 무엇인가에 더 관심을 기울인다.

<표 2> 제1유형이 동의와 비동의를 보인 항목

번호	진술문	표준점수
27	정치인들은 부지런한데다 체력도 좋아 새벽부터 밤늦게까지 사람을 만나고 다니는 것을 보면 자기관리는 잘하는 사람들인 것 같다.	1.75
21	우리나라 정치인은 점점 돈을 덜 쓰고 있어 과거보다는 나날이 정치풍토가 개선되는 것 같다.	1.41
1	정치인들은 나름대로 논두렁 정기라도 타고난 사람들이라 각 개인의 특장점을 유심히 보게 된다.	1.34
23	정치인들의 자질은 일반인들이 밖에서 바라보듯 그렇게 낮은 수준은 아니라 가능한 좋은 점을 기사에서 보여주려고 노력하는 편이다.	1.25
24	성에 차지는 않지만 해가 거듭할수록 조금씩 정책개발 능력과 선량으로서의 기본자세는 나아지는 집단이라는 생각이 들어 나름대로 선의를 갖고 보게 된다.	1.22
22	정치인들 중에는 일에 빠져 열심히 하는 사람들도 상당한데 싸잡아 매도되는 경향이 있는 것 같아 이런 사람들을 부각시키려고 나름대로 신경을 쓴다.	1.19
26	정치인들이 상황을 정략적으로 판단하고 행동할 수밖에 없는 것은 그들의 개인의 성향 때문이 아니라 전체적인 정치판의 흐름 때문이며 여기에 언론도 일조했음을 인정한다.	1.11
25	정치인들에게 과거와 같은 권위주의적 태도는 많이 줄어들어 과거보다는 친근한 느낌이 든다.	1.08
20	순수성 여부를 떠나 정치인들은 나라와 국민을 위해 기여하고 싶다는 열정이 어느 직책에 있는 인사들보다도 높다는 생각이 들어 가능한 긍정적인 면도 기사에서 보여주려고 한다.	1.02

번호	진술문	표준점수
13	정치인 한 사람을 놓고 볼 때, 9할 정도는 언론에 비친 가공물이고 나머지 1할 정도는 상당부분 의심되는 존재라는 시각을 떨쳐 버릴 수 없다.	−1.00
18	정치인은 말 잘하고 목소리 큰 사람이 정치를 잘한다고 생각하기 때문인지 대체적으로 말도 많고 주장이 강한데 콘텐츠가 빈약해 기사작성에는 별 영양가가 없는 것 같다.	−1.01
8	우리나라 정치인들은 처세술에 능하기 때문에 기자인 나 자신도 정에 이끌려 기사를 써놓고 후회하는 경우도 있다.	−1.25
31	정치인은 늘 대접받기를 원하는 특권의식을 갖고 있어서 한심하다.	−1.39
11	정치인들은 국리민복을 위한 활동보다는 권력을 통해 느끼는 만족감에 더 취해서 사는 부류들인 것 같아 곱게 보이지 않는다.	−1.43
17	정치인은 자신들이 국민으로부터 조롱을 받는 대상인 줄 알면서도 환골탈태할 줄 모르는 뻔뻔한 부류의 사람들인 것 같다.	−1.91
14	정치인들은 누구든 가리지 않고 배신을 밥 먹듯 하는 존재들이라 귀에 대고 하는 말조차 믿지 못한다.	−1.94

하지만 이런 특성에 대해 그들은 "정치도 사람들이 모여서 하는 일이니까 원래 인간이라는 게 불완전할 수밖에 없다"며 "정치인 한 명 한 명을 이런 사람도 있고, 저런 사람도 있구나하는 판단을 한다"고 '인물 중심적' 성향으로 설명했다. 이들 중에는 "특정 그룹을 담당해서 취재하려면 그쪽 입장을 대변해줘야 가깝게 느낄 것이라는 전략적 판단에 따른 것"이라는 입장도 보이고 있다. 그러다 보니 기사에서 중심인물로 등장한 취재원의 인식을 반영하는 쪽으로 흐를 가능성이 높다. 이런 유형에게서는 특정 정치인 혹은 계파의 정치적 편향성이 쉽게 드러날 가능성이 높다. 누구를 지지하는지, 혹은 배타적으로 보고 있는 지 기사 속에서 확연하게 나타나기 때문이다. 그러다 보니 이들에게 '객관성' 유지는 늘 큰 부담이 될 가능성이 높다. 이들에게는 '누가 말했느냐'가 판단의 기준이 되기 때문에 같은 사안이라도 거론한 사람에 따라 시각이 완전히 달라질 수 있는 가능성이 상존한다. 한마디로, 한편으로는 감성적으로 밀착된 '동조자(sympathizer)'가 될 수 있고, 또 다른 한 편으로는 그 반대편에 설 수도 있을 것으로 보인다.

이들은 다른 어떤 진술문보다도 '정치인은 부지런하다' '논두렁 정기라도 타고난 사람들이다' 등 는 극히 개인적인 신상에 대한 것들에 가장 강하게 동의했다. 가장 강하게 부정하고 있는 진술문 역시 '정치인 한사람을 놓고 볼 때 9할 정도는 언론에 비친 가공물이고 나머지 1할 정도는 의심이 되는 존재들'이라는 인물에 대한 평가였다. 이들은 심지어 기자의 업무를 '인물을 파악하는 일'이라고까지 말하고 있다. "정치인은 능력이나 정치적 마인드나 무엇이든 장기를 갖고 있더라. 기자라는 것이 인물을 파악하는 직업이라 그렇게 보게 된다"며 인물 중심의 사고방식을 드러냈다.

〈표 3〉 제2유형이 동의와 비동의를 보인 항목

번호	진술문	표준점수
27	정치인들은 부지런한데다 체력도 좋아 새벽부터 밤늦게까지 사람을 만나고 다니는 것을 보면 자기관리는 잘하는 사람들인 것 같다.	2.00
1	정치인들은 나름대로 논두렁 정기라도 타고 난 사람들이라 각 개인의 특장점을 유심히 보게 된다.	1.69
33	우리나라 정치인들은 이미지 메이킹에 과도하게 신경을 쓴다. 이런 모습이 된 것은 언론계에서 일하고 있는 나도 일조한 바가 있는 것 같다.	1.64
30	정치적 가치나 이념을 추구하기 보다는 사람을 좇아 정치를 한다. 그래서 실력자들을 중심으로 한 계파 정치에서 벗어나지 못하는 한계를 안고 있어 기사도 그 범주를 벗어나지 못하는 것 같다.	1.43
24	성에 차지는 않지만 해가 거듭할수록 조금씩 정책개발 능력과 선량으로서의 기본자세는 나아지는 집단이라는 생각이 들어 나름대로 선의를 갖고 보게 된다.	1.40
28	우리나라 정치인은 노블리스 오블리주 정신이 부족하다. 공익에 대한 헌신을 앞세워 당선되지만 실제 개인의 이익에 의해 움직이기 때문에 권력남용 사건이 끊이지 않고 발생하는 것 같다.	1.10
34	우리나라 정치인은 재선, 3선 등 정치생명 연장을 위해서 수단과 방법을 가리지 않기 때문에 철새 정치인은 안 없어질 것 같다.	1.00
31	정치인은 늘 대접받기를 원하는 특권의식을 갖고 있어서 한심하다.	−1.16
14	정치인들은 누구든 가리지 않고 배신을 밥 먹듯 하는 존재들이라 귀에 대고 하는 말조차 믿지 못한다.	−1.22
8	우리나라 정치인들은 처세술에 능하기 때문에 기자인 나 자신도 정에 이끌려 기사를 써놓고 후회하는 경우도 있다.	−1.30
2	정치인들은 나름대로 열심히 하려 하는데 정당 구조의 틀 속에서 소신을 제대로 발휘하지는 못하는 괴로운 신세라는 생각이 든다.	−1.32
4	정치인들은 겪어보면 생각보다 순진하다는 생각이 들어 과거보다는 우호적으로 보게 되는 것 같다.	−1.38
9	우리나라 정치인은 자기중심의 낙천적인 성향이 강한데 그런 모습이 의외로 위기를 돌파하는데 저력으로 작용하는 것 같다.	−1.39
16	정치인들은 너나 할 것 없이 5년 내내 정권 쟁탈전에만 몰두하는 한심한 작태를 되풀이하고 있어 정치인 전체에 대해 본질적으로 냉소적 시각을 갖게 되는 것 같다.	−1.45
13	정치인 한 사람을 놓고 볼 때, 9할 정도는 언론에 비친 가공물이고 나머지 1할 정도는 상당부분 의심되는 존재라는 시각을 떨쳐 버릴 수 없다.	−1.80

정치인들이 이미지 메이킹에 과도하게 신경을 쓰는 데에는 언론의 탓이 있다는 진술문에 강하게 긍정하면서도, 이를 "정치부 기사 자체가 이미지를 통해 보여주는 것이 전부이다 보니 악순환이 계속되는 탓"이라고 설명했다. 이런 의식 속에는 정치부 기사가 '정치인 이미지'를 생산해내는 역할을 한다는 인식을 전제로 하고 있다는 점이 파악된다. 지극히 개인적인 관점으로 정치인을 바라보고 있는 것이다. 정치인에 대한 부정적인 인식은 포퓰리즘을 이끌고 있는 언론의 책임이라는 데 비중을 두고 있는 제1유형과는 시각차가 뚜렷했다. 부정적인 인식을 강하게 나타낸 대부분의 진술문들이 '낙천성', '순진성', '처세술', '배신' 등 개인감정에 집중돼 있었다. 이런 식으로 모든 판단에서 사안보다는 '인물' 중심의 코드가 작동하고 있다.

이들은 또 정치인들과의 자신의 관계에 대해 "사람인지라 스킨십이 많다보면 이해의 폭이 넓어진다" 혹은 "정치인과 자주 접하면 스킨십으로 호의적이 될 수 있다"고 말했다. 취재원과의 관계를 설명하는 '스킨십'이라는 말은 이 유형의 기자들에게서만 등장하고 있는데, 정치인과의 관계를 직업적 차원보다는 사람과 사람의 관계로 '개인화'해서 받아들이고 있음을 알 수 있다. 또 일부는 정치인에게 '연민'을 느낀다는 표현까지 하고 있었다. 이런 점이 긍정적으로 나타날 때는 문제가 없으나, 부정적으로 작용할 때는 편향성에서 문제가 되는 기사가 생산될 가능성도 있는 것으로 보인다.

(3) 제3유형: 기능 위주 판단형

제3유형을 '기능 위주 판단형'이라고 명명한 것은 다음과 같은 이유에서 비롯된다. 이들은 정치인의 행위를 이해하려는 입장에 서기 보다는 사안별로 판단하는 경향이 있다. 무엇보다 행위적 차원에서 '잘하느냐,

못하느냐'는 기능성이 중요한 판단의 기준이 된다. 어떤 대상이 주어진 역할을 제대로 하고 있는가를 판단의 준거로 삼다면, 이런 관점을 '기능 중심적'이라고 할 수 있을 것이다. 기능적 판단은 객관적인 판단과는 다르다. 기능성 판단의 중심축으로 판단자 중심의 '이용과 충족'이라는 관점이 작동하기 때문이다. 즉, 자신이 속한 조직이나 자신의 눈높이에 만족할 만큼 기능하고 있느냐는 것이 판단의 준거가 된다. 이들은 그런 관점에서 자신만의 '개인적 취향(personal policy)'을 강하게 갖고 있으며, 기자로서 자신의 임무는 비기능적이라고 판단된 정치인을 견제하는 일이라고 생각한다.

이들은 정치인에 대해서는 기본적으로 부정적인 인식을 강하게 갖고 있다. "기본적으로 자기 이익을 위해 움직이는 사람들이 정치인"이라고 믿는다. 다른 유형에 비해 부정적인 관점이 자리 잡고 있기 때문에 기사도 중립적이기 보다는 비판 그 자체에 초점이 맞춰질 가능성이 높다. 더군다나 이들의 체크리스트를 통과하지 못한 정치인들에게는 '혹평가(criticizer)' 역할을 할 때가 많다. 하지만 이들의 '체크리스트'를 통과해 순기능을 한 것으로 인정된 정치인에 대해서는 오히려 더 강하게 우호적인 보도를 할 수도 있다. 그러다 보니 양극화된 입장을 오가게 된다.

번호	진술문	표준점수
36	정치인은 지연과 학연 등에 따른 인맥을 중시해 실력있는 사람보다는 자기 사람만 주변에 두려고 하기 때문에 늘 인사문제가 중요한 기사거리가 되는 것 같다.	1.69
30	정치적 가치나 이념을 추구하기 보다는 사람을 좇아 정치를 한다. 그래서 실력자들을 중심으로 한 계파 정치에서 벗어나지 못하는 한계를 안고 있어 기사도 그 범주를 벗어나지 못하는 것 같다.	1.38
34	우리나라 정치인은 재선, 3선 등 정치생명 연장을 위해서 수단과 방법을 가리지 않기 때문에 철새 정치인은 안 없어질 것 같다.	1.38
7	정치인들에게 상황파악 능력이 뛰어난 것은 인정해줘야 할 것 같다. 늘 기발한 대응책을 잘 세우고 이것이 좋은 기사거리가 되기도 한다.	1.31
10	우리나라 정치인은 본인이 잘하려고 생각하지 않고 남이 못하기만을 기다리는 것 같다. 내가 이래서 된다가 아니고 누구는 이래서 안 된다는 식이다.	1.19
2	정치인들은 나름대로 열심히 하려 하는데 정당 구조의 틀 속에서 소신을제대로 발휘하지는 못하는 괴로운 신세라는 생각이 든다.	1.15
32	매년 수조 원을 주무르는 힘센 사람들이지만 그럴 자격이 있나 의심스럽다.	1.13
28	우리나라 정치인은 노블리스 오블리주 정신이 부족하다 공익에 대한 헌신을 앞세워 당선되지만 실제 개인의 이익에 의해 움직이기 때문에 권력남용 사건이 끊이지 않고 발생하는 것 같다.	1.01
6	그동안 정치인들에게 잘하면 본전, 못하면 쪽박이라는 모습을 보면서 인간적으로 안됐다는 생각이 들 때도 있어 가능한 매몰찬 표현은 안하려고 의식한다.	−1.12
14	정치인들은 누구든 가리지 않고 배신을 밥 먹듯 하는 존재들이라 귀에 대고 하는 말조차 믿지 못한다.	−1.14
5	이미지 정치시대라 그런 지 외모가 나날이 중요해지고 있는 것 같다. 외모가 뛰어나면 기자 입장에서도 호감을 갖게 된다.	−1.30
8	우리나라 정치인들은 처세술에 능하기 때문에 기자인 나 자신도 정에 이끌려 기사를 써놓고 후회하는 경우도 있다.	−1.95
3	정치인들의 접대를 받고 나면 가까운 사이가 된 것 같아 아무래도 호의적인 기사를 쓰게 된다.	−2.52

이들이 정치인에 대해 갖고 있는 부정적 인식은 선택한 진술문에서도 확연하게 드러난다. 이들은 정치인에 대한 부정적인 진술문에 강하게 동의했다. 자신이 계파 위주의 정치 기사를 쓸 수밖에 없는 것은 정치인

이 계파정치를 하기 때문이라는 비판의식도 강했다. 또 정치인은 정치 생명 연장을 위해 수단과 방법을 가리지 않기 때문에 철새 정치인은 절대로 안 없어 질 것이며, 정치인은 자기가 잘하려고 하지 않고 남이 못하기만을 기다리는 존재며, 매년 수 조원을 주무르나 자격이 없고, 공익 정신이 없어 권력 남용사건을 일으키는 부정적 존재라는 데 역시 강하게 동의했다.

이들이 정치인을 인물 특성보다는 기능적으로 평가하는 것도 눈에 띈다. 지연·학연 등 인사문제(36번), 계파정치(30번), 정치생명 연장에 수단과 방법(34번)을 가리지 않는, 상황파악 능력(7번) 등에서 가장 높은 동의도를 보였다. 이러다보니 자연히 정치인에 대한 긍정적 인식을 바탕으로 한 인물 중심의 판단에는 강한 거부감을 갖고 있다. 이미지 정치 시대가 나날이 중요해져서 기자 입장에서도 외모가 뛰어난 정치인에게 호감이 간다는 내용을 매우 강하게 부정했다($z=-1.30$). 인물 중심의 판단에 거부감을 보이는 이 유형의 특성을 잘 설명한다고 볼 수 있기 때문이다. "요즘 외모가 많이 중요해진 것은 사실이나 기자 입장에서 큰 변수가 아니다"고 말했다. 이 유형의 기자들에게 취재의 기준은 '팩트'지 '인물'이 아니라는 이야기이다. 특히 인물 중심성을 대변하는 '이미지'에 대한 진술문(5번)은 다른 두 유형과 정반대로 유일하게 부정적인 입장을 보였다.

이런 유형은 사람보다 행위 그 자체를 보기 때문에 비판에 지나치게 경도될 가능성이 높다. 그러다 보니 비판을 시행하기 위해 유리한 사실은 받아들이고 그렇지 않은 사실은 받아들이지 않으며 자신의 관점을 관철시키는 보도를 할 가능성도 있다. 따라서 키르하이머(Kirchheimer, 1990)가 확인한 바 있는 미디어의 지나친 부정적 보도는 정치에 대한 냉소나 무관심을 확산시킨다는 점에서 기능적 관점의 기자들은 이런 부작용에 대해 보다 관심을 가져야 할 것으로 보인다.

4. 논의

본 연구는 뉴스가 구성하는 사회적 현실이 객관성을 완전히 담보하지 못한다는 데서 출발하였다. 뉴스는 생산되는 과정에서 여러 층위의 영향을 받는다는 사실이 그간의 연구를 통해 밝혀져 왔고, 뉴스생산에 영향을 주는 요인은 게이트키핑 관점에서 이론적으로 체계화되었다. 그간의 게이트키핑 연구는 이데올로기 차원, 미디어 외적 차원(정부, 광고주), 미디어 조직 차원, 미디어 관행 등을 주축으로 발전돼왔다. 하지만 미디어 환경의 급속한 변화로 인해 뉴스생산의 1차적인 위치를 차지하고 있는 일선기자의 목소리가 나날이 확대되고 있는 추세에 있다. 이같은 제작현실을 감안하면, 앞서 언급한 요인들만으로는 뉴스생산 과정에서 일어나는 게이트키핑의 실체를 제대로 파악할 수 없는 한계를 가지게 된다.

따라서 본 연구는 기존 연구의 한계성을 벗어나고자 내적 게이트키핑에 중요한 영향을 미치는 현장 기자들의 취재원에 대한 인식(주관성)을 살펴보는 것을 목적으로 했다. 최근 들어 언론 환경의 변화에 따라 뉴스생산과정에서 점차 영향력이 확대되고 있는 현장 취재기자들의 인식을 밝히는 것이야말로 '뉴스 편견'의 직접적인 원인을 고찰하는 방법이 될 것이기 때문이다.

본 연구의 대상을 정치부 기자들로 삼은 것은 우리나라 언론 매체에서 정치 뉴스가 차지하는 비중이 가장 높다는 현실적 고려에 따른 것이다. 이규민(1994)이 지적한 것처럼, 우리나라 뉴스 미디어는 정치 이슈를 중심으로 보도를 구성하는 경향이 있다. 국내 언론 현실에서 정치부 기자들은 다른 어떤 부서에 비해 뉴스가 소비되는 과정을 통해 국민의식에 큰 영향을 미치고 있다. 이 때문에 바람직한 정치 뉴스 생산에 기여하는 것은 사회 전체에도 의미 있는 작업이 될 것이라는 판단도 작용했다.

이러한 연구목적을 배경으로 본 연구는 세 가지 연구문제에 입각하여 주관성을 연구하는 Q 방법론을 이용하였다.

첫 번째 연구문제는 정치부 기자들이 정치인에 대한 인식의 유형을 발견해내는 일이었다. 조사결과, 정치부 기자들이 정치인에 대해 갖는 인식은 크게 세 가지 유형으로 나타났다. 즉, 정치부 기자들이 정치인에 대해 갖고 있는 인식의 유형은 '맥락 해석 중심형', '취재원 밀착형', '기능 위주 판단형' 등 세 가지로 분류될 수 있었다. 물론 이 세 가지 유형은 모든 정치부 기자들의 인식 속에 공존한다. 하지만 Q 방법을 통해 발견한 유형화는 기자 개개인의 인지 속에 중심적으로 자리잡고 있는 유형을 찾아내는 작업이다.

'맥락 해석 중심형'으로 명명한 제1유형은 정치인에 대해 긍정적인 시각을 갖고 전체적인 맥락 속에서 정치적 사안을 판단하고 해석해주는 역할을 자임하는 유형이다. 또 취재원을 긍정적 관점에서 바라보면서도 기사 안에서는 객관화시키기 위해 나름대로 노력하는 유형이기도 하다. 이들의 고유한 접근방법은 정치행위의 의미를 맥락 속에서 파악하고 해석하기 때문에 출입처가 여야로 바뀌고 정권이 교체되는 변화가 온다고 해도 같은 사안에 대해서 맥락화를 하는 방법이 동일하게 전개될 것으로 예측가능하다.

'취재원 밀착형'으로 명명한 제2유형은 특정 정치인 혹은 정치계파와 밀착해 그 인물 중심의 보도를 하는 경향이 있다. 이 유형은 누가 그 말을 했고, 누구에게 이것이 불리하고 유리한가라는 인물 중심적 관점이 기사구성의 기조를 이룬다. 이 유형의 기자 중에는 기자의 업무를 "인물을 파악하는 일"이라고까지 말하기도 한다. 그러다 보니 '객관성' 유지는 늘 큰 부담이 될 가능성이 높다.

'기능 위주 판단형'으로 명명한 제3유형은 정치인을 기능적 관점으로 판단한다. 사실 중심의 기능적 관점으로 정치인을 평가하다 보니 인물 그 자체보다는 그들의 행위에 관심이 집중돼있다. 또 기능성 판단에는 '개인적 취향(personal policy)'이 작동하는 것으로 보인다. 조직 혹은 개인의 이해관계에 따라 기능을 하는 정치인과 그렇지 못한 정치인이 명확하게 구분되며 기사 역시 양극을 그대로 보여준다. 정치인에 대해서 본질적으로 부정적인 인식을 바탕으로 있기에 '혹평가'가 될 가능성이 높은 것으로 분석되었다.

두 번째 연구문제는 유형간의 상관관계에 대한 것이었다. 이미 앞에서 밝힌 것처럼, 한 기자 안에는 이 모든 유형의 특성이 다 존재하기 때문이다. 유형화는 이중 어떤 유형이 더 발전되어 있는가를 발견해내는 일이다.

조사 후 추가적으로 실시된 각 유형별 기자 인터뷰에 따르면, 정치부 기자들은 연차가 많아질수록 제1유형인 '맥락 해석 중심형'으로 갈 가능성이 있는 것으로 드러났다. 취재원 밀착형인 제2유형의 기자는 인물 중심으로 기사를 서술하는 이유에 대해 "아직은 복잡한 정치구도를 설명하는 기사를 쓰는 수준이 안돼서"라면서 "경력이 많아지면 코트 없이도 쉽게 이야기하듯 읽을 수 있는 정치기사를 쓸 수 있게 될 것이다" 말하고 있다. 또 견제 위주형인 제3유형의 기자 역시 "시각이 깊고 넓어지면 어떤 변화가 올 수 있을 것 같다"고 이야기 하고 있다.

이들 뿐만이 아니라 제1유형의 대표값을 보이는 기자조차 "나 역시 정치부에 처음 배속됐을 때는 정치를 대결이나 대립구조로 파악했다. 시간이 흐르면서 겉으로 드러난 것만 전달하려고 하면 사실 싸움밖에 없는 것이 정치라 이 사람들이 궁극적으로 추구하려는 게 무엇인지를 이해하려고 하면서부터 시각이 달라졌다"고 말했다.

이들의 인식을 종합해 보면, 정치권 전체를 조망하면서 큰 맥락을 읽고 이해할 만큼 연차가 쌓여갈수록 해석 중심의 기자가 될 수 있다는 생각을 갖고 있음을 알 수 있다. 그러다 보니 실제 전체를 조망하며 맥락화를 통해 정치 현장을 해설해주는 기사는 소위 말하는 정치부 1진 기자나 고참 경력 기자가 맡고 있다는 것도 참고할 만한 사항이다. 이는 우선, 경력이 쌓이면 많은 정보를 갖고 맥락화를 할 수 있는 능력을 갖추기 때문에 '맥락 해석 중심형' 기자가 되는 것으로도 볼 수 있다. 이를 다른 각도로 해석해보면, 이런 능력을 갖춰야 정치부 1진으로 성장할 가능성이 높기 때문에 경력 기자들이 맥락 해석 중심형 기자로 수렴되는 경향이 나타나는 것으로 이해할 수도 있을 것이다. 연구자 역시 오랜 정치부 기자생활을 통해 취재원 밀착형에서 맥락 해석 중심형으로 이동해간 경험이 있기 때문에 이런 분석은 현실적 가능성이 충분하다고 믿고 있다.

이번 연구 조사결과도 이러한 추세를 뒷받침해주고 있다. 유형별 Q표본의 인구통계학적 특성을 살펴보면, 정치부 연차가 오래된 기자들이 제1유형에 거의 다 집중돼있는 것을 알 수 있다. 반면 연차가 작은 기자들이 제2유형과 제3유형에 분산돼 있는 것도 확인할 수 있어 이들의 인식을 뒷받침해준다고 볼 수 있다.

〈표 1〉의 상관관계 행렬을 참고하면, 그 추이를 더 잘 파악할 수 있다. 제2유형은 연차가 많아질수록 제1유형으로 옮아갈 가능성이 가장 높은 것(0.531)으로 분석되며, 제3유형은 그보다는 약하지만(0.324) 제2유형과 마찬가지로 제1유형으로 이동할 가능성이 엿보였다. 그 가능성은 인물 중심으로 사안을 해석하는 제2유형과 기능 중심으로 사안을 해석하는 제3유형의 상관관계(0.348)와 비슷한 정도로 낮지만, 동질화 가능성

을 배제할 수 없는 수준이다. 이런 결과를 종합해보면, 세 가지 유형은 '진행형(on-going process)'상에서 이해할 수도 있다는 점이다.

이와 관련, 이규민(1994)의 정치부 기자들의 정치의식과 태도에 관한 연구를 한번 되짚어 볼 필요가 있을 것 같다. 이 연구는 우리나라 정치부 기자들은 나이가 많을수록, 기자직을 수행한 기간이 길수록, 그리고 정치부에 배속된 지 오래될수록 의식과 태도 모두가 보수화되어간다는 사실을 밝혀냈다. 맥락 해석 중심형 기사들이 보수적이라고 단언할 수는 없는 일이지만, 이들이 정치인들을 이해하고 그들의 입장을 존중하는 자세로 국민들에게 정치뉴스를 전달하는 역할을 자임한다는 점에서 보수적인 성향을 가지고 있는 것으로 판단될 여지가 있기 때문이다. 특히 비판과 견제를 중시하는 제3유형의 기자들에게는 제1유형의 기자들이 상대적으로 보수적으로 보일 것으로 예상할 수 있다. 같은 사에 소속된 정치부 기자들 사이에도 이런 시각차로 인해 갈등이 상존하는 것이 사실이다.

물론 시간의 추이에 의해 유형간의 상관관계를 설명하는 것만으로 전체를 설명할 수는 없을 것이다. 제2유형인 취재원 밀착형에 10년차인 5번이 포함된 것도 눈여겨 봐야할 부분이다. 이는 시간의 흐름과는 관계없이 유형의 특성을 자신의 '스타일'로 갖고 가는 기자 역시 존재한다는 사실을 알 수 있게 한다. 이처럼 개인에 따라 한 가지 유형을 끝까지 지켜가는 기자들이 존재하는 현실까지 고려한다면, 제2유형과 제3유형의 기자들이 정치뉴스에 미치는 영향을 한 번 고려해봐야 할 필요가 있다. 제1유형의 기자들은 제2유형과 제3유형은 정치불신 풍토 조성에 이들이 미친 영향을 놓고 깊이 고민해야 한다고 말하고 있다. 제2유형은 밀착된 정치인을 제외한 다른 정치인의 목소리를 배제한다는 측면에서, 제3유형은 관점에 따라 양극을 오가며 건전한 비판보다는 비난을 행할 가능성이 높다는 측면에서 정치불신을 조장할 기사를 작성하게 될 확률이 더 높다는 것이다.

이러한 제1유형 기자들의 우려를 고려한다면, 유형화를 바탕으로 '바람직한 정치부 기자'상을 정립해 재교육의 방향을 설정하는 것도 진지하게 고려해볼만한 일이라고 여겨진다.

▒▒■ 참고문헌

강명구(2004), 「한국 언론의 구조변동과 언론전쟁」, 『한국언론학보』 48권 5호, 340-
  344.

김경희(2002), 「이메일 주문형 뉴스의 주관적 기사 쓰기 방식에 관한 연구: 기자들의
  뉴스생산과정과 이용자 태도를 중심으로」, 『한국언론학보』 46권 2호, 67-
  100.

김사승(2006), 「온-오프 뉴스 룸 통합에 의한 간부 통제기능의 변화가능성에 대한
  분석: 뉴스 생산과정의 변화를 중심으로」, 『한국언론학보』 50권 3호, 122-
  152.

김흥규(1996), 「Q 방법론의 유용성 연구」, 『주관성 연구』 제1호, 15-33.

_____(2008), 『Q 방법론: 과학철학, 이론, 분석 그리고 적용』, 서울: 커뮤니케이션
  북스.

남효윤(2006), 「언론보도와 통제 요인에 관한 연구: 지역신문의 규모를 중심으로」,
  언론과학연구』 6권 1호, 115-146.

유창하(1990), 「Gatekeeping의 내적 통제에 관한 연구: 기자들의 뉴스 가치관과 보도
  내용을 중심으로」, 『신문학보』 25호, 315-331.

송호근(2005), 「언론의 보수적 권력화와 지체된 전환. 임상원(편)」, 『한국 사회와 언
  론 콜로키움 보고서』, 131-153.

양승목(1995), 「한국의 민주화와 언론의 성격 변화: '자율언론'의 딜레마」(pp.93-
  146). 유재천(외), 『한국 사회변동과 언론』, 서울: 소화.

_____(1997), 「언론과 여론: 구성주의적 접근」, 『언론과 사회』 17권 26호, 117-135.

유재천(1991), 「한국 언론의 생성과 발전과정」, 언론연구원(편), 『한국의 언론 1』
  (pp.17-84), 서울: 한국 언론연구원.

이규민(1994), 「한국 정치부 기자들의 정치의식 및 태도에 관한 실증적 연구」, 석사
  학위논문, 서울: 연세대학교.

조항제(2002), 『한국의 민주화와 미디어 권력』, 서울: 한울 아카데미.

정회경 · 김사승(2007), 「온라인 시민저널리즘의 뉴스생산양식 특성에 관한 분석」,
  『한국언론학보』, 51권 2호, 124-153.

Berger, P. L. & Luckman, T.(1966), *The social construction of reality: A treatise in the
  sociology of knowledge*. New York: Doubleday.

Croteau, D. & Hoynes, W.(2001), *The Business of Media: Corporate media and the public interest*. 김영기 · 김규원 · 한선 역(2003), 『미디어 비즈니스』. 서울: 한올 아카데미.

Demers, D. P. & Wackman, D.(1988), Effect of chain ownership on newspaper management goals. *Newspaper Research Journal*, 9, 59–68.

Gans, H. J.(1980), Deciding what's news: A study of CBS Evening News, NBC Nightly News, *Newsweek and Time. New York*: Vintage Books.

Kirchheimer, O.(1990), The Catch–all Party. In M. Peter (Ed.) *The west european party system*. Oxford: Oxford University Press.

Shoemaker, P. J.(1991), *Gatekeeping*. New York: Sage.

Shoemaker, P. J. & Reese, S.(1996). Mediating the message: *Theories of influences of mass media content*, New York: Longman.

Stephenson, W.(1953), *The study of behavior. Q technique and methodology*. Chicago: University of Chicago Press.

Zelizer, B.(1993), Has communication explained journalism?. Journal of Communication 43(4), 80–88.

정치부 기자들의 정치인 인식 유형 연구

새터민들의 주관성과 남북한 동질성
회복을 위한 방향[*]

길 병 옥 · 김 창 남
충남대 평화안보대학원 교수 · 경희대 언론정보대학원 교수

* 본 논문은 〈주관성 연구〉 제19호(2009. 12) pp.17–41 논문 전문을 재게재한 논문임을
알려드립니다.

새터민들의 주관성과 남북한 동질성 회복을 위한 방향

1. 서론

새터민과 관련하여 주요 문제점으로 지적되어 사항이 탈북이후 생존권, 신변안전 및 인권, 탈북 후 생활안정문제, 국제난민지위 부여문제 등이다(길병옥, 2005).[1] 북한이탈주민들의 주요 탈북루트는 군사분계선

---

[1] 새터민 또는 북한이탈주민은 「북한이탈주민의 보호 및 정착지원에 관한 법률 제2조」에 근거 북한에 주소, 직계가족, 배우자, 직장 등을 두고 있는 자로서 북한을 벗어난 후 외국의 국적을 취득하지 아니한 자를 기본으로 하여 대통령령이 정하는 죄(내란의 죄, 외환의 죄, 공무상 비밀누설의 죄, 반란의 죄, 이적의 죄, 국가보안법 및 군사기밀보호법에 규정된 죄)를 범하여 금고이상의 형이 확정되지 않은 자를 의미한다. 본 연구에서는 새터민, 북한이탈주민과 탈북자를 혼용하여 사용하였다. 탈북자에 대한 호칭은 과거 월남귀순자(1962년 이후), 월남귀순용사(1978년), 귀순북한동포(1993년), 북한이탈주민 또는 탈북자(1997년), 새터민(2000년대 이후) 등 다양하게 변화되어 왔다. 하지만 현재 북한이탈주민이라는 호칭은 변절자라는 부정적인 느낌 때문에 "새터민," "자유이주민" 또는 "탈북정착민" 그리고 해외에 있는 사람들은 "탈북난민"으로 부르는 것이 바람직하다고 본다.

을 통하는 경우, 육로 또는 선박을 통해 제3국을 통해 탈북하는 경우, 그리고 중국 국경과 동남아를 통해 탈북하는 경우 등 여러 가지 유형이 나타나고 있다. 또한 탈북유형도 개인에서 가족단위로, 생계형에서 자발적 이주유형으로 전환되고 있다. 즉, 탈북자의 구성과 탈북 동기는 이념적인 면에서 귀순이나 경제적인 생계형 탈북을 지나 이제는 더 나은 삶을 추구하기 위한 대량이주형으로 바뀌고 있다.

국내적인 부분에 있어서 정부는 새터민 정착지원 종합대책을 수립하여 "북한이탈주민의 보호 및 정착지원에 관한 법률"(2007)에 의거하여 국내정착을 지원하고 있다. 하지만 남한 사회내의 편견, 탈북자 수용능력의 한계 및 제도적 미비, 사회 적응에 있어서의 어려움 등이 문제를 가중시키고 있다(서재진, 2002). 정부의 예산확보 미흡도 하나의 문제점으로 남아 미비, 탈북자들의 취업률, 범죄율 등이 증가하여 사회문제로 인식되는 부분과 극단적으로는 한국에 적응하기 어려워 재입북했다가 다시 재탈북하는 사례도 있다.

최근 북한이탈주민이 매년 2,000명 이상 입국하는 관계(2007년 12월까지 총12,254명 입국)로 정부의 예산, 인력 및 제도적인 문제점이 한계로 대두되고 있다(통일부, 2009). 또한 새터민 관련하여 정부의 외교적 기능이 미흡한 관계로 보다 더 적극적인 외교 노력이 필요하다는 정책적 의견이 전개되고 있다. 정부가 그동안 탈북자들에 대한 외교적 대응 부분에 있어서 "조용하지만 적극적인 외교"를 펴온 것은 사실이지만 내부적으로는 많은 부분 효과적인 외교역량의 발휘를 기대하고 있다.

정책적으로 대탈북자에 관한 외교적 대응은 사실상 원활한 대중국외교 및 대북한관계 유지와 더불어 탈북자 보호 및 조기정착을 위한 것이었지만, 실효성에 있어서는 많은 문제제기가 되어온 것 또한 사실이다. 최근 중국내 탈북자 규모가 약 10만 명 내외에 이른다는 유엔난민고등판무관(UNHCR)은 추정하고 있고 탈북자를 지원하는 민간단체들은 그 규모가 많게는 50만 명 이상 이라는 주장을 펴고 있기 때문에 앞으로 탈북자의 한국행은 지속적으로 증가될 수밖에 없을 것으로 보인다(Kim, 2008). 탈북자들의 안전한 한국행을 위해서는 국제적인 외교협력이 절실히 필요하고 원만한 한국정착을 위해서는 그들을 바라보는 편견을 일소할 수 있는 국민적 합의가 절실하다.

특히 해결해야 될 가장 시급한 과제중의 하나는 남한 내의 국민적 통합뿐만 아니라 점차 그 간격이 벌어지고 있는 남북한간의 사회적 시각차이다. 하지만 남북한 간의 사회적 합의에 대한 논의가 부족한 면이 없지 않았고 점차 탈북자들이 증가됨에 따라 남한 사회내의 부정적 시각이 문제시되어 왔다. 탈북자들의 한국 내 적응장애현상은 인성 및 가치관의 차이문제, 사회문화적 이질성에서 오는 사회 적응문제, 자아상실감과 정체성의 혼란에서 오는 심리적 불안정, 정치 및 경제체제의 경험 차이에서 오는 경제적 불안정 및 실업 등 문제가 여러 방면에 걸쳐 있다.

대부분의 통일 논의는 남북한의 사회적 시각차 및 문화적 이질성의 심각성을 지적하고 그 동질성의 회복을 강조한다. 특히 민족 고유의 가치와 전통 그리고 동일 역사의 공유와 동일 언어의 사용을 바탕으로 남북 간 서로의 이해를 증진시켜 통합기반을 마련하고 민족 동질성의 확보 및 문화적 변용을 통한 동질화를 추구하는 것이 곧 문화적 통일을 이룩하는 것으로 본다(통일부, 2009). 이러한 문화적 통합(cultural integration)에는 문화의 다양성에 대한 이해와 수용능력의 배양이 기본적인 전제이다. 즉, 다양한 하위문화들을 인정하고 그것을 수용하면서 전체로서의 하나의 문화체계를 이룩해 나가는 것이 필요하다.

보다 더 구체적으로 기술한다면, 실제적으로 또는 잠재적으로 형성되어 있는 탈북자들에 대한 견해차를 그들이 바라보는 남북한 관계 및 정부의 대북정책 등에 대한 가치유형을 파악하여 그 시각차를 줄이는 것이 문화적 통합의 한 방향이라는 점을 지적하고자 한다. 이제까지의 문화적 통합방법은 다양한 차원에서 지적 교류와 문화적 교류를 확대하여 이질적인 문화와 사상, 철학 등에 대한 논의의 장을 확대하는 것이 주된 것이었다. 하지만 본 연구에서의 논의는 탈북자들이 가지고 있는 문화적 그리고 심리적 정치학을 먼저 파악하고 그 내용을 바탕으로 민족 동질성의 확보 및 사회적 통합에 기여하는 방안을 마련하는데 있다.[2]

연구의 주목적은 최근 변화되고 있는 동북아 국제정세 속에서 북한이탈주민들이 앞으로의 남북한관계, 통일 관련 주변환경 변화, 정부의 대북정책 등을 어떻게 인식하고 평가하는지를 파악하는 것이다. 구체적으로 북한이탈주민들이 가지는 남북한 관계 및 통일에 대한 그들의 고유한 자주성이 있는 인식, 즉 "자결적 주관성"(operant subjectivity, 自決的 主觀性)을 분석하고 평가하는데 있다. 본 조사는 Q 방법론을 통한 북한이탈주민들의 인식과 평가를 토대로 그들이 가지고 있는 "자아참조적 가치관"(self-referential values, 自我參照的 價値觀), 즉 자결적 주관성을 도출해 내어 보다 더 현실적인 정책을 수립하고 집행하는데 대체적 방안을 제공하고자 한다. 또한 본 연구는 탈북자들의 대북한 및 통일에 대한 견해를 설명하는 기존의 이론적 및 방법론적인 해석에서 미비한 점이나 부족한 점을 찾아내고 더욱 발전시킨다는 데에도 그 목적을 두고 있다. Q 방법론을 통해 연구된 북한이탈주민들이 바라보는 견해는 정책입안자가 어떻게 남북한 관계를 수립하고 이행해 나가야 하는지에 대한 방향을 제시한다는 점에서 그 시사점이 크다고 본다.

---

2 문화적 통합 또는 동질화 등의 용어사용에 대한 견해차가 있지만 본 연구에서는 거시적인 측면에서 사회적 통합의 한 차원으로 분석하였다.

2. 연구설계 및 방법론

1) 연구범위

본 연구의 조사대상(응답자, p-set) 범위 면에 있어서 새터민 또는 북한이탈주민들은 앞서 정의한 것과 마찬가지로 현재 남한에 거주하고 있는 북한에 주소, 직계가족, 배우자, 직장 등을 두고 있는 탈북자들을 의미한다. 구체적인 조사대상은 동북아의 국제질서가 변하기 시작하는 시점인 1990년 이후 남한에 이주한 북한이탈주민들이 포함된다. 본 연구에서 주지할 사항은 Q 방법론이 회귀분석(regression analysis)에서와 같이 통계학적 일반화는 시도하지 않고 응답자가 분류한 결과자료(Q-sort)에 대해 상관관계를 설정하기 때문에 다수의 표본은 요구되지 않는다는 점이다.

Q 방법론에서 조사대상자들의 구성은 비록 표본이 작을지라도 윌리엄 스티븐슨(William Stephenson)이 여러 저서에서 지적한 바와 같이 그 개인들의 자결적 주관성 또는 사회적 콘코스(social concourse)를 충분히 내포하고 있다면 Q 요인분석이 가능하다는 논점에 바탕을 두고 있다(Stephenson, 1953). 하지만 학계에서는 Q 방법론상 연구대상의 구성은 아무리 적어도 3-4명, 평균적으로는 30여명의 응답자의 구성이 필요하다는 것이 통설이다(Brown & Kil, 2002; Brown, 1980). 본 연구에서는 200명(2004년 및 2008년 각각 100명)의 북한이탈주민들이 조사대상으로 구성되었지만 통계학적으로 유의한 156명(2004년 74명, 2008년 82명)의 자결적 주관성 유형이 결과로 도출되었다. 나머지 응답자의 분석결과는 Q 분류를 잘못하였거나 통계학적으로 유의하지 않은 경우이었다.

연구조사의 기본설계는 다음과 같다. 조사대상자는 남한에 있는 탈북자들 중 만 20세 이상의 성인남녀로 하고, 표본의 크기는 200명(2004년 및 2008년 각각 100명)으로 하였다. 지역은 서울과 대전지역을 중점적으로 선정하였고 자료수집 방법은 구조화된 설문지에 의한 일대일 개별 면접법으로 하였으며 표본추출 방법(p-set)은 연구대상의 대표성을 최대한 고려 다음의 항목들을 기준으로 선정하였다. 남녀성비는 가능한 그 비율 면에서 동등하게 하고 연령은 20대, 30대, 40대, 50대, 60대 이상; 교육정도는 초졸, 중졸, 고졸, 대졸 이상; 직업은 농민, 노동자, 관료 및 전문인, 학생, 기타 등 개인특성이 가능한 범위에서 대표성을 가질 수 있도록 표본을 선정하였으나 통계적으로 유의한 응답자는 156명(2004년 74명, 2008년 82명)이었다.

본 연구를 수행하는데 있어서 응답자에 대한 진술문의 응답지침은 각각의 Q 진술문에 대해 "내 개인의 생각으로…" 또는 "내 시각에서는 …," "나는…라고 생각한다"이고, 응답자들에게는 진술문에 대해 어떻게 생각한다는 점을 Q 분류도(-4~+4)에 맞게 순위적으로 분류하게끔 요청되었다. 이러한 연구방법은 진술문에 대한 당위성, 정당성 등을 고려하는 것이 아니고 개인의 시각에 따라 Q 분류한 가치관(개인의 주관적 견해로 표출된 유형)에 대한 조사를 하는 것이다. 자료분석은 Q 분류 및 자료입력 등의 과정을 거쳐 Q Method(http://www.rz.unibw-muenchen. de/ ~p41bsmk/qmethod)를 이용하여 처리하였다.

2) 연구설계

본 연구는 개인이 가지고 있는 자결적(self-determinant or operant) 또는 자아 참조적 주관성(self-referential subjectivity)을 과학적으로 연구하는 Q

방법론을 사용하여 북한이탈주민들이 느끼고 있는 남북한관계 및 통일에 대한 시각과 앞으로의 전망을 조사하였다. 여기서 자결적 주관성 또는 개인의 가치체계는 "주관적인 영역으로서 특정한 정치행위에 의미를 부여하거나 강조하기 위한 신념체계"라고 볼 수 있다(Pye, 1965). Q 방법론을 사용하는 목적은 북한이탈주민들이 가지고 있는 개인의 주관적 시각이나 견해, 고유한 정치이념, 정치의식 및 신념체계에 대한 구체적 유형을 찾아내고자 하는데 있다.

간단히 말하면, Q 방법론은 연구에 참여하는 응답자들에게 Q 진술문을 평가하여 순위적으로 분류하게 함으로써 나타난 결과유형을 분석하는 방법론이다. 일반 연구조사방법의 설문에 해당하는 진술문의 구성은 분석학적으로 콘코스(concourse) 이론에 근거하였다(Brown, 1980). 콘코스 이론은 특정개념의 의미에 대한 모든 가능한 표현을 총체적으로 분류하고 설명하는 이론이다. 진술문은 기존의 남북한 관계 및 통일에 대한 이론과 과거, 현재, 그리고 미래의 대한 일반적 견해를 범주로 하여 만들어졌다. 구체적으로, 진술문은 남북한 관계 및 통일에 대한 이론과 사회 저변의 의견을 종합하여 위의 두 범주가 포함되도록 구성되었다.

따라서 본 조사에서 사용된 Q 진술문은 과거, 현재, 그리고 미래의 차원과 군사, 경제, 외교 및 민족주의를 나타내는 차원으로 하여 각각 3가지의 서로 다른 진술문을 산출해 내고, 이를 조합하여 3×4×3 = 36개의 Q 진술문을 도출해 내었다(〈그림 1〉 참조). Q 방법론의 분석적 기법에 의하면, 진술문의 수는 12개, 24개, 36개, 48개 또는 그 이상이 될 수도 있다. 다음으로 응답자인 북한이탈주민들에게 36개의 진술문을 그들의 느낌에 가장 부합하는 것(+4)으로부터 부합하지 않는 것(−4)까지 강제적 정규분포(forced normal distribution)에 따라 순위적으로 분류하게끔 요청되었다(〈그림 2〉 및 〈그림 3〉 참조). 여기서 0은 응답자인 북한이탈주민들의 시각에 잘 이해가 되지 않거나 별 의미가 없는 것을 나타낸다.

<표 1> Q 진술문을 구성방법 및 Q 진술문 [N(진술문)이 36개인 경우]

구분 \ 차원	군사	경제	외교	민주주의
과거	1 2 3	10 11 12	19 20 21	28 29 30
현재	4 5 6	13 14 15	22 23 24	31 32 33
미래	7 8 9	16 17 18	25 26 27	34 35 36

1. 과거 남북관계는 외부세력의 간섭에 의한 대립관계 속에 있었다.
2. 남북 불가침 선언은 실질적 구속력이 있는 것이 아니고 허상에 불과하다.
3. 남북한 사이의 군사적 힘의 균형이 냉전상태를 유지해왔다.
4. 군사력 부분에 있어서 아직 남한은 북한의 상대가 되지 않는다.
5. 최근 북한의 태도 변화는 남북간 군사당국자 회담 결과이다.
6. 남북정상회담이후 남한국민들의 안보의식이 결여되고 있다.
7. 평화는 역사나 국제질서에서 볼 수 있듯이 힘을 가진 자 만이 지킬 수 있다.
8. 동북아의 지정학적 특성상 이 지역 국가 간의 세력경쟁은 지속될 것이다.
9. 상황에 따라 힘에 의한 무력통일은 가능하다고 본다.
10. 대북 경제협력은 주변국 관계 및 한반도의 지정학적 특성이 반영되었다.
11. 북한에 대한 실질적인 도움을 줄 수 있는 나라는 동구권 국가들이나 중국이다.
12. 이제까지의 남북경제협력은 북한의 변화에 큰 도움을 주었다.

13. 북한에 대한 무리한 경제협력 및 식량지원은 바람직하지 않다.

14. 경제협력만이 북한의 점진적 변화 및 통일을 향한 유일한 돌파구이다.

15. 남북경제협력 유지는 앞으로 경쟁을 위한 준비단계에 지나지 않는다.

16. 북한은 앞으로 남한의 실질적인 경제적 협력자가 될 것이다.

17. 북한과 미국 및 일본을 비롯한 서방과의 경제관계 개선은 필수적이다.

18. 북한의 시장경제로서의 전환은 가능하다고 본다.

19. 국제적으로 남한은 북한에게 이용만 당해왔다.

20. 냉전시대 남북간 경쟁외교는 필수불가결 하였다.

21. 한미외교 및 안보동맹은 한반도 평화유지에 있어서 최우선시되는 사항이었다.

22. 남한은 북한의 국제사회 진출에 적극적으로 협조해야 한다.

23. 남북관계 개선은 국제기구를 통한 화해와 협력의 차원에서 발생한 것이다.

24. 북한과의 관계에 있어서 남한의 평화외교 및 공조는 그 성과가 괄목할 만하다.

25. 국제기구나 주변 강대국들과의 협력을 통한 남북간 평화정착이 바람직하다.

26. 외교를 통한 북한과의 관계개선은 실질적인 평화를 이룩해내지 못한다.

27. 미군의 남한주둔은 남북관계 개선 및 통일에 별로 도움을 주지 못한다.

28. 과거 통일론은 감성적이거나 민족적 이상론에 불과 했다.

29. 어떠한 상황에서라도 민족통일은 반드시 이루어져야 한다.

30. 정치적 이념에 의한 통일론은 실질적인 남북관계개선 및 민족통일을 방해해왔다.

31. 남한 내부에서의 이념적 갈등이 현재 심화되고 있다.

32. 화해와 통일을 위해서는 민족의 정체성을 찾는 것이 시급하다.

33. 남북관계개선은 외부환경개선보다 민족의 동질성 회복노력에 의한 것이다.

34. 남북통일은 체제보다는 민족주의를 바탕으로 민족의 이익을 위한 것이어야 한다.

35. 현실성과 실용주의를 바탕으로 한 통일이 바람직하다.

36. 남북관계개선 및 통일은 남북 당사자들만이 해결해야 한다.

Q 분류 강제적 정규분포도에 나타난 바와 같이 응답자들은 각각의 진술문이 해당하는 측정치의 빈도수에 맞추어 각 칸에 진술문의 번호를 1개씩 기입함으로써 Q 분류가 된다. 응답자들의 견해를 통해 수집된 데이터(Q-sort)는 응답이 함유하고 있는 고유한 특성을 보존하는 연구방법(요인분석, factor analysis)을 사용하여 통계적으로 처리된다. Q 방법론의 기법에 따라 36개의 진술문에 대한 Q 분류가 끝나면 최대변수회전(varimax rotation)에 의하여 진술문의 상관관계 및 요인을 분석하게 되고 그 결과를 해석하게 된다. Q 분류 결과, 주관적 견해가 비슷한 사람들(즉, 기본적으로 Q 진술문을 같은 순서로 분류한 사람들)은 그들과 같은 견해를 가지고 있는 사람들과 같은 그룹에 속하게 된다. 각 그룹들은 자결적 또는 자아참조적 주관성의 범주를 의미한다.

〈그림 1〉 Q 분류 분포도[N(진술문)이 36개인 경우]

측정치	−4	−3	−2	−1	0	+1	+2	+3	+4
빈도수	3	3	4	5	6	5	4	3	2

〈그림 2〉 Q 분류 강제적 정규분포도[N(진술문)이 36개인 경우]

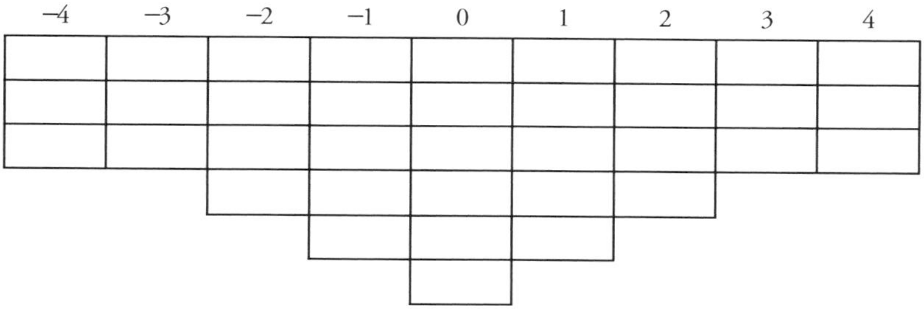

Q 연구의 특징은 "집단 내에 분포하는 주관성의 유형과 각 유형의 상대적 강도만을 제시할 뿐 이들간의 비율이나 상관관계에 대한 일반화는 시도하지 않는다"는 것이다(이현출 · 길병옥, 2000). Q 방법론의 또 하나의 특징은 응답자 개인의 시각이나 가치관에 따른 자결적 반응(operant response)을 조사하기 때문에 조사자에 의해 이해된 조작적 정의(operational definition)는 필요하지 않다는 것이다. 또한 Q 방법론은 연구자와 연구대상의 단절을 극복했다는데 방법론적 의의가 있다. 다시 말하면, 행위자 스스로의 조작을 통해(Q−sorting) 자신의 견해를 Q 진술문과 비교하여 사유하고 그것을 객관적인 구조물(operant framework), 즉 Q 분류 정규분포도 안에 투영시킴으로서 그동안 조사방법론에 있어서 많은 논란이 되어온 설명(explanation)과 이해(understanding)의 구분을 희석시킨 데 있다(김홍규, 1996).

3) 해석학적 분석

본 연구에서 북한이탈주민 개개인들이 가지고 있는 고유한 가치체계 및 의식은 전체 사회체제의 한 부분으로 해석된다. 여기에서 특정개인들의 가치체계가 표출하는 정치문화의 일반성을 비교 · 분석하는 동시에 개개인들의 정치적 주관성에서 나타나는 구체성을 띄는 가치체계를 파악하고자 한다. 결과로 북한이탈주민들이 가지고 있는 주관성의 전반적인 흐름에 대해 분석한다. 해석학적 분석은 특정개인들의 가치체제에 대한 연구가 총체적인 차원에서도 밝혀져야 하지만, 개인적인 차원에서도 파악되어야 한다는 역사적, 사회맥락적 논리를 기조로 한다. 요약하면, 본 연구는 Q 방법론, 해석학, 개별적 사례연구, 문헌연구 등을 병합한 방법론적 다원주의(methodological pluralism)를 활용한다.

개개인들의 가치체계를 해석하는 방법에 있어서는 빌헬름 딜타이(Wilhelm Dilthey)의 해석학을 활용하였다(Dilthey, 1984). 즉, 설명(explanation)은 인과적인 범주를 통한 인식방법이며 그 안에서 개체는 단지 일반적인 지식을 얻기 위한 수단으로만 받아들여지나 인간의 내적 삶의 의미를 인식하는 방법인 이해의 영역에서 개체는 개체 그 자체로 평가된다는 점을 부각시키고자 하였다. 더불어 마틴 하이데거(Martin Heidegger)의 존재론적 비평을 해석학적 분석에 수용하였다(Heidegger, 1988). 모든 이해(understanding)는 그 상황의 지평(Situationshorizont)을 가지고 있고 현존재의 근본적인 유한성과 역사성에 따라 그 이해 역시 유한성과 역사성으로부터 벗어날 수 없다는 점을 강조한다(김흥규, 2008).

Q 방법론에서 가치체계의 유형은 Q 분석결과 도출된 요인유형 값, 요인유형간의 상관관계, 진술문 수치 및 Z 값을 바탕으로 해석된다. 요인유형의 해석은 각 요인별 응답자들의 느낌에 가장 부합하거나 가장 부

합되지 않는 진술문에 대하여 기존에 이론적으로 검증된 가설이나 명제 또는 분석 틀을 기초로 한다. 하지만 특정 개개인들의 정치적 주관성을 이해하는데 있어서 이론에 바탕을 둔 해석은 논리의 영역을 확대해준 다는 면이 있지만 그 또한 앞서 지적한 바와 같이 역사적 유한성과 같은 한계점이 있다는 것을 지적해두고자 한다.

3. 이론적 배경

본 연구는 이론적으로나 분석학적으로 개인의 특정한 가치유형이 규명된 표층구조(表層構造, layer structure)와 개개인의 의식에 잠재하고 있는 심층구조(深層構造, in-depth structure)를 포괄하는 정치적 상징성 및 의미를 가진 개인의 의식체계로 설명한다. 이론적 분석 틀은 크게 세 가지 측면에서 살펴보았다. 첫째는 정치적 주관성에 대한 정치문화 이론이고, 둘째는 남북 및 통일관계에 대한 국제정치 이론이며, 셋째는 가치체계 이론의 문제제기에 대한 이론적 · 분석학적 재고찰이다. 정치문화이론 및 국제정치 이론은 북한이탈주민들이 바라보는 남북한 및 통일 관계에 대한 견해를 이해하고 설명하는 분석기조를 제공해준다. 또한 이 두 가지 이론적 배경은 본 연구를 수행하는데 있어 해석학적 분석 틀로 활용하였다.

1) 정치적 주관성에 대한 정치문화 이론

정치적 주관성의 일반적 유형은 가브리엘 아몬드와 시드니 버바 (Gabriel Almond and Sydney Verba)가 분류한 인지적, 감정적 및 평가적 태도를 기준으로 하여 향리형(parochial), 신민형(subject) 그리고 참여형

(participant)으로 분류하는 것이 있다(Almond and Verba, 1963). 첫째, 향리형은 개인이 속한 정치체제에 대해 부정적이거나 무관심을 나타내는 유형으로 정치과정의 참여에는 미온적이다. 둘째, 신민형은 정치참여에 대해 소극적이거나 복종주의 성향을 지니는 유형을 의미한다. 셋째, 참여형은 개인의 정체 및 역할에 대해 긍정적이고 사회전반에 대해 개혁적인 성향을 지닌다. 일반적으로 다원주의 사회는 이러한 참여유형이 다양하게 얽혀있다.

또한 특정사회에 속한 개인들의 참여유형과 기본적 가치관에 대한 공유여부에 따라 다음 네 가지의 사회문화유형을 구분할 수 있다(Woshinsky, 1995). 사회구성원들의 기본적 가치가 공유되고 그들의 참여가 적극적인 사회는 다원주의 문화(polyarchal culture), 사회구성원들의 기본적 가치는 공유되지 않고 있지만 그들의 참여는 적극적인 분할된 문화(fragmented culture), 사회구성원들의 기본적 가치가 공유되지만 그들의 참여는 소극적인 집단주의 문화(collectivist culture), 시민들의 기본적 가치가 공유되지 않고 참여 또한 소극적인 신민형 문화(parochial culture)가 그것이다.

향리형, 신민형 및 참여형 정치문화와 관련하여 아몬드(Almond)는 정치문화 유형의 구조를 산업화된 민주국가, 과도기적 권위주의 국가 및 산업화 이전의 민주국가로 구분한다(Almond, 1974). 그림 4의 분포도가 나타내듯이 일반적으로 산업화 이전단계의 국가 유형에서는 향리형과 신민형이 현저하고 참여형은 거의 보이지 않고 있다. 과도기적 권위주의국가에서는 수동적인 신민형이 우세하고 그 다음이 향리형 및 참여형의 순이다. 산업화된 민주국가에서는 참여형이 우세한 것을 알 수 있다. 본 연구에서 이러한 다양한 문화유형과 비교하여 북한이탈주민들의 정치적 가치성향은 어떠한지를 살펴보고자 한다. 일반적으로 북한주민들의 가치체계는 수동적 신민형과 집단주의 문화의식을 가지고 있는 것으로 분석된다(통일부, 2009).

〈그림 3〉 정치문화유형의 구조

	0 10 20 30 40 50 60 70 80 90 100(%)		
산업화된 민주국가	향리형	신민형	참여형
과도기적 권위주의 국가	향리형	신민형	참여형
산업화 이전의 민주국가	향리형	신민형	참여형

　정치적 주관성 또는 가치체계에 대한 일반론적 연구는 크게 세 가지로 분류할 수 있다. 첫째, 마르크스주의자들은 정치문화를 정체성을 띠고 있는 자본가 또는 기득권세력의 이해관계를 보호하기 위한 수단으로 이해하고 있다. 정치문화는 특정사회의 물질적 상호작용의 부산물로서 노동자 계층과 자본가 계층의 생산 및 사회관계를 규정하는 의식체계라는 것이다(Offe, 1984). 최근 연구는 국가체제와 사회의 정치문화 전반과 자본주의 체제 및 계급구조와 연관지어 분석하는 경향이 있다.

　둘째, 베버주의자들은 다원주의 사회 속에서 독립적이고 자생되는 시민의 정치문화 그리고 정치문화의 변화와 정치구조와의 연관관계에 더 많은 관심을 두고 있다. 정치문화를 사회화 및 정치참여의 과정으로 그리고 사회적 토론과 담화의 통로로서 설명하고자 한다(Inglehart, 2003). 대부분의 베베주의자들은 정치문화와 국가정체의 연관성 그리고 산업화 및 민주화 과정에 관심을 두고 있다.

　셋째, 포스트모더니스트들은 정치문화의 보편성과 일반성을 부정하고 문화의 다양성과 창의적인 생활양식이나 가치체계를 선호하는 주장을 피력한다(Derrida, 1992; Lyotard, 1984). 가치체계의 다양성은 물론 혼란과 갈등을 야기한다는 비평이 있을 수 있지만, 포스트모더니스트들의 주장은 갈등보다 공존의 측면을 강조하는 경향이 두드러진다. 이는 과거의 구습 내지는 권위적인 체제는 물론 기존의 정형화된 질서와의 단절과 타파를 추구하는 사회성향과 일치한다.

정치문화에 대한 연구는 이론적 접근방법 및 방법론에 따라 개념, 대상 및 범위 등이 다양하다. 대체적으로 서구에서는 경험적, 실증적 연구를 바탕으로 한 행태주의적 접근에 비중을 두어 정치문화를 정치체제의 형성과 유지에 대한 능동적인 의미를 부여하는 것으로 이해하는 반면, 동양에서는 정치문화를 정치체제의 산물로 여기는 경향이 짙다(전득주, 1999). 정치문화의 이론적, 방법론적 학풍이나 패러다임은 다양하지만, 정치문화 연구에 있어서 주류는 정치문화를 사회화 및 정치참여의 한 과정으로 인식하는 것이다.

2) 남북 및 통일관계에 대한 국제정치 이론

본 연구가 추구하고자 하는 내용은 크게 두 가지로 분류 할 수 있다. 첫째는 현존하는 이론적 틀 및 가설에 대한 검증이고 둘째는 북한이탈주민들의 남북한 관계 및 통일에 대한 견해를 요인(factor)이나 유형(type)으로 분류하여 그들의 자결적 주관성에 대한 범주를 도출해 내는 것이다. 이론적인 면에서 현존하는 남북한 관계 및 한반도 통일이론은 안정과 평화 그리고 화해와 협력을 바탕으로 한 통일을 추구하고 있다. 국제정치 이론상 남북한 관계 및 통일이론은 그 시각 및 연구방향에 따라 여러 갈래로 나누어질 수 있지만 다음 세 가지로 분류하였다.

(1) 세력우위 및 균형이론

세력이론은 국제체제에서의 세력의 우열이나 세력의 균형(balance of power) 또는 위협의 균형(balance of threat)은 특정 국가들의 행위에 제약을 준다는 가설을 설정하고 있다(Waltz, 1979). 과거 냉전시대에는 패권국 및 동북아 주변 열강들의 국제 역학관계가 남북한 관계 설정에 지대한 영향을 미친 바 있지만, 대 북한 관계 및 통일을 위한 방법론적인 측면에서 채찍과 당근정책(stick and carrot) 및 다자간 안보체제구축이 주로 논의되어 왔다. 당근과 채찍정책은 경우나 상황에 따라 화해와 반목을 계속적으로 유지하는 것을 말한다. 냉전기 한국의 방어적 억지전략(defensive deterrence)하에 행해졌던 경쟁 외교(competitive diplomacy)와 상호적대주의(mutual ancygonism)가 여기에 포함될 수 있지만, 정책의 일관성이나 정책의 조율 면에서는 부처간의 여기에 포하고, 어느 상황이 당근이나 채찍에 적합한지에 대한 정책 결정자들간의 의견조율이 되지 않는 경우가 많았다. 동북아에서 다자간 안보체제의 구축은 주변 열강들의 이익과 국제정세의 변화에 따라 추구되어야 할 것이며, 냉전의 양극체제에서 탈냉전의 다자간 정치, 군사, 경제 및 문화교류를 위한 협력체제로의 전환은 한반도 평화체제 구축에 밑 걸음이 될 것으로 본다.

(2) 경제협력을 통한 평화정착이론

탈냉전기의 국제질서는 군사력보다는 경제력이 국제질서를 유지하는 주요 동인으로 적용한다는 견해이다. 세분한다면, 이 이론은 자유시장 및 민주화 확산을 통한 또는 다자적 국제기구를 통한 세계질서 유지에 초점을 두고 있다. 한 나라의 대외정책은 경제원조와 식량 및 물자지원을 통한 경제적 상호의존관계(economic interdependence)의 확산으로 그리고 시장경제로의 개혁과 개방을 통해 변화될 수 있다는 점을 강조한다(Balwin, 1993). 대북한 정책의 방법론적인 측면에서는 점진적 개방을 유도하기 위한 연착륙(soft-landing)전략과 포용정책(engagement policy)이 주로 활용되었다. 위의 정책은 북한 사회의 개방과 경제체제의 근본적인 개혁을 위한 간접적 지원이라 볼 수 있다. 한국을 비롯하여 서방국가의 북한에 대한 경제원조나 관계개선 협상 그리고 지역 정상들간의 정상 외교(summit diplomacy)는 동북아 평화체제 구축에 큰 전기를 마련해 놓고 있다. 북한이 지극히 제한적이긴 하지만 점진적인 개방과 개혁을 하고 있지만 문제점은 서방 및 남한의 경제원조에 대한 북한의 호혜성의 원칙(principle of reciprocity)에 대한 준수 여부에 있다.

(3) 민족주의를 바탕으로 한 평화통일이론

위에서 설명한 이론들은 피상적인 면에서 정책의 방향설정이나 기조에 대해 설명하고 있으나, 이념이나 정신적인 면에서는 그 방향이 설정되어 있지 않다고 보는 것이 민족주의 이론가들의 주장이다. 최근에는 한 나라의 국민들이 가지고 있는 가치관이나 정치문화가 그 국가의 대외정책에 지대한 영향을 미친다는 관점에서 이에 대한 연구가 활발히 진행되고 있다(Katzenstein, 1996). 이러한 맥락에서 민족주의 이론은 "국가의 정책은 곧 문화의 유산이다"라는 점을 강조한다. 방법론적인 측면에서는 다양성의 세계에서 유동적인 가치관의 필요성을 그리고 그 기조에서는 남북한이 공유하고 있는 3·1운동 정신의 재무장이 필요하다고 주장한다. 또한 서구정치이론에 대한 비판가들은 유교적 민족주의(Confucian nationalism)의 실현을 강조하고 있기는 하지만, 그 방향에 대해서는 자세한 설명이 이루어지고 있지 않다. 한민족 위주의 정립된 패러다임과 분석틀을 마련하기 위하여 학자들은 3·1운동 정신과 같은 민족자존, 민족자결, 그리고 민족주체주의 사상과 천지인 사상의 결합을 주장한다.

한 국가가 행하는 대외정책에 대하여 많은 학자들이 특정의 이론 및 방법론적 틀을 바탕으로 다양한 검증이나 해석을 하여왔다. 하지만 이제까지의 이론적 분석은 특정 사회의 개개인이 가지고 있는 고유한 가치관 즉 정치적 주관성에 근거하여 설명한 것이 아니라, 특정이론의 분석 틀을 바탕으로 연구자에 의해 이해된 조작적 정의(operational definition) 또는 분석에 의한 것이 대부분이었다. 이러한 맥락에서 북한이탈주민들이 바라보는 시각을 Q 방법론을 통해 위에서 열거한 이론들과 대비하여 살펴보고자 한다. 따라서 본 연구는 특정 문화 속에 살고 있는 사람들이 가지고 있는 자결적 주관성 내지는 가치관적 구체성을 설명할 수 있는 연구가 필요하다는 것을 제기한다.

3) 가치체계 이론의 문제제기에 대한 이론적 · 분석학적 재고찰

과연 북한이탈주민들이 가지고 있는 대북관은 무엇인가? 그들의 시각에서 남북한 관계는 어디로 가고 있는 것일까? 그들에게 있어서 남북한이 지향하는 방향은 무엇인가? 북한이탈주민들의 정체성과 의식적 방향에 대한 질의이다. 급속한 탈북자들의 양적 증가와 한국 사회에서의 적응문제가 불거지고 있는 시점에서 북한이탈주민들의 가치체계를 살펴보고 남북한의 사회적 통합을 위한 계기를 마련한다는 측면에서 이러한 질의는 상당한 의미가 있다고 본다. 이러한 문제제기 부분에 대한 재고찰과 앞으로의 방향에 대한 논의는 포스트모더니스트들의 견해를 빌어 이해해보고자 한다.

미셸 후코(Michel Foucault)는 모든 지식과 권력과의 관계는 동전의 양면과 같은 속성을 지니고 있다고 역설한다(Foucault, 1977). 후코는 여러 형태의 지식이 어떻게 형성되고 변천해 왔는가를 분석형, 모든 지식은 니체(Nietsche)가 말하는 '권력 의지'의 표현에 지니고 있다고 지적한다(김욱동, 1996). 현대의 지식이 기득권층을 대변하면서 변화나 앞으로의 비전을 제시해주는 것이라기보다는 현실문제의 해결이라는 정적인 지식의 확보에 치중하여 왔다는 점에서도 이러한 비평은 설득력이 있다. 연구 경향에 있어서도 경우에 따라 취급하기 용이한 사회문제만을 다루어왔고, 가치의 판단이나 방향을 필요로 하는 미래의 대안 탐색이 가져온 것이 아닌가 하는 의문이 있다(박성복·이종렬, 2000).

포스트모더니스트들은 따라서 민주주의에 대한 논의를 체제의 해체 및 '메타 내러티브스'(meta-narratives)나 '그랜드 내러티브스'(grand-narratives)의 보편화(universalization) 및 총체화(totalization)에 대한 부정에서 시작한다. 포스트모더니즘의 특성은 전통적인 형이상학이나 문학이론 그리고 언어이론 등에 대한 심각한 도전을 가한다는 점에서 다다이즘(dadaism)적인 특성을 지니고 있다(김욱동, 1996). 다다이즘이 기존의 예술관을 타파하고 현대 예술인들이 지향했던 보편성과 예측성을 부정하며, 그것을 해체하고자 한 면에서 포스트모더니즘의 해체주의와 일맥상통하는 면이 많다. 이는 곧 과거와의 단절, 현재의 체제적 요소와의 단절, 그리고 궁극적으로 개인의 내적인 구속과 외적인 구속과의 단절을 의미한다(Derrida, 1998).

과거와의 단절은 곧 사실과 가치판단의 선택적 기준과의 단절을 뜻한다. 그 기준은 현대 학문 특히 행태주의의 학풍에서 줄곧 행해왔던 정치적·경제적·물질적 효용성 추구 및 그 합리성의 객관화와의 단절을 의미한다. 이런 지적은 앞서 언급한 바와 같이, 지식이 특권층의 이익이나 효용을 극대화하기 위한 도구에 지나지 않는다는 견해와 일맥상통한다. 포스트모더니스트의 질의는 과연 지식 또는 정치문화 의식이 누구를 위해 정립되었고, 누가 기록한 사실이나 또는 누구의 가치기준에 의해 만들어지는가에 있다. 궁극적으로 정치문화의 정체나 방향에 대한 가치판단이나 사실판단의 보편화된 객관성은 의미가 없다는 시각이다.

이러한 시각은 포스트모더니스트들이 문제점으로 지적하는 차연(差延, differance)과 보체(補替, suppleer)라는 개념에서 확연히 드러난다(Derrida, 1992). 차연(差延, differance)은 공간적 개념의 차이(差異, difference)와 시간적 개념의 지연(遲延, delay)을, 그리고 보체(補替, suppleer)의 의미는 보충(補充, supplement)과 대체(代替, alternation)의 의미를 내포하고 있다. 현대인들이 추구하여온 보편적 진리를 바탕으로 한 합리적·이성적 인간상과 보편적 권력의 이념이나 민주주의는 차연되거나 보체되었다고 믿기 때문에, 포스트모더니스트들은 기존 형식이나 질서의 파괴와 이념이나 가치관의 다원주의 및 상대주의(relativism)를 주창해왔다.

만약 정치문화의 정체 및 방향이 차연되고 보체되었다면 그 지연되고 앞으로 대체되어질 그 무엇은 어떤 것인가? 포스트모더니스트들은 아직 그러한 방향에 대해 구체적으로 제시한 바가 없다. 왜냐하면, 그들은 역사적 목적론을 구가하지 않기 때문이다. 단지 모든 개념과 의미가 불확정하고 유동적이라면, 과연 가치의 정립이나 판단은 어떤 논리를 바탕으로 이루어져야 하는가? 가치 및 사실의 편협성 때문에 실질적인 그리고 현실적인 문제에 대한 해결은 가능한가? 또한 가치판단의 핵심소재는 어디에 있는가? 정치문화상 가치체계의 정체(what is the one)가 아닌 이체(what is the other) 즉, 소외되거나 희생된 계층 및 타자들을 위한 지식 및 가치판단의 원천은 무엇인가? 이러한 질의에 대해서도 명쾌한 해답은 아직 구체적으로 설명되지 않았다. 하지만 분명한 점은, 가치판단 및 정치문화의 방향에 있어 부분적 시각이나 담론을 가지고 전체를 대변하려는 의도는 모순적이라는 것이다.

결국, 포스트모더니즘을 모더니즘과의 관계에 있어서 단절, 연속 또는 동일성이라고 보는 논의보다는 포스트모더니즘의 내적인 사유인 변혁, 새로움, 그 다음의 시대(post)로서 전시대와 구분하여 새롭게 도전하려는 차별성 위에 초점을 맞추어 본다면 모더니즘에 기반하고 있는 전통적 사회정책에 대한 대안론(代案論) 내지는 치유론(治癒論)을 정립하는 데 도움이 될 것이다(한인숙, 2000). 정치문화를 연구하는데 있어서 상대적 가치관 및 자아 그리고 민주주의를 주장하는 포스트모더니즘은 기존의 지식기반이나 가치기준에서 소외되거나 간과되었던 새로운 인식과 방법론을 제공한다는 점에서 그 학문적 기여도가 크다고 본다.

그러면 다양한 정치문화 및 의식체계를 가지고 있는 한국의 국내 상황은, 좀더 구체적으로 남남 갈등은, 어떻게 설명해야 하는가? 기존의 정치문화 연구에서 제기하지 못한 부분은 한국의 정치문화는 다양하지만 갈등적인 요소가 많이 내재하고 있고 더불어 그러한 다양성과 갈등이 공존할 수 있는 공동체의 정치문화 의식을 가지고 있다는 점이다. 이러한 문화의식은 적어도 서구사회에서 구분하는 것처럼 선한 것(what is good)과 악한 것(what is bad), 남과 북, 부자와 가난한 자 등과 같이 이분법적 논리에 의한 가치기준의 설정이 아니라 다양성과 변화를 인정하고 공유하는 홍익과 상생의 문화의식을 의미한다. 바로 여기에 남북한 간의 사회적 통합을 위한 대안이 있다고 본다. 그러면 보다 더 구체적으로 새터민들이 가지고 있는 남북한 관계 및 통일에 대한 자결적 주관성을 살펴보기로 하자.

4. 결과 분석

본 절에서는 이론적 관점에서 이해되고 정의되는 남북한 관계 및 통일에 대한 설명이 Q 방법론이라는 실증적 연구를 통해 얻어진 개개인의 고유한 자아참조적 시각과 대비하여 차이점이 무엇인가를 살펴보고자 한다. 강조하자면, Q결과 유형은 북한이탈주민들이 바라보는 고유한 자결적 가치체계의 유형을 뜻한다. 본 연구의 분석대상인 북한이탈주민 200명 중에서 통계적으로 유의한 경우는 총156명으로 2004년 74명(남자 43명, 여자 31명), 2008년 82명(남자 42명, 여자 40명)이었다. 연령대는 20대에서 60대까지 그리고 응답자의 출신성분은 학생, 관료, 노동자, 농민 등으로 고르게 분포되었다. 교육정도는 고졸 이상이 가장 많았고 초졸이나 중졸은 46명, 무응답은 9명이었다.

분석 결과 두드러진 요인유형은 2004년과 2008년 모두 상관관계 수치에서만 조금 차별성은 있지만 유형에 있어서는 별반 차이가 없었고 그 유형은 여섯 가지로 나타났다. Q 방법론의 특성이기도 하지만 요인유형과 응답자 개인의 특성상 연관관계에서는 통계학적으로 특별한 의미를 가지지 않았다. 본 연구에서 도출된 여섯 가지의 요인은 북한이탈주민들이 공유하는 서로 다른 정치문화의 고유한 자결적 주관성을 의미한다.

먼저 요인 A는 현실적 외교주의로 정의하였다. 요인 A(현실적 외교주의)의 시각은 동북아의 지정학적 세력경쟁 속에서 서방과의 관계 개선은 필수적으로 본다. 또한 힘에 의한 무력통일은 불가능하고 현 체제를 뛰어넘는 범위에서 민족주의에 바탕을 둔 통일은 가능하지 않다고 보는 시각이다. 요인 A에 유의한 북한이탈주민들은 냉전기 남북관계가 주변 강대국들 간의 대립에 의한 갈등과 경쟁이 문제시되어 왔듯이 앞으로도 동북아 지역에서의 세력경쟁은 지속될 것으로 본다. 이는 동북아에서 세력균형의 변화가 지역 내 국가들의 대외정책의 변화를 초래했다는 신현실주의 이론과 일맥상통한다. 동북아의 국제질서가 지경학적인 상호의존 관계의 질서보다는 지정학적 요소를 더 많이 내포하고 있다는 시각이다.

새터민들의 주관성과 남북한 동질성 회복을 위한 방향

요약하면, 요인 A의 시각은 체제를 유지한 가운데 서방과의 관계개선으로 현실적으로 실리를 극대화하는 실용외교를 선호하는 시각이다.

요인 A를 정의하는 개인들에 의해 분류된 '가장 동의하는' 또는 응답자들의 느낌에 가장 부합하는 진술문(+4)은 다음과 같다:

17. 북한과 미국 및 일본을 비롯한 서방과의 경제관계 개선은 필수적이다.(1.827)

1. 과거 남북관계는 외부세력의 간섭에 의한 대립관계 속에 있었다.(1.646)

8. 동북아의 지정학적 특성상 이 지역 국가 간의 세력경쟁은 지속될 것이다.(1.507)

요인 A를 정의하는 개인들에 의해 분류된 '가장 동의하지 않는' 또는 응답자들의 느낌에 가장 부합되지 않는 진술문(−4)은 다음과 같다:

9. 상황에 따라 힘에 의한 무력통일은 가능하다고 본다.(−1.966)

31. 남한 내부에서의 이념적 갈등이 현재 심화되고 있다.(−1.602)

34. 남북통일은 체제보다는 민족주의를 바탕으로 민족의 이익을 위한 것이어야 한다.(−1.400)

요인 B는 협력을 통한 체제전환주의의 시각이다. 요인 B(협력을 통한 체제전환주의)의 시각은 북한의 시장경제로의 전환과 외교를 통한 평화정착을 선호한다. 이와 같은 시각은 남북한 간의 화해와 협력을 통한 한반도의 평화체제유지를 기본 철학으로 하고 있고, 남북한이 상호화해 및 협력 그리고 평화체제로 나아가는데 장애가 되는 요소를 계속적으로 제거해야 한다는 점을 부각시킨다. 요인 B의 시각은 신자유주의적 신제도주의의 시각과 일치하는 점이 있고 요인 B에 유의한 개인들은 민족통일의 당위성을 부각시킨다는 점에서 특징을 가진다. 더불어 요인 B에 유의한 개인들은 힘에 의한 무력통일이나 체제전환은 불가능하다고 판단하고 있다.

요인 B를 정의하는 개인들에 의해 분류된 '가장 동의하는' 또는 응답자들의 느낌에 가장 부합하는 진술문(+4)은 다음과 같다:

18. 북한의 시장경제로서의 전환은 가능하다고 본다.(1.822)
17. 북한과 미국 및 일본을 비롯한 서방과의 경제관계 개선은 필수적이다.(1.622)
29. 어떠한 상황에서라도 민족통일은 반드시 이루어져야 한다.(1.607)

요인 B를 정의하는 개인들에 의해 분류된 '가장 동의하지 않는' 또는 응답자들의 느낌에 가장 부합되지 않는 진술문(-4)은 다음과 같다:

7. 평화는 역사나 국제질서에서 볼 수 있듯이 힘을 가진 자 만이 지킬 수 있다.(-1.930)
26. 외교를 통한 북한과의 관계개선은 실질적인 평화를 이룩해내지 못한다.(-1.845)
9. 상황에 따라 힘에 의한 무력통일은 가능하다고 본다.(-1.633)

요인 C는 실용적 민족주의의 시각이다. 요인 C(실용적 민족주의)의 시각은 현실성과 실용주의를 통한 민족의 정체성 확보에 관심을 두고 있다. 남북간 화해 협력을 통한 실질적인 평화 정착이 가능하다고 보고 있는 반면 국제기구나 주변 강대국, 즉 외세에 의한 평화 유지는 반대하는 시각을 가지고 있다. 이는 냉전의 요소가 아직 남아있는 한반도에서 급작스러운 북한의 붕괴를 예방하고 남북 당사자들이 한반도의 평화와 안정을 유지하기의 평화 여건 조성에 초점을 맞추안정을 유는 점을 부각시킨다. 또 평화군사적 위험의 소멸, 남북한 당국의 정치적 분위기의 조성 및 신뢰회복 없이 무분별한 경제 협력이나 원조는 바람직하지 않다고 보는 것이다. 이러한 관점은 탈냉전의 전환기적 상황이 새로운 형태의 경쟁이나 협력 양상을 띄고 있으므로 대북한 정책에 있어서도 상호 적대적 체제경쟁에서 탈피하여 새로운 호혜적 협력 관계로 전환해야 한다는 점을 강조한다.

요인 C를 정의하는 개인들에 의해 분류된 '가장 동의하는' 또는 응답자들의 느낌에 가장 부합하는 진술문(+4)은 다음과 같다:

13. 북한에 대한 무리한 경제협력 및 식량지원은 바람직하지 않다.(1.708)
32. 화해와 통일을 위해서는 민족의 정체성을 찾는 것이 시급하다.(1.706)
35. 현실성과 실용주의를 바탕으로 한 통일이 바람직하다.(1.705)

요인 C를 정의하는 개인들에 의해 분류된 '가장 동의하지 않는' 또는 응답자들의 느낌에 가장 부합되지 않는 진술문(−4)은 다음과 같다:

25. 국제기구나 주변 강대국들과의 협력을 통한 남북간 평화정착이 바람직하다.(−1.781)
7. 평화는 역사나 국제질서에서 볼 수 있듯이 힘을 가진 자 만이 지킬 수 있다.(−1.726)
20. 냉전시대 남북간 경쟁외교는 필수불가결 하였다.(−1.280)

요인 D는 전통적 현실주의의 시각을 대변한다. 요인 D(전통적 현실주의)의 시각은 실질적으로 북한에 도움을 줄 수 있는 나라는 동구권 국가들이나 중국으로 보고 있고, 미군의 남한 주둔을 남북관계 개선에 별반 도움을 주지 않는 것으로 판단하고 있다. 이는 전통적으로 북한이 서방이나 주변 강대국들 간의 협력을 긍정적으로 받아들이지 않는 현실주의적 시각과 일맥상통한다. 또한 국제사회에 진출하는데 있어 남한의 협력에 대해 부정적이고 한미동맹이 한반도 평화유지에 별반 도움을 주지못하는 것으로 여긴다. 반면 평화정착을 위한 남한의 외교노력을 괄목할만한 것으로 받아들이고 있다.

요인 D를 정의하는 개인들에 의해 분류된 '가장 동의하는' 또는 응답자들의 느낌에 가장 부합하는 진술문(+4)은 다음과 같다:

11. 북한에 대한 실질적인 도움을 줄 수 있는 나라는 동구권 국가들이나 중국이다.(1.871)
24. 북한과의 관계에 있어서 남한의 평화외교 및 공조는 그 성과가 괄목할 만하다.(1.780)
27. 미군의 남한주둔은 남북관계 개선 및 통일에 별로 도움을 주지 못한다.(1.709)

요인 D를 정의하는 개인들에 의해 분류된 '가장 동의하지 않는' 또는 응답자들의 느낌에 가장 부합되지 않는 진술문(−4)은 다음과 같다:

25. 국제기구나 주변 강대국들과의 협력을 통한 남북간 평화정착이 바람직하다.(−1.788)
21. 한미외교 및 안보동맹은 한반도 평화유지에 있어서 최우선시되는 사항이었다.(−1.782)
22. 남한은 북한의 국제사회 진출에 적극적으로 협조해야 한다.(−1.687)

요인 E의 시각은 외세간섭수동주의의 시각을 나타낸다. 요인 E(외세간섭수동주의)의 시각은 남북한 간의 실질적인 화해협력 차원에서의 변화보다는 외세간섭에 의한 동북아 질서가 유지되었다는 시각을 대변한다. 또한 국제질서상 힘에 의한 평화정착이 가능하다고 보고 있고 냉전기 남북한 간의 힘의 균형보다는 외세에 의한 대립유지였다는 점을 부각시킨다. 더불어 요인 E의 견해를 공유하는 개인들은 북한의 변화를 경제협력과 화해협력을 통한 전환으로 보지 않고 외부환경 및 세력변화에 의한 수동적인 변화로 판단하고 있다. 요인 E유형에 의하면 남한 국민들의 주변정세 파악 및 안보의식은 최근에 결여되고 있는 것으로 나타나고 있다.

요인 E를 정의하는 개인들에 의해 분류된 '가장 동의하는' 또는 응답자들의 느낌에 가장 부합하는 진술문(+4)은 다음과 같다:

1. 과거 남북관계는 외부세력의 간섭에 의한 대립관계 속에 있었다.(1.778)
6. 남북정상회담이후 남한국민들의 안보의식이 결여되고 있다.(1.576)
7. 평화는 역사나 국제질서에서 볼 수 있듯이 힘을 가진 자 만이 지킬 수 있다.(1.332)

요인 E를 정의하는 개인들에 의해 분류된 '가장 동의하지 않는' 또는 응답자들의 느낌에 가장 부합되지 않는 진술문(-4)은 다음과 같다:

5. 최근 북한의 태도 변화는 남북간 군사당국자 회담 결과이다.(-1.744)
3. 남북한 사이의 군사적 힘의 균형이 냉전상태를 유지해왔다.(-1.734)
14. 경제협력만이 북한의 점진적 변화 및 통일을 향한 유일한 돌파구이다.(-1.711)

요인 F는 경제협력 우선주의의 시각을 대변한다. 요인 F(경제협력 우선주의)는 남북이 실질적인 경제적 협력 파트너라는 사실을 강조한다.

이는 신자유주의 이론에서 논의된 바와 같이 북한의 대외관계 변화 및 시장경제로의 전환을 위해서는 경제원조와 협력을 기초로 하여야 한다는 시각을 표방한다. 이러한 견해를 공유하는 개인들은 한반도 평화정착과 궁극적 남북통일의 일환으로 서방의 대북경제 제재조치의 해제와 북한의 대서방 관계개선을 용인하는 입장을 취한다. 또한 이러한 시각은 대북 흡수통일의 대안으로 우선적으로 경제협력을 통해 북한의 변화여건을 조성하고 통일의 틀을 마련한다는 시각을 따르는 것으로 보인다. 요인 F를 공유하는 개인들은 국제협력과 외교를 통한 안보유지와 미군의 남한주둔이 한반도 평화에 기여한다는 점을 내포하고 있다.

요인 F를 정의하는 개인들에 의해 분류된 '가장 동의하는' 또는 응답자들의 느낌에 가장 부합하는 진술문(+4)은 다음과 같다:

16. 북한은 앞으로 남한의 실질적인 경제적 협력자가 될 것이다.(1.789)
17. 북한과 미국 및 일본을 비롯한 서방과의 경제관계 개선은 필수적이다.(1.773)
24. 북한과의 관계에 있어서 남한의 평화외교 및 공조는 그 성과가 괄목할 만하다.(1.712)

요인 F를 정의하는 개인들에 의해 분류된 '가장 동의하지 않는' 또는 응답자들의 느낌에 가장 부합되지 않는 진술문(-4)은 다음과 같다:

36. 남북관계개선 및 통일은 남북 당사자들만이 해결해야 한다.(-1.791)
26. 외교를 통한 북한과의 관계개선은 실질적인 평화를 이룩해내지 못한다.(-1.781)
27. 미군의 남한주둔은 남북관계 개선 및 통일에 별로 도움을 주지 못한다.(-1.724)

Q 연구의 장점은 위에 열거한 다양한 견해에 대한 요인유형을 구성해 준다는 점이다. 하지만 한 가지 특이한 점은 남북한이 공유할 것으로 판단되었던 당위론적 민족주의 시각이 두드러지지 않는다는 점이다. 진정한 민족애적인 입장을 갖고서 민족적 정체성을 구현하여 남북한의 평화교류와 협력을 활성화시켜야한다는 통일의 당위론적 시각이 없다는 것이다. 전통적으로 민족통일론적 시각은 그동안 상호억지전략의 일환으로 행해왔던 소모적인 체제의 경쟁을 지양하고, 현실 가능한 실용적인 통일 기반확충을 논리적 기초로 두고 의견을 개진해왔다. 이와 같은 견해는 한민족 위주의 민족적 동질성을 바탕으로 사실상의 민족통일을 정치체제의 통일보다 우선시 하는 민족주의 통일론을 대변한다.

요약하면, 북한이탈주민들의 시각은 현실적 외교주의, 협력을 통한 체제전환주의, 실용적 민족주의, 전통적 현실주의, 외세간섭수동주의, 경제협력 우선주의로 크게 대변할 수 있다. 이러한 견해는 북한이 시행해온 그동안의 대남인식과 비교하여 차이점과 공통점을 동시에 공유하고 있다. 북한이 1990년대 이후부터 꾸준하게 개방개혁의 변화를 시도하여왔고, 비록 북한의 대남인식이 보수적, 냉전적 그리고 경쟁적 인식이라는 형식적인 틀은 그대로 유지되고 있지만, 상당히 제한적으로 점진적인 변화를 추구하여 왔다는 점에서 더욱 그러하다. 다른 한편으로는 북한의 대남정책이 통미봉남(通美封南)의 전략적 차원에서 이루어지고 있고 대내외 환경변화에 유동적인 자세를 견지하여 왔다는 점 또한 주목할 만하다. 따라서 북한의 대남인식은 이중전략적 인식, 분리주의적 차별화된 인식, 외재적 인식, 부정적 인식, 민족주의적 인식, 절충주의적 인식 등 다양하게 나타나고 있다(이시형, 2004).

앞서 여섯 가지의 견해가 북한이탈주민들이 공유하고 있는 시각이라면 그동안 국내에서는 대북 및 통일과 관련하여 "인식우선의 논리"와

"실천우선의 논리" 등 다양한 견해를 표출하여 왔다. 전통적으로 선평화 후통일의 논리가 국내 통일문화의 주도권을 잡아온 것은 사실이지만 통일이라는 변화가 가져오는 위기의식, 현상 유지 경향 및 경제적·사회적 비용 등을 지적하여 왔다. 하지만 반세기 분단에서 오는 사회적·경제적 및 정치적 이질감 등을 극복할 수 있는 구체적 방안이 마련되지 않은 상태에서는 그 대안에 대한 논의가 선결되어야 한다는 비평이다. 따라서 분단 상황의 명확한 인식과 통일의 당위론적인 과제를 파악하고 적절한 실천 방안을 마련하는 것이 중요하다. 보다 구체적으로 이러한 평화구축과 한반도 통일에 대한 접근논리를 평화와 통일의 상반논리에 대비하여 논의해 보고자 한다.

남북한의 체제적인 특성상 평화와 통일의 논리 또한 상반되어 전개되어 왔다. 한반도의 통일과 관련된 상반논리 중의 하나가 바로 평화우선의 논리이며, 이는 주로 제도권의 공식표명이나 현상유지의 정책기조 내지는 인식우선의 논리와 긴밀히 관련되어 오랫동안 주장되어 왔다(길병옥·최병학, 2003). 그러나 따지고 보면, 여기에서의 평화라는 것도 단순한 전쟁부재의 상태, 즉 무장 속의 평화(armed peace)를 말한다. 전쟁의 원인이나 가능성이 근본적으로 소멸되어 있지 않은 소극적 측면에서의 평화인 것이다. 현존하는 전쟁 부재의 한반도 상황의 현상유지라는 측면과 이를 위해서는 역시 세력균형에 의한 평화 유지라는 전제조건이 사실상 깔려 있다. 따라서 한반도는 군사력에 의한 평화유지가 불가피하다는 논리로 이어져 왔고, 그 결과 적극적인 평화구축을 위해 요구되고 있는 군비통제나 군축실현도 국제적 역학구도에 적절히 편승, 치중하려는 성향을 보여 온 것이 사실이다.

평화 우선의 논리구조는 다음의 몇 가지로 요약할 수 있다. 첫째로는 현상 유지의 정책기조가 논리구조의 중요한 부분을 차지한다고 볼 수 있다. 체제비판론자들의 표현에 따르면, 대체로 집권계층이나 혹은 체제옹호세력들은 현 분단 상황의 영속화 및 고착화로 자신들의 기득권을 확보하려고 한다는 것이다. 둘째로는 준비론적 사고의 강조라는 특징을 가지고 있다. 이것은 통일이라는 체제변동에 대한 모종의 위기의식과 더불어 현 상태에 다분히 만족, 안주하고자 한다. 셋째로는 체제 또는 제도의 논리라고 부를 수 있는 일련의 특징들이다. 이것은 남북한 간의 분단 상황을 안정, 지속시키기 위한 옹호논리의 대표적인 경우로서, 반체제적 그리고 반제도적 대항세력을 견제하기 위한 이데올로기적 통제장치와 국가라는 강압기제를 통해 현존하는 정치질서를 확대재생산하는 방법을 사용한다. 넷째로는 신뢰확증의 선결조건화라고 할 수 있다. 그동안 제시되었던 남한의 통일논의들은 하부구조(infrastructure)로부터 상호협력을 통해 점진적으로 통합하여 최종적으로는 상부구조(suprastructure)로의 통합을 실현하는 것으로 역대 정부가 채택해 온 통일정책이나 방안들이 대체로 여기에 속한다고 볼 수 있다(통일부, 2009).

통일 우선의 논리는 앞의 평화 우선의 논리와 입장이 판이하게 다르다. 기존 정부 당국의 방안이나 제도권의 주장과는 근본적으로 다른 상황인식 속에서 통일논리를 펼치고 있다. 이들은 주로 통일운동이라는 관점에서 통일접근을 시도하고 있는데, 분단현실을 보는 방식부터 당시 지배계층의 노선분화가 외세개입을 필연적으로 불러들인 귀결이라고 단정한다(길병옥·최병학, 2003). 한반도는 이데올로기적으로 분단구조가 형성되었고, 이 같은 모순구조를 타파하고 민중이 주도하는 새로운 통일한국을 건설하기 위해서는 민족주체의 논리를 통한 자주적 통일을 이룩해야 한다고 말하고 있다. 따라서 미국의 대한반도 정책에는 극히 비판적이고 회의적이고 군비통제나 군축논의에 있어서도 전면수용 내지는 전면 해체와 같은 극단론을 표방하고 있다.

통일 우선의 논리구조는 다음의 몇 가지로 요약할 수 있다. 첫째로는 현상혁파의 노선과 관련된 기본적인 특성을 담고 있다. 이것은 앞서 제시한 평화 우선의 논리와는 반대되는 입장으로, 통일은 남북체제의 동거 형태가 아닌 새로운 제3의 체제의 출현을 의미하는 것이어야만 한다고 주장한다. 둘째로는 결정론적 실천의 강조에 따르는 일련의 특성이다. 한반도의 통일은 이른바 통일운동에 의해서만 가능하며, 기존의 정부당국이나 제도권의 통일논리는 더 이상 수용할 필요와 가치도 없다는 통일지상주의가 여기에 해당된다고 볼 수 있다. 셋째로는 반체제/반제도 그리고 무선결적 통합논리로 설명될 수 있는 내용이다. 이것은 체제 또는 제도의 논리와 상반되는 논리로 대체로 민중통일론의 경우가 속한다. 일반적으로 이 논리는 정치통합과 사회통합을 동시에 추진할 것을 천명하고, 민족을 체제나 이념보다도 절대 중요시한다.

일반적으로 한반도 평화통일의 방법과 절차를 구상하여 제시하는 경우에, 대부분 개별체제(남한의 민주화와 북한의 개방화) → 남북한 관련체제(관계개선 및 현안의제 타결) → 한반도 지역체제(관계결속 및 교섭증진)의 수순을 정하여 설명한다. 그러나 이러한 수순은 적실성이 사실상 결여된 것이라고 보고 있다. 왜냐하면, 개별체제의 해결이란 일정한 한계(예컨대 북한의 개방화 및 북한핵 선결문제)가 있으며, 여기에 주변국들의 개입변수의 영향도 크기 때문이다. 따라서 문제의 핵심을 남북한간의 관계개선 자체를 독립변수로 보면서, 이것이 개별체제와 지역체제에 어떠한 영향을 미칠 것인가를 주도적으로 봐야 한다는 것이다. 그 과정에서 문화적 동질성 회복을 위한 노력이 필요한 것이다.

5. 결론 및 과제

본 연구에서 정치문화는 사회 구성원들의 공유된 가치관과 신념, 규범과 관습 그리고 행동유형 등의 거시적 총체로 보고 민주주의 발전 및 남북한 사회적 통합에 근본이 되는 요소로 분석하였다. 따라서 정치문화를 하나의 역사적 · 사회적 · 정치적 · 경제적 추상(abstraction)으로 상정하고 존재론적인 실체(ontological reality)를 가지고 있지 않다는 견해를 반대한다. 정치문화는 지식, 예술, 법, 관습 및 인간이 사회의 한 구성원으로서 획득한 어떤 다른 능력과 습관 등을 포함하는 복합적 총체이기 때문에 상징성과 존재론적 실체 모두를 가지고 있다고 보고 있다. 즉, 사회를 구성하고 있는 모든 사람들이 공통적으로 가지고 있는 믿음과 신념, 이념과 관습 그리고 지식과 기술을 포함한 거시적이고 종합적인 개념으로서 사회구성원의 행태에 영향을 주는 가치체계로서 정치문화를 이해하고자 하였다.

이러한 정치문화의 소재지는 인간의 내적인 영역에 존재하는 개념, 가치, 신념, 감정 및 태도 등을 포함하여 사람들 사이의 사회적인 상호작용의 과정 속에 그리고 사회의 구조적 테두리에 존재한다. 정치문화는 사회구성원들 간 상호작용을 하는 유기체 내 · 외부 및 유기체들 사이에 위치하고 주관적인 측면과 객관적인 측면 모두를 포괄한다. 일반적으로 이러한 정치문화는 변화하고, 작용하며 움직이는 것인 동시에 변화되고 작용되며 옮겨지는 것으로 이해된다. 즉, 한국사회의 정치문화가 한 가지 유형의 정치문화를 이루고 있다기보다는 여러 가지의 문화유형이 혼재하고 있다는 것을 의미한다. 따라서 남북한 문화적 통합의 방향은 정치문화의 다양성을 유지하고 보장하는 가운데 그 안에서 갈등과 투쟁보다는 화합과 조화를 이끌어내는 절차, 과정 및 방향을 공고히 하는데 있다.

남북한 가치체계에 대한 인식은 구조적이거나 역사적 요인에서 파생된 것이 많은 관계로 단순히 법과 제도의 개선으로 달성될 수 없다는데 문제의 핵심이 있다. 남북한이 가지는 가체체계는 일정한 지속성과 가변성을 동시에 가지고 있는 또한 다양한 가치체계가 이질적이지만 동태적으로 형성된 혼합문화를 가지고 있는 것이기 때문이다. 새로운 가치와 삶의 형태를 반영할 수 있는 정치과정과 공정한 산출물은 선진화된 미래 통일한국을 약속하는 새로운 정치문화의 토양이 될 것이다. 따라서 새터민들의 원활한 남한사회 적응을 위해서는 다양한 국내외 정책주체들이 참여하는 새로운 모델의 남북한 문화적 통합을 위한 로드맵이 필요하다고 본다. 여기에서 문화통합은 북한이탈주민들이 새로운 남한문화를 맹목적으로 추종하고 받아들이는 것이 아니라, 기존에 자신이 몸담고 있던 문화와 비교하면서 비판과 수용을 통해 두 문화를 통합하는 새로운 안목을 가지는 것을 의미한다(통일부, 2009).

현재 북한이탈주민 관련 국내 제도적으로 해결해야 될 과제는 사회적 환경변화에 따른 심리적 부적응문제를 포함하여 장기적 생활안정, 사회적응훈련, 정책지원제도개선, 가족간의 역할문제해결 등 다양하다. 따라서 정부는 대탈북자 정책집행의 원칙을 선정하고 북한이탈주민 지원정책의 방향을 개선해야할 것이다. 지원정책 원칙은 기회균등과 형평성 원칙에 기초하고 지원정책 방향은 대량탈북의 가능성에 대한 예측에 기초한 종합대책 수립, 탈북자들을 위한 취업알선의 활성화 및 직업교육의 내실화, 사회적응 교육의 과감한 민간 및 지자체 이양, 정착지원금 지급의 합리화, 북한이탈주민 지원재원 확보, 효율적 지원체계 정립을 위한 제도 마련 등이 있다(통일부, 2009; 윤인진, 1999).

결론적으로 현재 대량으로 탈북하는 북한이탈주민의 문제는 적어도 세 가지 민족적 사안에 대한 심각성을 제기한다. 첫째는 북한에 거주하고 있는 주민들의 인권상황이고, 둘째는 중국이나 러시아 및 인접지역에 있는 북한이탈주민들의 국제적 지위와 인권실태요, 셋째는 남한으로 이주한 새터민들의 정착 및 적응문제이다. 그동안 정부도 이러한 문제들을 해결하기 위하여 다각적인 노력을 경주해 온 것이 사실이다. 하지만 문제는 현재의 대탈북자 정책만으로는 유엔난민고등판무관(UNHCR)이 추정하는 10만여 명에 달하는 북한이탈주민들의 문제점들을 해결하기 어렵다는 점이다. 따라서 위의 세 가지 현안에 대한 포괄적이고 범민족적인 해결을 위한 방안으로 국제기구를 포함하여 지역에서의 다자 또는 양자협력과 공조, 국제적·국내적 민간차원의 시민단체 및 비정부기구의 적극적 지원, 그리고 남한에서의 북한이주민 지원 역량강화 및 종합적 대책 마련을 제기하고자 한다.

북한내부 및 중국 그리고 주변인접지역에서 자행되고 있는 북한이탈주민들에 대한 인권유린은 더 이상 묵과해서는 안 된다. 북한은 1981년 9월 인권 B규약으로 통칭되고 있는 '시민적, 정치적 권리에 관한 국제규약(International Covenant on Economic, Social, and Cultural Rights)에도 가입한바, 국제사회에 이러한 규약들을 준수할 의무가 있고 이에 위반되는 행위에 대해서는 책임을 져야한다. 하지만 북한에서는 인간의 기본권인 생존권, 사회보장권을 보장받지 못하고 있고, 북한정부는 주민들의 언론, 출판, 집회, 결사, 신체, 사상, 양심, 표현, 종교, 직업선택, 여행의 자유 등을 완전히 통제하고 있다. 북한 내 인권문제의 해결은 북한정부의 양보를 받아낼 수 있는 국제사회의 압력을 동반할 때 비로소 해결의 실마리를 풀 수 있으리라 본다. 북한주민들의 인권문제, 국제난민문제 및 남한 내 북한이주민들의 정착문제를 보다 효과적으로 해결하기 위한 방안으로 범민족적이고 포괄적인 접근을 다음의 네 가지 차원에서 제기하고자 한다.

첫째, 정부차원에서 대북지원을 북한의 인권상황과 연계하여 상호주의를 펴는 방안이다. 여기에는 대북지원 식량 및 물자의 분배에 대한 검증, 대북경제원조와 인권개선과의 조건부 연계추진, 중국, 러시아 및 인접지역의 북한이탈주민들에 대한 처벌금지 등이 포함된다. 궁극적으로 북한의 자체적인 식량난, 에너지난 및 외화난의 해결 없이는 북한의 위기상황은 구조적으로 계속 지속될 수밖에 없다는 것은 분명하다. 앞으로 긴급성 인도적 지원은 계속되어야 하지만, 경제개발을 위한 지원은 북한의 책임 있는 인권상황 개선노력과 지속적으로 연계해야 한다고 본다.

둘째, 국제기구를 포함하여 비정부기구 및 시민사회 단체의 협력과 공조를 통한 국제사회의 압력강화 방안이다. 여기에는 정부차원의 대북 직접협상방안이 그동안 실효성을 거두지 못해온 점도 상기할 필요성이 있다. 하지만, 국제기구를 통한 대북 지원은 산발적인 경우가 많았고, 국제연합(UN)·국내외 비정부기구(NGO) 및 개별국가 사이의 정보공유 및 역할분담에 대한 체계적인 협력이 부족하였다. 북한 및 주변인접국지역에서 인권개선을 위한 대안으로는 유엔을 통한 지속적인 인권상황 문제제기, 유엔난민고등판무관(UNHCR)을 통한 국제난민지위보장, 국제기구와 국제시민단체 그리고 개별국가와의 연대체제 마련 등이 있다. 더불어 민족적 차원에서 일명, "범민족 북한인권개선위원회"를 발족하여 민간차원에서의 북한인권개선을 위한 국제적 역량을 강화해 나가야 한다고 본다.

셋째, 남한 내 북한이탈주민의 수용을 위한 "남북한 하나를 위한 마을" 일명, "하나촌" 또는 "하나시"를 지정, 건설하여 북한이주민들이 남한에 정착할 수 있도록 생활의 터전을 마련하는 것이다. 현재 경기도 안성에 통일부 산하의 "하나원"이 있지만, 교육시설이나 재원 및 인력이 부족하다. 정부는 정착도시로 지정한 지역의 특성과 가용능력을 면밀히 검토한 후, 기존에 갖추어진 교육 및 공공시설을 증축하거나 개축하여 활용하는 방안과 임대아파트를 건설하는 방안 또는 지방자치단체에 확대하여 이양하는 방안 등을 종합적으로 분석하여 실행하여야 하겠다. 혹, 북한이탈주민들의 감시와 통제를 위한 것이 아니냐는 비평이 있을 수 있지만, 더불어 살 수 있는 장소와 사회시설을 확충한다는 면에서 삶의 터전마련은 중요하다고 본다.

넷째, 북한이탈주민들의 사회화를 위한 체계적 교육프로그램 마련과 교육인력의 확충이다. 북한이탈주민들의 남한 적응기간을 단축시킬 수 있는 교육 및 훈련 그리고 일자리 창출을 위한 제도적 마련이 필요하다. 현재 "하나원"에서 북한이탈주민들을 위한 전반적 사회교육을 실시하고 있으나, 경제적 체제에 대한 교육부분과 직업 및 취업훈련이 제대로 안되고 있고 교육인력과 재원 면에서 어려움을 겪고 있는 것으로 알려져 있다. 재원마련의 방안으로 "통일을 위한 북한이탈주민 정착기금" 일명, "통일정착기금"의 설립이 있다. 정착기금의 조성은 통일비용을 확보하고 새터민들의 남한정착을 원활하게 한다는 점에서 바람직하다.

위에 제시한 정책방안을 수립하고 실행해 나가는 데는 정부의 노력만으로는 부족하다. 시민사회 단체나 비정부기구 등의 국내외적 협력과 지원을 통하여 국외적으로는 북한이탈주민들의 인권상황을 개선하고, 국내적으로는 새터민들이 보다 짧은 기간 내에 남한사회에 적응할 수 있도록 해야 하겠다. 이러한 사안은 국제사회의 동참과 국제기구를 통한 협조가 절대적으로 필요하지만, 범민족적·국민적 성원과 호응 없이는 불가능하다. 따라서 남북한 문화적 통합을 위해서는 다양한 국내외 정책주체들이 참여하여 상생과 협력 그리고 공동번영이라는 장기적 관점에서 단계적으로 협력방안을 만들어내야 하겠다.

지금의 중국이 문호를 개방하고 경제 성장을 이룩하게 되기까지는 근 30여 년이라는 세월이 걸렸다. 북한이 체제의 개방과 개혁, 인권상황의 개선 및 경제적 안정을 이루기까지는 더 많은 시간이 걸릴는지도 모른다. 따라서 앞으로 장기적인 측면에서 북한 스스로의 변화를 유도해 내는 방편으로 남한정부와 국제사회 및 민간시민단체의 인도적 지원과 경제전반에 걸친 교류와 협력은 계속 추진되어야 하겠다. 결론적으로 남북한 문화통합 및 한반도 문제는 동북아 국가들간의 양자관계 뿐만 아니라 그러한 양자관계가 복합적으로 연계되거나 또는 이것이 발전한 형태의 다자적 관계를 보이고 있다. 따라서 한반도 문제의 국제적 성격을 분명히 인식하고 민족적 해결의 가능성을 동시에 모색하는 접근방식이 필수 불가결하다.

결론적으로 문화적 동질성 회복은 단순히 문화적 가치의 차이에만 있는 것이 아니라 전체 경제사회 및 국내외의 정치구조적인 문제화 결부되는 관계로 인적, 물적 그리고 국제적인 교류협력 방안을 다각도로 마련해야 하는 것이다. 여기에서 중요한 것은 가치관의 차이에 따른 이분법적 논리에 의한 가치기준의 설정이 아니라 다양성과 변화를 인정하고 공유하는 홍익과 상생의 문화의식을 육성하는 것이 바람직하다. 문화적 공동체 형성을 위해서는 건설적 비판과 수용과정을 통해 다양한 가치관이 통합되고 융합되는 범민족적이고 포괄적인 접근방법이 필요하다고 판단된다.

▒■■ 참고문헌

길병옥 (2005), 「북한이탈주민 대책과 남북한 사회적 통합 방향」, 충청정치학회 학술
　　　세미나 논문집.

길병옥·최병학 (2003), 「한반도 평화통일과 군비통제: 평화와 통일의 접근논리를
　　　중심으로」, 『군사논단』 36, 88-109.

김욱동 (1996), 『포스트모더니즘과 포스트구조주의』, 서울: 현암사.

김흥규 (1996), 「Q 방법론의 유용성 연구」, 『주관성 연구』 1, 15-33.

　　　(2008), 「Q-블럭과 Q-도구의 일치도 연구」, 『주관성 연구』 16, 5-15.

박성복·이종렬 (2000), 『정책학 강의』, 서울: 대영문화사.

서재진 (2002), 「북한이탈주민 보호 및 정착지원에 관한 문제점과 개선방안」. 『통일
　　　정책연구』, 11(1), 229-264.

윤인진 (1999), 「탈북자의 남한사회 적응실태와 정착지원의 새로운 접근」. 『한국사
　　　회학』 33(3), 511-549.

이시형 (2004), 「김정일시대 북한의 대남인식」, 『한국동북아논총』 30, 251-275.

이현출·길병옥 (2000), 「민주주의의 의미: Q 방법론을 통한 자아참조적 관점에서
　　　의 고찰」, 『대한정치학회보』 8(2), 135-150.

전득주 (1999), 『정치문화와 민주시민교육』, 서울: 유풍출판사.

통일부 (2009), 『통일백서』, 서울: 통일부.

한인숙 (2000), 「포스트모더니즘, 복지정책 그리고 여성」, 『한국행정학보』 34(4),
　　　1-19.

Almond, Gabriel & Sydney Verba (1963), *The civic culture political attitudes and democracy
　　　in five nations*. Boston, MA: Little, Brown.

Almond, Gabriel (1974), *Comparative politics today: A world view*. Boston: Little, Brown.

Baldwin, David A. (1993), *Neorealism and neoliberalism: The contemporary debate*. New
　　　York: Columbia University Press.

Brown, S. R. (1980), *Political subjectivity: Applications of Q methodology in political
　　　science*. New Heaven, CT: Yale University Press.

Brown, S. R. & Byung-ok Kil (2002), Exploring Korean values, *Asia-Pacific Perspectives*,
　　　2/1, 1-8.

Derrida, Jacques (1998). *Monolingualism of the other or the prosthesis of origin*. Stanford,
　　　CA: Stanford University Press.

_____ (1992), *The other heading: Reflections on today's Europe*. Bloomington, IN: Indiana University Press.

Dilthey, Wilhelm (1977), *Descriptive psychology and historical understanding*. New York: Nijhoff.

Foucault, Michel (1977), *Power/knowledge: Selected interviews and other writings*. New York: Random House.

Heidegger, Martin (1988), *The basic problem of phenomenology*. Indianapolis, IN: Indiana University Press.

Inglehart, Ronald (2003), *Human values and social change*. New York: Brill Academic Publications.

Katzenstain, Peter J. (1996), *The culture of national security: Norms and identity in world politics*. New York: Columbia University Press.

Kim, Mike (2008), *Escaping North Korea: Defiance and hope in the world's most repressive country*, New York: Rowman & Littlefield Publishers.

Lyotard, Jean-Francois (1984), *The postmodern condition: A report on knowledge*. Trans., G. Bennington and B. Massumi. Minneapolis, MN: University of Minnesota Press.

Offe, Claus (1984), *Contradictions of the welfare state*. Cambridge, MA: The MIT Press.

Pye, Lucian W. (1965), *Political culture and political development*. Princeton, NJ: Princeton University Press.

Stephenson, W. (1953), *The study of behavior: Q-technique and its methodology*. Chicago, IL: University of Chicago Press.

Waltz, Kenneth W. (1979), *Theory of international politics. Reading*, MA: Addison-Wesley.

Woshinsky, Oliver (1995), *Culture and politics: An introduction to mass and elite political behavior*, Englewood Cliffs, NJ: Prentice Hall.

불확정성의 공포, 교조와 과학적 자유[*]

김 웅 진

한국외국어대 정치외교학과 교수

[*] 본 논문은 〈주관성 연구〉 제19호(2009. 12) pp.5-15 논문 전문을 재게재한 논문임을 알려드립니다.

불확정성의 공포, 교조와 과학적 자유

1. 기지와 미지, 공포와 도그마: 과학적 자유의 의미

자유가 상황인식과 해석, 그리고 그에 따른 행위의 측면에서 창조적 자아의 제한 없는 구현을 지칭한다 할 때 '과학적 자유'란 어떤 의미를 갖는가? 또 과학적 자유를 논의해야 하는 이유는 무엇인가? 과학적 자유를 보장해 주는 '과학민주주의'로의 길은 어떻게 열릴 수 있는가?

과학은 분명 논리적 사유의 체계이며 따라서 과학행위, 곧 지식생산 행위는 절차적 합리성을 지향한다. 즉, 지식의 끊임없는 합리적 재구축 (rational reconstruction)을 통해 무지(無知)가 야기하는 공포와 신화의 조작 을 타파하고, 그럼으로써 창조적 삶의 지평을 확장하는 것이 곧 과학의 궁극적 목표로 간주된다. 실제로 과학은 인류역사의 전개과정 속에서 이러한 목표를 달성하기 위한 효율적 기제의 역할을 충실히 수행해 왔 다. 자연과학 연구에 힘입어 물리적 세계의 역동이 품고 있는 수수께끼 가 하나씩 풀려 나갔고, 사회과학 연구를 통해 인간의 정치경제적, 문화적 상호작용이 표출하는 보편적 양상이 면밀히 추적되었다. 무지로 인한 공포와 상황적 구속성을 극복하려는 인간의 끊임없는 과학적 탐구가 신화의 광기에 맞설 수 있는 장대한 합리성의 사원(寺院)을 구축하는데 성공한 것이다.

그러나 무지의 소거는 새로운 무지의 영역을 노출시킨다. 기지(旣知)란 잠정적이자 가변적인 상황이며, 지식은 논리적으로 정당화된 신념(justified belief)(Gettier, 1987, p.263), 더 나아가 과학적·사회적으로 용인된 불확정적 도그마일 따름이다. 따라서 과학은 항상 새롭게 노정되는 불확정성의 영역, 곧 무지의 영역을 채워 넣기 위해 또다시 불확정적인 신념과 도그마를 생산하는 "지식의 패러독스(paradox of knowledge)"를 벗어날 수 없다(Loevinger, 1995, p.21). 기실 이러한 패러독스는 지식의 불확정성이 인간인식의 불가피한 오류에서 비롯된다는 사실로부터 연원한다. 즉, 끊임없는 오류보정을 통한 확정성의 추구야말로 과학의 추동력이라고 말할 수 있다. 포퍼(K. Popper)에 따르면,

…인간은 결코 오류로부터 자유로울 수 없다. 모든 인간의 지식은 오류에 빠지게 마련이며 따라서 불확정적이다. 그렇기 때문에 진리(truth)와 확정성(certainty)을 명확히 구분해야 한다. 이는 곧 오류를 보정하기 위해 지속적으로 노력해야 할 뿐만 아니라, 아무리 주의를 기울여도 완전히 오류를 극복했다고 확신할 수 없다는 사실을 보여준다.…(Popper, 1996, p.4)

…우리를 둘러싸고 있는 세계를 발견하고 그에 대해 배워 알려는 강한 욕구[로부터] 신화, 주술사와 성직자들이 만들어졌다. 그리고 그러한 과정에서 우리 속에는 [지식에 대한] 욕구를 더욱 부추기는 내적 갈등이 형성되었다. 실제로는 우리가 아무 것도 모르거나 아주 조금밖에 모른다는 막연한 불안감이 바로 그것이다. 인간은 앎의 안전성을 원하기 때문에 보편적 도그

마(common dogma)를 만들어 서로 서로 이 도그마의 진실을 확인하려는 강력한 욕구에 사로잡힌다. 즉, [지식의 확정성에 대한] 암묵적 지침을 얻으려한다. 이에 따라 불명확성은 공포를 낳고, 도그마는 교조적 신념으로 변한다…(Popper, 1999, p.42)

이로부터 과학적 자유의 의미를 규정할 수 있다. 만약 과학적 지식이 본질적으로 대상에 대한 생산자의 "해석과 편집"(김정운, 2008)이 논리적으로 정당화된 신념이라면, 바로 그러한 해석과 편집의 자유가 곧 과학적 자유에 해당된다고 볼 수 있다. 바꾸어 말해서, 지식생산대상의 본질에 접근하는 경로와 방식을 제어하는 "보편적 도그마"로부터의 탈출이 과학적 자유의 핵심이라고 볼 수 있다. 물론 지식생산과정의 논리성과 합리성을 부정한다면 과학의 존재이유가 상실되지만, 해석과 편집의 다양성을 억압한다면 인간성(humanity) 자체가 상실된다. 과학은 어디까지나 인간의 작업(human enterprise)이기 때문에 인간성의 창조적이자 논리적인 구현을 지향한다. 과학적 지식은 자연현상과 사회현상의 역동에 대한 해석과 의미부여를 통해 논리적으로 재구성된 실존을 보여주며, 따라서 외화된 인간성의 실체인 것이다. 개별 과학자의 자유롭고도 창조적인 인식을 용인하는 것만이 과학적 자유를 확보할 수 있는 유일한 길이다.

2. 경이의 추구: '인간의 작업'으로서의 과학

그러나 과학적 자유는 이러한 실체의 구성과정에 있어서의 절차적 이완(弛緩), 곧 방법론적 이완을 전제로 하지 않는다. 왜냐하면 방법론적 엄정성은 과학성의 핵심적 인자이기 때문이다. "과학은 본질적으로 무정부주의적"[1]이라는 파이어라벤드(P. Feyerabend)의 주장은 결코 과학적 분석규준 자체를 부정한 것이 아니다. "이론적 무정부주의가 법칙주의보다 더 인간적일 뿐만 아니라 [과학적] 진보를 추동할 가능성이 크다"(Feyerabend, 1993)[2]는 그의 말 속에는 유리스틱(heuristic)[3]의 논리적 엄정성에 대한 혐오라기보다는 인식의 자유에 대한 강한 욕구, 그리고 자유로운 인식을 통해 "감추어진 세계의 경이(驚異)"를 발견할 때 비로소 과학이 인간의 작업으로서의 위상을 회복할 수 있다는 신념이 함축되어 있다.

> …왜 그다지도 많은 사람들이 보고 느끼는 것에 대해 불만을 가질까? 왜 그들은 겉으로 드러나는 현상 뒤에 감추어져 있는 경이를 찾아내려 할까? 왜 그들은 이와 같은 경이들이 서로 합쳐져 세상을 만들어낸다 믿을까? 더더욱 이상한 것은 왜 사람들은 감추어진 세계가 눈에 보이는 세계보다 더 견고하고 믿을 만한 것이라 여길까? 사실 경이를 찾는 것은 당연한 일이다. 왜냐하면 어떤 것으로 보인 것이 실상은 다른 것인 경우가 많기 때문이다…
> (Feyerabend, 1999, p.vii)

---

1 "…Science is essentially anarchic enterprise," p.9.

2 "…theoretical anarchism is more humanitarian and more likely to encourage progress than its law—and—order alternatives," p.9. [ ] 속의 말은 이해를 돕기 위해 저자가 삽입한 것임.

3 "강력한 문제풀이 기제(a powerful problem—solving machinery)." 즉, 특정한 과학체계(연구 프로그램, research programme) 내에서 과학적 적실성과 정당성을 광범위하게 인정받고 있는 이론적 · 방법론적 협약과 절차. 라카토시(I. Lakatos)는 유리스틱이 "변칙현상(anomalies)"들을 설명하고 더 나아가 그들을 연구프로그램이 수용하고 있는 이론적, 방법론적 전제를 뒷받침하는 적극적 증거로 변환시킬 수 있을 경우에 한해 "긍정적(적극적) 유리스틱(positive heuristic)"의 위상을 얻게 되며, 그러한 긍정적 유리스틱을 보유한 연구프로그램만이 "진보적 연구프로그램(progressive research programme)"으로 확립될 수 있다고 본다. Lakatos(1986), 4–6 참조.

요컨대 "감추어진 실상"은 "보인 것"의 해석과 편집에 따라 다양하게 인식될 수 있으며, 한 과학자의 창의성은 바로 이러한 해석과 편집과정에 동원되는 고유한 이미지 속에 반영된다. 김웅진(1993, p.169)에 따르면,

> …애당초 과학적 지식의 내역과 형태는 일단의 전제와 가정에 의해 규정된다. 즉, 연구자는 연구대상현상의 이미지를 나름대로의 메타포를 통해 구성하며, 그에 따라 연구분석의 전제와 가정을 구축한다. 연구대상현상의 이미지는 연구자로 하여금 특정한 인식론적 입장을 선택(선호)하게 함으로써 이해와 해석의 척도, 혹은 적정한 설명의 논리와 연구퍼즐을 받아들이도록 한다. 이와 같은 맥락에서, 연구대상현상의 이미지는 구체적인 연구퍼즐, 즉 현상의 어떠한 단면을 어떻게 관측할 것인가에 관한 길잡이가 된다. 또한 이러한 이미지는 연구대상현상에 관한 지식이 획득되는 매체로서 개념과 연구방법(논리와 규준)을 제시해 준다…

불확정성의 공포, 교조와 과학적 자유

  결국 과학적 자유는 연구대상의 이미지 설정에 있어서의 자유를 지칭한다. 그러나 일단 자유롭게 설정된 이미지, 곧 관측대상과 그에 대한 해석을 연결하는 교량은 논리적 구조를 갖추어야 한다. 바로 이것이 인간성과 과학성이 타협할 수 있는 유일한 경로이다. 왜냐하면 대상의 본질에 대한 한 과학자의 고유한 이야기(story-telling)는 진술방법에 있어서의 합리성과 논리성으로 인해 과학적 지식(scientific knowledge)의 성격을 획득하기 때문이다. 요컨대 자유로운 이미지에 입각한 인식의 개방성과 이야기 방식의 절차적 합리성이 조화될 때 비로소 과학은 인간의 작업이 될 수 있다. 그러나 현대사회과학은 사회와 사회적 인간의 획일적 이미지를 강요함으로써 이러한 타협경로를 폐쇄하여 왔다. 즉, 현대사회과학을 지탱하고 있는 두 개의 강력한 연구프로그램인 경험사회과

학(empirical social science)과 실재론적 사회과학(realist social science)은 모두 사회를 질서의 체계로, 사회구성원들을 일정한 작동원리(animating principle)에 따라 움직이는 반응적 존재로 규정하고 있다. 예컨대 경험사회과학, 특히 그 가운데에서도 합리주의 연구전통[4]의 존재론적 기반을 제공한 포퍼(Popper, 1976, p.102)에 따르면,

> …분명 어떤 창조적 행위도 완벽하게 설명될 수 없다. 그러나 논리적 추측(conjecture)을 통해 행위자가 처해 있는 '문제상황(problem situation)'을 하나의 이상형으로 재구축할 수 있으며, 그러한 맥락에서 표출된 행위를 합리적으로 이해할 수 있다. 다시 말해서, 행위자가 상황을 어떻게 보고 어떻게 그에 맞게 행동했는가를 파악할 수 있을 것이다…

이처럼 인간의 사회적 행위를 주어진 상황적 조건 속에서 당면한 문제를 해결하기 위한 합리적이자 반응적 행위로 규정하는 시각은 인간의 본질에 관한 수많은 이미지 가운데 하나에 불과하며, 따라서 이러한 이미지의 고착을 통해 형성된 "강한 과학(strong science)"(Fuller, 2000)[5]의 유리스틱은 사회적 역동에 관한 해석의 다양성과 창의성을 허락하지 않는 과학전체주의의 소산일 뿐이다. 정형화된 이미지의 획일적 해석을 강요하는 전체주의적 사회과학은 비단 과학적 지식뿐만 아니라 사회 자체의 전환과 진보를 두려워하는 반동세력의 정치기제로 전락할 가능성이 크

---

4 연구영역에 있어서의 실체와 과정, 그리고 연구문제를 탐색하고 이론을 구축하는데 사용되는 적절한 방법에 관한 일반적 가정"을 수용하고 있는 과학체계 혹은 과학자 공동체를 지칭. Laudan(1978), 81.

5 견고한 유리스틱과 다수의 추종자들을 확보함으로써 비단 과학사회 뿐만 아니라 범사회적으로 권위와 영향력을 광범위하게 인정받고 있는 과학체계로서 "거대과학(Big Science)"이라 불리기도 함.

다. 새로운 세계관을 지향한 "본연적 긴장"(Kuhn, 1977)[6]을 억압하는 연구전통은 진보의 추동력을 상실한 무기력한 사회, 권력구조의 전환을 두려워하는 빅 브라더(Big Brother)의 사회(Orwell, 1983)와 다를 바 없다.

따라서 과학적 자유를 보장해 주는 '열린 사회과학'은 사회와 사회적 인간에 대한 이미지의 완전한 개방이라는 맥락에서 모색되어야 한다. 즉, '열린 사회과학'은 연구대상에 대한 이미지의 자유로운 구축과 그에 입각한 연구문제의 자유로운 창출을 통해 확보될 수 있다. 이미지는 비록 논증될 수 없는 모호한 것이라 할지라도 과학자의 창조적 인식을 반영하며, 이러한 인식의 창조적 모호성이야말로 과학적 진보의 추동력이라고 말할 수 있다. "모호성은 변화의 필수조건(Without ambiguity, no change, ever)"(Feyerabend, 1999)이며, "정설(定說)은 곧 죽은 지식의 표징"(Popper, 1994)이다.

3. 과학민주주의: '꿈'의 관용과 포섭

과학적 자유는 '열린 사회과학'을 추동하는 과학민주주의의 기반이 된다. 과학민주주의의 의미는 명백하다. 정치적 민주주의가 정치적 자아의 자유롭고도 창조적인 구현을 지향한다면, 과학민주주의는 연구대상에 대한 인식과 해석의 창의성, 곧 과학적 자아의 구현을 모색한다. 물론 그러한 창의성은 앞서 지적한 것처럼 엄정하고도 정연한 진술구조를 통해 구현되어야 하고, 그것이 바로 과학민주주의의 가장 두드러진 특

---

6 패러다임에 입각한 반복적 지식생산이 야기하는 회의로 인해 자연스럽게 생성되는 새로운 시각(세계관)과 기존 시각 간의 필연적이자 불가피한 대립으로서 과학적 진보의 잠재적 추동력.

징이라고 말할 수 있다. 과학민주주의는 과학패권이 강요하는 정형적 인식을 거부하는 동시에 사유의 논리성을 지향한다. 자연스러운 이미지, 과학패권의 억압으로부터 벗어난 이미지의 탐색이 과학민주주의에 이르는 지름길이다. '달리 볼 수 있는 길'이 원천적으로 봉쇄된 과학사회, 인식의 폐쇄성이 이념적·정치적으로 정당화된 전체주의적 사회과학은 사회적 진보의 장애물일 뿐이다. 왜냐하면 사회는 결국 인간의 창의적 인식을 통해 끊임없이 재구성되기 때문이다. 사회과학은 바로 이처럼 지속적으로 변화하는 재구성의 다양한 맥락을 탐색하는데 연구의 초점을 맞추어야 한다.

> …동일한 세계 [……]는 서로 다르게 구성될 수 있다 [……] 우리는 이 세계를 다르게 말하고 다르게 생각하고 다르게 받아들일 수 있다는 것이다. 아마 사실은 그것을 진술하는 언어의 논리적 형태에 의해 어떤 방식으로든 형상화될 것이다. 이런 논리적 형태들은 하나의 틀을 제공하며, 이 틀을 통해 세상은 특정한 방식으로 조직화될 것이다…(핸슨, 1995, p. 63)

요컨대 사회적 세계를 인식하고 재구성하는 "틀(frame)"을 개방하는 것이야말로 과학민주주의의의 궁극적 목표라고 말할 수 있다. 이러한 목표는 정치적 자유주의(political liberalism)의 규범을 충실히 따르는 과학사회의 구축을 통해 달성될 수 있다. 즉, 엄혹한 과학패권의 가버넌스 네트워크로[7]부터 사회과학자들을 해방시킬 때 비로소 사회현상의 이미

---

7 과학사회를 주도하는 "강한 과학"의 패권세력이 제도적(institutional)·관계적 (relational) 헤게모니를 기반으로 삼아 과학행위의 일관성과 통합성을 유지해 나가기 위해 구축하는 지식생산의 제어망. 즉, 패권세력은 이러한 제어망을 통해 일단의 연구문제와 연구문제를 풀기 위한 유리스틱의 획일적 수용에 따른 연구정향의 수렴을 지향하며, 그 배후에는 연구전통(research tradition)의 강화를 통해 과학적·과학외적

지와 그에 대한 해석의 창의성이 보장된다. "강한 과학"의 패권은 연구전통을 배타적 교조로 변질시켜 다양한 과학적 시각의 병존을 인정하지 않는다. 병존이 필연적으로 비교와 경쟁을 야기한다고 믿기 때문이다. 물론 비교가능성과 경쟁가능성의 패권적 소거가 곧 "강한 과학"에 이르는 길, 과학행위가 수반하는 실익을 독점하는 길이라는 것은 분명하다. 그러나 포퍼에 따르면,

> …틀들이 서로 비교될 수 없다고 여겨지는 또 하나의 이유는 […] 이들이 비단 '지배이론(dominant theory)'뿐만 아니라 심리적이자 사회적인 실체를 포함하고 있기 때문이다. [즉] 어떤 틀은 지배이론과 그에 따라 사상(事象)을 인식하는 방법, 곧 세계와 생활양식을 인식하는 방법으로 구성되어 있으며, 이에 따라 교회, 정치적·예술적 신조 또는 이념과 같이 추종자들을 사회적으로 결속시킨다…(Popper, 1994, p.55)

> …다양한 과학적 시각의 비교는 항상 가능하다. 서로 다른 과학적 시각들이 마치 서로 소통할 수 없는 언어들과 같다는 생각은 위험한 도그마이다. 엄청나게 다른 언어들, 예컨대 영어, 호피족의 언어와 중국어는 서로 번역될 수 있고, 영어를 썩 잘하는 호피 인디언들과 중국인들이 실제로 있다…(Popper, 1970, p.56)

영어를 능숙하게 구사하는 중국인처럼 하나의 연구전통은 다른 연구전통을 "번역"함으로써 합리적 재구축에 요구되는 외부비판(external criticism)의 척도를 확보할 수 있다. 상이한 연구전통(패러다임)들을 비교하여 상대적 수월성을 판정하는 작업은 굳이 쿤의 공약불가능성 명제

실익을 극대화하려는 동기가 내재되어 있다고 볼 수 있음.

(thesis of incommensurability)[8]를 빌지 않는다 해도 세계관의 본질적 상이성으로 인해 불가능하다. 그러나 어떤 연구전통이 다른 연구전통의 유리스틱을 자신이 견지하고 있는 유리스틱에 비추어 재구성하여 외부비판의 내부화(internalization)를 시도할 수는 있다. 경험사회과학이 실재론적 사회과학의 세계관을 경험과학적으로 재구성하여 그로부터의 비판을 내부화하는 작업은 결코 무의미한 것이 아니다. 왜냐하면 이를 통해 경험과학적 유리스틱의 오류를 보정함으로써 자기성찰과 그에 따른 진보의 계기를 마련할 수 있기 때문이다. 이러한 맥락에서 볼 때 공약불가능성 명제는 서구의 과학사로부터 도출된 일반적 경향의 역사사회학적, 지식사회학적 요약에 불과하다고 말할 수 있다.

상이한 연구전통의 병존이 필연적으로 갈등과 경쟁을 야기하는 것은 아니다. 각 연구전통의 유리스틱이 담지하고 있는 고유한 이미지와 해석의 척도는 사회현상의 색다른 구성맥락을 노출시킴으로써 사회과학 지식에 다양성과 풍요성을 부여할 수 있다. 다른 연구전통을 제압하려는 시도는 인간과 사회에 대한 교조적 이미지를 고착시키고, 더 나아가 과학외적 실익을 독점하려는 과학패권의 정치적 책략일 따름이다. 물론 구성원들에게 충분한 과학적·과학외적 실익을 보장해 줄 수 없는 과학체계는 결코 안정성을 확보할 수 없다. 그러나 단지 실익만을 추동력으로 삼은 과학행위는 과학성을 상실한다. 과학적 패권세력에 의해 전개되는 과학정치(politics of science)[9]의 역동은 바로 과학연구로부터 과

---

8 상이한, 혹은 경쟁적 패러다임들은 서로 완전히 다른 세계관에 기초하고 있기 때문에 연속성이나 상호연계성을 갖고 있지 않고, 따라서 그들 간의 수월성을 비교 평가할 수 있는 객관적 근거가 존재할 수 없다는 쿤의 주장. 이에 따라 패러다임은 누적적, 점진적으로 진보한 다기 보다는 혁명적으로 변동할 수밖에 없다는 것이다. Kuhn(1970), 92-102.

9 과학적 지식생산행위의 정향과 경로를 통제하는 과학적·과학외적 패권의 배분과 전개과정.

학성을 소거하는 역동, 실존세계에 관한 인식의 무한한 재구성 가능성을 감추려는 역동이다. 정치적 민주주의가 다원주의에 기반을 둔 이유는 그를 통해 다양한 사회세력들이 견지하고 있는 목표와 이해관계를 조정·통합할 수 있는 접점을 찾아 정치적 공동선을 구현하기 위해서이다. 과학민주주의도 다를 바 없다. 사회과학은 다양한 사회현상의 구성방식을 제안하고 그렇게 제안된 구성방식들 간의 소통경로와 접점을 모색해야 한다. 이는 창조적 인식을 제어하는 과학패권을 해체함으로서만이 가능하다. 과학패권이 정치적으로 형성된 것처럼 그를 해체하려는 시도 역시 정치적 성격을 가질 수밖에 없다. 즉, 사회과학은 정치적 규범성을 지향해야 한다. 이러한 정치성은 억압과 배제의 정치성이 아니라 관용과 포섭의 정치성이며, 사회과학자들로 하여금 다양한 "꿈"을 꾸도록 만드는 정치성이다.

> …우리는 어떻게 존재한다고 가정한 세계를 발견할 수 있는가? 답은 분명하다. 연구전통 속에서는 결코 찾을 수 없다. 외부적 비판기준이 요구된다. 즉, 완전히 다른 세계를 구성하는 대안적 가정들을 필요로 한다. 즉, 우리는 우리가 그 속에서 살고 있다고 믿는 실존세계(real world)의 양상을 파악하기 위해 "꿈의 세계(dream world)"를 구성해야 한다. 물론 우리가 지금 살고 있다고 믿는 세계 역시 또 다른 꿈의 세계에 불과한 것이겠지만…(Feyerabend, 1993, p.22)

사회과학자들의 꿈은 연구문제와 유리스틱의 개방을 유도하는 정치적 역동을 통해 실현될 수 있다. 그러한 역동은 비단 과학연구 뿐만 아니라 모든 사회영역을 교조의 족쇄로부터 해방시키는 관용의 역동을 의미한다. 기실 "대안적 시각을 거부하는 과학적 쇼비니즘"[10]은 곧 실존세

---

10 "…the chauvinism of science that resists alternatives to the status quo." Feyerabend (1993), 33.

계의 감추어진 본질, 다양한 본질을 파악하려는 인간의 본연적 욕구를 억압하려는 과학정치의 가장 두드러진 특성이라고 볼 수 있다. "진리의 관념(the idea of truth)"과 "확정성의 관념(the idea of certainty)" 간에 필연적으로 노정되는 괴리는 인간으로 하여금 지식의 한계성에 대한 공포를 갖게 만들며, 이에 따라 "광적 신념(fanatical belief)"의 모습을 지닌 교조, 인식의 확정성을 보장해 주는 도그마가 자연스럽게 형성된다(Popper, 1999). 다시 말해서 과학적 인식을 포함한 모든 인간의 인식은 도그마의 그늘 아래 불확정성과 유동성을 극복하며, 바로 그렇기 때문에 도그마를 지속적으로 생산하는 과학패권이 자연스럽게 작동할 수 있다.

물론 교조적 인식은 강력한 확정성을 표출한다. 그러나 그와 같은 확정성은 대상이 지닌 본질의 확정성이 아니라 수학적 확정성과 같은 논리적 확정성, 방법론적 확정성일 뿐이다. 방법론의 확정성이 그를 통해 생산되는 지식의 확정성을 담보해 준다는 환상의 조작이야말로 과학적 도그마의 가장 큰 표징이다. 방법론적 진리를 본질적 진리로 규정하는 유리스틱은 심리적 안정감을 보장함으로써 추종자들을 이러한 환상의 늪으로 유인한다. 이처럼 공유된 과학적 환상이 사회적 권위와 결합될 때 과학은 정치적 도구로 전락할 가능성이 크다. 수많은 사회과학 유리스틱들이 도구적 효용성에 대한 정치사회적 패권의 상황적 판정에 따라 부침(浮沈)을 거듭했다는 사실을 결코 부정할 수 없다. 홍성민(2008, p.32)의 견해를 인용하면,

> …1990년대에 등장한 '워싱턴 컨센서스(Washington consensus)'는 바로 이러한 시대적 상황 속에서 탄생한다. 국내적으로는 미국의 재정적자를 극복하고, 군사력이 아니라 자본을 통한 세계 지배가 가능할 수 있도록 남미 제국에 대한 새로운 처방을 내리게 된 것이다. 미국의 국제경제연구소에 모인 일군의 학자들은 근대화 이론을 추진해 온 세계은행의 원조정책을 비판하

면서 새로운 대책을 마련하는데, 이것이 집약된 것이 바로 워싱턴 컨센서스이다. 한편 이와 같은 신자유주의 정책을 이론적으로 정당화 한 것은 주로 시카고 대학교의 통화주의자들이었다. 1980년대와 1990년대를 전후로 하여 시카고 대학교는 신자유주의 이념을 생산하고 전파하는 지식 생산의 중심이 된다. 다시 한 번 강조하거니와, 대학과 이론의 부상마저도 정치권력의 변동과 궤를 같이 한다…

방법론은 본질에 관한 이야기를 논리적으로 전개할 수 있는 절차적 확정성을 제공할 뿐이며, 따라서 특정한 방법론에 따라 교조의 탈을 쓴 지식(이론)은 '또 다른 이야기'일 따름이다. 즉, 이론의 확정성은 교조의 산물이고, 이론이 지닌 권위는 과학적 권위라기보다는 사회적 권위라고 볼 수 있다.

> …과학의 이론적 권위란 생각만큼 크지 않다. 그러나 사회적 권위는 오늘날에 이르러 엄청나게 커졌기 때문에 균형 잡힌 [과학]발전을 달성하기 위해서는 정치적 개입(political interference)이 필요하다..(Feyerabend, 1993, p.160)[11]

4. 과학패권의 재배열과 다원화: '탄력적 교조'의 구축

요컨대 과학적 지식의 사회적 권위는 교조를 뒷받침하는 과학패권과 그를 후원하는 정치적 패권이 해체될 경우 자연스럽게 붕괴된다. 과학혁명과 정치적 혁명이 동일한 맥락에서 거의 동시에 진행되었다는 역사적 사실이 이를 뒷받침해 준다. 바로 여기에서 과학적 자유, 과학민주주

---

11 [ ] 속의 말은 이해를 돕기 위해 저자가 삽입한 것임.

의를 확립하기 위한 "정치적 개입"이 요구된다. "정치적 개입"의 의미는 명확하다. 패권의 형성이 연구전통의 구축과정에 있어서 필요조건이라면 그에 입각한 지식생산의 가버넌스 네트워크를 인정할 수밖에 없다. 그러나 총체적인 과학사회가 단일한 패권 네트워크에 의해 배타적·독점적으로 통제되는 상황을 용인해서는 안 된다. 즉, 강정인(2004)이 제안한 "혼융적 담론"의 통로, 곧 과학사회 내에 "다중심적 문화공간"을 구축하기 위한 헤게모니의 분산을 시도해야 한다. 이와 같은 패권의 분산은 배타적으로 전문화(professionalization)된 과학체계가 인증된 과학행위의 기제를 독점하는 현상을 저지함으로써 과학행위의 후원자와 과학적 지식의 수요자들이 다양한 과학체계와 상호신뢰에 입각한 실익교환 관계를 구축할 때 가능해 진다. 브라운(Brown, 1993, p.154)의 주장을 인용하면,

> …[과학의] 전문화를 위한 정치과정은 과학자들이 후원자와 고객들에게 자신들의 서비스가 큰 가치가 있다는 점을 보여줄 뿐만 아니라 더 나아가 서비스(연구문제, 개념, 방법과 지식의 적용 등) 자체를 그러한 가치에 맞추어 적절히 조정하는 과정이다. 전문화가 어느 정도까지 이루어질 수 있느냐에 따라 [어떤 과학체계의] 구성원들이 누릴 수 있는 독립성과 자생적인 독점적 길드(monopoly guild)로서의 권리가 그만큼 보장된다. 더 나아가 고도로 세련된 테크놀로지 사회에 있어서 권력은 단지 강압만을 통해 행사될 수 없으며, 특화된 지식을 필요로 하고, [과학자, 후원자와 지식수요자 간의] 신뢰관계를 통해 전개된다… 이러한 신뢰는 긴밀한 이해관계[의 구축], 이념의 공유, 재정적 상호종속성[의 심화]와 서로 도움이 되는 성과를 어느 정도 달성했느냐에 따라 확보된다…[12]

---

12 [ ] 속의 말은 이해를 돕기 위해 저자가 삽입한 것임.

즉, 라우즈(Rouse 1991)의 견해와 같이 과학세계를 포함한 모든 사회적 세계가 실익확보와 교환이라는 맥락에서 "지배와 저항을 지향하는 투쟁구도의 중첩적 배열"[13]이라면, 그러한 배열의 경직성을 끊임없이 재생산하는 단일 교조를 타파해야 한다. 요컨대 전체주의적 교조에 맞서기 위한 가장 효율적 전략은 새롭고도 유연한 교조, '달리 생각할 수 있는 길'을 허용함으로써 강력한 흡인력을 발휘하는 복수의 탄력적 교조를 구축하는 것이다.

결론적으로 지식의 불확정성을 극복하려는 과학자들의 본연적 욕구를 결코 제어할 수는 없다. 왜냐하면 앞서 논의한 바와 같이 그러한 욕구가 바로 과학의 추동력이기 때문이다. 그러나 욕구를 충족시키기 위해, 불확정성의 공포를 극복하기 위해 획일적 교조에 함몰되는 과학자들에게 사회적 권위에의 편승이 야기하는 정체성과 창의성의 상실, 궁극적으로는 과학성의 상실을 환기시켜야 한다. 궁극적으로는 정치적 민주주의의 권력배열 원리가 과학사회 내에서 구현될 때 비로소 과학패권의 진정한 다원화가 가능하다. 따라서 과학민주주의의 완벽한 구축은 비단 과학의 영역뿐만 아니라 과학외적 영역, 정치사회적 영역에서의 패권의 분산과정에 사회과학자들이 적극적으로 참여할 경우에만 가능하다.

불확정성의 공포, 교조와 과학적 지위

---

13 "An array of overlapping social alignments oriented by struggles of domination and resistance." 해당 문헌의 p.659에서 인용.

■■■ 참고문헌

강정인(2004), 『서구중심주의를 넘어서』, 서울: 아카넷.

김웅진(1993), 「방법론의 이론 종속성과 이론의 방법론 종속성: 연구방법론의 聖化
와 지식의 化石化」, 『한국정치학회보』, 27(1, 하), 165-179.

김정운(2008. 12. 8), 「기억은 언제나 自作劇이다」, 『월간조선』, 508-513.

노우드 러셀 핸슨[송진웅·조갑경 역] (1995), 『과학적 발견의 패턴, 과학의 개념적
기초에 대한 탐구』, 서울: 민음사.

홍성민(2008), 『지식과 국제정치』, 서울: 한울.

Brown, R.(1993). Modern science: institutionalization of knowledge and rationalization of
power. *The Sociological Quarterly, 34*(1), 153-168.

Feyerabend, P.(1993). *Against method*. London and New York: Verso.

_____(1999). *Conquest of abundance*. Chicago and London: University of Chicago Press.

Fuller, S.(2000). *The governance of science*. Buckingham and Philadelphia: Open University Press.

Gettier, E.(1987). Is Justified True Belief Knowledge?' In P. Moser & A. Vander Net(Eds.), *Human knowledge:
classical and contemporary approaches*. New York and Oxford: Oxford University Press.

Kuhn, T.(1970). *The structure of scientific revolutions*. Chicago: University of Chicago Press.

_____(1977). *The essential tension, selected studies in scientific tradition and Change*.
Chicago and London: University of Chicago Press.

Lakatos, I.(1986). *The methodology of scientific research programmes*. London: Cambridge
University Press.

Laudan, L.(1978). *Progress and its problems, towards a theory of scientific growth*.
Berkeley·LA·London: University of California Press.

Loevinger, L.(1995). The paradox of knowledge. *Skeptical Inquirer, 19*(5), 18-21.

Orwell, G.(1983). *Nineteen eighty-four*. New York: Plume.

Rouse, J.(1991). The dynamics of power and knowledge in science. *The Journal of Philosophy,
LXXXVII*(11), 658-665.

Popper, K.(1970). Normal Science and Its Dangers. In I. Lakatos & A. Musgrave(Eds.),
Criticism and the growth of knowledge. Cambridge: Cambridge University Press.

_____(1976). *Unended quest: an intellectual autobiography*. Glasgow: Fontana/Collins.

_____(1994). *The myth of the framework: in defence of science and rationality*. London and
New York: Routledge, 1994.

_____(1996). *In search of better world: lectures and essays from thirty years*. London and
New York: Routledge.

_____(1999). *All life is problem solving*. London and New York: Routledge.

제2부 정치·저널리즘

제3부

방송·뉴미디어

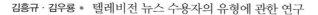

텔레비전 뉴스 수용자의 유형에 관한 연구[*]

김 흥 규 · 김 우 룡

한국외국어대 언론정보학부 교수 · 한국외국어대 언론정보학부 교수

[*] 본 논문은 〈주관성 연구〉 제3호(1998. 12) pp.5–36 논문 전문을 재게재한 논문임을 알려드립니다.

텔레비전 뉴스 수용자의 유형에 관한 연구

1. 문제의 제기 및 연구목적

우리나라 텔레비전 방송은 30여 년의 역사를 가지고 있다. 1956년 한국 RCA 배급회사가 하루 2시간씩 처음으로 텔레비전 방송을 선보였고, 그 후 1961년 12월 24일 KBS가 첫 시험 방송을 시작하고 12월 31일 개국함으로써 한국에서도 본격적인 텔레비전 시대의 막이 열렸다고 할 수 있다. 이어서 1960년대 후반, 문화방송과 동양방송이 처음으로 상업 텔레비전 방송을 개시하였고, 1980년 12월에는 컬러방송이 시작되었다. 이러한 텔레비전 방송의 발전과 더불어 텔레비전 뉴스 역시 발전하여 왔기 때문에 우리나라 텔레비전 뉴스의 역사는 대체로 한국 텔레비전 방송의 역사와 같다고 할 수 있다.

우리나라 공중파 방송 3사의 메인 뉴스[1]를 기준으로 하루 뉴스 시청률

---

1 여기서 메인 뉴스는 공중파 3사의 텔레비전 저녁종합뉴스를 의미하는 것으로서 KBS1

을 합치면, 대략 60% 정도이다. 미국의 경우, 3대 방송사의 메인 뉴스 시청률을 합치면 30% 수준인 것과 비교해 볼 때, 우리 뉴스에 대한 수요가 얼마나 큰 것인지를 짐작할 수 있다. 따라서 텔레비전 뉴스가 우리 국민의 주요 정보원이라는 데는 의문의 여지가 없다. 뉴스가 세계를 보는 '창'이라면, 우리 국민은 텔레비전을 통해 세계를 보고 있다고 해도 과언이 아니며,[2] 빠른 정보전달과 현장성, 해독의 용이성 등의 특성으로 인해 텔레비전의 영향력이 현대사회에서 계속 증가하는 추세이고, 텔레비전 프로그램에서 뉴스가 차지하는 시간과 보도 양이 계속해서 증가하고 있다는 점에서 텔레비전 뉴스의 영향력을 더욱 충분히 짐작해 볼 수 있다.

텔레비전에서 뉴스는 물리적, 사회적 환경에서 일어난 사건을 사회성원에게 전달해주는 정보원이라는 점에 일차적인 의미가 있다. 민주주의 사회에서 개인은 정치적, 사회적 사건이나 이슈에 대한 자신들의 견해를 형성하기 위해 정보를 제공받아야 할 권리가 있다. 넓게 보면 이것은 사회가 어떻게 운영되어야 하는가에 대하여 사회 구성원인 자신의 의견을 형성하고 표출하는 권리인 것이다. 이러한 권리 실현의 매개체로서 대중매체가 그 기능을 발휘하게 되는 장르가 뉴스라고 할 수 있다.[3]

또 다른 시각에서 볼 때 오늘날 텔레비전 뉴스는 우리의 현실 인식과 사고방식에 큰 영향력을 미친다. 그리고 텔레비전 뉴스는 개인적 차원의 인식과 태도에 영향을 미칠 뿐만 아니라 더 나아가 전반적인 사회 과정에도 영향을 미친다.

일반 시청자 개인의 입장에서 보아도 텔레비전 뉴스 시청 행위는 우리

제3부 방송·뉴미디어

TV는 저녁 9시 뉴스, MBC TV는 뉴스데스크, SBS TV는 저녁 8시 뉴스가 이에 해당한다.

2 이인용, 1997, 「TV 뉴스의 현주소: 저녁 9시 뉴스를 중심으로」, 『방송개발』 가을/겨울 호, 한국방송개발원, p.32.

3 강명구(1990), 〈TV뉴스보도〉, 한국언론연구원, p.5.

의 일상생활에서 빼놓을 수 없는 관행으로 자리 잡았고, 그만큼 텔레비전 뉴스는 우리의 일상생활의 시간과 공간 속에 깊숙이 침투되어 있다.

또 방송사의 입장에서 볼 때 TV 보도 프로그램은 매스 미디어가 갖는 핵심 기능인 정보제공, 현상의 설명, 문화 매체의 역할을 수행하는 가운데 저널리즘 매체로서의 신뢰적 이미지를 형성할 뿐만 아니라, 뉴스가 갖는 오락적 기능 역시 방송사에 대한 친근감을 형성시키기도 한다. 특히 보도 프로그램을 통해 형성된 저널리즘 매체로서의 신뢰적 이미지는 시청자들로 하여금 해당 방송사에 대한 총체적 이미지를 형성하는데 결정적 역할을 하게 되고, 따라서 방송사의 이미지를 결정짓는 중요한 요인 중의 하나가 뉴스 및 뉴스 관련 프로그램에 대한 시청자의 평가라고 할 수 있다.[4] 이와 같이 텔레비전 뉴스는 현대 사회의 다양한 성원들과 밀접한 관련을 맺고 있으며, 실제로 각 방송사들은 자사의 텔레비전 뉴스 프로그램에 대한 시청자들의 좋은 평가를 받기 위하여 노력하고 있다.

이러한 가운데 전통적인 뉴스전달 매체(인쇄매체)와는 달리 방송매체, 특히 텔레비전 뉴스보도와 관련된 수용자들의 주관성의 유형을 파악하고, 이해하는 작업이야말로 다양한 뉴스 프로그램을 개발하고, TV뉴스 시청자들의 시청 욕구를 만족시키기 위해서 선행되어야 하며, 한국 텔레비전 뉴스의 수용자 연구에 있어서 새로운 접근 방법이 될 수 있을 것으로 생각된다. 왜냐하면 지금까지 실시된 뉴스 시청에 대한 수용자 조사 연구에서는 뉴스 시청 행태의 파악에 있어 뉴스 시청자의 인구통계학적 변인(demographic variable)을 중심으로 한 교차분석(cross−tabulation)이 주로 이루어져 왔기 때문이다.

물론 그간의 연구에 있어서 우리나라 텔레비전 뉴스 시청자 집단에서

텔레비전 뉴스 수용자의 유형에 관한 연구

---

4 한국외국어대학교 국제커뮤니케이션연구소(1996), 〈텔레비전 뉴스연구〉, p.1.

의 연령, 교육수준, 지역적 차이가 유의미한 것으로 밝혀진 부분도 있지만 그보다는 시청자의 태도와 가치를 반영할 수 있는 연구, 다시 말해 인구통계학적 변인뿐만 아니라 수용자의 시청행위, 선호, 확신, 관심, 의견 등이 포함된 수용자 연구가 필요하다. 그것은 시청 행위가 연령이나 교육 수준, 지역적 차이 같은 변인보다는 그들의 가치, 신념, 태도에 따라 결정되기 때문이다. 더욱이 다양한 뉴스 수용자들의 유형을 파악, 이해하는 작업이야말로 보다 질 좋은 뉴스프로그램을 제작하는데 있어서 도움이 될 수 있다.

따라서 이 연구에서는 우선적으로 텔레비전 뉴스 수용자들이 텔레비전 뉴스에 대해 가지고 있는 주관성의 유형을 파악하고, 그 특징을 알아보는데 주안점을 두고자 한다. 이것을 통해 현재 한국 텔레비전 뉴스프로그램에 대해 개인들이 가지고 있는 다양한 관심이나 느낌, 의견들을 알아보고, 이들을 유형화해 보며, 각각의 유형들이 어떠한 특징을 지니고 있는지를 조사해 보고자 한다.

이를 위해 다음과 같이 연구문제를 설정하였다.

1. 한국 텔레비전 뉴스 수용자의 주관성의 유형에는 각각 어떠한 것들이 있으며, 그 특징은 무엇인가?
2. 한국 텔레비전 뉴스 수용자가 생각하는 유리나라 텔레비전 뉴스 프로그램의 문제점은 무엇이며, 보다 나은 텔레비전 뉴스 개발/제작을 위한 개선책은 무엇인가?

2. 연구방법 및 설계

이상에서 제기한 연구 문제, 즉 텔레비전 뉴스 수용자의 주관성의 유형에 관한 이해는 Q 방법론으로 보다 잘 연구되어질 수 있다. 아울러 Q

방법론을 통해 텔레비전 뉴스프로그램에 관한 일반 개인들의 느낌이나 의견 등을 밝혀냄으로써 현재의 한국 텔레비전 뉴스프로그램에 대한 일반 시청자들의 다양한 반응을 알아볼 수 있다.

Q 방법론은 행위자의 관점에서 출발하며 인간 개개인마다 다른 주관성 구조에 따라 각각의 유형에 대한 이해와 설명이 가능하기 때문에, 필자는 한국 텔레비전 뉴스프로그램 수용자들이 텔레비전 뉴스에 대해 갖고 있는 현재의 생각을 깊이 있게 측정하기 위해서는 기존의 방법으로는 제한점이 있다고 생각하여, 텔레비전 뉴스프로그램에 대한 Q 방법론적 접근을 시도하였다.

이 연구에서 Q 방법의 한국 텔레비전 뉴스프로그램 수용자들의 유형을 알아보기 위해 진술문 형태의 카드를 분류하는 방법으로 이루어졌다. 이를 위해 이 연구는 한국 텔레비전 뉴스프로그램과 관련된 국내외의 문헌 연구와 일반 시민들과의 인터뷰를 통하여 Q 모집단(concourse)을 구성하였고, 이를 통하여 진술문(Q-statement)을 작성하고 이후 P 샘플을 선정, 소팅(sorting) 과정을 거쳐 얻게 되는 Q 소트를 PC QUANL 프로그램을 이용, Q 요인분석(Q-factor analysis)을 통해 결과를 분석하였다.

1) Q-sample

이 연구를 위한 Q 표본은 텔레비전 뉴스에 대한 가치체계로 구성된 진술문으로 구성되어 있다. 이 연구는 한국 텔레비전 뉴스프로그램 수용자들이 텔레비전 뉴스에 대해 가지고 있는 전반적인 개념들과 느끼고 있는 점, 의견이나 가치관 등을 종합적으로 얻기 위해 텔레비전 뉴스와 관련된 전문서적, 저널 등의 관련 문헌 연구와 전문가와 일반인을 대상으로 한 심층 인터뷰를 통하여 200여 개의 Q-population(concourse)을 추

출하였다. 그 후 Q-population에 포함된 진술문 중 주제에 관한 대표성
이 가장 크다고 생각되는 진술문을 임의로 선택하는 방법을 사용하여,
최종적으로 40개의 진술문 표본을 결정하였다. 여기서 선택된 40개의
진술문은 전체적으로 모든 의견들을 포괄하고, 긍정, 중립, 부정의 균형
을 이룰 수 있도록 하였다(진술문 내용은 〈표 1〉 참조).

2) P-sample

Q 방법론은 개인간의 차이(inter-individual differences)가 아니라 개인
내의 중요성의 차이(intraindividual difference in significance)를 다루는 것
이므로 P샘플의 수에 아무런 제한을 받지 않는다.[5] 또 Q 연구의 목적은
모집단에 대한 어떤 결과를 산출하려는 것이 아니기 때문에 조사대상자
표본의 선정은 고의적으로 이루어진다.

스티븐슨(Stephenson)은 P샘플의 선정에서 톰슨(Thompson) Schemata
의 사용을 추천하고 있는데, 톰슨에 따르면 의견이란 다음의 5개 집단
에 의해 가장 잘 평가될 수 있다고 주장하였다. ① 그 주제에 관해 특별
한 흥미를 갖는 사람(special interest), ② 공평한 의견을 제시할 수 있는 사
람(judge, dispassionate interest), ③ 그 주제에 있어 권위가 있거나 전문가
(authorities, expert), ④ 일반적인 관심이 있는 사람(class interest), ⑤ 그 주
제에 관해 정보가 어둡거나 흥미가 없는 사람(uninformed, uninterested)
등이다.[6]

---

5 김홍규, 『Q 방법론의 이해와 적용』, 서강대언론문화연구소, 1990, p.45.
6 Thompson, G. C., 1966, 『The evaluation of public opinion』, in B. Berelson & M.
  Janowitz, Reader in public opinion and communication, 2nd ed. NY: Free Press, pp. 7~12;
  김홍규, 1990, 앞의 책, p. 45에서 재인용.

〈표 1〉 진술문 표본 및 각 유형별 표준점수

진술문	I	II	III	IV
1. 텔레비전 뉴스가 우리의 일상생활에 엄청난 영향력을 미치며, 텔레비전 뉴스 시청행위 역시 일상적 관행으로 자리잡고 있다고 생각한다.	.3	.1	2.3	−1.8
2. 우리나라 텔레비전 뉴스는 분석과 해설이 다소 부족하고, 해당 뉴스를 충분히 뒷받침할 만한 화면이 제공되지 못한다는 생각이 든다.	.9	1.7	−.5	−1.5
3. 우리나라 TV 3사의 뉴스 시청률 경쟁이 텔레비전 뉴스프로그램의 전반적인 질적 향상을 가져왔다고 생각한다.	−1.1	.6	−.6	.4
4. 텔레비전 뉴스를 시청하는 이유는 꼭 세상 돌아가는 소식과 정보를 얻기 위한 것보다는 시간을 보내기 위하여 습관적으로 시청하는 경우가 많은 것 같다.	−1.0	−1.4	−.0	1.2
5. 우리나라 텔레비전 뉴스는 정치관련 소재를 너무 많이 다루고 있는 것 같은 느낌이 든다.	1.4	−.5	1.3	−.7
6. 시청률을 의식하여 제작된 보도는 뉴스의 공평성을 잃게 만들 수 있을 것이다.	1.4	1.0	2.3	−1.5
7. 텔레비전 뉴스를 시청하는 이유는 프로그램을 통해서 개인이나 가정생활 혹은 사회생활에 필요한 정보를 얻을 수 있기 때문이다.	.2	.6	.4	1.1
8. 우리나라 텔레비전 뉴스를 시청해 보면 명예훼손과 사생활 침해, 그리고 과장 보도와 불공정 보도, 왜곡보도가 많은 것 같다.	.8	.6	−.7	−.3
9. 우리나라 TV 뉴스를 시청해보면 보도의 영상과 음향에 생동감을 느낄 수 있고, 기동력과 현장감을 느낄 수 있다.	−.6	−1.2	.8	−.8
10. 특정 채널의 텔레비전 뉴스만을 고집하지 않고 상황에 따라, 채널에 상관없이 텔레비전 뉴스를 시청하는 편이다.	.5	−.1	−2.1	1.1
11. 같은 뉴스를 두고 신문과 텔레비전 뉴스가 서로 다르게 보도할 때는 아무래도 신문보도에 신뢰감을 갖게 되는 것 같다.	.1	−.9	−1.5	.3
12. 과거와 비교해 볼 때 문민정부 출범 이후 우리나라 텔레비전 뉴스의 공정성은 상당한 수준으로 개선된 것 같다.	−1.0	−.7	.1	−.6
13. 우리나라에는 각 채널의 텔레비전 뉴스를 구분 짓는 어떤 특별한 텔레비전 뉴스 이미지라는 것이 존재하지 않는다고 생각한다.	.7	.8	.0	−.1
14. 신문과 비교해 볼 때 텔레비전 뉴스가 제공하는 정보의 만족도는 크게 뒤떨어지지 않는 편이며, 최근에는 텔레비전 뉴스가 신문에 비해서 공동관심사에 대해 진지하고 사려깊게 보보도한다는 느낌이 든다.	−.2	.1	.8	−1.1

텔레비전 뉴스 수용자의 유형에 관한 연구

15. 저녁 종합 메인 뉴스를 보지 않으면 하루가 정리되지 않은 듯한 기분이 든다. 따라서 다른 시간대의 텔레비전 뉴스를 시청하기 보다는 반드시 저녁 종합 메인 뉴스를 시청하는 편이다.	-1.0	.8	-.2	-1.5
16. 주로 시청해오던 TV 채널의 뉴스내용이 마음에 들지 않는다고 해서 주로 시청하던 텔레비전 뉴스 채널을 변경하지는 않는 편이다.	-.0	-.6	.0	.7
17. 국내 텔레비전 뉴스간의 과열 시청률 경쟁이 사건, 사고의 과잉보도와 폭로 위주의 무분별한 보도를 야기시킨 가장 큰 이유인 것 같다.	1.6	-.7	.3	.4
18. 텔레비전 뉴스는 사건 현장의 현실감을 그대로 안방에 옮겨 놓는데 큰 위력을 발휘하는 것 같다. 따라서 사건 그 자체보다 오히려 사건현장을 담은 영상자료, 사건의 시각화에 승부를 걸어야 할 것이다.	-.9	-.6	-.2	-.3
19. 현재는 무엇보다도 타 매체, 타 방송사와 구별되는 창조적인 뉴스개발이 요구되는 시점이라고 생각한다.	1.0	1.7	-.7	.4
20. 현재까지도 우리나라 텔레비전 뉴스는 정치권력의 도구로 이용되고 있다고 생각한다.	1.3	1.2	-.1	1.3
21. 우리나라 텔레비전 채널간의 차별화되지 않은 뉴스내용과 동일시간 대의 뉴스 편성은 문제가 있는 것 같다.	.7	.6	.7	-.3
22. 8시 뉴스를 탄생시킨 SBS의 시도는 시간대 차별화를 통한 시청자들에 대한 서비스로 매우 환영할 만한 일이라고 생각한다.	.0	1.1	.6	1.1
23. KBS1 TV, MBC TV의 저녁 9시 뉴스 대신에 시청자의 생활 주기를 고려한 저녁 7시대나 10시대의 뉴스편성이 바람직할 것 같은 생각이 든다.	.2	-.4	-1.5	.1
24. 신문이나 잡지 등과 비교해 볼 때 텔레비전 뉴스가 그래도 정보채널로서의 역할을 잘 담당하고 있다고 생각한다.	-1.0	.5	-.2	-.1
25. 우리나라 텔레비전 뉴스는 시청자들의 궁금증을 성실하게 채워주는 편인 것 같다.	-1.4	-1.6	-.9	-1.2
26. 텔레비전 뉴스는 있는 사실 그대로를 화면에 담아서 가장 정확하게 전달하는 것보다도 개성과 창의적인 뉴스로 채워지는 것이 가장 바람직하다.	-.8	-.3	.3	-1.0
27. 한국 텔레비전 뉴스는 관련 뉴스보도의 지속성이 없고, 지나치게 '쇼' 같다는 인상을 준다.	1.0	-.8	.4	.3

28. 요즘 우리나라 텔레비전 뉴스프로그램은 흥미위주로 사건들을 묘사함으로써 우리가 관심을 가지고 보아야 할 사건의 본질을 희석시켜 버리는 것 같다.	1.2	.3	1.9	.1
29. 뉴스란 뭐니뭐니 해도 반드시 생활에 실질적으로 도움이 되어야 한다.	.2	-.2	.4	1.6
30. 우리나라 텔레비전 뉴스는 공정성면에서 의심이 가기 때문에 도대체 믿을 수가 없다.	-.0	.4	-1.7	1.6
31. 텔레비전 뉴스는 신문이나 라디오 보도와 비교해서 현장성을 살린 화면의 제공이 가장 큰 생명력이라 생각한다.	.2	1.8	.4	1.8
32. 현재의 텔레비전 뉴스는 기사내용이 다양해지고 있으며, 시청자의 알권리라는 측면에 충분히 부응하고 있다고 생각한다.	-1.6	-1.3	-.6	-.1
33. 잘 알려진 앵커가 진행하는 텔레비전 뉴스가 그래도 믿을 만 하다는 생각이 든다.	-1.3	-.7	-.8	.9
34. 현재 우리나라 텔레비전 뉴스에서는 방송사별로 특색 있는 뉴스진행이 이루어지고 있는 것 같다.	-1.4	-1.4	-.6	-.9
35. 우리나라 텔레비전 뉴스는 어떤 사건이 왜 발생했는지 그 원인을 찾아 알려줌으로써 향후 유사한 사건의 재발방지에 기여하고 있다고 생각한다.	-1.6	-.9	-1.0	.7
36. 우리나라 텔레비전 뉴스는 국내외에서 일어나는 사건과 최신정보를 매우 균형있게 전달하고 있으며, 시청자들이 정보와 사건의 본질을 이해할 수 있도록 노력하고 있는 것 같다.	-1.5	-1.6	-.5	1.2
37. 텔레비전 뉴스는 주로 눈에 보이는 현장 중심의 피상적이고, 부분적인 정보나 사건의 한 단면만 보여주는 경향이 있기 때문에 텔레비전 뉴스만 보고서는 세상 돌아가는 것을 제대로 알 수 없는 것 같다.	.8	-.1	-.0	-.8
38. 우리나라 텔레비전 뉴스는 방송후의 결과에 대해서 책임지는 자세가 부족하다고 생각한다.	1.3	1.0	1.6	-1.2
39. 우리나라 텔레비전 뉴스는 사실보다 감정에 호소하는 뉴스가 주류를 이루는 것 같다.	.6	-1.1	-1.0	.4
40. 텔레비전 뉴스는 정확하고, 공정한 정보의 제공, 그러한 정보에 대한 분석, 해설, 비판을 통해 건전한 여론형성에 이바지해야 한다고 생각한다.	.9	2.1	-.2	.0

텔레비전 뉴스 수용자의 유형에 관한 연구

따라서 이 연구에서는 위에서 제시한 기준을 근거로 성별, 연령, 학력, 직업 등을 적절히 고려하여 34명을 P샘플로 선정하였다(〈표 2〉 참조).

〈표 2〉 P 표본의 인구사회학적 특성 및 요인가중치(N=34)

유형	ID	인자가중치	나이	성별	직업
I (N=17)	1	.5564	22	여	대학생
	2	1.3917	22	여	대학생
	10	.3492	46	여	사업
	12	1.7798	19	남	고등학생
	17	1.0424	36	남	대학교수
	21	1.4955	25	여	대학원생
	22	.5859	29	여	주부
	23	1.1320	22	여	대학생
	24	2.8647	27	여	사업
	25	.6391	45	남	공무원
	26	1.4735	54	여	공무원
	28	1.2422	48	남	자영업
	29	1.9339	26	남	대학생
	31	1.0176	25	여	대학원생
	32	2.3327	25	여	대학원생
	33	1.8544	25	여	대학원생
	34	.4607	27	남	대학생
II (N=11)	4	.9770	33	남	연구원
	5	4036	33	여	주부
	6	.9028	37	남	회사원
	7	1.1677	31	남	회사원
	14	1.0993	27	남	회사원
	15	1.3139	26	여	주부
	16	.9230	26	여	회사원
	18	2.1228	33	여	주부
	19	2.0717	35	여	주부
	20	.6618	29	남	무직
	27	.9836	53	남	회사원
III (N=4)	3	.4091	34	남	무직
	9	.5383	47	남	상업
	11	.5707	47	여	주부
	30	.5970	24	여	대학생

제3부 방송·뉴미디어

<표 3> 응답자의 연령분포

	10 대	20 대	30 대	40 대	50 대	60 대
응답자수	1 명	17 명	9 명	5 명	2 명	34 명
퍼센트	2.9%	50%	26.5%	14.8%	5.8%	100%

3) Q-sorting

Q 샘플과 P 샘플의 선정이 끝나게 되면 P 샘플로 선정된 각 응답자 (Q-sorter)에게 일정한 방법으로 Q 샘플을 분류시키는데 이를 Q 소팅 (sorting)라 부른다. Q 소팅은 개인이 복잡한 주제나 이슈 또는 상황에 관한 자신의 마음의 태도를 스스로 모형화하는 것으로서 각 응답자는 진술문을 읽은 후 그것들을 일정한 분포 속에 강제적으로 분류하게 된다.

위에서 언급한 바와 같이 강제적으로 분류하게 하는 방법은 연구자가 정해 놓은 숫자에 따라 응답자가 카드를 분류하는 'Forced Q-sorting' 방법으로서 정상분포 또는 의사정상분포(Quasi Normal Distribution)에 기초하여 정해진 숫자에 맞춰 응답자가 카드를 분류하는 것이다. 이 방법이 선호되는 이유는 통계처리의 편리함 때문이다. [7]

이 연구에서의 Q-sorting의 절차는 Q 샘플로 선정된 각각의 진술문이 적힌 카드를 응답자가 읽은 후 긍정(+), 중립(0), 부정(-)으로 크게 3개의 그룹으로 분류한 다음 긍정 진술문 중에서 가장 긍정하는 것을 차례로 골라 바깥에서부터(+4) 안쪽으로 소팅을 진행하여 중립 부분에서 마무리하게 하였다.

역시 같은 방법으로 부정 진술문들을 소팅하게 하였으며, 이때 양끝

---

7 원우현 · 최현철, 1992, 「직접위성방송의 수용자 특성에 관한 Q 분석 연구」, 『'92 방송 문화진흥회연구 보고서』, p. 9.

에 놓여진 3개씩의 진술문에 대해서는 각각의 코멘트를 받아두었다. 이
것은 이후 Q-factor 해석에 유용한 정보를 제공하기 때문이다.

〈표 4〉 Q-sort 표본의 모양

카드수	3	4	4	6	6	6	4	4	3
점수	-4	-3	-2	-1	0	+1	+2	+3	+4

disagree　　　⇐　　　neutral　　　⇒　　　agree

〈그림 1〉 Q표본의 분포도(Q-sample Distribution)

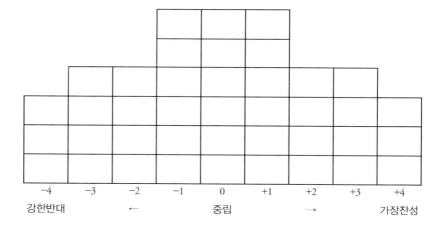

제3부 방송·뉴미디어

4) 자료의 처리

우리나라 텔레비전 뉴스에 대한 수용자의 유형을 분석하기 위해 P 샘
플로 선정된 34명에 대한 조사가 완료된 후 수집된 자료를 점수화하기
위하여 Q 표본 분포도에서 가장 부정하는 경우 (-4)를 1점으로 시작하
여 2점(-3), 3점(-2), 4점(-1), 5점(0), 6점(+1), 7점(+2), 8점(+3) 그리고
가장 긍정하는 경우에 9점(+4)을 부여하여 점수화 하였다.

이 부여된 점수를 진술문 번호순으로 코딩하였고, 이러한 자료를 PC용 QUANL 프로그램으로 처리, 그 결과를 얻게 되었다.

3. 연구결과의 해석

한국 텔레비전 뉴스 수용자들이 텔레비전 뉴스에 관해 가지고 있는 주관성의 유형을 살펴보기 위해 Q 요인분석을 한 결과 4개의 유형이 나타났다. 각각의 유형들은 P 표본들이 텔레비전 뉴스에 대해 가지고 있는 그들의 의식상태에 따라서 비슷한 의견이나 생각, 태도 등을 가진 사람들끼리 묶여지기 때문에 각 유형은 각각의 특성을 설명하게 된다.

전체 연구대상자 34명 가운데 제1유형에 속한 사람은 17명, 제2유형은 11명, 제3유형은 4명, 제4유형은 2명으로 분류되어 나타났다.

〈표 5〉는 각 유형간의 상관계수를 나타내 주는데, 이는 각 유형간의 유사성 정도를 보여주는 것으로 제1유형과 제2유형간의 상관계수는 .517이며, 제1유형과 제3유형은 .335, 제1유형과 제4유형은 .019의 상관관계를 보이고 있으며 제2유형과 제3유형은 .205, 제2유형과 제4유형은 .017, 제3유형과 제4유형은 −.369의 상관관계를 보이고 있다.

〈표 5〉 유형간의 상관관계

	제 1 유형	제 2 유형	제 3 유형	제 4 유형
제 1 유형	1.000	.517	.335	.019
제 2 유형	.517	1.000	.205	.017
제 3 유형	.335	.205	1.000	-.369
제 4 유형	.019	.017	-.369	1.000

〈표 2〉는 각 유형에 속한 사람들의 인구사회학적 특성과 인자가중치 (factor weight)를 제시한 것이다. 각각의 유형 내에서 인자가중치(factor weight)가 높은 사람일수록 그가 속한 유형에 있어서 그 유형을 대표할 수 있는 전형적인 사람임을 나타낸다.

1) 제1유형: 반 선정주의형(Anti-sensational)

한마디로 제1유형은 국내 텔레비전 뉴스간의 과열 시청률 경쟁과 뉴스 소재의 편중에 강한 불만을 가지고 있다. 다시 말해 TV 3사의 지나친 뉴스 시청률 경쟁 때문에 텔레비전 뉴스의 전반적인 질적 하락이 이루어졌으며, 정치 관련 소재의 지나친 편중으로 다양한 기사가 시청자들에 제공되지 않았고, 그로 인해 시청자의 궁금증 해소와 알권리에 충분히 부응하지 못하고 있다는 것이다.

또한 관련 뉴스보도에 대한 계속성의 부족과 뉴스 메시지의 내용과 그 처리가 지나치게 흥미 위주로 흐르고 있는 현 상황에 대해서도 강하게 비판하며, 텔레비전 뉴스의 대부분이 사실보다는 감정에 호소하는 뉴스로 이루어지는 점과 명예훼손과 사생활 침해, 과장 보도와 왜곡 보도 그리고 불공정 보도의 문제를 지적하고 있다. 이러한 이유 때문에 우리나라 텔레비전 뉴스가 유사 사건의 재발 방지에 전혀 기여하지 못하고, 신문이나 잡지 등과 비교할 때 상대적으로 정보 전달력이 낮으며 어떤 사건에 대한 진지하고 사려 깊은 보도가 이루어지지 못한다고 주장한다. 여기에 덧붙여 분석과 해설의 부족, 보도에 대해 책임지는 자세와 균형성의 결여, 특색 있는 뉴스 진행이 이루어지고 있지 못한 점에 대해서도 역시 강하게 비판하기 때문에 이러한 점에서 반 선정주의자라고 할 수 있겠다.

따라서 반 선정주의자들에게 텔레비전 뉴스는 정보원으로서의 그 역할을 다하고 있지 못한 실정이며, 단지 피상적이고, 단절적인 정보만을 시청자들에게 제공하기 때문에 텔레비전 뉴스를 통해서는 여론의 흐름을 제대로 알 수 없다고 생각한다.

그리고 이들은 특정 시간대 뉴스 프로그램의 고정적 시청자는 아니며, 앵커의 저명성과 뉴스의 신뢰도 사이에는 깊은 관련이 없다고 생각한다.

이처럼 제1유형에 속하는 텔레비전 뉴스 수용자들은 지나친 정치 일변도적인 뉴스 소재, 방송사간의 뉴스 시청률 경쟁으로 인한 흥미 위주 혹은 선정적 폭로 위주의 보도 때문에 뉴스 프로그램의 전반적인 질적 하락이 이루어졌으며 따라서 한국 텔레비전 뉴스가 언론의 사회적 역할을 제대로 수행하고 있지 못하는 것으로 생각한다. 따라서 이러한 특징을 고려하여 '반 선정주의형'이라고 명명하였다.

2) 제2유형: TV 세상형

한마디로 제2유형은 영상을 통해 전달되는 텔레비전 뉴스의 현장성을 텔레비전 뉴스만의 독특한 생명력으로 중요시한다. 제2유형에게 텔레비전 뉴스는 무엇보다도 현장성을 살린 화면의 제공이 가장 큰 특성인데 우리나라 텔레비전 뉴스는 해당 뉴스를 뒷받침하는 화면을 충분히 제공하지 않으며, 보도의 영상과 음향에서 생동감과 현장감 그리고 기동력을 느낄 수 없다고 생각한다.

〈표 6〉 제1유형: 반 선정주의형

Q 진술문	표준점수
17. 국내 텔레비전 뉴스간의 과열 시청률 경쟁이 사건, 사고의 과잉보도와 폭로 위주의 무분별한 보도를 야기시킨 가장 큰 이유인 것 같다.	1.62
5. 우리나라 텔레비전 뉴스는 정치관련 소재를 너무 많이 다루고 있는 것 같은 느낌이 든다.	1.43
6. 시청률을 의식하여 제작된 보도는 뉴스의 공평성을 잃게 만들 수 있을 것이다.	1.42
20. 현재까지도 우리나라 텔레비전 뉴스는 정치권력의 도구로 이용되고 있다고 생각한다.	1.26
38. 우리나라 텔레비전 뉴스는 방송후의 결과에 대해서 책임지는 자세가 부족하다고 생각한다.	1.25
28. 요즈음 우리나라 텔레비전 뉴스프로그램은 흥미위주로 사건들을 묘사함으로써 우리가 관심을 가지고 보아야 할 사건의 본질을 희석시켜 버리는 것 같다.	1.21
19. 현재는 무엇보다도 타 매체, 타 방송사와 구별되는 창조적인 뉴스개발이 요구되는 시점이라고 생각한다.	1.04
27. 한국 텔레비전 뉴스는 관련 뉴스보도의 지속성이 없고, 지나치게 드라마틱하고 '쇼' 같다는 인상을 준다.	1.03
4. 텔레비전 뉴스를 시청하는 이유는 꼭 세상 돌아가는 소식과 정보를 얻기 위한 것보다는 시간을 보내기 위하여 습관적으로 시청하는 경우가 많은 것 같다.	-1.01
12. 과거와 비교해 볼 때 문민정부 출범 이후 우리나라 텔레비전 뉴스의 공정성은 상당한 수준으로 개선된 것 같다.	-1.03
24. 신문이나 잡지 등과 비교해 볼 때 텔레비전 뉴스가 그래도 정보채널로서의 역할을 잘 담당하고 있다고 생각한다.	-1.05
3. 우리나라 TV 3사의 뉴스 시청률 경쟁이 텔레비전 뉴스프로그램의 전반적인 질적 향상을 가져왔다고 생각한다.	-1.14
14. 신문과 비교해 볼 때 텔레비전 뉴스가 제공하는 정보의 만족도는 크게 뒤떨어지지 않는 편이며, 최근에는 텔레비전 뉴스가 신문에 비해서 공동관심사에 대해 진지하고 사려깊게 보도한다는 느낌이 든다.	-1.19
33. 잘 알려진 앵커가 진행하는 텔레비전뉴스가 그래도 믿을 만 하다는 생각이 든다.	-1.31
25. 우리나라 텔레비전 뉴스는 시청자들의 궁금증을 성실하게 채워주는 편인 것 같다.	-1.40
34. 현재 우리나라 텔레비전 뉴스에서는 방송사별로 특색 있는 뉴스진행이 이루어지고 있는 것 같다.	-1.43
36. 우리나라 텔레비전 뉴스는 국내외에서 일어나는 사건과 최신정보를 매우 균형있게 전달하고 있으며, 시청자들이 정보와 사건의 본질을 이해할 수 있도록 노력하고 있는 것 같다.	-1.45
35. 우리나라 텔레비전 뉴스는 어떤 사건이 왜 발생했는지 그 원인을 찾아 알려줌으로써 향후 유사한 사건의 재발방지에 기여하고 있다고 생각한다.	-1.57
32. 현재의 텔레비전 뉴스는 기사내용이 다양해지고 있으며, 시청자의 알권리라는 측면에 충분히 부응하고 있다고 생각한다.	-1.62

Q 진술문	표준점수
40. 텔레비전 뉴스는 정확하고, 공정한 정보의 제공, 그러한 정보에 대한 분석, 해설, 비판을 통해 건전한 여론형성에 이바지해야 한다고 생각한다.	2.08
31. 텔레비전 뉴스는 신문이나 라디오 보도와 비교해서 현장성을 살린 화면의 제공이 가장 큰 생명력이라 생각한다.	1.80
19. 현재는 무엇보다도 타 매체, 타 방송사와 구별되는 창조적인 뉴스개발이 요구되는 시점이라고 생각한다.	1.75
2. 우리나라 텔레비전 뉴스는 분석과 해설이 다소 부족하고, 해당 뉴스를 충분히 뒷받침할 만한 화면이 제공되지 못한다는 생각이 든다.	1.69
20. 현재까지도 우리나라 텔레비전 뉴스는 정치권력의 도구로 이용되고 있다고 생각한다.	1.24
22. 8시뉴스를 탄생시킨 SBS의 시도는 시간대 차별화를 통한 시청자들에 대한 서비스로 매우 환영할 만한 일이라고 생각한다.	1.10
6. 시청률을 의식하여 제작된 보도는 뉴스의 공평성을 잃게 만들 수 있을 것이다.	1.01
39. 우리나라 텔레비전 뉴스는 사실보다 감정에 호소하는 뉴스가 주류를 이루는 것 같다.	-1.08
9. 우리나라 텔레비전 뉴스를 시청해보면 보도의 영상과 음향에 생동감을 느낄 수 있고, 기동력과 현장감을 느낄 수 있다.	-1.22
32. 현재의 텔레비전 뉴스는 기사내용이 다양해지고 있으며, 시청자의 알권리라는 측면에 충분히 부응하고 있다고 생각한다.	-1.32
34. 현재 우리나라 텔레비전 뉴스에서는 방송사별로 특색있는 뉴스진행이 이루어지고 있는 것 같다.	-1.38
4. 텔레비전 뉴스를 시청하는 이유는 꼭 세상돌아가는 소식과 정보를 얻기 위한 것보다는 시간을 보내기 위하여 습관적으로 시청하는 경우가 많은 것 같다.	-1.40
25. 우리나라 텔레비전 뉴스는 시청자들의 궁금증을 성실하게 채워주는 편인 것 같다.	-1.59
36. 우리나라 텔레비전 뉴스는 국내외에서 일어나는 사건과 최신정보를 매우 균형있게 전달하고 있으며, 시청자들이 정보와 사건의 본질을 이해할 수 있도록 노력하고 있는 것 같다.	-1.59

하지만 우리나라 텔레비전 뉴스가 정보원으로서의 역할을 나름대로 잘 담당하고 있으며, TV 3사간의 과열 시청률 경쟁이 그다지 큰 문제가

되는 것은 아니고 오히려 텔레비전 뉴스의 질적 향상을 가져왔다고 생각한다. 또한 우리나라 텔레비전 뉴스에서 어떤 사건에 대한 계속적인 뉴스 보도가 이루어지지 않고 있고, 지나치게 흥미 위주로만 뉴스 보도가 흐르고 있다고 생각하지 않는다. 오히려 우리나라 텔레비전 뉴스에서는 비교적 사실에 충실한 보도가 주로 이루어지고 있다고 생각한다.

그러나 이들 역시 우리나라 텔레비전 뉴스가 국내외에서 일어나는 사건과 최신 정보를 균형 있게 전달하지 못하는 현재의 상황과 그것을 개선하기 위한 방송사들의 노력 부족에 대해 날카롭게 지적하고 있다. 또한 각 채널에서 차별화 되지 않은 뉴스 내용이 보도되는 점과 동일 시간대에 뉴스가 중복 편성되어 있는 점, 방송사별로 특색 있는 뉴스 진행이 이루어지지 못하고 있는 점, 개별 뉴스 프로그램마다의 독특한 뉴스 이미지가 부족한 점에 대해 아쉬움을 가지고 있다.

그럼에도 불구하고 이들은 대체로 여론의 흐름을 파악하거나 정보 습득을 위해 저녁 종합 메인 뉴스를 시청하는 사람들로서 주로 시청하던 TV채널의 뉴스 내용이 마음에 들지 않으면 주로 시청하던 텔레비전 뉴스 채널을 변경하는 특성을 지니고 있으며, 뉴스가 반드시 생활에 실질적으로 도움이 될 필요는 없다고 생각한다.

이처럼 제2유형은 텔레비전 영상을 통해 전달되는 현장성과 사실성을 중시하는 특징이 있으며, 특히 텔레비전 화면을 통해서 보여지는 사건, 사고에서 더 많은 현실감을 느낄 정도로 텔레비전을 세상을 보는 '창'으로 인식하고 있다. 따라서 제2유형을 'TV 세상형'이라고 명명하였다.

3) 제3유형: TV뉴스 신뢰형

제3유형은 우선적으로 텔레비전 뉴스가 우리의 일상생활에 엄청난 영향력을 미치며, 텔레비전 뉴스 시청 행위 역시 일상적 관행으로 확실히 자리잡고 있다고 생각한다. 제3유형의 텔레비전 뉴스 수용자는 대부분 특정 채널의 텔레비전뉴스와 특정 시간대의 뉴스를 고집스럽게 시청하고, 주로 시청하던 텔레비전 뉴스 채널의 내용이 마음에 들지 않아도 텔레비전 뉴스 채널을 변경하지 않는 고정적 시청자라 할 수 있다.

제3유형은 대체적으로 신문보다는 텔레비전 뉴스가 제공하는 정보에 만족감을 느끼며, 신문과 비교해 볼 때 텔레비전 뉴스가 사회 구성원의 공동 관심사에 대해 보다 진지하고 사려 깊게 보도한다고 생각한다.

또 우리나라의 텔레비전 뉴스는 사실에 기초하는 뉴스가 주를 이루고, 신문에 비해서 정보 전달력이 결코 뒤떨어지지 않으며, 텔레비전뉴스의 공정성 또한 현재 상당한 수준 개선되었다고 생각한다. 따라서 이러한 이유로 신문보다는 텔레비전 뉴스에 신뢰감을 갖고 있는 텔레비전 뉴스 신뢰자라고 할 수 있겠다.

그리고 이왕이면 개성적이고 창의적인 뉴스가 바람직은 하겠지만 타매체, 타 방송사와 구별되는 새로운 형태의 뉴스 개발이 시급하다고는 생각하지 않는다. 이들은 시청률을 의식하여 제작된 보도는 뉴스의 공평성을 잃게 만들 수 있지만, 현재의 TV뉴스는 공정성 면에서 큰 문제가 없기 때문에 믿을 수 있다고 생각한다. 또한 이들은 컴퓨터 기술의 발달과 방송 기술의 향상으로 인해 TV뉴스에서 기동력과 현장감을 보다 많이 느낄 수 있게 되었기 때문에 TV뉴스의 보도 영상과 음향에서 현장감과 생동감, 기동력을 충분히 느낄 수 있다고 생각한다.

하지만 이들 역시 TV뉴스가 흥미 위주로 사건들을 묘사하여 사건의 본질을 희석시킬 우려가 있으며, 방송 후의 결과에 대해서 책임지는 자세가 부족한 점, 뉴스 소재의 편중 현상, 시청자들의 궁금증을 속 시원히 풀어주지 못하는 점, 유사 사건의 재발 방지에 기여하지 못하는 점 등을 TV뉴스의 문제점으로 지적하고 있다.

<표 8> 제3유형: 텔레비전 뉴스 신뢰형

Q 진술문	표준점수
1. 텔레비전 뉴스가 우리의 일상생활에 엄청난 영향력을 미치며, TV 뉴스 시청행위 역시 일상적 관행으로 자리잡고 있다고 생각한다.	2.30
6. 시청률을 의식하여 제작된 보도는 뉴스의 공평성을 잃게 만들 수 있을 것이다.	2.30
28. 요즈음 우리나라 텔레비전 뉴스프로그램은 흥미위주로 사건들을 묘사함으로써 우리가 관심을 가지고 보아야 할 사건의 본질을 희석시켜 버리는 것 같다.	1.92
38. 우리나라 텔레비전 뉴스는 방송후의 결과에 대해서 책임지는 자세가 부족하다 고 생각한다.	1.63
5. 우리나라 텔레비전 뉴스는 정치관련 소재를 너무 많이 다루고 있는 것 같은 느낌 이 든다.	1.30
39. 우리나라 텔레비전 뉴스는 사실보다 감정에 호소하는 뉴스가 주류를 이루는 것 같다.	-1.03
35. 우리나라 텔레비전 뉴스는 어떤 사건이 왜 발생했는지 그 원인을 찾아 알려줌으 로써 향후 유사한 사건의 재발방지에 기여하고 있다고 생각한다.	-1.08
11. 같은 뉴스를 두고 신문과 텔레비전 뉴스가 서로 다르게 보도할 때는 아무래도 신문보도에 신뢰감을 갖게 되는 것 같다.	-1.46
23. KBS1 TV, MBC TV 의 저녁 9 시 뉴스 대신에 시청자의 생활주기를 고려한 저 녁 7 시대나 10 시대의 뉴스편성이 바람직할 것 같은 생각이 든다.	-1.47
30. 우리나라 텔레비전 뉴스는 공정성 면에서 의심이 가지 때문에 도대체 믿을 수가 없다.	-1.68
10. 특정 채널의 텔레비전 뉴스만을 고집하지 않고 상황에 따라, 채널에 상관없이 텔레비전 뉴스를 시청하는 편이다.	-2.07

이처럼 제3유형에 속하는 TV뉴스 수용자들은 가장 대중적인 뉴스 전 달 매체로 TV뉴스를 꼽고 있으며, 그 영향력 역시 매우 크다고 생각하 고 있다. 아울러 우리 나라 TV뉴스는 대체로 공정하며, TV뉴스를 시청 하고 나면 세상 돌아가는 상황을 보다 잘 알 수 있게 된다고 생각하고 있다. 따라서 제3유형을 'TV뉴스 신뢰형'이라고 명명하였다.

4) 제4유형: 실리적 정보 추구형

제4유형은 주로 시간을 보내기 위해서 혹은 습관적으로 텔레비전 뉴스를 시청하는 사람들로서 뉴스란 우선적으로 생활에 실질적으로 도움이 되어야 한다고 생각한다. 다시 말해 제4유형에 있어서 뉴스의 주요 문제는 시청자들의 실질적인 궁금증을 채워주는 것이다.

이들에게 텔레비전 뉴스 시청 행위는 일상적 관행으로 인식되지 않으며, 텔레비전 뉴스뿐만 아니라 다른 매체도 일상생활에 엄청난 영향력을 미치고 있다고 생각하기 때문에 특별히 텔레비전 뉴스가 일상생활에 엄청난 영향력을 미친다고 생각하지 않는다. 이들은 상황에 따라, 채널에 상관없이 텔레비전 뉴스를 시청하기 때문에 고정적인 뉴스 시청자는 아니지만 잘 알려진 앵커에 대해 상당한 신뢰감을 가지고 있기 때문에 가능하면 잘 알려진 앵커가 진행하는 뉴스를 시청하는 특성을 지니고 있다.

우리나라 텔레비전 뉴스에 대해 이들은 텔레비전 뉴스가 국내외 사건이나 최신 정보를 균형 있게 전달하고 있고, 유사 사건의 재발 방지와 시청자들이 정보와 사건의 본질을 잘 이해할 수 있도록 노력하고 있으며, 방송 후의 결과에 대해서 책임지는 자세 역시 부족하지 않다고 생각한다. 또한 분석과 해설이 결코 부족하지 않고, 반드시 흥미 위주로만 사건이 묘사되는 것도 아니며, 충분한 화면이 제공되고, 기사 내용 역시 다양하기 때문에 시청자의 알권리에 충분히 부응하고 있다고 생각한다. 이에 덧붙여 채널간의 차별화 되지 않은 뉴스 내용과 동일 시간대의 뉴스 편성이 그렇게 심각한 수준은 아니라고 생각한다.

하지만 이들은 문민정부 출범 이후에도 뉴스의 공정성은 별로 개선되지 않았다고 생각하기 때문에 이러한 측면에서 텔레비전 뉴스에 대해 불신감을 가지고 있으며, 동일한 뉴스를 신문과 텔레비전 뉴스가 서로 다르게 보도할 때는 상대적으로 신문 보도에 보다 많은 신뢰감을 갖게 된다.

이처럼 제4유형에 속하는 텔레비전 뉴스 수용자들은 뉴스란 무엇보다도 생활에 실질적으로 도움이 될 수 있어야 하는 것이다. 하지만 이들은 텔레비전 뉴스뿐만 아니라 다른 매체도 마찬가지로 일상생활에 엄청난 영향력을 미치는 것으로 생각하고 있기 때문에 텔레비전 뉴스의 영향력에 대해서는 별로 중요하게 인식하지 않는다. 따라서 이러한 특징을 고려하여 '실리적 정보 추구형'이라고 명명하였다.

Q 진술문	표준점수
31. 텔레비전 뉴스는 신문이나 라디오 보도와 비교해서 현장성을 살린 화면의 제공이 가장 큰 생명력이라 생각한다.	1.77
29. 뉴스란 뭐니뭐니 해도 반드시 생활에 실질적으로 도움이 되어야 한다.	1.64
30. 우리나라 텔레비전 뉴스는 공정성면에서 의심이 가기 때문에 도대체 믿을 수가 없다.	1.64
20. 현재까지도 우리나라 텔레비전 뉴스는 정치권력의 도구로 이용되고 있다고 생각한다.	1.34
04. 텔레비전 뉴스를 시청하는 이유는 꼭 세상돌아가는 소식과 정보를 얻기 위한 것보다는 시간을 보내기 위하여 습관적으로 시청하는 경우가 많은 것 같다.	1.23
36. 우리나라 텔레비전 뉴스는 국내외에서 일어나는 사건과 최신정보를 매우 균형 있게 전달하고 있으며, 시청자들이 정보와 사건의 본질을 이해할 수 있도록 노력하고 있는 것 같다.	1.21
07. 텔레비전 뉴스를 시청하는 이유는 프로그램을 통해서 개인이나 가정생활 혹은 사회생활에 필요한 정보를 얻을 수 있기 때문이다.	1.10
10. 특정 채널의 텔레비전 뉴스만을 고집하지 않고 상황에 따라, 채널에 상관없이 텔레비전 뉴스를 시청하는 편이다.	1.10
22. 8 시뉴스를 탄생시킨 SBS 의 시도는 시간대 차별화를 통한 시청자들에 대한 서비스로 매우 환영할 만한 일이라고 생각한다.	1.10
14. 신문과 비교해 볼 때 텔레비전 뉴스가 제공하는 정보의 만족도는 크게 뒤떨어지지 않는 편이며, 최근에는 텔레비전 뉴스가 신문에 비해서 공동관심사에 대해 진지하고 사려깊게 보도한다는 느낌이 든다.	-1.08
38. 우리나라 텔레비전 뉴스는 방송후의 결과에 대해서 책임지는 자세가 부족하다고 생각한다.	-1.21
25. 우리나라 텔레비전 뉴스는 시청자들의 궁금증을 성실하게 채워주는 편인 것 같다.	-1.25
6. 시청률을 의식하여 제작된 보도는 뉴스의 공평성을 잃게 만들 수 있을 것이다.	-1.49
2. 우리나라 텔레비전 뉴스는 분석과 해설이 다소 부족하고, 해당 뉴스를 충분히 뒷받침할 만한 화면이 제공되지 못한다는 생각이 든다.	-1.49
15. 저녁 종합 메인 뉴스를 보지 않으면 하루가 정리되지 않은 듯한 기분이 든다. 따라서 다른 시간대의 텔레비전 뉴스를 시청하기 보다는 반드시 저녁 종합 메인 뉴스를 시청하는 편이다.	-1.51
12. 과거와 비교해 볼 때 문민정부 출범 이후 우리나라 텔레비전 뉴스의 공정성은 상당한 수준으로 개선된 것 같다.	-1.62
1. 텔레비전 뉴스가 우리의 일상생활에 엄청난 영향력을 미치며, 텔레비전 뉴스 시청행위 역시 일상적 관행으로 자리잡고 있다고 생각한다.	-1.77

4. 논의 및 결론

다채널시대의 개막으로 채널이 증가하고 방송 시간이 늘어나면서 공중파 텔레비전을 통해 가장 강화된 프로그램 장르 중의 하나가 보도 프로그램이라 할 수 있다. 보도 프로그램의 증가 현상은 비단 우리나라에만 국한된 것이 아니라 전 세계적인 추세로서 특히 텔레비전 뉴스는 일상생활의 시간과 공간 속에 깊숙이 침투하고 있으며 일상생활의 일부로 자리잡고 있는 상황이라고 할 수 있다.

이러한 상황에서 이루어진 이 연구는 한국 텔레비전 뉴스 수용자들의 텔레비전 뉴스에 대한 주관성의 유형을 파악하고, 그 특징을 알아보는 주안점을 두었다.

위와 같은 연구목적에 따라 먼저 한국 텔레비전 뉴스 수용자들이 텔레비전 뉴스에 관해 가지고 있는 태도와 신념의 구조를 알아보기 위해 Q요인분석을 한 결과 네 가지 유형이 나타났는데, 그것은 '반 선정주의형', 'TV 세상형', 'TV 뉴스 신뢰형', '실리적 정보 추구형'으로 명명하였다.

지금까지 살펴본 한국 텔레비전 뉴스 수용자의 주관성의 유형과 유형별 특성을 바탕으로 텔레비전 뉴스프로그램 제작에 있어 다음과 같은 점들이 고려된다면 뉴스프로그램의 제작에 다소의 도움이 될 수 있을 것이다.

첫째, 텔레비전 뉴스는 실생활에 유용한 정보를 제공하는 정보채널로서 건전한 여론형성에 이바지해야 한다. 그러기 위해서 각 방송사는 뉴스프로그램에 있어서의 시청률 경쟁을 서로 자제하고, 시청자들이 알고 싶어하고 궁금해하는 점들을 속 시원히 풀어줄 수 있도록 노력해야 한다.

둘째, 각 방송사마다 참신하고 신선한 뉴스내용의 전달과 차별화된 편성전략을 통해 뚜렷하게 구별되는 뉴스이미지를 확립할 수 있도록 노력해야 한다. TV 3사가 유사한 뉴스내용에서 벗어나 참신하고 신선한 뉴스내용을 전달하기 위해서는 똑같은 스트레이트 기사만을 나열, 보도하기보다는 사건에 대한 심층분석, 해설에 주력해야 할 것이다. 즉 시청자의 채널선택권을 무시하는 동일 시간대의 뉴스편성도 문제가 될 수 있지만 이와 아울러 기존의 전통적인 뉴스 시간대와 현격히 차이나는 뉴스 시간대의 이동 역시 시청자에게 큰 혼란을 줄 수 있을 것이다.

셋째, 권력으로부터의 독립적인 보도가 필요하다. 이것이 이루어질 때 공정성이나 왜곡보도, 편파보도의 시비에서 벗어날 수 있을 것이며, 언론의 사회적 환경 감시라는 본연의 역할을 제대로 수행할 수 있을 것이다.

넷째, 텔레비전 매체의 특성을 살린 뉴스개발이 필요하다. 즉 신속한 뉴스전달과 화면을 통한 현장감의 극대화 같은 텔레비전 뉴스만이 가지고 있는 특성을 보다 잘 살릴 수 있을 때만이 텔레비전 뉴스가 신문이나 잡지에 비해 정보전달력이 떨어지고, 신문이 텔레비전 뉴스보다 더 공정하고 비판적이다라는 기존의 인식을 바꿀 수 있을 것이다.

특히 'TV 세상형'에 해당하는 텔레비전 뉴스 수용자들을 위해서는 각 방송사가 보도화면의 시각화(visualization)에 많은 이해와 관심을 기울여야 할 것이다. 텔레비전 뉴스는 신문이나 라디오와는 달리 영상과 함께 뉴스를 전달하는 매체로서 화면의 내용이 보도의 내용에 미치는 영향은 그 어느 매체보다 크다고 할 수 있다. 따라서 각 방송사는 현장성을 살린 화면이라든지 음향에서 느껴지는 생동감과 같은 텔레비전 뉴스의 장점을 극대화시키는 노력이 있어야 할 것이다. 하지만 영상이나 문자처리에 있어서의 더욱 세심한 주의가 요구되며, 모방범죄나 선정주의를 불러일으킬 수 있는 흥미위주의 화면은 자제되어야 할 것이다.

다섯째, '반 선정주의형'의 생각과 같이 한국 텔레비전 뉴스에 있어서 국내 정치 뉴스의 비중이 높은 이유는 국내 방송사의 뉴스 보도가 모든 사안을 정치화시키는 경향이 강하기 때문이다. 예를 들어 국회에서 농수산위원회 보도 시, 농·수산 문제의 쟁점보다는 여·야의 갈등 국면, 사안의 정치적 비중 등을 강조하며 정치인을 부각시키고, 주제에 관련 없이 국회에서 발생한 사건을 국회담당 기자가 보도함으로써 일관적으로 국내 정치 뉴스로 인식 분류되기 때문이다. 따라서 앞으로 뉴스보도 주제의 균형을 이루기 위해서는 정치성향의 보도태도를 지양하고 보다 생활 밀착적인 뉴스를 다양하게 보도함과 동시에 국내뉴스와 외신뉴스의 보도 비중에 있어서의 차이를 줄임으로써 시청자들에게 다양한 정보를 줄 수 있어야 한다.

여섯째, 텔레비전 뉴스가 개인의 사생활을 침해했거나 명예를 훼손했을 경우에는 즉각 정정 보도나 사과보도를 실시해야 할 것이다. 아울러 텔레비전 뉴스가 개인의 사생활을 침해하거나 명예를 훼손하는 보도를 줄이기 위해서는 정확성 추구에 노력해야 할 것이다. 그래야만 텔레비전 뉴스에 대한 시청자들의 신뢰성을 높일 수 있을 것이다.

일곱째, 전문화되고 다양화된 뉴스 프로그램의 개발과 특색 있는 뉴스진행이 필요하다. 다시 말해 이것은 포맷의 다양화를 의미하는데, 현재 방송되고 있는 뉴스프로그램에서는 개성과 독창성을 찾아보기 힘든 것이 사실이다. 따라서 스트레이트 뉴스나 뉴스 쇼 외에 다양한 뉴스관련 프로그램(뉴스 토크, 뉴스 해설, 뉴스 매거진, 뉴스 다큐멘터리, 뉴스 인터뷰)의 개발이 필요하다고 할 수 있다. 하지만 개성과 독창성만을 우선하다 보면 이 또한 공정성과 정확성의 문제를 야기할 수도 있다.

이 연구는 하나의 시험적인 것에 불과하기 때문에 조사에서 파악된 결과는 타당도가 다소 떨어질 수 있다. 하지만 이 연구는 텔레비전 뉴스 수용자의 유형을 파악하고, 그 특성을 이해하여 질 좋은 뉴스프로그램의 개발과 제작에 도움이 되고자 하였다.

▨▨■ 참고문헌

강명구, 1990, 『텔레비전 뉴스보도』, 한국언론연구원.

강명구, 1994, 『한국 저널리즘이론』, 서울: 나남.

강현두 · 김우룡 공편, 1989, 『한국방송론』, 서울: 나남.

김규, 1990, 『방송매체론』, 서울: 법문사.

김영임 · 김우룡 공저, 1997, 『방송학개론』, 서울: 한국방송대학교 출판부.

김흥규, 1990, "Q 방법론의 이해와 적용", 서강대 언론문화연구소, 『언론학 논선』, 7.

김흥규 역, 1993, 『방송뉴스론』, 서울: 나남.

손용, 1990, 『현대방송이론』, 서울: 나남.

신현응, 1988, 『방송저널리즘』, 서울: 범우사.

원우현 · 최현철, 1992, 「직접위성방송의 수용자 특성에 관한 Q분석 연구」, 『'92 방송문화 진흥회 연구 보고서』.

이민웅, 1996, 『한국 TV저널리즘의 이해』, 서울: 나남.

이오현, 1993, "수용자의 뉴스 해독에 관한 일 연구," 고려대학교 대학원 신문방송학과 석사학위논문.

이인용, 1997, 「TV 뉴스의 현주소: 저녁 9시 뉴스를 중심으로」, 『방송개발』 가을/겨울호, 한국방송개발원.

이재현, 1994, 「프로그램 편성, 시청자 이미지, 그리고 뉴스 시청행태: KBS와 MBC 9시 종합뉴스의 시청 결정요인 비교분석」, 『'94 방송문화연구』, 한국방송공사 정책연구실.

장석호, 1994, 『TV보도영상의 이론과 실제』, 서울: 도서출판 기다리.

최정호 · 강현두 · 오택섭 공저, 1996, 『매스미디어와 현대사회』, 서울: 나남.

한국방송개발원, 1995, 『TV 뉴스보도의 국제비교연구』.

한국언론연구원, 1994, 『언론과 수용자』.

한국언론연구원, 1995, 『다매체 다채널 시대의 TV 뉴스』.

한국언론연구원, 1998, 『수용자 의식조사: 제9회 미디어의 영향과 신뢰도 조사』.

한국외국어대학교 국제커뮤니케이션연구소, 1996, 『텔레비전 뉴스 연구—SBS뉴스 및 뉴스 관련 프로그램의 문제점 및 개선 방안』.

한국외국어대학교 언론정보연구소, 1998), 『민영 텔레비전 뉴스편성 연구』.

한양대학교 언론문화연구소, 1988, 『텔레비전 뉴스의 시청실태 및 개선방안에 관한 연구』.

텔레비전 뉴스 수용자의 유행에 관한 연구

Bennett, W. L., 1988, *News: The Politics of Illusion*, Second Edition, Longman Inc.

Houlber, R., 1984, "Local television news audience and para-social interaction", *Journal of Broadcasting*, Fall 1984, vol.28, no.4.

Palmgreen, P., Wenner, L. A. & Rayburn, J. D. Ⅱ., 1980, "Relations between gratifications sought and obtained : A study of television news", *Communication Research*, 1980. 4, vol.7, no.2.

Palmgreen, P., Wenner, L. A. & Rayburn, J. D. Ⅱ., 1981, "Gratification discrepancies and news program choice", *Communication Research*, 1981. 10, vol.8, no.4.

Rubin, A. & Perse, E., 1987, "Audience activity and television news gratifications", *Communication Research*, 1987. 2, vol.14, no.1.

Shosteck, H., 1973~1974, "Factors influencing appeal of TV news personalities", *Journal of Broadcasting*, Winter, 1973~1974.

Stephenson, W., 1953, *The study of behavior: Q technique and its methodology*, Univ. of Chicago press.

Stephenson, W., 1967, *The play theory of mass communication*, Univ.of Chicago press.

Tankard, J. W. Jr. & Harris, M. C., 1980, "A discriminant analysis of television viewers and non viewers", *Journal of Broadcasting*, Summer 1980, vol.24, no.3.

Webster, J. G. & Newton, G. D., 1988, "Structural determinants of the television news audience", *Journal of Broadcasting & Electronic Media*, Fall 1988, vol.32, no.1.

Webster, J. G. & J. J. Wakshlag, 1983, "A theory of television program choice", *Communication Research*, 1983. 10, vol.10, no.4.

제3부 방송 · 뉴미디어

텔레비전 생활정보프로그램의
소재 선호요인 연구[*]

김 흥 규 · 차 찬 영

한국외국어대 언론정보학부 교수 · 한국외국어대 신문방송학과 박사과정

[*] 본 논문은 〈주관성 연구〉 제17호(2008. 12) pp.157-178 논문 전문을 재게재한 논문임을 알려드립니다.

텔레비전 생활정보프로그램의 소재 선호요인 연구

1. 문제제기 및 연구목적

텔레비전 시청은 복잡한 활동이며, 대중의 시선이 집중되어지는 복잡한 의미작용의 활동이다. 텔레비전의 기술적 범용과 오락적인 내용은 대중의 폭넓은 호응을 받기에 충분했고, 텔레비전의 대중적 확산은 채널 간, 혹은 채널 내에서의 경쟁으로 이루어졌다(이종님, 2005). 또한 텔레비전은 일상생활에서 가장 보편적이고 대중적인 매체로 평가되고 있는데 이는 텔레비전이 다른 매체와 달리 지적능력이나 특별한 노력을 들일 필요가 없이 누구나 보고 즐길 수 있는 보편적인 매체이기 때문이다. 아울러 텔레비전 프로그램은 방송 전반에 걸쳐 가장 중요한 핵심 요소 중 하나이며, 프로그램은 한 사회 내에서 방송의 이념, 문화제도 등이 구체화되는 영역이며, 방송사, 시청자, 그리고 산업을 매개하는 고리이다(주창윤, 2004).

한편, 테크놀로지의 발달은 방송구조는 물론 수용자의 수용행위까지 바꿔놓고 있으며, 테크놀로지가 방송에 끼치는 영향을 변화(change)가 아니라 변환(transformation)으로 표현하고 있는 것은 방송의 형질이 모두 바뀌고 있고 또 바뀔 수 있음을 지적하고 있는 것으로 볼 수 있다(최이정·박정의, 2000). 대표적인 예로 6mm 소형 디지털카메라 등장 이후 급속도로 확산되고 있는 VJ(Video Journalist) 시스템은 방송프로그램 제작의 새로운 패러다임을 형성하고 있다. 특히 이 6mm 디지털 카메라의 등장은 생활정보프로그램의 제작행태에 절대적인 영향을 미치고 있는데, 기동성과 현장성을 바탕으로 현실감 있는 우리 주변의 이야기를 생생한 영상으로 다양하게 보여줄 수 있으며 소재의 접근성에 대한 부담감이 적어 취재 대상을 자연스럽고 친근하게 영상에 담아낼 수 있다는 장점을 가지고 있다. 이는 많은 생활정보프로그램이 급격하게 증가하는 계기가 되었으며, 방송사 내부에서 이러한 생활정보프로그램은 곧 6mm 프로그램이라는 등식으로 존재하고 있다. 하지만 이러한 유형의 프로그램 증가는 시청자의 동기나 선호 등에 관해 정확한 이해 없이 소재 및 구성에 있어 체계성과 과학성을 보여주지 못하고 있는 것이 현실이다.

텔레비전 시청 행위가 현대인에게 있어 떼어놓을 수 없는 일상의 한 부분이 된 가운데 시청자들의 프로그램 선택은 프로그램 내용이나 편성과 같은 미디어 관련 요인만으로는 결정되지 않는다는 것이 보편적 인식이다(Webster, 1985). 시청자들이 어떤 기준을 가지고 어떤 과정을 거쳐서 최종적으로 하나의 프로그램을 선택할 것인가에 대한 이해는 비단 방송이론 뿐만 아니라 사회학적 측면에서도 중요한 일이다. 현대인의 일상생활에서 가장 중심적인 위치에 있는 TV 시청 행위 대한 좀 더 엄격하고 체계적인 이해는 다매체 다채널 환경 속에서 변화를 거듭하고 있는 TV의 위상을 정확히 파악하게 하고 국민의 생활시간 이용에 관련된 자료를 확보해 주기 때문이다(김현주, 2002).

텔레비전 시청 행위에 관한 가장 많은 연구는 텔레비전 시청 동기 연구이며, 수용자의 미디어 소비 형태를 이해하려는 이용과 충족 관점에서 이루어졌다(Elliot, 1974). 미디어 이용 동기는 인간의 사회적 심리적 욕구에서 미디어 선택과 이용이 결정된다는 입장을 취하고 있어 이러한 욕구의 특성이 미디어 이용 동기가 되고 있다. 텔레비전 시청 동기에 관한 연구는 네 단계 연구경향을 나타내고 있는데, 첫 번째는 텔레비전 시청 동기에 관한 조사가 이루어진 단계이고, 두 번째는 수용자의 시청 동기와 특정 프로그램 유형 간의 상관관계에 분석이 이루어진 단계이며, 세 번째는 미디어 이용 동기와 만족, 그리고 효과와의 상관관계에 대한 연구가 이루어진 단계이며, 마지막으로 미디어 메시지에 대한 수용자의 정보 처리 활동에 대한 개념화와 그 역할에 대한 연구가 이루어졌다(김정기, 1995). 일반적인 TV 시청 동기 연구에 비해 특정 프로그램을 대상으로 한 연구에서 시청 동기는 더 구체적이고 명확하게 나타난다. 따라서 특정 프로그램의 시청 동기에 대한 연구를 진행함에 있어서 동기를 측정하는 항목의 선정은 시청 동기 구조의 결과에 큰 영향을 미칠 수 있는 중요한 부분이고, 그러한 특정 장르나 프로그램의 구체성에 따라서 시청 동기의 구체성도 달라질 수 있다. 또한 TV 시청 동기는 특정 프로그램의 선호로 이어지는데, 가령 정보 동기는 토크, 뉴스 프로그램의 선호와 긍정적인 상관관계가 있음이 확인되었다(Rubin, 1983).

하지만 이러한 기존의 연구들은 시청 행위에 대한 인구학적 특성 등을 통한 객관성을 측정하고자 했다. 이에 반해, 본 연구는 시청자가 특정 프로그램에 갖는 주관성을 측정하고자 하며, 시청 동기, 만족도, 선호도 등은 속성상 주관성의 연구가 더 중요하다고 생각한다. 따라서 본 연구는 인간의 주관성 측정을 목적으로 고안된 Q 방법론을 이용해 시청자들이 6mm 생활정보프로그램[1]을 시청함에 있어 어떠한 소재에 대해 선호하는지에 대한 유형을 밝힘으로써 프로그램 제작 시 소재 선택의 방향성을 제시하고자 한다.

2. 이론적 논의

1) 장르로써의 6mm 생활정보프로그램

피스크(Fiske, 1987)는 장르란 생산자인 제작자와 수용자인 시청자의 편의를 위해 우리 문화 속에 유통되는 텍스트와 의미들의 폭넓은 범주를 특정한 질서로 구조화 하고자 하는 문화적 실천이라고 했다. 버거(Berger, 1992)는 장르가 감정적인가, 객관적인가 그리고 이성에 소구하는가, 감성에 소구하는가에 따라 '실화적 장르(사실을 이성에 소구)', '설득적 장르(주관적 내용을 객관적으로 소구)', '콘테스트 장르(객관적 내용을 감정적으로 소구)', '드라마 장르(주관적 내용을 감정에 호소)'로 구분지었다. 장르는 형태와 종류를 뜻하는 말이며 다양한 특성과 의미를 가질 수 있으며 그만큼 다양하게 분석될 수 있다. 시청자들에게 장르는 프로그램 정보를 제공해 주는 수단이며 학자나 비평가들에게 장르는 텔레비전 텍스트를 이해하고 분석하기 위한 단위로 활용된다(이호준, 2008).

텔레비전 장르는 학계, 산업(방송사나 조사회사 등), 방송규제기구 등

---

1 생활정보프로그램이 6mm 디지털 카메라 제작 형식으로 일반화됨에 따라 동의의 개념으로써 6mm 프로그램이란 용어와 혼용되는 것이 현실이다. 따라서 본 연구에서는 용어상의 혼란을 피하기 위해 6mm 생활정보프로그램이란 용어를 사용하고자 한다. 또한 연구대상은 지상파 3사(KBS, MBC, SBS)로 한다.

에 따라서 다르게 분류되어 왔다. 이것은 텔레비전 장르를 분류하는 목적이 다르기 때문이다. 학계의 경우, 방송비평을 목적으로 미학적 분류기준을 사용하거나 편성분석을 위해서 장르를 구분해왔다. 반면 방송사나 조사회사는 시청률이나 시청자의 관심영역을 중심으로 장르를 구분하며, 방송규제기구는 방송법이 규정하는 편성규제와 분석을 기준으로 프로그램 장르를 범주화 했다. 이와 같은 분류 방식은 방송환경에 따라서 국가별로 다르게 분류하는데 이것은 그 나라의 방송 문화를 반영한다(이종님, 2005).

한편, 장르는 텍스트(프로그램), 산업방송사), 주체(수용자) 사이에 순환되는 지향점, 기대, 관습의 체계이자 상호작용의 산물이며(Neale, 1980), 텔레비전 텍스트(프로그램)에 대한 정보를 장르 단위로 분석하는 것은 시청자, 학자, 및 비평가, 제작자 그리고 산업과 제도 등 방송관련 주체 모두에게 의미가 있다. 또한 시청자들에게 각인되어 있는 장르의 의미는 미디어 이용의 제반 양상, 즉 미디어 이용행태, 기대, 정서, 심리적 태도와 미디어 제공물 등에 대한 언급에 영향을 미친다(Schmidt, 1994). 한편, 장르 단위로 프로그램을 분석한다는 것은 시청자들의 장르적 행위에 의미를 부여하는 것과 같은 의미이다. 즉, 프로그램의 계획과 생산에서부터 분배와 수용(소비)에 이르는 각 과정에 관련된 주체 또는 영역들이 텔레비전 장르를 어떻게 바라보고 이해하는지를 파악하는데 유용한 시사점을 준다(이호준, 2008).

닐(Neale, 1980)은 텍스트의 수준과 관련해서 '장르를 과정'으로 인식한다. 장르는 "반복과 유사성을 통해서 형성되는 것이지만, 근본적으로 차이(difference), 변화(change), 변형(variation)으로 특징"지워진다는 것이다. 즉 산업, 수용자의 욕구, 내재적 발전, 시대적 역할 등에 따라서 끊임없이 변화한다. 장르 관습들은 어느 정도 고정되어 있지만, 장르의 누적과 혁신의 과정은 변화를 초래한다. 장르의 부침이나 관습의 변화는 역사적 산물이기는 하지만 직접적으로 사회현실을 반영하기 보다는 매개하는 경향이 있다(주창윤, 2004). 1990년대 후반 장르 혼합(genre blending) 현상이 두드러지게 나타났다. 드라마와 다큐멘터리를 혼합한 다큐드라마, 정보와 오락을 함께 담고자 하는 인포테인먼트(infortainment), 교육과 오락을 포함한 에듀테인먼트(edutainment), 심지어 최근에는 상상력과 이야기가 가미된 다큐멘터리로서 팩션(faction)이란 혼합된 형식이 생겨나고 있다.

따라서 장르를 분류함에 있어 어느 한 구분법에 의해 배타적으로 적용되어야만 하는 근거는 없으며, 각자가 나름의 주체성을 확보한 하나의 독립적인 프로그램을 형성하고 있는가가 더 중요하다고 할 수 있다. 이렇듯 장르는 끊임없이 산업과 수용자의 취향에 따라서 변화하고 텔레비전은 상이한 장르들을 하나의 매체 안에 담아낸다. 텔레비전 장르는 시청률에 직접적으로 영향을 받기 때문에 다른 예술 장르에 비해 변화의 속도도 무척 빠른 편이라고 할 수 있다. 시청자의 다양한 욕구에 즉각적인 대응이 필요한 일상적인 매체로서 텔레비전은 다양한 내용과 형식의 텍스트를 만들어 낸다. 그래서 텔레비전에서는 장르 구분이 더 어렵다고도 하고 또 굳이 장르를 따지다 보니 한 장르 안에 수많은 하위 장르를 가지게 된다.

주창윤(2004)에 따르면 생활정보프로그램은 일상생활에 도움이 되는 실용지식이나 상식, 시의적절하고 흥미 있는 정보와 화제 거리를 안내하거나 소개하는 프로그램으로 정의한다. 생활정보프로그램의 형식은 종합 구성, 집중 탐구, 단순 구성 등 다양한 방식으로 이루어져 있다. 생활 정보 프로그램은 스튜디오와 야외촬영을 통해서 제작되는 경우가 일반적이다. 생활정보프로그램은 방송 내용을 중심으로 지역, 가정(가사,

육아, 요리 등), 건강, 생활경제, 해외, 문화레저, 법률, 체험구성, 자선과 모금, 소수대상, 기타 종합으로 분류한다.

6mm 디지털 비디오카메라의 등장은 생활정보프로그램의 내용과 형식에 변화를 가져왔는데 프로그램 코너의 길이가 축소되고 소재가 가벼워졌다. 또한 카메라 움직임에 있어서 기존의 안정된 샷과 앵글보다는 다소 거칠지만 역동적이고 생동감 있는 모습을 보여준다. 또한 이들 프로그램은 빠른 화면 전개와 함께 생생한 현장을 포착하고자 하며, 경쾌하고 코믹한 내레이션으로 이야기를 흥미롭게 이끌어 간다. 대개 한편의 생활정보프로그램은 7~10분 정도의 짧은 길이의 영상물 3~4개의 코너 아이템으로 구성되는데, 이들 프로그램이 다루는 주된 소재들은 사건의 이면, 화제의 현장, 다양한 삶의 모습 등 표현은 다르지만 주로 삶의 일상성에 맞춰져 있다. 따라서 일상적이어서 간과했던, 일상적이면서도 이색적인 것, 보통 사람들에 얽힌 재미난 사연이나 땀 흘리는 삶을 조명한다. 또한 큰 것보다 작은 것, 화려한 것 보다 소박한 것, 식상한 것 보다 새로운 것, 알고 있던 것보다 미처 알지 못했던 것 등에 주목하는 것이다. 화제적인 사건, 인물, 사업, 아이디어, 음식점 등 이처럼 이들 프로그램 내용의 소재가 정보적인 속성을 강하게 띠게 되면서 방송사 내부에서 는 이런 유형의 프로그램을 6mm 생활정보프로그램이라 부르고 있다.

박근서(2004)는 특정한 관습을 공유하고 있는 프로그램 집합이 등장하고 그 관습을 추종하며 따라하게 됨으로써 하나의 프로그램 장르가 형성되는 것이라고 주장한다. 이렇듯 관습을 공유하는 프로그램의 집합이 새로운 장르로서 인정되어 진다면 6mm 생활정보프로그램도 역시 하나의 장르로 인정되어 질 수 있다. 더 정확히는 하나의 장르가 되고 있는 프로그램의 집합으로 볼 수 있는 것이다.

2) 프로그램 시청 행위와 선호에 관한 논의

시청자의 텔레비전 행위와 관련된 여러 가지 연구의 가장 근본적인 문제는 '사람들은 선택적으로 텔레비전을 시청하는가?', '만약 선택적인 시청이 이루어진다면 어떤 기준이 시청선택의 중요한 결정요인인가?' 하는 것이다(Gunter, 1985). 또한 시청 행위를 분석하는 다양한 연구는 크게 2가지로 구분할 수 있다(Webster & Lichty, 1991). 하나는 시청 행위에 있어서 시청자의 특성을 파악하는 것으로 개별 시청자의 요구(need), 선호(preference), 정신적 상태(mental status)에 집중하여 시청자의 내적 욕구 및 동기와 프로그램 시청과의 관계를 살펴보거나 또는 실험적 상황에서 프로그램 노출을 예측하거나 시청 행위가 일어난 결과를 설명하는 것이다. 또 다른 하나는 전체 또는 축적된 시청자의 크기에 집중하는 것으로 시청 가능성(viewer availability) 혹은 프로그램 편성의 특징과 같은 구조적 변인의 영향 정도를 파악하여, 시청률, 시청 흐름 유형, 채널 로열티 등을 예측하는 것이다(황성연, 2006). 웹스터와 워크쉴락(Webster & Wakshlag, 1983)에 의하면 궁극적인 시청 행위 결정 요인은 시청자의 선호가 되고, 시청자의 선호를 반영하는 '프로그램 장르'는 시청 행위의 중요한 결정 요인이 된다고 보았다(심미선·한진만, 2002).

한편, 시청 행위를 행동유형의 차원에서 연구한 호킨스 등(Hawkinds, Reynolds, & Pingree, 1991)의 연구에 따르면 텔레비전 시청 행위를 크게 세 차원으로 나누어 볼 것을 제안했는데, 그것은 총괄적 시청 행위, 채널변경 행위, 그리고 내용추구 행위이다. 총괄적 시청 행위는 텔레비전을 얼마나 보는가 하는 양적인 측면을 위주로 하며, 채널변경 행위는 단위 시청시간 중 얼마나 채널을 변화하는가에 관한 것으로 흔히 선택적 행위의 측면에서 얼마나 능동적 수용자인가를 가늠하게 해 준다. 내용추구 행위는 특정 장르, 프로그램, 또는 내용에 대해 반복적인 시청을 보이는 정도, 즉 충성도로 정의할 수 있다.(심미선·김은미·이준웅, 2004). 연구 중심과 방법의 차이로 인한 분석의 연구 방향을 보면(황성연, 2006), 텔레비전 시청을 능동적 행위로 보는 이용과 충족 연구는 수용자가 미디어를 선택하고 이용하는 행위를 의도적이고 목표 지향적이며 동기화된 행위이며, 자신의 욕구나 욕망을 만족시키기 위해 미디어를 선택한다고 본다(Rubin, 2002).

반면, 프로그램을 중심에 두는 연구에서는 프로그램 시청 행위가 의식적인 행동이 아닌 무선적(無選的)이고 확률적인 선택이라는 전제하에 시청 행위를 프로그램에 노출할 가능성과 시청할 수 있는 프로그램들의 선택구조 등에 의해 결정되는 것이라고 본다. 따라서 시청자의 텔레비전 시청 행위는 프로그램의 내용이나 유형에 대한 개인의 선호보다 시청가능성이나 편성특성 등의 내용외적 요인에 의해 결정되는(Webster & Wakshlag, 1983) 이른바 '수동적 시청'이라는 것이다(황성연, 2006). 이렇게 텔레비전 시청이 수동적 행위인지 혹은 능동적 행위인지에 관해 기존 문헌에서는 상반되는 여러 주장들이 제기되어 왔는데, 또 한편에서는 능동성과 수동성이 혼재되어 나타날 수 있는 행위라는 점이 지적되기도 했다(배진아, 2004). 한혜경(1999), 타바콜리와 케이브(Tavakoli & Cave, 1996) 등은 시청 행위를 결정하는 단계에서는 습관이나 시청 여건 등이 중요한 요인이 되지만, 일단 시청이 시작되면 취향이나 선호 등이 적극적으로 반영되는 능동적 행위가 된다는 것이다. 한편 배진아(2003)는 시청 행위가 어떤 상황에서는 매우 충성적인 패턴으로 나타나지만, 또 다른 상황에서는 저관여의 상태에서 불규칙적으로 나타날 수 있다는 점을 주장하였다. 이와 유사하게 아담스(Adams, 2000)는 질적 연구를 통해서 시청 행위의 능동성과 수동성이 시청의 단계 및 맥락에 따라서 매우 다양하게 혼재되어 나타난다는 사실을 지적하기도 하였다.

TV시청 행위는 우선 미디어 이용 여부를 결정하고, 다음에 특정 내용이나 프로그램을 결정하는 2단계 과정이다. 시청자들은 프로그램 내용에 대한 고려 없이 일단 TV부터 켜는 수동적 단계에서 출발하지만 일단 시청을 시작하면 능동적 단계로 넘어간다. TV시청을 시작한 사람들은 시청을 계속하거나 아니면 다른 프로그램으로 이동하는 결정 중에서하나를 택하게 되고 따라서 프로그램 내용이 중요해진다(김현주, 2002). 즉, TV 시청 여부를 결정하는 단계에서 매체추구형(media-seeking) 선택이 이루어진다면 시청할 프로그램을 결정하는 단계에서는 내용추구형(content-seeking) 선택이 이루어지는 것이다(Jeffres, 1978).

이러한 프로그램 내용 추구의 측면은 시청자의 능동성 개념과 관련이 있다. 프로그램 내용추구 행위에 대한 기존 연구를 보면 장르나 프로그램에 대한 반복적 시청이나 적극적 시청, 채널 변경이나 채널에 대한 충성도, 특정 내용에 대한 추구 등을 중심으로 시청 행위를 구분해 왔음을 알 수 있다(심미선 외, 2004). 시청자가 특정 프로그램의 유형을 선호하는 정도에 의해 시청 행위가 결정된다는 견해는 이용과 충족 연구자들에 의해 지지되었다. 이용과 충족의 도식에서는 프로그램의 선택이 개인의 욕구충족의 기대에 의해 동기화된 합리적인 행위임이 가정된다. 프로그램의 선호가 프로그램을 선택하는 중요한 요인이 된다는 주장은 오래전부터 있어왔으며 이들의 가정은 시청자들은 자신이 선택할 수 있는 많은 대안 중에서 가장 선호하는 프로그램을 선택한다는 것이다(Owen, Beebe & Manning, 1974).

한편, 다매체 다채널화는 선호에 따른 프로그램 선택의 가능성을 높여주는 것으로 인식되고 있다(Youn, 1994). 이러한 시청 환경의 변화에서 TV 시청자들이 특정 프로그램을 보는 이유는 개인의 특정한 동기에

제3부 방송·뉴미디어

의해서라는 것이 밝혀졌다(Rogengren, Wenner & Palmgreen, 1985). 최근의 연구를 통해 프로그램 선택에 가장 큰 영향을 미치는 것은 프로그램 유형에 대한 선호라 할 수 있는데, 그러한 프로그램에 대한 선호는 잠정적인 프로그램의 시청 동기가 되고 이는 곧 실질적인 시청 행위로 이어진다(Goodhart, 1987). 결국 시청자가 어떤 채널을 선택하고, 어떤 유형의 프로그램을 결정하며, 그 유형 내에서 어떤 프로그램을 시청하느냐는 시청자의 선호에 의해서 결정되며, 따라서 시청자는 체계적으로 내용과 관련된 프로그램 선호를 지닌다고 볼 수 있다(심미선 · 한진만, 2002).

이러한 시청자의 선호가 일관성을 지닐 때 충성도(loyalty)라는 개념으로 나타난다. 따라서 장르의 충성도는 특정 장르에 대해 시청자가 일관된 선호를 보이는 것으로 웹스터와 워크쉴락(Webster & Wakshlag, 1983)에 의하면 궁극적으로 시청 행위 결정 요인은 시청자의 선호가 되고 시청자의 선호를 반영하는 프로그램 장르는 시청 행위의 중요한 결정 요인이 된다고 보았다. 그러므로 프로그램의 성과라 할 수 있는 시청률에 직접적인 영향을 미치는 요인 가운데 하나가 바로 프로그램이 구체적으로 어떠한 내용을 다루는가 하는 주제 및 소재라 할 수 있다. 드라마의 경우만 보더라도 일반적으로 멜로드라마나 트렌디 드라마 등이 시청률이 높고, 다큐멘터리의 경우에도 인간의 보편적 정서를 다루는 휴먼 다큐멘터리나 흥미거리를 소재로 하는 다큐멘터리가 시청률이 높은 반면 역사 다큐멘터리 등의 시청률은 낮은 것으로 알려졌다(김미라, 2007). 텔레비전 뉴스가 사회 구조적인 경성 아이템보다 연성 아이템을 다루는 이유도 시청률에 영향을 미치기 때문이다(한진만 · 설진아, 2001). 국내 지상파 3사의 대표적인 탐사보도 프로그램의 방송 주제와 시청률 간의 상관관계 분석에서도 건강, 범죄/재판, 인간관삼사, 가정 등 주제가 시청률과 긍정적인 상관관계를 보인 반면, 정부/정책, 외교, 사회 충돌/ 대

텔레비전 생활정보프로그램의 소재 선호요인 연구

립, 사고/참사/재난과 관련된 주제를 다루었을 때 시청률이 다소 하락하는 것으로 나타났다(강형철, 2007). 이는 프로그램의 소재와 내용에 따라 성과가 달라짐을 보여주는 것이며, 이러한 연구를 확장하면 특정 프로그램내의 소재에 대한 선호에 따라 여러 시청 행태를 보일 것으로 추측해 볼 수 있을 것이다.

하지만 기존의 이러한 많은 연구들이 시청 동기나 선호와 같은 주관적인 속성을 측정해 왔지만 방법론적인 부분에서 문제점이 제기되고 있다. 특히 텔레비전 시청 동기와 관련한 대표적인 이론이라 할 수 있는 이용과 충족 연구는 커뮤니케이션 연구에 있어 유용한 틀을 제시하였지만, 주요 개념들에 대한 정의의 모호성과 방법론적인 문제가 있음이 지적되고 있다(Rubin, 1984). 다시 말해 그러한 연구들은 개념에 대한 조작적 정의로 틀을 지운 상태에서 특정도구로 외부에서 대상자를 들여다보기 때문에 개인의 주관성을 측정하기에는 방법론상 한계를 가지고 있다는 것이다. 따라서 본 연구는 6mm 생활정보프로그램을 시청함에 있어 어떠한 소재를 선호하는지에 대한 주관적 유형의 특성을 파악하고자 하며, 이를 위해 Q 방법론과 심층인터뷰를 이용하고자 한다.

3. 연구방법

본 연구에서는 6mm 생활정보프로그램 시청자들의 주관적 관점들을 이해하기 위해 윌리엄 스티븐슨(William Stephenson)이 창안한 Q 방법론을 적용하고자 한다. 그 이유는 Q 방법론이 개인적 경험을 통해 획득한 태도와 지각 등의 주관적 인식(subjectivity)을 과학적으로 다룰 수 있는 방법론이기 때문이다. 또한 Q 방법론은 인간의 느낌, 관점이나 의견, 신념, 선호, 이미지와 같은 주관적 속성을 연구대상으로 하는 연구방법인 동시에 분석방법으로 '외부로부터 설명'하는 것이 아닌 '내부로부터 이해'하는 접근방법이며, 응답자 스스로 그들의 의견과 의미를 만들어가는 자결적 정의(operant definition)에 따라 연구자의 가정이 아닌 행위자의 관점에서부터 연구가 시작된다(김흥규, 2008).

따라서 Q 방법론은 특히, 수용자 연구에 유용한데, 그 이유는 첫째, Q 방법론이 수용자들의 주관적 태도를 들여다볼 수 있게 해주며, 시청자들이 프로그램에 대해 갖고 있는 감정, 의견, 관념, 인식 등의 총체를 설명해주기 때문이다. 둘째, Q 방법론은 수용자들을 유사한 속성에 따라 유형화할 수 있기 때문이다. 결국, Q 방법론은 개인의 주관적 태도의 구조를 측정할 수 있을 뿐 아니라, 유사한 속성을 유형화할 수 있기 때문에 방송수용의 유형을 파악하는 데 있어 유용하다(Kim, 1997, pp.28-29).

1) Q 모집단 구성 및 Q 표본 선정

Q 모집단이란 Q 연구를 위해 수집된 항목의 집합체로서 한 문화 안에서 공유되는 의견의 총체인 통합체(concourse)의 개념과도 동일하다. Q 항목은 응답자에 의해 분류되는 물체(thing)를 가리키는 것으로 자극 항목(stimulus)이라고도 부르는데, 손으로 옮겨 분류할 수 있는 것이어야 하며, 분류하는 응답자의 의견이 표현되는 자아 지시적(self-referent)인 것이어야 한다. 자아 지시적이란 사실(fact)이 아니라 의견에 관한 진술물이며 그래서 응답자가 자신을 투사할 수 있는 것이다. Q 모집단을 구성하기 위해서는 문헌 연구와 면접(interview)에 의존한다.

본 연구를 위한 Q 모집단은 2008년 10월 30일 현재 지상파 3사에서 방영되고 있는 6mm 생활정보프로그램 KBS의 〈무한지대 큐〉, MBC의 〈생방송 화제집중〉, SBS의 〈생방송 투데이〉 등 세 개의 프로그램으로 설정하였으며, 최근 한 달간 방영되었던 210개 프로그램 소재를 Q 모집단을 만들고 그 가운데 겹치는 내용을 제외하는 등의 과정을 거쳐 진술문 형태의 36개 프로그램 소재를 Q표본으로 선정하였다〈부록 1〉.

그림 1. Q 분류 응답표

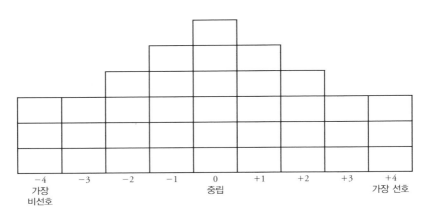

2) P 표본

P 표본이란 Q 분류를 할 수 있는 응답자로 생각될 수 있는 집합체, 즉 P 모집단으로부터 추출되어 실제로 Q 분류에 참여하는 응답자 혹은 피험자를 가리키며 Q 소터(sorter)라고도 부른다. R 방법론에서는 많은 수의 사람들이 표본으로 선정되지만 Q에서는 사람이 변인이고 항목은 표본을 가리키는 것이므로 P 표본의 수는 요인을 생성하고 요인들 간에 비교할 수 있을 정도면 충분하다. 이와 같이 Q 방법론에서 많은 사람들을 표집하지 않는 이유는 Q 방법론은 개인간의 차이(inter-individual)가 아니라 개인 내의 중요성의 차이(intra-individual diffrernce in significance)를 다루는 것이므로 P 표본의 수에 제한을 받지 않기 때문이며 오히려 P 표본이 커지면 한 요인(factor)에 여러 사람이 편중되어 그 특성을 명확히

파악할 수 없는 통계상의 문제가 발생할 가능성이 있으므로 소표본 이론(small−sample doctrine)에 따르면 된다(김흥규, 1990, p.45). 따라서 본 연구에서는 성별, 연령, 학력 등을 고려하여 총 38명의 P 표본을 선정하였다 〈부록 2 참조〉.

본 연구는 제작진(PD, 작가)과 일반 시청자 그룹 사이에 소재 선호에 있어 차이가 있는지를 살펴보기 위해 제작진을 P 표본에 선정하였으나 분석결과 뚜렷한 차이를 보이지 않은 채 각 유형에 골고루 분포되었다. 이 같은 사실은 사람들의 주관성이란 그 사람의 인구학적 속성과는 관계가 깊지 않으며 따라서 우리가 거의 반사적으로 채택하는 인구학적 변인으로는 주관성 문제를 적절히 다룰 수 없음을 시사해 준다(김흥규, 2008).

3) Q 소팅

Q 소팅이란 P 표본으로 선정된 각 응답자가 특정의 주제나 상황에 관한 자신의 마음 속 태도를 스스로 모형화시키는 것으로서 진술문을 읽은 후 그것들을 강제분포(forced−distribution)시키는 과정이다. 강제분포를 사용하는 것은 Q 방법론에 있어 필수적인 조건으로 볼 수 있다. 왜냐하면 Q 방법론은 특정항목(자극물)에 대해 찬성과 반대를 묻는 것이 아니라 Q 표본들이 한 사람 안에서 전체적으로 어떻게 분포되어 있는가에 초점을 맞추는 것이기 때문이다. 따라서 전체적인 시각 속에서 특정항목의 상대적 의미와 중요성에 따라 표본들이 배치되어야 한다.

효율적인 소팅을 위해 응답자에게 진술문이 인쇄된 카드를 제공한 후 진술문들을 모두 읽게 하여 전체적인 내용을 파악하게 한 다음 각 진술문들을 동의(+), 중립(0), 비동의(−) 중 어느 한 집단에 속하도록 먼저 분류토록 한다. 그런 다음 분류되어진 진술물들 중 가장 동의하는 것부터 차례대로 골라 바깥에서부터(+4) 안쪽으로 분류를 진행하여 중립 부분에서 마무리하게 하였다. 같은 방법으로 동의하지 않는 진술문들을 분류케 하였으며, 이때 양 끝에 높인 2씩의 진술문에 대해서 선택하게 된 이유에 대해 의견을 받아두었다. 그것은 이후 Q 요인의 해석에 유용한 정보를 제공하기 때문이다.

본 연구에서는 응답자들에게 "다음은 지상파 텔레비전의 6mm 생활정보프로그램입니다. 귀하는 아래의 프로그램 소재를 선호하십니까? 아니면 선호하지 않으십니까? 라는 질문을 하고 이에 대한 답을 아래와 같은 〈그림 1〉의 유형의 응답지를 통해서 받았다.

4) 자료의 처리

P 표본으로 선정된 38명에 대한 소팅이 완성된 후 수집된 자료를 점수화 하기위해 Q 표본을 소팅한 분포도에서 가장 비동의하는 경우(−4)를 1점으로 시작하여 중립인 경우(0) 5점, 가장 동의하는 경우(+4)는 9점을 부여하여 점수화 하였다. 그리고 부여된 점수를 진술문 번호순으로 코딩한 후 QUANL PC 프로그램을 통해 주요인분석(principal component analysis)을 실시하였다. 본 연구의 절차 및 내용은 〈표 1〉과 같다.

<표 1> 연구절차 및 내용

1 단계 : Q 표본의 선정	① Q 모집단 (Q population) 구성 　－ KBS (무한지대 큐), MBC (생방송 화제집중), SBS (생방송 투데이) 홈페이지 다시보기를 통해 해당 6mm 생활정보프로그램의 소재를 검색함 　－ 위 과정을 통해 수집된 자료들을 가지고 Q 모집단을 구성 　－ 총 210 여 개의 진술문이 수집됨 ② Q 표본 (Q sample) 선정 　－ 중복되는 내용들을 걸러내는 작업을 통해 총 36 개의 진 술문 선정
2 단계 : P 표본의 선정	성별, 학력, 연령 등을 적절히 고려해 총 38 명을 표본으 로 선정
3 단계 : Q 분류	① 강제분포 (forced distribution) 방식에 따라 −4 에서 +4 까 지 9 점 척도 상에 진술문의 동의 정도에 따라 분류하도록 함 ② 양극단에 분류된 각각 2 개의 진술문들에 대해 선택한 이유를 인터뷰하고 그 내용을 적어둠
4 단계 : 자료처리 및 분석	텍스트 파일을 이용하여 데이터를 입력한 후 QUANL 프로 그램을 통해 Q 주요인분석 (principal component analysis) 을 함

4. 연구결과

1) 유형의 확인

테레비전의 6mm 생활정보프로그램의 소재에 대한 수용자의 선호유형을 분석해 본 결과 서로 다른 4개의 유형(factor)이 발견되었으며 각기 독특한 특성을 가지고 있는 것으로 나타났다. 이들 4개의 유형은 그 특성에 따라 제1유형은 '사회이슈와 문제해결(Social Issue and Problem-solving)', 제2유형은 '기이성(Bizarreness)', 제3유형은 '숨겨진 진실(Hidden

Truth)', 제4유형은 '삶의 지혜(Wisdom-seeking)'이라 명명하였다.

각각의 유형들의 아이겐값(eigen value)을 살펴보면 9.8244, 5.0269, 2.2356, 1.8397 순으로 나타났으며, 또한 유형별 설명변량(variance)은 0.2585, 0.1323, 0.0588, 0.0484이며 총합계는 0.4981로 나타나 본 연구에서 밝혀진 4개의 유형은 약 50%의 설명력을 지니고 있었다(〈표 2〉 참조).

〈표 2〉 유형별 아이겐값과 변량의 비율

	제1유형	제2유형	제3유형	제4유형
아이겐값	9.8244	5.0269	2.2356	1.8397
변량의 비율	0.2585	0.1323	0.0588	0.0484
누적비율	0.2585	0.3908	0.4497	0.1981

유형간 상관관계계수는 〈표 4〉에 나타나 있는 대로 제2유형과 제4유형이 −0.538로 다소 높게 나타났으며 두 유형 간에는 부적상관관계가 높은 것으로 확인되었다.

〈표 4〉 유형간의 상관관계

	제1유형	제2유형	제3유형	제4유형
제1유형	1.000	0.065	0.507	0.426
제2유형	0.065	1.000	−0.118	−0.538
제3유형	0.507	−0.118	1.000	0.476
제4유형	0.426	−0.538	0.476	1.000

2) 제1유형: 사회이슈와 문제해결(the Social Issue and Problem-solving)

제1유형은 우리사회에서 발생하는 사회적 이슈에 많은 관심을 가지고 있으며, 또한 어떠한 문제들을 해결하는 방법과 관련된 소재들을 선호한다. 이것은 수용자 활동의 관여성(involvement)과 연관되어 있는데, 수용자들은 관여활동을 통해 미디어 메시지에 의미를 부여하는 등 심층적인 상호작용을 한다(Zaichkowsky, 1986). 따라서 프로그램 내용이 나와 내 가족에게 어떤 관련이 있는가? 그리고 다른 사람에게 의미하는 바는 무엇이며, 또한 프로그램 내용이 사실과 어떻게 관련되는가를 생각한다(Perse, 1990). 이런 유형의 수용자들은 그들의 삶에 직접적 영향을 미치는 그러한 소재들에 대한 지대한 관심을 통해 능동적인 사회구성원으로서의 자세를 갖게 되며, 그들이 안고 있는 문제들에 대한 정확한 해결을 원한다. 한편, 이런 유형의 시청자들은 정보, 사회적 상호작용과 같은 충족을 위해 텔레비전을 선택적, 의도적, 목적 지향적으로 이용하는 도구적 이용자(instrumental user)로 파악할 수 있다(Rubin, 1983). 한편 구체적인 특정 프로그램에 초점을 맞춘 반츠(Bantz, 1982)의 연구에서 볼 수 있듯이 이러한 유형의 시청자들은 텔레비전을 통해 정보와 지식을 습득하고 세상과 자기 자신에 대해 알고자 하는 욕구를 가지고 있다(Greenberg, 1974).

유형1이 선호하는 소재들은 '2008 대한민국 제2의 IMF인가?', '멜라민 공포에 빠진 대한민국', '골칫덩이 음식물 쓰레기 처리해법', '도둑맞은 당신의 잠, 숙면의 모든 것', '환절기 SOS 알레르기 비염', '고시원 참사, 그 후', '신혼부부들의 내집마련 비법 대공개' 등이었다.

특히 '2008 대한민국 제2의 IMF인가?' 라는 소재에 대한 선호도가 상당히 높았는데, 최근에 어려워진 경제사정과 맞물린 현실적인 문제에 대해 공감하면서 그것이 몰고 올 파급효과에 대해 예의주시하고 있는 것이다. 이렇듯 이들은 시의적이고 시사적인 이슈에 깊은 관심을 보인다. 또한 그러한 이슈에 적극적으로 반응함으로써 능동적인 수용자상을 보여준다.

한편 그들은 문제해결을 위한 정보가 담긴 소재를 선호한다. '골칫덩이 음식물 쓰레기 처리해법'이나 '도둑맞은 당신의 잠 숙면의 모든 것', '환절기 SOS 알레르기 비염', '신혼부부들의 내집마련 비법 대공개' 등의 소재에서 볼 수 있듯이 구체적이고 실질적인 정보를 통해서 문제해결을 얻고자 한다. 따라서 실생활에 필요한 세세한 정보를 담고 있는 소재를 선호하는 것이다.

반면, 유형1이 선호하지 않는 소재들을 살펴보면, '매일 흐느끼는 소리가 나는 마을', '문경에서 즐기는 오미자 체험', '도심 속 고향 맛 집 전라도 홍어', '추천 가족외식명소 전복해물 감자탕', '바다의 황제 철갑상어 요리의모든 것' 등이다. 그들은 이러한 소재들이 심각한 사회적 이슈나 문제해결을 위한 실질적 정보가 아니기 때문에 관심을 가지지 않는다. 한번쯤 가보거나 먹어보면 좋은 것들이기는 하지만 당장 절실히 필요하거나 관심을 가질만한 정보적 소재로써의 가치는 없다고 인식하는 것이다. 다시 말해 그러한 소재들은 본인들의 삶의 본질적 모습을 바꿀 수 있기에 진지하게 고민해야 할 절실한 사회문제도 아니며 실생활에 실제적인 도움이 되는 정보로써의 가치도 없다고 인식하는 것이다(〈표 5〉 참조).

〈표 5〉제1 유형의 프로그램 (Q 표본) 과 표준점수 (± 1.00 이상)

번호	프로그램	표준점수
14	2008 대한민국 제 2 의 IMF 인가	2.17
2	멜라민 공포에 빠진 대한민국	1.65
12	골칫덩이 음식물 쓰레기 , 처리해법	1.62
30	도둑맞은 당신의 잠 , 숙면의 모든 것	1.57
24	환절기 SOS, 알레르기 비염	1.29
32	고시원참사 , 그 후	1.05
36	신혼부부들의 내집마련 , 비법 대공개	1.02
25	매일 흐느끼는 소리가 나는 마을	−1.12
29	문경에서 즐기는 오미자 체험	−1.16
33	도심 속 고향 맛집 , 전라도 홍어	−1.45
15	추천 가족외식명소 , 전복해물 감자탕	−1.47
9	바다의 황제 철갑상어 , 상어요리의 모든 것	−1.50

3) 제2유형: 기이성(the Bizarreness)

유형2는 기이한 사연이나 사건을 통해 재미를 추구하는 유별난 소재를 선호하는 유형이라 할 수 있다. 다소 황당하고 엉뚱하며 생경스런 소재가 주는 기상천외하고 상식을 뛰어 넘는 반전에 즐거워하고 일상에서 쌓인 스트레스를 해소하고자 하는 것이다. 이런 유형은 텔레비전에서 자극을 얻기 위한 시청으로 흥분과 같은 감정적 자극을 기대하는 시청행태라 볼 수 있다(Greenberg 1974). 또한 이러한 유형의 시청자들은 프로그램을 통해서 잠시나마 복잡한 현실을 잊고 그 순간의 즐거움에 몰입한다. 따라서 이들은 오락적이며 감각적인 스릴, 흥분, 감동의 자극적 요소들을 선호한다. 또한 이들은 텔레비전 시청에 있어 철저히 유희적 즐거움에 천착하고자 한다. 이런 유형은 텔레비전을 도구적으로 이용하는 사람(instrumental user)이라기보다는 의례적으로 이용하는 사람(ritualistic users)이라고 할 수 있다(Rubin, 1983, 1984). 다시 말해 이러한 유형은 전형적인 오락 추구형 시청자라 볼 수 있다(Bantz, 1982).

유형2가 가장 선호한 소재들은 '우리는 고등학생 부부', '바다 속 황당 빨래터', '도로 위를 달리는 별난 집', '지리산 산골 행복 배달부', '공짜 커피 마시는 황당 손님, 별난 강아지', '당신 밖에 난 몰라 두메산골 깨소금 부부', '인도 위를 달리는 기차', 'DJ 스타 이외수' 등 이었다. 이들 소재는 바다 속 빨래터, 도로 위를 달리는 집, 별난 강아지와 같이 대체적으로 평범하지 않은 특이하고 기이한 것들이며, 보통의 상식선에서 이해하기 어려운 별나고 황당한 일들이다.

따라서 유형2는 흥미와 즐거움을 얻을 수 있는 소재에 그 무엇보다 가장 선호하는 부류로 볼 수 있다. 이들은 즐거움을 위해서라면 논리적일 필요도 진지할 필요도 없다고 인식하는 것이다. 단지 흥미를 느낄 수 있는 소재면 그것으로 충분하다고 믿는 것이다. 골치 아픈 일들이 넘쳐나는 일상의 삶 속에서 텔레비전을 통해서라도 재미와 즐거움을 얻고자 하는 것이다. 이런 유형의 시청자들은 호기심을 자극하고 예상치 못한 반전을 통해 즐거움을 느낄 수 있는 소재를 선호하며, 삶의 여유와 즐거움에 대한 추구를 무엇보다 중요한 가치로써 인식하고 매사 긍정적인 사고를 하고자 하였다.

한편, 이들이 선호하지 않는 소재들을 살펴보면, '달콤한 유혹 배 요리의 진수', '연근 뿌리의 깊은 맛 연근 요리의 모든 것', '뉴질랜드 키위의 힘', '문경에서 즐기는 오미자 체험', '행복한 노후의 비밀 노인 장기요양보험', '바다의 황제 철갑상어 요리의 모든 것', '도심 속 고향 맛집 전라도 홍어' 등이 있다. 이러한 결과를 통해서 보면, 요리나 맛 집에 대한 다양한 정보들은 기이함, 황당함, 깜짝 놀람 그리고 예상치 못한 반전을 기대하는 유형2의 시청자들에게는 다소 밋밋하고 심심한 소재라 인식하고 있었다. 이들은 판에 박힌 듯한 일상의 삶을 뛰어넘는 기이한 사연이나 사건에서 재미를 느끼고자 하는 것이다. 따라서 이들은 구체적이고 사실적 소재가 주는 유익함 보다는 유희적 즐거움에 천착하고자 하는 것이다(〈표 6〉 참조).

〈표 6〉 제2 유형의 프로그램(Q 표본)과 표준점수(±1.00 이상)

번호	프로그램	표준점수
28	우리는 고등학생 부부	1.70
13	바다 속 황당 빨래터	1.48
19	도로 위를 달리는 별난 집	1.35
4	지리산 산골 행복 배달부	1.23
1	공짜 커피 마시는 황당 손님, 별난 강아지	1.22
16	당신 밖에 난 몰라, 두메산골 깨소금 부부	1.14
7	인도위를 달리는 기차	1.10
8	DJ 스타 이외수	1.08
33	도심 속 고향 맛 집, 전라도 홍어	−1.02
9	바다의 황제, 철갑상어 요리의 모든 것	−1.17
18	행복한 노후의 비밀, 노인 장기요양보험	−1.20
29	문경에서 즐기는 오미자 체험	−1.28
11	뉴질랜드 키위의 힘	−1.44
3	연근 뿌리의 깊은 맛, 연근 요리의 모든 것	−1.66
27	황금빛 과일, 배의 달콤한 유혹	−1.95

4) 제3유형: 숨겨진 진실(the Hidden Truth)

유형3은 사회적 현상 속에서 인간적인 삶의 이면에 숨겨진 진실에 관한 정보에 관심을 보이는 유형이다. 이들은 밖으로 드러난 피상적인 현상에 주목하기 보다는 알려지지 않고 그 뒤편에 숨겨진 진실을 알고자 하는 것이다. 특히 주목할 점은 그 사건의 중심에는 사람이 존재하고 있다는 사실이다. 이러한 심리적 배경에는 영상 텍스트의 수용자들이 텍스트에 등장하는 이미지 또는 등장인물이나 현상을 자기 자신과 동일시하려는 욕망을 지님과 동시에 그것들을 친구로 봄으로써 하나의 인간적 상호관계를 맺는 현상, 즉 '의사 사회적 관계'와 밀접한 관련이 있다(박웅기, 2004). 유형3의 소재를 선호하는 시청자들은 등장하는 사람들과의 상호관계를 형성하면서, 그들의 인간적인 삶의 모습 뒤편에 놓여있는 감춰진 이야기에 관심을 가진다. 또한 그들은 어떤 사회적 사건에 있어서도 외형적으로 드러난 현상보다 드러나지 않고 그 뒤편에 가려져 있는 많은 소소한 일들에 관심을 기울이며, 특히 그것에 얽힌 사람들의 사연에 주목한다.

유형3이 선호하는 소재를 살펴보면, 'DJ 스타 이외수', '톱 탤런트 최진실 사망이 우리 사회에 남긴 것', '고시원 참사 그 후', '멜라민 공포에 빠진 대한민국', '뉴칼레도니아 지상낙원의 결혼식' 등이다. 강원도 깊은 산골에서 은둔하며 범상치 않은 모습으로 살아가는 소설가 이외수는 그 자체만으로도 그의 삶의 방식에 궁금증을 자아내기에 충분한 캐릭터이다. 또한 여러 경로를 통해 알려진 그의 기이한 행동 및 전설과도 같은 그의 이력들은 그에 대한 삶의 이면을 들여다보고 싶게 만들기에 충분한 것이다. 근자에 한 지상파 텔레비전의 시트콤에 출연하는 파격을 보인 데 이어 라디오 DJ에 도전한다는 소식은 그의 독특한 삶의 행태에 대해 엿볼 수 있는 좋은 기회이며 소재거리가 된다고 생각하는 것이다.

또한 그들은 얼마 전 우리 사회를 충격으로 몰아 넣었던 톱 탤런트 최진실의 사망과 그녀의 죽음이 우리 사회에 남긴 몇몇의 문제들에 많은 관심을 가진다. 온갖 추측들만이 난무하는 현실에서 과연 진실은 어떻게 모습이며 그것이 가려진 이면에는 어떠한 사실들이 숨겨져 있는가에 관심을 가지고 있다. '고시원 참사 그 이후'도 힘겹고 어려운 환경에서 꿋꿋하게 살아가던 소시민들의 비극적인 죽음과 그에 얽힌 수많은 눈물 어린 사연들 그리고 그 이면에 가려져 드러나지 않은 실체들에 깊은 관심을 보이는 것이다.

반면, 유형3이 선호하지 않는 소재들을 살펴보면, '공짜 커피 마시는 황당 손님, 별난 강아지', '비행기와 사랑에 빠진 못 말리는 남편', '인도 위를 달리는 기차', '공동묘지에 사는 사람', '매일 흐느끼는 소리가 나는 마을', '바다 속 황당 빨래터' 등이 있다. 강아지가 커피를 마신다거나 인도 위를 기차가 달리는, 그리고 바다 속에 빨래터가 있다는 이야기는 그 이면에 숨겨진 실체적 진실을 알고자하는 그들의 바람과는 거리가 있다고 느끼는 것이다. 특히, 사람들의 삶의 모습들이 녹아나는 속 깊은 이야기를 기대하기 어려우며, 따라서 이러한 소재들은 표피적인 호기심이나 가벼운 치기어린 에피소드일 뿐이라 생각하는 것이다. 따라서 유형3은 이러한 소재들을 회피(avoidance)하는 경향을 보였는데, 이는 미디어 메시지에 대한 무관심, 흥미결여, 불만족 등의 이유로 메시지를 회피하는 것을 말한다(Kim & Rubin, 1997)〈표 7〉

〈표 7〉 제3유형의 프로그램(Q 표본)과 표준점수(±1.00 이상)

번호	프로그램	표준점수
34	DJ 스타 이외수	1.77
8	톱 탤런트 최진실 사망이 우리 사회에 남긴 것	1.75
32	고시원 참사, 그 후	1.49
2	멜라민 공포에 빠진 대한민국	1.46
23	뉴칼레도니아, 지상낙원의 결혼식	1.01
13	바다 속 황당 빨래터	−1.18
25	매일 흐느끼는 소리가 나는 마을	−1.36
31	공동묘지에 사는 사람	−1.64
7	인도 위를 달리는 기차	−1.64
22	비행기와 사랑에 빠진 못 말리는 남편	−1.64
1	공짜 커피 마시는 황당 손님, 별난 강아지	−2.01

5) 제4유형: 삶의 지혜 (the Wisdom-seeking)

유형4는 삶을 살아가는데 있어 유용한 삶의 지혜를 얻을 수 있는 소재를 선호하는 유형이다. 이러한 유형의 시청자들은 능동적인 수용자 활동을 보여주며, 특히 미디어 소비를 함에 있어 유용성에 초점을 맞추는데 이것은 단순한 선택성(selectivity)을 넘어 명백한 개인의 욕구와 동기를 만족시키기 위한 합리적인 선택을 의미한다. 즉, 자신의 이해에 충실한 소비자로서 욕구를 해결하고자 미디어 이용에서 유용성을 고려한다는 것이다(Levy, 1983). 2007 소비자 행태조사에 따르면, 소비자들은 정치, 경제, 사회, 문화/레저, 제품광고/쇼핑관련, 생활/교육 등 일상생활과 관련된 정보를 주로 지상파 TV를 통해 얻는 것으로 나타났는데(한국방송광고공사, 2007), 제4유형이 그 전형이라 할 수 있다.

이러한 유형은 미디어 의존이 상대적으로 강한 시청자들로서, 이들은 자신의 목표를 달성하기 위해 미디어에 의존한다는 것이다(Ball Rokeach, 1985). 즉 텔레비전을 시청한다는 것은 시청자가 자신의 목표를 성취하기 위해 텔레비전과 의존관계를 형성하고 개발함으로써 이루어진다고 생각하는 것이다. 따라서 이 유형은 복잡다단한 사회를 살아가면서 보다 현명한 시민으로써 그리고 건강한 자연인으로 살아가기 위해 필요한 지혜가 담긴 정보를 선호한다.

또한 이러한 유형의 소재를 선호하는 시청자들은 삶의 질이라는 측면에 보다 많은 관심을 기울이며, 양질의 삶을 살아가기 위한 인생의 뚜렷한 목표를 가지고 있다. 이들에게 있어 행복한 가정생활을 영위하는 것이 그 어떠한 가치보다 우선하며, 그것을 위한 지혜롭고 현명한 선택을 하고자 노력한다. 그리고 이들은 대단히 현실적이며 아주 기능적이다. 항상 어떠한 것들이 어느 정도 내게 유용한지를 면밀하게 살펴보고 판단한다.

유형4가 선호하는 소재유형은 '도둑맞은 당신의 잠 숙면의 모든 것', '신혼부부들의 내 집 마련의 비법 대공개', '행복한 노후의 비밀 노인 장기요양보험', '환절기 SOS 알레르기 비염', '문경에서 즐기는 오미자 체험', '2008 대한민국 IMF인가?', '골칫덩이 음식물 쓰레기 처리해법' 등이 있다. 유형4가 가장 선호한 소재인 숙면에 대한 정보는 불면증으로 인한 고통이 바쁜 현대를 살아가는 그들에게 삶의 질을 떨어뜨리는 아주 중요한 요인으로 인식하고 있으며 따라서 숙면을 위한 올바른 정보는 행복한 삶을 영위하기 위해 꼭 알아 두어야 할 현명한 지혜라고 생각하는 것이다. 또한 내집 마련을 위한 정보는 이제 막 새로운 가정을 꾸미게 되는 신혼부부에게 있어 대단히 유용한 정보가 될 수 있으며 그것은 행복하고 안락한 삶을 위한 보다 나은 선택을 하는데 도움이 될 것이라 생각한다. 노인 장기요양보험에 대한 정보 역시, 이제 본격적인 고령

텔레비전 생활정보프로그램의 소재 선호요인 연구

화 사회로 접어들고 있는 현실에서든 현명한 노후대비에 대한 준비역시 소홀히 할 수 없는 삶의 과제로 인식하고 있었다. 그 밖의 환절기 알레르기 비염 문제나, 오미자 체험, 우리사회의 심각한 경제상황의 문제 등 유형4가 선호하는 기타의 다른 소재들도 모두 건강하고 행복한 삶을 살아가기 위해 필요한 정보들로써 서로 일맥상통하는 것들이다. 따라서 이들이 궁극적으로 추구하는 바는 웰빙적 삶이며, 그러한 삶을 살아가기 위해 필요한 구체적이고 적절한 정보들이 지혜로운 선택사항이라 인식하고 있는 것이다.

반면, 유형4가 가장 선호하지 않는 정보는 '공동묘지에 사는 사람', '매일 흐느끼는 소리가 나는 마을', '바다 속 황당 빨래터', '현장고발 다슬기가 사라진 까닭은', '공짜 커피마시는 황당 손님, 별난 강아지', '비행기와 사랑에 빠진 못 말리는 남편' 등이었다. 이상의 소재들을 살펴볼 때, 이들은 우선 현실적이지 못한 이야기에 거리를 둔다. 또한 구체적으로 그들의 이해관계에 있어 실질적 도움이 되지 못하는 것에 관심이 없다. 따라서 삶의 질이라는 측면에서 지혜롭고 현명한 선택을 통해 행복한 삶을 살아가고자하는 그들에게 있어 이러한 소재는 한낱 허무맹랑한 이야기일 뿐 이라 인식하는 것이다〈표 8〉

〈표 8〉 제 4 유형의 프로그램 (Q 표본) 과 표준점수 (± 1.00 이상)

번호	프로그램	표준점수
3	도둑맞은 당신의 잠 , 숙면의 모든 것	1.83
36	신혼부부들의 내 집 마련의 비법 대공개	1.69
18	행복한 노후의 비밀 , 노인 장기요양보험	1.58
24	환절기 SOS, 알레르기 비염	1.58
29	문경에서 즐기는 오미자 체험	1.19
14	2008 대한민국 제 2 의 IMF 인가	1.14
12	골치덩이 음식물 쓰레기 , 처리해법	1.07
22	비행기와 사랑에 빠진 못 말리는 남편	−1.25
1	공짜 커피 마시는 황당 손님 , 별난 강아지	−1.44
26	현장고발 , 다슬기가 사라진 까닭은	−1.45
13	바다 속 황당 빨래터	−1.73
25	매일 흐느끼는 소리가 나는 마을	−1.82
31	공동묘지에 사는 사람	−1.94

5. 결론

지금까지 본 연구는 텔레비전의 6mm 생활정보프로그램을 시청함에 있어 선호하는 소재 유형을 설명하고자 했다. 연구결과 텔레비전의 6mm 생활정보프로그램에 대해 시청자들이 선호하는 소재는 '사회 이슈와 문제 해결(the Social Isuue and Problem-solving)', '기이성(the Bizarreness)', '숨겨진 진실(the Hidden Truth)', '삶의 지혜(the Wisdom-seeking)' 등 4가지 유형으로 확인되었다.

먼저 제1유형인 '사회이슈와 문제해결'은 사회적 이슈에 많은 관심을 갖고 동시에 문제해법과 관련된 소재들을 선호한다. 이러한 유형의 시청자들은 구체적이고 실질적인 정보를 선호하며 사회적 상호작용과 같은 충족을 위해 텔레비전을 선택적, 의도적, 목적 지향적으로 이용하는 도구적 이용자로 파악될 수 있다. 이들은 멜라민 파동이나, 제2의 IMF 그리고 고시원 참사 등 시의성 있는 사회적 이슈들과 또한 음식물 쓰레기 처리해법이나 숙면, 알레르기 비염 등 구체적 해결책을 제시하는 소재를 선호한다.

제2유형은 '기이성'으로 신기한 사연이나 사건을 통해 재미난 소재를 선호하는 유형이라 할 수 있다. 감정적 자극을 기대하는 시청 행위로서 이러한 유형의 시청자들은 프로그램을 통해서 복잡한 현실로부터 잠시나마 탈출하고자 한다.

제3유형은 '숨겨진 진실'로, 사회적 현상 속에서 인간적인 삶의 이면에 숨겨진 진실에 관심을 갖는다. 많은 사회적 사건에 얽힌 이면에서 사람들의 삶의 모습에 주목한다.

제4유형은 '삶의 지혜'로, 유용한 삶의 지혜를 추구한다. 현명한 시민으로서 지혜가 담긴 정보를 선호한다. 이들에게는 행복한 가정생활을 위한 가치보다 우선한다.

본 연구의 의의는 우선 시청자들이 텔레비전의 6mm 생활정보프로그램을 시청함에 있어 선호하는 소재를 네 가지 유형으로 받아들인다는 것이 무엇보다 중요한 발견이라 할 수 있다. 이 네 가지 유형은 생활정보프로그램 지각에 있어 내적 틀(inner frame)이며 심리적 실체인 것이다.

지금까지 많은 6mm 생활정보프로그램들이 소재선택에 있어 시청자들의 지각의 틀이나 기준에 대한 이해없이 거의 무작위적으로 혹은 직관에 의존해 온 것이 사실이다. 본 연구에서 밝힌 4개의 심리적 실체는 제작진에게 소재선택의 범주를 제시해주며 동시에 구체적인 연출방향을 암시해 준다.

왜냐하면 각 유형의 심리적 구조는 시청 동기와 추구내용으로 구성되어 있기 때문이다. 한편, 본 연구에서 밝혀진 4개 유형은 생활정보프로그램에 대한 평가도구로서 활용될 수 있는 유용성을 지닌다. 예를 들어 4개 유형은 내용 분석시 방송 소재의 범주뿐 아니라 세부적 제작 의도를 평가하는 유목으로 사용할 수 있겠다.

　　마지막으로 본 연구에서 발견한 4가지의 소재선호 유형이 시청자들에게는 어떠한 비율로 존재하는지 인구통계학적 관련성을 밝혀 봄으로써 연구의 범위를 확장시켜 볼 수 있을 것이다.

텔레비전 생활정보프로그램의 소재 선호요인 연구

강형철(2007), 「탐사보도 프로그램의 내용 다양성에 관한 연구: 한국 주요 탐사보도 프로그램 내용분석」, 『방송학보』 제21권 1호, 7-46.

김미라(2007), 「다큐멘터리 소재와 시장성과 간의 관계 연구」, 『방송학보』 제21권 5호, 7-37.

김정기(1995), 「대학생 수용자의 텔레비전 시청 동기 연구」, 『한국언론학보』 제35권, 37-70.

김현주(2002), 「시청자 TV 프로그램 선택 요인에 관한 연구」, 『방송연구』 제21권 제2호, 167-193.

김흥규(1990), 「Q 방법론의 이해와 적용」, 서강대 언론문화연구소.

_____(2008), 『Q 방법론: 과학철학, 이론 분석 그리고 적용』, 서울: 커뮤니케이션북스.

박근서(2004), 「텔레비전 인포테인머트 프로그램의 장르 특성」, 『방송문화연구』 제16권 2호, 33-63.

박웅기(2003), 「좋아하는 텔레비전 등장인물의 특성에 대한 시청자들의 반응: 의사사회와 동일화 현상을 통한 연구」, 『한국언론학보』 제47권 1호, 166-190.

배진아(2004), 「지상파 및 다채널 텔레비전 시청의 수동성과 능동성 비교 연구: 시청 패턴의 유사성 분석을 중심으로」, 『한국언론학보』 제48권 5호, 30-52.

이종님(2005), 「텔레비전 프로그램의 특성이 질 평가와 시청선택에 미치는 영향에 관한 연구 -프로그램 유형별, 시간대별, 방송사별 프로그램 특성을 중심으로」, 박사학위논문, 중앙대학교.

이호준(2008), 「텔레비전 수용자의 프로그램 평가와 장르 인식」, 『한국방송학보』 제제22권 2호, 169-214.

임양준(2008), 「대학생들의 미국 텔레비전 드라마에 대한 시청 동기 및 만족도 연구」, 『한국언론정보학보』 41호, 303-336.

심미선·김은미·이준웅(2004), 「라이프 스타일에 따른 텔레비전 시청패턴 연구: 일원 자료를 근거로」, 『한국언론학보』 제48권 2호, 189-217.

심미선·한진만(2002), 「프라임타임대 지상파 텔레비전 프로그램 선택에 영향을 미치는 요인 에 관한 연구」, 『한국언론학보』 제46권 4호, 177-187.

주창윤(2004), 「텔레비전 프로그램 장르 분류기준에 관한 연구」, 『방송연구』 제23권 2호, 105-136.

최이정·박정의(2000), 「영상제작 패러다임의 변화와 비디오 저널리스트의 의미」, 『방송연구』 50권, 331-363.

한국방송광고공사(2007), 「2007 소비자 행태조사」.

한진만·설진아(2001), 「텔레비전뉴스의 연성화에 관한 연구: KBS1, MBC, SBS의 주시청시간대 뉴스를 중심으로」, 『한국방송학보』 제15권 3호, 333-366.

허경호(2005), 「시청조절 능력과 텔레비전 이용과 충족」, 『한국언론학보』 제49권 2호, 33-60.

황성연(2006). 시청선택에 영향을 미치는 요인에 관한 연구: 구조적 요인, 시청자 특성, 프로그램 품질평가의 통합분석을 중심으로」, 『한국언론학보』 제19권 4호, 644-688.

한혜경(1999), 「TV 중시청자 집단과 경시청자 집단의 프로그램 선택 행위 비교 분석」, 『한국언론학보』 12호, 봄, 7-44.

Adams, W. J.(2000), How people watch television as investigated using focus group techniques, *Journal of Broadcasting & Electronic Media*, 44(1), 78-93.

Ball Rokeach, S. J.(1985), The Origins of Individual Media-system Dependency: A Sociological Framework. *Communication Research*. 12. 485-510.

Bantz, C. R.(1982), Exploring Uses and Gratification: A Comparison of Reported Uses of Television and Reported Used of Favorite Program Type. *Communication Research*, Vol. 9, 352-377.

Berger, A.(1992). Popular Culture Genre: *Theories and Texts*. London: Sage.

Elliott, P.(1974). Usea and gritification research: A critique and sociological alternative In J. G. Blumler & E. Katz(Eds.), The uses of mass communications: Curren perspectives on gratifications research (pp.249-268). Beverly Hills, CA:Sage.

Fiske, J.(1987), *Television Culture*. Routledge, London and New York.

Goodhardt, G. J., Ehrenberg, A.S.C. & Collins, M.A.(1987). *The Television Audience: Patterns of viewing*(2th). Hants, England: Gower.

Greenberg, J. H.(1974), *Gratification of Television Viewing and Their Correlates for British Children*, in Jay G. Blumler & Elihu Katz(Eds.). 71.92

Gunter, B.(1985), Finding the limits of audience activity. *Communication Yearbook*, 11, 108-126.

Hawkins, R. P., Reynolds, N. & Pingree, S. (1991), In search of television viewing styles. *Journal of Broadcasting & Eletronic Media*, 35(3), 375-383.

Jefferes, L. W.(1978), Cable TV and viewer selectivity. *Journal of Broadcasting*, 22, 167-177.

Kim, J. K. & Rubin, A. M.(1997), The variable influence of audience activity on media effects. *Communication Research*, 24(2), 107−135.

Kim, H. K.(1997), Q Methodology and Creation of Advertising Message. *Operant Subjectivity*, 28−29.

Levy, S. J.(1963), *Lifestyle Mraket Sesgmentation*. N. Y.: Praeger.

Neale, S.(1980), Genre. London: British Flim Institute.

Owen, B., Beebe, J. & Manning, W.(1974), *Television Economics*. Lexington, MA: D.C. Health.

Perse, E.(1990), Audience selectivity and involvement in the newer media environment. *Communication Research*, 17(5), 675−697.

Rosegren. K. E., Wenner. L. A. & Palmgreen, P.(1985), Media Gratifications Research: *Current Perspectives*(19−32). New Port Beach. CA: sage.

Rubin. A. M.(1983), Television uses and gratifications: The interaction of viewing patterns and motivation. *Journal of Broadcasting*, 27, 37−51.

Rubin. A. M.(1984), Ritualized and instrumental television viewing. *Journal of Communication,* 34(3), 67−77.

_____(2002), The Uses of Gratifications Perspective of Media Effects, In J. Bryant & D. Zillmann (Eds.), Media Effects: Advances in theory and research, (525−548). Hillsdale, NJ: Lawrence Erlbaum Associate.

Schmidt, S. J.(1994), Kognitive Autonomie und Soziale Orientierung: konstruktistische Bemerkungen zum Zusammenhang von Kognition, Kommunikation, Medien und Kultur.

Tavakoli M. & Cave M.(1996), Modeling television viewing patterns. *Journal of Advertising,* 25(4), 71−86.

Youn, S.(1994), Program Type Preference and Program Choice in a Multichannel Situation. *Journal of Broadcasting & Eletronic Media*, 38, 465−475.

Webster. J. G.(1985), Audience Behavior in the New Media Entertainment, *Journal of Communication*, 36(3), 77−91.

Webster, J. & Lichty, L.(1991), *Rating Analysis: Theory and practice*. Hillsdale, New Jersey: Lawrence Erlbaum Associates.

Webster, J. & Wakshlag, J.(1983), A theory of television program choice. *Communication Research*, 10(4), 430−446.

〈부록 1〉 Q 표본

번호	내용 (프로그램 및 개요)
1	공짜 커피 마시는 황당 손님 ?! (몇 개월째 동네에 있는 다방을 순회하며 공짜 커피를 마시는 별난 강아지 이야기).
2	멜라민 공포에 빠진 대한민국 . (중국 발 멜라민 사태로 시작되어 국내제과업체에서 멜라민이 검출된 이후 , 끝이 지 않는 멜라민 파동에 대한 이슈 취재).
3	연근 , 뿌리의 깊은 맛 ! (연잎 오곡밥 , 연근 고명 , 연근 백김치 , 연근 초절임 , 연근 콩나물잡채 등 연근 요리의 모든 것).
4	지리산 산골 행복 배달부 ! (지리산 산자락의 자그마한 우체국 ! 그곳에서 험한 산길을 달리며 산골 어르신들의 절친한 친구이자 자식 같은 집배원 재경 씨의 하루).
5	시끌벅적 내장산 단풍 소동 ! (가을 절경으로 뽑히는 내장산 단풍 ! 내장사에서 백양사 에 이르기까지 고운 빛을 자랑하는 내장산 단풍의 모든 것).
6	아기 피부 만들기 大작전 ! (대한민국 여성들의 로망 , 깨끗한 피부 ! 2007 동안 선발대 회 대상 수상자인 조선영씨를 통해 아기피부를 만드는 비법을 배워보기).
7	인도 위를 달리는 기차 ?! (도로와 상가사이 사람이 다니는 인도 위를 달리는 우리나라 유일무이한 황당한 기차 이야기).
8	톱 탤런트 최진실 사망이 우리 사회에 남긴 것 . (톱스타 최진실의 사망이후 악성댓글 등 우리사회 논란이 되고 있는 문제점들).
9	바다의 황제 철갑상어 ! (최고의 자양강장제로 인정받고 있는 철갑상어 한 마리로 만 든 상어 요리의 모든 것).
10	두 오빠의 유별난 육아일기 . (늦둥이 6 살 동생을 위한 두 오빠의 유별난 육아일기).
11	뉴질랜드 키위의 힘 ! (뉴질랜드 최대 키위생산지 중 하나 인 테 푸케 (Te Puke) 마을 소 개).
12	골칫덩이 음식물 쓰레기 , 처리해법 . (음식물 쓰레기 배출을 줄이기 위한 구체적인 방 법 소개).
13	바다 속 황당 빨래터 ? (바다 한가운데로 빨래하러 가는 사람들 ! 바다 속에 숨어있는 비밀 빨래터에 대한 황당 미스터리).
14	2008 대한민국 제 2 의 IMF 인가 ? (10 년 전 외환위기 때를 방불케 하는 어려워진 경 제 상황 속의 서민들의 삶의 모습).
15	추천 ! 가족외식명소 (13 가지 특재 한약 소스를 넣어 만든 가족외식 메뉴 , 전복해물 감자탕 요리 소개).
16	당신 밖에 난 몰라 ! 두메산골 깨소금 부부 (김재수 (87) 할아버지 와 임귀순 (83) 할머 니의 알콩 달콩 두메산골 노부부의 깨소금 같은 사랑이야기).
17	물 따라 단풍 따라 단풍 카약킹 !(강원도 심산유곡의 계곡에서 카약을 타며 단풍놀이 를 즐길 수 있는 곳 소개).
18	행복한 노후의 비밀 , 노인 장기요양보험 (지난 7 월 1 일부터 시행된 노인 장기요양보 험에 대한 구체적인 정보 제공).

번호	내용 (프로그램 및 개요)
19	도로 위를 달리는 별난 집 ?! (도심 한 복판의 도로 위를 종횡무진하며 순식간에 낚시터로 변하기도 하는 별난 집 소개).
20	굿바이 ! 2008 아현별곡 . (도심 속 옛 정취를 그대로 간직한 채 뉴타운 개발로 사라진 아현동 마을의 사연 소개).
21	지갑이 웃는다 ! 이색 코스 요리 ! (1 인당 7 천 원에 세 가지 요리를 맛볼 수 있는 이색적인 코스요리 소개).
22	비행기와 사랑에 빠진 못 말리는 남편 . (유별난 비행기 사랑에 빠진 이남진씨와 그의 가족의 좌충우돌 유쾌한 일상 소개).
23	뉴칼레도니아 ! 지상낙원의 결혼식 (국토 60% 가 유네스코 자연유산으로 지정 될 만큼 아름다운 뉴칼레도니아의 절경 및 문화 소개).
24	절기 SOS!! 알레르기 비염 (환절기 알레르기 비염에 대한 예방법 및 치료법 소개).
25	매일 흐느끼는 소리가 나는 마을 ? (밤마다 들리는 정체불명의 소리 때문에 등골이 오싹해 진다는 마을의 사연 소개).
26	현장고발 ! 다슬기가 사라진 까닭은 ? (홍천강 일대 불법 천렵꾼들에 의해 몸살을 앓고 있는 현장을 고발).
27	황금빛 과일 , 배의 달콤한 유혹 !(배숙에서 배 잡채에 이르기까지 배로 할 수 있는 배 요리의 모든 것 소개).
28	우리는 고등학생 부부 !(환갑을 바로보는 나이에 고등학교에 다니게 된 하태식 , 김순애 부부의 삶의 모습).
29	문경에서 즐기는 오미자 체험 !(오미자 전통 떡 만들기 등 오미자로 즐기는 다양한 체험 현장 소개).
30	도둑맞은 당신의 잠 !(불면증의 원인과 숙면을 취하기 위한 구체적인 방법을 알아봄).
31	공동묘지에 사는 사람 ?!(공동묘지에서 생활하고 있는 스님의 기이한 사연 소개).
32	고시원 참사 , 그 후 !(고시원 참사로 피해를 본 가족들의 사연 소개 및 묻지마 범죄의 심각성 고발).
33	도심 속 고향 맛 집 , 전라도 홍어 !(전라도 홍어와 함께 삼합 요리를 제대로 즐길 수 있는 맛 집 소개).
34	DJ 스타 ! 이외수 !(최근 시트콤 출연에 이어 라디오 DJ 에 도전하는 소설가 이외수의 사연 소개).
35	눈과 입이 즐거워지는 정선 5 일장 구경 !(산골마을의 정취가 물씬 풍기는 정선 5 일장 터의 모습 소개).
36	신혼부부들의 내 집 마련의 비법 대 공개 !(자격요건 , 청약방법 등 신혼부부 임대 주택에 대한 구체적 정보).

ID	성별	나이	학력	직업	선호채널	1 일 TV 시청시간
1	여	40	대졸	PD	KBS	2 시간
2	남	29	대졸	PD	SBS	2 시간
3	여	26	대졸	작가	MBC	3 시간
4	남	37	대졸	PD	MBC	2 시간 30 분
5	남	32	대졸	PD	KBS	1 시간 30 분
6	남	38	대졸	PD	KBS	2 시간
7	여	25	대졸	작가	SBS	3 시간
8	여	31	대졸	작가	MBC	2 시간
9	여	30	대졸	작가	MBC	2 시간 30 분
10	여	32	대졸	작가	KBS	1 시간 30 분
11	여	26	대졸	작가	SBS	2 시간
12	여	30	대졸	작가	KBS	3 시간
13	여	25	대졸	작가	MBC	2 시간 30 분
14	여	45	대졸	작가	KBS	2 시간
15	남	45	대학원졸	PD	KBS	1 시간 30 분
16	남	35	대졸	금융인	SBS	1 시간
17	여	36	대졸	주부	MBC	3 시간
18	남	37	대졸	공무원	KBS	1 시간 30 분
19	남	31	대학원재학	학생	MBC	1 시간
20	남	30	대학원재학	학생	SBS	1 시간 30 분
21	여	33	대졸	회사원	MBC	1 시간 30 분
22	남	31	대졸	회사원	SBS	2 시간
23	남	32	대졸	종교인	KBS	1 시간
24	여	36	대졸	의사	MBC	1 시간 30 분
25	여	26	대학원재학	학생	KBS	1 시간
26	여	29	대졸	주부	MBC	2 시간
27	여	24	대학원재학	학생	SBS	1 시간 30 분
28	여	17	고교재학	학생	MBC	1 시간
29	여	18	고교재학	학생	SBS	1 시간
30	남	17	고교재학	학생	MBC	1 시간 30 분
31	남	18	고교재학	학생	KBS	1 시간
32	남	16	고교재학	학생	SBS	1 시간
33	남	26	대학재학	학생	MBC	1 시간 30 분
34	여	30	대졸	주부	KBS	2 시간
35	여	34	대졸	회사원	MBC	1 시간 30 분
36	남	40	대졸	회사원	KBS	1 시간
37	남	42	대졸	자영업	MBC	3 시간
38	남	37	대학원졸	금융인	KBS	1 시간

모바일 N스크린 수용자 연구[*]

윤 용 필 · 김 흥 규

스카이라이프 콘텐츠본부장 · 한국외국어대 언론정보학부 교수

[*] 본 논문은 〈주관성 연구〉 제25호(2012. 12) pp.95–119 논문 전문을 재게재한 논문임
을 알려드립니다.

모바일 N스크린 수용자 연구

1. 문제제기 및 연구목적

아이폰으로 촉발된 스마트 기기 확산은 통신사와 가전사간 경쟁을 거치면서 태블릿 PC, 넷북, 등 다양한 종류의 스마트 기기가 속속 출시되고 있다. 국내에 보급된 스마트 폰은 이미 전국민의 60% 수준인 3천만대를 돌파하면서 빠른 속도로 사회에 확산되어 가고 있다. 이제는 카페나 도서관과 같은 공공장소뿐만 아니라 지하철이나 버스 등 이동 중인 외부 공간에서도 다양한 휴대용 스마트 기기를 통해 책을 읽거나, 정보를 검색하거나 이메일을 확인하는 것이 일상적인 모습이 되었다. 더 나아가 무선 네트워크의 속도가 비약적으로 발전하고 다양한 무선랜 공유기가 설치되면서 휴대용 스마트 기기를 통해 텍스트나 사진 위주의 정보 검색에서 벗어나 올레TV 나우, 유튜브(YouTube), 푹(pooq)과 같은 다양한 애플리케이션을 다운 받아 실시간 채널이나 동영상을 검색하여 VOD를 시청하는 모바일 N스크린 서비스가 가능해졌다(김윤화, 2010; 이원태 외, 2011).

모바일 N스크린과 같은 모바일 미디어 생태계의 출현은 수직적인 고정형 미디어 생태계를 구성하고 있던 가치사슬인 CPNT(Content, Platform, Network, Terminal)를 수평구조화(horizontalization) 시킴으로써 각 사업자들의 영역과 역할에 변화를 가져올 것으로 예측되고 있다(이 원태 외, 2011; 조용호, 2011; 최세경, 2010). 특히 올레TV 나우, 유튜브, 푹과 같은 모바일 N스크린의 확산은 종합유선방송 사업자, 위성방송 사업자, IPTV 사업자와 같이 셋톱박스를 매개로한 전통적인 플랫폼사업 자의 고유한 역할과 영역에 변화를 가져오고 있다. 왜냐하면 지상파방 송 사업자나 방송채널 사용 사업자와 같은 콘텐츠 제공 사업자들이 전 통적인 플랫폼 사업자를 거치지 않고 직접 시청자들에게 콘텐츠를 제공 할 수 있는 모바일 미디어 환경이 가능해졌기 때문이다. 이런 측면에서 모바일 N스크린의 확산은 사업자간의 역할과 영역이 수직적이고 폐쇄 적이었던 고정형 미디어 생태계 가치사슬을 수평적이고 개방적인 환경 으로 변화시킴으로써 사업자간의 융합화의 과정을 더욱 더 가속화 시킬 것으로 예견되고 있다(김민철, 2011; 이원태 외, 2011; 이재영, 2010; 최 세경, 2010).

또한 모바일 미디어 생태계의 출현은 수용자가 콘텐츠를 소비하고 시 청하는 맥락에 변화를 가져오고 있다. 챔버레인(Chamberlain, 2011)은 고 정형 미디어 이용맥락에서는 콘텐츠를 소비하는 데 있어 시간과 공간의 제약을 받는 동시성(synchronism)의 속성을 갖지만, 모바일 미디어 환경 에서는 시청자가 시간적 공간적 제약을 뛰어넘어 자신이 처한 시공간의 상황에 적합한 방식으로 콘텐츠를 소비하는 비동시성(asynchronism)의 특성을 갖는다고 했다. 최세경(2010)은 모바일 N스크린 환경은 시청자 이용 맥락에 세 가지 변화를 가져온다고 했다. 첫째는 사교적 시청(social viewing)으로 지인들의 TV시청 경험을 공유함으로써 간접적인 TV시청이 늘어나는 것이다. 둘째는 수용자의 생활리듬에 종속된 미디어 시청패턴이 확산되는 것이다. 셋째는 미디어 동시소비(simultaneous media consumption) 현상이 증가하는 것이다. 이재현(2005)도 모바일 미디어의 이용 환경은 수용자로 하여금 미디어 이용에 있어 즉흥적이고 비계획적인 속성을 갖는 복합시간적 사용(polychronic use of time)의 행태를 띄게 된다고 했다. 더 나아가 모바일 미디어의 확산은 시간의 장소귀속탈피(dismembering)의 속성을 통해 시청시간이 곧 가족 시간이라는 개념과 공적공간과 사적공간의 해체를 가능하게 하는 특성을 띄게 된다고 했다(임종수, 2005).

이처럼 고정형 미디어 생태계의 가치사슬의 변화와 더불어 모바일 미디어를 이용하는 시청자의 이용맥락의 변화에 대응하고 모바일 미디어 시장을 선점하기 위하여 사업자간의 경쟁이 가속화되고 있다. 전통적인 플랫폼 사업자인 KT는 올레TV나우(OllehTVnow), CJ 헬로비전은 티빙(tiving), HCN은 에브리온(everyon), SKT는 호핀(hoppin)을 출시하여 실시간 채널뿐만 아니라 영화나 드라마를 VOD로 제공하고 있다. 지상파도 푹(pooq), 케이플레이어(Kpaleyr), 고릴라(Gorilla)와 같은 애플리케이션을 통해 자신들의 실시간 채널과 인기 콘텐츠 묶어 새로운 채널이나 VOD를 제공하고 있다.

아직은 모바일 N스크린을 이용하는 시청자의 계층과 범위가 제한적이지만 무선 네트워크 진화와 스마트 기기의 빠른 확산에 따른 모바일 N스크린의 보편화는 고정형 미디어 생태계를 수평적 가치사슬 체계로 변화시킬 뿐만 아니라 시청자의 이용 맥락에 변화를 가져올 것으로 예견되고 있다. 또한 모바일 미디어 생태계는 불특정 다수를 대상으로 광고를 집행하는 지상파나 일반 PP들의 수익 모델에도 변화를 가져올 것으로 조사되고 있다(김민철, 2011; 이재영, 2010). 그러나 미디어 생태계 변화 과정에서 중요한 위치를 갖고 있는 모바일 N스크린을 이용하는 국내 수용자의 이용 행태에 관한 체계적인 연구는 이제 시작 단계에 있으며 대부분의 연구는 모바일 N스크린 채택 요인이나 콘텐츠 이용에 관한 연구에 국한되어 있다(배진한, 2006; 백형근, 2012; 이원태 외, 2011; 최세경, 2010; 황성준, 2011; 한윤, 2011).

이러한 맥락에서 본 연구는 시청자들이 모바일 N스크린을 수용하는 과정에서 경험하고 느끼는 주관적인 특성과 세분화된 용인 그리고 그 유형 간의 관계 등을 연구함으로써 수용자들이 중시하는 가치, 동기와 태도 및 만족 등과 같은 매체 수용 태도를 이해하고 예측하고자 한다. 본 연구는 수용자들이 중시하는 가치나 선호도와 같은 심리적인 영역을 심층적으로 탐구하기 위하여 Q 방법론을 채택하고자 한다. Q 방법론은 관찰자의 시각이 아닌 피관찰자의 자결적 정의(operant definition)로부터 사회 현상을 탐구하고 분석하는 방법론으로서 수용자의 취향이나 선호도와 같은 주관적인 영역을 탐구하는 데 있어 적합하기 때문이다(김홍규, 2008).

본 연구는 두 가지 측면에서 논의의 의미를 찾을 수 있다. 첫째 모바일 N스크린을 채택하고 이용하는 과정에서 수용자들이 중시하는 가치와 의미를 밝혀냄으로써 모바일 N스크린 활성화에 중요한 콘텐츠, 정책, 마케팅과 같은 전략적인 관점을 제시할 수 있다는 점에서 시의적이라고 할 수 있다. 더 나아가 아직 활발하게 연구가 진행되지 않은 모바일 N스크린에 대한 새로운 이론적 관점이나 논의의 출발점을 제시할 수 있다는 점에서도 그 의의가 있다고 할 수 있다.

2. 이론적 고찰

본 연구의 목적을 위해 이론적 고찰은 모바일 N스크린과 유사한 이동성(mobility), 휴대성(portability), 즉시성(immediacy), 유희성(entertainment)의 특성을 갖고 있는 DMB, 이동전화 및 스마트 폰 수용에 관한 선행 연구를 중심으로 살펴보고자 한다. 세 가지 이동형 미디어에 관한 선행 연구 및 이론적 배경을 고찰함으로써 Q 방법론을 통해 분석한 모바일 N스크린에 관한 수용자 인식과 유형에 관한 분석 및 해석의 시사점과 함의를 발견하고자 한다.

1) DMB 채택과 수용에 관한 선행연구

위성 DMB는 2005년 5월에 지상파 DMB는 같은 해 12월에 국내에 도입되었다. DMB는 고정형 TV에서 충족되지 못했던 휴대성(portability)과 이동성(mobility) 기능을 추가한 방통 융합의 뉴미디어로 부각되면서 DMB 수용자의 이용 동기, 만족 수준, 채택 요인으로부터 사회적인 함의에 이르기까지 광범위한 분야에서 선행 연구가 진행되었다.

이시훈(2005)은 젊은 연령층이 뉴미디어에 더 적극적이라는 초기 예측과 다르게 30세 이상에서 DMB 수용 의향이 높다고 밝히고 있다. 또한 미디어 이용량이 많은 계층과 이동전화의 다기능 이용자가 소기능 이용자보다 이용 의향이 높게 나타났다. 이는 미디어 이용량과 보유 여부가 새로운 뉴미디어를 채택하는 데 있어 긍정적인 영향을 미친다는 선행연구와 유사한 결과이다(Tormatzky & Klein, 1982, 박광순 등, 2004). 그러나 이재호(2007)는 이시훈(2005)의 연구와는 다르게 10대에서 30대가 실적인 수용자이며 평일이 주말보다 이용시간이 상대적으로 더 많은 것으로 나타났다. 주이용 시간대는 출퇴근 및 점심시간에 집중되며, 주로 이용하는 장소는 대중교통 수단이나 자가용 등 이동시뿐만 아니라 야외 공간이나 직장, 학교 등 외부 공간에서도 이용 빈도가 높으며, 주부 및 고연령층은 가정에서 주로 이용하는 것으로 나타났다. 선호 장르는 스포츠, 드라마, 뉴스 오락, 음악, 영화 순이며, 20대는 오락, 30대는 음악, 40대는 뉴스를 선호하는 것으로 분석되었다.

이시훈 등(2008)은 이재호(2007) 연구를 토대로 DMB를 시청하는 방식이 이동시뿐만 아니라 외부 및 실내 공간에서 시청하는 현상을 분석하여 DMB를 이동방송과 휴대방송으로 개념을 세분화시킬 필요성이 있다고 주장했다. 이러한 분석은 DMB에 적합한 콘텐츠는 짧은 분량일 것이라는 예상과 달리 드라마나 스포츠와 같은 인기 장르가 고정형 TV시청에서와 똑같이 높은 시청률이 나타나는 현상에 대한 해석이 가능해진다. 또한 출퇴근 시간대에 DMB의 시청률이 높게 나타날 것으로 예상했지만 킬러 콘텐츠의 유무가 더 큰 영향을 미치는 것도 설명될 수 있다. 즉, DMB가 이동방송뿐만 아니라 휴대방송이라는 두 가지 매체 속성을 동시에 갖고 있다는 것을 시사하고 있다. 또한 김대호 등(2006)은 DMB 초기 채택자를 대상으로 한 연구에서 이시훈 등(2008)의 주장과 같이 수용자들은 DMB 휴대성이나 이동성과 같은 기능적인 효능에 대한 만족감이 높으며 시청하고자 하는 콘텐츠는 고정형 TV와 크게 다르지 않다는 것을 제시하고 있다. 성동규 등(2006)은 위성DMB 이용자를 '도구적 지식추구군', '다채널 접근추구군', '경제적 접근추구군', '유희적 오락추구군', '휴대적 접근추구군', '보도적 환경감시군'으로 분류하였다. 오락추구형은 점심 시간대에 환경 감시와 지식을 추구하는 집단은 늦은 저녁 시간대에 DMB 이용 빈도가 높게 나타났다. 이용 공간과의 관계에서는 채널/오락 추구형은 대중교통 이외에 공공장소에서 이용하는 빈도가 높으며, 휴대 추구형은 집안에서, 지식 추구형 집단은 자가 승용차에서 이용 빈도가 높게 나타났다. 위성DMB의 이용 동기에 관한 또 다른 연구에서는 무료함을 해소하는 것이 가장 큰 요인으로 제시되고 있다(전범수·김정기, 2006). 또한 오락적 동기, 사회적 동기, 정보적 동기로 구분 될 수 있으며 이중에서도 오락적 또는 정보적 동기가 DMB 내의 콘텐츠를 선택하고 시청하는 데 있어 직접적인 영향을 미치는 것으로 나타나고 있다.

DMB에 관한 다른 연구 경향은 DMB의 사회적 함의에 관한 연구이다. DMB의 가장 큰 특징은 이동성과 휴대성에 의해 활동과 활동 사이의 짧은 시간의 지루함이나 외로움을 달래주는 혜택을 제공한다는 것이다(이재현, 2004; 이중식, 2005). 모바일 미디어 사용의 증가는 '재현적 공간(representation space)'의 발생가능성을 약화시키고 공간 점유(appropriated space)의 즉시성을 강화시킴으로써 '공간 중심적 조직화'로부터 '시간 중심적 조직화'로 사회의 생활 중심이 변화함과 동시에 버리는 시간(waste time)이 틈새 시간(niche time)으로 가치를 갖게 된다고 했다(이중식, 2005). 이러한 주장은 조레기베리(Jaureguiberry, 2000)가 모바일 미디어의 특징을 시간의 밀도(density of time)를 증가시키고 이중 시간(double time)을 창출한다고 주장하는 것과 같은 맥락에서 해석할 수 있다. 시간의 밀도는 이동형 미디어가 갖고 있는 테크놀러지를 통해 업무의 효율성을 높일 수 있다는 의미이며, 이중 시간은 물리적인 시간 이외에 미디어 시간을 중첩시킴으로써 시간 분할을 가능하게 하는 것을 뜻한다. 모바일 미디어로서 DMB는 시간의 장소귀속탈피(dismembering)의 속성을 통해 시청시간이 곧 가족 시간이라는 개념과 공적 공간과 사적 공간의 해체를 가능하게 하는 특성을 갖게 된다(임종수, 2005).

박은아(2008)도 '미디어 동시소비(simultaneous media consumption)'에

관한 연구에서 이동형 멀티미디어를 단지 틈새시간의 효용성을 높이는 것뿐만 아니라 개인의 오락욕구를 충족시키고 있을 뿐만 아니라 가정 내 가족 공간의 개인화를 앞당길 것이라고 했다. 즉, DMB는 이동하는 시간뿐만 아니라 가정과 같은 공적 공간에서 사적 공간을 새롭게 만들어 내는 이동형 미디어의 성격뿐만 아니라 고정형 미디어의 기능도 동시에 갖고 있다고 밝히고 있다. DMB와 더불어 PMP는 집이나 회사 등 실내에서 사용되는 비율이 높기 때문에 이동형 멀티미디어라기보다는 개인용 엔터테인먼트 기능으로서의 충족 요인을 제공하는 것으로 나타나고 있다. 이러한 연구 결과는 다매체 시대에 다양한 미디어를 동시에 소비한다는 연구 결과와 일맥상통한다(심미선 등, 2006).

또 다른 연구에서 이재현(2005)은 DMB의 출현은 가정과 외부로 구분된 경계의 지점에서 외부에 대한 창의 역할을 수행했던 고정형 TV의 '이동성의 사사화(mobile privatization)'라는 매체 속성에 변화를 가져온다고 주장한다. 그는 스피겔(Spiegel, 2001)이 분석한 틀을 인용하여 DMB의 이동성이 공적 공간과 사적 공간간의 영역의 경계를 무너뜨림으로써 제한된 가정이라는 공간의 제약에서 벗어나 외부에서도 사적인 즐거움을 누릴 수 있는 '사사화의 이동성(privatized mobility)'의 특성을 갖게 된다고 했다. 이런 맥락에서 그는 TV는 '가정 내 가족 미디어'로부터, 복수TV 수상기가 늘어나면서 '가족 내 사적 미디어' 단계를 거쳐 DMB를 통해 '공적 공간 속의 사적 미디어'로 진화하고 있다고 주장한다(ibid, p. 86).

이처럼 DMB는 이동형 TV와 더불어 휴대용 TV의 두 가지 속성을 갖게 됨으로써 고정형 TV에서 충족되지 못했던 시간과 공간에서 기인한 불만족의 영역을 극복할 수 있는 새로운 TV 시청방식을 가능하게 했다. DMB 수용자들은 이중시간을 창출하고 시간의 밀도를 높이는 새로운 TV시청 방식을 갖게 되면서 외부나 내부의 공적 공간에서 자신만의 사

제3부 방송·뉴미디어

적인 유희 공간을 형성함으로써 고정형 유희성(fixed entertainment)에서 벗어나 모바일 유희성(mobile entertainment)을 누릴 수 있게 되었다.

2) 이동전화 및 스마트폰 채택과 수용에 관한 연구

이동전화에 관한 선행 연구는 이용과 충족이론을 토대로 수용자가 이동전화를 이용하면서 추구하는 이용 동기와 만족에 관한 연구 위주로 진행되었다. 이용과 충족이론은 수용자를 자신이 갖고 있는 심리적이고 사회적인 다양한 욕구에 의해 미디어를 선택하고 이용하면서 자신의 욕구를 충족시키는 능동적인 주체로 규정하고 있다. 수용자는 미디어를 이용하고 추구하는 목적과 동기에 대해 충분하게 인식하고 있기 때문에 선택한 미디어는 다른 대체재들과 경쟁 관계에 놓이게 된다(Katz et al., 1974; McQuail et al., 1981). 루빈(Rubin, 1984)은 수용자가 특정한 목적을 갖지 않고 관습적으로 미디어를 이용하는 경향을 '관습적 지향(ritualistic orientation)'적인 수용자로 이들은 수동적으로 미디어를 선택하며 미디어의 내용에 관여도가 높지 않은 경향을 보이다. 반면 '도구적 지향(instrumental orientation)'의 성향을 보유한 수용자는 특정한 목적을 갖고 미디어와 채널을 선택하여 시청하는 경향을 보인다고 했다.

노블(Noble, 1987)은 전화의 이용 동기를 크게 내재적(intrinsic) 또는 사회적(social)인 요인과 도구적(instrumental) 또는 과업 지향적(task-oriented)로 분류하고 있다. 사회적인 요인으로는 잡담, 가십을 이야기하거나, 가족 간에 인사나 안부를 묻는 것과 같은 행위를 의미한다. 반면 도구적인 동기는 약속을 하거나, 상품을 주문하거나 또는 정보를 검색하는 것과 같은 목적 지향적인 행위를 의미한다. 또 다른 연구에서는 전화기를 이용하는 목적으로 오락이나 재미를 추구하는 것이 주요한 이용

동기로 제시하고 있다(Dimmick, et al., 1994). 키프 등은 사회성, 재미, 구매, 시간 관리가 전화를 이용하는 데 있어 매우 중요한 요인으로 작용하고 있다고 밝히고 있다(O'Keefe & Sulanowski, 1995). 렁과 웨이(Leung & Wei, 1998)는 삐삐를 사용하는 대학생들을 대상을 한 연구에서 패션과 지위(fashion and status)와 같은 새로운 이용 동기를 발견하였다. 이어진 후속 연구에서 렁과 웨이는 사회성(sociability), 휴식(relaxation), 도구성(instrumentality), 안심(reassurance), 패션과 지위(fashion and status)가 휴대전화를 이용하는 가장 큰 이용 동기라는 연구 결과를 제시하고 있다(Leung & Wei, 2000). 또한 집전화와 비교하여 이동전화는 사회적인 이용 동기보다 도구적인 이용 동기가 더 큰 비중을 차지하고 있다고 밝히고 있다. 이러한 맥락에서 이동전화는 이동 중 긴급하게 연락을 취해야 하거나 약속을 바꾸거나 정보를 구하기 위하여 긴급하게 상대방에게 연락을 취해야 하는 상황에서 언제, 어디서나 쉽게 이용할 수 있는 동기가 큰 비중을 차지하는 것으로도 나타나고 있다(Fin, 2002).

성동규와 조윤경(2002)은 이동전화의 수용자를 '개혁적 타인지향', '다수적 내적지향', '지체적 전통지향'으로 구분하고 있다. '개혁적 타인지향'은 외부의 평가에 대해 민감하게 반응하는 집단으로 지인뿐만 아니라 사회적 관계에서 맺은 사람들과의 교류에서 이동전화를 적극적으로 사용하는 특징을 보이며 이동전화의 부가기능이나 신제품에도 높은 관심을 갖고 있다. 두 번째 집단은 친한 사람들 위주로 전화를 사용하며 새로운 미디어에 관심도가 낮은 특성을 갖고 있다. 마지막 집단은 개혁성이 가장 낮은 집단으로 타인의 평가에 무관심하며 이동전화로 교체하는 행위에도 부정적인 태도를 보여주고 있다. 또한 휴대전화가 무선 네트워크와 결합한 스마트폰을 선택하고 이용하데 영향을 미치는 요인을 이용 동기, 사회적 영향력, 인구사회학적 차이, 휴대폰 이용량이 스마트폰이 제공하는 정보 및 오락 서비스에 관한 상관관계를 관한 연구에서는 네 가지 변인 중 이용동기가 정보와 오락 서비스를 이용하는 데 있어 가장 큰 영향력을 미치는 것으로 나타나고 있다(전범수·박주연, 2009).

한국의 독특한 문화적 상황과 같은 사회 및 외부적인 환경으로부터 휴대폰 이용 동기를 찾고자 하는 연구도 이루어졌다(나은영, 2001; 이인희, 2001). 나은영(2001)은 집단주의적인 성향이 강한 한국문화에서 이동전화는 같은 세대나 동료간 소통을 가능하게 함으로써 억제되어왔던 욕구를 분출시킬 수 있는 통로의 역할을 수행한다고 주장하고 있다. 더 나아가 한국적인 문화 요인인 과시욕, 체면, 동조 압력이 하나의 집단 규범으로 작용하는 것도 큰 원인으로 작용하고 있다고 밝히고 있다. 배진한(2001)도 휴대전화의 이용 동기를 오락, 사교, 거래, 즉시접속, 프라이버시라는 다섯 가지 요인을 제시하고 있으며 특히 나이 어린 집단일수록 휴대전화를 통해 더 많은 충족감을 얻고 있다는 결과를 제시하고 있다. 이인희(2001)도 대학생들의 휴대폰 이용 동기에 관한 연구에서 집전화의 이용 동기인 사회적 차원, 기능적 차원, 심리적 차원 이외에 휴대전화를 이용하는 동기로 체면과 동조, 흥미와 휴식, 과시, 패션과 사회적 지위와 같은 문화적 차원이 추가되어야 한다고 주장한다. 이동성이 강조된 이동전화의 경우 도구적인 목적인 사회적 교류, 오락, 지식 획득과 같은 목적 이외에도 자기과시, 및 유행 따르기와 같은 새로운 동기들이 제시되고 있는 것을 알 수 있다.

스마트폰에 관한 선행 연구들은 스마트폰 채택 및 수용, 이용과 충족, 소비되는 콘텐츠 등을 Q 방법론, 혁신확산이론, 기술수용모델, 이용과 충족이론을 토대로 활발하게 진행되고 있다(김흥규·오세정, 2010; 손영준·김옥태, 2011; 김은미 등, 2012; 윤해진·문성철, 2012; 박인곤·신동의, 2010; 배진한, 2006; 황하성 등, 2011; 양일영·이수영, 2011).

배진한(2006)은 모바일 미디어를 통해 소비되는 다양한 콘텐츠를 지상파 시청, 음악 듣기, 케이블TV 시청, 영화나 만화 보기 등 12가지로 세분화 시킨 후 이러한 콘텐츠를 선택하는 데 영향을 미치는 변인으로 수용자의 혁신성을 네 가지 단계로 구분하여 조사하였다(배진한, 2006). 더 나아가 이러한 공간을 폐쇄 · 개방, 한정 · 다양한 행위가 가능한 네 가지 공간으로 구분하여 각각의 경우에 소비되는 콘텐츠의 종류를 조사하여, 모바일 콘텐츠 소비는 공간에 따라 차이가 나타나고 있음을 밝히고 있다. 또한 연령에 따라 선호하는 콘텐츠의 종류에 차이가 있음을 제시하였다. 예를 들어 10대는 지상파TV 시청, 게임과 같은 오락적인 콘텐츠를 선호하며 연령이 높아질수록 정보 · 뉴스, 거래와 같은 생활밀착형 콘텐츠를 선호하는 것으로 나타나고 있다. 특히, 개혁성향이 높을수록 모든 모바일 콘텐츠에 대한 선호도가 높은 것으로 나타났다.

김흥규와 오세정(2010)은 Q 방법론을 통해 아이폰 수용자를 '애플리케이션 이용자', '사회적 매체 이용자', '또 다른 휴대폰 이용자', '혜택 추구자'로 구분하고 있다. '애플리케이션 이용자'는 가장 높은 만족도를 보여주고 있으며, '사회적 매체 이용자'는 타인과의 관계를 형성하고 유지하는 데 의미를 두고 있다고 주장한다. '또 다른 휴대폰 이용자'는 스마트폰을 신형 휴대폰으로 인식하고 사용하는 데 가치를 부여하며, 마지막 유형은 실리적인 목적을 위해 스마트폰을 이용하는 행태를 보여주고 있다. 양일영과 이수영(2011)은 스마트폰 이용 유형을 '유행추구형', '파워 유저형', '업무관련형'의 세 가지 유형을 발견하였다. 가장 높은 비중을 차지한 유행추구형은 유행을 쫓아가는 과시적인 이용 동기가 높게 나타났으며, 파워 유저형은 스마트폰이 주는 편리성 및 사회적 관계 요인에 영향을 받고 있다. 업무 관련형은 업무활동에서 즉시 관련 자료를 찾아볼 수 있는 유용성과 높은 관계를 보여주고 있다. 유형별로 스마트폰을 사용하는 양적 및 질적인 차이점을 보여주고 있는데, 이는 초기 이용하고자 하는 의도에 따라 스마트폰을 이용하는 행태에 차이를 가져오는 것을 알 수 있다.

박인곤과 신동희(2010)는 수용자들이 스마트폰을 사용하면서 느끼는 만족도와 불만족 등에 관한 연구에서 '빠른 접속성', '오락성/시간 때우기', '사회적 지위', '문제 해결성', '촬영/스크린'으로 이용 동기를 크게 다섯 가지로 유형화 시킬 수 있다고 제시하고 있다. 불만족 요인으로는 피쳐폰에 비해 고가인 스마트폰 비용에 대한 불만, 애플리케이션이 적다는 소프트적인 불만과 통화품질이 떨어진다는 하드웨어적인 불만을 제시하고 있다. 특히 '오락/시간 때우기'와 '문제 해결성'이 스마트폰에 보다 의존적인 태도를 보여주고 있다. 이러한 결과는 스마트폰을 오락 및 시간 때우기 등의 의례적인 이용뿐만 아니라 학업/업무 등의 문제 해결을 위한 도구적 이용에 있어서도 의존적이라는 것이다. 손영준과 김옥태(2011)는 스마트폰 이용경험이나 구입동기와 같은 개인적 특성이 인지된 유용성과 인지된 용이성에 미치는 연구에서 개인의 필요성과 같은 구체적인 스마트폰 구입동기가 인지된 유용성과 인지된 용의성에 영향을 미치는 것으로 나타났다. 즉 본인의 필요성이 만족도에 미치는 영향이 가장 크다는 것을 알 수 있다. 또한 스마트폰만이 제공하는 기능과 어플리케이션 사용이 유용성과 용이성에도 영향을 미치는 것으로 나타났다. 윤해진과 문성철(2012)의 연구 결과는 개혁성은 태블릿 PC에 대한 도구적, 사회적, 오락적 속성에 더 큰 영향을 미치고 있지만, 복합시간 성향은(polychronicity)은 도구적 및 사회적 속성에 영향을 미치지만 유희성에는 큰 상관관계를 보이지 않는 것으로 나타났다. 이는 아직 수용자들이 태블릿 PC의 유희성에 대해 크게 인식하지 못하고 있는 것으로 해석될 수 있다.

이동전화나 스마트폰과 관련된 선행연구들은 뉴미디어를 이용하고 콘텐츠를 소비하는 것이 개인이 갖고 있는 욕구나 동기를 충족시키기 위한 것이라고 제시하고 있다. 즉, 각각의 매체 특성에 따라 그 이용 동기가 추구하는 충족에는 차이가 있으나 기본적인 동기나 목적은 모바일 미디어가 갖고 있는 이동성, 휴대성, 즉시성, 유희성과 같이 고정형 매체가 충족시키지 못했던 심리적 만족을 관습적이고 사회적인 영역과 도구적인 영역에서 동시에 충족시키고 있는 것으로 나타나고 있다. 이러한 연구 결과는 모바일 미디어를 통해 충족시키는 심리적인 만족의 영역이나 수준이 도구적인 목적에 국한되는 것이 아니라 보다 개인적이고 관습적이고 사회적이며 심리적인 영역에 의해 더욱더 크게 영향을 받는 것으로 나타나고 있다.

3. 연구방법론

본 연구는 수용자들이 모바일 N스크린을 이용하는 과정에서 중시하는 가치, 신념, 태도, 선호 등 수용자들이 갖고 있는 주관성(subjectivity)의 영역을 측정할 수 있는 Q 방법론을 채택하고자 한다(김흥규, 2008). 행태주의적 연구방법론은 계량화가 가능한 변인들을 관찰자의 조작적인 정의에 의해 측정 가능한 대상만을 측정하는 방법을 채택하고 있지만, Q 방법론은 행태주의적 접근에서 간과되거나 측정할 수 없었던 수용자의 주관적인 특성들을 측정하고 발견하기 위한 방법론이다. 즉, 한 개인이 특정한 사회적 현상이나 사물에 대하여 부여하고 있는 의미의 중요성 정도에 따라 비교 순위를 정하고 이를 과학적인 분석 도구를 이용하여 분석함으로써 피관찰자가 특정한 대상이나 현상에 대해 부여하고 있는 자결적 정의를 출발점으로 삼아 수용자의 주관적인 마음의 상태(state of mind)를 측정하고자 하는 방법이다 (김흥규, 2008). 즉 Q 방법론은 관찰자의 시각이 아닌 피관찰자의 시각으로부터 사회적 현상이나 행위에 대해 관찰을 통해 분석하고 이를 토대로 가설을 추론해내는 가설추론적 방법론이다.

본 연구의 목적은 모바일 N스크린을 사용하는 수용자들이 이용하면서 느끼는 가치, 만족, 신념, 태도와 같은 주관적인 영역에 관한 유형을 발견하는 것을 목적으로 하고 있다. 디지털 케이블 TV, 위성방송, IPTV, 스마트 TV에 이어 모바일 N스크린에 이르기까지 다매체 생태계에서 특정한 매체를 선택하고 이용해야하는 수용자의 주관적인 판단의 근거와 구조를 밝히는 것이 더욱 더 중요하기 때문에 Q 방법론을 통해 모바일 N스크린에 관한 수용자의 주관적인 구조를 파악하고자 한다.

1) Q 표본

Q 모집단은 수용자들이 특정한 사회적 현상이나 사물에 대해 갖고 있는 의견이나 느낌의 총체적인 통합(concourse)로 관련된 연구 주제에 관한 문헌 연구나 심층 인터뷰를 통해 구성된다. 이를 통해 구성된 Q 모집단 중에서 연구자가 가장 대표적이라는 문항을 Q 표본으로 설정하는 데 본 연구에서도 이러한 절차를 따라 모바일 N스크린과 관련한 선행 연구, 기사, 서적, 블로그 등과 더불어 모바일 N스크린을 이용하는 수용자들을 사전 인터뷰를 진행하여 약 100여개의 Q 모집단을 수집하였다. Q 표본 수는 보통 30~40개 이내로 구성되는데, 이는 너무 적거나 너무 많을 경우 표본에 관한 유의미한 해석이 어렵거나 Q 표본의 신뢰도에 심각한 영향을 미치기 때문이다. 이러한 Q 표본의 방법론적인 특성에 따라 구성된 Q 모집단 중에서 중복되는 문항을 추려내고 연구 주제에 대

해 대표성이 큰 항목들을 중심으로 동의, 중립, 비동의 내용이 고르게 분포될 수 있도록 재구성하여 총 35개의 Q 표본을 선정하였다.

2) P 표본

P 표본이란 작성된 Q 표본을 읽고 분류하여 의견을 제시하는 작업에 직접적으로 참여하는 응답자 또는 피험자를 의미한다. 본 연구에서는 P 표본의 크기를 22명으로 하였다. Q 방법론에서 표본의 크기가 다수의 응답자를 대상으로 서베이를 통해 '개인간의 차이(interindividual differences)를 찾아내 일반화된 유형을 찾아내는 행태주의적 방법론과 다르게 Q 방법론은 '개인내의 중요성의 차이(intraindividual difference in significance)'를 발견하고 이를 토대로 가설을 추론하고자 하는 이유에 근거하고 있다. 이런 목적을 위해 Q 방법론은 소규모의 P 표본을 이용하고 있는 데, 이는 이러한 소규모의 표본수가 Q 분석을 통해 발견한 유형간의 차이를 규명하는 데 적합하기 때문이다. 만약 서베이와 같은 대규모의 표본을 통해 Q 분석을 시행한다면 하나의 유형에 너무나 많은 표본이 집중되어 그 특성을 명확하게 발견할 수 없는 통계상의 오류가 나타나기 때문이다.

〈그림 1〉 Q 소팅 분포도

점수 (카드수)	−4 (2)	−3 (3)	−2 (3)	−1 (4)	0 (6)	+1 (4)	+2 (3)	+3 (3)	+4 (2)

〈가장 비동의〉　　　　　　　　　〈중립〉　　　　　　　　〈가장 동의〉

3) Q 분류

본 연구에서는 P 표본들이 주어진 38개의 Q 표본을 읽은 후 자신이 생각하거나 느끼는 정도에 따라 주어진 Q 분포도에 나타난 기준에 따라 강제적으로 분류(forced-distribution)하게 하였다. 이는 Q 분류의 목적이 Q 표본에 대한 피험자의 찬성이나 반대에 대한 의견을 파악하는 것이 아니라 모바일 N 스크린에 대한 38개의 Q 표본이 피험자의 심리적인 구조 속에 어떠한 위치를 차지하고 있는 가를 파악하기 위함이다. 이러한 목적을 위해 P 표본은 Q 표본을 읽어 본 후 자신의 주관적인 판단에 의해 38개의 Q 표본을 상대적인 의미와 중요성의 순위를 분류하는 작업을 거치게 하였다. 이를 위해 먼저 자신이 동의, 중립, 비동의 하는 Q 표본을 크게 세 가지 부류로 구분하게 한 후 각 그룹 별로 가장 동의하는 것(+4)과 가장 동의하지 않는 Q 표본(-4)로 분류하게 하였다. 그리고 가장 동의하는 않는 Q 표본과 가장 동의하지 않는 Q 표본 세 개씩에 대해서는 그렇게 판단하는 이유를 구체적으로 기술하게 하고 심층 인터뷰를 통해 이를 분석하였다.

4) Q 소팅 분석 처리

Q 소팅을 끝낸 후 가장 동의하지 않는 Q 표본에는 1점을 부여하여 중립에는 5점, 그리고 가장 동의하는 Q 표본에는 9점을 부여하여 각각의 Q 표본에 점수를 부여하였다. 그리고 각각의 Q 표본에 부여된 점수를 코딩한 후 QUANL PC 프로그램을 통하여 주요요인분석(principle component factor analysis)을 실시하였다.

	제1유형	제2유형	제3유형
아이겐값	6.1906	3.1842	1.5556
변량	0.2814	0.1447	0.0707
누적변량	0.2814	0.4261	0.4968

〈표 2〉 유형간 상관관계계수

	유형 1	유형 2	유형 3
제1유형	1.000	0.044	0.440
제2유형	0.044	1.000	0.304
제3유형	0.440	0.304	1.000

4. 연구결과

1) 데이터 분석 결과

　모바일 N스크린 사용자들의 유형에 관한 분석 결과 3가지 유형으로 분류되었다. 유형별 아이겐값은 각각 6.1906, 3.1842, 1.5556으로 제 1유형이 가장 크게 나타났으며, 총 변량은 0.4968로 본 연구에서 발견한 3개 유형의 약 50%의 설명력을 갖고 있는 것을 알 수 있다(〈표 1〉 참조).

　〈표 2〉는 3개 유형간의 상관관계수를 보여주고 있는 데 제1유형과 제3유형간의 상관관계가 0.44, 제2유형과 제3유형이 0.304, 제1유형과 제2유형이 0.044로 제1유형과 제3유형이 타 유형간의 상관관계수보다 상대적으로 높게 나타난 것을 알 수 있다.

〈표 3〉 P 표본의 일반적 특성 및 유형가중치

구분	번호	나이	성별	보유 휴대기기	N스크린 주요 이용 기기	N 스크린 앱	주 시청 방식	주 시청 동영상 장르	시청 장소	유형 가중치
제1 유형 (n=10)	1	25	남	스마트폰	스마트폰	유투브 / 호핑	VOD	오락 / 영화 / 드라마	이동시	0.5826
	2	26	여	스마트폰 / 넷북	스마트폰	유투브	실시간채널	음악 / 오락 / 드라마	이동시	2.2513
	8	27	여	태블릿	아이패드	유투브 /Kplayer	VOD	스포츠 / 교육 / 영화	집	1.5254
	11	25	여	스마트폰	스마트폰	유투브 /poog/	VOD	음악 / 뉴스 / 오락	이동시	0.6656
	14	42	여	태블릿	갤럭시노트	유투브	VOD	교육 / 다큐 / 영화	회사 / 학교	0.8748
	16	29	여	스마트폰 / 태블릿	스마트폰	유투브 / 티빙	VOD	음악 / 오락 / 교육	이동시	1.5849
	18	41	남	스마트폰 / 태블릿	스마트폰	유투브 /pooq	VOD	음악 / 드라마 / 영화	카페 / 레스토랑	0.9370
	19	37	남	스마트폰 / 태블릿	스마트폰	네이버 N/ 유투브	VOD	다큐 / 오락 / 뉴스	집	0.6153
	20	36	남	스마트폰 / 태블릿	스마트폰	유투브 /Kplaer	VOD	음악 / 뉴스 / 드라마	카페 / 레스토랑	0.9919
	22	37	여	스마트폰 / 넷북	스마트폰	유투브 /Kplaer	실시간채널	드라마 / 애니 / 뉴스	카페 / 이동시	0.6653
제2 유형 (n=6)	3	24	남	스마트폰	스마트폰	유투브 / 올레 TV	실시간채널	뉴스 / 드라마 / 영화	집	0.5847
	4	24	여	스마트폰	스마트폰	유투브 /pooq	VOD	교육 / 오락 / 뉴스	집	1.1634
	9	29	남	스마트폰	스마트폰	유투브 /Kplayer	VOD	음악 / 오락 / 뉴스	카페 / 레스토랑	0.1187
	10	40	여	스마트폰 / 태블릿	스마트폰	티빙 / 유투브	VOD	오락 / 음악 / 스포츠	집	2.2204
	12	30	여	태블릿	태블릿	유투브 / 티빙	실시간채널	드라마 / 오락 / 음악	집	0.5065
	13	24	여	스마트폰	스마트폰	호핑 /pooq/ 티빙	VOD	드라마 / 오락 / 영화	이동시	0.8109
제3 유형 (n=6)	5	53	남	스마트폰	스마트폰	유투브	VOD	드라마 / 오락 / 뉴스	이동시	2.0033
	6	50	남	스마트폰	스마트폰	유투브 /pooq	VOD	드라마 / 영화 / 음악	이동시	0.1700
	7	28	여	스마트폰 / 태블릿	스마트폰	올레 TV/ 유투브	VOD	음악 / 다큐 / 교육	집	1.1123
	15	27	남	스마트폰	스마트폰	pooq/ 유투브	실시간채널	음악 / 오락 / 뉴스	카페 / 레스토랑	0.9585
	17	27	여	스마트폰 / 태블릿	태블릿	유투브	VOD	드라마 / 애니 / 오락	이동시	1.3257
	21	36	여	태블릿	태블릿	티빙 / 유투브	VOD	영화 / 드라마 / 오락	이동시	0.6806

각 유형별로 P 표본의 일반적인 특성을 살펴보면 성별, 나이, 모두 고르게 분포되어 있으며 기타 관련 사항에서도 특별한 관련성이 나타나지 않았다(〈표 3〉 참조). 이것은 Q 방법론을 통해 발견한 유형들이 통상적으로 성별이나 나이 등과 같은 인구통계학적 특성에 따라 나눠지는 것이 아님을 의미한다. 또한 각 유형에서 인자가중치가 1.000 이상인 P 표본은 그 유형을 대표하는 특성을 지닌 것이라고 할 수 있는 데 유형 해석시 해당하는 P 표본의 특성을 반영하여 설명한다면 보다 유형의 특성을 정확하고 풍부하게 해석할 수 있다.

2) 유형 해석

(1) 제1유형: 복합 시간적 모바일 N스크린 적극 추구형
(The Enthusiastic Polychronic User)

제1유형은 모바일 N스크린의 가장 큰 장점을 외부 공간 및 이동시에 실시간 채널을 시청하거나 다양한 동영상 콘텐츠를 VOD로 상시접속 할 수 있는 모바일 미디어로 인식하고 있다(#21, Z=1.92). 즉시성, 휴대성, 이동성에 의해 모바일 N스크린은 시공간의 제약 때문에 오락(entertainment)과 정보(information)에 상시접속 할 수 없었던 고정형 TV의 한계를 확장시킨 매체로 인식하고 있다. 모바일 N스크린에 대해 제1유형이 갖고 있는 인식은 DMB 이용자들이 DMB를 이동TV뿐만 아니라 휴대용TV로서 오락이나 정보를 제공하는 가치에 더 큰 의미를 부여하고 있는 것과 같다(이시훈 등 2008; 성동규 등, 2006; 김대호 등, 2006; 이재현, 2005). 특히 모바일 N스크린은 DMB보다 더 많은 실시간 채널과 다양한 VOD를 제공하는 콘텐츠 경쟁력을 감안한다면 제1유형은 DMB의 수용자보다 더 많은 가치와 의미를 부여하고 있다고 추론할 수 있다.

그러나 제1유형은 모바일 N스크린을 단순하게 고정형 TV의 확장형으로만 인식하기보다는 모바일 N스크린을 새로운 모바일 미디어로서의 활용 가치를 인식하고 자신의 시간과 공간속에서 적극적으로 이용하고자 하는 특성을 보여주고 있다 (#5, z=1.58; #24, z=1.33; #7, z=1.32, #11, z=1.20; #31, z=1.03). 이런 측면을 고려할 때 제1유형는 이용과 충족이론에서 제시한 적극적인 수용자의 속성을 보여주고 있다(Katz et al., 1974; Rubin, 1984). 즉, 모바일 N스크린을 고정형 TV에서 충족되지 못했던 영역을 적극적으로 충족시키고자 하는 목적 지향적이고 도구지향적인 속성을 갖고 있다.

구체적으로 제1유형은 모바일 N스크린을 통해 유한한 시간을 확장시켜 버려졌던 시간을 틈새시간으로 바꿔 자신의 취미의 영역과 깊이를 확장시키거나, 오락이나 정보에 대한 욕구를 만족시킴으로서 시간의 효율성을 높이고자 하는 욕구를 보여주고 있다(#5, z=1.58; #24, z=1.33; #7, z=1.32, #11, z=1.20; #31, z=1.03). DMB에 관한 연구에서도 DMB가 기존의 미디어들이 충족시키지 못했던 욕구를 실현시킨 것 중 가장 큰 영역은 이동성과 휴대성에 의해 활동과 활동 사이의 짧은 시간의 지루함이나 외로움을 달래주는 혜택을 제공한다는 것이다(이시훈 등, 2008; 김대호 등, 2006; 성동규 등, 2006). 이중식(2005)은 이러한 현상을 '재현적 공간을 축소시키고 공간 점유의 즉시성을 강화'시킴으로써 '공간 중심적 조직화'로부터 '시간 중심적 조직화'로 사회의 생활 중심이 변화함과 동시에 시간의 효용성이 높아지게 된다고 밝히고 있다. 조레기베리(2000)와 박은아(2008)도 모바일 미디어는 시간의 밀도를 높이고 유한한 시간을 분할하여 사용하게 함으로써 이중시간을 창출하여 개인의 오락 욕구를 충족시키고 있다고 밝히고 있다. 이처럼 모바일 N스크린의 제1유형의 특성은 모바일 미디어의 특성을 통해 고정형 TV에서 충족되지 못했던 만족을 실현시키기 위해 모바일 미디어의 '비동시성'을 적극적으로 추구하는 행태를 보여주고 있다(Chamberlain, 2011; 최세경, 2010).

<표 4> 제1유형의 진술문과 표준점수(±1.00 이상)

번호	진술문	표준점수
21	모바일 N스크린의 가장 큰 장점은 장소나 시간에 구애받지 않고 동영상을 시청할 수 있다는 점인 것 같다.	1.92
5	새롭고 다양한 정보나 지식을 얻는 데에 모바일 N스크린이 매우 유용한 것 같다.	1.58
24	모바일 N스크린을 통해 교육 프로그램을 다양하게 이용할 수 있기 때문에 유아, 아동부터 노인까지 새로운 교육 보조 수단으로 역할을 충분히 하는 것 같다.	1.33
7	모바일 N스크린을 통해 다양한 컨텐츠를 이용하며 직/간접적 경험해 볼 수 있어서 내 취미 영역 또는 깊이가 좀 더 넓어진 것 같아 만족한다.	1.32
12	모바일 N스크린의 가장 큰 장점은 과거에 시청했던 동영상을 검색해서 재시청할 수 있게 해 주는 기능인 것 같다.	1.24
11	모바일 N스크린을 통해 다양한 컨텐츠(동영상)들을 이용하면서 정보 습득하는 것이 책이나 신문과 같은 활자로 되어 있는 매체보다 시각을 좀 더 넓혀주는 것 같아 좋다.	1.20
22	모바일 N스크린을 통해서 세상 곳곳에서 일어나는 사건이나 사고들을 접할 수 있는 기회도 더 많이 생기게 되고 세상을 바라보는 시야도 더 넓어지게 되는 것 같다.	1.06
31	모바일 N스크린을 이용하는 데 있어 실시간채널을 시청하는 것 보다는 동영상을 검색하여 VOD 방식으로 시청하는 것이 더 큰 만족을 제공한다고 생각한다.	1.03
17	모바일 N스크린 이용 덕분에 혼자 있는 시간도 외롭지 않게 보낼 수 있어 좋다.	1.00
10	모바일 N스크린 이용은 중독성이 있기 때문에 가급적 사용을 자제하는 편이다.	-1.11
9	모바일 N스크린은 단지 자투리 시간을 때우거나 오락적으로 즐기기 위한 수단일 뿐 지식이나 정보를 얻는 데에는 적합하지 않은 것 같다.	-1.19
33	모바일 N 스크린이 다양한 휴대 기기를 통해 실시간으로 TV 채널을 제공하거나 다양한 컨텐츠를 제공하고 있지만, 이러한 기술의 발달들이 사람들을 더욱 혼자 있게 만들고 대인관계를 어렵게 만들어 오히려 사회적인 문제점을 야기하게 될 것 같아 걱정스럽다.	-1.19
34	모바일 N스크린을 통해서 컨텐츠를 이용하다 보니 시력감소나 두통과 같은 건강에 해를 끼치는 데 악영향을 미치는 것 같아 이용을 꺼리는 편이다.	-1.33
20	시대적 트렌드를 따라잡기 위해 어쩔 수 없이 모바일 N스크린을 이용하는 편이다.	-1.55
32	지금 이용할 수 있는 TV 채널도 많은데 모바일 N스크린을 이용하면서까지 다양한 컨텐츠를 이용하는 것 자체가 솔직히 시간적, 경제적 낭비인 것 같다.	-1.80

이처럼 모바일 미디어를 중첩으로 이용하는 현상을 이재현(2006)은 미디어 멀티포맷팅이라고 규정하며 미디어 비동시성이 확대되는 것은 미디어 편재성에 대한 인간의 본원적인 욕구를 충족시켜주기 때문이라고 주장한다. 이는 이동수단의 발달로 인해 거리적인 한계를 극복하고 했지만 시간의 유한성을 극복하고자 하는 수용자의 욕구를 모바일 N스크린을 통해 실현시키고 있다고 해석할 수 있다. 이와 같은 이용 행태를 이재현(2006)은 홀(Hall, 1976)이 제시한 단일시간과 복합시간의 개념을 활용하여 설명하고 있다. 단일시간성은 선형적이고 연속적인 특성을 지니며 미디어 이용도 중첩되지 않는 이용 행태를 보이며 계획적으로 사용하는 반면, 복합시간성은 비선형방식으로 동시에 여러 가지 행동을 동시다발적으로 수행하며 비계획적이고 즉시적으로 미디어를 이용하는 특성을 갖는다(Hall, 1976; 이재현, 2006에서 재인용). 이재현(2006)은 이러한 분석을 토대로 모바일 미디어는 복합시간적 사용 특성을 갖는다고 밝히고 있다.

〈표 4〉에서 나타난 진술문을 분석해보면 제1유형도 DMB 이용자들과 같이 모바일 N스크린을 복합시간적 사용 및 비동시적 속성을 갖고 있는 모바일 미디어로 인식하고 가치를 부여하는 것으로 해석할 수 있다. 예를 들어 즉시성에 대한 욕구가 강한 제1유형은 모바일 N스크린을 통해 선호하는 시청 방식으로는 실시간채널보다는 검색을 통해 자신이 원하는 콘텐츠를 즉시 시청하는 비선형방식인 VOD를 선호하고 있다(#31, z=1.03). 유튜브와 같은 모바일 N스크린을 통해 과거에 인기 있었던 뮤직 비디오나 다큐멘터리, 애니메이션 등을 찾아 시청할 수 있음으로 친구나 동료들뿐만 아니라 세대차를 뛰어넘어 자식들과도 새로운 공감대를 형성할 수 있는 혜택에 의미를 부여하고 있다(#12, z=1.24). 또한 제1유형은 모바일 N스크린을 통해 시청하는 콘텐츠가 완결성을 갖고 있

는 콘텐츠라기보다는 클립형태로 분절된 영상을 시청하는 방식을 선호하고 있다. 한 응답자는 "모바일 N스크린의 가장 큰 장점으로 영어교육, 요리 동영상, 메이크업 관련 클립(clip)을 쉽게 찾아 볼 수 있다."라고 밝히고 있다. 제1유형은 모바일 N스크린을 계획적인 시청보다는 비계획적인 방식으로 콘텐츠를 소비하고 있다. 다른 응답자는 "밥을 먹을 때나 갑자기 생각이 났을 때 모바일 N 스크린을 이용"하는 것이 가장 큰 장점이라고 밝히고 있다. 제1유형은 선형적으로 텍스트를 해독하여 정보를 습득하는 활자매체에서 제공할 수 없는 재미나 정보의 혜택에 대해서도 가치를 부여하고 있다(#11, z=1.20). 즉, 신문을 통한 정보를 습득하는 방식이 지루하고 어렵기 때문에 연관된 동영상 뉴스를 모바일 N스크린을 이용함으로써 보다 쉽게 뉴스를 이해한다고 밝히고 있다.

이처럼 제1유형은 모바일 N스크린을 이동시뿐만 아니라 외부 및 가정의 공간에서 자신이 원하는 다양한 정보와 콘텐츠를 즉시적으로 이용하고자 하는 수용자의 속성을 갖고 있다. 즉, 고정형 미디어를 이용하는 선형적, 동시적, 단일 시간적 사용보다는 비선형적, 비동시적, 복합 시간적 사용의 행태를 띄고 있다고 해석할 수 있다 이런 측면을 고려하여 제1유형을 '복합시간적 모바일 N스크린 적극 추구형'으로 명명하였다.

(2) 제2유형: 단일시간적 모바일 N스크린 추구형(The Monochronic User)

제2유형은 제1유형과 대조적인 특성을 갖고 있다. 제2유형은 모바일 N스크린을 이용하여 TV에 상시접속 함으로써 나타날 수 있는 사회적 부작용에 문제를 제기하고 있다. 특히, 모바일 N스크린이 보편화됨으로써 나타날 수 있는 가족이나 지인간 소통 단절이나 소외감 또는 재매개화(remediation)되는 모바일 미디어에 종속되는 현상에 거부감을 표시하고 있다(#3, z=2.11; #33, z=1.72; #14, z=1.19). 예를 들어 한 응답자는 마치 태어날 때부터 스마트폰과 함께 자라온 사람처럼 자신이 느껴지며, 어느새 중독되어 가는 자신을 바라보고 있다는 우려감을 표시하고 있다.

제2유형이 모바일 N스크린에 대한 거부감에 관한 주관적인 인식 구조는 모바일 미디어 시간성의 관점에서 분석할 때 미디어를 선형적이고 계획적이며 동시적으로 미디어를 사용하고자 하는 단일시간적 사용자(monochronic user)와 유사한 속성을 보여주고 있다(#11, z=−1.80; #3, z=2.11). 즉, 제2유형은 고정형 TV의 시공간성 한계를 초월할 수 있는 편재적 우월성을 갖고 있는 모바일 N스크린 이용 행태가 빠르게 보편화됨으로써 비계획적이고 우발적으로 TV를 시청하며 시공간을 분할하여 미디어를 비동시적으로 사용 하는 현상에 문제를 제기하고 있다. 특히, 비동시적 미디어 이용행태가 늘어남에 따라 공공장소나 가정에서 1차적인 집단이 공유해왔던 공적 공간이 사적 공간으로 대체됨으로써 나타날 수 있는 공적 공간의 해체에 문제를 제기하고 있다(#3, z=2.11, #33, z=1.72)

모바일 N스크린과 유사한 속성을 갖고 있는 DMB에 관한 선행 연구에서도 DMB는 고정형 TV가 갖고 있었던 '이동성의 사사화'라는 매체 속성에 변화를 가져올 수 있다고 주장한다(이재현, 2006; Spiegel, 2001). 즉, DMB의 이동성과 휴대성은 공적 공간과 사적 공간간의 영역의 경계를 무너뜨림으로써 제한된 가정이라는 공간의 제약에서 벗어나 외부에서도 사적인 유희를 누릴 수 있는 '사사화의 이동성'의 특성을 갖게 된다. 이런 맥락에서 그는 TV는 '가정 내 가족 미디어'로부터, 복수TV수상기가 늘어나면서 '가족 내 사적 미디어' 단계를 거쳐 DMB를 통해 '공적 공간 속의 사적 미디어'로 진화하고 있다고 주장한다. 더 나아가 DMB

는 시간의 장소귀속탈피(dismembering)의 속성을 통해 시청시간이 곧 가족 시간이라는 개념과 공적 공간과 사적공간의 해체를 가능하게 하는 특성을 갖게 된다(임종수, 2005).

　텔레비전 시청 자체가 가족간 커뮤니케이션에 미치는 영향에 관한 연구는 크게 긍정적인 측면과 부정적인 측면의 관점에서 진행되어 왔다. 긍정적인 관점에서는 가족간의 정서적 유대나 결속력 또는 친밀감을 강화한다는 점을 지적하고 있다 (이은미, 1995; Brody & Stoneman, 1983). 반면 텔레비전을 시청함으로써 스크린에 집중해야 하기 때문에 상호간의 대화 시간이 감속함으로써 가족간의 원활한 유대관계를 형성하고 대화의 폭과 깊이를 넓히는 데 부정적인 연구 결과가 있다(Andreasen, 1994; Gunter & Svenning, 1987). 또한 인터넷에 이용이 가족간의 관계에 미치는 부정적인 연구에서도 인터넷 이용 시간이 늘어날수록 가족간의 관계에 부정적인 영향을 미치며, 이용 시간 및 내용에 관한 부모와 자식 간 갈등이 증가한다고 한다(성윤숙, 2000). 또한 사적 미디어의 이용이 증가할수록 가족내 커뮤니케이션이 원활하지 않고 가족간 응집력이 낮아진다고 했다(방희정·조아미, 2003). 이처럼 뉴미디어의 사용에 따른 긍정적 또는 부정적인 영향에 관한 연구는 두 가지 갈래로 나눠지고 있지만, 제2유형의 특성은 뉴미디어 이용에 따른 대인간 커뮤니케이션 감소에 따른 부정적인 영향에 더 큰 비중을 두고 있다고 해석할 수 있다.

　또한 제2유형은 모바일 N스크린의 확장성이 가져올 수 있는 사회적 부작용에 문제점을 제기하고 있다.

번호	진술문	표준점수
3	모바일 N스크린을 이용하면 거실에 있는 TV를 이용하지 않더라도 개인이 휴대하고 있는 기기를 통해 각자의 공간에서 TV 채널이나 다양한 미디어를 즐길 수 있기 때문에 가족간에 서로 얼굴을 보며 대화할 수 있는 시간이 줄어드는 부작용이 염려된다.	2.11
33	모바일 N 스크린이 다양한 휴대 기기를 통해 실시간으로 TV 채널을 제공하거나 다양한 컨텐츠를 제공하고 있지만, 이러한 기술의 발달들이 사람들을 더욱 혼자 있게 만들고 대인관계를 어렵게 만들어 오히려 사회적인 문제점을 야기하게 될 것 같아 걱정스럽다.	1.72
13	모바일 N스크린을 통해 청소년들이 성인물 또는 폭력물 등 유해 컨텐츠를 쉽게 이용할 수 없는 방안을 도입하는 것이 필요하다고 생각한다.	1.61
21	모바일 N스크린의 가장 큰 장점은 장소나 시간에 구애받지 않고 동영상을 시청할 수 있다는 점인 것 같다.	1.59 1.24
35	모바일 N스크린이 편리하고 유용하지만 구태여 돈을 지불하고 유료로 이용할 필요성은 느끼지 못한다.	1.19
14	모바일 N스크린과 같은 기술이 발전함에 따라 사람들이 점점 기기에 몰입하고 기기에 중독되어 가는 것 같아 안타까울 뿐이다.	1.11
17	모바일 N스크린 이용 덕분에 혼자 있는 시간도 외롭지 않게 보낼 수 있어 좋다.	
28	모바일 N스크린을 이용함으로써 선호하는 분야의 동영상 컨텐츠 시청의 편중이 심해질까 우려된다.	-1.00
18	모바일 N스크린 이용을 통해 다양한 콘텐츠들을 이용할 수 있게 되었지만, 너무 많은 시, 청각적 요소들에 노출되어 생각하고 판단할 시간적 여유가 없이 자동적으로 수용하다 보니 생각하고 판단하는 능력이 점점 상실되는 것 같고, 바보가 되어가는 것 같은 느낌이 들 때가 있다.	-1.36
24	모바일 N스크린을 통해 교육 프로그램을 다양하게 이용할 수 있기 때문에 유아, 아동부터 노인까지 새로운 교육 보조 수단으로 역할을 충분히 하는 것 같다.	-1.48
20	시대적 트렌드를 따라잡기 위해 어쩔 수 없이 모바일 N스크린을 이용하는 편이다.	-1.56
8	모바일 N스크린을 활용함으로써 세대간의 격차를 좁힐 수 있다고 생각한다.	-1.72 -1.80
11	모바일 N스크린을 통해 다양한 컨텐츠(동영상)들을 이용하면서 정보 습득하는 것이 책이나 신문과 같은 활자로 되어 있는 매체보다 시각을 좀 더 넓혀주는 것 같아 좋다.	

맥루한(McLuhan, 1964)은 '뉴미디어를 인간 확장'의 개념으로 해석하면서 뉴미디어 수용자는 도구적 기능(instrumental function)과 표현적 기능(expressive function)이 서로 상충하는 것이 아니라 통합적으로 인간커뮤니케이션의 확장으로 이어짐으로써 사회적 관계의 확장(extension of social network)으로 이어질 수 있다고 했다(송종현, 2004). 그러나 제2유형은 모바일 미디어에 의한 영상정보 보다는 책이나 신문과 같은 전통적인 활자 매체를 통해 지식이나 정보를 선호하는 특성을 보여주고 있다(#11, z=−1.80). 예를 들어 한 응답자는 '스마트폰이 없었을 책을 보거나 친구와 전화를 했는데 요즘은 주로 모바일 N스크린을 이용하고 있다'고 밝히고 있다. 청소년들 이동전화 이용 동기에 관한 연구에서 청소년들은 이동전화를 같은 또래 집단들 간의 소통의 창구로서 기성세대에 대한 저항의 수단으로 이용하고 있다고 했다(나은영, 2001; 배진한, 2001; 이수영, 2003). 이런 맥락에서 제2유형은 모바일 N스크린을 이동전화와 같이 또래 집단들간의 소통의 수단으로만 작동할 뿐 세대간의 커뮤니케이션 소통의 통로로 이용될 수 있는 새로운 소통의 미디어로서의 가능성에 부정적인 태도를 보여주고 있다(#8, z=−1.72).

이처럼 모바일 N스크린에 대한 거부감에 대한 태도로 인하여 제2유형은 제1유형과 달리 모바일 N스크린의 가치를 철저하게 유희성 또는 오락적이며 젊은 세대가 주로 이용하는 매체로 간주하고 있으며(#24, =−.148), 이를 통하여 세상과의 소통이나 정보나 지식을 검색함으로써 자신의 지적인 욕구를 충족시켜주는 데 적합하지 않은 매체로 간주하고 있다(#11, z=−1.80).

(3) 제3유형: 복합 시간적 모바일 N스크린 신중 추구형(The Cautious Polychronic User)

제3유형은 제1유형과 같이 휴대성, 이동성, 즉시성이라는 기능적 우월성을 통해 다양한 정보나 오락을 시공간을 초월하여 상시접속 할 수 있는 것을 모바일 N스크린의 가장 큰 장점으로 인식하고 있다(#21, z=1.90). 그러나 제3유형은 제1유형과 다르게 모바일 N스크린에 의해 제공되는 정보나 재현되는 세상에 대해 절대적인 신뢰나 가치를 부여하고 있지 않다(#13, z=1.59; #23, z=1.46). 상시접속이 가능한 모바일 N스크린의 즉시성과 습득한 영상을 쉽게 링크시킬 수 있는 편의성을 이용하여 검증되지 않은 정보의 복제 및 확산이나 개인의 사생활이 쉽게 노출되는 것과 같은 사회적인 부작용에 대해 우려감을 표현하고 있다. 그러나 제3유형이 모바일 N스크린 이용에 신중한 태도를 보여주는 것이 제2유형과 같이 모바일 N스크린 이용 자체에 거부감을 표시하고 있는 것은 아니다. 즉, 제2유형이 모바일 N스크린이 세대간의 소통이나 개인과 개인 또는 개인과 사회간의 커뮤니케이션 단절에 따른 소외감에 우려를 나타낸다면, 제3유형은 모바일 N스크린으로 야기될 수 있는 부정확한 정보의 확산, 개인의 프라이버시가 노출, 폭력물이나 성인물이 청소년에게 무분별하게 노출되는 것과 같은 부작용에 문제를 제기하고 있다.

구체적으로 제3유형은 제1유형과 같이 모바일 N스크린을 이용한 복합적인 시간의 속성을 갖는 모바일 매체로서의 혜택에 동의하고 있다. 제3유형은 모바일 N스크린을 이용하는 것이 경제적 또는 시간적으로 낭비라고 생각하지 않고 있다(#32, z=−1.95). 제3유형은 제1유형과 같이 모바일 N스크린을 통해 사회의 다양한 현상과 뉴스에 보다 쉽게 접속할 수 있음으로써 새로운 정보에 대한 욕구를 해소시킬 수 있을 뿐만 아니라 새로운 지식에 대한 깊이와 외연을 보다 쉽고 편리하게 확장시킬 수 있다고 생각하고 있다(#22, z=1.22). 또한 모바일 N스크린을 자신의 필요에 의해 선택하고 적극적으로 이용하고자 한다(#20, z=-1.86; #10, z=-1.25). 제3유형은 고정형 TV나 인터넷이 해결해주지 못 했던 충족의 영역을 모바일 N스크린이 제공하고 있는 것을 인식하고 있다(#25, z=-1.10). 이런 맥락에서 제1유형은 이용과 충족의 이론에서 제시한 것처럼 모바일 미디어와 같은 새로운 미디어의 기능적 우월성을 인지하고 이를 적극적으로 이용하고자 하는 속성을 갖고 있다. 이러한 속성을 고려할 때 제3유형은 제1유형과 같이 적극적으로 모바일 N스크린의 비동시적 이용 또는 복합시간적 사용에 따른 이중적 시간의 창출과 시간의 밀도를 높임으로서 창출되는 혜택에 대해서 인지하고 있다.

그러나 제3유형은 모바일 N스크린을 이용하는 데 있어 제1유형과 다르게 매우 신중한 태도를 보여주고 있다. 제3유형은 상시접속이 가능한 모바일 N스크린으로 인해 검증되지 않은 정보나 지식이 유포됨으로써 나타날 수 있는 사회적인 문제점에 대해 우려의 태도를 보여주고 있다(#23, z=1.36). 또한 인터넷을 통해 노출된 사생활이 보다 빠르게 모바일 N스크린을 통해 유포될 수 있는 개연성에 거부감을 보여주고 있다(#27, z=1.18).

〈표 6〉 제3유형의 진술문과 표준점수(±1.00 이상)

번호	진술문	표준점수
21	모바일 N스크린의 가장 큰 장점은 장소나 시간에 구애받지 않고 동영상을 시청할 수 있다는 점인 것 같다.	1.90
18	모바일 N스크린 이용을 통해 다양한 콘텐츠들을 이용할 수 있게 되었지만, 너무 많은 시, 청각적 요소들에 노출되어 생각하고 판단할 시간적 여유가 없이 자동적으로 수용하다 보니 생각하고 판단하는 능력이 점점 상실되는 것 같고, 바보가 되어가는 것 같은 느낌이 들 때가 있다.	1.60
13	모바일 N스크린을 통해 청소년들이 성인물 또는 폭력물 등 유해 컨텐츠를 쉽게 이용할 수 없는 방안을 도입하는 것이 필요하다고 생각한다.	1.59
23	모바일 N스크린을 통해 여러가지 정보나 사회 이슈들이 무분별하게 유통되다 보니 왜곡되고 부정확한 정보나 사회 이슈들이 확산될 개연성이 높아 염려된다.	1.46
22	모바일 N스크린을 통해서 세상 곳곳에서 일어나는 사건이나 사고들을 접할 수 있는 기회도 더 많이 생기게 되고 세상을 바라보는 시야도 더 넓어지게 되는 것 같다.	1.22
27	모바일 N스크린의 활성화로 인해 개인의 사생활이 무분별하게 유출될 수 있기 때문에 이를 차단하거나 폐해를 막을 수 있는 제도적 장치가 필요하다고 생각한다.	1.18
33	모바일 N 스크린이 다양한 휴대 기기를 통해 실시간으로 TV 채널을 제공하거나 다양한 컨텐츠를 제공하고 있지만, 이러한 기술의 발달들이 사람들을 더욱 혼자 있게 만들고 대인관계를 어렵게 만들어 오히려 사회적인 문제점을 야기하게 될 것 같아 걱정스럽다.	1.06
25	기존의 TV나 인터넷 이용만으로도 다양한 정보나 컨텐츠를 습득하고 즐길 수 있기 때문에 구태여 모바일 N스크린을 이용할 필요성을 느끼지 못한다.	-1.10
34	모바일 N스크린을 통해서 컨텐츠를 이용하다 보니 시력감소나 두통과 같은 건강에 해를 끼치는 데 악영향을 미치는 것 같아 이용을 꺼리는 편이다.	-1.18
10	모바일 N스크린 이용은 중독성이 있기 때문에 가급적 사용을 자제하는 편이다.	-1.25
15	통신비 부담 때문에 모바일 N스크린이 제대로 활성화되기 어려울 것 같다.	-1.30
20	시대적 트렌드를 따라잡기 위해 어쩔 수 없이 모바일 N스크린을 이용하는 편이다.	-1.86
32	지금 이용할 수 있는 TV 채널도 많은데 모바일 N스크린을 이용하면서까지 다양한 컨텐츠를 이용하는 것 자체가 솔직히 시간적, 경제적 낭비인 것 같다.	-1.95

이처럼 제3유형은 모바일 N스크린이 무엇보다도 시간과 공간의 제약을 벗어나 인터넷에 상시접속이 가능한 모바일 미디어로서의 영향력을 인정하고 있기 때문에 모바일 N스크린을 통해 유통되는 영상에 대한 별도의 검증 절차가 필요하다는 태도를 보여주고 있다. 즉, 제3유형은 모바일 N스크린이 검증되지 않은 영상 정보나 개인의 사생활 동영상이 손안의 스마트 기기를 통해 간편하게 유튜브에 올려 지거나 페이스북이나 카카오톡을 통해 지인들에게 쉽게 공유됨으로써 사이버 공간속에서 빠르게 복제되고 확산시킬 수 있는 잠재력을 갖춘 모바일 미디어로서의 위험성에 문제를 제기하고 있다. 또한 제3유형은 모바일 N스크린이 성인물이나 폭력물이 어떠한 제재나 심의를 거치지 않고 쉽게 유통될 수 있는 매체로서의 위험성에 대해서도 문제를 제기하고 있다(#13, z=1.59)

결론적으로 제3유형은 모바일 N스크린이 우리의 생활을 편리하게 하고 다양한 영상 정보나 지식에 시공간의 제약을 초월하여 접근할 수 있는 모바일 미디어로서의 가능성에 대해 긍정적인 태도를 보여주고 있다. 그러나 이러한 태도는 제1유형이 보여주는 것처럼 모바일 N스크린에 대한 적극적인 채택 및 수용의 태도를 보여주기 보다는 신중한 채택 방식을 선호하는 것으로 해석할 수 있다. 특히 모바일 N스크린이 갖고 있는 영상정보의 복제 및 확산의 신속성과 편의성에 의해 야기될 수 있는 사회적인 부작용에 대해 문제를 제기하고 있다. 이런 측면에서 제3유형은 모바일 N스크린을 통해 유통되는 영상에 관한 별도의 심의나 검증 절차의 도입성을 강조하고 있다고 해석할 수 있다.

5. 연구결과 논의

본 연구는 모바일 N스크린을 이용하는 수용자가 중시하는 가치, 태도, 의견, 선호 등과 같은 주관적인 영역에 대한 탐구를 진행하였다. 연구 결과 모바일 N스크린에 대한 세 가지 수용자 유형을 발견하였다. 첫째 유형은 모바일 N스크린에 의해 창출된 시공간에 대한 가치를 부여하며 이를 적극적으로 이용하고자하는 성향을 보여주고 있다. 이런 측면에서 제1유형은 '복합 시간적 모바일 N스크린 적극 추구형'이라고 명명하였다. 둘째 유형은 모바일 N스크린에 중독됨으로써 나타나는 개인간의 커뮤니케이션 단절과 소외 또는 가족 구성원간 연대감 상실에 거부감을 갖고 있다. 특히, 공적인 공간이 사적인 영역으로 대체되는 것에 대해 부정적인 태도를 보여주고 있다. 이런 특성을 고려하여 제2유형은 '단일 시간적 모바일 N스크린 추구형'이라고 명명하였다. 셋째 유형은 모바일 N스크린의 기능적인 혜택에 대해 공감을 하고 있지만, 모바일 N스크린이 보편화됨으로써 나타날 수 있는 사회적인 병리현상에 대해 거부감을 표시하고 있다. 특히 시공간을 초월하여 모바일 N스크린에 접속함으로써 이용자들이 검증되지 않은 동영상에 무분별하게 노출되고 이를 거르지 않고 쉽게 사실로 인식함으로써 나타날 수 있는 폐해에 대한 거부감을 보여주고 있다. 또한 개인의 사생활이 쉽고 빠르게 모바일 N스크린을 통해 유통될 수 있는 개연성에 대해서도 우려의 태도를 보여주고 있다. 이런 성향을 토대로 제3유형은 '복합시간적 모바일 N스크린 신중 추구형'이라고 명명하였다.

스마트폰, 태블릿 PC, 넷북 등 다양한 스마트기기가 빠르게 사회에 확산되고 있으며, 스마트폰은 이미 국내에 3천만대가 넘게 보급되었다. 이제는 고정형 TV나 PC을 통해서만이 인터넷이나 TV에 접속할 수 있는 시대를 지나 스마트 기기를 통해 시공간의 제약을 초월하여 비동시적으로 인터넷이나 TV에 상시접속 할 수 있는 시대가 도래 하였다. 특히, 모바일 N스크린은 고정형 미디어의 시공간의 제약을 극복할 수 있는 이동성, 휴대성, 즉시성 이외에도 DMB와 비교하여 실시간 채널뿐만 아니라 VOD가 가능한 유희성을 갖춘 새로운 모바일 미디어로서 다가오고 있다. DMB와 같은 모바일 미디어의 이용 행태에서도 이미 지적되었듯이, 수용자들은 모바일 미디어의 비동시성을 인지하고 있으며 복합 시간적 이용 행태를 통해 시간의 밀도(를 높이고 이중 시간을 창출함으로써 고정형 미디어의 시간과 공간의 제약을 극복하고 있다(최세경, 2010; 이재현, 2005, 2006; 임종수, 2005; Chamberlain, 2011).

본 연구에서도 모바일 N스크린 수용자들의 특성은 DMB 수용자들과 같이 모바일 미디어의 속성을 충분하게 인식하고 있는 것으로 나타나고 있다. 특히 모바일 미디어의 특성을 활용함으로써 고정형 미디어와는 다른 이용맥락(usage context)의 행태를 보여주고 있다. 최세경(2010)은 모바일 미디어 이용행태를 동시성 대 비동시성, 개인 대 집단을 조합한 서로 다른 네 가지의 N스크린 이용맥락 유형과 각각의 상황에 따른 미디어와 콘텐츠 소비 유형의 차이를 제시하고 있다. 배진한(2006)도 새로운 미디어를 받아들이는 유형별로 폐쇄된 공간과 개방된 공간의 차이에 따라 소비되는 콘텐츠의 종류가 다르게 나타나고 있음을 제시하고 있다. 이는 모바일 미디어 생태계의 출현은 시간과 공간의 구속을 받는 고정형 미디어 생태계에서 미디어를 이용하는 수용자와는 다른 이용맥락(usage context)을 제공할 뿐만 아니라 고정형 미디어에서 경험하지 못한 이용경험(usage experience)을 제공할 것이라고 추론할 수 있다.

이런 측면에서 모바일 N스크린이 사회에 확산되었을 때 고정형 미디어 중심의 생태계에 미칠 수 있는 변화와 영향에 대한 심도 깊은 논의가

제3부 방송 · 뉴미디어

필요할 것이다. 본 연구에서 발견된 각각의 유형의 특성을 토대로 모바일 N스크린에 관한 정책 및 산업적인 논의를 고려할 수 있겠다.

첫째, 모바일 N스크린이 이용자들은 시공간을 초월하여 TV나 인터넷에 상시 접속함으로써 야외뿐만 아니라 이동 중에도 모바일 N스크린을 통해 시간의 밀도나 이중 시간을 보다 쉽게 창출해 낼 수 있는 편재성(ubiquitous)을 모바일 N스크린의 최대의 장점으로 인식하고 있다. 모바일 N스크린의 기능적인 우월성을 이용하여 제1유형은 다양한 정보에 상시접속 할 수 있고 이를 토대로 자신의 유희적 또는 지적인 정보의 지평선을 넓혀 줄 수 있는 혜택에 긍정적인 태도를 보여주고 있다. 더 나아가 텍스트로 구성된 정보를 제공하는 기존 매체보다도 바쁜 시간에 보다 쉽게 새로운 정보나 지식을 습득할 수 있는 모바일 영상 매체로서의 장점으로 인식하고 있다.

그러나 즉시성과 휴대성을 갖춘 모바일 N스크린이 모바일 미디어 생태계에 순기능을 갖춘 모바일 미디어로서 성장하기 위해서는 제공되는 콘텐츠의 질과 양에 대한 검증 절차나 제도를 시급하게 보완 또는 개선되어야 할 것이다. 특히 제3유형이 보여주고 있는 모바일 N스크린에 대한 역기능에 대해서는 심도 깊은 논의가 이어져야 할 것으로 보인다. 특히 개인의 사생활이 모바일 N스크린을 통해 보다 쉽고 빠르게 유통될 수 있기 때문이다. 특히 카카오톡, 페이스북 등 소셜미디어의 링크와 같은 편의성 때문에 동영상 정보가 쉽고 빠르게 확산될 수 있기 때문이다. 이런 측면에서 검증되지 않거나 개인의 사생활이 침해되는 통로로 모바일 N스크린이 유용되는 것에 대한 제도적인 방지책이 도입되어야 할 것이다.

둘째, 제2유형이 제기한 것처럼 모바일 N스크린이 확산됨으로써 공적 공간이 사적인 공간으로 대체되는 현상과 관련하여 제2유형이 제기한 문제에 대한 심도깊은 논의가 진행되어야 할 것이다. TV나 인터넷과 같은 미디어 이용 증가에 따른 역기능에 대한 선행 연구가 진행되어 왔다. TV시청이 증가함에 따라 가족간의 대화가 감소함으로써 나타나는 연대감의 와해나 부모와 자식간의 갈등이 일어날 수 있다(Andreasen, 1994; Gunter & Svenning, 1987). 이동전화는 또래 집단간의 소통의 창구로 이용됨으로써 세대간뿐만 아니라 부모와 자식간의 대화 단절과 같은 부작용으로 이어질 수 있다(나은영, 2001; 배진한, 2001).

모바일 N스크린은 공적 공간속에 사적인 공간이 가능하게 할뿐만 아니라 가정 내에서도 사적인 공간의 점유율을 높이고 있다. 즉, 모바일 N스크린을 이용하여 침실이나 화장실에서 혼자 이용할 수 있는 TV 시청 방식과 패턴으로 바뀌어 갈 수 있는 환경이 조성되고 있다. 이로 인하여 집안에서 TV는 더 이상 가족 구성원들이 공유하는 매체로서의 지위를 상실하면서 '공적공간속의 사적미디어'로 변모하고 있다(이재현, 2005). 본 연구에서 나타났듯이 모바일 N스크린은 DMB보다 강력한 개인용 모바일 미디어로서의 기능을 갖고 있기 때문에 공적 공간에서 사적 공간의 영역은 더욱더 늘어나게 될 것이다. 이런 측면에서 이재현(2006)이 지적했듯이 모바일 N스크린은 보다 강력한 '사사화된 이동성(privatized mobility)'의 속성을 보유한 모바일 미디어로 진화해 나갈 것이다. 이로 인하여 공적 공간이 사적 공간으로 빠르게 대체됨으로서 나타날 수 있는 변화와 영향에 관한 논의가 필요하다.

산업적으로는 모바일 N스크린이 즉시성, 휴대성, 이동성, 유희성을 갖춘 모바일 N스크린은 콘텐츠사업자를 Pooq, 티빙, 올레TV나우와 같은 애플리케이션을 통해 시청자를 직접 연결시킴으로써 기존 플랫폼 사업자의 역할과 영역에 변화를 가져올 수 있을 것이다. 이는 CPNT(Content, Platform, Network, Terminal)로 구분되었던 사업자별 영역의 융합과 붕괴의 속도가 더욱더 빨라질 수 있다는 것을 의미한다. 뉴미디어 생태계에서 각 사업자별로 구분되었던 고유한 경쟁력 우위가 이제는 더 이상 독점될 수 없는 것임을 의미하는 것이다. 특히 플랫폼 사업자의 고유 역할에서 셋톱박스를 보급하고 설치하고 이를 통해 가입자에게 네트워크와 터미널을 제공하여 콘텐츠를 공급해왔던 기술적 또는 장치적인 우위의 영역이 사라지게 됨을 의미한다. 이런 측면에서 셋톱박스를 중심으로 한 하드 플랫폼(hard platform)의 영향력은 지상파나 PP가 제공하는 pooq, 티빙, 올레TV나우와 같은 소프트 플랫폼(soft platform)에 의해 그 영향력이 대체될 수 있음을 시사하고 있다. 이런 측면에서 기존 플랫폼 사업자는 자신의 플랫폼 영역에 머무르지 말고 소프트 플랫폼의 영역에 진출해야만 할 것이다. 나아가 콘텐츠 생산 영역에 진출하지 않는다면 플랫폼 사업자의 위치는 점차 설자리를 잃어가게 될 것이다. 왜냐하면 콘텐츠사업자들이 중간 상인(agent)을 거치지 않고 소비자나 시청자와 직접 접속할 수 있는 모바일 미디어 시대로 이미 진입하였기 때문이다.

김대호 등 (2006), 「초점집단 인터뷰를 통해 본 위성DMB 초기채택자의 채택 동기 및 이용행태」, 『한국언론학보』 50(3), 65-93.

김민철 (2011), 「스마트 시대의 미디어 이용행태: 측정방법론과 분석사례」, 정보통신 정책연구원.

김윤화 (2010), 「N 스크린 전략 및 추진동향 분석」, 『방송통신정책』 22(20), 1-23.

김은미 · 심미선 · 김반야 · 오하영 (2012), 「미디어화 관점에서 본 스마트미디어 이용과 일상경험의 변화」, 『한국언론학보』 56(4), 133-158.

김흥규 (2008), 『Q 방법론: 과학철학, 이론, 분석 그리고 적용』, 서울: 커뮤니케이션북스.

_____ · 오세정(2010), 「〈아이폰〉 이용자의 심리적 특성에 관한 연구」, 『주관성 연구』 20, 59-78.

나은영 (2001), 「이동전화 채택에 영향을 미치는 이동전화 커뮤니케이션의 매체적 속성에 관한 연구」, 『한국언론학보』 45(4), 189-228.

박광순 · 조명희 (2004), 「인터넷의 웹블로그 이용동기와 만족도에 관한 연구」, 『한국언론학보』 48(5), 160-188.

박은아 (2008), 「다매체 이용자들의 미디어 동시사용 행태」, 『한국방송학보』 22(1), 44-85.

박인곤 · 신동희 (2010), 「스마트폰 이용자들의 이용과 충족, 의존도, 수용자 혁신성이 스마트폰 이용만족에 미치는 영향에 관한 연구」, 『언론과학연구』 10(4), 192-225.

박종민 (2003), 「휴대전화, 인터넷, 텔레비전의 미디어 속성 차이와 이용동기에 관한 연구」, 『한국언론학보』 47(2), 221-249.

방희정 · 조아미 (2003), 「가족기능과 청소년의 인터넷 게임행동간의 관계」, 『한국심리학회지』 16(1), 1-22.

배진한 (2001), 「이동전화의 충족과 대인커뮤니케이션 매체로서의 이동전화의 적합성 인식」, 『한국언론학보』 45(4). 160-188.

_____ (2006), 「공적공간의 유형과 성별연령라이프스트일 등 수용자의 인적속성이 모바일콘텐츠 이용에 미치는 영향」, 『언론과학연구』 6(4), 133-171.

백형근 (2012), 「대학생들의 N-스크린 유료 서비스 이용의도 결정요인에 관한 연구」, 한양대학교 석사학위논문.

성동규·조윤경 (2002), 「이동전화 이용자의 집단적 특징에 따른 이용 유형 연구」, 『한국언론학보』 46(6), 153-190.

_____·임성원 (2006), 「수용자 특성에 따른 모바일미디어 콘텐츠 활용 연구」, 『한국방송학보』 20(1), 139-178.

성윤숙 (2000), 「인터넷시대의 자녀양육방식과 부모자녀관계」, 『한국가족복지학』 5(1), 105-120.

손영준·김옥태 (2011), 「스마트폰 이용자의 이용경험, 구입동기가 스마트폰 유용성, 용이성이 인식에 미치는 영향에 관한 연구」, 『한국언론학보』 55(5), 286-311.

송종현 (2004), 「이동전화와 인간커뮤니케이션의 확장」, 『한국언론정보학회』 27, 183-212.

심미선·강미선·이수범 (2006), 「미디어 동시소비 추세에 따른 방송광고의 효과강화에 관한 연구」, 한국방송광고공사 연구보고서.

양일영·이수영 (2011), 「이용 동기에 기반한 스마트폰 초기 이용자 유형에 관한 탐색적 연구」, 『한국언론학보』 55(1), 109-139.

윤해진·문성철 (2012), 「태블릿PC 이용의도에 미치는 영향요인」, 『방송통신연구』 79, 169-202.

이시훈 (2005), 「시청자 특성, 미디어 이용과 위성 DMB 수용」, 『한국언론정보학보』 28, 141-169.

이시훈·박진서·진용주 (2008), 「DMB 이용자의 미디어 이용과 새로운 DMB 연구방향의 제안」, 『언론과학연구』 8(1), 195-221.

이원태 외 (2011), 「N스크린 환경에서 콘텐츠 이용경향과 미래정책이슈」, 정보통신정책연구원.

이은미 (1995), 「텔레비전 시청과 가족 구성원 간의 상호작용 연구」, 『한국언론학보』 34, 171-190.

이인희 (2001), 「대학생 집단의 휴대폰 이용동기에 관한 연구」, 『한국방송학보』 15(3), 261-293.

이정기·황상재 (2009), 「10대의 휴대폰 이용 동기와 중독에 관한 연구」, 『한국방송학보』 23(5), 296-336.

이재영 (2010), 「스마트 기기의 온라인 광고시장 영향과 시사점」, 정보통신정책연구원.

이재현 (2004), 『모바일미디어 모바일사회』, 서울: 커뮤니케이션북스.

_____ (2005), 「DMB의 인터페이스, 시공간성, 그리고 모바일 상호작용」, 『방송문화연구』 17(1), 75−100.

_____ (2006), 「모바일 미디어와 모바일 콘텐츠: 멀티플랫포밍 이론의 구성과 적용」, 『방송문화연구』 18(2), 285−316.

이재호 (2007), 「DMB 이용 행태 변화의 추이 분석」, 한국방송학회세미나, 3−24.

이중식 (2005), 「DMB 미디어 이용과 틈새시간에 관한 연구」, 『방송문화연구』 17(1), 207−229.

임종수 (2005), u−Broadcasting의 출현과 방송 소비문화 가족 텔레지전과의 관계를 중심으로」, 『언론과사회』 13(4), 66−109.

장병희 · 김영기 (2007), 「트리플 플레이 서비스 채택의도에 영향을 미치는 요인에 관한 탐색적 연구 : 대학생 집단을 대상으로」, 『한국방송학보』 21(5), 165−205.

전범수 · 김정기 (2006), 「위성DMB이용 동기와 장르 소비: 장르 선호도, 레퍼토리, 소비유사성을 중심으로」, 『한국언론정보학보』 36. 374−479.

전범수 · 박주연 (2009), 「모바일 인터넷 서비스별 이용 결정 요인 연구: 10대−30대 이용자들의 정보/오락 서비스를 중심으로」, 『한국방송학보』 23(6), 209−242.

조용호 (2011), 『플랫폼 전쟁』, 21세기북스.

최세경 (2010), 「N스크린 시대에 TV 비즈니스의 전망과 대응전략」, 『방송문화연구』, 22(2), 7−36.

한상권 (2009), 「IPTV의 채택결정 요인에 관한 연구: 이용자와 비이용자간 차이를 중심으로」, 한양대학교 박사논문.

한윤 (2011), 「N 스크린 서비스와 홈TV간 대체 및 보완관계에 대한 실증적 연구」, 연세대학교 정보대학원 석사논문.

황성준 (2011), 「N−스크린을 이용한 효과적 콘텐츠 활성화에 관한 방법 연구」, 건국대학교 정보통신대학원 석사논문.

황하성 · 손승혜 · 최윤정 (2011), 「이용자 속성 및 기능적 특성에 따른 스마트폰 중독에 관한 탐색적 연구」 25(2), 『언론과학연구』, 277−313.

Andreasen, M. (1994), Patterns of Family Life and Television Consumption from 1945 to the 1990s. In D. Zillmann, J. B. & Huston, A. (Ed.). *Media, Culture, and the Family: Social Scientific, Psychodynamic, and Clinical Perspectives*. Hillsdale, NJ. 19−

36.

Brody, G. H. & Stoneman, Z. (1983), The Influence of Television Viewing on Family Interaction: A Contextualist Approach. *Journal of Family Issues*, 2, 381-397.

Chamberlain, D. (2011), Media intefaces, networked media space, and the mass customization of everyday space, pp. 13-29. Kachman, M. (eds), Flow TV: Television in the Age of Media Convergence, NY: Routledge.

Dimmick, J., Sikand, J. & Patterson, S. (1994). The Gratifications of the Household Telephone: Sociability, Instrumentality and Reassurance. *Communication Research*, 21, 643-63.

Fin, T. A. (2002), Wireless Telephone Behavior and User Control. Paper presented at the conference on the Social and Cultural Impact/Meaning of Mobile Communication, an ICA 2002 Preconference in Chunchon, South Korea.

Gunter, B. & Svenning, M. (1987), Behind and in Fron of the Screen. John Libbey, IBA.

Hall, E. T. (1976). *Beyond Culture*. New York: Anchor Press.

Jaureguiberry, F. (2000), Mobile Telecommunications and the Management of Time. *Social Science Information*, 39(2), 255-268.

Katz, E., Blumler, J. G. & Gurevitsch, M. (1974), Utilization of mass communication by the individual, In: J. G. Blumler E, Katz (Eds). The uses of mass communications: Current perspectives on gratification research (Vil. III, pp. 19-32). Beverly Hills, CA: Sage Publications.

Leung, L. & Wei, R. (1998), The Gratifications of Pager Use: Sociability, Information-Seeking, Entertainment, Utility, and Fashion and Status. *Telematics And Informatics*, 15, 253-264.

_____ (2000), More than just talk on the move: Uses and gratifications fo the cellur phone. *Journalism and Mass Communication Quarterly*, 77, 308-320.

McLuhan, M. (1964), Understanding media: *The extension of man*. New York: New American Library.

McQuail, D. & Windahl, S. (1981), Communication Model for the Study of Mass Communication. NY: Longman.

Nobel, G (1987), Discriminating between the instrinsic and instrumental domestic telephone user, Australia Journal of Communication, 11, 63-85.

O'Keefe & Sulanowski, B. (1995), More Than Jus Talk: Uses, Gratifications, and the Telephone. Journalism and Mass Communication Quarterly, 72, 922-933.

Rubin, A. M. (1984), Ritualized and Instrumental Television Viewing. *Journal of*

Communication, 34(3), 67−77.

Spiegel, L. (2001), Media Homes: Then and Now. International Journal of Cultural Studies, 4(4), 385-411.

Tornatzky, L. & Klein, K. (1982), Innovation characteristics and innovation implementation: A Meta-analysis of findings. IEEE Transaction on engineering management, 2 9(1), 574-616.

제3부 방송·뉴미디어

1. 가족들과 모바일 N 스크린을 함께 이용하면 서로간에 대화할 수 있는 공통적인 소잿거리가 생겨서 가족간의 공감대를 형성하는 데에 도움이 된다고 생각한다.

2. 가족 또는 지인들에게 편지나 문자 메세지가 아닌 모바일 N 스크린 방식을 통해 사진 또는 동영상을 보내는 것이 더 많은 정보와 내용을 공유할 수 있기 때문에 서로간의 커뮤니케이션에 효율적인 것 같다.

3. 모바일 N 스크린을 이용하면 거실에 있는 TV 를 이용하지 않더라도 개인이 휴대하고 있는 기기를 통해 각자의 공간에서 TV 채널이나 다양한 미디어를 즐길 수 있기 때문에 가족간에 서로 얼굴을 보며 대화할 수 있는 시간이 줄어드는 부작용이 염려된다.

4. 모바일 N 스크린은 지인들과의 모임에서 다양한 콘텐츠를 함께 공유하고 대화할 수 있는 기회를 제공하기 때문에 지인들과의 모임을 더 즐겁게 하는 데 도움이 되는 것 같다.

5. 새롭고 다양한 정보나 지식을 얻는 데에 모바일 N 스크린이 매우 유용한 것 같다.

6. 모바일 N 스크린을 활용해 인기 있는 동영상을 친구나 지인한테 전달하고 공유하는 것이 상호간의 관계의 폭을 넓히고 친밀감을 유지하는 데는 별 도움이 되지 않는 것 같다.

7. 모바일 N 스크린을 통해 다양한 컨텐츠를 이용하며 직 / 간접적 경험해 볼 수 있어서 내 취미 영역 또는 깊이가 좀 더 넓어진 것 같아 만족한다.

8. 모바일 N 스크린을 활용함으로써 세대간의 격차를 좁힐 수 있다고 생각한다.

9. 모바일 N 스크린은 단지 자투리 시간을 때우거나 오락적으로 즐기기 위한 수단일 뿐 지식이나 정보를 얻는 데에는 적합하지 않은 것 같다.

10. 모바일 N 스크린 이용은 중독성이 있기 때문에 가급적 사용을 자제하는 편이다.

11. 모바일 N 스크린을 통해 다양한 컨텐츠 (동영상) 들을 이용하면서 정보 습득하는 것이 책이나 신문과 같은 활자로 되어 있는 매체보다 시각을 좀 더 넓혀주는 것 같아 좋다.

12. 모바일 N 스크린의 가장 큰 장점은 과거에 시청했던 동영상을 검색해서 재시청할 수 있게 해주는 기능인 것 같다.

13. 모바일 N 스크린을 통해 청소년들이 성인물 또는 폭력물 등 유해 컨텐츠를 쉽게 이용할 수 없는 방안을 도입하는 것이 필요하다고 생각한다.

14. 모바일 N 스크린과 같은 기술이 발전함에 따라 사람들이 점점 기기에 몰입하고 기기에 중독되어 가는 것 같아 안타까울 뿐이다.

15. 통신비 부담 때문에 모바일 N 스크린이 제대로 활성화되기 어려울 것 같다.

16. 기술의 발달에 비해 모바일 N 스크린을 이용하여 제대로 즐길 수 있는 콘텐츠들이 현저히 부족하기 때문에 모바일 N 스크린의 활성화를 기대하기는 어려운 것 같다.

17. 모바일 N 스크린 이용 덕분에 혼자 있는 시간도 외롭지 않게 보낼 수 있어 좋다.

18. 모바일 N 스크린 이용을 통해 다양한 콘텐츠들을 이용할 수 있게 되었지만, 너무 많은 시, 청각적 요소들에 노출 되어 생각하고 판단할 시간적 여유가 없이 자동적으로 수용하다 보니 생각하고 판단하는 능력이 점점 상실되는 것 같고, 바보가 되어가는 것 같은 느낌이 들 때가 있다.

19. 모바일 N 스크린에서 유통되는 콘텐츠에 대한 별도 심의 규정이 마련되어야 한다고 생각한다.

20. 시대적 트렌드를 따라잡기 위해 어쩔 수 없이 모바일 N 스크린을 이용하는 편이다.

21. 모바일 N 스크린의 가장 큰 장점은 장소나 시간에 구애받지 않고 동영상을 시청할 수 있다는 점인 것 같다.

22. 모바일 N 스크린을 통해서 세상 곳곳에서 일어나는 사건이나 사고들을 접할 수 있는 기회도 더 많이 생기게 되고 세상을 바라보는 시야도 더 넓어지게 되는 것 같다.

이주민에 대한 언론 보도가 수용자 인식에 미치는 영향[*]

김 승 환

한국외국어대 언론학박사 / YTN 심의위원(국장)

[*] 본 논문은 〈주관성 연구〉 제26호(2013. 6) pp.39–55 논문 전문을 재게재한 논문임을 알려드립니다.

이주민에 대한 언론 보도가 수용자 인식에 미치는 영향

1. 서론

국내 체류 외국인 150만 명, 우리나라가 빠른 속도로 다민족 · 다문화 사회로 진입하고 있다. 우리 주위에서 중국 동포라든지 우리와 피부색과 언어가 다른 동남아 이주민들을 보는 것은 이제 흔한 일이다. 심지어 이주 노동자와 결혼이주여성이 몰려 있는 지역에서는 이주민 수가 내국인보다 많은 곳도 있다. 지금과 같은 증가 추세로 가면 오는 2025년에는 외국인 500만 명 시대를 맞이할 것으로 예상된다. 이렇게 되면 현재 전체 인구의 3%인 이주민 비율이 10%로 늘어나 이주민은 우리 사회의 중요한 일부분이 될 것이다.

그동안 다문화 사회에 대한 정부와 시민사회의 대응은 이주민을 단시간 내에 한국 사회에 적응시켜 이주의 부작용을 최소화하고 사회 통합을 공고히 하는 데 맞추어져 왔다. 그러나 다민족 · 다문화 사회로의 진입은 단지 인구 구성이 인종 · 민족적으로 다양화된다는 것뿐만 아니라 정치 · 경제 · 사회 · 문화 영역에서의 전반적인 변화를 수반하게 된다 (정연구 외, 2011). 이주민의 국내 적응을 지원하는 것도 중요하지만 이들을 대하는 우리 사회의 자세와 태도 변화를 고민해야 할 때이다. 다문화 사회로 가는 과정에서 시급히 요구되는 것은 다른 인종 · 민족에 대한 고정관념이나 편견의 교정과 다문화 지향성의 배양인 것이다.

국내 거주 이주민이 급증한 2000년대 중반부터 학계에 다문화 담론이 불어 닥치면서 다민족 · 다문화 사회에서의 미디어의 역할이 관심을 끌기 시작했다. 일찍이 경험하지 못했던 새로운 사회적 환경하에서 사회 구성원들이 변화를 지각하고 그에 대한 태도와 가치관을 형성하는 데 미디어가 지대한 영향을 미치기 때문이다. 이주민이 150만 명을 넘어섰다고 하지만 실제로 이주민을 가까이서 직접 대면할 수 있는 계층은 매우 제한적이다. 국민 대다수는 직접적 접촉보다는 언론을 통해 이주민에 대한 이미지를 형성하게 된다.

지금까지 다민족 · 다문화 사회와 미디어에 대한 대부분의 연구는 뉴스가 어떻게 이주민을 재현하고 있는가에 초점을 맞추어 왔다. 그동안의 연구 결과는 미디어가 이주민의 문화적 주체성을 존중하고 그들을 공존의 대상으로 보기보다는 부정적으로 묘사하면서 우리 사회 안에서 '타자화'하고 있다는 것으로 요약할 수 있다(김경희, 2009; 김수정, 2007; 양정혜, 2007). 이에 비해 언론이 조성한 고정관념이 수용자 인식에 어떻게 영향을 미치는가, 수용자 입장에서 어떻게 인식하는가에 대한 학문적 연구는 미흡한 실정이다. 이 연구는 미디어의 이주민 재현이 수용자들의 이주민에 대한 인식, 다문화 사회에 대한 태도에 미치는 영향을 살펴보고자 한다.

2. 이론적 배경

1) 한국적 다문화주의의 특성

종교와 인종, 문화가 서로 다른 집단이 공존하는 사회가 다문화 사회라면 다문화주의(multiculturalism)는 사회 내부에 공존하는 다양한 문화가 상호 간의 이해와 존중을 바탕으로 서로를 인정하고 받아들이는 것을 의미한다. 다문화주의는 1970년대에 서구 사회에서 전면적으로 등장한 개념으로 세계화 조류와 이주 인구의 증가에 따른 정책적 대응과 관련된 것이라고 할 수 있다. 정책으로서의 다문화주의는 문화 간 격차와 이질성으로 무시되던 것을 전략적으로 방지하고 문화에 따른 사회적, 정치적, 경제적 갈등을 해소하는 것이 목적이다(구견서 2003, p.30).

한국에서의 다문화주의는 신자유주의의 전 지구화 속에 2000년대 들어 외국인 체류자 수가 급증하면서 본격적으로 거론되기 시작했다. 1990년대 초반부터 연변 조선족과 동남아 등지서 유입되기 시작한 이주민들은 노동력 수급과 농촌 총각 결혼 등 우리의 필요에 의해 국내로 들어온 측면이 강하다. 그러나 외국인에게 문호가 개방된 지 20년 정도 지나고 그 수가 급증하면서 여러 가지 사회문제와 갈등이 노출되고 있다.

한국 사회의 다인종화 현상은 다른 서구 국가의 사례와 분리해서 접근할 필요가 있다. 이민족과의 오랜 공존 경험 속에 사회적, 정치적으로 다문화주의를 수용할 문화적 토대가 두터운 서구와는 근본적으로 다를 수밖에 없다(엄한진, 2008). 우리나라는 비교적 동질적인 문화를 가진 전통적 국민국가 형태를 유지하다가, 이주민의 유입으로 다문화 사회로 이행하고 있는 상황이다. 단일민족의식이 강한 한국인에게 다민족·다문화 사회는 매우 낯설고도 불편한 경험이 아닐 수 없다. 한국은 오랜

이주민에 대한 언론 보도가 수용자 인식에 미치는 영향

기간 순혈주의적인 단일민족 이데올로기를 바탕으로 '한국적인 것'에 속하지 않을 경우 무조건 '타자'로 치부하였으며, 이주민에 대한 배타적인 시선과 편견을 만들어 한국 사회에서 소외시키거나 주변화하도록 만들었다.

한국에 오랜 기간 다문화주의라는 개념조차 존재하지 않았던 원인이 오리엔탈리즘적인 요소 때문이란 해석도 가능하다. 서유럽의 눈으로 본 백인 문화를 동경하는 반면, 그 이외의 다른 문화는 경멸하는 이중적 잣대를 유지해왔기 때문에 다문화주의는 부재하거나 인종주의와 민족주의에 가려져 있었다고 볼 수 있다(이희은·유경한·안지현, 2007). 동남아시아에서의 이주민 유입은 한국인이 제국주의 담론의 핵심인 오리엔탈리즘의 주체가 될 수 있는 계기로 작용했다는 지적도 있다. 엄한진(2008)은 한국인이 오리엔탈리즘의 대상에서 주체로의 변신을 경험하고 있다면서 우리에게 오리엔트는 '동남아시아'라고 설명했다.

짧은 기간에 급작스럽게 형성되기 시작한 한국적 다문화주의의 특성에 대해 심보선(2007)은 정부가 이주 노동자들과 결혼이주여성들에게 관용적 차원에서의 복지, 상담, 교육, 문화 프로그램 등을 제공하고 있다는 의미에서 '온정주의적'으로 진단한다. 안지현(2007)과 김세은, 김수아(2007)는 '소극적 지원을 통한 통합'과 '문화적 이질성에 대한 논의 부재'라는 측면에서 각각 '동화주의적'으로 규정하고 있다. 엄한진(2008)은 사회적으로 이주민들에 대한 관용과 경계심이 혼재된 가운데 다원주의와 동화주의가 뒤섞여 있다고 결론짓고 있다.

2) 뉴스 미디어의 이주민 재현

우리 언론을 통해 비춰지는 이주민의 이미지에는 공통점이 있다. 외국인 노동자나 결혼이주여성 그리고 그들의 자녀가 주인공으로 등장하고 그들은 주로 약자나 피해자, 부적응자, 지원 대상자로 재현된다. 재현이란 있는 그대로의 의미를 전달하는 것이 아니라 선택과 배제, 조합과 구성 등의 작업을 포함하는 적극적인 의미 생산 방식이다(양정혜, 2007). 언론 보도는 '재현'이라는 의미화 과정을 통해 보도 대상의 복합적이고 중층적인 특성을 배제한 채 단면적이며 특정한 속성을 불가피하게 혹은 의도적으로 부각시키고 고정된 이미지를 부여함으로써 사회 전체의 인식을 주도하게 된다(김세은, 2012).

　그동안의 연구 결과를 보면 언론의 이주민 재현 방식은 타자화 경향과 부정적 묘사로 특징지을 수 있다. 미디어에서 재현되는 '타자'는 주로 소수집단을 의미하는데, 이는 단순히 양적인 소수를 의미하는 것이 아니다. 소수는 정치적·경제적·문화적으로 주변화된 집단을 의미하며 이는 사회 내의 권력과 힘의 우열에 의해서 결정된 것이라 할 수 있다(양정혜, 2007). '우리'와 달리 이주민을 '그들'로 분리해서 생각하는 타자화 현상은 뉴스 보도에서 쉽게 찾아볼 수 있다. 주로 아시아 출신의 결혼이주여성을 주인공으로 삼는 언론 보도는 그 내용이 편협할 뿐만 아니라 그들에 대한 왜곡된 이미지를 무분별하게 유포시키고 있다(오경석, 2007). 뉴스에서는 이주여성이 한국 사회의 규범과 생활 방식에 적극적으로 적응해야 하며, 그러기 위해서는 관주도의 교육을 필요로 하는 이방인들로 그려지고 있다(양정혜, 2007).

　기존 연구에 따르면 미디어는 주로 부정적인 틀짓기를 통해 이주민을 타자화하는 경향을 보인다. 이주민에 대한 부정적 묘사 방식은 불법(Illegal/Illegitimate), 비행(Bad behavior/attitude), 위협(Threat), 그리고 부담(Burden)을 특성으로 한다. 불법은 이주민 커뮤니티의 불법 및 탈법적 지위, 비행은 이들의 탈·불법 그리고 사회적 통념과 규범에 어긋나는 행위나 태도, 위협은 이들이 사회 안정과 발전에 위협적인 존재, 그리고 부담은 이들 커뮤니티가 장기적으로 국가 및 사회 발전에 부담이 된다는 등의 방식으로 묘사되는 것을 의미한다(채영길, 2012).

타자화 경향, 부정적인 묘사와 더불어 온정주의적 시선으로 이주민을 다루는 것도 언론의 이주민 재현 방식 중 하나이다. 이는 한국 사회에 팽배해 있는 오리엔탈리즘 현상을 반영한 것이다. 신문과 방송 뉴스, 인터넷 뉴스를 분석한 연구를 보면, 결혼이주여성에 대한 논조가 온정적/동정적인 경우가 절반을 차지했고, 신문에서 가장 선호되는 프레임은 자성과 온정 그리고 미덕이 강조되는 '휴머니즘'이었다(김수정, 2007). 외국인 노동자에 대한 언론 보도를 분석한 연구(김세은 · 김수아, 2007)에서도 외국인 노동자에 대한 보도가 일시적인 사건을 중심으로 다루어지며, 온정주의적 태도를 강하게 드러낸다고 밝혔다.

3) 미디어 효과: 고정관념의 형성

우리는 언론을 통해 세상을 바라보고 이해한다. 리프먼(Lippmann, 1922)은 언론 매체가 개인이 직접 경험할 수 없는 세계에 대한 개념을 형성하는 데 중요한 역할을 한다고 지적했다. 그는 '외부 세계'와 '사람들의 머릿속에 존재하는 상(像)' 사이를 매개하는 일은 미디어의 기본적인 기능 중의 하나라고 설명했다. 우리가 머릿속에 가진 '상'을 구성하는 주요 요소를 미디어가 제공한다는 것이다. 미디어 텍스트를 분석한 연구들은 미디어가 제시하는 현실을 '구성된 현실'로 본다(Gamson, 1992). 또 터크만(Tuchman, 1978)은 뉴스 조직이 기사의 선택 · 가공 · 편집을 통해 현실을 바라보는 하나의 틀을 제시한다고 보았다. 이런 관점에서 볼 때, 다문화 사회로 이행하고 있는 현 시점에서 미디어 뉴스에 등장하는 이주민의 재현은 매우 중요한 의미를 갖는다(김경희, 2009).

미디어가 반복적으로 재현하고 있는 타자화된 이주민은 수용자의 인식에 부정적 고정관념(stereotype)을 자리 잡게 한다는 데 문제가 있다. 한국 사회에서 결혼이주여성이 그들의 다양한 배경에도 불구하고 농촌으로 시집 온 가난한 동남아시아 여성으로 정형화된 것은 미디어의 재현과 무관하지 않아 보인다. 미등록 노동자들도 단속 과정에서 발생하는 사고나 죽음, 또는 범죄라는 극단적인 모습으로만 재현됨으로써 '위험한 계급(dangerous class)'으로 인식되거나 기껏해야 최소한의 인권을 걱정해줘야 하는 무력한 존재로 인식되고 있다는 비판이 제기되고 있다(엄한진, 2008).

고정관념은 어떤 특정한 대상이나 집단에 대하여 많은 사람이 공통으로 가지는 비교적 고정된 견해와 사고를 말한다. 특정 개인의 개성이나 개인차 혹은 능력을 무시한 채, 단순히 특정 집단의 구성원이라는 이유만으로 특정 범주로 귀속시키는 관념이라고 할 수 있다. 고정관념은 미디어의 이주민 재현에서 제기되어 온 '타자화', '동질화', '정형화'의 문제의식을 공유하면서도 미디어 효과 연구에 적합한 사회심리학적 개념이다(정연구 외, 2011).

일종의 인지적 구조로서 고정관념은 지나친 단순화(oversimplification)와 동질화(homogenization)를 통해 외집단과 그 구성원들을 보다 빠르게 규정하고 이해하기 위한 편의적 수단으로 활용된다(Oakes et al., 1994). 그 결과 이주민 같은 외집단의 경우 나쁜 행동이 나타났을 때 그 원인을 성향적인 것으로 해석하는 경향이 있고(Pettigrew, 1979), 결국 이렇게 형성된 고정관념이 불관용으로 이어질 가능성이 높은 것이다(Gorham, 2006; 금희조, 2011, 재인용).

고정관념은 선험적으로 주어지는 것이 아니라 사회화 과정에서의 학습을 통해, 즉 외집단 개별 구성원들의 행동이나 속성에 대한 정보를 축적하는 과정에서 자연스럽게 형성된다(Aboud, 1988). 중요한 점은 미디어가 고정관념 형성의 원천이 되는 언어와 이미지를 만들어내고, 이미 존재하는 고정관념을 지지·강화시키는 역할을 한다는 것이다. 그동안의 연구 결과는 미디어가 수용자의 고정관념 형성과 강화에 영향을 미친다는 점을 보여주고 있다(정연구 외, 2011).

3. 연구 방법

본 연구는 이주민에 대한 언론 보도가 수용자 인식에 미치는 영향과 관련해 수용자의 인식을 유형화하고, 그 특성을 살펴보기 위해 Q 방법론을 사용하였다. Q 방법론은 스티븐슨(William Stephenson)이 창안한 것으로, 인간의 주관적 영역, 예를 들어 태도, 신념, 가치 등을 객관적으로 측정하는 방법이라 할 수 있다. Q 방법론은 인간의 주관성을 분석할 수 있는 특수한 통계 기법으로 가설 생성을 위한 탐색적 연구와 이론의 검증과 같은 확인적 연구에서도 적용될 수 있다. Q 방법론은 많은 수의 표본을 대상으로 하는 R방법론에 비해 개인이나 소집단에 대한 깊이 있는 탐구가 가능하다는 점에서 주관적 인식 연구에 유용성이 매우 높다.

언론 미디어의 이주민 보도를 대하는 수용자들의 인식과 태도는 지극히 주관적이다. 따라서 언론 보도가 수용자들의 인식에 미치는 영향을 살펴보는 데 있어서 기존의 계량적 방법으로는 한계가 있다. Q는 가설의 검증보다 가설의 발견에 초점을 두는 가설 생성의 논리(abduction)이며, 이것은 연구자에 의한 조작적 정의(operational definition)가 아니라 피험자 스스로의 언어로 정신을 드러내는(operant) 방법론이라는 점에서 R방법론(기존의 방법론을 통칭)과 크게 구별된다(김흥규, 1996). 본 연구는 가설 발견의 논리인 Q 방법론을 채택, 수용자가 미디어의 이주민 보도를 접하는 과정에서 작동하는 가설을 발견하고자 한다. 심리적인 주관성을 탐색하는 데는 수용자의 자아구조(schemata) 속에 있는 요인들을 살펴보아야 하며, 자아구조는 Q 방법론을 통해 응답자 스스로 정의를 내리도록 함으로써 발견될 수 있다.

1) Q 표본

Q 표본을 작성하기에 앞서, 선행 연구 논문과 서적, 신문 보도, 기타 자료 등 관련 문헌을 참고해 이주민에 대한 언론 보도가 수용자들의 인식에 미치는 영향을 수집하였다. 문헌 연구와 더불어 방송 기자와 PD, TV 모니터 요원, 회사원, 학생, 주부 등 10명을 상대로 인터뷰를 하고 진술 내용을 얻었다. 이 같은 과정을 거쳐 1차 Q 진술문 60개를 만들었다. 그리고 다시 내용이 유사한 진술문을 통합해 범주화하는 작업을 벌였다. 본 연구의 진술문 범주는 크게 범죄, 차별, 편견, 부정적 이미지, 온정, 동화(同化), 지원, 기타로 나누어진다. 진술문은 이 같은 범주화 작업과 항목 재정리 작업을 거쳐 최종 36개로 확정되었다.(〈표 1〉).

번호	내용 (프로그램 및 개요)
1	오원춘 사건 (2012 년 4 월 1 일 수원에서 발생한 20 대 여자 살해 사건) 이후 , 중국 동포에 대한 인식이 나빠졌다 .
2	국내에 거주하는 외국인의 범죄 보도를 접할 때마다 우리나라가 다문화 사회로 진입하는 데 대해 불안감을 느낀다 .
3	자국 또는 한국에서 범죄를 저지른 이력이 있는 외국인들은 철저하게 단속하고 국내의 치안 문제를 위해서라도 그들을 국외로 추방해야 한다고 생각한다 .
4	나는 외국인 범죄 유발 지역에 관심이 많고 언론에 보도된 범죄 발생 지역을 혐오하고 가급적 피한다 .
5	국내 언론이 외국인 범죄 사건을 지나치게 확대 보도해서 국민들의 불안감을 부추기고 이주민에 대해 좋지 않은 인식을 심어주는 것 같아 염려스럽다 .
6	언론에서 미등록 외국인에 대해 사용하는 '불법 체류자' 라는 표현이 범죄자를 연상시켜 적절치 않다고 생각한다 .
7	나는 언론에서 외국인 노동자들을 불결하고 구제역이나 결핵과 같은 병원균 전염 원인 제공자인 것처럼 보도하는 것은 옳지 못하다고 생각한다 .
8	나는 이주 노동자들이 내국인에게 사기를 당하거나 산업 재해 , 임금 체불 등으로 고통받는다는 소식을 접하면 연민이 느껴지고 한국인으로서 부끄러운 생각이 든다 .
9	우리나라 산업 현장에서 일정 부분 역할을 담당하고 있는 외국인 노동자에 대해 객관적인 평가가 필요하다고 생각한다 .
10	언론을 통해 보도되는 이주 노동자들은 대부분 가난한 나라에서 돈 때문에 한국에 와서 일하는 것처럼 묘사되어 이주민에 대한 편견을 갖게 만드는 것 같다 .
11	나는 스포츠 관련 기사에서 외국인 선수를 '용병' 이라고 표현하고 피부색이나 혼혈 , 국적을 부각시키는 것은 인종차별 논란의 소지가 있어 바람직하지 않다고 생각한다 .
12	나는 외국인이 관련된 사건 보도 시 국적 (출신 지역) 을 부각시키는 것은 그 밑바탕에 편견이 깔려 있다고 생각한다 .
13	나는 언론이 외국인 관련 보도에 있어서 출신 국가의 국력 (경제력) 에 따라 서양인과 아시아인 (일본인 , 중국 동포 , 동남아시아인 등) 을 은연중에 차별한다고 생각한다 .
14	나는 언론에서 "다문화, 다문화"하는 것 자체가 이주민에 대한 편견이고 차별이라고 생각한다 .
15	가정불화는 외국인이나 한국인이나 똑같이 발생할 수 있는 일인데 언론에서 다문화 가정의 사건 · 사고를 집중 보도하는 등 부정적인 내용을 많이 보여 주어 다문화 가정에 대한 염려와 부정적인 인식을 심어주는 것 같다 .
16	언론에서 다문화 가정에 대한 동정적 시선의 보도는 피해야 한다고 생각한다 .
17	나는 언론에서 소개하는 이주민들의 자국 (自國) 고유 의상과 음식 , 공연 등을 통해 각국의 특색 있는 전통문화를 간접적으로나마 접할 수 있어서 좋은 것 같다 .
18	언론이 주로 다문화 가정 지원과 다문화 사회에서의 사회 통합에 대해 보도하고 있으나 다문화 사회에 반대하는 목소리도 전해야 한다 .
19	뉴스 보도를 통해 이주민에 관한 소식을 알고는 있으나 내 일이 아니라 별로 관심이 없다 .

20 언론에서 결혼이주여성의 한국 생활 적응과 한국 사회 동화(同化)를 미화(美化)하는 것은 문화의 차이와 다양성을 무시한 보도 행태라고 생각한다.

21 명절이 되면 국내 언론은 가부장적 사회제도에 순응해 착한 며느리로 한국생활을 해 나가는 결혼이주여성에 대해 칭찬 일색의 보도를 하는데 이는 우리의 전통문화를 일방적으로 강요하는 시대착오적인 태도인 것 같다.

22 결혼이주여성은 약자, 피해자로만 묘사되고 있으나 오히려 여성 쪽이 나쁜 짓을 하거나 문제를 일으키는 경우도 있기 때문에 보다 객관적인 보도가 필요한 것 같다.

23 언론이 이주 노동자의 피해 실태와 다문화 가정의 갈등 원인 등 보다 근본적인 문제에 대해서는 피상적으로 보도하거나 외면하는 경향이 있는 것 같다.

24 언론에서 주로 결혼이주여성만 보도하고 있는데 이주 노동자, 유학생, 전문직 종사자 등 다양한 이주민의 모습을 보여주는 것이 다문화 사회에 대한 이해를 돕는데 필요한 것 같다.

25 이주민 숫자가 많아지면서 이들이 장차 정치세력화 하고 사회 문제를 일으키지 않을까 염려된다.

26 이주민들은 피부색과 생김새가 우리와 다르고 가난과 위장 결혼 등 달갑지 않은 이유로 국내에 들어온 경우가 많기 때문에 이주민들에 대한 인식 자체가 좋지 않은 편이다.

27 이주민들은 대부분 경제적으로 빈곤한 국가에서 왔다는 인식이 강해서인지 나도 모르게 이주민들을 깔보거나 무시하는 경향이 있다.

28 방송에서 우리보다 경제적으로 못사는 동남아 국가에서 온 결혼이주여성들의 모습을 자주 보여주기 때문인지 결혼이주여성들은 가난하고 불쌍한 사람들로 인식되는 것 같다.

29 내국인도 어려운 현실에서 이주민들에 대한 복지정책을 주장하거나 그들을 위해 도움의 손길을 내밀라고 언론에서 강조하는 것은 보기 좋지 않은 것 같다.

30 이주민들이 우리 언어와 문화를 이해할 수 있게 도와주는 자원봉사자가 더 많아져야 한다고 생각한다.

31 언론에서 다문화 가정을 대부분 도와줘야 할 소외계층으로 비추다 보니 이주자들 스스로 한국 사회에 의존하게 되진 않을지 염려가 된다.

32 이주민과 그들의 자녀들이 한국에서 언어와 문화적 차이를 극복하고 잘 적응할 수 있도록 국가에서 다양한 교육, 문화 프로그램을 만들어 제공해 주는 것이 필요하다고 생각한다.

33 언론에서 이주민들이 한국 사회에 적응해 살아가는 모습을 하나의 재밋거리로 다루는 것 같다.

34 이주민들이 자녀 교육 문제나 취업 문제 등 우리 사회에서 겪고 있는 여러 가지 문제와 어려움에 대해 객관적이고 심층적인 보도가 절실히 필요한 것 같다.

35 이주민들에 대한 언론의 편견과 왜곡 보도 때문에 이주민들이 한국에 대해 나쁜 감정을 갖게 되지 않을까 걱정된다.

36 다문화 전문채널 같은 것이 생겨 이주민 관련 뉴스나 프로그램을 제대로 방송함으로써 이주민을 좀 더 이해하고 그들과 소통할 수 있는 길이 열렸으면 좋겠다.

2) P 표본

  Q 방법론은 개인 내의 중요성의 차이를 다루는 것이므로, P 표본의 수
에 아무런 제한을 받지 않는다. 또 Q 연구의 목적은 표본의 특성으로부
터 모집단의 특성을 추론하는 것이 아니기 때문에 P 표본의 선정도 확률
적 표집 방법을 따르지 않는다. 본 연구에서는 성별, 연령, 직업 등을 고
려해 수용자 23명을 조사 대상자로 선정하였다(〈표 2〉).

〈표 2〉 P 표본의 인구사회학적 특성 (N=23)

P 표본의 번호	연령	남녀	직업
1	19	여	대학생
2	22	여	대학생
3	28	여	회사원
4	28	여	방송 PD
5	24	남	대학생
6	22	남	대학생
7	23	남	대학생
8	31	여	그래픽 디자이너
9	30	여	방송 PD
10	36	여	방송 작가
11	39	남	회사원
12	37	남	회사원
13	47	여	공무원
14	43	여	회사원
15	48	남	공무원
16	48	남	기자
17	43	남	방송 PD
18	51	남	공무원
19	53	남	공무원
20	52	남	회사원
21	50	남	회사원
22	52	여	화가
23	68	남	회사원

3) Q 분류

P 표본으로 선정된 연구 대상자들에게 진술문 카드를 제시하고, 이를 일정한 분포에 따라 분류하도록 요구하는 강제분포(forced distribution) 방법을 사용하였다. 따라서 각 개인의 평균값은 언제나 '0'이며, 표준편차는 동일하게 된다. 조사에서는 자신이 가장 중요하게 생각하는 것에서부터 가장 덜 중요하게 생각하는 순서로 Q-소트 분류지에 맞게 9점 척도로 카드를 분류하도록 하였다(〈그림 1〉). 우선 진술문이 적힌 36장의 카드를 읽고 긍정(+), 중립(0), 부정(−)으로 크게 세 무더기로 분류하게 한 다음, 가장 강하게 긍정하는 진술문이 적힌 카드부터 차례로 골라 오른쪽 바깥에서(+4) 안쪽 중립 부분(0)에 놓도록 하였다. 또 가장 부정하는 진술문은 왼쪽 바깥에서(−4) 안쪽 중립 부분(0)에 놓도록 하였다. 이때 양극에 놓인 진술문(+4, −4) 6개를 선택한 이유를 각각 쓰도록 하였다.

이주민에 대한 언론 보도가 수용자 인식에 미치는 영향

〈그림 1〉 Q 표본의 분포도 (Q-sample Distribution)

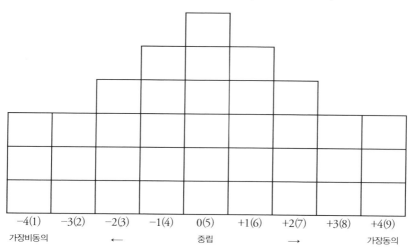

| −4(1) | −3(2) | −2(3) | −1(4) | 0(5) | +1(6) | +2(7) | +3(8) | +4(9) |
| 가장비동의 | | ← | | 중립 | | → | | 가장동의 |

4) 자료 처리 분석

수집된 자료를 가장 부정하는 경우를 1점으로 시작해 9점까지 점수화하였다. 부여된 점수를 진술문 순서로 코딩하여 QUANL PC 프로그램에 의한 주인자 분석법(principal component factor analysis)으로 처리하였다.

4. 연구 결과 및 분석

본 연구는 미디어의 이주민 재현이 이주민과 다문화 사회에 대한 수용자의 인식 및 태도에 어떤 영향을 미치는지 살펴보고 유형을 찾는데 목적이 있다. Q 요인을 분석한 결과 이주민 관련 언론 보도와 이주민을 대하는 수용자들의 인식에 각기 특징 있는 3개의 유형이 나타났다.

각 유형별 변량은 유형1이 5.6515, 유형2가 2.7271, 유형3이 1.7521이었다. 이 변량이 전체 변량에서 차지하는 비율은 유형1이 24.57%, 유형2가 11.86%, 유형3이 7.36%로 총 44%의 설명력을 지닌 것으로 나타났다.(〈표 3〉).

〈표 3〉 유형별 아이겐값과 변량

	제 1 유형	제 2 유형	제 3 유형
아이겐값	5.6515	2.7271	1.7521
변량	0.2457	0.1186	0.0762
누적변량	0.2457	0.3643	0.4405

〈표 4〉 유형 간의 상관관계

	제1유형	제2유형	제3유형
제1유형	1.000	0.213	0.411
제2유형	0.213	1.000	0.339
제3유형	0.411	0.339	1.000

유형별 상관관계를 비교해 보면, 유형1과 유형2 간의 상관관계는 .213, 유형1과 유형3 간의 상관관계는 .411, 유형2와 유형3 간의 상관관계는 .399로 나타났다. 상관관계가 낮게 나온 유형1과 유형2는 상대적으로 가장 대립적인 관계를 맺고 있으며, 유형1과 3은 상대적으로 유사한 관계를 맺고 있다고 할 수 있다. 유형2와 유형3은 상대적으로 덜 대립적인 관계이다(〈표 4〉).

각각의 요인 분석에 의해 P 표본 23명을 Q 분류한 결과치는 각각 Type 1(N=5), Type 2(N=12), Type 3(N=6)이다. 각 유형 내에서 인자 가중치가 높은 사람일수록 그 유형을 대표하는 전형적인 사람으로 볼 수 있다(〈표 5〉).

1) 제1유형 : 감성적 지지

'감성적 지지'라고 명명된 이 유형은 종교와 인종, 문화가 서로 다른 집단이 서로의 다양성을 인정하고 함께 더불어 사는 다문화주의에 가장 가깝다. 이들은 이주민을 우리 사회 구성원의 일원으로 받아들이고 공존, 공생하는 다문화 사회를 지향한다. 따라서 이들은 무엇보다 이주민에 대한 차별에 거부감을 느낀다.

유형1에 속한 사람들은 이주 노동자들이 사기와 산업 재해, 임금 체불 등 내국인들에게 당하는 피해와 고통에 연민을 느끼고 부끄럽게 생각한다. 유형1의 대표성을 지닌 20번 응답자는 "내국인이 피해를 당해도 마음이 아프듯이 인지상정이다"라고 답했다. 17번 응답자는 "과거 우리나라 사람들도 해외에서 똑같이 차별 대우를 받았던 만큼 더 부끄럽다"고 말했다.

〈표 5〉 조사 대상 인구학적 특성 및 유형별 인자가중치

번호	ID	연령대	성별	직업	인자가중치
Type 1 (N=5)	6	22	남	대학생	.4203
	13	47	여	공무원	.8948
	17	43	남	방송 PD	1.7267
	19	53	남	공무원	.7621
	20	52	남	회사원	2.3650
Type 2 (N=12)	2	22	여	대학생	1.5457
	3	28	여	회사원	.6882
	5	24	남	대학생	1.2420
	8	31	여	그래픽 디자이너	.6609
	9	30	여	방송 PD	.6756
	12	37	남	회사원	.6615
	14	43	여	회사원	.4491
	15	48	남	공무원	1.0515
	16	48	남	기자	.6365
	7	23	남	대학생	.7090
	21	50	남	회사원	.3151
	23	68	남	회사원	.4624
Type 3 (N=6)	4	28	여	방송 PD	.8421
	1	19	여	대학생	1.4092
	10	36	여	방송 작가	1.1314
	11	39	남	회사원	.3433
	18	51	남	공무원	2.6108
	22	52	여	화가	1.0039

이 유형은 우리 언론이 출신 국가의 국력(경제력)에 따라 서양인과 아시아인을 은연중에 차별하다고 생각한다. 언론이 서양인은 미화하고 아시아인에 대해서는 어두운 면을 부각시킨다는 것이다. 유형 1은 백인 문화를 동경하는 반면에 그 이외의 다른 문화는 경멸하는 오리엔탈리즘적인 시각을 경계한다.

이들은 가정불화는 외국인이나 한국인이나 똑같이 발생할 수 있는 일인데 언론에서 다문화 가정의 사건·사고를 집중 보도하는 등 부정적인 내용을 많이 보여 주어 다문화 가정에 대한 부정적인 인식을 심어주는 같다고 우려한다. 이와 관련해 17번 응답자는 "언론에서 불편부당한 객관적 보도로 내·외국인을 구분해 다루지 말 것"을 요구한다.

유형1은 이주민 범죄를 문제시하거나 심각하게 생각하지 않는다. 이들은 외국인 범죄 유발 지역에 별로 관심을 갖지 않는다. 언론에 보도된 외국인 범죄 발생 지역을 혐오하거나 피해 다니는 일도 없다. 이 유형은 국내 거주 외국인 범죄 때문에 우리나라가 다문화 사회로 진입하는 데 대해 불안감을 느끼지 않는다. 내국인 범죄율이 외국인 범죄율보다 훨씬 높고 외국인 범죄라고 해서 유별날 게 없다는 입장이다. 이들은 언론이 이주민을 사회 불안 요소, 잠재적 범죄자로 프레이밍하고 정형화하는 것을 비판한다.

타입 1은 국내 언론이 결혼이주여성의 성역할을 고정하고 동화주의에 입각해 보도한다고 생각한다. 이들은 명절이 되면 언론에서 가부장적 사회제도에 순응해 착한 며느리로 한국 생활을 해 나가는 결혼이주여성에 대해 칭찬 일색의 보도를 하는데 이는 우리의 전통문화를 일방적으로 강요하는 시대착오적인 태도라고 지적한다.

번호	진술문	표준점수
8	나는 이주 노동자들이 내국인에게 사기를 당하거나 산업 재해 , 임금 체불 등으로 고통받는다는 소식을 접하면 연민이 느껴지고 한국인으로서 부끄러운 생각이 든다 .	1.87
13	나는 언론이 외국인 관련 보도에 있어서 출신 국가의 국력 (경제력) 에 따라 서양인과 아시아인을 은연중에 차별한다고 생각한다 .	1.67
9	우리나라 산업 현장에서 일정 부분 역할을 담당하고 있는 외국인 노동자에 대해 객관적인 평가가 필요하다고 생각한다 .	1.52
32	이주민과 그들의 자녀들이 한국에서 언어와 문화적 차이를 극복하고 잘 적응할 수 있는 있도록 국가에서 다양한 교육 , 문화 프로그램들을 만들어 제공해 주는 것이 필요하다 .	1.49
24	언론에서 주로 결혼이주여성만 보도하고 있는데 이주 노동자 , 유학생 , 전문직 종사자 등 다양한 이주민의 모습을 보여주는 것이 다문화 사회에 대한 이해를 돕는데 필요한 것 같다 .	1.28
15	가정불화는 외국인이나 한국인이나 똑같이 발생할 수 있는 일인데 언론에서 다문화 가정의 사건 · 사고를 집중 보도하는 등 부정적인 내용을 많이 보여 주어 다문화 가정에 대한 염려와 부정적인 인식을 심어주는 것 같다 .	1.25
21	명절이 되면 국내 언론은 가부장적 사회제도에 순응해 착한 며느리로 한국 생활을 해 나가는 결혼이주여성에 대해 칭찬 일색의 보도를 하는데 이는 우리의 전통문화를 일방적으로 강요하는 시대착오적인 태도인 것 같다 .	1.16
27	이주민들은 대부분 경제적으로 빈곤한 국가에서 왔다는 인식이 강해서 인지 나도 모르게 이주민들을 깔보거나 무시하는 경향이 있다 .	-1.10
2	국내에 거주하는 외국인의 범죄 보도를 접할 때마다 우리나라가 다문화 사회로 진입하는 데 대해 불안감을 느낀다 .	-1.15
35	이주민들에 대한 언론의 편견과 왜곡 보도 때문에 이주민들이 한국에 대해 나쁜 감정을 갖게 되지 않을까 걱정된다 .	-1.16
31	언론에서 다문화 가정을 대부분 도와줘야 할 소외계층으로 비추다 보니 이주자들 스스로 한국 사회에 의존하게 되진 않을지 염려가 된다 .	-1.54
29	내국인도 어려운 현실에서 이주민들에 대한 복지정책을 주장하거나 그들을 위해 도움의 손길을 내밀라고 언론에서 강조하는 것은 보기 좋지 않은 것 같다 .	-1.66
4	나는 외국인 범죄 유발 지역에 관심이 많고 언론에 보도된 범죄 발생 지역을 혐오하고 가급적 피한다 .	-1.87
26	이주민들은 피부색과 생김새가 우리와 다르고 가난과 위장 결혼 등 달갑지 않은 이유로 국내에 들어온 경우가 많기 때문에 이주민들에 대한 인식 자체가 좋지 않은 편이다 .	-1.88

이 유형은 피부색과 생김새가 다르다고 이주민에 대해 거부감을 느끼지 않는다. 이주민들이 가난과 위장 결혼 등 달갑지 않은 이유로 국내에 들어온 경우가 많기 때문에 이주민에 대한 인식 자체가 좋지 않다는 견해에도 동의하지 않는다. 오히려 이들은 국내 산업 현장에서 일정 부분 역할을 담당하고 있는 외국인 노동자에 대해 객관적인 평가가 필요하다고 생각한다.

유형1은 이주민들이 대부분 가난한 나라에서 왔다는 이유로 이주민들을 깔보거나 무시하지 않는다. 이들은 언론에서 결혼이주여성뿐만 아니라 이주 노동자, 유학생, 전문직 종사자 등 다양한 이주민의 모습을 보여줌으로써 다문화 사회에 대한 이해를 돕기를 원한다.

이 유형에 속한 사람들은 이주민들에 대한 지원과 복지정책에 호의적이다. 20번 응답자는 "이주민도 우리 사회의 구성원이므로 보호가 필요하고, 필요하면 도와줘야 한다"고 말했다. 19번 응답자는 "국내에서 일하고 생활하는 이주민들도 내국인과 동등한 처우를 받아야 한다"고 대답했다.

번호	진술문	표준점수
3	자국 또는 한국에서 범죄를 저지른 이력이 있는 외국인들은 철저하게 단속하고 국내의 치안 문제를 위해서라도 그들을 국외로 추방해야 한다고 생각한다.	2.39
34	이주민들이 자녀 교육 문제나 취업 문제 등 우리 사회에서 겪고 있는 여러 가지 문제와 어려움에 대해 객관적이고 심층적인 보도가 절실히 필요한 것 같다.	1.44
9	우리나라 산업 현장에서 일정 부분 역할을 담당하고 있는 외국인 노동자에 대해 객관적인 평가가 필요하다고 생각한다.	1.36
1	오원춘 사건 (2012 년 4 월 1 일 수원에서 발생한 20 대 여자 살해 사건) 이후 , 중국 동포에 대한 인식이 나빠졌다.	1.20
32	이주민과 그들의 자녀들이 한국에서 언어와 문화적 차이를 극복하고 잘 적응할 수 있도록 국가에서 다양한 교육 , 문화 프로그램들을 만들어 제공해 주는 것이 필요하다	1.15
24	언론에서 주로 결혼이주여성만 보도하고 있는데 이주 노동자 , 유학생 , 전문직 종사자 등 다양한 이주민의 모습을 보여주는 것이 다문화 사회에 대한 이해를 돕는데 필요한 것 같다.	1.11
16	언론에서 다문화 가정에 대한 동정적 시선의 보도는 피해야 한다고 생각한다.	1.08
25	이주민 숫자가 많아지면서 이들이 장차 정치세력화 하고 사회 문제를 일으키지 않을까 염려된다.	-1.05
26	이주민들은 피부색과 생김새가 우리와 다르고 가난과 위장 결혼 등 달갑지 않은 이유로 국내에 들어온 경우가 많기 때문에 이주민들에 대한 인식 자체가 좋지 않은 편이다.	-1.06
33	언론에서 이주민들이 한국 사회에 적응해 살아가는 모습을 하나의 재밌거리로 다루는 것 같다.	-1.19
27	이주민들은 대부분 경제적으로 빈곤한 국가에서 왔다는 인식이 강해서인지 나도 모르게 이주민들을 깔보거나 무시하는 경향이 있다.	-1.40
5	국내 언론이 외국인 범죄 사건을 지나치게 확대 보도해서 국민들의 불안감을 부추기고 이주민에 대해 좋지 않은 인식을 심어주는 것 같아 염려스럽다.	-1.70
14	나는 언론에서 "다문화 , 다문화" 하는 것 자체가 이주민에 대한 편견이고 차별이라고 생각한다.	-1.77
20	언론에서 결혼이주여성의 한국 생활 적응과 한국 사회 동화를 미화하는 것은 문화의 차이와 다양성을 무시한 보도 행태라고 생각한다.	-1.82

2) 제2유형 : 준법 강조

'준법 강조'라고 명명된 이 유형은 이주민을 타자화, 동질화하는 경향이 강하다. 유형2는 이주민들이 국내법을 잘 지키고 범죄를 저지르지 않길 강력히 원한다. 아울러 이들의 한국 생활 적응과 한국 사회 동화를 적극 권장한다. 이 유형은 한마디로 말해 "로마에 가면 로마법을 따르라"는 입장이다.

이 유형에 속한 사람들은 외국인(이주민) 범죄에 매우 민감하다. 유형 2는 자국 또는 한국에서 범죄를 저지른 이력이 있는 외국인들은 철저하게 단속하고 국내의 치안을 위해서라도 그들을 국외로 추방해야 한다고 생각한다. 특히 이들은 오원춘 사건(2012년 4월 1일 수원에서 발생한 20대 여자 살해 사건) 이후, 중국 동포에 대한 인식이 나빠졌다. 이들은 국내 언론이 외국인 범죄 사건을 지나치게 확대 보도해서 국민들의 불안감을 부추긴다고 생각지 않는다. 이 유형에 속한 15번 응답자는 "국내 언론의 외국인 범죄 보도는 사실을 전하는 수준"이라고 말한다. 유형 2의 대표성을 지닌 5번 응답자는 "외국인 범죄에 대응이 미흡할 경우 이주민에 대한 불안감과 거부감을 키울 뿐이기 때문에 외국인 범죄에 대해 철저한 재발 방지책을 마련해야 한다"고 강조한다. 그는 또 "외국인 범죄 보도 시 국적(출신 지역)을 분명히 밝혀야 한다"는 입장이다. 국적을 부각시키는 밑바탕에 편견이 깔려 있다고는 생각지 않으며 국민은 알 권리가 있다는 것이다.

이 유형은 한국적 다문화주의의 특징을 잘 보여준다. 유형2는 결혼이주여성이 한국 생활에 적응하고 한국 사회에 동화해야 한다고 생각한다. 따라서 언론에서 결혼이주여성의 한국 생활 적응과 한국 사회 동화를 미화하는 것은 문화의 차이와 다양성을 무시한 보도 행태라는 지적에 이들은 동의하지 않는다. 이들은 언론에서 이주민들이 한국 사회에 적응해 살아가는 모습을 하나의 재밋거리로 다루는 것 같다는 지적에 대해서도 동의하지 않는다. 5번 응답자는 "결혼이주여성도 한국인인 만큼 한국 문화에 적응하고 몸에 배게 하는 것은 지극히 당연한 일"이라고 여긴다. 그는 더 나아가 "결혼이주여성의 한국 사회 동화는 미화를 통해서라도 적극 권장해야 한다"고 믿는다. 15번 응답자는 "결혼이주여성의 한국 사회 동화와 적응을 보도하는 것은 이주여성들에게 또 다른 정보를 제공한다는 측면에서 언론의 순기능"이라고 말한다.

이들도 이주민과 그 자녀들이 언어와 문화적 차이를 극복하고 잘 적응할 수 있도록 국가에서 다양한 교육, 문화 프로그램을 제공해 주는 것이 필요하다고 생각한다. 하지만 유형2의 지원은 유형1과 달리 온정주의, 동화주의적 성격을 띤다. 5번 응답자는 "이주민 또한 한국인과 결혼하고 자녀를 낳으면 한국 사람이나 마찬가지이고 소수라고 해서 정책적 지원에서 배제돼선 안 된다"고 주장한다. 2번 응답자는 "불법 이민자가 아니고 제대로 국내 정착한 경우라면 이들 또한 우리나라 국민이기 때문에 최대한 살펴야 한다"고 말한다.

〈표 8〉 유형 3 의 표준점수가 ±1.00 이상인 진술문

번호	진술문	표준점수
32	이주민과 그들의 자녀들이 한국에서 언어와 문화적 차이를 극복하고 잘 적응할 수 있도록 국가에서 다양한 교육 , 문화 프로그램들을 만들어 제공해 주는 것이 필요하다 .	1.87
34	이주민들이 자녀 교육 문제나 취업 문제 등 우리 사회에서 겪고 있는 여러 가지 문제와 어려움에 대해 객관적이고 심층적인 보도가 절실히 필요한 것 같다 .	1.67
8	나는 이주 노동자들이 내국인에게 사기를 당하거나 산업 재해 , 임금 체불 등으로 고통받는다는 소식을 접하면 연민이 느껴지고 한국인으로서 부끄러운 생각이 든다 .	1.52
9	우리나라 산업 현장에서 일정 부분 역할을 담당하고 있는 외국인 노동자에 대해 객관적인 평가가 필요하다고 생각한다 .	1.49
30	이주민들이 우리 언어와 문화를 이해할 수 있게 도와주는 자원봉사자가 더 많아져야 한다고 생각한다 .	1.28
7	나는 언론에서 외국인 노동자들을 불결하고 구제역이나 결핵과 같은 병원균 전염 원인 제공자인 것처럼 보도하는 것은 옳지 못하다고 생각한다 .	1.25
10	언론을 통해 보도되는 이주노동자들은 대부분 가난한 나라에서 돈 때문에 한국에 와서 일하는 것처럼 묘사되어 이주민에 대한 편견을 갖게 만드는 것 같다 .	1.16
22.	결혼이주여성은 약자 , 피해자로만 묘사되고 있으나 오히려 여성 쪽이 나쁜 짓을 하거나 문제를 일으키는 경우도 있기 때문에 보다 객관적인 보도가 필요한 것 같다 .	
25	이주민 숫자가 많아지면서 이들이 장차 정치세력화 하고 사회 문제를 일으키지 않을까 염려된다 .	-1.10
31	언론에서 다문화 가정을 대부분 도와줘야 할 소외계층으로 비추다 보니 이주자들 스스로 한국 사회에 의존하게 되진 않을지 염려가 된다 .	-1.15
27	이주민들은 대부분 경제적으로 빈곤한 국가에서 왔다는 인식이 강해서인지 나도 모르게 이주민들을 깔보거나 무시하는 경향이 있다 .	-1.16
14	나는 언론에서 "다문화 , 다문화" 하는 것 자체가 이주민에 대한 편견이고 차별이라고 생각한다 .	-1.54
15	가정불화는 외국인이나 한국인이나 똑같이 발생할 수 있는 일인데 언론에서 다문화 가정의 사건 · 사고를 집중 보도하는 등 부정적인 내용을 많이 보여 주어 다문화 가정에 대한 염려와 부정적인 인식을 심어주는 것 같다 .	-1.66
4	나는 외국인 범죄 유발 지역에 관심이 많고 언론에 보도된 범죄 발생 지역을 혐오하고 가급적 피한다 .	-1.87
13	나는 언론이 외국인 관련 보도에 있어서 출신 국가의 국력 (경제력) 에 따라 서양인과 아시아인을 은연중에 차별한다고 생각한다 .	-1.88

이주민에 대한 언론 보도가 수용자 인식에 미치는 영향

3) 제3유형 : 객관적 상황 분석

'객관적 상황 분석'이라고 명명된 이 유형은 유형1과 유형 2가 혼재된 중간적 형태라 할 수 있다. 이 유형에 속한 사람들은 언론의 이주민 보도에 대해 중립적이고 객관적인 태도를 보인다. 이들은 언론이 이주민 관련 보도를 할 때, 어느 한 쪽으로 치우치지 않고 있는 그대로 객관적으로 보도하면 된다는 입장이다. 이들은 이주민에 대해서도 중립적 태도를 취한다.

유형3은 국내 언론이 외국인 관련 보도에 있어서 출신 국가의 국력(경제력)에 따라 서양인과 아시아인을 은연중에 차별한다고 생각하지 않는다. 유형3의 대표성을 지닌 1번 응답자는 "언론에서 객관적으로 사실에 맞게 차별 없이 보도하고 있다고 생각한다"고 대답했다. 이것은 유형 1의 견해와 서로 상반되는 입장이다.

이들은 또 언론에서 다문화 가정의 부정적인 내용을 많이 보여 주어 다문화 가정에 대한 부정적인 인식을 심어주는 것 같다는 유형 1의 우려에 동의하지 않는다. 1번 응답자는 "국내 언론이 다문화 가정의 불화를 딱히 강조하고 있는 것 같지 않다"고 말했다. 18번 응답자도 "가정불화에 대한 언론의 보도량은 사실 이주민보다 내국인이 더 많다"고 반박했다.

이 유형은 피부색과 생김새가 다르고 언어와 문화가 다른 이주민이 우리 사회에 존재하는 것은 엄연한 사실이기 때문에 언론에서 다문화, 다문화 하는 것 자체가 이주민에 대한 편견이고 차별이라고는 생각지 않는다. 한마디로 언론이 이주민을 내국인과 차별한다고 과민 반응할 필요가 없다는 것이다.

이 유형은 국내 언론이 이주민을 차별한다고는 생각지 않지만 편견을 낳을 수 있는 보도는 피해야 한다는 입장이다. 이들은 이주 노동자들이 대부분 가난한 나라에서 돈 때문에 한국에 와서 일하는 것처럼 언론에 묘사되어 이주민에 대한 편견을 갖게 만든다고 생각한다. 이들은 또 언론에서 외국인 노동자들을 불결하고 구제역이나 결핵과 같은 병원균 전염 원인 제공자인 것처럼 보도하는 것은 옳지 못하다고 말한다.

유형3은 유형2와는 달리 이주민 범죄에 대해 그다지 심각하게 여기지 않는다. 이들은 외국인 범죄 유발 지역에 관심이 없고 언론에 보도된 범죄 발생 지역을 혐오하거나 일부러 피하는 일도 없다. 10번 응답자는 "오원춘 사건은 사안 자체에 공포가 너무 컸지만 그럼에도 불구하고 언론의 과도한 보도로 이주 노동자에 대해 나쁜 인식을 심어준 게 사실"이라고 말했다. 22번 응답자는 "한국인도 오원춘보다 더 큰 범죄를 저지르기 때문에 그 사건 하나로 인해 중국 동포에 대한 인식이 나빠지진 않는다"고 답했다.

이 유형도 이주민의 한국 사회 적응과 정착을 돕기 위한 국가와 민간의 지원을 지지한다. 유형3은 이주민과 그들의 자녀들이 한국에서 잘 적응할 수 있는 있도록 국가에서 다양한 교육, 문화 프로그램들을 제공하고 이들을 도와주는 자원봉사자가 더 많아져야 한다고 생각한다. 그렇지만 이들이 말하는 지원은 유형1, 유형2와는 성격이 약간 다르다. 10번 응답자는 "동정이나 연민이 아닌 체계적인 다문화 사업 계획이 절실히 필요하다"고 말했다. 18번 응답자는 "어차피 이주했으면 당연히 교육, 문화에 익숙하도록 지원이 필요하다"고 답했다.

이 유형에 속한 사람들은 이주민을 제3자적 입장에서 객관적으로 보려는 경향이 뚜렷하다. 이들은 결혼이주여성이 약자, 피해자로만 묘사되고 있으나 오히려 여성 쪽이 나쁜 짓을 하거나 문제를 일으키는 경우도 있기 때문에 보다 객관적인 보도가 필요하다고 생각한다. 이들은 언론이 주로 다문화 가정 지원과 다문화 사회에서의 사회 통합에 대해 보도하고 있으나 다문화 사회에 반대하는 목소리도 전해야 한다는 입장이다. 이와 관련해 1번 응답자는 "우리 사회가 다문화 사회라 하지만 분명 반대의 목소리도 있을 것이며 따라서 양쪽의 의견을 보도해야 한다"고 말했다.

5. 결론

본 연구는 이주민에 대한 언론 보도가 수용자의 인식 및 태도에 미치는 영향과 관련해 3가지 유형을 발견하였다.

제1유형인 '감성적 지지'는 문화적 배경이 다른 이주민을 우리 사회 구성원의 일원으로 받아들이고 문화의 다양성을 인정하는 열린 사고(思考)가 특징이다. 이 유형에 속한 사람들은 다문화 사회를 지향하며 무엇보다 이주민에 대한 차별에 거부감을 느낀다.

이들은 국내 언론의 오리엔탈리즘적 시각을 경계한다. 이 유형은 우리 언론이 출신 국가의 국력(경제력)에 따라 서양인과 아시아인을 은연중에 차별하고 다문화 가정의 가정불화를 많이 보도해 다문화 가정에 대한 부정적 이미지를 심어준다고 우려한다.

유형1은 이주민 범죄에 대해 관용적 태도를 보인다. 이들은 국내 거주 외국인 범죄 때문에 특별히 불안감을 느끼지 않는다. 오히려 이들은 언론이 이분법적 인식으로 이주민을 타자화하고 사회 안전을 위협하는 존재로 정형화하는 데 대해 비판적이다.

이 유형은 우리 언론이 결혼이주여성의 성역할을 고정하고 동화주의에 입각해 보도한다고 지적한다. 이들은 한국의 가부장적 사회제도에 순응해 살아가는 결혼이주여성을 '착한 며느리'로 미화하는 언론 보도는 시대착오적이라고 생각한다.

제2유형인 '준법 강조'는 이주민에 대한 경계 속에 온정주의와 동화주의가 뒤섞인 한국적 다문화주의의 특성이 두드러진다. 이 유형은 간단히 말해 이주민들이 국내에서 범죄를 저지르지 말고 한국 사회에 동화돼 살아가길 원하는 사람들이다.

이들은 특히 외국인 범죄를 매우 우려하는 사람들로 이주민들을 타자화하고 위험한 존재로 인식하는 경향이 짙다. 이 유형은 범죄를 저지른 이력이 있는 외국인들은 철저히 단속하고 국내 치안을 위해 국외 추방까지도 해야 한다고 생각한다. 이들은 외국인 범죄 보도에 대한 선정성 논란에도 불구하고 국내 언론의 보도 행태를 적극 옹호하는 입장이다.

이 유형은 결혼이주여성들의 문화적 차이와 다양성을 중시하지 않는다. 이들은 결혼이주여성이 한국인인 만큼 하루 빨리 한국 문화에 적응하고 착한 며느리로 살아가길 원한다. 이들은 결혼이주여성의 한국 생활 적응과 한국 사회 동화를 보도하는 것은 언론의 순기능이라고 생각한다. 유형2는 이주민이 한국인과 결혼하고 자녀를 낳으면 한국 사람이나 다름없다는 전제 아래 이주민 지원에 온정주의 내지는 동화주의적 태도를 보인다.

제3유형인 '객관적 상황 분석'은 유형1과 유형2가 혼재된 중간적 형태를 띤다. 이 유형은 언론의 이주민 보도와 국내 거주 이주민을 중립적이고 객관적인 시각으로 보려고 한다.

이들은 언론이 출신 국가의 국력(경제력)에 따라 서양인과 아시아인을 은연중에 차별한다거나 다문화 가정 내 불화를 많이 보도해 다문화 가정에 대한 부정적인 인식을 심어준다는 유형1의 견해에 동의하지 않는다.

이 유형은 우리 언론이 이주민을 차별한다고는 생각하지 않지만 편견을 낳을 수 있는 보도는 피해야 한다는 입장이다. 이들은 언론에서 이주

노동자들이 가난한 나라에서 돈 때문에 한국에 와서 일한다거나 불결하다는 식으로 부정적 이미지를 재현하는 데 대해 비판적이다.

유형3은 유형2와는 달리 이주민 범죄에 대해 그다지 심각하게 생각지 않는다. 이들은 언론의 과도한 보도로 이주 노동자에 대한 부정적 인식을 심어준 게 사실이나 오원춘 사건 하나로 인해 중국 동포에 대한 인식이 나빠지진 않는다고 본다.

이 유형은 이주민을 제3자적 입장에서 중립적으로 보려는 경향이 뚜렷하다. 이들은 결혼이주여성이 주로 약자, 피해자로 묘사되고 있으나 오히려 여성 쪽이 문제를 일으키는 경우도 있다며 객관적 보도의 필요성을 제기한다. 아울러 이들은 다문화 사회에 반대하는 목소리도 있는 만큼 양쪽의 의견을 전해야 한다는 입장이다.

본 연구는 우리 국민이 언론에 보도되고 있는 이주민 관련 기사를 보고 이주민 또는 다문화 사회에 대해 평소 어떤 생각을 갖고 있는지 궁금증을 해소하고자 수행됐다.

Q 방법론을 통해 수용자 각 개인의 주관적 영역에 속하는 가치 판단 및 인식, 태도를 끄집어내서 세 가지 모습으로 유형화한 것은 나름대로 의미 있는 연구였다고 생각한다.

연구 결과 우리 사회에 이주민에 대한 관용과 경계, 다원주의와 동화주의가 혼재돼 있지만 아직은 인종주의를 우려할 만한 상황이 아님을 확인할 수 있었다. 세 가지 유형 공히 이주민과 그 자녀들에 대한 지원과 복지 정책을 지지하고 외국인 노동자에 대한 객관적인 평가를 원하는 것으로 나타났다. 또한 가난한 나라에서 왔다는 이유로 이주민들을 깔보거나 무시하는 경향에 대해 세 가지 유형 모두 부정적인 입장을 보였다. 이주민과 다문화에 대한 수용자들의 인식이 우려했던 것보다 긍정적이고 바람직한 형태로 나타난 것은 우리 사회가 그동안 그만큼 성숙해졌음을 말해준다. 아울러 우리 언론이 선정적 보도로 역기능도 했지만 사회 통합을 강조하면서 나름대로 순기능을 한 결과라고도 해석할 수 있다.

　다민족·다문화 사회와 미디어에 대한 그동안의 연구는 뉴스가 이주민을 어떤 식으로 묘사하고 보여주는지에 초점을 맞추어 왔다. 이에 비해 본 연구는 언론의 이주민 보도를 수용자가 어떻게 받아들이고 인식하고 있는지 수용자 측면에서 살펴본 새로운 시도라 할 수 있다. 하지만 이번 연구는 수용자들의 인식 및 태도 형성이 언론의 이주민 재현에 직접적인 영향을 받은 것인지, 아니면 수용자들의 선유경향 때문인지 미디어 효과를 측정하는 데 한계를 지니고 있다. 이 연구는 가설 발견을 위한 탐색적 연구였던 만큼 후속 연구를 통해 발견된 유형을 계량화하고 검증하는 작업이 필요하다.

327

■■■ 참고문헌

구견서 (2003), 「다문화주의의 이론적 체계」, 『현상과 인식』 제27권 제3호, 29-53.

금희조 (2011), 「소셜 미디어 이용과 다문화에 대한 관용」, 『한국언론학보』 55권, 4호, 163-186.

김경희 (2009), 「텔레비전 뉴스 내러티브에 나타난 이주민의 특성」, 『방송학보』 23권 3호 7-46.

김세은·김수아 (2007), 「다문화 사회와 미디어의 재현: 외국인 노동자 보도 분석」. 여성 커뮤니케이션학회 2007 추계정기학술대회 발표 논문.

김수정 (2007), 「우리 안의 그들: 여성 결혼 이민자에 대한 언론의 보도 담론」, 여성 커뮤니케이션학회 2007). 추계 정기 학술대회 발표 논문.

김흥규 (1996), 「Q 방법론의 유용성 연구」, 『주관성 연구』 통권 제1호, 15-33.

＿＿＿ (2007), 「P 표본의 선정과 Q 소팅」, 『주관성 연구』 15호, 5-19.

심보선 (2007), 「온정주의 이주노동자 정책의 형성과 변화」, 『담론201』, 제10권 2호, 41-76.

양정혜 (2007), 「소수민족 이주여성의 재현: 국제결혼 이주여성에 관한 뉴스 보도 분석」, 『미디어, 젠더 & 문화』 7호, 47-77.

엄한진 (2008), 「한국 이민담론의 분절성」, 『아세아 연구』 51권 2호, 112-140.

오경석 (2007), 「어떤 다문화주의인가?: 다문화사회 논의에 관한 비판적 조망」. 오경석 외(편), 『한국에서의 다문화주의: 현실과 쟁점』, 서울: 한울아카데미. 21-56.

이상길·안지현 (2007), 「다문화주의와 미디어/문화연구: 국내 연구동향의 검토와 새로운 전망의 모색」, 『한국언론학보』 51권 5호, 58-83.

이희은·유경한·안지현 (2007), 「TV광고에 나타난 전략적 다문화주의와 인종주의」, 『한국언론정보학보』 39호, 473-505.

임도경 (2010), 「외국인 이주민이 본 한국과 한국인의 이미지 연구」, 『주관성 연구』 20호, 101-120.

정연구 외 (2011), 「뉴스 미디어의 결혼이주여성 보도가 수용자의 고정관념과 다문화지향성에 미치는 영향」, 『한국언론학보』 55권, 2호, 406-444.

채영길 (2012), 「초국적 미디어 자본과 아시안 커뮤니티의 정체성」, 한국소통학회 세미나 발제문.

Aboud, F. (1988), *Children and prejudice. Cambridge*: Basil Blackwell.

제3부 방송·뉴미디어

Croteau, D., & Hoynes, W. (2006), *The business of media*. Thousand Oks, CA: Pine Forge Press.

Gamson, W. A. (1992), *Talking politics. Cambridge:* Cambridge University Press.

Gitlin, T. (1980), *The whole world is watching*. Berkely: University of California Press.

Lippmann, W. (1922), *Public Opinion*. New York: The Free Press.

Oakes, P. J., Haslam, A. S., & Turner, J. C. (1994), *Stereotyping and social reality*. Oxford and Cambridge, MA: Blackwell.

Pettigrew, T. F. (1979), The ultimate attribution error: Extending Allport's cognitive analysis of prejudice. *Personality and Social Psychology of Bulletin, 5*, 461−476.

Tuchman, G. (1972), Objectivity as strategic ritual: An examination of newsmen's notions of objectivity. *American Journal of Sociology, 77*(4), 660−679.

329

이주민에 대한 언론 보도가 수용자 인식에 미치는 영향

제4부

광고·마케팅

소비자의 광고 태도에 관한 주관성 탐색[*]

최 원 주

건국대 신문방송학과 교수

* 본 논문은 〈주관성 연구〉 제13호(2006. 12) pp.81-106 논문 전문을 재게재한 논문임
을 알려드립니다.

소비자의 광고 태도에 관한 주관성 탐색

1. 서론

21세기 들어 시장 환경의 변화는 급속도록 이루어지고 있다. 시장의 경계가 허물어지고, 시간과 거리의 개념이 축소되면서, 글로벌이라는 단일 시장을 형성해가고 있다. 이것은 국내 브랜드의 해외 시장 진출뿐만 아니라, 국내 시장에서 해외 브랜드와의 경쟁을 의미한다. 이렇듯 경쟁의 범위가 달라짐과 더불어 소비자를 얻기 위한 수단의 척도 또한 달라지고 있다. 소비자들은 제품에 대한 선택의 폭이 넓어지면서, 전략적 소비자로서의 면모를 점차 갖추게 되었다. 제품의 기능과 혜택이 소비자를 유인할 수 있는 유일한 소구점이 아니라는 것은 이미 상당히 오래전에 제기되었으며, 제품이 가져다주는 상징적 가치를 담고 있는 브랜드 이미지가 시장을 움직이는 힘이 되고 있다.

소비자는 자신의 이미지를 다른 사람들에게 전달하는 데 있어 브랜드의 상징적 이미지를 수단으로 이용하기 때문에 자신의 자아 이미지와 일치하는 이미지를 갖는 브랜드를 선호한다. 소비자의 욕구는 제품을 통해 생리적인 욕구뿐만 아니라 심리적 욕구까지 충족시키고자 하기 때문에 각각의 욕구에 맞는 차별화 된 제품을 요구하고 있다. 이러한 의미에서 상징으로서의 브랜드 이미지와 자아의 일치에 관한 중요성은 소비자 행동에 있어서 점차 그 의의를 더해가고 있다.

자아 개념은 주로 심리학 분야에서 연구되어 왔으나 최근에는 소비자 행동 분야에도 많이 적용되고 있는 주요 개념으로 상징적 상호작용의 이론들을 이용하는 마케팅 이미지와 관련되어 있다. 모든 인간행동에 있어서 자아개념을 그 핵심으로 보고 개인에 대한 중심평가 기준으로 생각하였다. 인간행동의 기본적인 전제중의 하나는 인간이 의도적이고 일관성 있는 방식으로 행동한다는 것이며, 이는 욕구와 동기부여가 의미 있는 방식으로 통합된다는 사실을 시사한다. 이러한 현상을 잘 설명해 줄 수 있는 것이 자아 개념이다. 이러한 자아 개념은 마케팅에서 특히 소비자의 제품, 브랜드 선택과정에 있어서 자아의 역할, 자아와 제품 이미지와의 관련성에 관한 연구 등에서 사용되어 왔다.

소비자의 자아는 제품에 대한 지각 및 제품 선택에 있어 주관적인 평가기준으로서의 역할을 하고 있다. 즉, 소비자들은 자아를 통해 자아정의(self-defining)를 하고 그 과정의 일부로서 자신의 자아(실제적 또는 이상적 자아)와 일치하는 브랜드 이미지를 갖는 브랜드를 선택하게 된다. 이러한 자아 이미지 혹은 자아에 대한 관심은 소비자가 자기 자신의 지각과 일치하는 제품이나 브랜드를 선택하고 일치하지 않는 제품들은 거부한다는 믿음 때문이다. 자아 개념은 소비자가 가지는 하나의 목표와 마찬가지로 소비자 자신에 대해 가지는 개인의 사고와 감정의 총체로서, 그 개념 자체가 소비자의 특성을 대표하는 것이기 때문에 브랜드를 자아 이미지의 상징적 수단으로 사용하는 소비자 태도와 행동의 중심

개념으로 볼 수 있다.

소비행위를 이해하는 데 필요한 스키마타(schemata)는 소비자의 자아와 관련된 것으로 가능한 아이디어, 느낌 그리고 가치에 대한 개인의 주관적인 복합체를 의미하며, 소비행위는 이러한 스키마타에 따라 이루어진다. 스키마타의 개념과 소비행위에 관한 정의는 광고 등 소비자 연구에 있어서 주관적 접근 방법을 채택함으로써 비롯되는데 이것은 기본적으로 사람들의 의견이나 바램들의 중심 개념으로 자아의 개념을 받아들이는 것이다. 소비자가 한 상품을 어떻게 지각하는가는 그 사람의 주관적 스키마타에 달려있다. 제품들은 상이한 소비자들에게 각각 다르게 지각되므로 이러한 의미에서 어떠한 제품도 수많은 의미를 갖고 있다고 할 수 있다. 따라서 제품이란 사람들이 그것을 보거나 사용할 때, 커뮤니케이트하는 의미의 총체로 정의할 수 있는 것이다(Sommers, 1964). 이것은 곧 제품에 대한 지각이나 소비에 이르는 행위가 스키마타에 의한 것임을 의미한다(김흥규, 1997). 각 개인에 있어 자아란 여러 개의 태도 등으로 구성되어 있다. 바꾸어 말하면, 한 사람이 생활 속에서 만나는 상품이나 이에 대한 메시지에 반응할 수 있는 방식은 매우 다양할 수 있다는 것이다. 그러나 자아이론의 핵심은 자아란 사람들 자신에게 전적으로 주관적이라는 인식에 있다. 오직 그 사람만이 그의 태도가 무엇을 의미하는가를 말할 수 있다(Stephenson, 1968).

광고태도와 같이 소비행위와 관련된 태도는 Stephenson(1967)의 유희이론적 접근에서 살펴볼 수 있다. 이것은 광고와 같이 유희적 요소가 강한 커뮤니케이션은 사회적 통제와 달리 인간행위에 있어 선택의 개별성을 지향하며, 행위는 자발적인 것으로 모든 것이 개별성과 독립적인 존재를 지향한다는 수렴적 선택성의 원리에 따른다. 소비행위 또한 수렴적 선택성의 원리에 따라 사회적인 가치 통제에서 벗어나 스스로 원

소비자의 광고 태도에 관한 주관성 탐색

하는 상품을 마음대로 구할 수 있다. 소비 행위를 욕구(wants)와 필요(needs)의 차원에서 보면, 욕구(wants)는 자아가 고양되는 커뮤니케이션 만족의 범주에 들기 때문에 기호, 유행, 패션, 취미와 같은 것으로 커뮤니케이션 만족과 수렴적 선택성의 원리 중 빼놓을 수 없는 부분이며, 필요(needs)와는 상반된 개념이다. 사람들은 살기 위해 음식이 필요하지만 그가 스테이크를 원하는 것은 자신이 고기를 좋아하기 때문이다 따라서 욕구는 새로운 유행을 부추기는 요인이 되며, 자신을 위해 무엇인가를 소유하고 싶은 욕망이다(Knight, 1965).

브랜드 이미지 시대에 있어 광고는 갈수록 그 역할이 중요해지고 있으며, 차별화되고 일관된 브랜드 이미지 형성을 위한 광고 전략은 시장에 있어 브랜드의 생존과 깊은 관련이 있다고 할 수 있다. 따라서 시장에서 성공할 수 있는 광고 전략을 위해서는 소비자의 주관성을 탐색할 수 있는 방법론을 통해 소비자의 필요가 아니라 욕구의 영역 속에서 다루어야 한다. 본 연구에서는 소비자의 주관적 의견을 체계적으로 접근할 수 있는 이론과 방법론을 통해 소비자의 스키마타를 이해함으로써 광고 전략 연구에 새로운 방향을 모색하고자 한다. 또한 소비자 혹은 목표시장을 이해하기 위해 연령, 수입, 성별, 결혼여부, 사회계층 등 소위 인구통계학적 속성을 이용해왔던 이제까지의 광고 전략에 대한 접근 방법에 대한 새로운 대안을 제시하고자 한다. 정량적 조사에 의존한 정보는 객관적이며 즉시 증명될 수 있고 소비자 집단에 대해 명확하게 정의할 수 있기 때문에 광고나 시장조사 등에서 중요시되어왔으나, 이러한 정보는 사람들의 자아와 관련된 구매 욕구와 가치 등에 관해서는 해답을 줄 수 없으며, 광고 전략에 있어서도 실질적인 아이디어를 도출하기에 한계를 가지고 있다. 본 연구는 이러한 한계를 극복하기 위한 대안으로서 소비자의 광고 태도에 관한 주관성 탐색을 시도하고자 한다.

2. 이론적 배경

1) 태도의 개념과 구성 이론

사회심리학에서 가장 현저하고 필수불가결한 개념인 태도(Allport, 1935)에 대한 정의는 학자마다 다양하다. Petty와 Cacioppo(1981)는 태도를 그들 자신, 다른 사람들, 대상, 이슈 등에 대해 가지고 있는 일반적 평가로 정의하고 있으며, Fazio(1981)는 태도를 대상물과 평가 사이의 결합 강도로 정의하고 있고, 기억력에 있어서 그 대상물을 대표하고 있는 것과 연관되어 있다고 주장한다. Fishbein과 Ajzen(1980)은 태도를 주어진 사물에 대해서 일관적으로 호의적 또는 비호의적 매너로 반응하거나, 응답하는 학습 성향으로 정의하고 있는데 위의 정의들 중에서 가장 많이 이용되고 있다. 다시 말해 태도는 어떤 사물, 이슈 또는 행동에 대한 긍정적 또는 부정적 감정을 의미한다. 소비자 연구에서 본다면, 태도는 어떤 상품에 대한 긍정적 또는 부정적 감정을 의미하며, 소비자의 광고 태도에 있어서는 광고에서 나타나는 브랜드가 아니라 광고에 대한 전체적 반응을 말한다.

태도에 관한 개념 정의는 유사 개념과의 비교를 통해 더욱 명확해질 수 있다. Fishbein 과 Ajzen(1975)은 태도는 감정적인 데 반하여, 신념은 인지적인 것이라는 점을 기준으로 신념과 태도를 구분하고 있다. Hovland, Janis 그리고 Kelly(1953)는 태도는 일반적인 정향(general orientation)인데 반하여 의견은 광범한 태도의 좀 더 구체적인 표명이라고 주장하고 있다. 태도와 불가분의 관계에 있는 가치는 개인들이 생각하고 있는 중요한 인생목표 또는 인간행동의 기준인데 태도는 바로 그러한 기준에 대하여 개인들이 가지고 있는 판단 내지 평가라는 것이다.

따라서 가치는 목적인 반면에 태도는 그 수단이라고 하겠으며 그렇기 때문에 개인들이 추구하고자 하는 목적에 따라 그들의 태도나 신념은 결정된다고 볼 수 있다(정성호, 2005).

이러한 태도의 개념은 그 속성을 파악함으로써 보다 구체화될 수 있다. 최양호(1994)는 태도의 속성을 대해 ①태도는 학습되는 것이다 ②태도는 반응하는 성향이다 ③태도는 계속해서 나타나는 호의적 또는 비호의적 반응이다 ④태도는 항상 태도대상물이 존재한다 등으로 정의하고 있다. 이러한 태도의 속성은 소비자가 광고를 통해서 선호 또는 비선호의 감정을 배우기도 하고 직접 대상물을 경험함으로써 배우기도 한다. 또한 태도는 실제적으로 행동을 초래하기 때문에 광고에 대한 좋은 태도는 직접 구매 또는 추천 등의 우호적인 행동으로 연결되며, 소비자 태도의 지속적인 반응은 브랜드 로얄티를 강화함으로써 반복 구매를 유도한다. 이와 같이 태도가 학습되고 소비자 행동으로 연결되기 때문에 마케터 들은 광고를 이용하여 브랜드에 대한 태도를 형성하거나 변화시키고자 한다.

태도에 대한 이론적 접근에 따라 태도에 대한 개념 정의도 그 차이를 보이고 있다. 학습이론적 접근에서의 태도는 다른 반응과 꼭 같이, 보상과 처벌의 적용을 통해 학습되고 변화되는 관찰할 수 없는 반응이다(Doob, 1947). 대체로 학습 이론가들은 설득을 달성하는 데에 있어서 결정적인 긍정적 또는 부정적 속성을 태도 대상과 연관시키는 것은 학습이라고 제안한다. 지각이론적 접근에서는 태도 변화에 미치는 지각의 선택성(selectivity of perception)과 다준거체계(frame of reference)의 영향에 주목했다(Sherif & Cantril, 1945; 1946). 기능이론적 접근에서 태도는 지식 기능을 하고 있으며, 의미 있는 인지적 조직화, 일관성, 명료성에 대한 개인의 욕구에 근거를 두고 있다. 태도가 공리적 기능을 위해 일할 경우는 외적 보상을 최대화하고 처벌을 최소화하며, 가치표현 기능을 위해 일할 경우는 자기 주체성을 유지하거나 호의적인 자기 이미지를 높이는 것을 목표로 한다. 일관성이론적 접근에서 태도는 어떤 사실, 행위 또는 사건이 신념체계 내에서 불일치를 일으킬 때 변한다는 것이다.

태도에 관한 다양한 개념 정의를 바탕으로 정립된 태도의 기본적인 이론은 삼자구성이론(tripartite view of attitude)이다. 삼자구성이론은 인지(cognition)-정서(affect)-행위(conation)의 세 가지 요인으로 태도가 이루어져 있다고 본다. 태도의 3가지 구성요소들은 서로 긴밀한 상호관련성 위에 조직되어 있다. 인지적 차원은 개인이 태도 대상물에 대해 가지고 있는 모든 신념을 의미하며, 소비자들이 브랜드에 대해 긍정적 이점이 있다고 믿거나, 광고를 통해 브랜드 지식이나 속성 등에 믿음을 갖는 것이다. 정서적 차원은 대상물에 대한 긍정적(또는 부정적) 감정 반응을 의미하며, 소비자들의 광고에 대한 정서적 반응 또는 브랜드를 좋아하게(또는 싫어하게) 됨으로써 갖는 브랜드 태도가 있다. 행위적 차원은 태도 대상물에 대한 의도적 · 실질적 행동을 의미하며, 브랜드에 대한 소비자의 우호적인 행동, 즉 구매의도, 구매경험, 구매추천 등을 들 수 있다.

그러나 삼자구성이론에서 발전한 태도의 일차원적 견해(unidimensional view of attitude)는 인지와 행동적 차원은 태도 그 자체의 성분이 아니고 태도의 선행 또는 후행요인으로 간주함으로써 태도 대상물에 대한 우호적(또는 비우호적)인 정도를 나타내는 정서로만 태도가 구성되어 있다고 본다. 삼자구성이론이 요인들 사이의 일관성 개념을 합친 것이라면 일차원적 이론은 이 요인들 사이의 인과적 관계를 전제로 하고 있다(최양호, 1994).

태도에 관한 연구는 정보 처리의 과정 또는 행동과의 관계 측면에서 연구 발전되어 왔다. Fazio(1981)는 태도가 행동상황에서 기억으로부터 활성화된 것이면 행동은 사전에 형성된 태도에 의해 영향을 받는다고 주장함으로써 태도와 행동 간의 일관성 과정 모델(process model of attitude—behavior consistency)을 제시하였다. 광고 태도의 연구에 있어서도 소비자가 광고 노출의 결과로 심리적인 반응을 경험하게 되면, 이 경험이 소비자 행동의 원인으로 작용하는 것으로 본다.

2) 광고 태도와 브랜드 태도의 관계

광고 태도에 관한 연구는 제품 구매, 구매 추천 등과 같은 구체적인 소비자 행위뿐만 아니라, 제품 또는 브랜드 태도와의 상관관계에 대한 연구들로 이어졌으며, 그 결과 소비자가 광고 정보를 처리하는 과정에 있어서 제품 특징에 관한 신념뿐만 아니라, 광고에 대한 태도도 광고된 제품 또는 브랜드에 대한 태도 형성에 중요한 영향을 미친다는 것을 밝혀냈다(Mitchell & Olson, 1981; Petty & Cacioppo, 1981; Petty, Cacioppo & Schumann, 1983; Lutz, MacKenzie & Belch, 1983; 1986; Burke & Edell, 1989).

광고 태도와 브랜드 태도 사이의 관계는 일반적으로 브랜드에 대한 소비자의 친숙성이 낮은 경우에만 유의할 뿐, 브랜드 친숙도가 높은 경우에는 그렇지 못할 수 있다는 가정을 해볼 수 있다. 그러나 이런 가정과는 달리 친숙한 브랜드일 때도 브랜드 태도에 대한 광고 태도의 효과를 발견한 연구들이 있었다(Batra & Ray, 1985; Edell & Burke, 1986; Messmer, 1979 등). Machleit와 Wilson(1988)은 브랜드 친숙도가 높은 경우에는 소비자가 이미 그 브랜드에 대한 태도를 형성하고 있어서 광고 태도가 별 영향을 미치지 못할 것이라는 Fazio와 Zanna(1981)의 주장을 토대로 브랜드 친숙도의 역할을 검증하고자 했다. 이들은 친숙한 브랜드에서도 광고 태도가 브랜드 태도에 영향을 준다는 결과가 나타난 것은 이들 연구들이 사전 브랜드 태도를 통제하지 않았기 때문에 나온 결과라고 비판하면서 사전 브랜드를 통제하면 친숙한 브랜드에서는 광고 태도가 브랜드 태도에 영향을 미치지 않을 것이라는 가설을 검증하기 위한 연구를 실시하였다(김완석, 권윤숙, 1997).

그러나 사전 브랜드 태도를 통제하고 브랜드 태도에 대한 광고태도를 검증한 Phelps와 Thorson(1991)의 연구에서는 친숙하지 못한 브랜드 광고와 친숙한 브랜드 광고 모두 광고 태도가 브랜드 태도에 유의미한 설명력을 갖는 결과가 나왔다. 또한 친숙한 브랜드 광고의 경우에는 사전 브랜드 태도의 영향을 제거한 후에도 광고 태도가 브랜드 태도에 유의미한 영향력을 갖는 것으로 나타났으며, 이것은 기존의 연구결과들을 지지하는 것이다.

이와 같이 광고에 대한 태도와 제품 또는 브랜드에 대한 태도의 상관관계를 설명하는 데 근간이 되는 이론은 고전적 조건반사이다. 고전적 조건반사 효과에 의해 광고에 대한 태도가 제품에 대한 태도로 전이된다는 것이다(Shimp, 1981). 고전적 조건반사를 토대로 한 감정전이 가설은 광고 태도를 소비자의 감정적인 반응으로 간주하고 광고에 노출하는 동안에 경험하게 되는 감정 반응이 브랜드 태도로 조건화된다는 것이다. 즉, 소비자가 어떤 브랜드 광고를 볼 경우, 브랜드는 조건 자극이며 광고는 그 광고로 하여금 소비자가 어떤 감정을 경험하게 하는 무조건 자극이 된다. 이때 광고로 인한 감정반응이 광고태도이며 이것이 브랜드에 조건화된다는 것이다(김완석, 권윤숙, 1997).

고전적 조건화이론에 따르면 조건화 즉 감정 전이는 무조건 자극과 조건자극의 반복적인 노출이 증가할수록 잘 이루어진다. 따라서 이 논리

소비자의 광고 태도에 관한 주관성 탐색

에 다르면 무조건 자극인 광고와 조건자극이 브랜드의 반복적인 노출이 증가할수록 무조건 반응인 광고 태도가 브랜드에 잘 조건화될 것이다. 다시 말해서 광고와 브랜드간의 반복노출이 증가하여 조건화가 잘 될수록 브랜드 태도에 대한 광고태도의 영향력이 높아진다고 할 수 있다. 소비자 태도 연구에 있어서 동물실험적인 고전적 조건반사 원리를 복잡한 소비자 행동분석에 적용하기는 어렵다는 반박도 있으나(McSweeney & Bierly, 1984; Allen & Madden, 1985), 많은 연구자들은 광고 분야에서 이론과 실증 연구로 조건반사 효과가 존재함을 지지하였다(Nord & Peter, 1980; Gorn, 1982; Kroeber-Riel, 1983; Machleit & Wilson, 1988).

결론적으로 고전적 조건반사이론은 광고에 대한 태도와 제품 또는 브랜드에 대한 태도와의 관계를 설명하는 이론적 근거가 되며, 광고에 대한 태도는 소비자가 브랜드에 친숙하건 친숙하지 않건 간에 정도의 차이는 있을지언정, 제품 또는 브랜드 태도와 상관관계가 있다는 것을 많은 연구가 뒷받침하고 있다. 따라서 본 연구에서 소비자들의 광고 태도에 대한 접근은 향후 시장에서 경쟁력을 확보할 수 있는 브랜드 태도 더 나아가 구매로까지 연결될 수 있는 전략적 시발점이라는 것을 의미한다. 또한 소비자의 광고 태도에 대한 다양한 접근법이 있음에도 불구하고, Q 방법론을 통해 분석하고자 한 것은 소비자의 광고에 대한 주관적 인식과 태도를 유형화함으로써 그 구체적 특징을 발견하고 광고 전략에 실절적인 함의를 제공하고자 함이다.

3) Q 방법론과 소비자 연구

소비자 행위에 관한 연구는 소비자의 합리성을 강조한 정보처리이론과 소비행위를 단순히 구매행동으로 보지 않고 소비자의 정서적, 주관적 측면을 강조한 경험론적 혹은 주관적 이론으로 대별할 수 있다. 소비자의 주관성을 강조한 관점에는 파슨스학파(Parsons & Shils, 1951)와 소비자의 개인적 개성, 태도, 충성도 등 인간 내부적 속성으로 소비행위를 설명하려는 동기연구(Smith, 1954)가 있다. 이들은 제품을 하나의 객관적 실체로 보는 것이 아니라 주관적 상징으로 보고 소비자의 다양한 주관적 경험(환상, 감정, 재미, 상징적 의미, 쾌락 추구적 반응, 미적 경험 등)을 연구의 대상으로 포함시킨다(성영신, 1989).

광고 인식이나 태도 또한 커뮤니케이션 이론적 관점에서 볼 때 소비 행위라 할 수 있다. 소비 행위는 소비자가 상품을 구매하는 것뿐만 아니라, 광고에 노출되고, 그를 인식하고 그에 대한 태도를 형성하는 것, 심지어 매장에 진열된 제품을 보는 것까지도 포함하는 광범위한 주관적 심리구조인 스키마타라 할 수 있다. 따라서 인구통계학적 특성이 같은 집단이라 할지라도 개인의 주관성을 이해하지 않고서는 그들의 소비행위를 설명할 수 없으며, 소비 행위의 일환인 광고 태도 또한 소비자 개인의 주관성 측정을 바탕으로 이해해야 한다.

Stephenson(1969)은 소비행위가 주관적 복합체로서 조직되는 경향을 가지고 있으며 일관적이며 특징적으로 구성된다고 설명하고 있다. 따라서 개인의 주관적 구조인 스키마타는 한 사람이 제품이나 제품의 속성들을 어떻게 생각하며 나아가 그것에 대해 어떻게 행동할 것인가를 나타내준다. 이러한 맥락에서 소비자의 스키마타를 이해하는 것은 소비행위를 파악하는 데 필수적이며 근본적인 것이다. 시장 세분화와 더불어 소비자 혹은 목표시장에 대한 접근은 연령, 수입, 성별, 결혼여부, 사회계층 등의 인구통계학적 속성들에서 점차 소비자의 주관적 구조인 가치와 라이프스타일로 전이되고 있다. 인구학적 속성에 근거한 접근 방법은 객관적이며 소비자 집단을 보다 명료하게 일반화시킬 수 있다는 장점이 있는 반면에 시장의 세분화와 소비자 간의 이질성을 설명할 수 없다. 더불어 차별화된 브랜드 전략을 수립하는 데 필요한 마케팅과 광고 전략에 실질적인 아이디어를 제공해 줄 수 없게 되었다.

Stephenson(1969)은 자아를 그가 속한 환경 속에서 광고 등 메시지에 반응하는 방법과 같이 상호작용에 있어 태도를 형성하는 방식의 총체로 정의하고 있다. 소비행위는 아이디어, 느낌, 가치 등 개인의 주관적인 복합체인 스키마타에 따라 이루어진다. 다시 말해 소비자가 한 상품을 어떻게 지각하는가는 그 사람의 주관적 스키마타에 달려있으며, 광고에 대한 태도 또한 개인의 주관적 스키마타에 달려 있다. 광고는 각각 상이한 소비자들이 서로 다르게 인식하기 때문에 하나의 광고도 소비자에게 있어 수많은 의미를 가지고 있다고 할 수 있다.

소비자 관련 연구들은 대부분 객관적으로 노출된 소비자 행동에 근거하여 그러한 행동들이 일어나는 과정 또는 인과관계를 설명하려 하고 있다. 그러나 소비자 행동이 궁극적으로는 소비 주체인 소비자의 일상적인 생활패턴 및 의식의 결과물이라고 볼 때, 기존 연구에서는 소비자의 사회문화적인 위치 및 소비자 자신이 가지고 있는 주관적인 소비 의식 등 직접적으로 소비자에 밀착한 연구가 거의 없었다는 점을 지적할 수 있겠다(선우동훈, 1991). Q 방법론은 태도, 신념, 확신, 가치 등 인간의 주관적 영역을 객관적으로 측정하는 방법론으로, 기존의 방법론이 '외부로부터 설명' 하는 방법이라면, Q 방법론은 '내부로부터 이해' 하는 접근 방법이다. 따라서 연구자의 조작적 정의(operational definition)가 아니라, 응답자 스스로 그들의 의견과 의미 구조를 만들어 가는 자결적(operant) 방법론이라 할 수 있다(최원주, 2006).

Q 방법론이 인간의 주관적인 속성인 선호, 이상, 아름다움, 취향 등을 측정한 것이라면 기존의 R방법론은 수리능력, 언어능력, 지능과 같

은 객관적 속성에 관한 것이다(Brown, 1980). Q와 R의 차이를 통계학적으로 설명한다면, R에서의 변인은 측정 항목이나 자극인데 반해, Q에서의 변인은 사람이라는 점이다. 따라서 Q 방법론은 요인분석의 하나이지만 분석의 기본단위가 사람, 즉 인간이란 점 그리고 인간의 주관성이라는 점에서 여타의 통계방법과 근본적으로 구별되는 것이다. Q 방법론에서 한 현상이란 전체적 반응(이미지)이며 이것은 주관적이기에 구분하여 분석할 수 없는 것이다. 따라서 Q 방법론의 본질은 분석적 접근만으로 통해서는 이해할 수 없는 인간의 총체성을 강조하는 정신이 내재해 있는 것이다(김흥규, 1997).

Q 방법론이 중요시 하는 것은 인구학적 요인이나 객관적인 요인 자체가 아니라, 상호 구별되는 주관적 이미지를 가진 사람들이 유형별로 존재한다는 사실이다. 따라서 이러한 Q 방법론에서 도출된 일반적인 유형들은 객관적인 조건과 별도로 후속 연구들과 실용적인 면에 폭넓게 적용될 가능성이 높다(선우동훈, 1991). 이제까지 소비자 연구에 있어 Q 방법론적 접근은 광고, 구매, 소비 등 일련의 소비관련 행동에 대하여 소비자들이 일상적으로 가지고 있는 느낌, 희망, 기대 등 주관적인 인식을 토대로 소비자 행동을 유형화한 연구(선우동훈, 1991), 문화에 따른 소비행위를 비교(김흥규, 1997), 소비 가치의 체계화(김흥규, 1998), 브랜드 이미지에 대한 소비자 인식(최원주, 2002), 광고에 대한 소비자 태도(정성호, 2005) 등의 연구가 있다. 광고에 대한 소비자의 태도에 관한 Q 방법론적 접근은 특정 제품 또는 영역에 대한 소비자의 주관성 연구(조재영, 1999; 강승구, 김희경, 1999; 정백, 은지현, 2002; 최원주, 2004, 2006)에서도 적용되고 있으며, 광고 및 마케팅 전략에 실질적 함의를 던져줄 뿐 만 아니라, 새로운 가설 생성의 원리로서 활용되고 있다.

본 연구에서 이용하고 있는 Q 방법론은 소비행위가 주관성에 따라 이

소비자의 광고 태도에 관한 주관성 탐색

루어진다는 이론에 기초하고 있으며 우리나라 소비자들의 스키마타의 이해를 통해 그들의 소비행위 가운데 하나인 광고태도 유형을 발견하는 것이다. 따라서 본 연구는 하나의 광고물에 대한 응답자의 반응을 보고자 한 것이 아니라, 응답자가 여러 자극(Q 표본)에 대한 반응들을 어떻게 구조화시키는가에 대한 결과이다. 다시 말해, Q 표본 각각에 대한 반응의 정도가 의미가 있는 것이 아니라, 각 유형들이 인식하는 Q 표본간의 중요도의 차이에 대한 전체 이미지의 구조를 보는 것이다. 커뮤니케이션은 사회적인 상호작용이기 때문에 매스 미디어의 기능은 공중의 마음에 이미지 구조(image patterns)를 형성하는 것이며, 커뮤니케이션 이론의 기초적 조건은 무엇보다도 이미지 연구에 있다(Gerbner, 1966). 광고의 연구도 단지 광고 선호도나 구매 이유, 동기화 등에 있어 양적인 관점이 아닌 광고에 대한 소비자의 주관성이 만들어낸 지배적인 이미지 구조의 시각에서 출발할 수 있을 것이다.

이와 같은 이론적 연구를 배경으로 자동차 광고에 대해 우리나라 소비자들이 가지고 있는 광고 태도의 유형은 무엇이며, 이를 형성하는 데 영향을 미치는 소비자의 주관성 구조에 대해 다음과 같은 세부 연구문제를 상정한다.

연구문제 1. 우리나라 소비자의 광고 태도의 유형은 무엇인가?
연구문제 2. 그 유형적 특징을 형성하는 주관성 구조는 무엇인가?
연구문제 3. 이에 따른 광고 전략의 시사점은 무엇인가?

3. 연구설계

본 연구는 자동차 광고에 대한 우리나라 소비자의 주관성 구조의 탐색을 통해 광고 태도 유형의 발견하고 이를 통해 광고전략 연구의 새로운

제4부 광고·마케팅

방향 모색을 목적으로 하고 있다.

1) Q 표본(Q-Sampling)

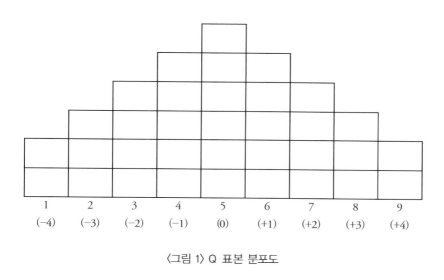

<그림 1> Q 표본 분포도

우리나라의 잡지 매체에 게재된 자동차 광고물 자체를 Q 표본으로 선정하였다. 여러 가지 제품군이 있음에도 불구하고 자동차 광고를 선택한 이유는 고관여 제품으로서 소비자가 광고에 좀 더 민감한 반응으로 보일 것으로 예측되기 때문이다. Q 표본은 2005년과 2006년에 잡지에 게재된 자동차 광고물 가운데, 차별화된 광고 및 크리에이티브 전략을 펼치고 있는 광고물 34개를 최종적으로 선정하였다(<표 1> 참조).

번호	브랜드	헤드카피
1	소나타	"역시" 확신이 서는 자동차
2	프라이드	"내 운명의 상대는 프라이드 디젤"
3	그랜드카니발	이젠 프리미엄 라이프스타일!
4	뉴레조	레조를 타면, 레저가 보인다!
5	르노삼성 SM7	이미 외제차를 뽑으셨다면 SM7 을 함부로 쳐다보지 마십시오
6	뉴아반떼 XD	아반떼처럼 잘 나가요? 아반떼처럼 좋아요?
7	카이런	눈을 위한 디자인이 아닙니다
8	스테이츠맨	앞서갈 준비가 되었습니까
9	뉴체어맨	철학이 있어야 체어맨입니다
10	혼다어코드	세계인의 다이내믹 코드
11	벤츠 C 클래스	인생의 chance 는 C 로 시작한다
12	벤츠 뉴 SLK	5.5 초면 승패는 갈린다
13	포드뉴머스탱	태양보다 더 뜨거운건 사람들의 시선이다
14	재규어 XJ	가장 아름다운 선이 살아있는 영국 정통의 프리미엄 럭셔리 세단
15	혼다 CR-V	Be Stylish
16	아우디 A6	머무를 것인가, 진보할 것인가?
17	렉서스 RS330	프로를 위한 프로
18	렉서스 LS430	따라올 수 없는 경험
19	렉서스뉴 GS	Human Oriented Performance
20	뉴비틀카브리올레	13 초 후, 기분 맑음 ♡
21	BMW X5	차이를 아신다면, X5 를 즐기는 법도 달라집니다
22	BMW3	한계는 깨어지기 위해 존재한다
23	미니	LET'S MINI
24	BMW7	The new definition of charisma
25	볼보 XC90	내 삶의 리조트, VOLVO XC90
26	폭스바겐 투아렉	하늘 아래 가장 높은 SUV, 투아렉
27	볼보 S80	세상에서 가장 현명한 선택
28	푸조 407	게임은 끝났다
29	랜드로버디스커버리3	한계를 넘었다
30	렉서스 SC430	내 가슴을 설레게 하는 프리미엄 컨버터블
31	닛산 인피니티 G35	거리를 아름답게 하세요. 도시를 아름답게 하세요.
32	닛산 인피니티 M35	대부분이 당신의 시도에 상한 충격을 받을 것이다.
33	뉴재규어 S-Type	2005 년, New S-Type 과의 새로의 만남
34	라세티 5	More than my love

2) P 표본(P-Sample)

Q 방법론은 사람들 사이에서 갖는 평균적 의미나 개인 간의 차이를 연구하는 양적 조사가 아니라, 한 개인 내에 존재하는 주요성의 차이를 다루는 연구이므로 P 표본(사람)의 수에 아무런 제한을 받지 않으며, P 표본의 수가 커지면 오히려 통계적 문제가 야기된다. Q 방법론에 있어 소 표본이론(small sample doctrine)이 전제되는 이유가 여기에 있다. 본 연구에서는 현재 자동차를 소유하고 있거나 향후 5년 이내 자동차를 구매할 의사가 있는 서울에 거주하는 남녀 20명을 P 표본으로 하였다.

3) Q 분류(Q-Sorting)

P 표본으로 선정된 피험자들은 강제분포(forced distribution) 방법에 따라 Q 표본인 각종 자동차 광고물을 본 후, 그것들을 일정한 분포에 따라 분류하였다. 이러한 강제분포를 사용한 것은 어떤 사람이 특정 자동차 광고물에 대해 선호 혹은 비선호의 정도에 관심이 있는 것을 알고자 하는 것이 아니라, 피험자 개인이 어떻게 전체 자동차 광고의 유형(Q 표본)들을 그의 마음속에서 상대적으로 평가하며 특정 모형을 만들어 내는가에 관심이 있는 것이다. 아래 그림에서 제시한 바대로 본 연구에서 사용한 강제 분포 모형은 한국과 중국 모두 9점 척도 상에 정상분포 모양과 유사한 분포(quasi-normal distribution)를 하고 있으며, Q 분류 직후 +4,+3(강한 선호)과 −4, −3(강한 비선호)에 해당하는 자동차 광고물의 선택에 관해 추후 면접을 실시하여 그 이유들에 관해 알아보았다.

4. 연구결과

자동차 광고에 대한 소비자들의 태도는 3가지 유형으로 구분되었다. 각 유형간의 상관관계는 0.5미만으로 서로간의 배타성을 확인할 수 있으며, 각 유형의 아이겐값과 변량 그리고 유형별 상관관계는 〈표 2〉과 〈표 3〉에 나타나 있다. 각 유형별 특징은 다음과 같다.

1) 제1유형 〈고급주의〉형

벤츠, 재규어, 렉서스 등 해외 고급 브랜드 선호를 선호하는 〈고급주의〉형은 이미 브랜드에 대한 나름대로의 이미지를 가지고 있으며, 특히 고급스런 브랜드 이미지를 선호하는 유형이다. 이들은 자신이 가지고 있는 고급스런 브랜드 이미지가 광고에 얼마나 잘 표현되어 있는가를 광고태도의 기준으로 삼고 있다. 이것은 "재규어를 평소에 좋아한다. 이것이 광고 호감도에 영향을 주었으며, 스피드와 멋이 느껴지는 광고이다(Q33/P5)", "렉서스를 무척 좋아한다. 시카고를 연상시키는 도시 풍경이 렉서스와 잘 맞는다. 개인적으로 시카고는 경제, 문화, 정치 등 모든 면에서 뉴욕보다 더 고급스럽다는 생각을 하는데 이런 느낌이 잘 반영되었다(Q30/P11)"와 같이 광고의 선호 이유에서 뿐만 아니라, "차의 이미지와 카피의 내용이 맞지 않으며 전체적인 색상 또한 차와 어울리지 않는다(Q2/P3)", "내가 생각하는 혼다의 이미지와 너무 다르다(Q15/P11)" 등의 비선호 이유에서도 잘 나타나고 있다. 이와는 대조적으로 국내 브랜드에 대해서는 부정적인 태도를 가지고 있었으며, 광고 태도에도 영향을 미쳤다. "대우 차를 별로 좋아하지 않는다. 거기다 이 광고를 보니 왠지 한 여름, 사람들도 바글대는 여름 피서가 연상된다. 약간 짜

증까지 난다(Q4/P11)", "광고가 너무 설명적이다. 그래서 조잡스럽고 어지럽다는 느낌이 든다. 그래서 이 광고는 보기 싫다. 카니발이라는 자동차가 싫다(Q3/P6)" 등 브랜드에 대한 기존의 부정적인 태도를 광고를 통해 다시 한 번 확인하고 있다.

<표 2> 유형별 아이겐값과 변량

구분	제1유형	제2유형	제3유형
아이겐값	3.9210	2.7453	1.7662
변량의 비율	0.2961	0.1873	0.0883
누적비율	0.2961	0.4834	0.5717

<표 3> 유형별 상관관계

구분	제1유형	제2유형	제3유형
제1유형	1.000	0.070	0.195
제2유형	0.070	1.000	0.026
제3유형	0.195	0.026	1.000

제1유형은 광고에서 보여주는 배경, 컬러 등의 요소를 통해 라이프스타일을 연상할 정도로 감정이입이 강하다. "배경으로 등장한 하늘과 나무가 인상적이다. 저 차를 타면 저런 여유 있는 삶을 누릴 수 있을 것 같다. 옆에 등장한 남자의 안면 역시 인상적이다. 굳게 다문 입술이 반듯해 보이면서도 함부로 접근할 수 없는 것 같아 벤츠의 이미지에 어울린다(Q12/P11)", "섹시한 남자의 턱과 차, 그리고 오른쪽의 하늘, 도로, 나무 등이 너무나 잘 어울린다. 스피드가 느껴진다(Q12/P5)", "일상에서의 순간을 비교해 볼 때 공감을 쉽게 이끌어낸다. 표현이 직접적이지 않아서 더 마음에 든다(Q12/P10)" 등 광고의 표현에 있어서는 직접적인 표현

을 좋아하지 않는다. 대체로 산만한 구성이나 설명적인 광고보다는 상
징적이며 은유적인 표현이 고급스럽다고 생각한다. 대체로 선호하는 광
고에서는 모델보다는 자동차만을 강조한 것을 선호하고 있으며 설령 모
델을 사용할 경우도 직접적으로 모델을 전부 보여주기 보다는 얼굴의
일부를 클로즈업에서 상징적 이미지만을 자동차 사용자의 이미지로 보
여주는 것을 선호한다. 광고의 요소에서는 도시적이며 세련된 배경과
모노톤의 컬러, 간결한 레이아웃, 비주얼과 일치되는 카피 등 전체적으
로 고급스럽고 역동적인 톤 앤 매너를 선호한다.

2) 제2유형 〈실리주의〉형

〈실리주의〉형은 제1유형과는 달리 브랜드에 그다지 민감하지 않으며,
광고 태도에도 영향을 미치지 않는다. 이들은 광고가 광고 자체로서 얼
마나 잘 기능하고 있는가를 중요하게 생각하며, 구매와 같은 현실 생활
과의 연계성을 찾음으로써 실리를 추구하고자 한다. 이들은 광고에서
자동차 자체를 얼마나 비중있게 다루고 있는가를 중요하게 생각한다.
"자동차의 기능을 시원스럽게 표현했다(Q18/P15)", "평상시나 악조건에
서도 안전하게 잘 달릴 것 같다(Q18/P12)", "자동차의 장점을 잘 표현했
다(Q3/P15) "정돈된 내외부의 기능이 잘 표현되었다. 색감이 잘 어울리
며 특징을 잘 알려주고 있다(Q3/P16)" 등 광고에 있어서 자동차 자체가
얼마나 잘 부각되었는지가 중요하다. 특히 자동차의 기능, 안전, 성능
등에 관심이 많으며 명확한 소구점을 찾는다. 이것은 비주얼과 카피의
광고 표현에 있어서 좀 더 설명적이길 원하며, 애매모호한 표현에 대해
서는 부정적인 태도를 보인다. "술집 광고나 저질스런 느낌이 들고 자동
차와의 연관성이 무엇인지 의심스럽다(Q34/P4)", "카피가 more than my

제4부 광고 · 마케팅

love이면 자동차가 좀 더 클로즈업 되었으면……(Q34/P12)", "자동차 즉 광고의 주체가 눈에 띄지 않는다. 사람 광고로 보인다(Q34/P13)", "자동차 광고인지, 선글라스 광고인지 구별이 안 된다(Q4/P13)", "무엇을 나타내고자 하는지 도통 모르겠다(Q4/P19)" 이것은 광고물의 크기에도 영향을 미쳐 "광고물이 너무 작고 색감이 떨어져 거부감이 있다(Q1/P16)"와 같이 작은 광고물에 대해서 부정적인 태도를 보인다.

〈표 4〉 제1유형 아이템의 표준점수 배열

번호	아이템	표준점수	번호	아이템	표준점수
12	벤츠뉴 SLK	1.92	2	프라이드	−2.06
30	렉서스 SC430	1.64	4	뉴레조	−1.94
11	벤츠 C 클래스	1.57	34	라세티	−1.64
33	뉴재규어 S-Type	1.34	15	혼다 CR-V	−1.37
24	BMW7	1.16	8	스테이츠맨	−1.11
17	렉서스 RS330	1.14	3	그랜드카니발	−1.06
			13	포드 뉴머스탱	−1.00

제2유형은 광고와 더불어 자연스럽게 동화되기를 원한다. "편안함을 느낄 수 있고 구매 의욕이 생기며 그림과 동화되는 느낌이 있다(Q25/P4)", "맨발로 앉아있는 모습이 차 속의 편안함을 연상케 한다(Q25/P12)", "자연과 함께 편안한 느낌을 잘 표현했다(Q25/P15)"에서와 같이 편안한 분위기를 선호하며, 생활에 있어서도 사용 가치에 있어 실용성을 중요하게 생각한다. 따라서 광고 또한 실리적으로 광고 주체인 자동차에 대해 얼마나 직접적으로 다루고 있는가를 중요하게 생각한다. 광고의 표현 요소에 있어서 제2유형은 컬러에 민감하다. 이들이 좋아하는 컬러는 너무 어둡고 칙칙하거나 강렬한 색보다는 차분한 중간 톤의 컬러를 선호한다. 특히 전체적인 배경 색에 있어서 이러한 경향이 강한데, 그 이유는 차가 돋보이기 때문이다.

3) 제3유형 〈감각주의〉형

제3유형이 선호하는 광고물은 모두 해외 브랜드이나, 광고를 선호하는 직접적인 이유가 해외 브랜드이기 때문은 아니다. 그것보다는 해외 선진 자동차가 광고에서 표현하는 배경이나 라이프스타일 등의 서구적 이미지를 선호하는 것이다. 보다 감각적이며 세련된 이미지와 느낌을 선호하는 〈감각주의〉형은 광고 표현에서 특히 색감을 중요하게 생각한다. 강렬하거나 특정의 색을 좋아하기보다 색의 조화를 선호하며, 배경과 자동차의 대비되면서도 조화를 이루는 느낌을 선호한다. "강렬한 색채가 마음에 든다. 뒤에 있는 배경과 자동차의 색의 조화가 좋다. 서구적인 느낌의 건물과 차가 조화가 잘 된 느낌이다(Q31/P2)", "좋아하는 해변 풍경에 빨간색 차가 두드러지게 보인다. 짙은 하늘색과 대조되면서 차를 더 자세히 보게 되고 포드 머스탱 컨버터블인 것을 알고 광고가 더욱 좋아졌다(Q13/P17)" 등에서 컬러의 조화를 통한 색감에 민감하다.

〈표 5〉 제2유형 아이템의 표준점수 배열

번호	아이템	표준점수	번호	아이템	표준점수
25	볼보 XC90	2.19	31	닛산 인피니티	−2.05
3	그랜드카니발	1.79	34	G35	−1.77
18	렉서스 LS430	1.49	4	라세티	−1.69
			28	뉴레조	−1.58
			26	푸조 407	−1.53
			1	폭스바겐투아렉 소나타	−1.10

색에 대한 감각뿐만 아니라, 광고의 다른 요소, 예를 들면 모델과 자동차 이미지, 배경과 자동차, 자동차의 이미지와 분위기 등의 이미지에 있

어서도 대비와 조화를 이루는 세련된 감각을 중요하게 생각한다. "남성적이면서(섹시하면서 야성적임) 왠지 지적인 남성일 것 같은 모델의 얼굴에서 옆면의 벤츠로 시선이 옮겨지면서 모델의 이미지와 벤츠 컨버터블의 이미지가 잘 맞는다는 생각이 든다(Q12/P17)", "차의 귀여운 이미지와 화사함이 적절하다. 차의 장점을 매우 잘 이용했다(Q20/P8)" 등 주관적 감각에 따라 광고를 평가하는 태도를 보인다.

〈감각주의〉형은 복잡한 레이아웃이나 무채색 또는 중간색의 컬러에 대해 부정적인 태도를 보인다. "구도가 마음에 들지 않는다. 카피가 좋지 않다. 세계인의 다이나믹 코드라는 문구가 이해가 되지 않는다. 전체적으로 광고가 복잡하다는 느낌이 가장 크게 든다(Q10/P2)", "카피가 너무 식상하다(Q26/P14)", "차에 대해 전혀 나타내지 못했다. 그저 평범한 모습뿐. 답답한 느낌. 배경의 느낌도 단순하고 차를 부각시켜주지 못했다. 전혀 자동차가 부각되지 못하고 있다(Q6/P8)" 등 카피의 식상함이나 전형적인 광고의 형태에 부정적이다. "너무 전형적인 지루한 자동차 광고. 붉은 색의 차 색상이 두드러지나 배경색 대비 그다지 강렬한 인상도 좋은 이미지도 주지 못한다. 따분한 자동차 광고로 자동차 카탈로그를 보는 느낌이다(Q3/P17)"와 같이 설명적이며 나열적인 광고에 대해서도 부정적인 태도를 보이고 있다.

5. 결론 및 논의

1) 소비자의 광고 태도에 관한 주관성 구조의 변화(1990년*vs 2006년)

광고란 소비자의 연상을 유도하기 위해 상징 또는 광고의 여러 특성을 개발하는 것이다. 이러한 특성을 개발하기 위해서는 소비자에 대한 이해가 절대 필수적이다. 광고에 있어 소비자에 대한 접근은 문화적 가치에 근거하여 출발할 수도 있지만, 광고에 대한 태도를 통해서 그 안에 내재된 주관성의 구조를 발견할 수 있을 뿐만 아니라, 광고 전략과 브랜드 전략의 지침을 찾아낼 수 있다.

현재 자동차 광고에 대한 소비자 태도의 유형을 결정짓는 주관성 구조가 시장과 소비자 환경에 따라 어떻게 변화했는지를 살피기 위해 1990년 당시 자동차 광고에 대한 소비자의 태도 유형을 먼저 살펴보았다.

남궁영(1991)은 1989년과 1990년 자동차 신문광고 가운데 36개의 Q 표본을 선정한 후, 11명의 P 표본에게 '가장 마음에 드는 광고(조건1)', '가장 참고가 되는 광고(조건 2)'의 두 가지 지시 조건하에 Q 연구를 진행하였다. 그 결과, 4개의 유형을 발견하였으며, 그 결과는 다음과 같다.

제1유형은 중·대형의 세단형을 선호하는'세단 선호형'으로 도덕이나 사회적 윤리를 강조하면서도 사회적 권위와 여유로운 생활을 지향하려는 이상주의자의 속성을 지니고 있다. 광고 표현에 있어서는 브랜드 이미지를 제고하기 위한 단순한 연상법이나 이미지 제고의 광고에 거부감을 표시하는 대신 자동차의 기계적 장점이나 특성을 제시하는 것을 선호하였다. 자동차가 갖는 기계적 특성이나 장점을 전체적인 차의 모습(특히 차의 전체적인 측면 사진)과 함께 제시하는 것을 선호함으로써 자

제4부 광고·마케팅

의 외관을 중시하고 있다. 이것은 자동차가 갖는 사회적 권위에 의미를
두고 있는 것이다.

<표 6> 제3유형 아이템의 표준점수 배열

번호	아이템	표준점수	번호	아이템	표준점수
23	미니	2.01	26	폭스바겐 투아렉	−1.64
12	벤츠 SLK	1.88	29	랜드로버디스커버리 3	−1.47
31	닛산 인피니티 G35	1.47	6	뉴아반테 XD	−1.45
20	뉴비틀 카브리올레	1.25	9	뉴체어맨	−1.30
34	라세티	1.19	3	그랜드 카니발	−1.11
25	볼보 XC90	1.12	2	프라이드	−1.06
13	포드 뉴머스탱	1.02	10	혼다 어코드	−1.02

제2유형은 자동차 광고의 비주얼 프레젠테이션을 중시하는 '비주얼
강조형'이다. 이들은 자동차 광고 중 카피 부분이 크거나 두드러지는 것
에 대해 매우 부정적인 시각을 가지고 있으며 복잡하거나 기계에 관한
정보보다는 이러한 정보를 한 눈에 볼 수 있도록 일러스트레이션과 상
징적인 짧은 헤드라인을 선호하는 뚜렷한 경향을 보여주고 있다. 광고
표현에 매우 민감한 영향을 받는 제2유형은 비주얼을 부각하는 크리에
이티브의 개발을 주도적으로 노력해야 한다. 광고에 의해 자동차의 이
미지를 갖게 되고 또 그것이 그들의 구매행위에 영향을 줌으로 좋은 잠
재고객이 될 수 있다. 자동차에 대한 선유경향을 갖지 않아 아직 브랜드
로얄티가 형성되기 이전 단계이므로 광고의 능력이 십분 발휘될 수 있
는 유형이다.

제3유형은 '전향적 현실고려형'으로 현실고려란 본인의 경험과 사회
적 지위, 경제적 능력 등을 자동차 구매에 중요한 변인으로 고려하기 때

문이며, 전향적이란 비록 자동차 구매에 현재적 상황이 중요하더라도 한 단계 고급으로 좀 더 새로운 멋진 자동차를 염두에 두고 있다는 의미이다. 따라서 이들은 이미 그들이 소유한 자동차와 같은 스타일이나 차종보다는 색다른 것을 선호하는 경향이 강하다. 광고 표현에 있어서는 첨단과학 등의 기술혁신적 메시지에 우호적으로 반응하며, 평범하고 차분한 분위기의 그림이나 일상적인 카피보다는 자세한 정보보다는 단순화되고 혁신적인 메시지가 필요하다.

제4유형은 '사회적 가치추구형'으로 '사회적'이란 가정적이며 합리적 그리고 논리적 특성을 내포한다는 것이다. 따라서 비논리적이거나 비약적인 정보를 꺼리고 구체적이며 이성적인 정보제시를 선호한다. 정보추구에 있어서도 객관적 자료나 신뢰성이 없는 정보를 거부하고 구체적이지 않은 정보를 꺼린다. 이들의 소비행태는 검소할 뿐만 아니라 사회적인 컨셉이 필요하며, 상품 자체의 상대적 이점을 과장 없이 표현해야 한다. 이들 유형은 광고에 있어서 미적 감각이 뛰어나며, 사회적 효용 가치를 이상적으로 제시하는 것이 중요하다.

1990년 우리나라 자동차 시장은 성장기에 있었으며, 지금과는 다르게 해외 브랜드와의 직접적인 경쟁이 없던 비교적 보호받은 시장이었다. 소비자 또한 자동차 제품과 광고에 대해 경험의 과정에 있었던 상황이었다. 이러한 환경에서 소비자들이 자동차 광고에 대해서 어떻게 인식하고 있는지에 대해 살펴보았다.

2006년 본 연구에서 나타난 소비자들의 광고태도는 고급스런 브랜드 이미지를 선호하는 〈고급주의〉형, 구매와 같은 현실 생활과의 연계성을 찾음으로써 실리를 추구하는 〈실리주의〉형, 감각적이며 세련된 이미지와 느낌을 선호하는 〈감각주의〉형으로 구분되어 나타났다. 이들은 각 유형의 명칭에서 뚜렷이 나타나듯이 그 특징적 요소들을 가지고 있으

제4부 광고·마케팅

며, 각 유형의 특징에 대해서는 이미 논의하였는바, 여기에서는 이들 하나하나의 유형보다는 소비자의 광고 태도에 관한 주관성의 구조를 1990년의 결과와 비교하고자 한다.

첫째, 2006년의 소비자들은 성숙된 경험을 바탕으로 광고 태도에 이미 〈~주의〉형과 같은 완전한 형태의 태도 유형을 가지고 있는 것으로 나타났다. 반면, 성장단계의 1990년 소비자들에게서는 〈~추구 또는 선호〉 등의 형태로 방향성을 가지는 주관성 구조를 가지고 있다.

둘째, 1990년과 2006년의 광고태도 유형은 다르게 나타났으나, 상호 관련성이 있는 것으로 보인다(〈그림 2〉 참조). 예를 들면, 〈세단 선호〉(1990)는 〈고급주의〉(2006)와 〈비주얼 강조〉(1990)는 〈감각주의〉(2006), 〈전향적 현실 고려〉와 〈사회적 가치추구〉(1990)는 〈실리주의〉(2006)로 변화되어 형성된 것으로 보인다. 그러나 이것이 발전의 정해진 패턴이라고 보기에는 반복적 검증이 필요하리라 본다.

셋째, 1990년의 소비자는 광고 태도가 브랜드 태도에 영향을 미치는 데 반해, 2006년의 소비자에게 있어서는 오히려 브랜드 태도가 광고 태도에 영향을 미치고 있다. 이것은 자동차 제품과 광고에 있어서 경험자로서의 태도와 관련이 있다. 다시 말해, 성숙단계 이전의 소비자의 경우가 그 이후의 소비자에 비해, 브랜드 태도에 광고 태도가 더 많은 영향을 미칠 수 있다는 가정을 상정할 수 있다. 이것은 광고 태도와 브랜드 태도에 관한 선행연구에 있어 중개변인으로서 인지도, 관여도, 친숙도 외에 사회경제적 변인의 연구 가치를 제기한다.

마지막으로 1990년의 소비자는 광고를 도구적 수단으로 이용하는 참여적 수용자로서 적극적인 태도를 보이고 있지만, 2006년의 소비자는 광고를 도구보다는 오락적 수단으로 이용하는 관찰 수용자로서 다소 소극적인 태도를 보이고 있다. 예를 들어 1990년의 소비자는 광고와 제품

과 소비자 자신을 같은 선상에서 보고자 하는 데 반해, 2006년의 소비자
는 광고가 제 기능을 얼마나 잘 수행하고 있는가를 평가하고자 하는 제3
자적 입장을 취하고 있다.

<그림 2> 소비자의 광고 태도에 관한 주관성 구조의 변화

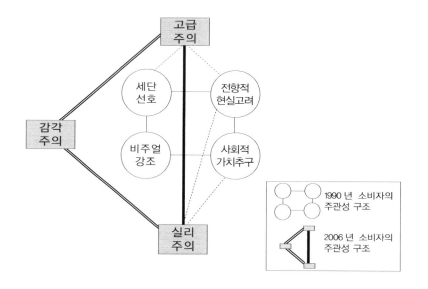

일반적으로 가치는 지속력을 가지고 있지만, 어떤 가치는 오랜 시간
에 걸쳐 서서히 변하기도 한다. 산업화와 도시화로 표현되는 현대화는
집단주의 사회에서 개인주의 사회로의 전환을 가져올 것이며, 교육수준
이 높아질수록 권력거리 또한 좁혀질 것이다(de Mooij, 1998). 이에 따른
개인의 인지발전은 환경과 필요한 조건에 따라 새로운 가치를 모색하
게 된다. 소비자는 21세기에 들어서 시장 환경의 변화에 따라 가치를 포
함하여 태도와 행위도 변화하고 있다. 사회·경제적 발전에 따라 물질과
부에 대한 추구를 통해 소비 가치에 대한 이해를 달리하고 있으며, 이에

따라 라이프스타일도 변화하고 있다. 따라서 소비자들은 발전하게 되는 경제적 가치와 결합된 또 다른 소비 가치를 창출할 것이며, 주관성의 구조도 다른 양상으로 변화하게 될 것이다.

2) 광고 전략의 시사점

경제적·문화적 환경의 변화는 소비자 행동의 독특한 현상으로 나타난다. 소비자 행위 이론에 있어서 고관여 의사결정은 제품 또는 브랜드 정보가 증가함에 의해 특성화된다. 고관여 상황에서 소비자들은 전형적으로 좀 더 많은 시간과 에너지를 쏟아 붓는다. 다시 말해 고관여 소비자들은 제품 속성 평가에 있어서, 만족을 극대화하고 위험을 최소화하고자 하기 때문에 광고로부터 정보를 적극적으로 찾는 전형적인 정보 추구자들이다. 그러나 시장의 성숙도와 소비자의 경험에 따라 광고 태도는 다르게 나타났다. 이미 자동차 시장에 있어 성숙기에 접어든 한국의 경우는 자동차라는 제품 자체에 대해서는 정보를 추구할지 몰라도, 이에 대한 광고 의존도는 낮게 나타났다.

우리 기업은 현재 해외 시장뿐만 아니라, 한국 시장에서도 선진 글로벌 기업들과 경쟁하고 있다. 특히 해외 브랜드에 대한 소비자의 선호도와 구매의욕이 높아짐에 따라 자국 브랜드로서의 우위를 점하기 어려운 실정이기 때문에 국내 자동차 광고 또한 보다 전략적인 접근이 필요하다. 본 연구의 결과를 바탕으로 자동차 광고 전략의 가이드라인을 제시하면 다음과 같다.

〈표 7〉에 나타난대로, 1990년의 연구결과(남궁영, 1991)에 따른 광고 전략은 제품 자체에 중점을 둔 광고 스타일로서 크게 비주얼과 카피에 대한 의존도가 높은 반면, 2006년의 연구 결과를 바탕으로 제안할 수 있

는 광고 전략은 이미지 위주의 광고 스타일로서 그 표현에 있어서도 세련된 기술을 요구하고 있다. 광고 크리에이티브의 구성요소를 비주얼과 카피라는 이중적 구분에서 전략을 모색하기 보다는 배경, 컬러, 레이아웃 등의 세부적 표현 요소들과 이들이 전체적으로 만들어내는 톤 앤 매너가 중요시 되고 있다는 점이 가장 큰 차이점일 것이다. 2006년 소비자들의 주관성 구조에 따른 광고태도를 기반으로 한 광고 전략의 가이드라인을 제시하면 다음과 같다.

〈표 7〉 소비자의 광고태도 유형에 따른 광고스타일

구분	유형	광고스타일	광고표현요소
1 9 9 0 년	제 1 유형 〈 세단 선호 〉	중후하고 정통적인 세단의 특성이 잘 드러난 스타일	카피 , 자동차 외관이 부각된 비주얼
	제 2 유형 〈 비주얼 강조 〉	컨셉의 시각화와 여백처리를 통해 비주얼이 강조된 스타일	비중 있는 비주얼 , 간결한 카피 , 대조적인 일러스트레이션
	제 3 유형 〈 전향적 현실고려 〉	자동차에 대한 새로운 개념을 제시하는 등의 차별화된 스타일	혁신적이고 창의적인 메시지
	제 4 유형 〈 사회적 가치추구 〉	자동차의 사회적 효용가치가 이상적으로 제시되는 스타일	친사회적 소재
2 0 0 6 년	제 1 유형 〈 고급주의 〉	일관된 브랜드 이미지와 고급스런 브랜드 이미지 스타일	배경 , 컬러 , 레이아웃 , 카피 등을 통한 상징적 , 은유적 표현
	제 2 유형 〈 실리주의 〉	정보 제공 스타일이 아닌 , 제품 자체에 초점을 맞춘 광고 스타일	초점 있는 비주얼과 카피 , 안정감 있는 컬러
	제 3 유형 〈 감각주의 〉	전체적인 조화를 통한 서구적이며 세련된 이미지 스타일	배경 , 라이프스타일 , 컬러의 조화

제4부 광고 · 마케팅

자동차 광고에 있어서 〈고급주의〉는 고급스런 브랜드 이미지의 일관된 관리가 필요하다. 광고에 있어서 해외 브랜드에 대한 선호도가 높은 편이라, 기업 브랜드와 제품 브랜드를 분리하여 개별 브랜드 전략의 광고 전략도 유효하다고 본다. 고급스런 이미지를 광고에서도 추구하기 때문에 직접적이기 보다는 상징적이며 은유적인 기법을 사용하는 것이 중요하다. 〈실리주의〉는 광고에서 일방적인 정보 제공을 주목적으로 하기보다는 광고가 자동차 광고로서 얼마나 기능을 잘 하는가를 본다. 따라서 제품의 기능이나 편리성 등을 실생활과 연계하여 보여주는 것이 중요하며, 주변적 요소나 광고의 미적 요소, 막연한 감성적 이미지보다는 제품 자체에 충실한 광고 전략이 유효할 것으로 보인다. 〈감각주의〉는 서구적이며 세련된 라이프스타일을 동경하는 유형으로서 광고 또한 이러한 감각이 어떻게 표현되었는가를 중요하게 생각한다. 광고에 있어서는 컬러나 레이아웃 등에서 보다 감각적인 요소를 사용할 필요가 있으며, 세련된 라이프스타일 기법도 고려할 수 있다. 비주얼과 카피에 있어서 정형화된 틀에서 벗어난 새로운 그래픽적 접근이 필요하다.

이상과 같이 이들이 광고에 대해 어떠한 태도를 보이느냐에 따라 광고에서 선택적으로 지각하는 요소나 선호하는 분위기, 중요시하는 가치 등은 다르다. 이것은 단순히 광고 전략에만 국한된 것이 아니라, 브랜드 포지셔닝과 타깃 세분화 전략의 가이드라인이 될 것이다. 해외 브랜드와 우리 브랜드로 구성된 본 연구의 Q 표본에 대한 소비자들의 태도에 있어서 우리나라 소비자들은 우리 기업의 브랜드에 부정적인 태도를 보인 것으로 나타나고 있다. 이것은 우리 기업의 광고 전략의 방향성에 대한 검토를 의미한다.

이제 소비자는 자동차 시장과 광고에 많은 경험을 가지고 있다. 그럼에도 불구하고 우리 기업의 자동차 광고는 아직도 자동차 광고라는 전형적인 틀에서 벗어나지 못하고 있으며, 이미 안정된 브랜드 이미지를 보유한 강력한 글로벌 브랜드들과의 경쟁 상황임에도 불구하고 차별화된 브랜드 이미지를 형성하기 위한 노력은 보이지 않고 있다. 광고는 차별화된 브랜드 이미지를 형성하고 일관되게 그 이미지를 유지·강화시켜야 함에도 아직 국내의 자동차 광고는 시장과 소비자의 성숙을 따라잡지 못하고 있다. 또한 빠르게 변화하는 시장과 소비자에 대한 지속적인 관찰이야말로 성공적인 광고 전략 연구에 필수이다. 본 연구의 결과가 자동차 시장에서 경쟁적 우위를 차지하는 데 필요한 광고 전략을 수립하는 데 도움이 되길 바란다.

제4부 광고·마케팅

▒▒■ 참고문헌

강승구 · 김희경 (1999), 「향수 및 향수광고에 대한 소비자의 교차태도」, 『광고학 연구』 10(2), 63-95.

김완석 · 권윤숙 (1997), 「광고 태도가 상표태도 현성에 영향을 미치는 과정에 대한 상표 친숙도의 영향」, 『광고연구』 봄호, 31-49.

김흥규 (1997), 「문화간 소비행위 연구를 위한 Q 방법론적 접근」, 『광고연구』 겨울호, 173-194.

_____ (1998), 「한국 소비자의 가치체계 연구」, 『광고학 연구』 9(4), 57-82.

남궁영 (1991), 「자동차 광고에 대한 Q 방법론적 접근」, 한국외국어대학교 석사학위논문.

선우동훈 (1991), 「Q 방법론에 의한 소비자행동 연구」, 『광고연구』 여름호, 5-27.

성영신 (1989), 「소비자 행동연구의 경험론적 접근」, 『광고연구』 여름호, 5-17.

정백 · 은지현 (2002), 「인터넷광고의 이용자 태도에 관한 Q유형 분석」, 『광고연구』 겨울호, 145-167.

정성호 (2005), 「광고소비자의 광고인식에 대한 유형 분석에 관한 연구」, 『광고학 연구』 16(1), 251-273.

조재영 (1999), 「소비자와 스포츠용품 브랜드의 관계에 대한 연구」, 『광고연구』 겨울호, 73-103.

최원주 (2002), 「브랜드 이미지의 유형화를 위한 브랜드 개성의 Q 방법론적 접근」, 『광고연구』 봄호, 103-130.

최원주 (2004), 「소비자의 라이프스타일 유형에 따른 광고의 크리에이티브 전략」, 『광고학 연구』 15(4), 185-207.

최원주 (2006), 「중국 소비자의 광고 태도에 관한 Q 방법론적 접근」, 『광고학 연구』 17(1), 101-131.

Allen, C. T. & Madden, T. J. (1985), A Closer Look at Classical Conditioning. *Journal of Consumer Research*, 12, 301-315.

Allport, G. W. (1935), *Attitudes in C Murchison(ed.,*, Handbook of Social Psychology. Worcester, MA: Clark University Press, 798-844.

Batra, R. & M. L. Ray (1985), Affective Responses Mediating Acceptance of Advertising. *Journal of Consumer Research*, 13, 234-249.

Brown, S. (1980), *Political Subjectivity*. New Haven: Yale University Press.

소비자의 광고 태도에 관한 주관성 탐색

Burke, M. & Edell, J. (1989). The Impact of Feelings on Ad-based Affect and Cognition. *JMR*, , Feb, 69-83.

De Mooij, Marieke K. (1998), *Global Marketing and Advertising: Understanding Cultural Paradoxes*. Sage.

Doob, L. (1947), The Behavior of Attitudes. *Psychological Review*. 54, 135-156.

Edell, J. A. & M. C. Burke (1984), The Moderating Effect of Attitude Toward an AD on AD Effectiveness Under a Different Processing Conditions. Advances in Consumer Research. 11. T. C. Kinnear(Ed.). Provo. UT: *Association for Consumer Research*, 644-649.

Fazio, R. H. & Zanna, P. (1981), *Direct Experience and Attitude-Behavior Consistency*. In L Berkowith(ed.). Advances in Experimental Social Psychology. NY: Academic Press, 161-202.

Fishbein, M. & Ajzen, I. (1975), Belief, Attitude, Intention and Behavior: *An Introduction to Theory and Research*. Reading, MA: Addison-Wesley.

_____ & _____ (1980), *Understanding Attitudes and Predicting Social Behavior*. Englewood Cliffs. NJ: Prentice-Hall.

Gerbner, G. (1966), On Defining Communication Still Another View. *Journal of Communication*. 16, 99-104.

Gorn, G. J. (1982), The Effects of Music in Advertising on Choice Behavior. A Classical Conditioning Approach. *Journal of Marketing*. 46, 94-101.

Hovland, C. I., Janis, I. L. & Kelly, H. H.(1953), *Communication and Persuasion*. New Haven: Yale University Press, 6-7.

Kroeber-Riel, W. (1983), Emotional Product Differentiation by Classical Conditioning, Kinnear(ed.). *Advances on Consumer Research*. 11, 538-543.

Lutz, R. J., MacKenzie, S. B. & Belch, G. E. (1983), Attitude Toward the Ad as a Mediator or Advertising Effectiveness: Determinants and Consequences. *Advances in Cosumer Research*. 10, 532-539.

Machleit, K. A. & Wilson, R. D. (1988), Emotional Feelings and Attitude Toward the Advertisement: The Roles of Brand Familiarity and Repetition. Journal of Advertising. 17(3), 27-35.

McSweeney, F. K. & Bierly, C. (1984), Recent Developments in Classical Conditioning, *Journal of Consumer Research*. 11, 619-631.

Messmer, D. J. (1979), Repetition and Attitudinal Discrepancy Effects on the Affective Response to Television Advertising. *Journal of Business Research*. 7(1), 75-93.

재무 · 금융 마케팅

Mitchell, A. A. & Olson, J. C. (1981), Are Product Attribute Beliefs the Only Mediator of Advertising Effects on Brand Attitudes?, *Journal of Marketing Research*. 18, 318-322.

Nord, W. R. & Peter, J. P. (1980), A Behavior Modification Perspective on Marketing. *Journal of Marketing*. 46, 86-91.

Parsons, T., & E. A. Shils (1951). *Toward a General Theory of Action*. Cambridge, Mass, 93-219.

Petty, R. E. & Cacioppo, J. T .(1981), *Attitudes and Persuasion Classic and Contemporary Approaches*. Dubuque, IA: W. C. Brown.

_____, _____ & Schumann (1983), Central and Peripheral Routes to Advertising Effectiveness: The Moderating Role of Involvement. *Journal of Consumer Research*. 10, 135-146

Sherif, M. & Cantril, H. (1945), The Psychology of Attitudes I. *Psychological Review*. 52, 295-319.

_____ & _____ (1946), The Psychology of Attitudes I.I. Psychological Review. 53, 1-24.

Shimp, T. A. (1981), Attitude Toward the Ad as a Mediator of Consumer Brand Choice. *Journal of Advertising*. 10, 9-15.

Smith, G. H. (1954), *Motivation Research in Advertising and Marketing*. New York: Mcgraw-Hill.

Stephenson, W. (1969), Foundation of Communication Theory. *The Psychological Record*. 19, 65-82.

〈부 록〉Q 표본

1. 제1유형 〈고급주의〉형의 Q표본과 표준점수

12. 벤츠 뉴SLK : 1.92

30. 렉서스SC430 : 1.64

11. 벤츠C클래스 : 1.57

33. 뉴재규어 S-Type : 1.34

24. BMW 7 : 1.16

17. 렉서스 RS330 : 1.14

2. 프라이드 : -2.06

4. 뉴레조 : -1.94

34. 라세티5 : -1.64

8. 스테이츠맨 : -1.11

3. 그랜드 카니발 : -1.06

13. 포드 뉴머스탱 : -1.00

2. 제2유형 〈실리주의〉형의 Q표본과 표준점수

25. 볼보 XC90 : 2.19

3. 그랜드 카니발 : 1.79

13. 포드 뉴머스탱 : 1.49

31. 닛산 인피니티G35 : −2.05

34. 라세티5 : −1.77

4. 뉴레조 : −1.69

28. 푸조407 : −1.58

26. 폭스바겐 투아렉 : −1.53

1. 소나타 : −1.10

3. 제3유형 〈감각주의〉형의 Q 표본과 표준점수

23. 미니 : 2.01

12. 벤츠 뉴SLK : 1.88

31. 닛산 인피니티G35 : 1.47

20. 뉴비틀 카브리올레 : 1.25

34. 라세티5 : 1.19

25. 볼보 XC90 : 1.12

13. 포드 뉴머스탱 : 1.02

제4부 광고·마케팅

26. 폭스바겐 투아렉 : −1.64 / 29. 랜드로버 디스커버리3 : −1.47

6. 뉴아반떼 XD : −1.45 / 9. 뉴 체어맨 : −1.30

3. 그랜드 카니발 : −1.11 / 2. 프라이드 : −1.06

10. 혼다 어코드 : −1.02

소비자의 광고 태도에 관한 주관성 탐색

제3의 공간으로서의 카페

김 흥 규 · 오 세 정

한국외국어대 언론정보학부 교수 · 한국외국어대 신문방송학과 박사과정

* 본 논문은 〈주관성 연구〉 제16호(2008. 6) pp.93-120 논문 전문을 재게재한 논문임을 알려드립니다.

제3의 공간으로서의 카페

- 스페이스 마케팅의 관점

1. 연구의 목적 및 필요성

21세기는 디자인의 대중화 시대라고 할 만큼 디자인의 가치와 역할이 매우 중요한 경쟁력으로 자리 잡고 있다. 기본적인 의식주가 해결되고 일정 수준에 오른 국가나 사회에서는 가치(value)에 대한 인식의 변화로 조금 더 쾌적한, 조금 더 편안한, 조금 더 기분 좋은, 조금 더 색다른 경험을 원하고 있다. 디자인은 바로 이러한 상황을 설명하고 전개시켜나가는 중요한 요인이 된다(홍성용, 2007).

디자인의 가치와 역할이 중요하게 여겨지는 원인은 첫째, 시장의 고객이 심미적 가치를 점점 더 중요시 여긴다는 점, 둘째 기업 경쟁력의 원천이 생산에서 마케팅 중심으로 변화된 것과 마찬가지로, 디자인이 기업 이미지 차별화의 핵심 요인으로 작용하기 시작했기 때문이다(조동성, 2003). 이것은 소비자의 소득 수준과 니즈의 향상으로 기능성은 당연한 가치가 되었고 생산자가 아닌 소비자가 주도권을 쥐게 되면서 기업 이미지가 중요한 판단의 기준이 되어 상품의 부수적 부분인 색채, 디자인 이미지, 무드와 같은 미학 또는 스타일링에 소비자의 관심이 옮겨지기 시작했음을 의미한다. 그리고 그 대상은 개별 상품뿐만 아니라 우리 주변을 구성하는 도시 환경까지도 포함된다.

또한 21세기 사회는 엄청나게 빠른 속도로 정보가 교환되고, 지식이 전파된다. 문화 역시 이에 영향을 받아 과거 세대에 비해 현재의 우리는 다양하고 많은 문화적 경험을 하고 있다(홍성용, 2007). 그로 인해 소비자들은 자신의 문화적 욕구와 기호를 반영하는 제품과 브랜드를 선호하고 있으며 이를 반영하는 마케팅 전략을 펼치지 못하면 현대와 같이 경쟁이 치열한 상황에서 살아남기 어렵게 되었다.

과거 시장은 단지 물건을 사고파는 상행위의 장소(place)적 의미에 불과했다. 하지만 이제 시장은 사람들이 체험하고 즐기는 공간(space)으로 거듭나고 있다. 각 기업들은 차별화된 외관과 유행을 선도하는 내부 공간을 만들고 다양한 경험과 체험 등을 만들 수 있는 공간을 제공하여 고객을 유인하고 소비를 창출하는 혁신적인 마케팅 영역으로 재탄생하는 데 재원을 아끼지 않는다. 이러한 새로운 변화들은 기업의 상점, 작게는 개인의 소규모 점포뿐만 아니라 사람들이 살고 있는 아파트, 사무실, 호텔 그리고 공항, 미술관 등의 공공시설에까지 이르고 있다.

바로 이러한 점에서 공간에서 이루어지는 모든 마케팅 즉 스페이스 마케팅(space marketing)에 주목해야 할 이유가 된다. 스페이스 마케팅은 문화적 배경 또는 문화적 감성을 주요 대상으로 하고 있다. 경험이나 체험 또는 이미지 등이 점차 중요해지면서 현대인들은 정신적 여유를 제공받기를 원하고 있다. 단순한 공급이 아니라 정신적 가치까지 포함하는 공급의 질적 향상을 요구하는 것이다. 이는 과거 공급 중심의 생활에서 삶의 가치와 여유를 위주로 하는 생활로 이행되는 대중사회 또는 소비사회에 대한 전략적 접근을 의미하며, 점차 치열해지는 경쟁에서 살아남기 위해 당연한 요소이다. 경영자들이 고민해야 할 새로운 방향이 제시된 것이다(홍성용, 2007).

사람들은 단순히 커피를 마시기 위해 커피숍을 가는 것이 아니라 자신의 집처럼 안락하고 감성을 자극하여 눈을 즐겁게 해주는 공간에서 커피의 향과 맛을 음미하면서 혼자만의 시간을 보내거나 사람들과의 만남의 장소로도 이용되고, 문화적 체험을 할 수 있는 제3의 공간으로 활용하고 있는 것이다. 달리 표현하면 카페의 공간은 이미 이용자들에게 객관적 요소가 아닌 주관적 선호와 이용이 보편화된 공간으로서 수용되는 제3의 공간이 되는 것이기 때문에 이들이 지니는 스키마타(schemata)인 주관성의 구조를 이해하기 위한 심리적 유형과 특성이 되는 보다 효율적인 공간창조와 나아가 스페이스 마케팅의 방향을 제시할 것이다.

2. 이론적 배경

1) 제3의 공간

19세기에 등장한 '제1의 공간(the First Place)'은 아파트와 같은 주거공간으로 사람이 가장 편안함을 느끼는 공간 즉 그 사람의 집을 말하는 것으로 집의 미학적 가치가 그 집주인의 가치로 이해되며 집주인의 취향에 따라 아주 특별히 편안하게 연출된 공간을 일컫는다. 그리고 1960년대 와서 사람이 머무는 공간에 대한 인식의 변화 즉, 미학적 아름다움을 가미한 작업 환경이 근로 의욕을 북돋운다는 사실을 깨닫기 시작하면서 사무실 내의 답답한 공간을 만드는 벽이나 칸막이를 없애서 전체가 하나로 탁 트인 사무실이 되게 하고, 풍부한 채광과 조명으로 분위기를 밝게 하고, 관상용 식물이나 화분 등을 들여놓고, 통풍이 잘 되게 하고 작업장에도 보기 좋은 페인트를 칠하는 등 연출된 일터(사무실) 공간으로서 '제2의 공간(the Second Place)' 개념이 등장하였다(Christian Mikunda, 2005). 1980년대 들어 감각적 체험을 강조하는 마케팅이 등장하면서 대중들이 이용하는 공간에 그 같은 추세가 급속도로 퍼져나갔다. 상점인 식당을 '연출'하고, 미술관을 개조하고, 난생 처음의 체험이라는 설레임을 갖게 하는 호텔이 세워졌다. 이런 곳들에서 느낄 수 있는 감각적 짜릿함과 내 집 같은 편안함은 여러 사람들이 이용하는 그런 대중적 시설들을 개인의 공간처럼 느끼게 만들었다. 이렇게 하여 '제3의 공간(the Third Place)' 개념이 등장하였고, 그렇게 '연출된 공간'은 우리가 살아가는 도시의 활력소가 되었다(Christian Mikunda, 2005).

레이 올덴버그(Ray Oldenburg, 1999)는 동네의 이발소, 점원과 즐겁고 유익한 대화를 나눌 수 있는 동네 서점 그리고 다른 손님 모두와 안면이 있는 동네 주점 등이야말로 '갈 만한 곳'이라고 하면서 이처럼 몇 시간만이라도 부담없이 보낼 수 있는 공간을 '제3의 공간'이라고 명명했다. 이러한 공간들은 인위적으로 연출한 분위기가 없기 때문에 정감을 느낄 수 있고, 집과 가까워 편리하며, 누구나 이용할 수 있고, 어떤 식으로든 이질감이나 상대적 박탈감 같은 느낌을 주지 않기 때문에 '집처럼' 편하다는 지론이다. 하지만 아쉽게도 이러한 공간들은 대부분 자취를 감추었고 대신에 집과 일터가 아닌 또 다른 공간에서 자연스럽게 사람들과 만나고 모이며 혼자서도 편안히 휴식과 재충전을 하고 오락과 즐거움을 추구하는 사람들의 욕구와 스트레스에 시달리는 사람들의 영혼을 즉석에서 위로하고 일상의 문제 해결을 도우려는 마케팅의 노력이 어우러져 새로운 '제3의 공간'이 창출되고 있다.

2) 카페의 변천사

카페(cafe)는 프랑스어로 커피라는 뜻으로 17세기 말 커피가 프랑스에 수입되면서 길거리에 커피를 마시는 집이 하나 둘 생겨났고, 이것은 귀족, 도시 부르주아, 노동자, 시골 농부 등 모든 사람들의 여가 문화를 바꿔버렸다. 누군가의 집에 모여 술잔을 기울이던 게 전부였던 사람들에게도 누구의 집도 아닌 자유로운 공간이 의미하는 바는 적지 않았다 (Cristphe Lefebure/강주현, 2008).

또한 카페는 은밀한 만남에도, 소문을 퍼뜨리기에도 적합한 장소로 정치의 중심지로 자리 잡았다. 프랑스 혁명주체들은 정파별로 팔레 루아얄, 카페 드 발루아, 카페 드 푸아 등에 모여 혁명을 꿈꿨다. 혁명 세력드링 모자에 초록색 잎을 꽂고 바스티유 함락을 위해 출발했던 장소가 바로 카페드 푸아였다.

혁명의 불길이 수그러들면서 카페는 상업적인 여가 중심지로 자리잡기 시작했다. 이때부터 카페는 여러 가지 별칭으로 불리기 시작했다. 지금도 통용되고 있는 '비스트로', '뷔뷔', '세나' 등 용어들이 이때 만들어졌다.

카페는 또한 교회의 숙적이었다. 교회는 시골 농부들이나 서민들이 일을 끝내고 카페에 가서 수다를 떨고 목을 축이는 것 자체를 좋아하지 않았다. 카페를 유희의 장소로 본 것이다. 결국 성직자들은 카페 영업을 제한하는 법 제정을 정부에 요구했고, 1814년에 인구 5000명 이하인 마을에서는 예배시간에 영업을 금지하는 법안이 만들어졌다.

19세기 중반부터 카페는 예술가들의 보금자리가 됐다. 많은 화가와 작가들이 카페에서 예술을 토론했고 영감을 얻었으며 동시에 카페는 철학의 산실이기도 했다. 또한 여성들에게 카페는 해방공간이었다. 남자가 여자가 같은 장소에서 여가를 보내는 것 자체를 백안시하던 시절 카페는 그 경계를 허물어 버렸다. 여성들은 카페에서 자연스럽게 남자들 대화에 낄 수 있었고, 술을 마실 수도 있었으며 정치나 예술에 대한 생각을 피력할 수 있었다.

카페는 외로운 사람들의 피난처였다. 낯선 사람들에게 자기 이야기를 털어놓아도 흠이 되지 않는 장소였다. 초창기 카페 웨이터들은 단순히 봉사원이 아니었다. 독특한 재치와 해학을 지닌 대화 상대이자 정치적 견해와 예술적 영감에 대한 최초 감상자이기도 했다. 몇몇 웨이터들은 프랑스 사교계의 아이콘이 되기도 했다.

3) 스페이스 마케팅

우리 주변의 일상적 공간을 살펴보면 주거를 비롯해 다양하게 제공되는 유무형의 공간들이 있다. 개인의 소유한 작은 단위 공간인 주거뿐만 아니라, 공공 영역의 거대한 공간인 공항과 역사 등으로부터 좀 더 확장하면 도시 공간에 이르기까지 아우를 수 있다. 그러나 어떤 이유에서든 인간의 주변을 둘러싼 거의 모든 공간이 직간접적으로 상업적 배경을 두고 있으므로 마케팅의 개념이 개입된다. 그런데 작은 단위체인 내부 인테리어에서부터 거대한 도심 전체까지 아우를 수 있는 공간(space)의 개념이 적절할 것이다. 건축이나 인테리어는 개별적 의미가 강하고 객관적(객체적) 느낌이 있다면, '제3의 공간'은 '체험' 또는 '경험'이 전제되는 공간이라 할 수 있다.

스페이스 마케팅이라는 용어의 명확한 사전적 의미는 없다. 앞서 언급한 대로 우리 주변을 감싸고 체험과 경험을 필연적으로 제공하는 유무형의 공간(space)과 마케팅이라는 단어를 조합한 것으로 정의할 수 있다. 대체로 스페이스 마케팅의 내용은 건축 또는 인테리어 분야에서 상업적 환경을 구축하고, 소비자로 하여금 적정한 환경으로 인식하게 한다는 의미로 사용되기도 한다. 또한 실재와 개념상의 공간에서 상행위가 진행되고 있는 역동적인 공간을 뜻하기도 한다(홍성용, 2007).

스페이스 마케팅은 바로 이러한 상호작용적인 가능성이다. 이러한 행동은 대상, 즉 '시장'의 변화에 따라 발생하는 다양한 결과나 문제들에 대한 해법 또는 대안을 마련해야 하는 이유를 제공한다. 우리는 이러한 대안 또는 해법들을 '마케팅'이라는 용어로 이해하고 있다. 개념부터 계획, 가격, 진행, 생산, 서비스 등 모든 과정의 개인 또는 조직의 전폭적이고 적극적인 대응을 의미하는 것이다.

4) 스페이스 마케팅의 전략적 요소

인간의 본능 중 하나인 호기심은 처음 보는 것에 대한 두려움과 함께 새로운 것에 대한 신기함을 느끼며 오감 즉, 시각, 청각, 촉각, 미각 그리고 후각을 동원해 파악한다(홍성용, 2007). 공간을 구성하는 색과 형태, 다양한 변화를 보여주는 조명 효과를 이용하여 시각적 요소를 강조하며, 의류 매장에서 실제 소비자가 상품을 직접 만져보고 촉각을 느낄 수 있도록 하는 것이 중요하며 상업적 공간에서 이용자의 시간대에 맞춰 다양한 음악을 선정하여 제공하고 이용자의 청각을 자극하고 레스토랑이나 카페와 같은 음식과 관련된 장소에서는 일부러 음식이나 커피의 냄새를 제거하지 않고 그대로 유지시켜 맛에 대한 상승효과를 일으키도록 한다.

또한 실제 만나고 생활하는 모든 행동은 공간이라는 범위 안에서 이루어지며 소통의 공간인 길을 매개로 다른 사람들과의 관계를 형성하는 사회적 공간이 만들어지고 이는 거대한 도시라는 공간을 만들어 낸다. 이러한 공간들을 만들어 가기 위해 걷는 즐거움을 제공하는 보행 공간은 보행자 통로를 설치하여 차도를 건너는 불편함을 해소하거나 지하의 보행 공간을 연결하여 계절적 요인을 극복할 수 있다. 그리고 개방적으로 구성해서 흥겨운 행사의 장을 만들거나 분주한 만남의 장소를 연출할 수 있는 광장을 만들고, 심리적 압박감을 해소하는 동시에 자연의 편안함으로 유도하는 녹지 공간을 조성한다. 또한 공간의 크기는 매우 중요한 요소로서, 절대적 크기의 공간은 경외감과 감탄의 대상이 되며 반면에 손에 닿을 수 있는 규모의 크기는 편안하고 쉬운 공간으로 느껴진다. 그리고 빛과 색의 다양한 적용은 공간의 크기를 변화시키거나, 심리 상태를 좌우시키기도 하며 공간을 꾸며주는 다양한 장치는 공간의 크기와 관계없이 시각적, 촉각적 요소들로 중요하게 작용한다.

또한 공간 구성시 클러스터 효과(Cluster Effect)[1]가 많이 나타나고 있는데 이는 청계천 주변의 공구상가나 동대문 의류상가 등과 같은 시장 단위의 거대 규모뿐만 아니라 개별 단위의 상점들에 있어서도 유사 업종의 근접 구성으로 매우 다양한 시너지 효과를 누릴 수 있다. 하지만 경쟁이 치열해 지면서 고객들의 3초의 선택[2]에서 차별화를 인정받지 못하면 경쟁에서 낙오되는 결과를 가져온다. 그러므로 매장 내부 공간뿐만 아니라 외부로부터의 차별성이 필요한데 밖으로 드러나는 외관은 일정 부분 공공적 요소들과 충돌하기 때문에 전체 도시 맥락에서 다루어져야 하며 도시 경관의 입장에서 고려해야 한다.

제4부 광고·마케팅

---

1 같은 종류의 물건 또는 공급자가 모여 있음으로써 나타나는 상호간의 긍정적 시너지 효과를 의미하는데, 실리콘밸리가 대표적 사례이다.
2 시각적 유도에 의한 심리적 선택은 처음 3초의 인식이 매우 중요하다고 한다. 판단은 처음 보는 3초 안에 이미 내려진다.

그리고 상업공간에서 테마는 매우 중요한 설정으로 매장 인테리어를 시작할 때 자신만의 경영 전략과 상업 공간의 특색이 드러나는 시각적 테마(Visual Identity)를 잘 설정해야 한다. 그리고 다양한 고객의 분류에 따라 조명의 밝기와 색상이 차별화 되어야 하고 이러한 물리적 소재뿐만 아니라 전체의 시각적 반응과 효과를 나타내는 이미지는 그 어떤 요소보다 가장 중요하다.

또한 장소나 공간에 대한 이야기를 듣다 보면 하나하나의 디테일보다 그 장소나 공간에서 이루어졌던 행위나 현상 등에 대해 말하는 경우가 많다. 여기서 중요한 점은 공간의 특징 효과로 인해 기억이 강조될 수 있다는 것인데 장소나 공간 같은 환경에 대한 기억의 학습 효과를 높이기 위해서 이러한 특징과 특징이 연속되는 줄거리를 만드는 것이 매우 중요하다.

그리고 오늘날처럼 공급 과잉의 시대에서는 입지의 상황, 주변 여건 및 이용자에 대한 분석, 이용자에 따른 트렌드의 변화, 시대 및 사회상의 변화에 따른 성격 분석 등 매우 다양한 요소가 고려되어야 한다. 시장경제 체제에서는 끊임없이 변화하고 개선하지 않으면 도태될 수밖에 없기 때문이다. 개선을 위한 한 가지 방법은 풍부한 감성을 자극할 수 있는 공간을 만들어 내는 것이다.

3. 연구설계

본 연구는 Q 방법론을 이용하여 카페를 이용하는 고객(소비자)들의 유형을 발견하고 카페가 '제3의 공간'으로서 효용성 있는 스페이스 마케팅 전략을 찾아내는 것이 주목적이다.

1) Q 표본

이 연구를 위한 Q 표본은 스페이스 마케팅과 관련된 서적, 신문 기사, 인터넷 검색 자료, 카페 답사 등을 통해 Q 모집단을 추출했다. 그 후 카페의 특성을 여덟 가지로 유목화 시킨 후 각각 대표성이 가장 높다고 생각되는 카페 26개를 임의로 선정하여 북 카페(1~3번), 갤러리 카페(4~7번), 음악 카페(8~10번), 도시여행 카페(11~14번), 친환경 카페(15~16번), 문화이벤트 카페(17~19번), 기타 카페(20~24번), 박물관 카페(25~26번)로 구성하였다(〈부록〉 참조).

2) P 표본

Q 방법론에서의 P 표본은 소표본 원리(small sample doctrine)를 따르므로(김흥규, 2008, p.118) 본 연구에서는 남녀 총 24명으로 구성하였다.

3) Q 소팅

카페 실내외 사진 세 장과 카페의 특성을 간단하게 메모하여 한 장의 카드로 만든 26개의 Q 표본을 본 후, 선호하는 것(+), 중립(0), 비선호하는 것(-)으로 크게 세 그룹으로 나누도록 했다. 그런 다음 분류한 카드를 다시 보면서 가장 선호하는 것에서부터 가장 비선호하는 것까지 강제 분류시키게 하고(그림 1), 가장 선호하는 것과 가장 비선호하는 카페에 대한 추가적인 면담을 통해 코멘트를 기록하였다.

−3 (3)	−2 (3)	−1 (4)	0 (6)	+1 (3)	+2 (3)	+3 (2)

〈가장 비선호〉 〈중립〉 〈가장 선호〉

〈그림 1〉 Q 소팅 분포도(N=26)

4) 자료 분석

P 표본으로 선정된 24명에 대한 소팅이 완성된 후 수집된 자료를 점수화하기 위해 Q 표본 분포에서 가장 비선호하는 경우(−3)를 1점으로 시작하여 중립인 경우(0) 4점, 가장 선호하는 경우(+3)는 7점을 부여하여 점수화 하였다. 그리고 이 점수를 가지고 QUANL PC 프로그램을 이용하여 요인 분석(factor analysis)을 하였다.

4. 결과 해석

카페 이용자들에 대한 유형을 분석해 본 결과, 서로 다른 5개의 유형으로 나뉘어 있으며 각기 독특한 특성을 갖고 있음을 발견하였다. 그리고 5개의 유형은 각각 의식 공간(Ritual Space), 집중의 공간(Meditative Space), 다기능적 공간(Multifunctional Space), 지위부여의 공간(Status−conferral Space), 열린 공간(Open Space)으로 명명하였다.

1) 제1유형: 의식 공간(Ritual Space)

제1유형에게 카페는 영혼의 쉼을 얻는 안식처이자 축제가 펼쳐지는 '의식 공간'이다. 즉, 카페는 마치 교회처럼 지치고 스트레스에 시달린 사람들의 영혼을 어루만져 주고, 카페에 있는 것만으로도 긴장이 완화되며 서로 간섭하지 않는 분위기에서 누구나 편안한 휴식을 취할 수 있는 중립지대와 같은 '제3의 공간'인 셈이다. 그리고 카페는 억압된 욕망이 해소되는 장소이자 새로운 삶을 위해 재충전하는 심리적 치유 공간으로 좀 더 오래 머무르고 싶은 공간이기도 하다. 또한 카페에 있으면 다른 외부 세계와는 단절되어 해방된 것처럼 느껴지며, 로맨틱한 분위기와 평소 접해보지 못한 문화적 체험은 신기함과 놀라움을 선사하는 동시에 다른 차원의 세계로 들어가는 의식공간과도 같으며 이를 통해 잠시나마 현실 세계를 잊게 되는 것이다. 특히 혈기왕성한 젊은층의 사람들이 새로운 문화들을 접하고 그 속에서 신나게 즐기면서 쌓인 스트레스를 마음껏 풀 수 있는 최적의 공간이라고 할 수 있다. 반대로 활기도 없고 개성이나 세련된 멋도 없이 늘 똑같은 자극을 주는 공간은 이들의 흥미를 끌지 못한다. 또한 산만하고 자극적인 공간은 오히려 피로가 누적되고 편안한 휴식을 취하는데 방해가 되므로 이러한 공간의 카페들은 선호하지 않는다는 것을 확인해 볼 수 있다.

예를 들면, 카페에서 적당한 잡음과 함께 턴테이블에서 흘러나오는 올드 팝과 세월이 흐른 가요의 LP판을 대형 스피커를 통해 듣거나, 현장에서 직접 연주되는 재즈 음악을 듣게 되면 본인도 모르게 음악에 몰입하게 되면서 카페는 삶의 휴식을 취할 수 있는 일종의 종교적 의식 공간이 된다(Peter, Paul and Mary, JZ cafe, Once in a blue moon). 또한 이색적인 분위기의 카페에서 편안한 자세로 차를 마시면서 휴식을 취하는 것 또한 일상에서 벗어나 쉼을 취하고자 하는 의식행위이며 별세계에 들어와 있는 것과 같은 '제3의 공간'인 셈이다(atay). 하지만 다른 세계로 들어가기보다는 하나의 현실의 연장선과 같은 공간은 안식을 취하기 위한 의식 공간으로 생각하지 않는다(차박물관, 그늑 꿈는 집, 프린세스 다이어리)(〈표 1〉 참조).

〈표 1〉 제 1 유형 : 의식 공간

번호	Q 표본	표준점수
10	Peter, Paul and Mary(뮤직 카페)	1.86
8	JZ cafe(재즈 카페)	1.82
9	Once in a blue moon(재즈 카페)	1.49
2	토끼의 지혜(북 카페)	1.15
12	atay(모로코풍 카페)	1.08
25	차박물관(차 박물관 겸 카페)	−1.21
19	그릇 꿈는 집(도자기, 라이브공연)	−1.55
23	다원(전통 카페)	−1.83
17	프린세스 다이어리(드레스 카페)	−1.87

2) 제2유형: 집중의 공간(Meditative Space)

제2유형은 카페는 고요한 사색을 할 수 있는 '집중의 공간'으로 인지한다. 이들에게 카페는 사람을 만나는 사교의 공간이기도 하지만 차를 마시면서 책도 보고 여러 가지 삶을 구상도 하고 노트북으로 업무도 보는 일의 연장 장소로서 기능한다. 이 유형은 자신들의 업무에 집중할 수 있도록 조용하고 차분한 분위기와 독서나 업무에 불편함이 없을 정도의 부분조명과 테이블간의 간격이 확보가 되어 타인의 시선을 차단할 수 있는 카페를 선호한다. 또한 이 유형에서 주목할 만한 특징은 적막하고 자신만을 위한 공간이 필요해 카페를 찾는다는 것이다. 이들은 주로 혼자 카페에 가기를 좋아하며 카페에서 책이나 잡지를 읽고 노트북을 들여다보기도 하고 사색을 하면서 혼자만의 시간을 충분히 즐기다 간다. 따라서 시끄러운 음악과 방문객들의 대화가 끊임없는 곳이나 전체적으로 어두운 분위기의 카페는 선호하지 않으며 오래 앉아있기에 불편한 좌식 공간이나 내 집 같이 편안하고 익숙한 곳이 아닌 낯선 테마의 카페는 이들에게 오히려 부담스러운 공간으로 여겨질 수 있다.

예를 들어 편안하고 아늑한 분위기에서 구비되어 있는 다양한 종류의 책을 보거나 무선랜(wireless LAN)을 이용하여 노트북도 들여다 볼 수도 있고, 1인용 독서 테이블이나 좌석이 따로 마련되어 있어 혼자 가기에도 부담스럽지 않은 카페들을 선호한다(내서재, 토끼의 지혜). 또한 확트인 유리창을 통해 들어오는 채광과 천장의 간접 조명은 일에 집중하는데 적절하며 테이블간의 간격이 넓어서 타인에게 방해받지 않고 사색을 즐기면서 여유있게 시간을 보낼 수 있는 카페도 좋은 공간이 된다(듀플렉스, aA). 반면에 실내조명이 어둡고 몽환적인 분위기의 카페는 책을 보거나 업무를 보는 데 불가능한 공간이며(atay, 2nd), 실내 음악 소리가 크거나 산만한 카페 역시 집중의 공간으로서 선호하지 않는다(JZ cafe, 프린세스 다이어리)(〈표 2〉 참조).

〈표 2〉 제 2 유형 : 집중의 공간

번호	Q 표본	표준점수
1	내서재(북 카페)	1.56
2	토끼의 지혜(북 카페)	1.47
4	듀플렉스(그림 갤러리)	1.43
7	aA(가구디자인 갤러리)	1.30
8	JZ cafe(재즈 카페)	−1.13
17	프린세스 다이어리(드레스 카페)	−1.78
20	2nd(사주 카페)	−2.05
12	atay(인도 분위기)	−2.14

3) 제3유형: 다기능적 공간(Multi- functional Space)

제3유형은 카페는 차만 파는 단편적인 공간이 아닌 '다기능적 공간'이라고 생각한다. 그래서 음료를 마시고 이야기를 나누는 단순한 대화 공간에 머무르지 않고 물품도 구매할 수 있고, 그림도 감상하고 음악도 듣는 등 다양한 문화를 즐기고 새로운 문화까지 창조해 내는 복합문화공간의 카페를 선호한다. 즉, 이들은 단순히 차만 마시기 위해 카페를 가고 지갑을 열지 않는다. 경제적인 측면도 이들에게는 중요한 요소이기 때문에 카페에서 지출한 비용으로 일거양득의 효과를 얻기 위해 이왕이면 다양한 체험과 서비스를 이용하고자 한다. 또한 이 유형은 이국적인 것에 대한 환상과 동경이 크기 때문에 평소와는 다른 이색적이면서 이국적인 요소들로 연출된 카페에 대한 선호하는 경향이 강하다. 이러한 연출된 공간은 이들의 브레인 스크립트(brain script: 인지된 각본)를 자극하여 자신이 인지하고 있었던 공간과 흡사하다고 생각하여 마치 진짜와 있는 것과 같은 느낌을 주는 '제3의 공간'(Christian Mikunda, 2005)이 되기 때문이다. 그래서 이들은 다기능적 요소가 있는 카페라도 한국의 전통적인 모습으로 재현되거나 구식의 공간이라고 느껴지는 카페에서 차를 마시는 것은 매력적이라고 생각하지 않으며 볼거리도 없이 단순히 차만 마실 수 있는 카페는 선호하지 않는다.

그림을 감상하거나 사주도 볼 수도 있고 독특한 디자인의 실내 가구들이 배치되어 있는 카페는 다양한 문화적 체험을 제공해 주며, 넓은 야외 테라스 공간과 특정 도시를 형상화하는 소품으로 실내외를 꾸민 공간은 세련되고 이국적 정취를 느끼게 해주는 이들에게 매력적인 카페가 된다(듀플렉스, 2nd aA, 카페 프라하). 반면, 이국적인 것을 동경하는 이들에게 한국의 전통적인 모습을 재현한 곳에서 차를 마시는 카페는 선호하지 않으며(다원, 차 마시는 뜰), 멀티 기능을 갖춘 카페라도 구식이거나

제3의 공간으로서의 카페

촌스럽다고 생각하는 카페 또한 선호하지 않는 것을 알 수 있다(왈츠 앤 닥터만, cake cafe, 그릇 꿈는 집)(〈표 3〉 참조).

〈표 3〉 제3 유형 : 다기능적 공간

번호	Q 표본	표준점수
4	듀플렉스(그림 갤러리)	1.57
12	atay(인도분위기)	1.45
20	2nd(사주 카페)	1.35
7	aA(가구디자인 갤러리)	1.33
11	카페프라하(프라하 분위기)	1.21
26	왈츠 앤 닥터만(커피 박물관 겸 카페)	−1.21
13	cake cafe(프로방스 분위기)	−1.22
23	다원(전통 카페)	−1.23
24	차마시는 뜰(전통 카페)	−1.25
17	프린세스 다이어리(드레스 카페)	−1.42
19	그릇 꿈는 집 (도자기, 라이브공연)	−2.01

4) 제4유형: 지위부여 공간(Status-conferral Space)

제4유형에게 카페는 '지위부여의 공간'이다. 이 유형은 '자기만의 가치'를 중시하고 여유롭고 향상된 '트렌디한 삶'을 추구한다. 그래서 이들에게 소비 행위는 결핍의 보완이 아니라, 개인의 가치를 표현하는 수단 즉 자신의 사회적 지위나 신분으로 생각한다(황상민, 2007). 즉, 카페를 이용하는데 있어서도 여유롭게 삶을 즐기는 동시에 자신의 지위와 가치를 부여해 줄 수 있는 공간이 우선순위이며 이를 충족시킬 수만 있다면 경제적으로 지출이 클지라도 크게 관여치 않는 경향이 있다. 이들은 품격 높은 분위기와 고풍스러우면서도 현대적인 인테리어가 잘 조화된 카페는 자신의 추구하는 이미지와 가치를 표출해 주는 '제3의 공간'이라 믿고 있다. 또한 도시적이면서 한적한 카페는 여유로운 시간을 보내기에 더없이 좋은 공간이라고 여긴다. 그리고 야외 테라스에 앉아 햇볕을 쬐며 차를 마시는 행위가 이들에게 사치나 선망이 아닌 향유의 대상이 되며 유럽의 한적하고 여유로운 카페에 와있는 듯한 분위기가 매력적인 공간이 되기도 한다. 그러나 제3유형과 달리 이 유형은 다양한 문화적 체험이나 물품 구매의 기능을 갖춘 복합문화공간으로서의 카페는 선호하지 않는다. 카페에서 구매를 하고 무엇을 배우고 체험한다는 것 자체가 자신의 품위를 떨어뜨리는 것이라 생각하기 때문이다.

따라서 도시적인 분위기의 카페에서 재즈를 감상하고 한적한 노천카페에 앉아 차를 마시며 시간을 보내는 행위 자체가 남들과 달리 여유롭고 향상된 삶을 사는 것처럼 비춰진다고 생각한다(Once in a blue moon, aA, 다원). 또한 고풍스럽고 이국적인 분위기의 카페는 이들에게 품격 있는 '제3의 공간'인 셈이다(Grand Harue, 다원). 반면에 카페에서 문화 체험의 이벤트(Coffee happy, 프린세스 다이어리)나 물품 구매(Bloom, atelier & project)의 공간으로서 카페를 이용하는 것은 품위를 잃는 행위라고 생각하여 강하게 비선호하는 경향을 보인다(〈표 4〉 참조).

〈표 4〉 제4 유형 : 지위부여 공간

번호	Q 표본	표준점수
9	Once in a blue moon(재즈 카페)	1.49
7	aA(가구·디자인 갤러리)	1.47
14	Grand Harue(프랑스 궁전 분위기)	1.36
23	다원(전통 카페)	1.26
11	카페프라하(프라하 분위기)	1.21
2	토끼의 지혜(북 카페)	−1.02
1	내서재(북 카페)	−1.03
15	Bloom(플라워 카페)	−1.04
18	Coffee happy(커피 교실)	−1.05
21	atelier & project(소품 판매)	−1.08
17	프린세스 다이어리(드레스 카페)	−2.17

5) 제5유형: 열린 공간(open space)

제1유형에게 카페가 외부와 단절되어 해방된 공간이라면 제5유형에게 있어 카페는 갇힌 공간이 아닌 외부 세계와의 '열린 공간'이다. 카페의 확 트인 유리창은 답답함을 해소해 주는 동시에 유리창을 통해 실내를 들여다 볼 수도 있고, 반대로 그 창을 통해 바깥세상을 내다보는 소통의 공간이 되는 것이다. 특히 노천카페는 외부와 내부의 경계를 모호하게 함으로써 거리와 건물간의 양분화 관계를 완화시키는 효과를 주며 사람들로 하여금 활기차고 인간적인 도시의 이미지와 더불어 여유로운 풍경을 제공해 주기도 한다. 여기에 작은 정원이나 조경장치 등의 녹지공간을 설치한 테라스는 심리적 압박감을 해소해 주는 동시에 자연을 통한 편안함을 준다고 생각한다. 이점은 이들이 테라스가 있는 노천카페를 찾는 중요한 이유이기도 하다. 또한 카페는 가장 일상적으로 드나드는 곳이며 낯선 사람들에게 자신의 이야기를 털어놓아도 흠이 되지 않는 공간이자 지식소통의 공간이고, 예술의 현장이자 공론장으로서 누구에게나 열린 공간이라고 생각한다. 그래서 카페에서 열리는 문화적 이벤트도 단순히 눈으로, 귀로 감상하는 것이 아니라 직접 참여하고 같이 참여한 사람들 간에 사회적 관계를 맺으면서 커뮤니티를 형성하는 것을 좋아한다. 반대로 이 유형은 답답한 공간을 선호하지 않는다. 그래서 지하에 위치하거나 유리창이 없거나 폐쇄적이고 어두운 카페는 좋아하지 않는다. 그리고 사회적 소통이 이루어지지 않는 적막한 공간 또한 좋아하지 않는다.

즉, 커다란 창문과 마당과 정원, 야외 테라스가 있는 카페는 답답함을 해소시켜 주며 세상과 소통할 수 있는 공간으로 작용하므로 이러한 카페들을 선호한다(차 마시는 뜰, 왈츠 앤 닥터만, cake cafe, coffe happy).

또한 카페에서 사람들과 음악을 공유하고 커피교실이나 도자기 만들기와 같은 문화 체험을 같이 하면서 문화적 만남의 공간이자 커뮤니티를 형성하는 공간이 바로 '열린 공간'의 예이다(Peter, Paul and Mary, Coffee happy, 그릇 꿈는 집). 하지만 빛이 들어오지 않는 어둡고 폐쇄적인 공간이나 각자의 세계에 빠져 있는 사람들로 차 있는 공간은 삭막할 뿐더러 어떠한 사회적 소통도 이루어지지 않을 것 같은 닫힌 공간이라고 여겨지므로 선호하지 않는 것을 알 수 있다(2nd, 마다가스카르, 작업실)(표 5 참조).

〈표 5〉 제 5 유형 : 열린 공간

번호	Q 표본	표준점수
24	차 마시는 뜰(전통 카페)	1.93
19	그릇 꿈는 집(도자기, 라이브 공연)	1.43
26	왈츠 앤 닥터만(커피 박물관 겸 카페)	1.16
10	Peter, Paul and Mary(뮤직 카페)	1.12
13	cake cafe(프로방스 분위기)	1.02
18	Coffee happy(커피 교실)	1.02
24	atelier & project(소품 판매)	−1.02
19	카페팩토리(그림 갤러리)	−1.22
26	작업실(북 카페)	−1.22
10	프린세스 다이어리(드레스 카페)	−1.33
13	마다가스카르(사진 갤러리)	−1.43
18	2nd(사주 카페)	−1.93

5. 요약 및 결론

이상에서 설명했듯이, 제3의 공간으로서의 카페를 이용하는 고객(소비자)의 유형을 발견하고 그 특성에 대해 알아볼 수 있었다. 즉, 이용 고객들은 카페를 각각 영혼의 쉼을 얻는 안식처이자 심리적 치유를 받는

'의식 공간', 고요한 사색을 하고 자신의 시간을 보낼 수 있는 '집중의 공간', 차를 마시는 것 이외에 복합적인 요소들을 체험할 수 있는 '다기능적 공간', 여유롭게 삶을 즐기는 동시에 자신의 지위와 가치를 부여해 줄 수 있는 '지위부여의 공간', 외부 세계와 소통할 수 있는 '열린 공간'으로 인식하고 있음을 확인하였다.

먼저 제1유형에게 카페는 '의식 공간'으로서 현실과 단절된 폐쇄된 공간에서 현실을 잠시 잊고 바쁜 일상에서 받은 스트레스와 욕구들을 분출하고 해소함과 동시에 지친 영혼을 달래줄 수 있는 안식처이자 심리적 치유 공간이다. 따라서 이 유형을 위한 카페는 폐쇄된 공간이나 전체적으로 어두운 실내 분위기에 포인트 조명 등을 사용하고 독특한 소품들을 이용하여 로맨틱한 분위기를 연출하고, 감정을 이완시키면서도 들뜨게 하는 볼륨이 적당히 높은 재즈나 올드 팝은 지친 사람들에게 삶의 활력소가 되는데 도움이 될 것이다. 또한 딱딱한 원목의자 보다는 소파나 몸을 기댈 수 있는 쿠션, 팔걸이 의자 등을 배치하여 집에서 편히 쉬는 것처럼 머물 수 있도록 배려를 하는 것도 도움이 될 것이다.

제2유형은 카페는 고즈넉한 사색과 업무의 공간이자 자신만의 세계에 열중할 수 있는 '집중의 공간'이라고 인식한다. 그래서 업무적으로 사람을 만나는 일 외에는 혼자 카페를 방문하며 집이나 사무실을 오고가는 것처럼 가장 일상적으로 드나드는 곳이 카페인 셈이다. 이들은 집중을 위한 조용한 공간을 원하므로 타인의 시선을 차단할 수 있는 테이블 배치와 사람들이 붐비는 넓은 공간의 카페가 아닌 소규모의 공간이 적합하다. 또한 집중에 방해를 받지 않는 잔잔한 음악과 적절한 간접 조명 또한 필요하며 카페의 점원이 최대한 친절하고 정중하되 고객과의 소통이 완전히 단절될 수 있는 무관심을 보이므로 고객이 원하는 시간만큼 원하는 일을 하다 돌아갈 수 있도록 배려를 하는 것도 필요하다. 그리고 혼자 오는 손님을 배려한 1인용 테이블이나 창이나 벽을 향해 탁자와 의자를 배치하는 것도 효과적이며 무선 인터넷이 가능하도록 랜을 설치하는 것이 좋으며 간단한 식사도 가능하도록 메뉴를 구성하는 것도 도움이 될 것이다.

한 공간에서 다양한 욕구를 충족시키기를 원하는 제3유형은 카페는 '다기능적 공간'이라고 생각한다. 이들에게는 경제적인 측면도 중요하기 때문에 이왕이면 내가 꿈꾸는 이상적이고 이국적인 공간에서 차를 마시면서 영화나 음악, 그림을 감상하고 책도 보면서 일석이조의 효과를 얻을 수 있는 공간이 우선시된다. 이것은 최근 트렌드인 시장 세분화와 불황을 이겨내기 위해 단일 기능 중심의 공간에서 점차 부수적 기능이나 이미지를 첨가해서 이용자를 위한 복합 서비스를 제공하는(홍성용, 2007, p.296) 카페의 진화된 모습이기도 하다. 이를 위해서는 최근 트렌드에 대한 파악과 고객에 대한 연구가 필요할 것이며 고객들에게 이야기 소재를 제공할 수 있는 이색적이고 이국적인 공간과 함께 북 카페, 갤러리 카페, 박물관 카페, 아트 카페, 애견 카페, 사주 카페 등의 복합 공간의 카페를 만들어 가는 것이 필요할 것이다.

제4유형이 생각하는 카페는 여유롭게 즐기는 동시에 개인의 가치를 표출해 주는 '지위부여의 공간'이다. 이들은 트렌드 세터(trend setter)의 기질과 남에게 보여주기 위한 과시욕이 있으며 자신만이 추구하는 가치가 명확하다고 본다. 그래서 이들은 비용적인 측면은 크게 고려치 않으며, 대신 고급스럽고 품격이 있으며 현대적인 인테리어가 카페를 선택하는데 있어 주요 요인으로 이러한 공간에 있는 것 자체가 자신의 지위와 가치를 남들에게 표출할 수 있는 수단이라고 생각한다. 따라서 촌스럽고 조잡한 공간이 아니라 의자나 테이블에 있어서도 독특하고 세련된 디자인의 소품들을 배치하는 것이 좋으며, 공간을 구성하는 바닥이나 벽도 대리석이나 고급스러운 소재를 이용하고 샹제리에와 같은 크리스탈 소재의 조명이나 흔히 보지 못했던 디자인의 조명을 설치하는 것이 효과적이다. 또한 이들은 노천카페에 앉아 여유롭게 브런치를 즐기고 커피를 마시며 시간을 보내는 공간도 선호하기 때문에 야외 테라스를 설치할 공간적 여유도 확보하는 것이 필요하겠다.

　마지막으로 제5유형은 외부 세계와 소통할 수 있는 '열린 공간'의 카페를 선호한다. 이들은 제1유형과 달리 폐쇄적인 공간은 선호하지 않기 때문에 지하에 위치한 카페는 되도록 피하는 것이 좋으며 카페에 앉아 외부에서 펼쳐지고 있는 풍경들을 관찰하면서 시간을 보내는 것도 좋아하기 때문에 카페에 야외 테라스나 외부를 훤히 들여다 볼 수 있는 넓은 창이 설치하는 것이 좋으며, 실내의 밝은 조명도 필수적이라 하겠다. 또한 카페는 차를 마시는 공간이기도 하지만 낯선 사람들과도 쉽게 어울리면서 예술을 논하고 서로의 지식을 공유하면서 공론장을 형성하는 공간이기도 하다. 따라서 커피교실, 요리교실, 공연 등과 같은 다양한 문화 체험의 이벤트를 마련하여 고객들끼리도 자연스럽게 어울릴 수 있고 서로 소통할 수 있는 열린 체험의 공간을 제공하는 것도 중요하다.

　이러한 유형의 특성들은 〈표 6〉과 같이 정리해 볼 수 있겠다.

유형	유형의 특성	스페이스 마케팅 전략
의식 공간 (Ritual Space)	영혼의 쉼을 얻을 수 있는 안식처이자 심리적 치유 공간	폐쇄된 공간. 독특한 인테리어 소품이나 테마를 바탕으로 실내를 꾸밈. 실내에 밝고 어두운 조명을 대조적으로 사용하고 통로나 테이블에 촛불이나 포인트 조명을 설치. 편한 휴식을 취할 수 있는 의자나 쿠션과 같은 소품 배치. 재즈나 블루스, 올드 팝과 같은 종류의 음악을 볼륨을 크게 해서 청각을 자극.
집중의 공간 (Meditative Space)	고요한 사색과 집중, 업무의 공간이자 혼자 시간을 보낼 수 있는 공간	적당한 규모로 시선이 분산되지 않고 편안하고 쉬운 공간 형태. 테이블간의 적당한 간격 유지와 파티션을 설치하여 타인에게 방해받지 않는 공간 구성. 중간 톤의 채광이나 조명 설치. 잔잔한 클래식 음악이나 자극적이지 않은 팝송으로 청각을 편안하게 해줌. 무선 랜과 전원 스위치 설치, 도서나 잡지 구비. 1인용 테이블이나 창이나 벽을 향해 탁자와 의자를 배치 및 편안함을 느낄 수 있는 소파 배치.
다기능적 공간 (Multifunctional Space)	차를 마시는 것 이외의 카페에서 제공하는 복합적 서비스를 모두 체험할 수 있는 공간	그림, 사진, 조각상 등 예술 작품이나 특이한 소품들을 배치, 물품 구매의 공간 마련. 이야기를 만들 수 있는 이색적이고 이국적인 테마 조성. 북 카페, 장난감 카페, 애견 카페, 사주 카페, 갤러리 카페 등 컨셉이 필요함.
지위부여의 공간 (Status-conferral Space)	여유롭게 삶을 즐기는 동시에 자신이 추구하는 가치와 지위를 부여해주는 공간	불필요한 소품들은 배치하지 않음. 야외 테라스나 차별화된 외관 구성. 넓고 여유있는 공간 확보. 독특하고 품격있는 컨셉의 인테리어와 소품들로 실내를 연출.
열린 공간 (Open Space)	외부 세계와 소통할 수 있는 공간	카페 전체에 통유리를 사용하거나 유리창의 면적을 넓게 하여 확 트인 공간 제공. 작은 정원이나 화분 등으로 녹지 공간 조성. 야외 테라스 설치. 커피·와인·요리 교실, 라이브 공연 등의 문화 체험의 장을 마련하여 카페 내 커뮤니티 구성.

앞서 올덴버그가 정의내린 바와 같이 제1의 공간이 가정, 제2의 공간이 직장 및 학교와 같은 공간이라면 '제3의 공간'은 정기적으로 찾아가서 스트레스를 풀거나 개인시간을 갖는 카페와 같은 공간이다. 지금까지 카페가 단순히 차를 팔기 위한 상행위적 공간이자 담소하는 등의 사회적인 공간이었다면 새롭게 부상하는 '제3의 공간'인 카페는 사람을 만나는 사회적인 공간을 넘어 본 연구에서 나타났듯이 집이나 직장에서와는 다른 즐길 수 있는 놀이문화가 있고 혼자서도 편안히 휴식할 수 있는 내 집과 같은 안정된 공간인 동시에 사색과 집중의 공간이 되기도 하며 단순히 커피 한 잔을 마실 수 있는 공간이라는 의미를 넘어 자기 자신의 가치를 표현해 주는 공간이며 일에 연관되지 않는 편안한 대화를 사람들과 자연스럽게 어울려 할 수 있는 공간으로서 이를 통해 사람들에게 정신적으로 풍요롭고 안정됨을 제공하는 '제3의 공간'으로서 탈바꿈되고 있다.

이처럼 카페가 단순히 차를 마시는 공간을 넘어 다양한 기능을 지닌 공간으로서 사람들에게 인식되기까지 그 힘의 근원은 카페를 이용하는 고객(소비자)이 추구하는 가치의 다양성과 조금 더 쾌적한, 조금 더 편안한, 조금 더 색다른 공간에서 개인의 문화적 욕구와 기호를 반영한 디자인과 스페이스 마케팅의 전략에 있었음을 알 수 있다.

따라서 카페뿐만 아니라 우리 주위를 둘러싼 모든 공간에서 고객들의 가치와 욕구를 반영하고 보다 차별화된 공간을 제공한다면 무엇보다 편안하고 삶의 활력소가 되는 '제3의 공간'으로 거듭나게 될 것이다.

▨▧▪ 참고문헌

강인규(2007. 12. 4), 「무관심을 파는 다방, '아메리카 스타벅스'」, 『오마이뉴스』.

경영오(2007. 3), 「낭만과 품격이 느껴지는 문화 공간으로의 초대」, 『레이디 경향』.

김승회(2007. 11. 21). 「아파트 변혁을 꿈꾸다] 〈6〉 나의 두 번째 아파트」, 『동아일보』.

김흥규(2008), 『Q 방법론: 과학철학, 이론, 분석 그리고 적용』, 서울: 커뮤니케이션북스.

_____(1990), 『Q 방법론의 이해와 적용』, 서강대 언론정보연구소.

신진아(2007. 7. 20), 「카페의 변신」, 『데일리노컷뉴스』.

조동성(2003), 『디자인 혁명, 디자인 경영』, 「디자인네트」.

최명애(2007. 10. 4), 「[카페놀이]놀이터 · 작업실로…카페의 변신」, 『경향신문』.

홍성용(2007), 『스페이스 마케팅』, 서울: 삼성경제연구소.

황상민(2007. 2. 14), 「단순 통계로 잡히는 소비집단은 없다」, 『시사저널』.

Bernd H. Schmitt(1999), Experiential Marketing, 『체험 마케팅』, 박성연 · 윤성준 · 홍성태 옮김(2002), 서울: 세종서적.

Christian Mikunda(2005), Brand Lands, Hot Spots & Cool Spaces, 『제3의 공간』, 최기철 · 박성신 공역(2007), 서울: 미래의 창.

Cristphe Lefebure(   ). La France des cafes et bistrots, 『카페를 사랑한 그들』, 강주현 (2008), 서울: 효형출판.

Oldenberg, Ray(1999), The Great Good Place: Café, coffee shops, bookstores, bars, hair salons and other bangouts at the heart of a community. Marlowe. New York.

Robert B. Settle, Pamela L. Alreck(1989), Why They Buy. 『소비의 심리학』. 대홍기획 마케팅 컨설팅그룹 옮김(2003), 서울: 세종서적.

Stephenson. W.(1953), *The Study of Behavior*, Chicago: The University of Chicago Press.

제3의 공간으로서의 카페

NO. 1

• 카페 한쪽 전면이 책장으로 문학, 예술, 인문분야 등의 총 2,500여권의 도서가 비치되어 있음

• 1인용 독서테이블도 구비되어 있음

1. 내서재(북카페)

No. 2

• 스타일과 트렌드, 성광과 비전, 고양과 예술, 휴식과 여유의 4가지 섹션으로 나누어 도서를 비치

• 1인용 좌석이 창가 쪽에 배치

• 무선랜 설치되어 노트북 사용 가능

2. 토끼의 지혜(북카페)

NO. 3

- 입구에는 작은 화분, 자전거 등의 소품과 테이블을 배치

- 달팽이 모양의 독특한 책장에 문학 서적들을 비치
- 각 테이블마다 스탠드가 설치됨
- 1인용 좌석이 창가 쪽에 마련됨

3. 작업실(북카페)

NO. 4

- 독특한 형태의 유리창이 벽, 천장, 창의 역할을 하며 실내 채광이 좋음

- 곳곳에 배치된 다소 파격적인 현대 미술 작품들과 컨셉이 각각 다른 디자인과 컬러의 가구들이 조화롭게 배치됨

4. 듀플렉스(갤러리 카페)

NO. 5

- 일정 기간마다 각기 다른 주제와 작가들의 그림 작품들을 벽면에 전시하고 그림과 관련된 책자들을 비치

- 작가와의 만남, 연극 무대로도 활용

5. 카페팩토리(갤러리 카페)

NO. 6

- 카페인 동시에 매번 다른 주제로 사진 작가들의 사진들을 전시하고 한쪽에는 사진작품이나 사진과 관련된 책, 소품들을 판매하는 공간

- 스튜디오로도 활용

6. 마다가스카르(갤러리 카페)

NO. 7

- 유럽 곳곳의 100년 이상의 역사가 깊은 가구 디자이너들의 문, 의자, 타일 등을 중심으로 꾸몄으며 영국 공장의 벽을 활용하고, 영국 디자이너 뮤지엄에 전시된 천장의 볼, 템즈강의 가로등 등 인테리어 가구들의 갤러리로 활용됨

7. aA(가구디자인 카페)

NO. 8

- 어둡고 협소하지만 한 층을 이등분하여 위쪽은 밴드들의 재주 연주 공간, 아래는 차를 마시는 공간으로 활용
- 야외 테라스에서도 충분히 음악 감상 가능

8. JZ cafe(재즈카페)

NO. 9

• 화려한 조명과 비교적 큰 무대에서 밴드들이 재즈 연주를 함

• 한 쪽 벽에는 재즈 연주가들의 연주 모습이 담긴 사진들이 붙어 있음

9. Once in a bllue moon(재즈카페)

NO. 10

• 올드팝, 재즈, 가요 등 수백 개의 LP 판들이 진열장을 가득 채움

• 좋은 사운드를 전해주기 위한 스피커 와 LP판이 인테리어 효과도 줌

• 신청곡을 받거나 직접 선곡해서 음악 을 들을 수 있음

10. Peter, Paul & Mary(뮤직카페)

11. 캐슬 프라하(프라하 분위기)

12. atay(인도 분위기)

NO. 13

• 초록색을 바탕으로 실내외에 나무, 꽃
  화분을 배치하고 작은 소품들이 프로방
  스에 온 분위기를 연출

• 한쪽에 베이커리를 파는 공간으로 배
  치

13. cake cafe(베이커리 카페)

NO. 14

• 프랑스 어느 궁전에 온 느낌의 카페

• 고풍스러운 가구, 유럽풍의 천장벽화와
  상제리에가 고급스러운 분위기 연출

• 빨강, 초록, 검정이 주이며 벽은 금박
  을 입혀 화려하고 이국적인 분위기

14. Grand Harue(프랑스 궁전 분위기)

NO. 15
• 꽃집과 카페가 같이 있어 한쪽 공간은 꽃과 인테리어 소품을 파는 곳으로, 한쪽은 차를 마실 수 있는 공간으로 활용하고 있음
• 큰 통 유리문을 열면 야외 테라스가 있고 여기에도 작은 정원처럼 꾸밈
• 플라워 교실이 운영됨

15. Bloom(플라워카페)

NO. 16
• 울창한 나무, 허브, 꽃, 연못으로 이루어져 숲 속에 온 느낌 연출
• 실외의 새장모양의 비닐하우스 좌석, 실내의 원목 테이블, 천장의 주황색 등이 포인트
• 손님들에게 허브 화분을 선물로 줌

16. Green galley(울창한 숲 연출)

NO. 17

- 몇 가지 테마의 스튜디오, 의상실, 차를 마실 수 있는 카페로 이루어짐

- 드레스를 테마로 직접 드레스를 입고 스튜디오에서 촬영도 할 수 있음

- 아기자기한 인형과 소품들로 꾸며져 있고 '공주' 같은 분위기를 연출

17. 프린세스 다이어리(드레스 카페)

NO. 18

- 테라스에 작은 정원을 만들어 놓음

- 원목 가구들이 배치되어 있고 주방 한쪽 벽에는 커다란 칠판에 주인이 직접 그린 그림이 걸려 있음

- 커피교실 운영하여 손님이 직접 커피를 만들어 마실 수 있는 체험도 가능

18. Coffee happy(커피교실)

NO. 19

- 옛날 교실처럼 꾸며 작은 원목 의자
와 긴 테이블, 난로 등을 인테리어 소
품으로 사용

- 칠판 앞 공간에는 작은 무대를 만들
어 라이브 공연을 함

- 도자기 만드는 체험도 할 수 있음

19. 그릇 꿈는 집(도자기, 라이브공연)

NO. 20

- 인도풍의 인테리어로 내부는 깜깜하
며 몽환적인 분위기를 연출함

- 좌식 테이블과 인도풍의 방석, 황실
침대 같은 모형의 공간도 있음

- 한쪽에는 사주를 보는 곳이 있음

20. 2nd(사주카페)

NO. 21

- 주방 및 아트디렉터의 작업 공간, 차 마시는 공간이 자연스럽게 분리되어 있으며 테이블 수는 많지 않음

- 한쪽에서 구두, 백 등 전시 및 직접 판매도 하며 작품들에 대한 설명도 붙여둠

21. atelier & project(소품판매)

NO. 22

- 실내에서 차를 마시는 공간, 디자이너들의 소품, 의상 등을 판매하는 공간, 라이브러리 공간으로 구성

- 야외 테라스에서는 일요일마다 벼룩시장이 열림

22. daily project(소품판매, 벼룩시장)

NO. 23

- 전통 한옥을 카페로 이용

- 야외 공간에는 아담한 정원이 있으며 전시 뿐 아니라 야외 카페 공간으로 활용되고 있음

- 대청마루, 안방, 건너방을 터서 찻집으로 만들었고 마당에서 휴식을 취할 수도 있음

- 내부는 간소하면서 한국적인 분위기의 인테리어

23. 다원(전통카페)

NO. 24

- 'ㅁ'자의 전통 한옥을 개조한 곳으로 벽과 문이 통유리로 되어 있어 답답하지 않고 멀리 바라볼 수도 있음

- 가운데 작고 아늑한 정원이 있음

- 나무 테이블과 방석, 다기와 전통 장신구가 인테리어 소품으로 사용됨

24. 차마시는 뜰(전통카페)

NO. 25

- 'ㅁ'자로 구성된 한옥을 서양식으로 재정비하여 중앙은 카페, 주위에는 차 박물관, 갤러리, 티숍으로 구성

- 다양한 차 종류와 역사가 있는 다기들을 갖춘 박물관, 신진작가들의 도예전을 갤러리에서 감상할 수 있음

25. 차박물관(차 박물관 겸 카페)

NO. 26

- 커피 박물관이 카페 안에 있어 커피에 대한 역사와 정보, 원두와 커피기구들을 눈으로 체험할 수 있음

- 볶은 원두를 직접 갈아서 드립커피를 만들어 마실 수도 있음

- 매주 금요일 음악회가 열림

26. 왈츠 앤 닥터만(커피 박물관 겸 카페)

한류현상에 대한 비교문화적 연구[*]

허 유 정

한국외국어대 강사

[*] 본 논문은 〈주관성 연구〉 제16호(2008. 6) pp.161-183 논문 전문을 재게재한 논문임을 알려드립니다.

한류현상에 대한 비교문화적 연구

1. 연구 문제의 제기

1996년 한국의 텔레비전 드라마가 중국에 처음 수출되었고, 몇 년 뒤 거의 모든 대중문화의 장르로 확대되면서 중국에서 한국 대중문화의 유입은 현상이 본격화 되었다. 한류는 중국에서 일고 있는 이러한 한국 대중문화의 열기는 중국 언론에 종종 등장하는 주제가 되었다.

이후 한국 대중문화의 현상은 중국뿐만 타이완 · 홍콩 · 베트남 · 타일랜드 · 인도네시아 · 필리핀 등 동남아시아 전역으로 확산되었다. 특히, 2000년 이후에는 드라마 · 가요 · 영화 등 대중문화 뿐만 아니라 김치 · 고추장 · 라면 · 가전제품 등 한국 관련 제품의 새로운 선호현상까지 나타났는데, 포괄적인 의미에서는 이러한 모든 현상을 가리켜 한류로 지칭하고 있다(두산세계백과).

이는 초국적(超國的) 자본의 이동을 포함한 다층적 이동 현상과 맞물려 일어나는 사건으로, 압축적 근대화 과정을 통해 나름대로 경제력을 확보하게 된 동아시아의 국민들이 스스로 인식의 주체가 되려는 강한 욕망을 내보이고 있는 가운데 일고 있는 의미심장한 움직임이다(조한혜정, 2002).

일본에서의 〈겨울연가〉 방영에 힘입어 〈욘사마〉 신드롬이 생겨났으며 시청자의 50%가 한국문화에 적극적으로 접하게 되었으며 이중 26%가 한국에 대한 이미지가 바뀐 것으로 나타났다(헤럴드 프리미엄, 2004).

대중문화의 수용 차원을 넘어 한국의 가수·영화배우·탤런트, 나아가 한국인과 한국 자체에 관심을 느껴 한국어를 익히거나 한국 제품을 사려는 일본인들까지 생겨났으며 현재 일본에 불고 있는 한류는 향후 한국과 일본의 문화 교류를 주도할 분야로 크게 주목받고 있다(김경목, 2006).

일본의 주요 언론들은 한류 바람이 불고 있다는 내용의 소식을 자주 보도하고 있으며, 주요 방송사들은 한류 현상을 심층적으로 다룬 기획 특집 프로그램을 제작·방영하기도 했다. 한국과 일본은 역사적·정치적 문제 등으로 매번 갈등을 빚어 왔지만 한류 현상만큼은 시간이 갈수록 오히려 가속도가 붙고 있는 것은 쉽사리 이해되지 않는 기현상이라고 할 수 있다.

어느 때보다 한·일관계가 중시되고 있는 시점에서 한류 현상이 일시적인 현상으로 끝나지 않고 한국 문화를 일본에 널리 소개할 수 있는 계기를 마련하고 현상을 지속시키기 위한 장기적이고 체계적인 대책 마련이 요구되고 있다.

한국과 일본은 그동안 위안부 문제, 독도문제, 신사참배 문제 등 역사적·정치적 문제에서 첨예하게 대립했지만 최근의 한류 현상은 단순한 문화 현상을 넘어 이러한 갈등을 해소시킬 만큼 커다란 흐름으로 발전되고 있다.

한 · 일 간의 역사, 외교적인 갈등의 장벽을 한 번에 허물 수는 없지만, 관심의 확대로 인해 그 장벽을 낮추어 갈 수 있는 가능성을 찾는 것이 중요하다.

본 연구의 목적은 새로운 문화 현상으로 주목 받고 있는 한류에 대한 한국인과 일본인의 인식 차이를 비교 문화적으로 고찰함으로써 앞으로 한류라는 공통된 화제를 통해 양국의 이해와 소통을 바람직한 방향으로 모색하는데 있다.

한류는 한순간에 그치는 유행이 아닌 하나의 새롭고 중요한 흐름으로 인식할 필요성이 제기되고 있는 것이다. 이러한 한류에 대한 논의가 지금까지는 표면적인 면에 치중해 왔다고 볼 수 있다.

따라서 본 연구는 한류가 어떠한 관점에서 이해되어야 하고 한류가 과연 문화의 다양성을 실현할 수 있는지에 관해 고찰해보고자 한다.

2. 이론적 배경

1) 문화 커뮤니케이션 이해

문화 커뮤니케이션이란 다른 두 문화 사이에 일어나는 커뮤니케이션을 말하는데, 문화적 변인을 내용으로 담는 것이 특징이다. 여기서 문화가 다르다는 것은 문화의 구성요소, 특히 상징체계가 다르다는 것을 의미한다(홍기선, 1991).

문화 커뮤니케이션의 정의는 커뮤니케이션을 보는 관점이 따라서, 혹은 문화를 보는 관점에 따라서 달라지겠지만, 대체적으로 거시적 차원과 미시적 차원으로 구분하여 정의하고 있다. 거시적 차원의 문화 커뮤니케이션은 주로 대집단이나 대중매체를 통해 이루어지는 특징이 있다.

반면에 미시적 차원에서는 문화 커뮤니케이션 주체를 서로 다른 문화권에 속한 개인으로 보고 있다.

문화 간 커뮤니케이션은 과거 작은 규모로 이루어졌던 사회 현상이었던 반면에 오늘날 문화 간 접촉은 매우 광범위한 사회 현상이 되었다. 사회적 이동이 많아지면서 지구촌 내의 다양한 문화권 간에 전에 없는 교류의 기회가 늘어났다. 또 이와 함께 상품시장이 확대되고, 교통과 통신기술의 발달로 인해 지구촌을 축소시킨 것과 동시에 문화 간 커뮤니케이션의 기회를 증대시켰다.

문화 간 커뮤니케이션에 대한 관심은 다민족 다문화 국가인 미국 같은 나라에서 가장 먼저 싹텄는데 그 내용은 사회의 현안 문제에 대한 답을 구하는 다분히 정책적, 실리적인 것이었다. 세계 각국에 외교관들을 파견하면서, 외국에 나가 공장을 운영하면서, 미국 내 소수민족들을 주류(主流)사회에 통합시키는 과정에서, 세계 각국의 문화에 대한 이해가 절실히 필요했던 것이다. 그리고 1960년대 인권운동에 따라 미국 내 소수민족과 그들의 문화에 대한 인식이 높아진 것도 문화 간 커뮤니케이션의 필요성을 높인 계기이다(Dodd, Charley H., 1982).

다른 문화를 향한 출입구를 확보하고 다른 문화를 가진 사람들의 세계관과 커뮤니케이션 스타일을 이해하는 것은 세상을 경험하는 폭을 넓힐 뿐 아니라 우리와 다른 가치관을 가진 사람들과 원만한 관계를 유지하게 한다.

이와 같이 우리사회에서도 단순히 학문적 호기심이 아니라 정책적, 실리적 필요성 측면에서도 문화 간 커뮤니케이션에 대한 논의가 절실히 필요한 시점이다.

그동안 우리는 국제화라는 개념을 주로 국가간 물질의 교류와 교역의 측면에서 받아들였지만 이제는 '사람의 교류'가 더욱 중요한 문제로 부각되고 있다. 이것은 지구촌의 질서가 재편됨에 따라서 다양한 문화적 배경을 가진 사람들이 이념과 국적에 구애받지 않고 면대면(面對面) 커뮤니케이션의 일상영역에서 함께 생활하게 될 가능성이 높아졌기 때문이다.

이러한 변화 속에서 국가라는 개면은 사실상 문화 혹은 민족이라는 개념에 의하여 흐려졌다. 실질적으로 국가 간 커뮤니케이션 상황에서도 국가보다는 문화의 개념이 더 중요한 요소로 작용한다. 오늘날 국가간의 정보유통도 더 이상 통신사 뉴스, TV프로그램, 정부의 대외홍보 혹은 외교사절과 같은 공식적이고 가시적인 경로만을 통해서 이루어지지 않는다(김현주, 1998).

해외 여행객의 증가와 다양한 미디어와 정보통신 매체를 통한 다른 나라의 문화상품들의 유입, 노동 인력의 파견 등으로 우리는 이미 문화 간 커뮤니케이션을 소통하고 있다. 과거에는 우리와 별로 무관한 일처럼 느껴지던 문화 간 커뮤니케이션이 지구촌 환경의 변화와 함께 우리 사회의 중요한 관심사로 부상한 것이다.

문화 간 커뮤니케이션을 이해하고 실천하는 것은 우리 사회에 불어 닥친 국제화 요구에 대응하는 방법 중의 하나라는 시각에서 출발한다.

2) 한류 현상에 대한 정의와 이해

한류 현상을 정의해 보자면 '한류'는 경제적 · 시간적 맞물림에 의해 발생한 현상이다. 문화 관광부에 따르면 한류란 중국, 대만, 일본, 베트남 등 아시아 지역에서 한국 가수들의 노래, TV드라마, 영화 등 한국의 문화 컨텐츠가 선풍적인 인기를 끌고 있는 사회 문화적 현상이라 정의를 내리고 있다.

많은 사람들이 한류 현상의 발원지를 중국으로 생각하지만 한류 현상의 시초는 자국인 한국 내부였다. 드라마, 가요 그리고 최근 영화로 이어지는 한국 내에서 자국 문화의 소비가 부흥하면서 바로 해외로 이어진 것이다. 한국 내에서도 90년대 초반까지 많은 외화가 텔레비전에 방영되면서 인기를 끌었다. 그러나 어느 순간부터 외화방영 횟수가 점차 줄어들다 국내 방송사들이 만든 드라마와 쇼 프로그램의 수가 늘어나기 시작했다. 젊은이들이 팝송보다 가요를 더 많이 듣고 겨우 연명하던 영화계에도 히트작들이 속출하면서 일방적으로 할리우드 영화로 쏠렸던 관객들은 한국 영화를 할리우드 영화와 동등하게 선택하기 시작했다. 모든 문화상품들이 한국 내에서 부흥하고 안정기에 들어서면서 해외에서도 동시에 호응을 얻기 시작했던 것이다(방정배 외, 2007).

'한류'가 일기 시작하자 한국 내 문화 소비자와 생산자 사이에도 변화가 일기 시작했다. 일본에게 뒤지기만 했던 캐릭터와 게임산업에서도 국내에서 제작된 상품들이 호응을 얻기 시작했다. 그동안 스스로 만족스럽게 생각하지 않았던 많은 문화상품들의 인기가 상승하고 해외에서 호응을 얻기 시작한 것이다. 작은 국가 대한민국이 관심의 중심에 섰다. 한국 내 자국의 문화를 중심으로 한 대중문화를 생산하면서 한국 대중문화의 특성을 갖기 시작했고 이것은 동아시아권 지역적 문화를 형성하는 과정에 부흥하게 됐다(김종건, 2004).

한류의 파급 효과는 국가이미지 제고를 통해 한국 상품 수출 확산에 영향을 줄 뿐만 아니라 외래 관광객 유치로 이어지는 관광자원이 되고 있다. 아시아 지역에서 한류가 정점이었던 2004년도 관광 외화수입은 7억 8,000만 달러에 이르러 일본, 중국, 대만지역 방한 관광객 중 약 27.4%인 711,236명이 드라마, 영화, 한류 스타 및 한국관광공사가 추진한 한류 관광마케팅 등 한류 콘텐츠에 직·간접적 영향을 받아 방한

제4부 광고·마케팅

한 한류 관광객으로 나타났다. 또한 이들 한류 관광객으로 인한 관광 외화 수입은 7억 8,000만 달러에 이르는 것으로 분석됐다(한국관광공사, 2005). 또한 관광 이외의 한류 파급 효과로 문화 콘텐츠는 물론 일반 상품 수출이 크게 증가하고 한국에 대한 우호적 정서 형성으로 문화적 공동체가 형성될 수 있다고 사료된다.

3) 한류 문화 커뮤니케이션

1990년대 말부터 시작된 한류는 아시아 지역을 중심으로 현재 세계 40여 개 국으로 뻗어나가고 있다. 〈겨울연가〉, 〈대장금〉을 통해 전 세계에 한국을 알렸고, 한국을 알림과 동시에 주변국에 한국인의 인식, 신념, 감정 등을 전달하였고, 한국에 대한 태도를 변화시켜왔다. 한류가 주변국에게 긍정적이든, 부정적이든 우리나라에 대한 생각을 다시 하도록 한 것은 틀림없는 사실이다. 따라서 한류는 '대중매체를 통해 매개된 문화 간 커뮤니케이션'(이준웅, 2005)이라고 정의하고 있다.

90년대까지만 해도 일본과 우리나라는 가깝고도 먼 나라였다. 하지만 90년대 말부터 한류 콘텐츠가 일본으로 다량 유입되면서 일본인이 보는 한국인에 대한 생각이 달라졌다. 한국 사람을 어떻게 생각 하냐는 질문에 1998년 46.2%에서 2004년 56.7%로 한국을 '친근한 나라', '가까운 나라'로 긍정적으로 인식했다(중앙일보, 2004).

한류가 일본과 우리에게 어떤 영향을 주었으며, 어떻게 평가되고 있으며, 커뮤니케이션 측면에서 앞으로 한일 문화의 나아 가야할 길은 무엇인지 살펴볼 필요가 있다.

일본에서 한국어를 배우고자 하는 일본인들이 늘면서 한글 능력검정시험 응시율도 매년 꾸준히 증가하고 있고, 대학을 비롯해 각종 한국어강좌가 활성화 되고 있다. 한국어에 관심을 갖고 배우고자 하는 일본인이 늘고 있는 것은 언어와 문화가 밀접한 관계를 맺고 있고 커뮤니케이션의 수단으로 이용되고 있다고 볼 수 있다.

무엇보다도 한류 붐으로 인해서 한국 마니아들이 많이 형성되었다. 그들은 드라마를 매개로 서로 교류하면서 한국의 문화 콘텐츠뿐만이 아니라 역사, 언어, 음식, 생활, 관광 등 많은 부분에 대한 정보를 공유하고 있다.

NHK 관계자는 현재 일본의 한류는 이문화(異文化)로서의 한때의 유행이 아니라 일정 부분 생활관습이나 소비대상으로 남아 있는 정착성의 유행이 되어 가고 있다고 한다. 이런 부분들이 모이다 보면 처음의 반짝이는 현상보다는 더 큰 시너지 효과를 얻을 수 있을 것이라 생각한다.

이처럼 현재 일본의 한류는 정점을 지나 일시적 유행의 형태에서 향유할 수 있는 가치가 인정되는 하나의 이문화 코드로 자리를 잡아가고 있으며 이는 한류를 통한 새로운 커뮤니케이션을 모색하고 있는 것이다(양선예, 2006).

그러므로 한류 현상을 문화적 우월감이나 상품 마케팅 기회로만 여기지 말고 국가 간 문화 교류를 통해 상호공감대를 확대하고 함께 성장하는 문화공동체 의식으로 업그레이드시킬 필요가 있으며, 적극 수용자층뿐만 아니라 다양한 계층에서의 반응을 살펴보고 확대시킬 수 있는 방안이 연구되어야 할 것이다.

한류는 국가 커뮤니케이션 현상이며 문화 교류이다. 문화 교류는 경쟁과 지배를 목적으로 삼지 않고 다른 문화에 대한 인정과 존중, 이해와 배려를 바탕으로 삼아야 한다. 또한 문화는 경제적 이익추구의 수단이나 판매되어야 하는 상품으로만 인식하고 취급되어서도 안 된다(國會圖書館報, 2005).

따라서 본 연구에서는 한류 현상의 수용자 내면에 존재하고 있는 한일 인식과 차이점을 Q 방법론을 사용하여 유형을 파악하는 것이 요구된다.

3. 연구방법 및 연구 설계

1) 한류 현상의 Q 방법론적 접근

윌리엄 스티븐슨(William Stephenson)에 의하면 사람의 주관적인 생각만이 Q 요인이 된다. 즉 Q 소트와 Q 요인에 의하여 같은 방식으로 조작적으로 정의 된다. 하나의 문화 현상으로 자리 잡은 일본 내에서의 한류 현상이 매스컴에서 접하는 현실과는 다르고 새로운 변화에 저항하는 요소와 불완전한 요소를 지나치게 부각시키는 측면도 있다. Q 방법론은 발견에 초점을 두고 있는 가설발견의 방법론이다. Q는 인간주관성의 과학이며, 기존의 가설연역적 방법과는 상이한 가설이다(Stephenson, W., 1953).

한류 현상에 대한 한국인과 일본인의 인식 차이를 비교 문화적으로 고찰하기 위해 이를 객관화하기 위해 Q 방법론을 적용하여 한류 현상에 관한 생각의 구조적 유형과 유형별 특성을 분석하여 앞으로의 일본 내에서의 한류 현상의 지속과 한국의 문화콘텐츠를 개발하는데 활용할 수 있는 기초 자료를 제공하는데 있다.

2) Q 표본의 선정(Q Sampling)

Q 방법론에서 진술문은 매우 중요하다. 본 연구에 있어 Q 표본은 한

류 현상을 생각하는 일본인들의 생각이다. 잡지·신문·뉴스에서 선행연구를 바탕으로 진술문을 추출한 후 문화연구가, 대학생, 직장인, 가정주부 등을 대상으로 진술문의 문장을 쉽게 이해할 수 있는지 확인을 거쳐 Q 표본 선정을 하게 되었다. 이를 통해 최종적으로 한국인을 대상으로 하는 진술문 25개와 일본인을 대상으로 하는 진술문 23개의 표본을 선정하였다. 선정된 표본은 상당량의 노출을 통해 타겟들에게 충분히 전달된 생각들이다.

3) P 표본(P Sample)

Q 방법론은 사람들 사이에서 갖는 평균적 의미나 개인간의 차이를 연구하는 양적 조사가 아니라 한 개인 내에 존재하는 주요성의 차이를 다루는 연구이므로 P 표본(사람)의 수에 아무런 제한을 받지 않는다(김흥규, 1990). P 표본의 수가 커지면 오히려 통계적 문제가 야기된다. Q 방법론에 있어 소 표본이론(samall sample doctrine)이 전제되는 이유가 여기에 있다. 본 연구에서 사용된 P 표본의 수는 한국인 30명, 일본인 20명을 선정하였으며 이들 모두는 18~60세 사이의 모든 연령대와 성비를 포함했다.

4) Q 분류(Q Sorting) 과정과 방법

P 표본으로 선정된 피험자들은 Q 표본인 각종 한류 현상을 생각하는 진술문을 일정한 분포에 따라 분류토록 요구하는 강제분포(forced distribution) 방법을 사용하였다. 연구의 목차와 절차를 설명하였고, 각 진술문이 인쇄된 9*6cm의 카드를 읽고 긍정(+), 중립(0), 부정(−)의 크게

3개의 범주로 분류하도록 하였다.

이때 가장 긍정하는 진술문이 적힌 카드를 골라 오른쪽 바깥쪽에서 안쪽 중립부분에 놓도록 하였다. 가장 부정하는 진술문이 적힌 카드부터 차례로 골라 왼쪽 바깥쪽에서 안쪽 중립 부분에 놓도록 하였다. 중립은 긍정하는 진술문에 긍정 쪽에, 부정하는 진술문은 부정 부분에 순서대로 놓도록 하였다.

따라서 각 개인의 평균값은 언제나 '0'이며, 표준편차는 동일하게 된다. 〈표 1〉과 같은 강제분포 체계는 각 개인이 Q 표본의 점수 부여에 있어 의존성(dependency)을 만들어 낸다.

다음 〈표 1〉에서 제시하는 대로 본 연구에서 사용한 강제분포 모형은 9점 척도 상에 정상분포 모양과 유사한 분포(quasi-normal distribution)를 하고 있으며 Q 분류 직후 이들에게 가장 긍정적인 진술문과 가장 부정하는 진술문(한국인 각 3개씩, 일본인 각 2개씩)에 대해서는 분포시킨 이유를 인터뷰를 통하여 적시함으로써 Q 유형의 심층적, 추가적 해석에 도움이 되도록 하였다.

상호지향성 연구는 똑같은 질문에 대해 두 번 응답하도록 요구하고 있다. 즉 한번은 자신의 입장에서, 또 한번은 상대방의 입장에서 응답하도록 했다.

5) 자료 분석 절차

P 표본에 대한 조사가 완료된 후 수집된 자료를 Q 표본 분포도에서 가장 부정하는 경우를 (−3)1점을 시작으로 2점(−2), 3점(−1), 4점(0), 5점(+1), 6점(+2), 그리고 가장 긍정하는 경우에 7점(+3)을 부여하여 점수화하여 Q 소트 자료를 코딩하여 컴퓨터에 입력시켰다. 코딩은 Q 표

본 분포도에 기록된 진술 사항을 확인하여 점수화 시켰다. 자료 분석은 QUANL 프로그램을 이용하여 처리하였으며, Q 요인분석은 주요인 분석방법을 이용하였다.

6) 상호지향성 모델

채피와 맥로드(Chaffee & McLeod, 1973)에 의해 개발된 상호지향성 모델은 커뮤니케이션 효과에 관한 기존의 연구들이 커뮤니케이션 행위를 설득에 관련된 태도 변화만으로 파악하여 이해와 관련된 효과 측면을 소홀히 했다는 비판에서 출발하였다. 따라서 상호지향성 모델은 커뮤니케이션의 효과를 논할 때, '설득'보다는 '이해'에 초점을 맞춘다.

〈그림 1〉은 위에서 설명한 상호지향성 모델의 객관적 일치도(agreement), 주관적 일치도(congruency), 정확도(accuracy)를 나타낸 것이다.

〈 그림 1〉 상호지향성 모델

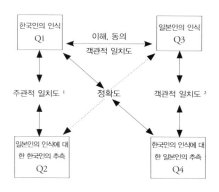

〈 표 1〉 한류 현상의 Q 표본 분포도 (한국인 , 일본인)

점수	−3	−2	−1	0	+1	+2	+3
한국인 진술문 수	3	3	4	5	4	3	3
일본인 진술문 수	2	3	4	5	4	3	2

4. 연구결과의 해석

연구결과 각기 다른 혹은 유사한 형태의 타입이 나타났으며 이것은 한류 현상에 관한 진술문에 나타난 한국인, 일본인들의 생각을 유형화한 것이라고 볼 수 있다.

한류 현상에 관한 한국인의 인식(이하 Q1), 일본인의 인식에 대한 한국인의 추측(이하 Q2), 한류현상에 관한 일본인의 인식(이하 Q3), 한국인의 인식에 대한 일본인의 추측(이하 Q4)의 네 가지 유형을 통해 상호지향성 모델을 추출하고자 했다.

여기서 '객관적 일치도(agreement)'란 한류현상에 대한 Q1과 Q3의 중요성이 일치하는 정도를 말하는 것이다. 이는 설득이론에 있어 태도와 같은 것으로 Q1과 Q3 사이에 완벽한 이해가 이루어졌을 때 두 사람은 상호 지향되어 있다고 할 수 있다.

'주관적 일치도(congruence)'란 한류 현상에 대한 Q1의 인식과 Q2의 인식에 대한 일치하는 정도를 말하는 것이다. 즉, 한류현상에 대한 평가에 있어 상대방이 자신과 일치 혹은 불일치(不 致)한다고 생각하는 정도를 말하는 것으로 일치가 클수록 주관적 일치도 역시 크다고 할 수 있다.

'정확도(accuracy)'란 상대방의 인지에 대한 평가가 상대방이 실제로 생각한 바와 일치하는 정도를 말하는 것으로(Chaffee, S. H. & M. McLeod, 1973) 정확도가 커뮤니케이션 효과를 나타내는 가장 이상적인 기준이라고 한다. 따라서 주어진 커뮤니케이션 체계에서 정확도가 클수록 커뮤니케이션은 효과적이라고 할 수 있다.

이처럼 상호지향성 모델은 기존의 커뮤니케이션 효과를 태도의 차원에서 인지의 차원으로까지 확대함으로써 한 대상에 대한 두 집단간의 인지를 보다 심층적으로 비교해줄 수 있을 뿐 아니라 집단간 이해 및 갈

등의 정도를 명확히 파악할 수 있게 해준다(강현두 · 이창현, 1990).

1) Q1: 한류 현상에 관한 한국인의 인식

Q1에서는 세 가지 타입이 나타났다. 한류 현상에 관한 한국인의 인식 유형은 제1유형이 제2유형과 다소 유사한 것으로 나타났으며 각기 독특한 특성을 가지고 있는 세 가지 유형이 존재하는 것으로 나타났다. 또한 주 인자분석에 의해 P 표본 30명이 Q 분류한 25개의 결과 값은 각각 제1유형(N=9), 제2유형(N=11), 제3유형(N=10)이다.

(1) 제1유형: 한류 찬양형

제1유형을 살펴보면 한국인에 대한 자부심을 가지고 앞으로 국가 이익에 있어서 한류가 좋은 효과를 가져 올 것이라 긍정적으로 바라보며 한류를 찬양하는 부류다. 한류 현상이 경제적 부가가치뿐만 아니라 국가 이미지 제고에도 큰 도움이 된다고 믿고 있으며 영화나 미디어 수출로 한국의 문화를 세계에 알리는데 큰 역할을 하고 있기 때문에 광고 이상의 홍보효과를 가져오고 있다고 보고 있다.

제1유형을 대표하는 사람들의 인구통계학적 특성은 전체 9명 중 7명이 여성으로 대부분 차지하였으며, 응답자들의 직업은 학생 주부 등 비사회권 부류가 대부분이었다. '한류로 인한 자부심을 가지고(4번)', '국가 이미지에도 큰 도움이 된다(8번)'는 진술문을 선택한 21세 여성은 '한국인으로써 우리문화가 세계에 알려지고 칭송받는 모습을 보면 기분이 좋은 것은 당연한 일인 것 같다'고 응답했다.

반면, '한류 찬양형'들은 가장 낮게 동의한 진술문은 '반한류 정서로 손해를 보고 있다(15번),' '한국 이미지를 벗고 문화 컨텐츠만을 부각시켜야 한다(13번)'를 선택하였다.

한류 자체가 한국이라는 이미지를 내포하고 있으므로 핵심을 배제한 채 문화 컨텐츠만 부각시킨다면 그것은 단순한 유행에 지나지 않을 거라고 답했다.

(2) 제2유형: 이미지 개선형

제2유형은 한류가 국가 이익을 위한 중요한 기회로 간주하고 있으며 국가 이미지 향상과 더불어 경제적 이익까지 추구 하려는 경향을 가지고 있는 부류이며, 한류의 지속을 위해서는 한국이라는 이미지를 더욱 부각시킬 필요가 있다. 반면, 최근 일고 있는 반(反)한류에 대한 걱정을 함께하고 있다. 가장 낮게 나타난 '한류가 점점 식을 것이다(19번)', '한류를 상업적으로만 활용하는 것 같다(25번)'는 진술문에서는 처음부터 상업적 목적으로 한류가 형성된 것이 아니라는 주장이었다.

(3) 제3유형: 수동적 방관자형

한류의 문화 왜곡에 대한 강한 우려를 가지고 있으며 '한국을 외모지상주의 천국(3번)'으로 보도하는 미디어에 강한 반감을 나타내고 있었다. 하지만 한류로 인해 한국이 많이 알려졌지만 국가 이미지와는 별개의 개념으로 생각하는 방관자적 성향이 강하게 나타났다. 제1유형과 제2유형에 비해 상당히 상반된 경향을 갖고 있다. 이들은 최근의 폭넓은 한국 문화의 다양성과 전파에 초점을 맞추고 있으며 주로 40~50대의 중장년층이 주류를 이루었다.

〈표 2〉진술문과 Q1 의 유형별 표준점수

Q 진술문	유형별 표준점수		
	제1유형	제2유형	제3유형
1. 한류는 한국 문화 진보의 산물이라고 생각한다.	.7	.3	.8
2. 한국 문화상품이 해외로 나가서 문화왜곡이 될 수 있다.	-.7	.4	.5
3. 최근의 한류 현상은 한국을 외모지상주의 천국으로 보도되는 부작용이 염려된다.	-.2	.4	1.8
4. 드라마, 가수, 영화 등 한국의 대중문화로 집중되고 있는 세계인들의 이목에 자부심을 느낀다.	1.6	1.5	.6
5. 한류는 우리보다 훨씬 선진국인 일본마저도 우리나라 연예인과 문화에 열광하는 것을 보고 그 때서야 우리문화에 대해 다시 한 번 생각하게 한다.	.0	-.0	-.9
6. 한류가 긍정적인 현상이라고 생각하는 이유는 무엇보다도 우리나라가 취하게 될 경제적 이익이다.	.5	1.6	-.9
7. 한국 대중문화가 단기간 내 과다 유입됨으로써 해당국이 문화적 예속을 우려하여 거부감을 유발함으로써 반한류 현상은 당연한 것이다.	.1	1.3	-.4
8. 한류 열풍은 경제적 부가가치뿐만 아니라 국가 이미지 제고에도 큰 도움이 된다.	1.9	1.6	1.7
9. 한류 관계자들이 전략적 관점에서 '한류'를 관리하는 것 못지않게 최근의 한류현상을 정부 차원에서 제대로 활용하지 못하고 있다는 생각이 든다.	.8	-.2	1.0
10. 동남아 국가에서 한류를 과대 포장해 국가 홍보에 이용하고 있다는 생각이 든다.	-.4	1.0	-.6
11. 이제까지 정치인들에 의해서도 이루어지지 못했던 한일간의 이해관계가 한류로 말미암아 열리게 되었다.	.7	-1.1	.1
12. 한류로 인해 문화를 산업으로 바꾸는 전기가 되었다.	.7	-.4	-.4
13. 한류를 지속시키기 위해서는 한국이라는 이미지를 벗고 그 문화 컨텐츠만을 부각시켜야 한다.	-.8	-1.4	-.8
14. 한류라는 단어만 들어도 한국인으로서 뿌듯하다.	1.6	.1	-.2
15. 한류 열풍이 중국과 동남아 등지를 휩쓸면서 얻는 것보다 반한류 정서가 강해 오히려 손해보고 있는 것 같다.	-1.6	-1.4	-1.2
16. 한류열풍에 관한 문화적 열풍과 야스쿠니 참배, 독도문제 등 정치외교적인 문제와 결부시키는 것은 적절치 않다.	-.5	-.3	-.3
17. 한류열풍은 할일없는 아줌마들의 광기이다.	-1.8	-.7	-1.9
18. 한류는 한일우호교류에 큰 효과를 가져 올 것이다.	.7	-1.4	1.2
19. 나는 한류열풍이 점점 식을 거라 생각한다.	-1.7	.3	-.1
20. 한류로 인해 한일간 좋지 않던 감정이 밝은 이미지로 바뀌었다고 생각한다.	.6	-1.2	-1.0
21. 한류는 국적과 국경을 초월한 공감대라고 생각한다.	.3	-1.1	1.7
22. 독도문제,야스쿠니 참배문제는 한류를 멈추게 하는 걸림돌 이라고 생각한다.	-1.3	-.7	-1.6
23. 한류가 지나치게 얼굴, 즉, 외모를 앞세운 인기전략에 치중하고 있다.	.0	1.3	.9
24. 이제 한류는 '열풍'을 넘어서 '정착기'에 들어선 느낌이 든다.	-.6	-1.0	-.2
25. 한국은 한류를 상업적 목적으로만 활용하는 것 같다.	-.7	1.1	.2

434

제4부 광고·마케팅

2) Q2: 일본인의 인식에 대한 한국인의 추측

Q2에서는 각기 다른 네 가지 타입이 나타났다. 한류 현상에 관한 일본인의 인식에 대한 한국인의 추측 유형은 제1유형과 제2유형은 상반된 유형으로 그리고 제3유형과 제4유형이 다소 유사한 것으로 나타났다. 또한 주 인자분석에 의해 P 표본 30명이 Q 분류한 25개의 결과 치는 각각 제1유형(N=4), 제2유형(N=10), 제3유형(N=8), 제4유형(N=8) 이다.

(1) 제1유형: 한류 불안형

제1유형은 반한류에 대해 주목하고 있는데다 일본에서 한류 현상이 식고 있으며 한류에 대한 문제점과 부작용을 우려하고 있다. 이는 한국 대중문화가 단기간 내 과다 유입됨으로써 일본이 문화적 예속을 우려하여 거부감을 유발한다고 생각하고 있으며 일본에서 반한류 현상은 당연한 것이라 추측하고 있다. '반한류 현상은 당연한 것이다(7번)'라는 진술문을 선택한 30세 남성 회사원은 서로 일제치하 등으로 인해 감정이 좋지 않으므로 일본인도 반한류 현상은 남아있을 것이라는 의견이었다.

(2) 제2유형: 한류 이익 추구형

제2유형은 한류의 긍정적인 효과를 강조하지만 상업적 이익에만 집착하는 경제 집착주의를 우려했다. 이는 '한류로 인해 한·일간 좋지 않던 감정이 밝은 이미지로 바뀌었다(20번)'는 생각에 강한 긍정을 나타냈으나 일본인들은 '한류가 지나치게 외모를 앞세운 인기전략(23번)'에 치중하고 있다는 느낌은 떨칠 수가 없다는 다수 의견이었다. 실제로 한류로 인해 한국의 피부과, 성형외과가 인기를 끌면서 의료·미용 관광까지 성행하고 있는 현실이다.

〈표 3〉 진술문과 Q2 의 유형별 표준점수

Q 진술문	제1 유형	제2 유형	제3 유형	제4 유형
1. 한류는 한국 문화 진보의 산물이라고 생각한다.	-1.6	-.8	-.1	.1
2. 한국 문화상품이 해외로 나가서 문화왜곡이 될 수 있다.	-.1	-.4	.1	-.2
3. 최근의 한류 현상은 한국을 외모지상주의 천국으로 보도되는 부작용이 염려된다.	1.2	1.1	-.6	.2
4. 드라마, 가수, 영화 등 한국의 대중문화로 집중되고 있는 세계인들의 이목에 자부심을 느낀다.	-.1	-.1	1.2	-.7
5. 류는 우리보다 훨씬 선진국인 일본마저도 우리나라 연예인과 문화에 열광하는 것을 보고 그 때서야 우리문화에 대해 다시 한 번 생각하게 한다.	.1	-.6	.9	-.3
6. 류가 긍정적인 현상이라고 생각하는 이유는 무엇보다도 우리나라가 취하게 될 경제적 이익이다.	.7	-1.3	1.4	-.1
7. 국 대중문화가 단기간 내 과다 유입됨으로써 해당국이 문화적 예속을 우려하여 거부감을 유발함으로써 반한류 현상은 당연한 것이다.	1.9	.8	.7	-.1
8. 한류 열풍은 경제적 부가가치뿐만 아니라 국가 이미지 제고에도 큰 도움이 된다.	.5	1.1	-1.1	1.8
9. 한류 관계자들이 전략적 관점에서 '한류'를 관리하는 것 못지않게 최근의 한류현상을 정부 차원에서 제대로 활용하지 못하고 있다는 생각이 든다.	.5	-.5	-.2	-.1
10. 동남아 국가에서 한류를 과대 포장해 국가 홍보에 이용하고 있다는 생각이 든다.	.0	.5	.5	.3
11. 이제까지 정치인들에 의해서도 이루어지지 못했던 한일 간의 이해관계가 한류로 말미암아 열리게 되었다.	-1.2	.6	-1.3	.8
12. 한류로 인해 문화를 산업으로 바꾸는 전기가 되었다.	-.4	.2	-1.1	-.1
13. 한류를 지속시키기 위해서는 한국이라는 이미지를 벗고 그 문화 컨텐츠만을 부각시켜야 한다.	.0	-.4	1.4	.2
14. 한류라는 단어만 들어도 한국인으로서 뿌듯하다.	-.7	-.8	.6	.2
15. 한류 열풍이 중국과 동남아 등지를 휩쓸면서 얻는 것보다 반한류 정서가 강해 오히려 손해보고 있는 것 같다.	.2	-2.1	-.5	-1.7
16. 류열풍에 관한 문화적 열풍과 야스쿠니 참배, 독도 문제 등 정치 외교적인 문제와 결부시키는 것은 적절치 않다.	-.4	-.4	1.5	1.8
17. 한류열풍은 할 일 없는 아줌마들의 광기이다.	1.3	-.6	-.7	-2.2
18. 한류는 한일우호교류에 큰 효과를 가져 올 것이다.	-1.8	.5	-1.1	1.4
19. 나는 한류열풍이 점점 식을 거라 생각한다.	1.3	1.1	.5	-1.4
20. 한류로 인해 한일간 좋지 않던 감정이 밝은 이미지로 바뀌었다고 생각한다.	-1.1	1.6	-.9	.5
21. 한류는 국적과 국경을 초월한 공감대라고 생각한다.	-1.6	.1	-.7	1.5
22. 독도문제, 야스쿠니 참배문제는 한류를 멈추게 하는 걸림돌 이라고 생각한다.	.9	-1.5	-1.2	-1.5
23. 한류가 지나치게 얼굴, 즉, 외모를 앞세운 인기전략에 치중하고 있다.	.5	1.5	1.2	-.4
24. 이제 한류는 '열풍'을 넘어서 '정착기'에 들어선 느낌이 든다.	-1.2	-1.2	-1.6	-.2
25. 한국은 한류를 상업적 목적으로만 활용하는 것 같다.	1.3	1.6	1.4	.4

제4부 광고 · 마케팅

(3) 제3유형: 문화 윤환형

제3유형은 한류와 정치 문제의 결부를 원하지 않으며 한류를 일시적인 현상으로 보고 있다고 추측하며 결코 지속하지 못할 것이라는 중 장년층 남성의 의견이 다수였다. 문화는 유행처럼 돌고 도는 것이며 시대적 흐름 속의 한 일부라고 느끼고 있는 것이다. 현재 한ㆍ일간 대두되고 있는 신사 참배문제, 독도문제 등을 한류에 결부 시키는 것은 적절치 않다는 강한 반응을 보였다.

'한류는 열풍을 넘어서 정착기에 들어섰다(24번)', '정치인들까지도 한류로 말미암아 이해관계가 열렸다(11번)'에 강한 부정을 보인 이들은 일본인들은 정치와 문화는 별개로 생각하는 이미지가 잘 나타나 있다.

(4) 제4유형: 우호 교류형

제4유형에서는 한일 우호교류와 증진에 큰 효과를 가져 올 것이라 굳게 믿으며 문화교류의 긍정적인 면을 강조했다.

정치성을 배제하여 상호 이해교류를 통해서 두 나라가 연결되고 이것이 양국 이미지 재고와 우호 관계에 좋은 효과를 가져 올 것이라는 생각하고 있다. 한류는 국적과 국경을 초월한 공감대인 것이다. '우호 교류형'에서 응답자들이 가장 높게 동의한 진술문을 보면 '한류 현상을 정치외교적인 문제와 결부시키는 것은 적절치 않다(16번)', '한류는 국적과 국경을 초월한 공감대라고 생각한다(21번)'이다. 이제껏 닫혀있었던 가깝고도 먼 나라를 이해하고 돕는 동반자로써 교류를 이어나가기를 바라고 있는 마음이다.

3) Q3: 한류 현상에 관한 일본인의 인식

Q3에서는 네 가지 타입이 나타났다. 한류 현상에 관한 일본인의 인식 유형은 제1유형과 제2유형 긍정적인 경향을 보인 반면 제3유형은 다소 부정적인 요소가 두드러졌다. 제4유형은 한류에 푹 빠져 있는 한류 마니아다. 또한 주 인자분석에 의해 P 표본 20명이 Q분류한 23개의 결과 값은 각각 제1유형(N=8), 제2유형(N=7), 제3유형(N=3), 제4유형(N=2) 이다.

(1) 제1유형: 타문화 가치 이해형

제1유형은 한류가 전체적인 한국의 이미지 형성에 큰 기여를 했다고 생각하고 있고 한국 문화에 대한 이해와 몰입, 민간차원에서 한일 우호교류에 매우 의미적이고 한국인의 편견을 없애는 계기가 되었다. 그리고 한국 드라마를 통해 가족의 소중함을 느끼는 한국의 가치관을 이해하고 있으며 그것은 대본 상 만들어진 것이 아니고, 한국의 사회로부터 자연스럽게 형성된 것이고 한국인의 가족에 대한 본연의 자세에 감동을 받았으며 그 나라의 문화의 진가를 이해하고 한류 현상으로 한국에 가고 싶은 행동적인 모습도 강하게 나타났다. 타문화 가치 이해형은 8명으로 20~50대에 이르는 다양한 연령과 성비가 포함돼 있다.

'한국 드라마를 통해 가족을 소중히 여기는 한국인을 느낄 수 있었다 (13번)', '한국을 여행하고 싶다(21번)', '한국에 관한 인식이 바뀌었다(3번)'를 선정했으며 이들은 한국문화를 이해하려는 의식이 강한 반면 '한류로 돈벌이의 수단으로 연예인을 팔고 있다(7번)', '한류가 외모를 앞세운 인기 전략에 치중하고 있다(21번)'에서는 부정적인 선택과 함께 외모뿐만 아니라 여러 가지 면에서 어필하고 있으며 연예인을 상용 상품이라고 본다면, 아무것도 아닌 관련 상품(캐릭터, 로케지 관광)도 높아지는 것이 당연하고, 특히 현재 몇몇의 한류 연예인은 그만한 절대 인기를 얻고 있으므로 출연료 등이 상승해도 타당한 현상이라고 생각한다는 의견이었다.

(2) 제2유형: 이해 추구형

제2유형을 살펴보면 이전에는 특히 간사이 지방에서는 한국을 멸시하는 풍조가 있었지만 한류로 인한 한국, 한국인에 대한 평가가 높아졌으며 인식 면, 태도적인 측면의 변화인식을 강하게 느끼고 있었다. '한국드라마를 통해 가족의 소중함을 느꼈다(13번)'라는 진술문에서는 한국드라마가 부모와 자식의 정을 표현해 일본이 잊고 있었던 부모효도 어른 공경의 마음을 다시금 일깨워 줬으며 배워야 할 점이 많다고 진술했다. 제1유형과 비슷한 부류인 셈이다.

(3) 제3유형: 문화 배척형

제3유형은 한류 현상은 한국문화의 깊이에서 오는 자연스러운 현상이라는 점에서는 강한 부정을 보였다. 문화는 문화로 국한시켜 해석하자는 견해이다. 한류를 문화의 한 현상으로 받아들이며 이것은 정치적 문제와는 다른 문화 그 이상의 의미를 부여하지 않았다. 일본문화가 가지고 있는 취약점을 한국문화가 다시 재현 했으며, 그것은 한국문화가 대단해서도 일본인이 뒤떨어져서도 아니라고 생각하고 있다. 문화는 문화일 뿐이며 그 이상도 그 이하의 의미도 부여하지 않으며, 이것은 그 어떠한 정치적 요소에 의미를 부여하지 않았다.

〈표 4〉 진술문과 Q3 의 유형별 표준점수

Q 진술문	유형별 표준점수			
	제1 유형	제2 유형	제3 유형	제4 유형
1. 나는 한류열풍을 계기로 한국요리를 배우고 싶다.	.4	−.7	.6	−.2
2. 나는 한류열풍을 계기로 한국을 여행하고 싶다.	1.4	−.6	1.3	−1.3
3. 한류열풍이전과 이후의 한국에 관한 인식이 바뀌었다고 생각한다.	1.3	.3	2.0	−.2
4. 한류열풍에 힘입어 한국인 이성 친구를 사귀고 싶다.	−.1	−1.8	−.1	−1.5
5. 한국 연예인들이 더 많이 소개되었으면 좋겠다.	.6	−.5	.7	1.1
6. 한류로 인해 일본에서는 한국에 대한 평가가 높아졌다고 생각한다.	.8	1.9	2.1	2.0
7. 한류로 달구어진 한국은 돈벌이의 수단으로 턱없이 높은 가격으로 연예인을 팔고 있다.	−1.8	−.2	−.9	−1.1
8. 다시 태어난다면 한국 사람으로 태어나고 싶다는 생각을 한 적이 있다.	−.9	−.4	−.8	.8
9. 한류열풍은 일본문화의 식상함에서 벗어나기 위한 하나의 탈출구이다.	−.5	−.2	−.9	−.2
10. 일본에서 한류현상은 한국문화의 깊이에서 오는 자연스러운 현상이다.	.3	−.5	−1.5	.2
11. 일본에서는 한국연예인에 대한 인위적인 억제책은 한류현상에 부당하다고 생각한다.	−.1	−.8	−.2	−.9
12. 한류는 평소 느끼기 힘든 한국문화를 쉽게 이해할 수 있어서 좋다.	1.3	1.1	−.6	.9
13. 한국 드라마를 통해 가족을 소중히 여기는 한국의 가치관을 배울 수 있다.	1.8	1.4	−1.1	.5
14. 한류열풍에 관한 문화적 열풍과 야스쿠니 참배, 독도문제 등 정치 외교적인 문제와 결부시키는 것은 적절치 않다.	.2	1.6	1.5	−.2
15. 한류열풍은 할 일 없는 아줌마들의 광기이다.	−1.8	−.6	.0	−1.7
16. 한류는 한일우호교류에 큰 효과를 가져올 것이다.	1.0	1.5	.8	.9
17. 나는 한류열풍이 점점 식을 거라 생각한다.	−1.1	.4	.1	−.4
18. 한류로 인해 한일간 좋지 않던 감정이 밝은 이미지로 바뀌었다고 생각한다.	.4	1.0	.2	1.2
19. 한류는 국적과 국경을 초월한 공감대라고 생각한다.	.0	−1.2	−.5	.8
20. 독도문제, 야스쿠니 참배문제는 한류를 멈추게 하는 걸림돌 이라고 생각한다.	−.3	−1.4	−1.1	1.1
21. 한류가 지나치게 얼굴, 즉, 외모를 앞세운 인기전략에 치중하고 있다.	−1.2	−.2	−.2	−.7
22. 이제 한류는 '열풍' 을 넘어서 '정착기' 에 들어선 느낌이 든다.	−.7	−.7	−.6	.4
23. 한국은 한류를 상업적 목적으로만 활용하는 것 같다.	−1.0	.6	−.9	−1.5

'한국에 대한 인식이 바뀌었다(3번)'를 긍정적으로 선택한 30대 직장 여성은 이전에는 그다지 관심이 없었지만 관심을 갖고 보니 좋은 것이 많고 그래서 한국에 유학하거나 한국어를 매우는 사람도 증가했다고 보

고 있다.

반면 한국 드라마는 불륜 등의 소재가 많아 가족을 소중히 한다고 보고 있지 않으며 '한류는 한국문화의 깊이에서 오는 자연스러운 현상이다(10번)'라는 진술문에서는 일본은 예부터 새로운 것을 거두어 소화해 성장해 왔고 한류는 '깊은 곳'으로부터 오는 것이 아니라 '신선함'이라고 정의했다.

(4) 제4유형: 한류 맹신주의자형

제4유형은 한류 마니아적인 특성을 지니고 있으며 긍정적인 경향을 가지고 있는 반면 일본 내에서의 반한류에 대해서 안타까움을 나타냈다. 보다 많은 한국문화, 한국 연예인들이 소개되기를 바라고 다시 태어난다면 한국 사람으로 태어나고 싶다는 생각을 할 정도로 한류에 푹 빠져 있는 유형인 셈이다. 제4유형을 대표하는 사람은 40~50대 여성들로 '한류로 인해 일본에서는 한국에 대한 평가가 높아졌다(6번)'는 진술문에서는 상당히 긍정적인 반응을 나타냈으며 50대 주부는 이전에는 일본에서 '남편이 한국인'이라고 하면 좋은 이미지를 가지지 않았지만 최근에는 부러워하는 일도 있다고 했다.

자신의 삶 깊숙이 들어와 새로운 한국 친구도 사귀고 싶은 갈망에도 젖어있다. 또한 문화로 그치지 않고 하나의 사회 현상으로 지속될 것이라 굳게 믿고 있다. 하지만 정치적 문제에 대해서 많은 걱정을 하고 있으며, 조금이라도 한류 열풍에 금이 가지 않을까 노심초사 하고 있다.

4) Q4: 한국인의 인식에 대한 일본인의 추측

Q4에서는 세 가지 타입이 나타났다. 한류 현상에 관한 한국인의 인식

에 대한 일본인의 추측 유형은 제1유형과 제3유형이 비슷한 양상을 보였으며 제2유형은 눈에 보이는 한류에 대해서 표현했다. 또한 주인자 분석에 의해 P 표본 20명이 Q 분류한 23개의 결과 값은 각각 제1유형(N=6), 제2유형(N=9), 제3유형(N=5) 이다.

(1) 제1유형: 한국문화 우월 주의형

제1유형은 한류가 한국인의 문화의 깊이에서 생겨났다고 추측하고 있으며 한국인은 애국심이 강한 국민이며 한국 문화에 대한 자부심이 상당히 강한 것으로 나타났다. 따라서 한국 사람은 정치적인 문제에 대하여 강한 우려를 가지고 있다. '독도문제, 야스쿠니 참배문제는 한류를 멈추게 하는 걸림돌(20번)'이라고 생각한다고 느끼는 제1유형의 부류는 6명으로 남성에게서 많이 나타났다. 한국인은 이러한 문제에 대해서 일본인이 일방적으로 나쁘다고 생각하고 일본을 받아들이지 않는다는 의견이었다.

한국인은 한국 문화에 자부심을 가진 나머지, 자국의 문화를 제일이라고 생각하고 타국의 문화를 존중하지 않는 경향이 있다고 생각하고, 한국의 매스컴은 정치적 문제와 한류를 같은 차원에서 보게 하도록 조작하고 있는 느낌이 있다는 견해이다.

(2) 제2유형: 미디어 즉각 수용형

제2유형의 특성을 살펴보면 한국을 찾아주길 바라는 사람이 늘고 가시적인 효과로 한류를 이해하는 경향이 짙다고 보고 있으며 한국을 여행하며 한국요리를 맛보면서 좀 더 한국을 이해 해주길 바란다는 한국인이 다수일거라는 의견이다. 이는 한국에 대한 매스컴 노출빈도가 높아져, 실제로 가보고 싶다고 하는 충동에 사로잡혀 드라마의 로케이션 현장, 견학 투어 등 한국을 방문하는 일본인 여행객이 압도적으로 증가했기 때문이라고 보고 있다.

부정적 의견으로는 '한류에 관한 문화적 열풍과 정치외교적인 문제와 결부시키는 것은 적절치 않다(14번)'로 한국인과 일본인의 정치에 관해서는 이른바 '온도차'를 느끼기 때문이고 미디어를 이용해 정치적 문제를 한류로 이용하려는 느낌을 받았다는 의견이다.

(3) 제3유형: 상호 이해형

제3유형에서는 우선 한류로 인한 한국인의 의식고취가 일본인 사이에서 가장 큰 움직임이라 할 수 있고 이것은 일본의 매스컴에서 남녀노소 관계없이 떠들고 있는 것을 보면 한국에 대한 인식, 이미지가 좋아졌다고 느끼고 있다. 한류를 우호적으로 생각하고 있으나 한국인은 일본인에 대한 상업적 목적이 깔려있다는 생각을 배제할 수 없었다.

이것은 제1유형과 비슷한 유형이고 '한류는 한·일 우호교류에 큰 효과를 가져 올 것이다(16번)'에서는 양국과거의 슬픈 역사 문제를 풀어나가기 위해서 상호 이해가 필요하며 옛날 정치가에 의해 일방적으로 심어진 한국인에 대한 편견을 없애는 절호의 기회가 되었고 또 일방적으로 시달려 왔다고 생각해온 한국인에 있어서는 일본인이 한류에 집착하는 모습을 보고 한국인과 변함없는 인간 공동체로 이해할 것이다. 또한 '한류로 인해 한국에 대한 평가 상승(6번)'에서는 마이너스 이미지에서 플러스 이미지로 바뀌었을 거라는 확고한 의식이 보였다.

Q 진술문	유형별 표준점수		
	제 1 유형	제 2 유형	제 3 유형
1. 나는 한류열풍을 계기로 한국요리를 배우고 싶다.	.3	1.1	-.4
2. 나는 한류열풍을 계기로 한국을 여행하고 싶다.	1.3	1.6	-.5
3. 한류열풍 이전과 이후의 한국에 관한 인식이 바뀌었다고 생각한다.	1.1	1.1	-.5
4. 한류열풍에 힘입어 한국인 이성 친구를 사귀고 싶다.	-.1	.9	-.7
5. 한국 연예인들이 더 많이 소개되었으면 좋겠다.	-.2	1.0	1.5
6. 한류로 인해 일본에서는 한국에 대한 평가가 높아졌다고 생각한다.	.8	1.0	1.8
7. 한류로 달구어진 한국은 돈벌이의 수단으로 턱없이 높은 가격으로 연예인을 팔고 있다.	-1.4	-1.1	.9
8. 다시 태어난다면 한국 사람으로 태어나고 싶다는 생각을 한 적이 있다.	-.1	-1.0	.7
9. 한류열풍은 일본문화의 식상함에서 벗어나기 위한 하나의 탈출구이다.	-.2	-.5	.4
10. 일본에서 한류현상은 한국문화의 깊이에서 오는 자연스러운 현상이다.	1.6	.8	.4
11. 일본에서는 한국연예인에 대한 인위적인 억제책은 한류현상에 부당하다고 생각한다.	.0	.7	.8
12. 한류는 평소 느끼기 힘든 한국문화를 쉽게 이해할 수 있어서 좋다.	.3	.5	.8
13. 한국 드라마를 통해 가족을 소중히 여기는 한국의 가치관을 배울 수 있다.	.1	.7	.6
14. 한류열풍에 관한 문화적 열풍과 야스쿠니 참배, 독도문제 등 정치 외교적인 문제와 결부시키는 것은 적절치 않다.	-1.9	-1.4	-.0
15. 한류열풍은 할 일 없는 아줌마들의 광기이다.	-1.0	.8	-1.0
16. 한류는 한일우호교류에 큰 효과를 가져 올 것이다.	.5	-.2	1.6
17. 나는 한류열풍이 점점 식을 거라 생각한다.	-1.3	-1.1	-1.1
18. 한류로 인해 한일 간 좋지 않던 감정이 밝은 이미지로 바뀌었다고 생각한다.	-.0	-.7	.0
19. 한류는 국적과 국경을 초월한 공감대라고 생각한다.	.6	-.9	-.2
20. 독도문제, 야스쿠니 참배문제는 한류를 멈추게 하는 걸림돌 이라고 생각한다.	2.2	-2.0	-.3
21. 한류가 지나치게 얼굴, 즉, 외모를 앞세운 인기전략에 치중하고 있다.	-1.0	-.6	-1.9
22. 이제 한류는 '열풍' 을 넘어서 '정착기' 에 들어선 느낌이 든다.	-.2	-1.0	-1.2
23. 한국은 한류를 상업적 목적으로만 활용하는 것 같다.	-1.4	.4	-1.8

5) '객관적 일치도'에 대한 분석결과

'객관적 일치도'는 한류 현상에 관한 한국인의 인식(이하 Q1)과 한류 현상에 관한 일본인의 인식(이하 Q3) 간의 중요성이 일치하는 정도를 말하는 것이다.

'객관적 일치도'에서는 이해도가 높게 나타났다.

Q 1에서 나타난 3개의 타입과 Q 3에서 나타난 4개의 타입은 서로 비슷한 양상을 보이며 한국인과 일본인이 한류에 대해서 생각하는 인식의 차이를 보이지 않았다. 한국인은 한국의 이미지를 좋지 않게 보았던 일본인들이 생각이 많이 바뀌었으며 한국을 친근함으로 다가가는데 성공했다고 보고 있다. 한국 문화를 세계에 알리는데 큰 역할을 하고 있으며 영화나 드라마 속의 이미지를 한국과 동일시하는 좋은 현상도 생기고 있다. 한국을 낮게 보았던 일본인들이 호기심을 가지며 한국으로 여행 와서 몸소 한류를 체험하고 가는 현상도 나타나고 있다. 실제 한국인이 외국에 나갔을 때 한국 드라마로 친숙해진 외국인이 한국에 대해 관심을 가지고 접근해올 때 국가이미지가 높아졌음을 알 수 있었다. 일본인 역시 이전에는 한국이라고 하면 북한이 근처에 있어 위험한 나라, 일본에 비하면 뒤떨어져 있는 나라라고 하는 마이너스 이미지로 보는 사람이 대부분이었지만 지금은 달라졌고, 문화를 통해 지금까지 알려져 있지 않았던 좋은 부분을 이해할 수 있게 되었다고 보고 있다. 이전에는 관심조차 그다지 없는 것이 관심을 가지면 좋은 것이 많다고 생각한다. 그 결과 한국에 유학하거나 한국어를 배우는 사람도 증가했다고 생각한다.

이것은 Q 2와 Q 4 역시 비슷한 양상을 보이며 높은 이해도를 보였다.

6) 주관적 일치도에 대한 분석 결과

'주관적 일치도 1'은 한류 현상에 관한 한국인의 인식(이하 Q 1)과 일본인의 인식에 대한 한국인의 추측(이하 Q 2) 간의 일치 정도를 말하는 것이고, '주관적 일치도 2'는 한류 현상에 관한 일본인의 인식(이하 Q 3)

과 한국인의 인식에 대한 일본인의 추측(이하 Q 4) 간의 일치 정도를 말하는 것이다.

'주관적 일치도 1'에서는 유의미한 차이를 보였다.

Q 1에 비해 Q 2가 한류 열풍에 관한 문화적 열풍과 야스쿠니 참배, 독도문제 등 정치·외교적인 문제와 결부시키는 것은 적절치 않다는 양상을 보였으며 이는 일본 사람들이 정치문제와 문화 현상을 결부시키는 것은 적절하지 않고 만약 한류 배우가 독도문제에 대한 정치적 발언을 한다면 일본인 입장에서 불편한 감정일거라는 추측이다. 문화와 정치는 별개의 문제이고 신사참배는 일본 고유의 문화이며 독도문제 역시 야기시키지 않고 그저 각자의 문화를 인정하고 받아드려야 한다는 의견이 다수이다. 즉, 정치성의 배제와 반 한류에 대한 우려에 있어서 서로 다른 양상을 보였다.

'주관적 일치도 2' 역시 다른 차이를 보였다.

Q 3의 제1유형과 제2유형에 대한 인식은 Q 4의 제1유형과 유사한 점을 보이지만 Q 4의 제2유형과 제3유형에 대한 인식차이는 좁힐 수가 없었다.

한국 드라마를 통해 가족을 소중히 여기는 한국의 가치관을 배울 수 있고, 한류로 인해 한·일 간 좋지 않던 감정이 밝은 이미지로 바뀌었다는 생각에는 일치했으나, 독도문제, 야스쿠니 참배 문제는 한류를 멈추게 하는 걸림돌이라고 생각하는 것에 대해서는 Q 4가 강한 긍정을 나타냈다. 한국인은 반일 감정이 뿌리 깊기 때문에 이러한 문제를 떼어낸 교류는 있을 수 없다고 생각하고 있으며 대부분의 한국인은 독도 문제, 야스쿠니 참배 문제는 일본이 일방적으로 나쁘다고 생각하고 있는 것 같다는 의견으로 모아졌다. 한국인은 정치와 문화를 떼어내고 생각하지 않고 일상으로부터 생각하기 때문이다. 이는 곧 한국인이 자 문화 중심적이고 한류를 상업 목적에만 치중 한다는 것이다.

7) 정확도에 대한 분석 결과

'정확도 1'은 한류 현상에 관한 한국인의 인식(이하 Q1)과 한국인의 인식에 대한 일본인의 추측(이하 Q4) 간의 일치 정도를 말하는 것이다. '정확도 2'는 한류 현상에 관한 일본인의 인식(이하 Q2)과 일본인의 인식에 대한 한국인의 추측(이하 Q2) 간의 일치 정도를 말하는 것이다.

'정확도 1'은 높은 일치도를 보였다.

Q1의 제1유형과 제2유형은 Q4의 제1유형과 제2유형과 상당한 일치도를 나타냈다. 이때까지 낮게 보아왔던 한국을 높이 평가하게 되었고 한류로 인해 상당히 우호적이며 호감적인 대상으로 바뀌었다는 점이다 일본 내의 불법 체류자, 범죄 등으로 한국의 이미지가 실추된 일본에서 국가 이미지 향상에도 도움이 많이 되었다고 본다.

〈그림 2〉 상호지향성 모델 2

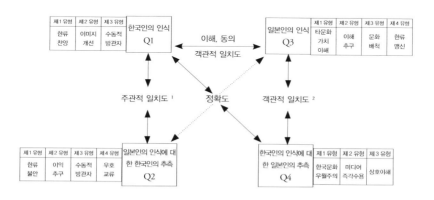

일본인은 한국 드라마가 부모와 자식의 깊은 정의 세계를 표현해 지금의 일본이 잊고 있었던 있는 어른을 존경하는 마음을 소중히 하고 있으므로 배워야 할 점이 많다고 생각하고 있다. 한국의 드라마, 영화의 대부분의 테마는 순애, 가족사랑이다. 그것은 한국 사회로부터 생겨나 실제 한국인의 생활 모습에 밀착하고 있는 것을 실감할 수 있고, 드라마를 통해 한국인의 가족에 대한 사랑에 감동했고 영향을 끼쳤으며 한국 문화의 우수성과 나아가 국가이미지 향상에 한류가 큰 기여를 했다는 점에서는 강한 일치도를 보였다.

'정확도 2'는 낮은 이해도로 나타났다.

Q 2의 제1유형과 제2유형은 Q 3의 어떠한 타입과도 일치하지 않았다.

한국인이 우려하는 정치적이 문제와의 결부에 대해서 일본인은 독도 문제나 야스쿠니 참배 문제에 대해서는 일본인보다 오히려 한국인이 입 다물지 않은 것이며, 반복적으로 문제 삼고 싶다고 생각하고 있을 것이다. 한류에 '장애'가 되지 않을까 걱정하는 것보다 오히려, '나라의 체면에 관련되는 소중한 일'을 위해서라면 '한류가 어떻게 되어도 상관없다'는 자세로 생각된다. 일본인에 대해서 아첨하는 것은 한국인에 있어 가장 분한 일이 아닐까라고 한국인의 생각과 다른 점을 보였다.

이들 유형은 독도 문제나 정치 문제에 있어서 걱정스러워하며 또한 한류의 존폐여부에 대해서는 크게 걱정하지 않았다.

반대로 가장 부정적인 의견으로는 한류 열풍이 식을 것이라는 의견을 전적으로 부정하며 한류의 지속적인 발전을 바라는 의견이 많았다. 그러나 일본인이 인식하고 있는 한류에 문제점에 대해서는 크게 걱정하지 않아도 될 것이다. 실제로 한국인이 느끼고 있는 것과는 다른 양상으로 나타나므로 다행스러운 일이라 할 수 있겠다.

5. 결론 및 제언

한류는 문화제국주의에 맞서는 첨병 역할을 할 뿐만 아니라 우리 사회의 발전을 도모할 수 있는 수단 가운데 하나로 생각된다. 이것이 한류를 우리가 지속적으로 지켜나가야 하는 이유이며 한류가 가지는 의의인 것이다. 세계화로 인해 하나의 지구로 통합되지 않고 지방화 지역화가 함께 대두되는 데는 여러 복합적인 요인들이 작용한다. 그 이유는 세계화가 공존공생이 아닌 힘의 논리에 의한 일방적인 통합의 길로 나아가고 있기 때문에 세계화는 여러 반대에 부딪힘과 동시에 개별 지역을 지켜나가기 위한 노력이 나타나고 있는 것이다. 한류는 일방적으로 이루어지고 있는 세계화의 반대편에서 그것이 단순히 본능적인 자기방어가 아닌 실질적으로 그러한 일방적인 세계화를 제어할 수 있는 수단인 것이다. 그러므로 우리는 다른 나라도 아닌 한국의 문화가 한류의 바람을 타고 세계 속에 뻗어나가는 현상을 자랑스럽게 여기되 여기서 자만하지 않고 한류를 더욱 공고히 할 수 있도록 끊임없이 고뇌하고 고뇌한 것을 실행에 옮길 수 있는 철저한 준비와 결단력을 길러야 할 것이다(정석철, 1992).

일본인들이 진정으로 생각하는 한류를 주관성 연구를 통해 문화적인 흐름으로서의 한류이든, 구조적인 풍조로서의 한류이든, 한류가 지속적으로 유지되도록 만들 필요가 있다.

본 연구는 한류 현상에 대한 한·일간의 인식 비교다. 한국인과 일본인 간에 어떤 인식의 차이가 있는지를 Q 방법론을 통해 살펴보았고 이를 바탕으로 기존의 상호지향성 모델(Chaffee, S. H. & M. McLeod, 1973)을 통해 분석한 것이다. 연일 매스컴에서 보도되는 한국인과 일본인들이 실제로 느끼고 있는 인식차를 보이며 대립하고 있는 것이 사실이다.

한류 현상이 올바로 정착되기 위해서는 무엇보다도 한국인과 일본인 간에 상호이해가 중요하다. 만약 한국인과 일본인간의 상호 이해도가 크다면 한류 현상에 대한 논란과 갈등은 줄어들 것이다. 그러나 이들 사이에 상호 이해도가 낮다면 갈등의 폭은 더 커질 수밖에 없을 것이다.

이러한 맥락에서 본 연구는 상호지향성 모델을 통해 한국인과 일본인 간의 객관적 일치도, 주관적 일치도, 정확도를 분석함으로써 이들 집단 사이에 존재하는 의식의 거리를 밝힘으로써 극복 대안을 위한 의제를 제공하는 목적을 갖고 있다. 지금까지의 분석 결과를 종합해 확장된 상호지향성 모델에 대비시켜 보면 연구결과를 얻어낼 수가 있다. 이 같은 연구를 통해 자신의 의견을 상대방에게 전달하고 또 상대방의 의견을 수렴함으로써 상호 이해하거나 이해의 폭이 좁은 부분을 수정해 나갈 수 있을 것이다.

본 연구 결과는 다음과 같은 측면에서 큰 의의를 갖는다.

첫째, 바람직한 한류의 지속적인 프로모션을 위해서는 한국인이 달라져야 한다. 문화를 정치적 문제와 연관성을 가지지 않고 문화가 정치에 예속되지 않는 방향을 모색해야 할 것이다. 정치가 문화현상에 영향을 미치는 정책은 결코 바람직할 수 없다.

둘째, 상업적인 이익 추구는 어쩔 수 없는 부분이라 하더라도 드러내놓고 혹은 단기간 동안의 이익 회수에만 집착하는 인상은 버려야 할 것이다.

셋째, 한류에 위축되기보다 자신감을 갖고 다양한 문화 전파에 힘써야 한다. 자문화 중심적이고 상업적 이익을 배제함으로써 한류가 지속 발전할 수 있는 계기가 될 것이며 대외문화적인 정책은 로컬 하면서 글로벌한 형태로 바뀌어야 할 것이다. 그러나 일본인이 인식하고 있는 한류에 문제점에 대해서는 크게 걱정하지 않아도 될 것이다. 실제로 한국인이 느끼고 있는 것과는 다른 양상으로 나타나므로 다행스러운 일이라 할 수 있겠다.

이것은 곧 앞으로의 한류의 정책방향 모색에 큰 도움이 될 것이며 한·일간의 완벽한 커뮤니케이션을 통해 지속시켜 일본에서 일어나는 한류 붐과 이에 대한 한국인과 일본인의 인식의 허와 실을 확인함과 동시에 서로 배제돼 있는 견해차를 좁힘으로써 한·일간의 보다 우호 증진적인 교류가 지속될 수 있는 방향을 제시한 것이다

이들 특성에 따라 한류 열풍을 인식하는 표현의 요소와 그 생각에 있어서도 뚜렷한 차이를 보였다. 위에서 서술한 이들의 특징은 실질적으로 일본에서의 한류 현상 이미지 형성에 기여할 수 있으리라고 기대한다.

한류현상에 대한 비교문화적 연구

■■■ 참고문헌

강현두 · 이창현(1990), 「텔레비전 영상표현 심의에 대한 제작자와 심의위원의 상호 정향성 연구, 『신문연구소학보』 27, 43-89.

강현두(1998), 『현대사회와 대중문화』, 서울: 나남.

김경목(2006), 「일본에서 한류의 특징과 영향 및 바람직한 방향」, 뉴시스통신사.

김상식(2005), 『한류의 문제점』, 서울: 중앙미디어.

김정수(2002), 「한류 현상의 문화산업 정책적 함의」, 2002년도 한국정책학회 하계학 술대회, 한국정책학회.

김종건(2004), 「일본에 넘치는 한국, 한국에 넘치는 일본」, 주간조선, p.22.

김효순 · 김태용(2002), 「상호지향성 모델의 확장 적용을 통한 제품인식 불일치 분석」, 『광고학 연구』 13(4), 71-89.

김흥규(2007), 「Q표본의 특성연구:특성, 종류, 준비과정」, 『주관성연구』 제14호, 19-40.

_____(1999), 「Q 방법론의 유용성 연구」, 『주관성 연구』 창간호.

_____(1990), 『Q 방법론의 이해와 적용』, 서강대 언론문화연구소.

김현주(1998), 「한국사회의 당면 현실과 문화간 커뮤니케이션 연구」, 『한국커뮤니케 이션학』 제6호, 37-60.

박종민(2001), 「한국 홍보 실무자들의 전문성 기준 연구: 정부와 기업 홍보 실무자의 상호지향성 중심으로」, 『한국언론학보』 45(3), 107-148.

방정배 · 한은경 · 박현순(2007), 『한류와 문화 커뮤니케이션』, 서울: 커뮤니케이션 북스.

신종화 · 최석호(2007), 『한류, 한국의 문화적 현대성』, 동양사회사상, 15, 53-85.

양선예(2006), 「일본내 한류와 한국문화인식에 대한 고찰」, 단국대학교 교육대학원 석사학위논문.

유진룡(2001), 「문화산업정책의 현황과 발전방향」, 동북아포럼 학술세미나. 연세대 학교 동서 문제 연구원.

이준웅(2006), 「중국의 한류 현상에 대한 매개된 문화 간 커뮤니케이션 효과 모형 검 증 연구」, 『한국방송학보』 20(3), 277-322.

이학식 · 채규학 · 이호배(1992), 「소비 커뮤니케이션에 대한 개성과 라이프스타일의 영향」, 『마케팅 연구』 제7권 제1호, 65-78.

조한혜정 외(2003), 『한류와 아시아의 대중문화』, 서울: 연세대학교 출판부.

조한혜정(2002), 「동서양 정체성의 해체와 재구성: 글로벌 지각 변동의 징후로 읽는 한류 열풍」, 『한국문화인류학』 제35집 1호, 3-40.

주하니(2005), 『한류의 시작』, 중앙미디어, 25-88.

정석철(1992), 『문화제국주의와 문화종속』, 전북대학교 사회학과출판부.

현택수(2003), 『일상속의 대중문화 읽기: 한국 대중문화와 문화 정체성』, 서울: 고려대학교.

홍기선(1991), 『커뮤니케이션론』, 서울: 나남.

한류(韓流), 무엇인가?(2005. 7), 권세기, 『國會圖書館報』 제42권 제7호 통권 제315호, 2-10.

한국관광공사(2005), 「한류 관광마케팅 파급 효과와 분석 및 발전 방향 보고서」, 한국관광공사.

헤럴드 프리미엄(2004), 「배용준 겨울연가 한국 이미지 바꿨다」.

두산세계백과 www.encyber.com

문화관광부 www.mct.go.kr

한국 문화관광 정책연구원 www.kctpi.re.kr

Chaffee, S. H. & M. McLeod(1973). Interpersonal Approaches to Communication Research. *American Behavioral Scientist*, Vol.16, No.4.

Dodd, Carley H.(1991). *Dynamics of Intercultural Communication*. 3rd ed. Dubuque. Iowa: Wm. C. Brown Publisher.

Sirgy, M. J. (1980). Self-concept in Consumer Behavior: A Critical Review. *Journal of Consumer Research*, Vol. 9, December, 287-300.

Stephenson, W.(1953). *The study of behavior: Q-technique and its methodology*. Chicago: The Chicago University Press.

한류현상에 대한 비교문화적 연구

〈부록 1〉

한류에 관한 진술문 (한국인)

1. 한류는 한국 문화 진보의 산물이라고 생각한다.

2. 한국 문화상품이 해외로 나가서 문화 왜곡이 될 수 있다.

3. 최근의 한류 현상은 한국을 외모지상주의 천국으로 보도되는 부작용이 염려된다.

4. 드라마, 가수, 영화 등 한국의 대중문화로 집중되고 있는 세계인들의 이목에 자부심을 느낀다.

5. 한류는 우리보다 훨씬 선진국인 일본마저도 우리나라 연예인과 문화에 열광하는 것을 보고 그 때서 야 우리문화에 대해 다시 한 번 생각하게 한다.

6. 한류가 긍정적인 현상이라고 생각하는 이유는 무엇보다도 우리나라가 취하게 될 경제적 이익이다.

7. 한국 대중문화가 단기간 내 과다 유입됨으로써 해당국이 문화적 예속을 우려하여 거부감을 유발함으 로써 반 한류 현상은 당연한 것이다.

8. 한류 열풍은 경제적 부가가치뿐만 아니라 국가 이미지 제고에도 큰 도움이 된다.

9. 한류 관계자들이 전략적 관점에서 '한류'를 관리하는 것 못지않게 최근의 한류현상을 정부 차원에서 제대로 활용하지 못하고 있다는 생각이 든다.

10. 동남아 국가에서 한류를 과대 포장해 국가 홍보에 이용하고 있다는 생각이 든다.

11. 이제까지 정치인들에 의해서도 이루어지지 못했던 한 · 일간의 이해관계가 한류로 말미암아 열리게 되었다.

12. 한류로 인해 문화를 산업으로 바꾸는 전기가 되었다.

13. 한류를 지속시키기 위해서는 한국이라는 이미지를 벗고 그 문화 컨텐츠만 부각시켜야 한다.

14. 한류라는 단어만 들어도 한국인으로서 뿌듯하다.

15. 한류 열풍이 중국과 동남아 등지를 휩쓸면서 얻는 것보다 반 한류 정서가 강해 오히려 손해보고 있 는 것 같다.

16. 한류 열풍에 관한 문화적 열풍과 야스쿠니참배, 독도문제 등 정치 외교적인 문제와 결부시키는 것 은 적절치 않다.

17. 한류 열풍은 할일 없는 아줌마들의 광기이다.

18. 한류는 한 · 일 우호교류에 큰 효과를 가져 올 것이다.

19. 나는 한류 열풍이 점점 식을 거라 생각한다.

20. 한류로 인해 한 · 일간 좋지 않던 감정이 밝은 이미지로 바뀌었다고 생각한다.

21. 한류는 국적과 국경을 초월한 공감대라고 생각한다.

22. 독도문제, 야스쿠니 참배문제는 한류를 멈추게 하는 걸림돌 이라고 생각한다.

23. 한류가 지나치게 얼굴, 즉, 외모를 앞세운 인기전략에 치중하고 있다.

24. 이제 한류는 '열풍'을 넘어서 '정착기'에 들어선 느낌이 든다.

25. 한국은 한류를 상업적 목적으로만 활용하는 것 같다.

〈부록 2〉

한류에 관한 진술문 (일본인)

1. 나는 한류 열풍을 계기로 한국요리를 배우고 싶다.

2. 나는 한류 열풍을 계기로 한국을 여행하고 싶다.

3. 한류 열풍 이전과 이후의 한국에 관한 인식이 바뀌었다고 생각한다.

4. 한류 열풍에 힘입어 한국인 이성 친구를 사귀고 싶다.

5. 한국 연예인들이 더 많이 소개되었으면 좋겠다.

6. 한류로 인해 일본에서는 한국에 대한 평가가 높아졌다고 생각한다.

7. 한류로 달구어진 한국은 돈벌이의 수단으로 턱없이 높은 가격으로 연예인을 팔고 있다.

8. 다시 태어난다면 한국 사람으로 태어나고 싶다는 생각을 한 적이 있다.

9. 한류 열풍은 일본문화의 식상함에서 벗어나기 위한 하나의 탈출구이다.

10. 일본에서 한류현상은 한국문화의 깊이에서 오는 자연스러운 현상이다.

11. 일본에서는 한국 연예인에 대한 인위적인 억제책은 한류 현상에 부당하다고 생각한다.

12. 한류는 평소 느끼기 힘든 한국문화를 쉽게 이해할 수 있어서 좋다.

13. 한국 드라마를 통해 가족을 소중히 여기는 한국의 가치관을 배울 수 있다.

14. 한류 열풍에 관한 문화적 열풍과 야스쿠니 참배, 독도문제 등 정치 · 외교적인 문제와 결부시키는 것은 적절치 않다.

15. 한류 열풍은 할일 없는 아줌마들의 광기이다.

16. 한류는 한 · 일 우호교류에 큰 효과를 가져 올 것이다.

17. 나는 한류 열풍이 점점 식을 거라 생각한다.

18. 한류로 인해 한일간 좋지 않던 감정이 밝은 이미지로 바뀌었다고 생각한다.

19. 한류는 국적과 국경을 초월한 공감대라고 생각한다.

20. 독도문제, 야스쿠니 참배문제는 한류를 멈추게 하는 걸림돌 이라고 생각한다.

21. 한류가 지나치게 얼굴, 즉, 외모를 앞세운 인기 전략에 치중하고 있다.

22. 이제 한류는 '열풍' 을 넘어서 '정착기' 에 들어선 느낌이 든다.

23. 한국은 한류를 상업적 목적으로만 활용하는 것 같다.

브랜드 로고 디자인 전략[*]

김 흥 규 · 오 주 연

한국외국어대 언론정보학부 교수 · 한국외국어대 강사

[*] 본 논문은 〈주관성 연구〉 제24호(2012. 6) pp.85-100 논문 전문을 재게재한 논문임을 알려드립니다.

브랜드 로고 디자인 전략

1. 연구문제의 제기

최근 유수의 기업들이 비즈니스의 초점을 디자인 경영에 맞추고 있고, 디자인의 중요성은 제품 자체 뿐 아니라 상품이나 서비스를 식별시키고 경쟁자들의 것과 차별화하기 위하여 사용하는 브랜드 요소에 있어서도 중요하다(Aaker, 1991). 기업 경영에 있어 디자인의 중요성이 어느 때보다 중요한 작금의 시대에 브랜드의 시각적 역할을 담당하는 로고 디자인은 기업의 얼굴이자 핵심적인 디자인 경영의 요소라고 할 수 있다. 한편 기업의 브랜드에 대한 중요성이 높아지면서 브랜드 관리는 그 어느 때보다 훨씬 더 복잡해지고 있다. 이러한 상황에서 기업이 전달하고자 하는 철학과 가치, 브랜드 컨셉을 나타내는 동시에 인지적 차별성을 확보하는 것은 무엇보다도 중요한 일이며 이러한 임무를 수행하는 데 그 중심에 있는 것이 바로 로고 디자인이라 할 수 있다.

브랜드를 구성하는 중요한 요소로서 시각적인 부분을 담당하는 로고는 기업이나 브랜드에 대한 소비자의 전체적인 인상을 형성하는 데 영향을 미치며(Schmitt, 1995), 브랜드의 인지적 관점에서 브랜드 자산을 구축하는데 중요한 역할을 수행한다(Keller, 1998). 많은 유명한 로고가 잘못된 크리에이션으로 부정적인 감정 반응을 일으키고 이러한 영향이 기업 또는 브랜드 이미지에 부정적으로 영향을 미치는 사례도 있기 때문에, 그 중요성이 크다고 할 수 있다(Bird, 1992; Henderson&Cote, 1998; Kohli, et al., 2002; Schechter, 1993).

본 연구에서는 그러한 관점에서 소비자들의 마음속에 선호하는 로고의 유형이 어떻게 나타나는지 알아보고 그 세분화된 유형을 통해 로고 개발의 전략적 요소를 발견하고자 하였다. 따라서 객관적 자료에 의존하기 보다는 주관적 자료에 입각한 분석을 이용하고자 브랜드 로고 디자인의 유형화 연구에 적합한 Q 방법론을 채택하였다. 본 연구에서 발견하고자 하는 전략적 요소는 하나의 브랜드 로고에 대한 응답자의 감정 반응을 보고자 하는 것이 아니라, 응답자가 브랜드 로고와 관련한 여러 자극(Q 항목)에 대한 반응들을 어떻게 구조화시키는가에 대한 결과이다. 다시 말해, Q 항목 각각에 대한 반응의 정도가 의미가 있는 것이 아니라, 각 유형들이 인식하는 Q 항목간의 중요도의 차이에 대한 전체 이미지의 구조를 발견하는 것이다. 브랜드 로고에 대한 소비자의 주관성이 만들어낸 지배적인 선호에 따른 특징적 구조를 발견함으로써 브랜드 로고에 대한 디자인 유형을 확인하고 이에 대한 전략을 도출하기 위한 목적으로 Q 방법론을 채택하게 되었다.

본 연구는 구체적으로 첫째, 브랜드 로고는 어떤 요소로 유형화 되는지, 둘째, 브랜드 로고의 유형은 각각 어떠한 특성을 가지는지 살펴보아, 브랜드 로고의 유형에 따른 브랜드 비주얼 커뮤니케이션 전략에 대한 시사점을 제시하는 데 그 목적이 있다.

2. 로고(logo)의 개념 및 효과

로고는 심벌마크와 로고타입을 조합하거나 워드마크를 통해 만든 기업의 상징을 말하는데, 기원, 소유 또는 연상 등을 지시하는 수단이다 (Keller, 1998). 이는 기업 입장에서 보면 기업이나 브랜드명의 공식적인 시각적 표현이고, 모든 기업과 브랜드 커뮤니케이션 프로그램의 필수적인 구성요소이다(Schechter, 1993). 쉐히터(Schechter)는 이러한 로고를 기업과 브랜드 커뮤니케이션에 있어서 유일하게 가장 쉽게 전파될 수 있는 요소이고, 광고나 패키지 등 생각할 수 있는 모든 매체에서 가장 많이 반복되는 요소라고 보고 있다.

현실적으로 많은 로고들이 잘 인식되지 않으며, 잘 알려진 많은 로고들이 실제적으로 부정적인 감정적 반응을 일으키고 있는데 이러한 감성은 기업의 브랜드 이미지에 부정적인 영향을 마치게 된다. 그러나 로고는 이러한 부정적인 영향보다 더 큰 긍정적인 영향을 미친다. 구체적으로 살펴보면, 첫째로 로고는 기업 혹은 브랜드의 인지를 향상시키는 촉매제 역할을 수행한다(Peter, 1989). 로고는 해당 기업이나 브랜드에 대한 소비자의 전체적인 미적 인상을 형성하는 데 영향을 미치게 되어 브랜드 이미지를 보다 향상시켜 주게 된다(Schmitt, 1995; Schmitt & Simonson, 1997). 결국 이러한 긍정적 브랜드 이미지는 마케팅 커뮤니케이션 효과를 증가시키게 되는 것이다. 둘째로 인지적 향성과 긍정적 태도 형성을 통해 기업의 경쟁적인 이점을 제공할 수 있으며, 기업의 명성을 증가시킬 수 있는 한 방법이 된다(Baker and Balmer, 1997; Olins, 1989). 셋째로 로고는 소비자에게 제품 품질에 대한 확신을 심어 줌으로써 탐색 비용을 줄일 수 있도록 해준다(Kohli, et al., 2002). 아울러 향후 소비자들이 브랜드를 쉽게 재인하거나 회상할 수 있도록 도와주는 역할을 수행하게 된다(Aaker, 1996).

3. 로고 특성에 관한 연구

로고 특성이 소비자 인식에 미치는 영향에 관한 연구는 쉐히터가 실증적인 자료를 통해 이미지에 대한 로고의 기여도를 연구한 이후 핸더슨과 코트(Henderson & Cote, 1996)에 의해 로고에 관한 구체적인 특성들이 정리되고 이러한 특성들에 대한 체계적인 연구가 시도되었다. 쉐히터는 기업과 브랜드의 이미지에 대한 로고의 기여도를 연구하기 위해 실용적이고 과학적인 방법론을 개발하였다. 즉, 로고 디자인이 기업명 혹은 브랜드명의 지각에 미치는 영향을 나타내는 이미지 공헌도(image contribution), 로고의 시각적인 요소가 기업 혹은 브랜드와 연관되는 정도를 나타내는 연관성(association), 그리고 기업명 혹은 브랜드명에 대한 언급이 로고의 시각적 요소에 대한 인식을 불러일으키는 정도를 나타내는 인지도(recognition) 등의 척도를 개발하였는데, 크게 이미지 공헌도와 인지도 및 연관성의 두 가지 척도를 사용하였다. 아울러 브랜드 전체와 기업명 혹은 브랜드 명 사이의 점수 차이로 로고 디자인의 이미지 기여도를 판단하였다.

쉐히터가 실증적인 자료를 통해 이미지에 대한 로고의 기여도를 연구한 이후 핸더슨과 코트에 의해 로고에 관한 구체적인 특성들이 정리되었고 이러한 특성들에 대한 체계적인 연구가 시도되었다. 핸더슨과 코트는 기존의 디자인 및 심리학 문헌을 통해 로고의 감정적인 반응에 영향을 미칠 수 있는 12개의 로고 디자인 특성 중, ① 의미(meaning) ② 친숙성(familiarity) ③ 복잡성(complexity) ④ 대칭성(symmetry) ⑤ 영구성(durability) ⑥ 구체성(representativeness) ⑦ 응집성(cohesiveness) ⑧ 유기성

(organicity) ⑨ 활동성(activeness) ⑩ 깊이(depth) ⑪ 원형성(roundness) ⑫ 평면성(horizontality) 등을 도출하였으며, 실제 195개 외국로고를 대상으로 한 소비자 평가를 바탕으로 탐색적 요인분석(exploratory factor analysis)을 통해 주요한 4개의 로고 디자인 차원을 밝혀냈다.

요인분석 결과 밝혀진 4개의 로고 디자인 특성 차원을 구체적으로 살펴보면, 복잡성의 정도를 나타내는 정교함(elaborateness)의 차원은 복잡성, 활동성, 그리고 깊이를 포함하고 있고, 표현 방식의 차이를 나타내는 자연스러움(naturalness)의 차원은 구체성, 유기성 원형성을 포함하며, 로고에 대한 응답자의 이해 정도를 나타내는 연상(associativeness)의 차원은 친숙성과 의미를 포함하고, 마지막으로 대칭적인 정도를 나타내는 대칭(symmetry)의 차원은 대칭성의 단일 특징만을 포함하는 것으로 나타났다. 한편 그들은 네 가지 차원의 상관분석을 실시하였는데 정교함 차원과 다소 상관관계를 가지는 것으로 나타났고, 대칭 차원과 자연스러움 차원은 적은 수치이지만 음(−)의 상관관계를 가지는 것으로 나타났다.

국내에서는 한상만, 최주리, 김동원(2000)에 의해 로고 디자인에 대한 소비자의 감정적 반응에 관한 연구가 다시 진행되기도 하였다. 한상만 외 연구자들은 국내로고 40개, 외국로고 40개를 선정해서 연구를 하였는데 선정된 로고는 로고 속에 브랜드 혹은 기업명이 첨가되지 않은 순수하게 로고 아이콘만으로 만들어진 것으로, 이는 로고에 기업명 혹은 브랜드명이 첨가되었을 경우에 로고 자체의 순수한 특성에 따른 영향 외에 브랜드명 혹은 기업명이 로고에 주는 영향을 배제하기 위한 것이다. 측정을 위한 타당성 조사를 통해 핸더슨과 코트의 연구에서 선정하였던 12개의 로고특성 중 9개의 특성(의미, 친숙성, 복잡성, 대칭성, 구체성, 활동성, 깊이, 원형성, 평면성)과 슈미트와 시몬슨(Schmitt&Simonson,

1997)의 연구에서 제시하였던 인식의 여섯 가지 차원(독창성, 규모, 신뢰감, 세련됨, 지역성, 자연스러움)를 추가하여 총 15가지의 변수를 선정하였다. 이를 통해 로고 디자인을 평가한 후 내재적인 차원들을 찾기 위하여 요인분석을 실시하였다.

그들은 연구를 통해 국내 소비자들은 핸더슨과 코트가 밝혀낸 로고에 대한 네 가지 인식 차원과 조금은 다르게 인식의 차원을 형성하고 있다는 것을 발견했다. 즉, 외국 소비자들은 로고에 대하여 정교함, 자연스러움, 연상, 대칭의 네 가지 차원으로 인식한데 비해서 국내 소비자들은 정교함, 자연스러움, 의미의 명확성, 그리고 창의성의 네 가지 차원으로 인식하는 것으로 나타났다. 정교함의 차원은 복잡성, 활동성, 평면성을 포함하고, 자연스러움의 차원은 자연스러움, 부드러움, 지역성을 포함하며, 의미의 명확성 차원은 의미와 구체성을 포함하고, 그리고 창의성의 차원은 세련됨, 규모, 독창성, 신뢰감을 포함하는 것으로 나타났다. 이중 의미의 명확성, 자연스러움, 정교함 등의 세 가지 차원은 핸더슨과 코트의 연구와 유사한 차원들로 나타났으나, 국내 소비자들에게는 그들의 연구에서 중요시 되었던 대칭성 대신 창의성이라는 요인이 중요한 차원으로 나타났다. 게다가 창의성은 국내 소비자들에게 있어서 로고의 선호도에 가장 큰 영향을 미치는 것으로 나타났다.

그러나 지금까지의 연구들은 로고의 인식차원에 있어 실제 로고를 제작하는 상황과는 직결되지 못하는 한계를 가지고 있다. 단순한 객관적 평가로 말미암아 응답자의 감정 반응으로 분류하여 유형을 구조화시키고 로고의 개발 단계에서 전략적으로 활용하기에는 의미가 명확하지 못한 아쉬움이 있으며 연구자 마다 조금씩 상이한 결과를 보이고 있다. 또한 국내 연구자와 해외 연구자 간에도 그 차이점이 나타나며 이는 표본에 따른 문화적 특성에도 좌우되는 결과라고 할 수 있다.

한편 Q 방법론을 통하여 심볼마크의 선호도를 분석하여 기업의 심볼을 개발하는 데 유용한 전략적 틀을 제시한 연구로 권혁준과 김흥규(2006)의 'Prefence factors in Symbol mark'가 있다. 심볼마크를 개발하는 단계에서 전략적으로 활용할 수 있는 유용한 지침을 제시한 의미 있는 연구라고 할 수 있다. 본 연구에서 발견하고자 하는 세부 유형과 마찬가지로 심볼마크의 주관적 구조를 발견하여 브랜드 심볼에 대한 디자인 유형을 재확인하고 전략을 도출하기 위한 가설 발견의 연구였고, 이를 통해 3가지 심볼마크에 대한 선호 유형으로 분류되었다. 첫 번째로 구체적 의미보다는 추상적인 형태를 선호하는 꿈을 추구하는 유형, 둘째, 미학적 요소를 중시하는 탐미주의자, 셋째, 인간의 모습과 흡사한 휴머니즘을 선호하는 유형으로 나뉘었다. 기업의 심볼마크를 개발하는 데 있어 이러한 특징들이 전략적 지침이 되어 세분화된 소비자의 특성에 맞는 근거의 틀을 마련해 주었다.

본 연구에서는 기업브랜드의 구성요소에서 심볼마크만이 아닌 브랜드 로고의 전체적 관점에서 그 특성에 대한 유형을 분석하기 위하여 진행하고자 한다. 따라서 항목의 중요도 차이에 대한 전체 로고 디자인의 구조를 발견하여 브랜드 로고에 대한 디자인 유형을 재확인하고 이에 대한 전략을 도출하기 위하여 다음과 같은 Q 방법론으로 연구를 구체화하였다.

4. 연구방법 및 설계

1) Q 표본 선정

브랜드 로고디자인에 대한 인식 유형을 밝혀보기 위한 연구를 위하여 Q 표본은 소비자들에게 잘 알려진 국내외 파워 브랜드를 대상으로 하였다. IT, 금융, 생활용품, 건설, 서비스, 식음료 등의 다양한 카테고리 별로 로고 30종류를 선정하였다.

2) P 표본

Q 방법론은 개인 내의 중요성의 차이를 다루는 것이므로 P 표본의 수에 아무런 제한을 받지 않는다. 또 Q 연구의 목적은 표본의 특성으로부터 모집단의 특성을 추론하는 것이 아니기 때문에 P 표본의 선정도 확률적 표집 방법을 따르지 않는다.

P 표본은 성별, 연령, 학력 등을 고려하여 40명을 P 표본으로 선정하였다.

3) Q 분류

P 표본으로 선정된 피험자들은 Q표본인 브랜드 로고에 대하여 그것들을 일정한 분포에 따라 분류하도록 요구하는 강제분포(forced distribution) 방법을 사용하였다. 한 사람이 두 번의 분류를 하게 된다.

	가장 중요치 않음			중립				가장 중요
점수	-4	-3	-2	-1	0	+1	+2	+3	+4
카드의 수	2	3	3	4	6	4	3	3	2

〈표 1〉과 같이 가장 긍정(+4)에서 가장 부정(-4)까지 배열하였다. 40 명의 P표본에게 본인이 가장 중요하다고 생각하는 항목을 오른쪽(+4), 상대적으로 가장 중요하지 않다고 생각하는 항목을 왼쪽(-4)에 그리고 중간적인 것을 가운데로 놓도록 하였다. 그리고 양 끝에 있는 두 개씩 (+4, -4)에 대해서는 분포시킨 이유를 인터뷰를 통하여 적시함으로써 Q 유형의 심층적이고 추가적인 해석에 도움이 되도록 하였다.

5. 결과 분석 및 논의

Q 요인분석 결과, 본 연구에서 브랜드 로고에 대한 주관성은 심미 성, 영속성, 단순성, 유용성, 기억성(Aesthetic, Timeless, Simple, Usable, Memorable)의 5가지 유형으로 나타났다.

이들 5개 유형은 변량 47.14%로 설명되었으며, 1유형이 20.28%로 가 장 많이 설명하였고, 각 유형간의 상관관계에서 1유형과 2, 4유형은 상 관관계가 높았으며(0.537, 0.505), 3유형, 5유형과는 부적 상관관계를 보 였고(-0.111, -0.138), 3유형은 2, 4유형과도 부적 상관관계를 보였다 (-0.182, -0.036).

〈표 2〉 유형간 상관관계

	I	II	III	IV	V
아이겐값	8.1134	3.6240	0.9415	2.2029	1.9735
변량	0.2028	0.0906	0.0735	0.0551	0.0493
누적변량	0.2028	0.2934	0.3676	0.4220	0.4714

〈표 3〉 유형간 상관관계

	I	II	III	IV	V
I	1.000				
II	0.537	1.000			
III	-0.111	-0.182	1.000		
IV	0.505	0.272	-0.036	1.000	
V	-0.138	0.045	0.045	0.071	1.000

1) 제1유형: 심미성(The Aesthetic)

유형1은 브랜드 로고의 가치에 있어 가장 심미적인 부분을 중요하게 여기는 유형이다. 브랜드의 구성요소 중 시각적 이미지에 대한 부분을 담당하는 로고는 소비자에게 어떤 감정적인 인상을 남겨서 그 브랜드의 이미지, 연상 등을 형성시키는데 큰 작용을 한다. 그러한 차원에서 아름다운 조형성을 지닌 로고는 소비자들에게 가장 호감이 가게 만드는 역할을 하고, 인상적으로 기억되도록 작용 하고, 긍정적 브랜드 이미지를 형성시키는데 중요한 요소로 작용할 수 있는 것이다.

신화 속 주인공인 '세이렌(Siren)'의 모습을 정교하고 사실적으로 표현한 '스타벅스'의 로고는 그린 컬러의 색감과 어우러져 고객에게 고급스럽고 우아한 이미지를 전달하고 있다. 사실묘사에 있어 도식화된 양식을 채용하고 있으며, 세이렌의 모습을 원(round) 안에 얼굴과 상체 일부분만 드러나게 함으로써 여운을 주는 형태의 디자인을 통해 신화 속 인물의 신비로운 모습까지 담아내고 있다.

스타벅스의 로고는 다양한 응용 아이템에 심미적이면서 일관되게 적용되어 나타나므로 더욱 형태의 미적인 부분이 부각되고 있다고 할 수 있다. 더불어 스타벅스의 감성마케팅 전략은 로고의 심미성과 융합되어 고객들에게 미적으로 풍부한 감정을 유발시키는 시너지를 내는 요소이기도 하다. '애플' 역시 심플하면서도 멋진 형태를 표현한 사과모양의 로고로 수많은 대중들에게 가장 훌륭한 브랜드 네임과 더불어 아름다운 로고로 칭송받고 있었다. 한 입 베어진 사과 모양 로고의 의미는 뉴튼을 기념하기 위해서 그리고 사과의 완벽한 영양성분에 대한 의미, 아담이 사과를 베어 물면서 인류의 역사가 시작되었듯 컴퓨터를 통해 세계 문명을 바꿀 것이라는 다양한 의미를 담고 있다. 또한 IT 기업으로서는 획기적인 형태의 자연물을 활용한 로고가 더욱 소비자들에게 매력적이고 미학적으로 다가가고 있다고도 할 수 있다.

'홍콩' 도시의 로고는 용의 이미지를 화려하게 표현하여 가장 중국적인 매력을 잘 나타내고 있고, 심볼 없이 워드마크로 표현되었으나 매혹적인 타이포그라피를 활용한 '롯본기 힐스'의 로고도 심미적인 로고의 형태로 인지되고 있었다. 롯본기 힐스의 경우 로고의 형태가 고정된 미를 표현하지 않고 유연성을 띄고 있어 유기체 같은 개방적인 모습에 더욱 아름다움을 느끼고 있다고 볼 수 있다. 새롭고 다양한 방식으로 대중과 소통하는 롯본기 힐스의 로고는 대중과 소통하는 심미적인 로고로 더 선호되고 있는 것이다. 그리고 주유소의 로고인 'BP'의 화려한 로고 컬러와 형태, 식품기업 '삼양'의 점(dot)을 활용한 비정형적인 형태와 편안하게 조화를 이룬 컬러감의 로고도 선호되고 있었다.

이들 유형은 로고에 있어서 너무 정적이거나 단조로운 워드마크 형태

로 표현된 로고에 대해 부정적이었으며, '페이스북', 'IBM', '페덱스' 등
이 대표적인 로고이다. 즉 너무 경직되고 권위적인 형태의 로고디자인,
미학적으로 감각적지 못한 로고에 대해서는 매력을 느끼지 못하고 있었
고, 로고의 가장 중요한 요소에서 멀어져 있는 결과물이라고 생각하고
있는 것이다.

〈표 4〉 유형1: 심미성

번호	로고형태	표준점수	번호	로고형태	표준점수
1		1.80	10	facebook	−1.50
2		1.62	5	IBM	−1.44
15		1.53	13	FedEx	−1.42
14	roppongi hills	1.44	16	SONY	−1.41
11	bp	1.24	26	posco	−1.28
29	samyang	1.12	25	Pulmuone	−1.08
12	THE BODY SHOP	1.10	20	SAMSUNG	−1.02

제4부 광고 · 마케팅

2) 제2유형: 영속성(The Timeless)

유형2는 브랜드 로고의 영속성 즉 세월이 흘러도 변함없는 가치를 전달할 수 있고 쉽게 유행을 타지 않는 형태를 중요하게 여기고 있다. 로고는 기업의 정체성과 존재감을 드러내기위해 활용하는 비주얼커뮤니케이션 요소이다. 그렇기 때문에 한번 개발한 브랜드 로고를 쉽게 트렌드에 따라 바꿀 수 없기 때문에 처음 개발할 때 시간의 흐름에 따라 변하지 않는 가치와 형태를 제시해주는 것이 중요한 포인트이다. 즉 기업의 이미지와 문화를 기업 로고를 통해 동일시하여 전달하고 있기 때문에, 소비자들에게 기업의 존재의미와 정체성을 일관되게 심어주고 혼란을 주지 않기 위해서라도 오랜 기간 로고의 이미지를 유지해야 하는 것이다. 로고에 담고 있는 의미가 너무 특정 카테고리를 연상하는 이미지로 한정되어 있다든지 너무 트렌드에 민감한 형태 등은 이러한 유형들에게는 선호되지 않는 것이다.

'롯본기 힐스'의 워드마크를 활용한 로고 디자인의 경우, 로고 바리에이션을 통해 적용하는 미디어에 따라 유연성을 줄 수 있고 차별화된 폰트로서의 독창적인 형태를 가지고 있는 것이 심미적인 요소와 영속성에 있어서 가장 선호되어 나타났다. 또 무한한 의미를 담은 점을 모티프로한 '삼양'의 로고라든지, '애플'의 심볼마크, '삼성'의 오벌마크(oval mark)가 주는 영감이나 기업의 규모감등은 국내를 넘어 글로벌 브랜드로서의 위상을 잘 나타내고 있다고 생각하고 있었다. 오랜 시간 변함없는 가치와 이미지를 선사하는 '나이키'의 스워시 로고나 최근 새롭게 변경한 'KT'의 포인트가 있는 워드마크 로고 형태 역시 시간의 흐름에 구애받지 않는 영원성을 나타내는 형태로 생각하고 있었다. 반면 구체적인 형태를 표현하거나(SK), 의미전달이 모호한 로고(GE)에 대해서는 부정적으로 인식하고 있었고, 브랜드 카테고리가 트렌드에 민감한 로고(페이스북, 트위터)의 경우도 영속성에 있어 부정적인 의견이 지배적이었다.

〈표 5〉 유형2: 영속성

번호	로고형태	표준점수	번호	로고형태	표준점수
14	roppongi hills	1.62	19	SK	−2.05
29	samyang	1.49	5	IBM	−1.61
2	(apple)	1.42	6	GE	−1.20
20	SAMSUNG	1.30	9	twitter	−1.06
4	(nike)	1.28	10	facebook	−1.01
18	kt	1.20			

3) 제3유형: 단순성(The Simple)

유형3은 즉각적으로 명확하게 의미를 전달할 수 있고, 대중들이 쉽게 인지할 수 있는 요소를 가장 중요하게 생각하는 유형이다. 워드마크 형태의 브랜드명을 직설적으로 표현한 형태가 가장 선호되고 있었고, 서체도 가독성이 높고 심플한 형태의 로고를 중요하게 생각하고 있었다.

'소니'의 군더더기 없이 심플한 브랜드명을 표현한 로고는 가장 이 유형들에게 선호되고 있었다. IT기업다운 블루계열의 컬러를 포함하여 전 세계 어느 나라에서도 혼돈스런 요소 없이 브랜드명에서부터 로고, 그리고 제품에 적용하는 어플리케이션 시스템 측면에 있어서도 가장 심플하고 명확한 로고로 꼽히고 있었다. '구글'의 로고 역시 심플한 서체와 가독성 그리고 다채로운 컬러까지 어우러져 검색의 제왕이라 불리는 브랜드다운 서비스 철학을 잘 나타내고 있어 긍정적으로 평가하였다. 구글의 경우 특별한 날에는 로고에 다양한 변화와 의미를 적용하여 인지도나 재미적인 요소를 선사하기도 하는 바람직한 로고의 활용으로도 의미가 있다고 평가하였다. 특히 적용 미디어가 웹사이트에 대부분 국한되어 있기 때문에 웹상에서 최적의 가독성과 조형성을 전달하기 위해 가장 명확하게 디자인 로고 형태라고 할 수 있는 것이다.

오랜 전통과 글로벌 명성을 자랑하는 '맥도날드'의 금색 아치형태의 로고는 이제 그 형태가 의미하는 바를 모르는 사람이 없으며, 국내기업인 '삼성'이나 'KT' 등도 전달하는 바가 명확하고 글로벌 브랜드로서의 세계인들에게 심플한 요소로 이미지를 각인시키는 긍정적인 로고로 생각하고 있었다. 반면 복잡한 면으로 구성된 형태의 로고(홍콩)나 많은 워딩이 들어간 로고(할리데이비슨)의 경우는 쉽게 소비자들이 인식하기에 어려움을 느꼈으며 의미를 직관적으로 해석하지 못하는 데서 부정적인 의견이 있었다.

　이들은 즉각적인 의미해석과 명확한 인식을 추구하는 유형으로 로고 디자인에 있어 너무 복잡하거나 사실적인 묘사, 많은 컬러의 혼합 등은 배제하고 심플하면서 명확한 브랜드 아이덴티티를 나타내는 비주얼 커뮤니케이션 전략이 필요할 것이다.

〈표 6〉 유형3: 단순성

번호	로고형태	표준점수	번호	로고형태	표준점수
16	SONY	1.61	15		−1.67
17	Google	1.47	11	bp	−1.34
7		1.43	30	HARLEY-DAVIDSON MOTOR CYCLES	−1.27
20	SAMSUNG	1.32	24	청정원	−1.15
18	kt	1.30	21	LG	−1.12
26	posco	1.22			

4) 제4유형: 유용성(The Usable)

제4유형은 사용성에 있어 어떤 미디어든 실용적으로 적용 가능한 형태를 선호한다.

'애플'의 사과 형태의 직관적 표현이지만 심플하고 군더더기 없는 디자인은 어떤 미디어에 적용함에 있어서도 거부감이 없고 응용력이 강하다. 애플로고만으로도 애플의 라인업을 한눈에 알아볼 수 있을 정도의 정보의 표현이라고도 생각하였다. 애플의 경우는 단순한 로고 하나만으로도 애플의 모든 제품이 머릿속에 그려진다고 느끼고 있어 그 적용성에 있어 위대한 힘을 가진 로고라는 견해였다. '삼양'의 작은 원들을 활용한 로고 역시 그 형태가 유기적인 표현이 가능해 다양한 영역에서 다이나믹하게 적용할 수 있는 형태로 꼽고 있었다. 그리고 '삼성'의 오버롤 형태의 원이 주는 무한한 의미와 형태 또한 적용성에 있어 긍정적인 의견이었고, 나이키와 맥도날드의 로고 역시 심플한 형태와 의미가 여러 영역에서 실용적으로 적용가능한 시각 커뮤니케이션 형태를 띄고 있다고 생각하였다.

반면 '할리데이비슨'과 같은 복잡한 구조를 가진 엠블렘 형태의 로고에 대해서는 부정적인 의견이었고, 적용할 수 있는 미디어가 한정적일 것 같다는 의견이 지배적이었다. '페덱스'의 로고 역시 다양한 사업군을 아우르기에는 조형성에 있어 한정적인 느낌을 준다는 의견을 내고 있었다.

이들 유형에게는 다양한 매체와 장르를 넘나드는 명확하면서 단순한 형태의 로고가 적합하며, 또는 그 형태가 비정형적이어서 아이덴티티에 일관성을 가지고 있되 유연하게 베리에이션 하여 다양하게 적용할 수 있는 로고 디자인 전략이 필요할 것이다.

5) 제5유형: 기억성(The Memorable)

　제5유형은 기억용이성을 가장 로고의 중요한 요소로 생각하는 유형이다. 심플하고 기억하기 쉬운 로고는 많은 경쟁 브랜드 로고 속에서 소비자들에게 명확하게 인지되고 오랜 시간 기억 속에 저장되어진다. 또한 로고 하나만으로도 기업제품의 디자인을 완성시켜줄 수 있는 중요한 요소가 될 수 있기 때문에 로고의 형태나 의미가 기억에 용이한 모습으로 디자인되어야 하는 것이다. 세계 시장에서 세계 소비자들과 커뮤니케이션 해야 하는 많은 글로벌 브랜드들의 경우 마케팅 상황의 어려움을 해소하기 위해서라도 브랜드가 의미하는 바를 정확하게 알릴 수 있고, 기억에 남을 수 있도록 커뮤니케이션 할 수 있어야 한다. '삼성'의 로고를 이러한 기억용이성 측면에서 가장 높이 평가하고 있었고, '구글'이 가진 기업 가치와 기업의 얼굴인 로고디자인도 역시 긍정적인 반응이었다. 또한 '풀무원' 브랜드가 가진 웰빙 추구의 기업 철학을 잘 담아내고 있는 로고도 기업가적 정신을 말로 설명하지 않아도 그 의미와 형태에서 높은 가치를 주고 있었다. '포스코'의 로고는 일반 소비자를 대상으로 하는 기업 브랜드가 아닌 만큼 대중들의 기억 속에서 다소 멀어져 있고, 권위적이고 잊혀 질 수 있는 요소를 소문자 형태의 워드마크 로고를 통해 소통하고자 한다는 긍정적인 의견이었다. 자칫 딱딱하고 무관해 보일 수 있는 B2B 기업의 이미지를 동글동글한 서체로 표현한 의도나 소문자 형태의 로고가 친근감을 주고 기업의 철학이나 가치를 쉽게 인지하고 기억하는 데 좋은 로고라고 생각하고 있었다.

　이들은 역시 복잡한 구조를 가진 형태의 심볼마크나 어둡고 무거운 이미지의 로고에 대해서는 부정적이었고, 의미가 불명확한 로고에 대해서도 쉽게 기억하기에 어려움이 있는 로고라고 평가하였다(할리데이비슨,

교보, 국민은행). 이 유형들에게는 기업의 가치나 철학을 직관적으로 받아들일 수 있는 요소를 내포한 로고 디자인으로 명확한 의미전달과 함께 애써 기억하려 하지 않아도 쉽게 마음속에 자리 잡을 수 있는 요소를 고려한 디자인 형태가 중요한 전략이 될 수 있다.

〈표 7〉 유형4: 기억성

번호	로고형태	표준점수	번호	로고형태	표준점수
20	SAMSUNG	1.77	30	HARLEY-DAVIDSON MOTOR CYCLES	−1.93
17	Google	1.61	23	KYOBO	−1.39
25	Pulmuone	1.33	8	at&t	−1.35
26	posco	1.23	27	PRUGIO	-1.09
16	SONY	1.22	22	KB	-1.08
6	GE	1.08			

6. 결론 및 논의

로고는 기업이나 브랜드의 이미지를 가장 잘 보여주는 얼굴이다. 현대사회는 인터넷과 소셜 미디어의 활성화로 인해 커뮤니케이션 환경이 하루가 다르게 급변하고 있고, 이렇게 빠르게 변화하는 커뮤니케이션 환경에서 대중들은 매일 수많은 정보들을 접하게 되며 다양한 시각문화를 추구하게 되었다. 이러한 상황에서 기업의 로고를 활용한 비주얼 커뮤니케이션은 중요한 기업의 브랜딩 요소이고, 시각 이미지는 기업의 아이덴티티를 대변하는 최적의 수단으로 자리 잡고 있다.

기업 정체성의 시각적 표현 요소인 로고를 전략적으로 개발하기 위하여 고객의 유형을 연구하고 세분화하여 활용하는 것은 기업 마케팅의 중요한 부분이다. 이러한 관점에서 본 연구는 고객들의 마음을 읽고 심층적으로 연구하여 긍정적인 효과를 낼 수 있는 로고 디자인을 개발하기 위하여 Q 방법론을 활용하여 소비자 유형을 세분화한 의미 있는 발견을 하였다. 또 디자인 경영이 대두되고, 디자인이 경쟁력이자 핵심성공요인으로 작용하고 있는 현 시대에, 브랜드의 로고 디자인은 가장 첫 번째로 소비자에게 기업을 알리고 감각을 자극하는 부분으로써, 브랜드 자체에 대한 소비자의 최초 선호도를 끌어낼 수 있는 것이다. 그러므로 이러한 브랜드의 로고 디자인 차원들에 따른 소비자들의 디자인 선호도를 파악하는 것은 기본적인 전략적 지침이 될 수 있다. 브랜드 로고 디자인의 차원별로 소비자가 인식하는 브랜드 로고의 유형들이 어떻게 나타나는지 구조적으로 알아보고, 그 로고 디자인 자체에 궁극적인 선호도는 어떠한지를 살펴보는 것이다. 소비자들의 개인차 변수로 작용하는 로고 디자인의 민감성의 차이를 토대로 소비자들의 유형을 세분화해보고 부가적인 차이점을 밝혀 이를 전략적으로 활용할 수 있는 실무적 시사점을 제시하고자 하는 것이다.

　본 연구에서 발견한 5가지의 로고 유형을 전략적 가이드라인으로 하여 자사 브랜드의 이미지를 결정지을 컨셉과 형태, 이미지와 연상작용의 종류를 선택할 모티프를 선택함으로써 독특하고 매력적인 브랜드 로고디자인을 창조할 수 있다. 브랜드의 전략은 논리(logic)이지만 크리에이티브로 태어날 때는 마술과 같은 '설명하기 어려운' 창의성이 요구되었다. 그러나 본 연구에서 발견한 로고의 유형화는 브랜드 로고를 탄생시키는 데 있어서 크리에이티브 과정에서 막연한 개념이나 창의 보다는 구체적으로 어떤 부분에 포커스를 할 것인가에 대한 뚜렷한 요인을 발견했다는 것에 가장 큰 의의가 있다고 할 수 있다. 기존의 로고 디자인을 하는 과정은 직관에 의존하거나 분명한 컨셉을 제시하는 데 있어 추상적이거나 애매모호한 부분이 존재했지만, 본 연구에서 발견한 브랜드 로고의 유형화는 크리에이티브 컨셉을 구체화 시키는데 중요한 단서를 제공하게 된다. 이것은 소비자들의 다양한 욕구나 선호와 같은 주관성을 기초로 만들어진 매우 구체적인 것으로서 기업 마케팅에 있어서도 기업의 전달하려는 메시지와 소비자의 욕구사이의 연결고리를 보다 논리적으로 찾아내는 유용한 자료가 될 수 있다고 사료된다. 본 연구가 자신만의 브랜드 개성을 정립하여 파워브랜드를 구축하고자 하는 많은 기업과 브랜드 개발자에게 시장 세분화의 아이디어를 얻는데 전략적인 지침서가 될 수 있기를 기대하는 바이다.

▨▧▩ 참고문헌

구 진 (2011), 「브랜드 디자인 리뉴얼의 요소 도출 및 측정 개발에 관한 연구」, 조선 대학교 대학원 디자인경영학과 박사학위논문.

김문지 (2009), 「브랜드의 로고 디자인에 따라 소비자가 인식하는 브랜드 개성이 브랜드 로고 디자인 선호도에 미치는 영향에 관한 연구: 디자인 미(美) 민감성을 중심으로」, 이화여자대학교 대학원 의류학과 석사학위논문.

김병옥 외 (2007), 「비쥬얼 텍스츄어를 활용한 브랜드 로고 타입에 관한 연구」, 『브랜드 디자인학 연구』 제9호, 47-61.

김은지 (2006), 「브랜드 로고 디자인의 개선방향 및 적용방안에 관한 연구」, 성균관 대학교 디자인대학원 시각디자인 전공 석사학위 논문.

김일철 · 유지희 (2011), 「브랜드 가치별 정서적 광고소구에 관한 주관성 연구」, 『주관성연구』 제23호, 12-20.

김주호 (2008), Branding: 『창조적 브랜드 전략론』, 두남.

김흥규 (1999), 「Q 방법론의 이해와 적용」, 서강대 언론문화연구소.

_____ · 오세정 (2007), 「기업광고에 대한 한 · 미간 비교 연구」, 『주관성 연구』 제15호, 121-147.

_____ (2008), 『Q 방법론: 과학철학, 이론, 분석 그리고 적용』, 커뮤니케이션북스.

김해룡 외 (2005), 「브랜드 컨셉에 기초한 로고아이콘 디자인의 개발: 컨조인트 분석을 통한 탐색적 연구」, 『디자인학 연구』 제60호, 173-188.

노승영 역 (2010), 『브랜드 버블: 소비자를 추종자로 만들어라』, 초록물고기.

안광호, 한상만, 전성률(2003), 『전략적 브랜드 관리: 이론과 응용』, 학현사.

안장원 역 (2002), 『감성디자인, 감성브랜딩 뉴트렌드』, 김앤김북스.

이희수 역 (2011), 『브랜드 아이덴티티 불변의 법칙 100가지』, 고려문화사.

인피니티그룹 역 (2007), 『1등 브랜드와 싸워 이기는 전략』, 김앤김북스.

유승재 역 (2012), 『디자이닝 브랜드 아이덴티티』, 비즈앤비즈.

유정미 (2008), 『디자인이 브랜드와 만나다』, 시공사.

장동련 · 박상훈 (2008), 『브랜드 디자인 이노베이션』, 안그라픽스.

정현욱 (2011), 「광고에 나타난 여성 이미지 선호 유형에 관한 연구」(pp.34-43), 『주관성 연구』 제22호.

최성수 (2011), 「브랜드의 그린컬러 감성과 로고유형이 스타벅스 기업 이미지에 미치는 영향관계 연구」, 『관광레저연구』 제23권, 33-50.

제4부 광고 · 마케팅

최원주 (2002), 「브랜드 이미지의 유형화를 위한 브랜드 개성의 Q 방법론적 접근」, 『광고연구』, 2002.3. 103-170.

_____ · 최준환 (2008), 「브랜드 사랑, 그 개념적 요인과 합의」, 『주관성 연구』 제17호, 45-66.

Aaker, David A.(1991), Managing Brand Equity: Capitalizing on the Value of a Brand Name, Free Press.

_____(1996), *Building Strong Brand*, Free Press.

Baker, M. J. & J. M. T. Balmer (1997), Visual Identity: Trappings or Substance?. *European Journal of Marketing*, 31, 5/6, 366-383.

Bevlin, Marjorie E. (1989), *Design Through Discovery: An Introduction to Art and Design*. New York, NY: Holt, Rinehart and Winston.

Bhat, Subodh & Srinivas K. Reddy (1998), Symbolic and Functional Positioning of Brands. *Journal of Consumer Marketing*, 15, 1, 32-43.

Bird, Laura (1992), Eye-Catching Logos All Too Often Leave Fuzzy Images in Minds of Consumers. *Wall Street Journal*, 5(December), B-1.

Eagly, A. & Chaiken, S. (1993), *Psychology of Attitude: Harcourt Bruce Jovanovich*. Fort Worth. TX.

Green, D. and Lovelock, V.(1994), Understanding a Corporate Symbol. *Applied Cognitive Psychology*, 8, 37-47.

Henderson, Pamela W. and Joseph A. Cote (1996), Designing Positively Evaluated Logos. Working Paper, *Marketing Science Institute*, Report No. 96-123, 1-37.

_____ & _____ (1998), Guidelines for Selecting or Modifying Logos. Journal of Marketing, 62, April, 14-30.

Janiszewski, Chris & Tom Meyvis (2001), Effects of Brand Logo Complexity, Repetition, and Spacing on Processing Fluency and Judgment. *Journal of Consumer Research*, 28, June, 18-32.

Keller, Kevin Lane (1998), *Strategic Brand Management: Building, Measuring and Managing Brand Equity*. NJ: Prentice-Hall.

Kohli, Chiranjeev, Rajneesh Suri, and Mrugank Thako r(2002), Creating Effective Logos: Insights from Theory and Practice. *Business Horizons*, May-June, 58-64.

Kwon, Hyuk Joon & Kim, Hung Kyu (2006), Preference factors in symbol mark design. *journal of human subjectivity*. vol. 4. no. 1 spring.

Stevenson, W. (1953), *The study of behavior: Q-technique and its methodology*. The Chicago University Press.

브랜드 로고 디자인 전략

Fields, Risk (1991), *The Code of the Warrior.* New York: Harper Perrenial.

Flint, Peter B. (1992), *Marlene Dietrich, 90, Symbol of Glamour, Dies.* New York Times.

제4부 광고 · 마케팅

Q 방법론을 활용한 멤버십 서비스에 대한 각기 다른 소비자 유형 탐색*

황 상 민 · 유 상 원

연세대 심리학과 교수 · 연세대 심리학과 박사과정

* 본 논문은 〈주관성 연구〉 제26호(2013. 6) pp.71–85 논문 전문을 재게재한 논문임을 알려드립니다.

Q 방법론을 활용한 멤버십 서비스에 대한 각기 다른 소비자 유형 탐색

– 이동통신사 사례를 중심으로

1. 연구의 목적 및 필요성

더 많은 기업들이 장기적인 관점에서 수익률을 높이기 위해 제품이나 서비스에 대한 고객의 충성도를 높이기 위한 방법에 관심을 갖고 있다 (Jain & Singh, 2002) 많은 기업들이 신규 고객을 유치하고, 기존의 고객들의 자사 제품이나 서비스에 대한 충성도를 높이기 위한 전략의 하나로 다양한 멤버십 서비스를 기획 및 운영을 하고 있다. 이동통신사를 비롯하여 주유소, 신용카드, 백화점, 음식점, 카페 등 다양한 비즈니스 사업군의 다양한 업체들이 너나 할 것 없이 멤버십 서비스를 운영을 해왔고, 멤버십 프로그램을 통해 고객의 마음을 잡으려는 노력을 해왔다. 특히 시장 경쟁이 치열하거나 경기가 불황이라는 불안한 인식이 자리 잡을수록, 더욱 더 기업 간의 멤버십 서비스를 통해 위기를 극복하려는 기업들이 늘어나고 있다(스포츠경향, 2012. 9. 2). 서비스의 규모나 업종에 상관없이 멤버십 프로그램을 운영하는 것이 고객 유지와 관리에 필수

서비스로 자리를 잡아가는 것처럼 보인다(하영식, 2012).

최근 'CJ ONE 카드'와 같은 적립 및 할인 혜택을 주는 멤버십 프로그램의 가입자가 1천 만 명이 넘는 등 성공적인 거대 멤버십 서비스가 등장하기도 했다(아시아투데이, 2012. 4. 24). 국내의 경우 1999년도에 시작된 'OK 캐쉬백'이 많은 소비자의 호응을 얻어냈던 대표적 멤버십 서비스 모델이었다. 이후 시간이 지나면서 다양한 기업에서 유사한 여러 가지 멤버십 프로그램을 만들어냈고, 그 결과 현재 기업은 넘쳐나는 멤버십의 홍수 속에서 고객의 마음을 잡을 수 있는 차별적 마케팅 전략을 찾아야 시장 환경에서 살아남을 수 있게 되었다.

통계청(www.kostat.go.kr)의 자료에 의하면 2011년 기준으로 3사 이동통신사 가입자 수는 전체 5천 2백 만 가량으로 이미 인구의 수보다 가입자 수가 더 많은 것으로 나타났다. 이제 이동통신은 일상에서 없어서는 안 될 중요한 서비스 영역으로 자리 잡았다. 이미 포화상태에 이른 이동통신 시장에서 통신사는 너나할 것 없이 멤버십 서비스 운영의 중요성을 강조하였다. 그 결과 멤버십 서비스에 투입되는 마케팅 비용은 점점 더 큰 비중을 차지하게 되었고, 기업 입장으로서 적지 않은 부담으로 작용을 하게 되었다. 2005년을 기준으로 3사의 멤버십 마케팅 비용이 2000억 원을 넘어서는 등 멤버십과 관련해 매해 과도한 마케팅 비용이 지출되고 있는 것으로 나타났다(디지털데일리, 2005. 9. 22).

기존 고객을 유지하고, 신규 고객을 유치하고자 실시되었던 마케팅 전략의 일환으로 사용된 멤버십 프로그램은 비교적 모방이 쉽고, 전략이 단순하다는 측면 때문에 경쟁사나, 다른 사업 군에서도 활용이 되어 왔다. 하지만 기업이 기대하는 효과를 멤버십 프로그램을 통해서 얻고 있는가에 대한 의구심은 계속 커져왔다. 실제로 2012년 발표된 자료에 따르면 SKT나 KT의 경우에 서비스 해지율은 각각 2.4%, 2.8%로 미국의

버라이즌과 AT&T의 0.97%, 0.87%보다 높고 마진율도 절반 수준으로 낮다(etnnews, 2012. 9. 19).

멤버십 프로그램과 같은 기업의 로열티 마케팅이 실제로 고객 로열티를 제고시키는지에 대한 연구 결과는 연구자들마다 의견 일치가 이루어지지 않아 그 유용성은 제대로 이해되지 않는 실정이다(Bolton, Kannan & Bramlett, 2000). 이처럼 불확실하고 합치되지 않는 연구결과는 대부분 애매모한 인과관계, 제품이나 서비스를 구분하지 않고 동일한 요소들로 이루어지는 구성 개념의 단순성 및 부족한 실증적 연구에서 비롯된다(이명식, 2010).

그러나 그것보다 더욱 중요한 것은 제품이나 서비스의 시장 환경 및 기업의 맥락적인 고려 없이 멤버십 서비스의 속성이나 다양한 변수 중심의 연구의 틀 속에서는 개별 서비스에 반응하는 개인의 속성을 이해하기 어렵다는 점이다. 고객의 심리 행동적인 특성을 이해하는 것이 중요함에도 불구하고 기존의 연구들은 서비스 속성이나 변수 중심의 연구의 틀에서 자유롭지 못했고, 다양한 소비자 집단이 있을 수 있음을 인정하면서도, 다양한 고객의 속성을 이해할 수 있는 일관된 기준을 찾지 못했다. 멤버십 프로그램에 반응하는 고객들의 속성을 예측하고 효율적인 마케팅 전략을 구사하기 위해서는 고객들의 멤버십 프로그램에 대한 인식과 태도와 같은 심리 행동적 특성에 대한 이해가 필요하다.

본 연구에서 이동통신사 고객을 대상으로 멤버십에 대한 인식을 탐색하는 이유는 이미 가입자가 포화상태의 시장 상황에서 개별 통신사들이 고객들의 마음을 잡기 위해서 멤버십 서비스 등의 로열티 마케팅 전략을 가장 활발하게 활용하고 있기 때문이다.

2. 이론적 배경

1) 멤버십 서비스

멤버십 서비스는 기업의 다양한 로열티 프로그램 중에 핵심적인 역할을 하고 있다. 로열티(Loyalty) 또는 고객 충성도라는 말은 경영학 등에서 오랫동안 사용되어왔던 개념이고, 그 정의는 연구자의 다양한 관점에 따라서 다양하게 정의되어왔다. 하지만 연구자들의 공통된 의견은 로열티 프로그램은 신규 고객을 유치하고, 기존 고객의 반복적인 방문과 구매를 불러일으키며, 장기적으로 기업에 더 큰 이익을 가져다 줄 것으로 믿고 실행하는 다양한 마케팅적 기법을 의미한다. 일반적으로 로열티 프로그램의 일환인 멤버십 서비스는 주로 구매에 따른 할인이나 적립 등의 보상 시스템을 의미하는 경우가 많다.

그동안 멤버십 서비스의 중요성이 부각되어왔던 이유는 고객 유지의 중요성이 커짐에 따라서 기존 고객을 관리하기 위한 마케팅적 노력이 필요하다는 것과, 기업의 멤버십 프로그램이 고객의 충성도와 고객 유지에 긍정적인 영향을 줄 것이라고 믿었기 때문이다(Sharp & Sharp, 1997).

기존의 연구들을 살펴보면, 멤버십 서비스의 주요 요인이 특정 고객들의 충성도에 미치는 영향 및 기업 성과에 미치는 영향 등에 대한 연구가 주요한 축을 이룬다(Bhattacharya, 1988; Darke & Dahl, 2003; Dowling & Uncles, 1997; Dréze & Nunes, 2009; Feinberg, Krishna, & Zhang, 2002; Lewis, 2004).

멤버십 프로그램은 실용적인 측면에서나 소비자 연구의 측면에서 매우 중요한 영역으로 자리매김했지만, 그 경제적인 실효성은 기대에 미치지 못했다(Dowling et al, 1997). 일부 마케팅 관련 연구에서는 멤버십 프로그램의 다소간의 효과를 입증하기는 했지만,(Leenheer, van Heerde, Bijmolt, & Smidts, 2007) 기업에서 기대하는 것만큼의 효과를 얻지는 못했고, 연구자들 사이에도 일관된 결과를 얻지 못했다. 멤버십 서비스의 효과에 대한 연구들을 살펴보면, 몇몇 연구들은 멤버십 서비스가 소비자의 구매 행동에 미치는 긍정적인 효과를 발견한 반면(Bell & Lal 2003; Mäi 2003), 몇몇 연구들은 어떤 효과도 찾아내지 못하였다(De Wulf, Odekerken-Schrdöer & Iacobucci 2001 ; Sharp et al, 1997).

본 논문에서 제기하는 기존 멤버십 프로그램 연구 및 전략의 한계점은 다음과 같다.

첫째, 연구 결과와 상관없이 멤버십 서비스 자체를 하나의 '마케팅 스킬'의 관점으로 바라보는 시각이 지배적이라는 것이다. 이는 멤버십 서비스 의 보상 정도, 보상 대상, 보상 시점 등에 대한 실행적 차원 이상의 의미를 발견하기 어렵게 만든다.

둘째, 시장의 상황이나 기업의 상황은 각기 다르기 때문에 절대적으로 효과적인 멤버십 전략을 찾기 어렵다. Nunes & Dréze(2006)가 제안한 멤버십 전략은, 현재 이동통신사가 멤버십 서비스 전략에서 점점 마케팅 비용이 늘어나지만 눈에 띄는 실질적 효과를 얻지 못하고 있는 가장 주요한 이유이기도 하다.

셋째, 실제 멤버십 서비스의 효과만을 측정하기 어렵다는 점이다. 멤버십 서비스가 여러 가지 심리적 메커니즘을 담고 있는데, 이 부분에 대한 실제적인 통제가 어렵고, 설사 통제한다고 하더라도 제품의 영역이나 맥락에 따라서 전혀 다른 결과 도출된다는 점이다.

넷째, 프로그램 효과의 시점에 대한 오해이다. 어떤 로열티 프로그램은 특정 시점에만 효과가 나타나기도 하는데, 일시적인 효과를 고려하기보다는 멤버십 서비스의 전반적인 효과로 오해하기도 한다(Lewis, 2004; Liu, 2007).

다섯째, 고객의 특성에 따라서 효과가 다르게 나타난다. 이는 고객들마다 멤버십 서비스에 대한 각기 다른 경험과 인식이 서로 다른 태도와 행동을 형성하기 때문에 일관된 효과를 기대하기 어렵다. 때문에 멤버십 서비스에 대한 고객의 인식과 태도를 바탕으로 한 세분화된 고객집단의 이해가 필요하다. 이러한 측면에서 고객들의 멤버십 서비스에 대한 지각된 가치에 대한 연구의 필요성을 제기하는 연구들이 있었다(O'Breien & Jones, 1995; Dowling et al, 2007). 그러나 이 와 같은 연구에서는 고객에게 지각되어지는 특성을 구분하였다는 점에서 인식과 태도로 구분되는 소비자 집단과는 차이가 있다.

이와 같은 이유에서 멤버십 서비스에 대한 서로 다른 고객들의 경험과 인식을 알아볼 필요성이 생겨나게 되었다. 동일한 제품이나 서비스에 대한 경험이 고객들마다 다를 수 있다는 상대주의적인 관점에서 본 연구의 의미가 있다고 할 수 있다.

1) Q 방법론

본 연구에서는 대상에 대해 개인마다 다르게 형성되는 주관적 태도와 경험을 소통 가능한 방식으로 측정할 수 있는 Q 방법론을 적용하여, 이동통신 멤버십 서비스에 대한 사람들의 인식의 틀을 확인하고자 하였다. Q 방법론은 Stephenson(1953)에 의해서 창안된 방법으로 개인이 가지고 있는 태도, 신념, 가치 등을 측정하는 방법으로 사용되어왔다.

Q 방법론이 의미를 가지는 것은 선험적으로 주어지는 변인이나 변수를 가정할 수 없을 때, 그 대상이나 맥락에 따라 반응하는, 반응자에 의

해서 새로 '구성되는 주관적 견해'를 확인할 수 있다는데 필요성과 강점을 지닌다. 사람들은 주어진 환경에 자신이 이해하는 틀(frame)로 세상을 바라보며, 경험을 구조화하며, 판단하고, 행동하게 된다. 각 개인은 이러한 인식의 틀을 가지고 있기에 수없이 많은 사물과 사건들을 경험하는 과정에서 어떤 것을 중요하다고 인식하는 정도와 그것을 받아들이고 대처하는 방식이 개인마다 다를 수 있다.

그러나 대개의 경우 사회 구성원들은 서로 공유할 수 있는 사회적 표상(Social Representation)(Farr & Moscovici, 1984; Moscovici, 2000)을 형성하게 된다(김도환, 2010). 개인의 인식의 틀은 상황과 맥락에 영향을 받기 때문에 맥락에 따른 개인의 주관적 틀을 파악하지 않고서는 사건의 의미에 대한 파악은 불가능하다(황상민·최은혜, 2002). 따라서 멤버십 서비스에 대한 인식은 서비스의 속성 뿐 아니라, 서비스의 맥락적 속성이 개인의 주관적 견해를 형성하고, 고객들의 행동과 태도를 결정하게 된다.

본 연구에서는 멤버십 서비스에 대한 개인의 주관성을 탐색해보고, 기존 로열티 프로그램에 대한 다양한 연구와의 차별적 의미를 논의해보고자 한다.

3. 연구 방법

1) Q 표본의 구성

Q 표본은 이동통신사를 포함하여 백화점, 항공사, 음식점 등 멤버십 서비스를 이용해본 경험이 있는 이용자와 모 이동 통신사 멤버십 서비스 담당자들을 인터뷰하여 개인의 서비스에 대한 경험과 태도 문항을

구성하였다. 또, 현재 멤버십 서비스와 관련하여 언급되는 기사와 이슈, 개인의 라이프스타일 등을 정리하여 멤버십 서비스에 대한 개인의 주관성이 드러날 수 있는 97개의 Q 표본을 완성하였다.

2) P 표본의 구성

P 표본은 김흥규(2007)가 제안한 바를 고려하여, 멤버십 서비스를 이용하고 있거나 이용해본 경험이 있는 일반 소비자 52명과 현재 멤버십 서비스 업무를 담당하고 있는 모 통신사 직원 8명 총 60명을 대상으로 하였다. 전체 P 표본은 연령과 성별을 고려하여(남자 29명, 여자 31명, 20대 17명, 30대 17명, 40대 14명, 50대 이상 12명) 선정하였다.

3) Q 소팅

응답자는 주어진 97개의 진술문을 읽고, 멤버십 서비스에 대해 동의하는지, 동의하지 않는지에 따라서 제시된 준 정상 분포 모양의 응답지에 강제 할당 방식의 응답을 하게 하였다(〈그림 1〉 참조).

〈그림 1〉 Q 소팅 분포도

카드수	2장	4장	6장	8장	10장	12장	13장	12장	10장	8장	6장	4장	2장
점수	−6	−5	−4	−3	−2	−1	0	+1	+2	+3	+4	+5	+6

⇐ 진술문에 동의하지 않는　　　　　중립　　　　　진술문에 동의하는 ⇒

4) 자료의 분석과 해석

수집된 자료는 Q 소팅 데이터를 분석할 수 있는 QUANL 프로그램을 통해서 분석이 되었으며, 추출된 요인을 바탕으로 구성된 문항은 멤버십 서비스 운영 담당자 6명과 연세대학교 심리학과 박사급 이상 연구원 3명과 연구원급 인력 3명이 심층 분석하는 작업을 통해서 이루어졌다. 이는 결과에 대한 연구자의 주관적인 해석이 되는 것을 막고, 일종의 브레인스토밍 과정을 거치면서 도출된 결과를 더욱 풍부하게 해석하기 위함이다.

4. 연구 결과

1) 분석 결과

분석 결과 아이겐 값(eigenvalue) 1.00 이상의 기준을 고려하되, 설명 변량과 여러 정황을 고려하여 판단하였다. 멤버십 서비스와 관련된 이용자들의 심리적 반응은 크게 3개의 요인으로 발견되었다. 총 3개의 요인이 전체 변량의 45.75%를 설명하는 것으로 나타났다.

〈표 1〉 요인별 아이겐 값(eigenvalue)과 변량의 백분율

	1 요인	2 요인	3 요인
요인고유치	19.7948	5.2574	2.3994
총 변량비율 (%)	32.99	8.76	4.00
누적 변량비율 (%)	32.99	41.75	45.75

이후 3개의 요인을 각 요인이 구성하고 있는 상위와 하위 대표문항

을 중심으로 상위와 하위의 세부 소비자 유형으로 구분하였다. 이와 같은 해석은 전통적인 방식의 해석과는 차이가 있지만, 그간 여러 연구에서 이와 같은 해석의 필요성과 효과성을 검증해왔다(김도환 · 황상민 · 최윤식, 2011; 김지연, 2009; 황상민, 2005; 황상민 · 권태연, 2012; 황상민 · 도영임, 2008; 황상민 · 이란희, 2009). 이는 마치 자연의 속성을 음과 양으로 구분하지만, 실제로 음과 양은 하나의 자연의 속성을 나타내는 것과 유사한 것으로 본 것이다(황상민 · 유상원 · 김지연 · 김리진, 2006). 각 요인은 2개의 하위 구조(+타입과 −타입)은 동일한 준거점 (reference point)을 가지고 있으나 서로 대비되는 양상으로 멤버십 서비스에 대한 인식을 구성한다.

이와 같은 해석은 전체 요인의 + 문항과 − 문항을 하나의 인식의 집합체로 해석할 때 생기는 복잡성을 제거하고, 각 인식 문항의 집합으로 대변되는 주관성의 역동을 이해하는데 풍부한 해석을 가능하게 한다. 일반적인 Q 자료의 해석과는 다소 차이가 있지만, 본 지의 핵심 논지가 아니므로 이 부분은 생략하기로 한다.

2) 유형의 해석

추출된 3개의 요인은 각 요인의 하위 구조를 포함하여 6개의 멤버십 서비스에 대한 서로 다른 인식 구조를 지닌 6개의 소비자 집단으로 해석되었다. 멤버십 서비스에 대한 전체 인식의 틀은 〈그림 1〉에 제시되어 있다.

1요인은 상위와 하위로 '깍쟁이'와 '자격 추격자' 유형으로 구분되고, 2요인은 '꼼꼼 생활인'과 '체면인'으로, 3요인은 '무관심인'과 '혜택 흡혈인'으로 구분이 된다. 그리고 멤버십에 대한 응답자의 전체 인식은 상위

의 '깍쟁이', '생활인' 그리고 '무관심' 유형의 속성이 '위로(보상)의 마음'
이라는 속성으로 해석되었다. 하위의 '자격 추격자', '체면인', '혜택 흡
혈인'의 유형의 속성은 '욕망 충족의 마음'으로 해석되었다.

〈그림 2〉 멤버십 서비스에 대한 전체 인식 구조

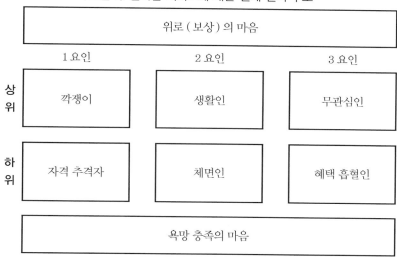

'위로(보상)의 마음'은 억울한 지출에 대한 보상의 욕구가 반영된 것인
데, 통신 요금에 대해서 막연히 비싸고 억울하게 인식하기 때문에, 조금
이라도 챙겨야 덜 억울한 것으로 멤버십 서비스를 바라보는 마음이다.
'욕망 충족의 마음'은 멤버십 서비스를 통해서 남과는 구별되는 자기의
사회적 지위나 특별함을 얻고 싶은 마음을 반영하는 것으로 보인다. 각
하위 유형의 구체적인 내용은 다음과 같다.

(1) 제1유형 상위: 깍쟁이

'깍쟁이' 유형은 이동통신사 서비스나 멤버십 서비스에 대한 막연한
불만을 가지고 있는 소비자 유형이다. 평소 이동통신 서비스에 대해 비
싸다고 인식을 하기 때문에, 멤버십 서비스는 소비자에게 비싼 통신 요

금에 당연한 보상이자 권리 정도로 인식한다. 이들은 구체적인 멤버십 서비스의 혜택에 대해 크게 의미부여를 하지 않고, 적극적으로 멤버십 서비스를 이용하려 하지는 않는다.

이 유형의 소비자들은 자신의 소비 행동이 합리적이라고 믿고, 자신의 소비 활동을 합리화하기도 한다. 통신사를 옮기거나 서비스를 바꾸는 것도, 합리적인 소비의 일부로 여기면서도, 멤버십 서비스 이용에 적극적이지 않은 자신의 행동을 결국에는 멤버십 서비스를 유지하기 위한 비용도 결국 소비자가 부담해야 한다고 믿는다. 멤버십에 대해서 적극적이지 않은 것은, 멤버십 이용에 있어 본인 스스로 의미를 부여하지 못하기 때문이다.

이 유형은 특정 통신사나 서비스에 대해 충성도가 높지 않으며, 그때그때 요금이나 얻을 수 있는 이익에 대해서 계산적이며 민감하게 반응한다. 개인의 성향이나 개성을 강조하는 비교적 개인주의적 라이프스타일을 지향한다. 그래서 때로는 주변에 자신을 합리화하거나 이익에 따라 움직이는 깍쟁이처럼 보일 가능성이 높다.

(2) 제1유형 하위: 자격 추격자

'자격 추격자' 유형은 자신이 특정 그룹의 멤버라는 사실이 이들에게 중요한 의미를 준다. 구체적인 할인이나 적립과 같은 세부적인 서비스 혜택을 이용하기보다, 멤버십을 통해 자신이 속해 있는 집단을 드러내는 상징성에 더 큰 의미를 부여한다. 그래서 내가 좀 더 나은 집단의 멤버가 되기 위해서라면 기꺼이 돈을 지불하려 한다. 남들에게 멋있어 보이는 제품이나 서비스에 관심을 가지고, 자신 스스로가 그 정도의 혜택을 누릴 수 있다는 자부심을 가지려고 자신의 지위와 자격을 합리화를 한다. 따라서 이들에게 중요한 것은 멤버십의 구체적인 혜택이 아니라,

얼마나 높은 위치의 멤버십을 가지고 있는가, 그 멤버십으로 누릴 수 있는 혜택이 얼마나 많은지에 대한 자격을 확인할 때 뿌듯함을 느낀다.

이 유형은 자신이 번듯한 집단에 소속되어있다는 소속감이 심리적 안정을 주며, 외부의 보상과 인정을 통해 존재감을 확인하려 한다. 외적인 것들을 통해서 자신의 사회적 위치를 확인하려고 하며, 사람들에게 있어서 번듯하다고 인정되는 대세에 편승하고자 하는 욕구가 있다. 주로 보수적이고 고전적인 규범과 명분을 중요하게 생각한다. 이들의 보수적인 성향 때문에 일상의 라이프스타일이나 패턴을 잘 바꾸려하지 않고, 새로운 제품이나 서비스에 대한 수용 속도는 느리다.

(3) 제2유형 상위: 생활인

'생활인' 유형은 멤버십 혜택에 관심이 많다. 현재의 서비스를 적극적으로 이용을 하고, 멤버십 서비스 혜택을 잘 챙겨 이용하려 한다. 하지만 멤버십을 제공하는 이동 통신사의 브랜드 자체에 대한 인식이나 충성도는 낮다. 다만 내가 어떤 혜택을 받을 수 있을지가 더 중요하다. 이들은 보유한 멤버십 포인트나 마일리지 소진율이 높고, 혜택이 남아있는 한 제품이나 서비스를 바꾸려하지 않기 때문에 기업 입장에서는 나름대로의 충성심이 있는 것처럼 보일 수도 있다. 하지만 이들이 멤버십 서비스의 혜택이 사라지거나 모두 소진할 경우에 다른 서비스로 바꿀 가능성도 높은 유형이다. 이들에게 멤버십 서비스는 알뜰하게 소비할 수 있는 하나의 수단이기 때문에, 더 알뜰하고 유용한 혜택이나 서비스가 있다고 생각되면 언제든지 이동 통신사나 서비스를 바꿀 수 있는 집단이다.

유형	문항	평균	표준편차	전형성
	93. 나와 내 가족이 재미있게 사는 것이 내 인생에서 무엇보다 중요하다.	9.91	2.580	1.64
	43. 돈을 버는 목적은 무엇보다 내가 하고 싶은 것을 하기 위한 것이다.	9.82	2.343	1.53
	13. 휴대폰 구입 시 어쩔 수 없이 선택한 서비스들은 약정이 끝나면 바로 해지한다.	9.77	1.798	1.47
	11. 통신사는 장기 충성 고객에 대한 서비스가 그리 충실하지 않는 것 같다.	9.64	1.733	1.48
	96. 남과는 다른 나만의 개성을 가지는 것이 매우 중요하다.	9.64	2.665	1.47
깍쟁이	66. 청구서에서 해당 달 요금이 지난달에 비해 적게 나오면 기분이 좋다.	9.55	1.738	1.36
	05. 멤버십 회원 서비스 자체는 결국 통신 소비자 요금 부담이 된다.	9.50	1.793	1.44
	28. 통신 요금이 비싸기에 멤버십 회원 포인트 적립이나, 할인 혜택을 받는 것은 당연하다.	9.50	1.921	1.37
	47. 멤버십 회원 포인트를 쓰기는 귀찮지만, 그냥 쌓아두자니 아깝다.	9.50	2.540	1.40
	59. 멤버십 회원 등급은 단지 그 사람이 사용하는 통신비 수준을 보여줄 뿐이다.	9.45	2.132	1.32
	68. 멤버십 회원 자격으로 주는 사은품이나 혜택은 내가 회비를 내어도 좋은 수준이다.	3.64	1.965	−1.92
	40. 멤버십 회원이 되기 위해 통신회사를 옮기려고 한 적이 있다.	3.73	1.751	−1.73
	32. 자식들 혼사를 위해서는 최대한으로 부모는 희생해야 한다.	3.86	1.910	−1.72
	23. 데이터서비스나 원하는 다른 부가서비스를 위해 통신사를 변경한 적이 있다.	4.09	1.900	−1.51
	45. 멤버십 카드로 할인을 받을 때에는 조금 미안하다는 생각이 든다.	4.18	2.039	−1.53
자격 추격자	87. 멤버십 자격을 높이기 위해 더 구매를 하거나 사용한 적이 있다.	4.18	2.218	−1.54
	67. 적립된 멤버십 회원 포인트 때문에 가능한 현재의 통신사를 유지하려 한다.	4.23	2.045	−1.71
	64. 멤버십서비스의 최상급 수준 회원이 되기 위해 회비를 내야 해도 기꺼이 지불하고 싶다.	4.27	2.815	−1.53
	60. 인터넷 블로그나 카페 등에서 좀 더 효율적으로 포인트를 활용할 수 있는 지식을 얻는다.	4.32	1.961	−1.41
	76. 멤버십 회원들이 인터넷에 올린 서비스나 이벤트 후기를 잘 찾아보는 편이다.	4.59	1.869	−1.30

이 유형은 소비는 합리적이고 계획적이어야 한다는 믿음을 가지고 있고, 알뜰하게 소비하는 것을 미덕으로 여긴다. 자신의 지출에 대해 최대의 효용을 얻으려고 하고, 꼼꼼하게 혜택을 챙기려 하기 때문에, 이들은 멤버십 서비스에 대해서 좀 더 멤버십 서비스를 잘 이용할 수 있는 구체적인 정보를 제공해주기를 원하고, 다른 사람들과 적극적으로 정보를 공유하기도 한다.

(4) 제2유형 하위: 체면인

'체면인' 유형은 제품이나 서비스에 대한 충성도가 다른 유형에 비해서 가장 높다. 이들은 제품이나 서비스를 선택할 때, 가장 좋다고 여겨지는 것을 선택한다. 내가 번듯한 집단에 소속되어 있다는 사실에 우월감을 느끼고, 동시에 자신의 사회적 지위를 확인하며 우월감을 느낀다. 이들에게 구체적인 멤버십 서비스 혜택이 중요하지 않다. 제공되는 할인이나 적립 등의 혜택이 중요한 것이 아니라, 남들보다 더 좋은 멤버십 등급을 가지고 있다는 사실과, 자신이 사회적으로 번듯한 집단에 소속이 되어 있다는 사실이 이들에게 가장 큰 리워드이다. 멤버십 서비스에 대해서도 스스로 혜택을 챙기기보다, 소수에게만 제공되는 프리미엄 서비스와 같은 것들을 회사에서 알아서 제공될 때, 내가 쓰고 있는 제품이나 서비스에 대한 만족감과 사회적 우월감을 더 느끼게 된다.

이 유형은 삶에 체면과 주변 사람들의 평가를 중요하게 생각한다. 우리 사회에서 경제적인 수준이나 문화적인 풍요로움 속에서 살아간다. 그래서 이들에게는 자신의 체면을 드러내는 소비가 자연스럽다. 사회적인 지위나 자격을 얻기 위해서 약간은 인위적으로 소비하거나, 자격 요건을 채우기 위해 신경을 쓰는 '자격 추격자' 유형하고 다른 부분이다. 이들은 경제적 수준이 곧 그 사람의 격을 보여준다고 여긴다. 이들에게 멤버십이란 곧, 자신의 사회적 지위와 품격을 드러내는 수단이다.

〈표 3〉 생활인과 체면인 대표 문항

유형	문항	평균	표준편차	전형성
	93. 나와 내 가족이 재미있게 사는 것이 내 인생에서 무엇보다 중요하다.	10.71	3.117	2.07
	57. 멤버십서비스와 할인혜택 활용은 절약하는 방법 중에 하나다.	10.00	1.817	1.52
	66. 청구서에서 해당 달 요금이 지난달에 비해 적게 나오면 기분이 좋다.	10.00	2.145	1.44
	77. 멤버십 회원이라면, 가능한 최대한 포인트와 할인 서비스를 받아야 한다.	9.81	1.662	1.70
생활인	43. 돈을 버는 목적은 무엇보다 내가 하고 싶은 것을 하기 위한 것이다.	9.76	1.841	1.36
	84. 멤버십 회원 서비스가 유용하려면 할인 제휴사나 가맹점이 많아야 한다.	9.76	2.211	1.49
	70. 기기변경이나 번호변경으로 멤버십 포인트가 날라 가면, 너무 아깝다.	9.62	1.627	1.33
	22. 멤버십 회원은 무엇보다 어떤 혜택이나 할인이 있는지에 가장 관심이 크다.	9.57	1.502	1.40
	15. 요금제 결정시에는 기본료가 얼마인지 꼭 확인한다.	9.52	1.806	1.36
	97. 멤버십 회원이 되어 적립한 포인트는 현금과 같다.	9.48	2.581	1.35
	45. 멤버십 카드로 할인을 받을 때에는 조금 미안하다는 생각이 든다.	3.57	1.469	−1.84
	20. 모임 등에 갈 때는 짝퉁이라도 명품 하나쯤은 걸친다.	3.62	2.291	−1.80
	32. 자식들 혼사를 위해서는 최대한으로 부모는 희생해야 한다.	3.62	2.291	−1.71
	29. 함께 있는 사람이 할인이나 기타 서비스를 너무 챙기면 나까지 찌질 해 보인다.	3.67	1.880	−1.95
	64. 멤버십서비스의 최상급 수준 회원이 되기 위해 회비를 내야 해도 기꺼이 지불하고 싶다.	3.71	1.707	−1.62
체면인	26. 멤버십서비스로 제공된 무료공연이나 사은품은 사용할 때 눈치가 보인다.	4.00	2.074	−1.71
	36. 결제의 순간에 멤버십카드 있냐고 묻는 점원의 질문이 귀찮게 느껴진다.	4.14	1.652	−1.51
	72. 멤버십 회원 카드를 사용하는 것은 피곤하고 걸리적거리는 일이다.	4.14	1.824	−1.81
	68. 멤버십 회원 자격으로 주는 사은품이나 혜택은 내가 회비를 내어도 좋은 수준이다.	4.24	2.427	−1.38
	88. 일단 결혼한 후에는 무슨 일이 생겨도 참고 살아야 한다.	4.38	2.854	−1.34

(5) 제3유형 상위: 무관심인

'무관심인' 유형은 멤버십 서비스에 대한 인식도 낮고, 서비스 혜택을 거의 이용하지 않는다. 막연히 요금에 비해서 통신사가 제공하는 혜택이 없다고 생각한다. 멤버십 서비스에 대한 인식이나 이용 행동이 낮지만, 스스로는 자신이 제품이나 서비스에 대해서 주요 고객이라는 인식이 강하다. 멤버십 서비스 자체에 대한 정보나 경험 수준이 낮으며, 실제로 제공되는 혜택이나 서비스와 관계없이 자신은 통신사로부터 받는 혜택이 낮다고 인식한다. 때문에 이들은 웬만한 멤버십 인센티브로 인식 패턴을 바꾸기 힘들다. 따라서 이들의 마음을 움직이기 위해서는 소소하고 다양한 혜택보다, 강한 임팩트가 있는 혜택의 구성에 관심을 가질 수 있다.

이 유형은 새로운 기술이나 서비스에 대한 수용력이 떨어지고, 변화에 대한 개방성이 떨어진다. 비교적 보수적인 40대 이상의 보수적 라이프스타일을 지닌 사람들의 특성을 보인다. 기득권 집단에 대한 막연한 피해의식을 가지고 있는데, 통신사는 일종의 권력집단과 같이 인식하기 때문에 통신 요금을 자신의 소비에 대한 정당한 지불의 관점이 아닌 억울하게 내야 하는 비싼 세금 정도로 인식한다.

(6) 제3유형 하위: 혜택 흡혈인

'혜택 흡혈인' 유형은 혜택에 따라서 제품이나 서비스를 옮겨 다닌다. 자신의 이득과 실속만 챙기는 이른바 '체리 피커(cherry picker)'의 속성을 보인다. 이들에게는 서비스의 혜택을 얻는 것이 곧 하나의 성취이고, 주변에 자랑할 만한 것으로 여긴다. 혜택을 얻을 수 있는 노하우나 정보가 많고, 정보를 얻을 수 있는 채널을 적극적으로 활용한다. 이들은 실제 제품이나 서비스의 이용금액에 비해 알짜 서비스만 골라서 이용한다.

이들은 제품이나 서비스의 내용보다 부수적인 혜택에 많은 관심을 둔다. 서비스나 혜택에는 관심이 높지만, 그것을 제공하는 제품이나 브랜드 자체에 대한 충성도는 낮다. 때문에 자신이 얻을 수 있는 혜택을 누리고 나면, 지체없이 다른 제품이나 서비스로 옮겨가는 유형이다.

〈표 4〉 무관심인과 혜택 흡혈인 대표 문항

유형	문항	평균	표준편차	전형성
무관심인	93. 나와 내 가족이 재미있게 사는 것이 내 인생에서 무엇보다 중요하다.	12.12	.857	2.80
	17. 자식들이 잘 살 수 있도록 해주는 것이 삶의 목표이다.	11.06	1.600	2.33
	14. 우리나라 이동통신 요금은 제공되는 통신 서비스나 품질 등의 혜택에 비해 비싸다.	10.29	2.365	1.85
	15. 요금제 결정시에는 기본료가 얼마인지 꼭 확인한다.	10.12	2.118	1.88
	66. 청구서에서 해당 달 요금이 지난달에 비해 적게 나오면 기분이 좋다.	10.06	1.391	1.57
	95. 문자 메시지 요금은 원가가 얼마 안 된다고 하는데 가격을 낮추어야 한다.	10.00	1.696	1.60
	86. 가족은 무슨 일이 있어도 똘똘 뭉쳐야 한다.	10.00	3.335	1.84
	94. 내가 매달 지불하는 이동통신요금에서 가장 큰 비중이 기본료와 음성통화료이다.	9.76	1.921	1.59
	11. 통신사는 장기 충성 고객에 대한 서비스가 그리 충실하지 않는 것 같다.	9.59	1.661	1.31
	43. 돈을 버는 목적은 무엇보다 내가 하고 싶은 것을 하기 위한 것이다.	9.47	3.064	1.29
혜택 흡혈인	40. 멤버십 회원이 되기 위해 통신회사를 옮기려고 한 적이 있다.	3.41	2.181	-1.77
	64. 멤버십서비스의 최상급 수준 회원이 되기 위해 회비를 내야 해도 기꺼이 지불하고 싶다.	3.94	2.727	-1.76
	87. 멤버십 자격을 높이기 위해 더 구매를 하거나 사용한 적이 있다.	4.00	2.062	-1.52
	76. 멤버십 회원들이 인터넷에 올린 서비스나 이벤트 후기를 잘 찾아보는 편이다.	4.18	1.551	-1.56
	45. 멤버십 카드로 할인을 받을 때에는 조금 미안하다는 생각이 든다.	4.29	1.961	-1.41
	39. 한 살이라도 어린 사람이라면 반말을 하는 것이 편하다.	4.41	2.476	-1.27
	20. 모임 등에 갈 때는 짝퉁이라도 명품 하나쯤은 걸친다.	4.47	2.672	-1.52
	73. 멤버십 카드 혜택 때문에 가맹점을 일부러 찾아갈 때도 있다.	4.59	2.093	-1.46
	85. 다른 사람의 멤버십 카드나 회원등급을 보고 좀 부럽다는 생각을 할 때가 있다	4.59	2.808	-1.53
	2. 기업에서 실시하는 이벤트나 경품 응모에 관심을 가지며 자주 참여한다.	4.65	1.801	-1.36

대세나 유행하는 트렌드에 많은 관심을 가지고 계속해서 주목을 한다. 자신의 이득이나 결과에 민감하게 반응하고, 얻고자 하는 결과나 목표를 위해 수단과 방법을 가리지 않는다. 다른 사람의 인정이나 부러워하는 지위나 성취에 대한 욕망이 있으며, 자신에게 오는 기회를 적극적으로 활용하려 한다.

3) 요인별 응답자 분포

Q 방법론을 통해 3개의 주요 요인을 추출하였고, 각 유형의 상위와 하위의 문항특성으로 구성된 소비자 집단을 확인하였다. 하지만 이 경우, Q 요인의 추출만으로는 각 세부 소비자의 분포에 대한 이해를 하기 어렵다. 따라서 본 연구에서는 각 소비 집단의 특성을 나타내는 문항을 전형성을 기준으로 선별하여, 각 소비자 유형을 확인할 수 있는 총 28개의 멤버십 유형 진단 문항을 개발하였다. 이후, SKT 대리점에 방문하는 고객 178명을 대상으로 응답을 받아 멤버십 서비스의 소비자 유형 분포를 확인하였다. 결과는 〈표 5〉와 같다.

〈표 5〉 멤버십 소비자 유형의 분포 (n=178)

		빈도 (명)	퍼센트 (%)	누적 퍼센트 (%)
1 요인	깍쟁이	68	38.2	38.2
	자격 추격자	14	7.9	46.1
2 요인	생활인	19	10.7	56.7
	체면인	7	3.9	60.7
3 요인	무관심인	57	32.0	92.7
	혜택 흡혈인	13	7.3	100.0

전체 178명의 멤버십을 사용하고 있는 소비자 중 38.2%는 '깍쟁이' 유형으로 가장 많았고, '무관심인'이 32.0%, '생활인'이 10.7%로 뒤를 이었다. 소수 유형으로는 '자격 추격자'가 7.9%, '혜택 흡혈인'이 7.3%, '체면인'이 3.9%로 나타났다.

5. 결론

현재 이동통신사 고객을 대상으로 멤버십 서비스에 대한 인식을 살펴본 바, '억울한 지출에 대한 보상'의 관점과 '멤버십 자체로 우월감을 느낄 수 있는 것'의 관점으로 크게 나뉘었다. 이는 이동 통신 서비스에 대해 소비자들은 막연한 불만을 가지고 있고 요금이 비싸기 때문에 제공되는 멤버십 혜택을 조금이라도 더 챙겨야 덜 억울한 것으로 생각하는 '억울한 소비에 대한 소소한 보상' 이상의 의미를 주지 못함을 의미한다. 그러나 소비자들은 겉으로 드러나는 마음 이면에 '멤버십 자체로 우월감을 느낄 수 있는 욕망'을 충족하려는 방식으로 멤버십 서비스에 대한 기대를 동시에 하고 있다.

현재의 멤버십 서비스는 할인이나 적립과 같은 환금성 서비스를 제공해주거나, 특정 업소에서의 소소한 혜택을 주는 것이 주류를 이루고 있다. 기업이 멤버십 서비스를 하는 목적이 신규 고객을 유치하고, 기존 고객의 로열티를 만들기 위한 목적으로 운영된다는 것을 다시 상기해보면, 현재의 이동 통신사의 멤버십 서비스는 고객들에게 특정 제품이나 서비스에 대한 멤버라는 상징적인 차별성과 인정을 받는다는 느낌을 가지게 하지 못하고 있다고 보인다.

멤버십 서비스에 대한 다수의 인식이 '깍쟁이', '생활인', '무관심인'의 반응으로 나오는 것은, 대부분의 소비자가 멤버십 서비스 자체에 대해서 관심이 없거나, 꼼꼼하게 챙겨야 그나마 덜 손해보는 듯한 느낌을 받는 것 정도의 의미로 멤버십 서비스를 받아들이고 있다는 의미이다. 이는 이동 통신사 입장에서도 고객들에게 멤버십 서비스를 통해 새로운 서비스와 기업 이미지를 만들어내지 못한 결과이기도 하다. 본 연구에 참여했던 멤버십 운영 담당자 8명 중 6명이 '생활인' 유형에 속한다는 것은 현재 기업 입장에서 다양한 소비자의 특성을 이해하고, 각 소비자 유형에 맞는 로열티 프로그램을 구성하는데 어려움이 있음을 보여준다. 기업 입장에서 멤버십 서비스는 꼼꼼히 잘 챙기면 득이 될 수 있는 것으로 소비자에게 학습시키려 하지만 그 과정과 결과는 기대하는 것보다 좋지 못하다. 멤버십 서비스에 대한 소비자의 다양한 기대와 욕구를 이해하지 못한 결과이다.

하지만, 최근 특정 제품의 고객들에게만 제공하는 프리미엄 멤버십 서비스들이 속속 등장하고 있다(이투데이, 2012. 9. 27). 이는 기존에 운영해왔던 다수에게 소소한 혜택을 주는 방식의 멤버십 서비스 전략의 한계에서 벗어나고자하는 기업들의 움직임으로 보인다(조선비즈, 2012. 9. 24). 고객들이 제품과 서비스를 이용함으로서 느끼고 싶은 남과 다른 특별함과 품격을 멤버십 서비스를 통해서 어떻게 경험하게 해줄 수 있는지가 기업들의 향후 멤버십 서비스 전략에 있어서 고객 유지와 신규 고객 유치의 목적을 달성하는데 중요한 열쇠가 될 것으로 보인다.

본 연구는 멤버십 서비스에 대한 서로 다른 고객들의 인식을 알아보았다는 것에 가장 중요한 의미가 있다. 이러한 서로 다른 인식의 발견은 현재 기업들이 제공하고 있는 멤버십 서비스가 왜 고객들의 호응을 얻거나 그 반대로 외면 받는지에 대한 단서를 제공한다. 기업에서 멤버십 서비스를 통해서 제공하는 혜택이 어느 유형의 소비자의 마음을 잡고 있는가가 현재 멤버십 서비스의 성공 여부를 예측할 수 있게 해준다.

또, 막연하게 공식처럼 시행되는 멤버십 서비스 모델에 대한 한계점과 변화의 필요성을 제시한데 의미가 있다고 할 수 있다.

이후 멤버십 서비스 인식 유형이 선호하는 구체적인 멤버십 서비스에 대한 탐색이 추후 연구될 가치가 있으며, 세부 멤버십 서비스 영역에 대한 평가 및 구체적 이용 패턴에 대한 연구가 이루어 질 수 있을 것으로 기대한다.

제4부 광고 · 마케팅

▒▒▪ 참고문헌

김도환 (2010), 「정치 현상에 대한 한국인의 인식 유형과 심리적 기제」, 연세대학교 대학원.

김도환 · 황상민 · 최윤식 (2011), 「정치 현상에 대한 한국인의 인식 유형과 심리적 기제」, 『한국심리학회지: 사회 및 성격』 25(2), 183-208.

김재철. (2005. 9. 22), 「이통사, 멤버십 마케팅 비용 너무 많다」, 『디지털데일리』.

김지연 · 황상민 (2009), 「한국 사회의 명품 소비자 유형과 소비 특성: 가치 소비로서의 명품 소비 심리」, 『주관성 연구』 제19호, 43-59.

김흥규 (2007), 「P 표본의 선정과 Q 소팅」, 『주관성 연구』 제15호, 5-19.

김흥규 (2008), 『Q 방법론: 과학철학, 이론, 분석, 그리고 적용』, 서울: 커뮤니케이션북스.

송영택 (2012. 4. 24), 「CJ 통합멤버십카드 'CJ ONE' 가입자 1천만 명 돌파」, 『아시아투데이』.

윤대현 (2012. 9. 2), 「경기불황에 '제휴 할인' 서비스 소비자 각광」, 『스포츠경향』.

이명식 (2010), 「로열티 프로그램의 설계가 브랜드 커뮤니티 및 서비스 로열티에 미치는 영향: 사용수준의 조절효과를 중심으로」, 『서비스경영학회지』 11(5), 67-97.

하영식 (2012), 「IE Practice & 중소기업 포럼 : 경제위기 환경에서의 고객 로열티 프로그램 추진 전략」, 『IE 매거진』 19(2), 38-44.

황상민 (2005), 『대한민국 사람이 진짜 원하는 대통령: 상식과 통념을 깨고 바라본 심리학자의 정치 이야기』, 서울: 김영사.

황상민 · 권태연 (2012), 「조직에서 채용하고 싶어 하는 인재의 특성: 한국 사람들이 생각하는 조직의 인재상」, 『한국심리학회지: 산업 및 조직』 25(1), 59-83.

황상민 · 도영임 (2008), 「Q 방법론 및 이론 : 게임 세계에서 만드는 삶의 방식과 현실 인간의 페르소나: 같음과 다름의 배움, 차이의 미학」, 『주관성 연구』 제16호, 17-31.

황상민 · 유상원 · 김지연 · 김리진 (2006), 「Q 방법론 및 이론 : 소비행동으로 구분되는 한국 사회의 소비자 유형과 소비 문화적 특성: 누가 무엇을 위해 소비하는가?」, 『주관성 연구』 제13호, 25-39.

황상민 · 이란희 (2009), 「성격 인식 유형 탐색을 통해 본 한국인의 마음의 지도」, 『주관성 연구』 제18호, 57-77.

황상민 · 최은혜 (2002), 「Q 방법론 및 이론 : Q 방법론의 심리학적 적용과 해석의 문제: 객관성과 주관성의 이중주(二重奏)」, 『주관성 연구』 제7호, 4-26.

황태호 (2012. 9. 19), 「버라이즌은 있고 SK텔레콤은 없는… 로얄 커스터머(Loyal Customer)」, 『etnnews』.

Bhattacharya, C. B. (1998), When customers are members: Customer retention in paid membership contexts. *Journal of the Academy of Marketing Science*, 26(1), 31-44.

Bolton, R. N., Kannan, R. K., & Bramlett, M. D. (2000), Implications of Loyalty Program Membership and Service Experiences for Customer Retention and Value. *Journal of the Academy of Marketing Science*, 28(1), 95.

Darke, P. R., & Dahi, D. W. (2003), Fairness and Discounts: The Subjective Value of a Bargain. *Journal of Consumer Psychology*, 13(3), 328.

De Wulf, K., Odekerken-Schröder, G., & Iacobucci, D. (2001), Investments in Consumer Relationships: A Cross-Country and Cross-Industry Exploration. *Journal of Marketing*, 65(4), 33-50.

Dowling, G. R., & Uncles, M. (1997), Do Customer Loyalty Programs Really Work?. Sloan Management Review, 38(4), 71-82.

Dréze. X., & Nunes, J. C. (2009), Feeling Superior: The Impact of Loyalty Program Structure on Consumers' Perceptions of Status. *Journal of Consumer Research*, 35(6), 890-905.

Farr, R. M., & Moscovici, S. (1984), *Social representations*. New York: Cambridge Cambridgeshire.

Feinberg, F. M., Krishna, A., & Zhang, Z. J. (2002), Do We Care What Others Get? A Behaviorist Approach to Targeted Promotions. *Journal of Marketing Research*, 39(3), 277-291.

Jain, D., & Singh, S. S. (2002), CUSTOMER LIFETIME VALUE RESEARCH IN MARKETING: A REVIEW AND FUTURE DIRECTIONS. *Journal of Interactive Marketing*, 16(2), 34-46.

Lal, R., & Bell, D. (2003), The Impact of Frequent Shopper Programs in Grocery Retailing. *Quantitative Marketing & Economics*, 1(2), 179-202.

Leenheer, J., van Heerde, H. J., Bijmolt, T. H. A., & Smidts, A. (2007), Do loyalty programs really enhance behavioral loyalty? An empirical analysis accounting for self-selecting members. *International Journal of Research in Marketing*, 24(1), 31-47.

제4부 광고 · 마케팅

Lewis, M. (2004), The Influence of Loyalty Programs and Short-Term Promotions on Customer Retention. *Journal of Marketing Research*, 41(3), 281-292.

Liu, Y. (2007), The Long-Term Impact of Loyalty Programs on Consumer Purchase Behavior and Loyalty. *Journal of Marketing*, 71(4), 19-35.

Mägi, A. W. (2003), Share of wallet in retailing: the effects of customer satisfaction, loyalty cards and shopper characteristics. *Journal of Retailing*, 79(2), 97-106.

Moscovici, S. (2001), *Social representations : explorations in social psychology*. New York: New York University Press.

Nunes, J. C., & Dréze, X. (2006), Your Loyalty Program Is Betraying You. *Harvard Business Review*, 84(4), 124-131.

O'Brien, L., & Jones, C. (1995), Do Rewards Really Create Loyalty? *Harvard Business Review*, 73(3), 75-82.

Sharp, B., & Sharp, A. (1997), Loyalty programs and their impact on repeat-purchase loyalty patterns. *International Journal of Research in Marketing*, 14(5), 473-486.

Stephenson, W. (1953), Study of Behavior: *Q-Technique and its Methodolgy*. Chicago: The University of Chicago Press.

509

제5부

보건·의학

중년 미혼 여성의 삶의 만족감에 관한 주관성 연구[*]

권 미 형 · 김 분 한 · 김 윤 정

한양대 간호학과 박사과정 · 한양대 간호학과 교수 · 한양대 간호학과 박사과정

* 본 논문은 〈주관성 연구〉 제18호(2009. 6) pp.101–123 논문 전문을 재게재한 논문임
을 알려드립니다.

중년 미혼 여성의 삶의 만족감에 관한
주관성 연구

본 연구는 Q 방법론을 적용하여 중년 미혼 여성의 삶의 만족감 유형을 구분하고 각 유형별 특성과 유형별 차이점을 파악하고자 실시되었다. 본 연구에서의 대상자는 40~59세 중년 미혼 여성 21명을 대상으로 하였다. 삶의 만족감의 유형을 확인하기 위한 Q 표본은 박미현(2007)과 조수용(1996)의 문헌과 심층면담을 통해 총 34문항의 진술문으로 구성하였다. 대상자에게 연구의 목적과 방법을 설명하여 동의를 구한 후 인구사회학적 특성을 파악하기 위한 질문지를 작성하였고, Q 진술문을 읽게 한 후 Q 진술문들을 대상자 자신의 의견에 따라 강제분포(forced-normal distribution)를 하게 한 후 PC용 QUANL 프로그램을 이용하여 처리하고 Q 요인분석은 주요인분석(Principal component Analysis)방법을 이용하였다. 가장 이상적인 결정을 위해 아이겐값 1.0이상을 기준으로 요인 수를 다양하게 입력시켜 산출된 결과 중 최선이라고 판단된 유형을 선택하였다. 적합한 문항을 선정하기 위해 표준점수를 사용하였다. 연구결과 중년 미혼 여성의 삶의 만족감 유형은 '자기만족형', '부담형',

'자기중심적 생기형', '결혼 희망형'의 네 가지 유형으로 확인되었다.

본 연구는 중년 미혼 여성의 삶의 만족감에 관한 유형별 이해를 돕고, 유형별 제공될 수 있는 중재방안 마련에 필요한 기초자료를 제공하며, 이를 통한 중년 미혼 여성의 삶의 질 향상과 동시에 질 높은 노후를 준비하는데 필요한 정보를 제공하고자 한다.

1. 서론

1) 연구의 필요성

현대과학의 발달로 인간의 평균수명이 길어지고 생활수준이 향상됨에 따라 중년기는 전 인생주기의 약 1/3이상을 차지하게 되었고, 지난 20년간 우리나라의 중년기 여성 인구수의 변화를 살펴보면 1985년 약 371만 명, 1990년 약 417만 명, 1995년 약 471만 명, 2000년 약 559만 명, 2005년 약 655만 명을 초과하여 점차적인 증가추세를 보이고 있다(통계청, 2005).

중년기 여성 인구가 증가함에 따라서 우리나라의 중년 미혼 여성의 수는 급격한 증가 추세를 보이고 있다. 통계청(2005)의 자료에 의하면 40세-59세 사이의 미혼 여성의 수는 1990년 약 26,000명, 1995년 약 46,000명, 2000년 약 95,000명, 2005년 약 156,000명으로 증가하는 것으로 나타났다.

현대사회에서 여성들의 고학력과 더불어 사회활동의 증가와 사회적 지위 향상, 활발한 경제활동과 소득의 증가로 인한 경제적 지위향상, 자아실현과 성취도의 증가 등 기존의 남성우위의 사회구조에서 남녀평등

구조로의 변화에 따른 여성들의 결혼에 대한 태도와 인식이 달라지고 있다.

다른 사람의 간섭과 시선에서 벗어나 '나'중심적인 사고방식인 개인주의가 보편화되고 개인의 다양성이 존중되는 동시에 미혼남녀에 대한 사회적 시각의 긍정적인 변화는 기존의 결혼관을 따르는 대신 자신이 좋아하는 일과 좋아하는 사람들에게 관심을 집중하면서 미혼으로서의 자유로운 생활을 즐기려고 하는 경향이 늘고 있는 것이다(이연수, 2005, pp.21-22).

특히, 우리나라의 사회·경제적 여건이 일하는 기혼여성의 출산과 육아문제에 도움이 될 만한 사회적 시스템을 충분하게 갖추고 있지 않고, 기혼여성 고용을 기피하는 현상이 많이 남아있는 현실은 미혼 여성의 수적 증가에 적지 않은 영향을 미치고 있으며, 여성의 사회참여 확대와 경제적 지위향상으로 미혼생활을 당당하게 선택하고 있는 여성이 증가하고 있다(이연수, 2005, p.26).

보건복지부, 저출산·고령사회위원회와 한국보건사회연구원이 조사한 '저출산 실태조사 및 종합대책 연구'(2005, p.138, 147)의 결과에서 미혼남녀(20-44세) 2,640명(미혼 남성 1,146명, 미혼 여성 1,194명) 중에서 결혼의향에 대하여 결혼할 의사가 있는 미혼자는 78.8%였으며, 이 중 미혼 남성이 82.7%, 미혼 여성 74.1%의 비율로 미혼 여성이 미혼 남성에 비해 결혼할 의사가 낮은 것으로 나타났고, 결혼의 필수성에 대하여는 미혼 남성(71.7%)에 비하여 미혼 여성(49.4%)이 결혼에 대한 긍정적인 태도가 낮은 것으로 나타났다. 이러한 미혼 여성들은 또한 나이가 많아질수록 결혼할 생각을 덜 하게 되는 것으로 나타났다.

이연수(2005, p.28)는 여성들의 경제적 참여가 늘어나고, 결혼이나 가정보다 자신의 일을 통한 자아현실과 경제력을 추구하는 이들이 늘어나면서 미혼 여성의 수가 꾸준히 늘어나고 있으며, 언젠가 이들 중 많은 수가 결혼을 하게 될 수도 있지만 결혼에 대한 회의적인 생각을 가진 여성이 늘어나고 기혼여성의 경제활동에 대한 제도적·사회적 여건의 개선이 이루어지지 않는 한 미혼의 생활을 선택하는 여성의 수는 쉽게 줄지 않을 것으로 보았다.

현재 우리나라의 이와 같은 미혼 여성의 증가는 결혼율의 감소와 저출산, 고령화와 고령화로 인한 다양한 사회·경제적 문제 초래와 서로 밀접하게 관련되어 있기 때문에 이를 해결하기 위한 사회적 정책 마련이 필수적으로 이루어 져야 할 것이며, 이를 위하여 미혼 여성의 삶의 만족감에 대한 파악이 우선되어야 한다.

즉, 여성들의 수명이 길어지면서 질적 삶이 중요한 문제로 대두되고 있기 때문에 여성의 건강문제를 해결하고 여성의 삶의 질을 향상시키기 위해서는 여성이 경험하는 삶의 현상이 여성에게 주는 의미가 무엇인가를 우선적으로 파악해야 할 것이다(고명숙·고효정·김희숙·박명화·이경혜, 1992, p.12).

특히, 중년기의 삶의 만족도는 지난 세월에 대한 평가를 함과 동시에 앞으로 맞이하게 될 노년을 어떻게 준비해야 할 것인가에 대한 의미와 가치를 결정지을 수 있을 것이며, 중년기를 건강하고 행복한 삶으로 영위할 수 있도록 하기 위해서는 중년기에 경험하게 되는 다양한 변화를 어떻게 대처하는가에 따라 결정될 수 있으므로 중년기를 미혼으로 살아가고 있는 여성의 삶의 만족감에 대한 파악이 우선되어 져야 할 것이다.

따라서 본 연구는 중년 미혼 여성의 삶의 만족감에 관한 주관적인 속성이 충분히 고려될 수 있도록 그 특성을 파악하여 유형을 분류함으로써 중년 미혼 여성에 대한 개별적인 이해를 제공하며, 이를 통하여 중년 미혼 여성 개인의 삶의 질을 증진시킬 수 있도록 하고자 시도되었다.

이에 본 연구는 Q 방법론을 이용하여 중년 미혼 여성의 삶의 만족감의 유형을 확인하여 유형별 중년 미혼 여성에 관한 이해를 돕고, 유형별 제공될 수 있는 중재방안 마련에 필요한 기초자료를 제공하며, 이를 통한 중년 미혼 여성의 삶의 질 향상과 동시에 질 높은 노후를 준비하는데 필요한 정보를 제공하고자 한다.

2) 연구의 목적

본 연구는 중년 미혼 여성의 삶의 만족감에 관한 주관성을 유형화하고 유형별 특성을 이해하기 위함이며 이를 위한 구체적인 목적은 다음과 같다.

① 중년 미혼 여성의 삶의 만족감에 관한 주관성을 유형화한다.

② 중년 미혼 여성의 삶의 만족감에 관한 유형별 특성을 기술하고 분석한다.

2. 이론적 배경

1) 삶의 만족감

삶이라는 것은 살아가는 과정으로 개개인의 다양한 경험에 의해 생활의 축적이 이루어지고 그러한 일상 속에서 각자의 목표를 가지고 살아가는 것이라고 할 수 있으며, 삶에 대한 만족은 살아가면서 자신의 목표 달성에 대한 기대와 충족 여부의 결정을 의미하는 것으로 개인의 주관적인 감정이라 할 수 있다(김분덕, 2004, p.25).

삶의 만족감은 다차원적 영역으로 구성되어 있기 때문에 학자에 따라 서로 다르게 정의하고 있으나 일반적으로 자신의 삶의 질에 대한 주관적 평가를 의미하며, 자신의 인생이 어느 정도 만족스러운가를 주관적으로 평가하는 것이다.

즉, 삶의 만족감은 일상생활 활동에서 기쁨을 느끼고, 긍정적인 자아상을 가지며, 자신이 가치있다고 느끼면서 낙천적인 태도 및 감정을 유지하는 것으로 자신의 삶을 의미있는 것으로 여기고 중요한 목표에 대하여 어느 정도 성취하였다고 생각하며 정서적 · 사회적으로 어려움을 겪지 않고도 개인의 욕구를 충족시킬 수 있는 정도이다(황주연, 2007, p.10).

따라서 삶의 만족감은 개인이 경험한 주관적이고 상대적인 느낌으로 흥미, 적성, 성격, 가치관에 따라 만족도가 다르게 나타날 수 있으며 이러한 삶에 대한 만족감과 행복은 삶의 질에 영향을 미치게 된다(김분덕, 2004, p.25).

이러한 삶의 만족감은 물질적이든 정신적이든 간에 인생 목표나 욕구의 달성에 대한 개인의 주관적인 평가를 말하는 것으로 일반적 요소가 중요시 되며, 이러한 요소들은 경제적 수준, 물질적, 사회적, 정치적 환경의 질, 지위, 존경, 직무만족, 자유, 여가 등을 포함한다. 이들은 사람들이 살고 있는 사회적 환경과의 상호작용에 의해 영향을 받으며(황주연, 2007, p.11), 건강상태, 소득수준, 주거환경, 교통수단 등 외적상황과 물리적 요소인 객관적 요소와 친밀, 사랑, 우정, 자유, 자율, 존경, 좋고 싫음, 행복, 불행과 같은 내적이며 심리적인 요소인 주관적 요소들에 의해 결정될 수 있으며, 삶의 질적 만족감을 얻기 위해서는 물질적 · 정신적 욕구충족이 이루어 져야 할 것이고 이는 자신의 생활영역 및 생활환경에 대한 지각을 통해 각각의 생활영역에 어느 정도의 중요성을 부여하느냐에 따라 그 정도가 달라진다(김분덕, 2004, p.25)고 할 수 있다.

따라서 중년 여성들의 삶의 만족감은 중년 여성들이 관련되어 있는 신체적 · 정서적 · 사회적 조건 속에서 중년 여성 자신의 삶의 전반적인 생활에 대한 주관적이며 개인적인 정서적 만족감으로 정의될 수 있다.

2) 중년 미혼 여성

우리 사회의 구조적 변화 중 가족구조의 변화로서 1인 가구의 증가와 비례하여 미혼 1인가구도 증가할 것으로 예상된다(김경원 · 김태현, 2005, p.65; 정진선, 2007, pp.11-12).

현대사회의 사회적 구조 변화는 전통적인 생활양식을 변화시킴으로써, 공동체적 유대관계의 필요성을 약화시켰고, '나' 중심적인 가치관으로 대체되면서 결혼은 중요한 관심사가 되지 못하고 있으며 오히려 가족 공동체로 인하여 자신이 양보하거나 포기해야 할 부분들을 아쉬워하며 개인의 자유와 기회를 억압하는 장애물로 여겨지기까지 하였다. 미혼의 가장 큰 장점은 자유로움으로써 그 자유에 대한 보상으로 결혼의 장점인 친밀감 형성과 재생산 등이 주는 만족도가 클수록 결혼을 선택하게 될 것이며 현재의 대인 · 사회적 친밀감에 대한 더 큰 욕구나 자녀 생산에 대한 욕구가 없을 경우 미혼을 선택할 가능성을 예상할 수 있다(김경원 · 김태현, 2005, pp.62-63).

미혼 여성의 증가에 관하여 Macklin(1980)은 미혼 독신자의 증가요인을 사회적 배경에 의한 것으로 이야기 하고 있으며 고등교육을 받은 여성의 증가와 생활양식 영역의 확장, 여성 고용 확대, 결혼적령기의 남성보다 더 많이 있는 여성, 그리고 미혼이 보다 나은 사회생활과 성생활을 즐길 수 있다는 생각의 변화로 보았다.

윤영효(1994, pp.24-30)는 자신의 행복은 자기 성취감에서 찾아야 한다는 가족보다 개인이 중시되고 있는 인생에 대한 가치척도의 변화, 여성의 교육기회 확대로 인한 여성으로 하여금 자아를 발견하게 하고 자기 성취감에 대한 욕구가 증폭됨과 동시에 여성의 삶을 억압해 온 대표적인 제도로 결혼제도를 생각하게 되면서 취업률의 증가로 인한 경제적 자립이 가능해지면서 혼자만의 삶을 영위하려는 경향으로의 변화, 결혼 적령기의 변화, 남성에 대한 낮아진 기대감, 미혼생활을 편리하게 하는 주거환경의 변화나 식생활 해결의 편리함, 가전제품의 발달 등과 같은 사회여건의 형성, 미혼에 대한 사회 인식의 변화, 중매혼보다 연애혼이 보편화되는데서 오는 당사자의 의사존중으로 인한 사회변화로 미혼자가 크게 증가하고 있다고 하였다.

이연수(2005, p.25)는 30-40대 싱글족 328명을 대상으로 실시한 일 설문조사에서 싱글족에게 있어서 인생에서 가장 중요한 것은 건강(44%), 돈(19%), 자아실현(15%)을 선택한 반면, 전통적으로 중시되던 가치관인 가족과 결혼은 각각 12%와 7%로 건강, 돈, 자아실현에 비해 낮게 조사되어 미혼자들의 가치관이 개인중심적이라고 이야기하고 있다. 또한 앞으로 결혼계획 의향에 대한 조사에서는 응답자 중 남성 11.7%, 여성 33.1%는 전혀 없거나 회의적인 편이라고 답하여 남성에 비해 여성이 결혼의향이 낮은 것으로 나타났으며 이들의 미혼생활 기간이 길어지거나 미혼으로 남아있을 가능성을 나타내고 있었다.

김정석(2006, pp.60-66)의 미혼남녀의 결혼의향 비교 연구에서는 교육수준이 높은 미혼 남성 일수록 결혼 의향 가능성이 높은 것으로 나타난 반면 미혼 여성들은 교육수준과 결혼의향간의 유의미한 관계가 나타나지 않았으며 여성의 고학력화됨에 따라 배우자 선택을 비롯한 결혼에 있어서 본인의 의사반영 비율이 이전보다 높아지고, 사회활동을 통한 경제력의 확보와 자아실현 욕구로 인해 결혼을 필수조건으로 인식하고 있지 않은 것으로 나타났다.

다양성을 존중하는 현대사회는 다양한 삶의 목적에 따른 자아실현의 기회가 훨씬 더 많아지고 있으며 그로인한 미혼 여성이 증가하고 있음을 알 수 있다. 이러한 미혼 여성의 증가는 인간의 평균수명이 증가함에 따른 중년 여성의 수적 증가와 밀접한 관련이 있으며 삶의 질을 중요시함에 따라 중년기의 미혼 여성에 대한 관심이 높아지고 있다.

중년기에 대한 구분은 학자마다 보는 관점이 다르기 때문에 명확하게 구분하는 것은 쉽지 않다. 대부분의 학자들은 40-60세를 중ㆍ장년기로 보고 있다(박정희, 2007, p.9). 뉴가르튼과 거트만(Neugarten & Gutmann, 1958)은 40-70세를 중년기 범위로 보면서 연령보다는 지위ㆍ역할과 관련하여 중년기를 정의할 것을 주장하였다(김명자, 1998, pp.30-31).

헤비그허스트(Havighurst, 1972)는 인생의 주기를 6단계로 구분하여, 중년기를 대략 35-60세로 이야기 하며 개인의 사회에 대한 영향력이 최고조에 달하고, 노화로 인한 생물학적 변화를 경험하는 시기라 하였다(송석전, 2003, p.13; 박정희, 2007, p.9). 그리고 각 단계마다 수행해야 할 특정한 결정적 발달과업이 있으며 성공적 수행여부는 다음 단계의 발달과업에 대한 성공ㆍ행복감의 기반이 되느냐 어려움을 초래하고 본인의 불행 및 사회적 비난을 받느냐를 결정짓는다고 하였다(김명자, 1998, pp.55-56). 이러한 중년기의 발달과업으로는 만족할 만한 경제적 생활수준을 이루고 유지하며, 성인으로서 사회적 책임감을 다하고 10대 자녀들을 책임있는 성인이 되도록 돕는 것, 배우자와 한 인간으로서 관계를 맺고 여가활동을 개발하는 것, 노화되어 가는 부모들에 대하여 적응하는 것 등이라고 하였다(박정희, 2007, pp.9-10). 김명자(1998, p.32)는 여성의 중년기는 자녀양육에 대한 역할이 감소되면서 자유감의 증가로 잠재된 능력이 새로운 방향으로 전환되는 40-59세에 해당하는 시기를 중년으로 정의하였다.

본 연구에서는 중년기를 40~59세로 구분하고자 한다.

중년기는 연령, 가족주기, 개인의 심리적, 생물학적 과정, 사회 · 역사적 배경에 의하여 종합적으로 영향을 받으며 가족주기의 관점에서는 자녀양육의 역할이 어느 정도 감소된 노부모와 성장한 자녀의 중간에 위치하는 세대로써 개인적 발달의 관점에서는 신체적 · 생물학적 노화가 시작되는 시기로 인생의 유한성에 직면하여 본질적인 자아에 대한 성찰에 관심을 가지는 시기이며, 사회적 관점에서는 사회생활, 직업생활에서의 모든 난관을 극복하고 대인관계 및 성취보다는 은퇴를 인식하는 시기라 할 수 있다(박정희, 2007, p.10). 또한 중년기는 인생주기의 한 부분으로 전 인생주기에 대하여 독자적인 공헌과 의미를 제공하며, 그 자체의 중요성을 지니는 시기로 중년기 특성에 따른 딜레마와 고통, 기쁨, 발달과업 등을 수반하는 자연스런 하나의 발달단계라고 할 수 있다(김명자, 1998, p.29). 즉, 나이를 먹는다는 것은 인생에 있어서 변화의 한 과정으로 이해할 수 있으며 중년기 여성의 경우 40대 이후 신체적으로 찾아오는 폐경으로 급격한 생리변화와 이에 따른 심리적 변화를 경험하게 되고 노화를 바라보는 시기이다(김인숙, 2004, p.11; 박정희, 2007, pp.11-12). 이 시기의 여성은 나이가 들어감에 따른 다양한 문제를 경험하기도 하지만 자신의 정체성에 다른 의미도 부여하고 자신감, 안정감을 찾아 홀로 설 수 있다는 용기를 가짐으로서 제 2의 인생을 살아가려는 새로운 모습을 보여주는 의지의 시기로 중년시절의 다양한 활동을 통한 경험들은 중년기여성에게 나타나는 다양한 변화를 극복해 나가는 원천이 될 수 있을 것이다(박정희, 2007, p.20).

다양한 사회적 · 인구학적 변화와 함께 미혼 여성이 증가함에 따른 문제가 대두되면서 미혼 여성에 대한 연구가 이루어지고 있으나 인생의 중요한 과정 중 하나인 중년기를 보내는 여성이 경험하는 다양한 문제와 그들의 삶의 질 향상을 위한 삶의 만족감에 대한 연구는 대부분 기혼 여성을 대상으로 이루어지고 있다.

미혼의 삶이 반드시 바람직하고 옳은 삶의 형태라고 볼 수는 없으나 다양성이 강조되고 있는 현대사회의 사회적 인식의 변화는 중년이 되기까지 또는 노년이 되기까지 미혼으로써의 삶을 살아갈 여성의 삶은 새로운 삶의 한 방식으로 선택되어질 것으로 여겨진다. 이에 중년 미혼 여성의 삶의 만족감에 대한 주관성의 유형화는 중년 미혼 여성의 삶의 질 향상과 그들과 관련된 다양한 개인 · 사회적 문제의 해결방안에 도움이 될 것이다.

3. 연구 방법

중년 미혼 여성의 삶의 만족감은 각 개인에 따라 독특한 주관적인 성향이므로 대상자의 주관성을 고려한 연구방법이 요구된다. Q 방법론은 인간의 주관적 구조에 따른 각 유형별 특성에 대한 이해가 가능하며 연구자가 미리 가지고 있는 이론적 가정에서 부터가 아닌 대상자의 관점에서부터 시작되는 것으로(김흥규, 1992, p.2) 각 개인에 따라 서로 다른 성향을 보이는 중년 미혼 여성의 삶의 만족감의 유형을 파악하기 위해 유용한 방법이다. 따라서 본 연구에서는 중년 미혼 여성의 삶의 만족감의 유형을 파악하기 위하여 Q 방법론적 접근을 시도하였다.

1) Q 모집단(Q population)의 구성

Q 모집단은 중년 미혼 여성이 주관적으로 인지하는 삶의 만족감에 관한 진술문으로 구성하였다. 본 연구에서는 2008년 5월부터 6월까지 45세 이상 59세 이하인 중년 미혼 여성 5명을 대상으로 심층면담을 시행하였으며, 박미현(2007), 조수용(1996)의 삶의 만족에 대한 선행연구 및 문헌고찰을 토대로 진술문을 추출하여 문항별로 진술문이 중복되지 않도록 정리하였고 여러 번의 검토를 통해 총 44개의 Q 모집단을 완성하였다.

2) Q 표본(Q sample)의 구성

중년 미혼 여성의 삶의 만족감에 관한 Q 모집단을 여러 번 반복해서 읽으면서 공통된 의미나 가치 있는 진술문을 통합하여 범주화 하였다. 범주화 과정은 Q 방법 연구에 경험이 많은 간호학과 교수 1인과 Q 방법론의 대가인 신문방송학과 교수 1인의 자문을 받아 검토, 수정·보완하여 진술문을 선정하였다. 이러한 과정을 통하여 최종적인 Q 표본은 34문항이었다(⟨표 1⟩ 참조).

3) P 표본(P sample)의 선정

Q 방법론은 개인 간의 차이(inter-individual differences)가 아니라 개인 내의 중요성의 차이(intra-individual difference in significance)를 다루는 것이므로 P 표본의 수에 아무런 제한을 받지 않으며 오히려 P 표본이 커지면 한 요인에 여러 사람이 편중되어 그 특성을 명확하게 파악할

〈표 1〉 Q 표본으로 선정된 진술문

1. 나는 혼자살기 때문에 내 스스로 건강을 더 챙겨야 한다고 생각하며 노력하고 있다.

2. 나의 생활은 항상 활기가 넘친다.

3. 지금까지 내가 살아온 길을 되돌아 볼 때 어느 것 하나 제대로 이루어 놓은 것이 없다.

4. 나는 나만의 여가시간을 즐기기에도 충분한 경제력을 갖고 있으며, 결혼이라는 것에 얽매이지 않고 훨씬 즐기며 살 수 있다.

5. 나에게 있어 남자와의 연애는 중요하지 않다.

6. 가족과의 관계가 돈독하며 그들과 보내는 시간들이 즐겁고 행복하다.

7. 언제라도 나와 함께 즐거운 시간을 보낼 가까운 친구가 있으며, 현재 나의 친구관계에 만족한다.

8. 내가 하고 있는 활동(직장생활, 개인적인 일)은 나에게 있어 성취감을 주는데 매우 중요하며 그 일은 생활의 활력이 된다.

9. 지금이 내 인생에 있어서 황금기이며 가장 즐겁고 행복한 때라고 생각한다.

10. 가족 중 어느 누구라도 나의 생활에 간섭하는 것이 부담스럽고 싫다.

11. 나이가 들수록 생활이 따분하고 활기가 없어 지루하게 느껴진다.

12. 나이가 들수록 결혼을 하지 않은 것은 참 잘한 일이라고 생각한다.

13. 밤에 외롭다는 느낌이 들며, 지금이라도 맘에 맞는 사람이 나타나면 결혼하고 싶다.

14. 나는 내 또래 기혼여성들에 비해 공주병이라는 이야기를 많이 듣는다.

15. 나는 여전히 한창 나이이고, 앞으로도 할 일은 많으며, 내가 하는 일들은 모두 가치있는 일이다.

16. 미혼이기 때문에 나의 능력을 충분히 발휘할 수 있으며, 나름대로 성공할 수 있었다고 생각한다.

17. 나는 미혼에 대한 뚜렷한 가치관과 주관을 가지고 살아왔으며, 다른 사람들의 시선을 중요하게 생각하지 않기 때문에 그들의 시선이 두려워 결혼하고 싶지는 않다.

18. 나는 돌볼 가정은 없지만, 내가 할 일이 있다는 것에 만족한다.

19. 나이가 들어 여자로서 혼자 살아가는 것은 힘들며 감당해야 할 일이 많다고 생각한다.

20. 미혼여성이기 때문에 몸매 관리나 외모에 더 신경이 쓰이고 가꾸게 된다.

21. 결혼해서 이혼한 사람들을 보면 현재의 내가 더 행복하다는 생각이 든다.

22. 노처녀 히스테리라는 말 때문에 말과 행동을 더욱 조심하게 되어 스트레스를 많이 받는다.

23. 부부가 함께 모인 자리에서도 나는 아무렇지도 않으며 즐겁게 시간을 보낸다.

24. 가족 · 친지들이 모이는 날에는 여전히 좋은 사람 만나 시집가라는 이야기를 하여 모임에 참석하는 것을 꺼리게 된다.

25. 드라마나 영화 속 연인들을 보면 부럽고 멋진 남성을 보면 가슴이 설레며 나도 연애하고 싶다는 생각이 든다.

26. 남편과 함께 아이 낳고 평범하게 사는 여자들이 부러워 결혼하고 싶을 때가 있다.

27. 혼자이기 때문에 초라해 보이는 것이 싫어서 더욱 더 일에 집중하게 된다.

28. 결혼을 안 했다는 이유로 부모님께 큰 죄를 짓는 기분이 들고 결혼을 하지 않은 것은 불행이다.

29. 결혼은 나와 전혀 상관없는 일이며, 결혼생활은 삶의 낭비라고 생각한다.

30. 새로운 모임이나 동호회에 가입하여 친구를 사귀면서 외로움을 견디어 낸다.

31. 결혼은 하지 않았지만 나의 아이는 있었으면 좋겠다.

32. 나는 그렇지 않지만 다른 미혼들을 보면 무언가 문제가 있어서 결혼을 못했다고 생각한다.

33. 결혼은 해도 후회, 안해도 후회라고 하지만 내 인생에 있어 후회만 있어서는 안되기 때문에 혼자서 잘 사는 것도 행복한 삶이라고 생각한다.

34. 내가 혼자 사는 것은 신의 뜻이기 때문에 두려움이 없으며 편안하다.

527

중년 미혼 여성의 삶의 만족감에 관한 주관성 연구

수 없는 통계상의 문제가 발생할 가능성이 있으므로 소표본 이론(small sample doctrine)에 따르면 된다(김홍규, 1992, p.7).

따라서 본 연구에서는 40세 이상 59세 이하인 중년 미혼 여성 총21명의 P 표본을 선정하였다.

연구 대상자들에게는 자료 수집 전에 본 연구의 목적과 절차를 설명하고 구두로 동의를 구하였고, 익명성의 보장과 설문 및 면담 내용은 연구 목적 이외에 사용하지 않을 것을 약속하였다.

4) Q 분류과정(Q sorting)과 방법

Q 소팅이란 P 표본으로 선정된 각 대상자가 특정의 주제나 상황에 관한 자신의 마음 속 태도를 스스로 모형화시키는 것으로 진술문을 읽은 뒤 그 진술문들을 강제분포(forced-distribution)시키는 과정을 말한다. Q 소팅에서의 강제분포는 특정항목에 대해 찬성과 반대를 물어보는 것이 아니라 Q 표본들이 한 사람 안에서 전체적으로 어떻게 분포되어 있는가에 초점을 맞추는 것이기 때문에 각 표본은 전체적인 시각 속에서 특정 항목의 상대적 의미와 중요도에 따른 배치가 이루어 져야 한다(김홍규, 1992, pp.8-9).

먼저 대상자에게 연구의 목적과 방법을 설명하여 동의를 구한 후 먼저, 인구사회학적 특성을 파악하기 위한 질문지를 작성하도록 하였고, 효과적인 Q 소팅을 위해 진술문이 적힌 카드를 읽게 하여 전체적인 내용을 파악하게 한 다음 의문이 있거나 이해가 되지 않는 문항의 여부를 확인하였다. 우선, 대상자가 Q 진술문을 자신의 의견에 따라 가장 긍정(동의함)하는 진술문, 중립적인 진술문, 가장 부정(동의하지 않음)하는 진술문 중 한 집단에 속하도록 분류한 뒤 가장 긍정하는 진술문부터 차

레대로 골라 바깥부터(+4) 안쪽으로 진술문이 적힌 카드를 놓게 하여 중립부분에서 마무리 하게 하였고, 같은 방법으로 동의하지 않는 진술문들도 분류하도록 하였다〈그림 1〉. 이때 Q 요인 해석에 유용한 정보로 이용하기 위하여 양극에 놓인 진술문(+4, −4) 각각 2개를 채택한 이유에 대해 기록하도록 하였다.

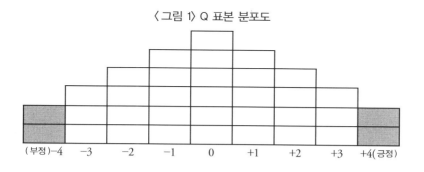

〈그림 1〉 Q 표본 분포도

(부정)−4   −3   −2   −1   0   +1   +2   +3   +4(긍정)

5) 자료처리 및 분석 방법

자료의 처리는 Q 표본 분포도에 기술된 진술문항 번호를 확인하여 가장 동의하지 않은 문항(−4)을 1점으로 하여 2점(−3), 3점(−2), 4점(−1), 중립 5점(0), 6점(+1), 7점(+2), 8점(+3), 가장 동의하는 문항(+4)에 9점으로 점수화하여 코딩 후 컴퓨터에 입력시켰다. 자료의 분석은 PC Quanl Program을 이용하여 처리하고 Q 요인분석은 주요인분석(Principal component Analysis)방법을 이용하였다. 가장 이상적인 결정을 위해 아이겐값 1.0이상을 기준으로 요인 수를 다양하게 입력시켜 산출된 결과 중 최선이라고 판단된 유형을 선택하였다. 적합한 문항을 선정하기 위해 표준점수를 사용하였다.

4. 연구 결과

본 연구에서 중년 미혼 여성의 삶의 만족감에 대한 주관성을 분석한 결과 4개의 유형으로 분석되었다.

1) Q 유형의 형성

전체 연구대상자 21명 가운데 제1유형에 속한 사람은 4명, 제2유형은 5명, 제3유형은 6명, 제4유형은 6명으로 분류되어 나타났다. 각 유형 내에서 인자가중치가 높은 사람일수록 속한 유형의 전형적인 혹은 이상적인 사람으로서 그 유형을 대표한다. 인자가중치가 1.0이상인 사람이 제1유형에 1명, 제2유형에 2명, 제3유형에 2명, 제4유형에 1명이 속해 있었다〈표 2〉.

각 유형별 인자가중치와 변량을 분석한 결과 4개 유형은 Q 표본을 분석하여 요인분석을 한 결과 4개 요인의 전체 변량은 51.71%이었고 제1요인 28.08%, 제2요인 10.13%, 제3요인 7.19%, 제4요인 6.30%로 나타났다〈표 3〉.

또한 각 유형 간의 상관관계는 각 유형간의 유사성 정도를 보여 주는 것으로 제1유형과 제 2유형의 상관계수는 .178, 제1유형과 3유형은 .489, 제1유형과 4유형은 .458, 제2유형과 3유형은 .321, 제2유형과 제4유형은 .310, 제3유형과 제 4유형은 .506의 상관관계를 보였다〈표 4〉.

〈 표 2〉 P 표본의 인구사회학적 특성 및 인자 가중치

유형	대상자	인자 가중치	나이	학력	종교	직업	월 평균 수입	여가 생활	주기적 모임	함께 살고있는 가족
1 (N=4)	4	.8251	41	대졸	없음	간호사	330	없음	산악동호회, 문학동호회	모
	8	.6807	44	대졸	기독교	회사원	400	여행	여행동호회	없음
	9	.9618	47	대학원 이상	천주교	간호사	400	원예	동창회	없음
	20	2.0287	47	대학원 이상	천주교	시간강사	420	성악활동	성악동호회	모
2 (N=5)	14	.7205	45	대학원 재학	없음	간호사	300	휴식	없음	없음
	16	.7705	42	고졸	불교	서비스업	80	여행, 영화감상	동창회	없음
	17	1.5737	40	대학원 휴학	없음	회사원	280	운동	산악회	없음
	18	.9891	40	대졸	기독교	요식업	200	수면, 쇼핑	없음	없음
	19	1.6106	46	대학원 이상	기독교	학원강사	300	여행, 문화생활	동호회	없음
3 (N=6)	1	2.0601	47	대졸	기독교	시간강사	250	독서	동창회	없음
	3	1.1915	48	대학원 이상	천주교	간호사	400	운동	없음	없음
	5	.7055	46	대졸	천주교	간호사	400	TV 보기, 영화감상	동창회	부모
	7	.8403	47	대졸	없음	회사원	450	운동	없음	없음
	11	.5918	44	대학원 이상	천주교	간호사	300	쇼핑	영화동호회	부모
	12	.9947	43	대학원 재학	없음	간호사	400	여행	봉사활동, 동호회, 동창회	모
4 (N=6)	2	.8251	47	대학원 이상	천주교	간호사	400	산책,TV, 운동	봉사활동, 산악동호회, 동창회	없음
	6	.7630	40	대학원 이상	기독교	강사	200	교회활동	봉사활동	모
	10	.6677	50	대학원 이상	기독교	제조업 대표	440	골프, 등산	전문직여성 모임, 동창회	없음
	13	.5295	44	대졸	기독교	간호사	230	등산, 쇼핑	없음	부모, 오빠내외, 조카
	15	1.1689	40	대졸	없음	간호사	300	TV	없음	없음
	21	.4670	40	대졸	없음	공무원	150	문화강좌	리더쉽스피치동호회	부모

중년 미혼 여성의 삶의 만족감에 관한 주관성 연구

〈표 3〉 각 유형별 아이겐 값과 변량

	유형 1	유형 2	유형 3	유형 4
아이겐 값	5.8978	2.1283	1.5106	1.3220
변량	.2808	.1013	.0719	.0630
누적 변량	.2808	.3822	.4541	.5171

〈표 4〉 유형간 상관관계 계수

	유형 1	유형 2	유형 3	유형 4
유형 1	1.000			
유형 2	.178	1.000		
유형 3	.489	.321	1.000	
유형 4	.458	.310	.506	1.000

2) 중년 미혼 여성의 삶의 만족감 유형의 특성

각 유형이 자신에게 가장 긍정적(동의함) 또는 가장 부정적(동의하지 않음)이라고 선택한 진술문 중 유형별 표준점수가 ±1.00이상인 항목을 중심으로 유형별 특성을 기술하였고, 유형별 대상자의 특성을 보다 구체적으로 파악하기 위해 개별 심층면담을 실시하였으며 그 결과는 다음과 같다.

(1) 제1유형: 자기 만족형

제1유형의 특성은 중년의 미혼이기 때문에 자신 스스로 건강을 더 챙겨야 한다고 생각하고 있으며 직장생활과 같은 활동이 성취감 제공 및 생활의 활력으로 작용하고 있었고 생활이 지루하지 않으며 충분한 경제력으로 결혼에 얽매이지 않으면서 자신만의 여가시간을 즐기면서 살고 있으며 본인은 공주병과는 거리가 있고 결혼은 못한 것이 아니라 오히려 결혼을 삶의 낭비라고 하였다.

제1유형을 대표하는 20번 대상자(인자가중치 2.0287)는 47세로 대학원 이상의 학력을 가지고 있으며 종교는 천주교이며 직업은 간호사·시간강사로 월평균 약 420만원의 소득을 가지며 여가활동으로 성악활동을 하며 동호회를 통한 주기적 모임을 즐기고 있었고 어머니와 함께 살고 있었다. 20번 대상자의 면담을 통한 진술문에 의하면 "직업상 그리고 무엇보다도 건강이 최고다."라고 하였으며 "전문직을 갖고 있으며 내 시간이 많다."고 하여 경제적으로 능력이 있음과 일에 대한 만족감을 보였고, "혼자여서 내 시간은 내가 하고 싶은 것을 하면서 지낸다."고 하면서 자신을 위한 여가시간을 자유롭고 즐겁게 보내고 있다고 생각하였다.

제1유형은 혼자서 나이를 먹어가고 있는 것에 대해 자신의 건강을 스스로 챙겨야 한다는 생각을 하면서 본인의 건강을 중요시 하였으며, 결혼이라는 것은 인생에 있어서 필요하지 않은 것으로 여기며, 자신의 능력을 믿고 직장생활을 즐기면서 일하는 동시에 자신의 일에 대한 몰두와 성취감으로 삶의 활력을 얻고 있었다. 또한 경제적 능력을 갖추고 있음으로 인하여 경제적 생활의 불편함이나 노후생활에 대한 걱정이 없었으며, 가족이나 친지들이 여전히 결혼에 대한 압박을 주어 그들과의 자리를 꺼리게 되고 부부가 함께 모인 자리에서 아무렇지 않게 즐거운 시간을 보내지는 못하지만 본인 스스로 결혼에 얽매이지 않고 자유로운 생활을 즐기면서 동호회 가입이나 모임을 통한 친구와 즐기며 취미나 여가시간을 통해 활력 있는 생활을 즐기고 있었다.

이상의 결과를 종합하여 볼 때, 제1유형은 다른 사람들에게 전혀 신경을 쓰지 않는 것은 아니지만 미혼으로서 살아가고 있는 중년의 삶에 본인은 만족하며 살고 있는 것으로 여기고 있어 '자기 만족형'으로 명명하였다.

〈표 5〉 제1유형의 진술문과 표준점수 (표준점수 ± 1.00 이상을 보인 항목)

번호	Q 진술문	표준점수
1	나는 혼자살기 때문에 내 스스로 건강을 더 챙겨야 한다고 생각하며 노력하고 있다 .	2.00
8	내가 하고 있는 활동 (직장생활 , 개인적인 일) 은 나에게 있어 성취감을 주는데 매우 중요하며 그 일은 생활의 활력이 된다 .	1.75
4	나는 나만의 여가시간을 즐기기에도 충분한 경제력을 갖고 있으며 , 결혼이라는 것에 얽매이지 않고 훨씬 즐기며 살 수 있다 .	1.63
24	가족 , 친지들이 함께 모이는 날에는 여전히 좋은사람 만나 시집가라는 이야기를 하여 모임에 참석하는 것을 꺼리게 된다 .	1.07
30	새로운 모임이나 동호회에 가입하여 친구를 사귀면서 외로움을 견디어 낸다 .	1.03
23	부부가 함께 모인 자리에서도 나는 아무렇지도 않으며 즐겁게 시간을 보낸다 .	-1.01
14	나는 내 또래 기혼여성들에 비해 공주병이라는 이야기를 많이 듣는다 .	-1.03
3	지금까지 내가 살아온 길을 되돌아 볼 때 어느것 하나 제대로 이루어 놓은 것이 없다 .	-1.51
29	결혼은 나와 전혀 상관없는 일이며 , 결혼생활은 삶의 낭비라고 생각한다 .	-1.66
11	나이가 들수록 생활이 따분하고 활기가 없어 지루하게 느껴진다 .	-1.81
32	나는 그렇지 않지만 다른 미혼들을 보면 무언가 문제가 있어서 결혼을 못했다고 생각한다 .	-1.87

(2) 제 2유형: 부담형

제 2유형의 특성은 충분한 경제력이 있기에 결혼에 얽매이지 않고 본인만의 여가시간을 즐기며 살 수 있으며 언제나 만나서 즐거운 시간을 보낼 수 있는 가까운 친구가 있으며 혼자이기에 스스로의 건강을 더 챙겨야 한다고 생각하였고 돌볼 가정은 없지만 할 일이 있다는 것에 만족하면서 아직도 한창나이로서 할 일이 많고 그러한 일들이 모두 가치 있는 것으로 혼자라서 초라해 보이기 싫어 일에 집중하는 것이 아니라 자신의 일은 성취감 형성에 중요하고 그로 인하여 활력을 얻는 것으로 생각하고 있었다. 그러나 나이가 들수록 생활이 따분하고 활기가 없어 지루하며 나이가 들어 여자로 살아가는 것은 힘들고 감당할 일이 많다고 생각하고 있었다. 또 결혼을 못했다고 생각하거나 결혼을 안 한 것이 부모님께 죄를 짓는 것이거나 불행하다고 생각하지는 않고, 결혼을 본인과 전혀 상관없는 일이며 결혼생활을 삶의 낭비라고 생각하지는 않으면서도 혼자 사는 것이 두려움이 없거나 편안하진 않다고 하였다.

제2유형을 대표하는 19번 대상자(인자가중치 1.6106)는 46세로 대학원 이상의 학력을 가지고 있으며 종교는 기독교이며 직업은 학원 강사로 월평균 약 300만원의 소득을 가지고 있었다. 19번 대상자는 문화생활 관람이나 여행과 같은 여가활동 및 동호회를 통한 주기적 모임을 갖고 있었고 함께 살고 있는 사람은 없었다. 19번 대상자의 면담을 통한 진술문에 의하면 "직장생활은 누가 뭐라고 해도 나에겐 소중하고 보람이 있다."라고 했으며 "능력도 있고, 경제력은 나의 힘이라고 생각하며 무엇보다 나에게 투자를 많이 하게 된다."고 하였다. 그리고 "결혼은 선택이다. 관습에 얽매일 필요가 있을까?"라고 하였고 "나이를 먹을수록 사람에 대해 마음을 열기가 힘들다."고 진술하였다.

제2유형을 대표하는 17번 대상자(인자가중치 1.5737)는 40세로 대학원 휴학 중이며 종교는 없고 회사원으로 월평균 수입은 약 280만원이며 헬스나 요가와 같은 운동을 하며 여가시간을 보내면서 산악동호회를 통한 주기적 모임을 가지고 있었다. 17번 대상자의 면담을 통한 진술문에 의하면 나이가 들수록 생활이 따분하고 활기가 없으며 지루한 이유를 "자신이 없어져서 그런 것 아닐까?"로 진술하였고 나이가 들어 여자로서 살아가기가 힘들고 감당할 일이 많다고 느낀 이유는 "세상의 눈으로 볼 때 그렇게 느낀다."고 진술하였다.

이상의 결과를 종합해 볼 때 제2유형은 경제력도 있고 자신만의 여가도 즐기고 있으며 현재의 친구관계나 직장의 일에도 만족하고 있었다. 또한 혼자 사는 중년이기에 스스로의 건강을 중요시하고 있으면서 결혼을 해야 한다는 압박을 받지 않기 때문에 결혼에 얽매이지 않은 생활을 하면서 현재 살아가고 있는 삶에 그런대로 만족은 하고 있으면서도 반면, 혼자 사는 것은 행복한 삶은 아니라고 생각하며 여자로 혼자 사는 것이 힘들고 부담스러우며 지루하다고 생각하고 있는 유형으로 제 2유형을 '부담형'으로 명명하였다.

〈표 6〉제 2 유형의 진술문과 표준점수 (표준점수 ± 1.00 이상을 보인 항목)

번호	Q 진술문	표준점수
11	나이가 들수록 생활이 따분하고 활기가 없어 지루하게 느껴진다.	1.80
4	나는 나만의 여가시간을 즐기기에도 충분한 경제력을 갖고 있으며, 결혼이라는 것에 얽매이지 않고 훨씬 즐기며 살 수 있다.	1.47
7	언제라도 나와 함께 즐거운 시간을 보낼 가까운 친구가 있으며, 현재 나의 친구관계에 만족한다.	1.30 1.23
19	나이가 들어 여자로서 살아가는 것은 힘들며 감당해야 할 일이 많다고 생각한다.	1.14 1.07
18	나는 돌볼 가정은 없지만 내가 할 일이 있다는 것에 만족한다.	1.03
15	나는 여전히 한창 나이이고, 앞으로도 할 일은 많으며 내가 하는 일은 모두 가치있는 일이다.	1.02
1	나는 혼자살기 때문에 내 스스로 건강을 더 챙겨야 한다고 생각하며 노력하고 있다.	
8	내가 하고 있는 활동(직장생활, 개인적인 일)은 나에게 있어 성취감을 주는데 매우 중요하며 그 일은 생활의 활력이 된다.	
29	결혼은 나와 전혀 상관없는 일이며, 결혼생활은 삶의 낭비라고 생각한다.	-1.09
28	결혼을 안 했다는 이유로 부모님께 큰 죄를 짓는 기분이 들고, 결혼을 하지 않은 것은 불행이다.	-1.12
32	나는 그렇지 않지만 다른 미혼들을 보면 무언가 문제가 있어서 결혼을 하지 못했다고 생각한다.	-1.15 -1.19
27	혼자이기 때문에 초라해 보이는 것이 싫어서 더욱 더 일에 집중하게 된다.	-1.32

번호	진술문	값
31	결혼은 하지 않았지만 나의 아이는 있었으면 좋겠다.	
33	결혼은 해도 후회, 안해도 후회라고 하지만 내 인생에 있어 후회란 있어서는 안되기 때문에 혼자 잘 사는 것도 행복한 삶이라고 생각한다.	-1.50
34	내가 혼자 사는 것은 신의 뜻이기 때문에 두려움이 없으며 편안하다.	
30	새로운 모임이나 동호회에 가입하여 친구를 사귀면서 외로움을 견디어 낸다.	-1.89
		-1.97

(3) 제3유형: 자기중심적 생기형

제3유형의 특성은 여가를 위한 충분한 경제력을 갖춘 여성으로 결혼에 얽매이지 않고 즐기며 살 수 있다고 생각하였고 혼자이기에 초라해 보이고 싶지 않아 일에 더 집중하게 되는 것이 아니라 직장생활과 같은 활동이 성취감을 제공하고 생활의 활력이 된다고 생각하며 할 일이 있다는 것에 만족하였다. 혼자 살기 때문에 스스로 건강을 더 챙기고 나이가 들수록 생활이 따분하거나 지루한 것이 아니라 항상 활기가 넘친다고 하였으며 결혼을 하지 않은 것은 뚜렷한 가치관이 있기 때문이며 이혼한 사람들을 보면서 본인이 더 행복하다고 느끼고 있었다. 또한 타인의 시선을 중요시 생각하지 않으며 그들의 시선 때문에 결혼을 생각하고 싶지 않고 결혼을 하지 않은 것으로 부모님께 죄를 짓는 기분이 들지 않는다고 하였다. 어떠한 결함으로 인하여 결혼을 못한 것이 아니며 공주병이라고 생각하고 있지 않았다.

제3유형을 대표하는 1번 대상자(인자가중치 2.0601)는 47세로 학력은 대졸이며 종교는 기독교이고 직업은 시간강사로 월평균 약 250만원의 소득을 가지고 있었다. 독서로 여가를 보내고 동창회 모임을 통해 주기적 모임을 갖고 있으면서 함께 살고 있는 가족은 없었다. 1번 대상자의 면담을 통한 진술문에 의하면 "혼자이기에 훨씬 여유롭고 삶을 즐길 수 있다."라고 진술하면서 결혼으로 인해 여러 가지 얽매이게 되는 일들에서 자유롭게 생활할 수 있는 것에 삶의 즐거움을 더할 수 있다고 생각하였다. "이혼을 하는 사람이 많은 걸 보면…", "결혼을 하지 않은 것이 불행한 것은 아니다."라고 진술하면서 결혼을 하지 않은 것이 오히려 더 행복한 삶이라고 생각하였다. "나는 초라해 보인다고 생각하지 않는다."고 하면서 혼자 중년을 보내는 여성에 대한 고정관념의 부정적인 면에 대하여 언급하였다. 1번 대상자는 혼자 사는 삶이 항상 활기가 넘치며 하고 있는 일에서 성취감을 느끼는 것이 생활의 활력을 불어 넣어 준다고 생각하면서 타인의 이목을 신경 쓰지 않는다고 하였다.

제3유형을 대표하는 3번 대상자는(인자가중치 1.1915) 48세로 대학원 이상의 학력을 가지고 있었으며 종교는 천주교이고 직업은 간호사로 월 평균 약 400만원의 수입이 있고 운동을 하면서 여가생활을 즐기며 주기적 모임은 없었으며 함께 살고 있는 가족이 없었다. 3번 대상자의 면담을 통해 "내가 건강하지 않으면 가족이나 친지의 도움을 받게 되어 그들에게 부담을 주어야 하기 때문에…" 스스로의 건강을 중요시하며 챙기게 된다고 하였고, "현재 가지고 있는 부동산 등 나에게 있는 재산이 여가생활을 하기에 충분하다고 생각하기 때문에…" 결혼이라는 것에 얽매이지 않고도 훨씬 즐기면서 오히려 중년 기혼 여성보다 여가생활을 하고 있는 것이라고 생각하였다. 또한 함께 살고 있는 가족은 없지만, 가족과의 관계가 돈독하며 "나의 의견을 존중하기 때문에." 가족이나 친지가 시집가라는 이야기를 하지 않아 가족모임에 참석하는 것을 꺼리지 않으며 항상 활기가 넘치는 삶을 보내고 있다고 하였고, 하고 있는 활동으로 인하여 성취감을 얻는 동시에 삶의 활력을 얻는다고 하였다.

이상의 결과를 종합해 볼 때 제3유형은 결혼을 해야 한다는 생각에 얽매이지 않으며 앞으로 혼자 살아가기에 충분한 경제력이 있으므로 부족함이 없으며 방해되는 일이 없기에 스스로 하고 싶은 일이나 여가생활을 즐겁게 영위하고 있고, 혼자 살기 때문에 건강에 더 신경을 쓰고 있음을 보여주고 있으면서 혼자 사는 나이 든 여성이라는 이유로 다른 사람들의 이목에 신경을 쓰지 않으면서 결혼을 하지 않은 중년여성으로서 부모님께 죄스럽지 않고 이혼한 사람들을 보면 미혼의 삶을 살고 있는 본인이 더 행복하다고 느끼면서 항상 활기가 넘치는 삶을 살고 있다고 생각하기에 제3유형을 '자기중심적 생기형'으로 명명하였다.

〈표 7〉 제 3 유형의 진술문과 표준점수 (표준점수 ± 1.00 이상을 보인 항목)

번호	Q 진술문	표준점수
4	나는 나만의 여가시간을 즐기기에도 충분한 경제력을 갖고 있으며, 결혼이라는 것에 얽매이지 않고 훨씬 즐기며 살 수 있다.	1.85
8	내가 하고 있는 활동(직장생활, 개인적인 일)은 나에게 있어 성취감을 주는데 매우 중요하며 그 일은 생활의 활력이 된다.	1.54
17	나는 미혼에 대한 뚜렷한 가치관과 주관을 가지고 살아 왔으며, 다른 사람들의 시선을 중요하게 생각하지 않기 때문에 그들의 시선 때문에 결혼하고 싶지 않다.	1.53
18	나는 돌볼 가정은 없지만 내가 할 일이 있다는 것에 만족한다.	1.41
1	나는 혼자살기 때문에 내 스스로 건강을 더 챙겨야 한다고 생각하며 노력하고 있다.	1.38
2	나의 생활은 항상 활기가 넘친다.	1.36
21	결혼해서 이혼한 사람들을 보면 현재의 내가 더 행복하다는 생각이 든다.	1.24
27	혼자이기 때문에 초라해 보이는 것이 싫어서 더욱 더 일에 집중하게 된다.	-1.18
14	나는 내 또래 기혼여성들에 비해 공주병이라는 이야기를 많이 듣는다.	-1.28
32	나는 그렇지 않지만 다른 미혼들을 보면 무언가 문제가 있어서 결혼을 못했다고 생각한다.	-1.50
28	결혼을 안 했다는 이유로 부모님께 큰 죄를 짓는 기분이 들고, 결혼을 하지 않은 것은 불행이다.	-1.57
11	나이가 들수록 생활이 따분하고 활기가 없어 지루하게 느껴진다.	-1.65
24	가족, 친지들이 함께 모이는 날에는 여전히 좋은사람 만나 시집가라는 이야기를 하여 모임에 참석하는 것을 꺼리게 된다.	-1.71

중년 미혼 여성의 삶의 만족감에 관한 주관성 연구

(4) 제4유형: 결혼 희망형

제4유형의 특성은 자신은 여전히 한창의 나이로 앞으로도 가치 있는 많은 일들을 할 수 있으며 직장생활과 같은 활동은 성취감을 제공하고 생활의 활력을 주는데 중요하다고 생각하면서 할 일이 있다는 것에 만족을 하고 있고 결혼을 하지 않은 것이 부모에게 죄를 짓는 것이거나 불행하다고 생각하지 않고 다른 사람들의 시선 때문에 결혼을 하고 싶지는 않지만 자신의 아이는 있었으면 좋겠다고 생각하면서 결혼을 삶의 낭비라고 생각하거나 자신과 전혀 상관없는 일이라고 생각하지 않으면서 나이가 들수록 결혼을 하지 않은 것에 대한 회의를 느끼고 남자와의 연애도 생각하고 있었다.

제4유형을 대표하는 15번 대상자는(인자가중치 1.1689) 40세로 학력은 대졸이며 종교는 없고 직업은 간호사로서 월평균 약 300만원의 소득을 가지고 여가생활은 집에서 TV시청을 하며 보내며 주기적인 모임은 없고 함께 살고 있는 가족은 없었다. 15번 대상자의 면담을 통한 진술문에 의하면 지금까지의 삶을 되돌아 볼 때 어느 것 하나 제대로 이루어 놓은 것이 없다는 진술문에 대한 이유로 "허송세월을 보냈다는 생각이 자꾸 들어서…"라고 했고 나의 아이가 있었으면 좋겠다는 진술문에 대한 이유는 "결혼한 사람이 부러운 적은 없지만 자식이 있다는 것이 부러울 때가 많아서…"라고 했고 "밤에 외롭다는 생각 한 번도 안 해 봤으니까…"라고 진술했으나 "결혼에 대해 부정적이거나 독신주의는 아니고 나이와 상관없이 삶을 함께 하고픈 사랑하는 사람을 만나게 되면 그때 결혼하고 싶다."고 진술하면서 혼자 있는 시간이 특별히 외롭다고 생각하지 않으면서도 결혼을 본인과 전혀 상관없는 일로 여기고 있지 않았으며 결혼생활은 삶의 낭비라고 생각하지 않는다고 하였다.

이상의 결과를 종합해 볼 때 제4유형은 경제적 능력도 갖추고 있고 할 수 있는 일이 있다는 것과 그 일로 인하여 얻는 성취감이 생활의 활력이 되고 있다고 생각을 하고 있었으며 결혼을 하지 않고 중년기를 보내는 것이 불행하거나 자식 된 도리를 하지 못한다고 생각하고 있지는 않았지만 한편으로는 중년이 되기까지 결혼도 하지 않고 아이도 없는 것과 같은 이루지 못한 일들로 인해 삶을 제대로 살고 있는지에 대해 생각하고 있으며 앞으로의 삶을 함께하고 싶은 사람을 만나게 되면 결혼을 하고 싶다는 생각을 하면서 가정을 꾸리는 것에 어느 정도 동경을 가지고 있는 유형으로 제4유형을 '결혼 희망형'으로 명명하였다.

〈표 8〉제 4 유형의 진술문과 표준점수 (표준점수 ± 1.00 이상을 보인 항목)

번호	Q 진술문	표준점수
15	나는 여전히 한창 나이이고, 앞으로도 할 일은 많으며 내가 하는 일은 모두 가치있는 일이다.	1.94
8	내가 하고 있는 활동(직장생활, 개인적인 일)은 나에게 있어 성취감을 주는데 매우 중요하며 그 일은 생활의 활력이 된다.	1.46
18	나는 돌볼 가정은 없지만 내가 할 일이 있다는 것에 만족한다.	1.45
17	나는 미혼에 대한 뚜렷한 가치관과 주관을 가지고 살아 왔으며, 다른 사람들의 시선을 중요하게 생각하지 않기 때문에 그들의 시선 때문에 결혼하고 싶지 않다.	1.15
31	결혼은 하지 않았지만 나의 아이는 있었으면 좋겠다.	1.02
28	결혼을 안 했다는 이유로 부모님께 큰 죄를 짓는 기분이 들고, 결혼을 하지 않은 것은 불행이다.	-1.10
5	나에게 있어 남자와의 연애는 중요하지 않다.	-1.20
22	노처녀 히스테리라는 말 때문에 말과 행동을 더욱 조심하게 되어 스트레스를 많이 받는다.	-1.31
13	밤에 외롭다는 생각이 들며, 지금이라도 맘에 맞는 사람이 나타나면 결혼하고 싶다.	-1.41
12	나이가 들수록 결혼을 하지 않은 것은 참 잘한 일이라고 생각한다.	-1.47
29	결혼은 나와 전혀 상관없는 일이며, 결혼생활은 삶의 낭비라고 생각한다.	-2.81

5. 논의

인간의 발달은 연속적 변화의 과정으로 환경적·심리적 요인의 복합적 상호작용으로 이루어지며, 중년기는 여성의 정상적인 성장발달의 한 과정으로서 신체적·심리적, 사회·문화적 변화로 인한 다양한 불편감이 동반되는 시기이므로 중년기의 생물학적 능력의 감소는 사회·심리적 능력의 증가를 통해 균형을 이루어야 하며 자아의 내면적 욕구와 사회·환경의 기대 사이에서 보다 나은 균형을 찾음으로 인하여 독립된 개인으로서의 성장을 도모할 수 있다(박미현, 2007, p.33). 특히 중년 여성은 이 시기에 폐경과 관련된 신체적, 정신적 증상을 포함하며 다양하고 개별적인 갱년기 증상을 경험하게 되므로 갱년기 적응에 어려움을 겪게 됨은 물론 노년기 건강에 직접적인 영향을 주게 되며(김인숙, 2004, p.11), 흔히 이러한 중년기를 '위기의 시기'로 보고 개인이 인생의 중반에 이르러 삶의 의미와 삶의 무의미함과 공허함, 절망, 침체감, 무기력감과 같은 정서적 혼란과 방황가운데 자신의 인생의 목표와 성취감, 중요하게 생각해 왔던 가치들, 다른 사람들과의 관계 등 지나온 삶에 대한 재평가 및 재조명을 하는 시기이다(박미현, 2007, p.34). 발달단계상 중년기에 가장 많은 변화를 겪게 되는 시기인 동시에 노후를 준비해야 하는 시기이기에 중년기 미혼 여성의 다양한 변화에 긍정적으로 대처할 수 있도록 보다 정확한 이해와 적응을 도와 바람직한 중년기 삶의 방향이 제시되어야 할 것이다.

중년 여성의 삶의 만족감은 그들의 삶의 질을 결정하는데 중요한 영향력을 미치게 된다.

삶의 만족은 자신의 행복에 대한 주관적이고 인지적인 판단 및 평가로서 개인 삶의 포부와 목적의 조화로운 만족을 의미하는 것으로 삶을 살아가면서 경험하는 목표와 기대의 달성 정도에 대하여 주관적으로 느끼는 충족감의 정도이며 개인의 삶의 만족감에 따라 삶의 질이 향상될 수 있다(Cutler, 1979, pp.573-578).

삶의 질은 살아가면서 인지하는 자신의 상황과 경험에 대한 주관적 평가와 만족으로 정서상태, 사회적 활동, 신체적 증상, 가족의 지지 및 경제상태, 삶에 대한 태도, 건강에 대한 인식 등이 포함된다.

중년 여성의 증가로 인한 다양한 문제가 대두됨에 따라 중년 여성을 대상으로 한 선행연구는 다양하게 이루어져 왔으나, 중년 여성의 증가에 따른 중년 미혼 여성에 대한 연구는 미흡한 실정이다. 따라서 중년 미혼 여성의 삶의 만족감을 이해하는 것이 필요하며 그들의 중년기 삶의 질을 높이고 긍정적인 자아 개념 수립을 도모하여 질 높은 노후를 준비하도록 하여야 할 것이다.

본 연구는 중년 미혼 여성을 대상으로 삶의 만족감에 관한 유형별 특성을 파악하고자 실시되었다. 연구결과 중년 미혼 여성의 삶의 만족감 유형은 '자기만족형', '부담형', '자기중심적 생기형', '결혼 희망형'의 네 가지 유형으로 확인되었다.

제1유형은 '자기만족형'으로 혼자서 나이를 먹어가고 있기에 자신의 건강을 스스로 챙기면서 건강을 중요시 하였고 결혼이라는 것은 인생에 있어서 필요하지 않은 것으로 여기며, 자신의 능력을 믿고 직장생활을 즐기면서 일하는 동시에 자신의 일에 대한 몰두와 성취감으로 삶의 활력을 얻고 있었다. 또한 경제적 능력을 갖추고 있음으로 인하여 경제적 생활의 불편함이나 노후생활에 대한 걱정이 없었으며, 가족이나 친지들이 여전히 결혼에 대한 압박을 주어 그들과의 자리를 꺼리게 되고 부부가 함께 모인 자리에서 아무렇지 않게 즐거운 시간을 보내지는 못하지만 본인 스스로 결혼에 얽매이지 않고 자유로운 생활을 즐기면서 동호회 가입이나 모임을 통해 친구와 즐기며 취미나 여가시간을 통해 활력 있는 생활을 즐기고 있었다. 이들은 다른 사람들이 바라보는 시선에 대하여 신경을 쓰지 않는 것은 아니지만 그것이 결혼을 하지 않은 이유가 어떠한 결함이나 개인적 성격의 문제가 있어서가 아니기 때문이라고 생각하기 때문에 그들의 시선을 두려워하기보다 귀찮기 때문인 것으로 보여졌다. 결혼을 인생에 있어서 불필요한 것으로 보며 자유를 즐기고 삶에 여유를 가지고 살면서 일로써 성취감을 느끼며 다른 사람들의 결혼에 대한 압박감에도 불구하고 중년으로서의 미혼의 삶을 만족스럽게 살아가고 있는 유형이다.

제2유형인 '부담형'은 경제력도 충분하고 자신만의 여가도 즐기고 있으며 현재의 친구관계에 만족하며 직장의 일에도 성취감을 느끼며 만족하고 있었다. 또한 혼자 사는 중년이기에 스스로의 건강을 중요시하고 있으면서 결혼을 해야 한다는 압박을 받지 않기 때문에 결혼에 얽매이지 않은 생활을 하면서 현재 살아가고 있는 삶에 그런대로 만족은 하고 있으면서도 혼자 사는 것은 행복한 삶은 아니라고 생각하며 결혼을 본인과 전혀 상관없는 일이거나 삶의 낭비라고는 생각하지 않으며 나이 들어 여자로 혼자 사는 것이 힘들고 부담스러우며 나이가 들어가면서 삶이 지루하고 따분하다고 생각한다. 그러나 외로움을 달래기 위하여 새로운 인간관계를 맺지 않는 다고 하였다. 이는 중년이라는 삶의 과정에서 겪는 외로움, 상실감, 무의미함, 공허함, 무기력감 등이 영향을 미치는 것으로 생각된다(박미현, 2007, p.34).

제3유형인 '자기중심적 생기형'은 여가를 위해서도 충분한 경제력을 갖추고 있으며 결혼에 얽매이지 않고 즐기며 살고 있고 혼자이기에 초라해 보이고 싶지 않아 일에 더 집중하게 되는 것이 아니라 직장생활과 같은 활동이 성취감을 제공하고 생활의 활력이 된다고 생각하며 할 일이 있다는 것에 만족하였다. 혼자 살기 때문에 스스로 건강을 더 챙기고 나이가 들고 혼자 살아도 항상 활기가 넘치는 삶을 살고 있으며 결혼을 하지 않은 것은 어떠한 결함으로 인한 것이 아니라 뚜렷한 가치관이 있기 때문으로 타인의 시선을 중요시 생각하지 않으며 그들의 시선 때문에 결혼을 생각하고 싶지 않고 결혼을 하지 않은 것이 부모님께 죄스럽지 않으며 미혼의 삶이 행복하다고 느낀다. 이는 미혼의 삶을 항상 활기차고 생기있게 즐기는 유형으로 결혼이라는 틀 속에 자신을 가두기보다 자아실현과 자유를 선택하고 결혼생활보다 미혼으로서의 생활을 통해 삶의 에너지를 얻고 자유롭고 당당하게 살고 있으며 내가 좋아하는 것, 내가 하고 싶은 일, 내가 행복할 수 있는 방법을 추구하며 살아가고 있는 중년기의 신세대적 '나'중심적 가치관을 가진 것으로 생각된다(이연수, 2005, p.19, p.23).

제4유형인 '결혼 희망형'은 경제적 능력도 갖추고 있고 할 수 있는 일이 있다는 것과 그 일로 인하여 얻는 성취감이 생활의 활력이 되고 있다고 생각을 하고 있었으며 결혼을 하지 않고 중년기를 보내는 것이 불행하거나 자식 된 도리를 하지 못한다고 생각하고 있지는 않았지만 한편으로는 중년이 되기까지 결혼도 하지 않고 아이도 없는 것과 같은 이루지 못한 일들로 인해 삶을 제대로 살고 있는지에 대해 생각하고 있으며 앞으로의 삶을 함께하고 싶은 사람을 만나게 되면 결혼을 하고 싶다는 생각을 하면서 가정을 꾸리는 것에 어느 정도 동경을 가지고 있었다.

본 연구에서는 중년 미혼 여성의 삶의 만족감 유형에 따른 차이를 알아보았다. 그 결과 연령이나 월평균수입, 학력에 큰 차이가 없이 삶의 만족감은 높은 것으로 나타났으며, 이는 박미현(2007, pp.105-115)의 중년여성의 여가활동에 따른 여가만족과 생활만족의 관계에 대한 연구결과에서 고학력이고 소득이 많을수록 긍정적 자아존중감이 크며, 고학력

일수록 생활만족도가 높게 나타났으며 소득이 많을수록 사회적 만족과 자아적 만족이 높았고, 정서적 만족과 신체적 만족은 보다 낮았다. 그리고 여가만족과 자아존중감은 유의한 영향을 미치는 것으로 나타났으며 전반적인 생활만족에 유의한 영향을 미치는 것으로 나타난 결과와 비슷한 결과를 나타내었다. 이러한 결과는 본 연구는 미혼 여성을 대상으로 하여 대상자 모두가 중년기로서 대부분 학력이 높고 경제적 수입정도가 높았으며 여가활동을 하고 있었기 때문에 전반적인 삶의 만족감이 높은 것으로 나타난 것으로 본다.

이외에도 중년 미혼 여성의 생활만족감에는 자기중심적 성향이 반영되며, 중년 미혼 여성의 삶의 만족감은 직장생활, 주위 사람, 건강, 결혼 가치관, 여가활동에 의해 영향을 받음을 알 수 있었다. 펜더·워커·카렌·세크리스트·스트롬버그(Pender, Wolker, Karen, Sechrist & Stromberg, 1990, p.326)는 최적의 건강과 기능상태, 질적인 삶의 여부는 건강한 생활양식을 실천하고 유지하는 것이 개인의 책임이라는 것을 받아들이고 실행하는 것이라 하였고, 하트웨그(Hartweg, 1993, pp.223-225)은 갱년기 여성들이 자신들의 삶의 안녕을 증진시키기 위해 여러 가지 활동을 하는데 취미생활, 독서, TV시청, 샤워, 수면, 음식섭취 등을 통해서, 혼자 걷고 생각하거나 소설을 읽거나 돈을 쓰면서 중년의 고독을 이기며, 사회생활은 친구들과의 관계를 통해서 삶의 안녕을 위한 활동을 한다고 한 것이 본 연구결과를 뒷받침해 주고 있다.

또한 박미현(2007, pp.114-115)은 중년여성에게서의 여가활동은 즐거움, 삶의 질 향상에 직접적인 영향을 주며, 직장생활과는 다른 정신적 즐거움과 사회적 성취감, 신체적 건강함 등을 얻으며 그로인하여 건강하고 긍정적인 자아개념을 형성한다고 하였다.

정진선(2007, p. 59)의 30대 미혼 여성의 결혼에 대한 태도에 관한 연구에서 미혼 생활의 장점과 단점을 측정하여 미혼 생활에 대한 만족도를 본 결과 다른 사람의 간섭이 적으며 자유로운 생활을 할 수 있고 자신의 일과 직장에 대한 몰두를 할 수 있는 장점에 평균이상의 높은 점수를 보였으며 주변 사람들의 결혼에 대한 압력, 경제적 불안감, 노후생활에 대한 불안감, 미혼에 대한 사회적 편견 등의 단점에 대하여 역채점한 결과에서도 평균이상의 높은 점수를 보여 전체적으로 평균이상의 높은 만족감을 보인 것으로 나타났다.

박충선(2002, p.170)의 독신에 대한 인식과 만족도에 관한 연구에서 독신생활에 대한 자유로움에 대한 긍정적 인식이 나타남을 볼 수 있었고 독신의 특권인 자유, 편의주의, 인생을 즐긴다는 삶의 가치관은 본 연구에서도 같은 결과로 나타났으며, 일을 통한 자아성취감, 여가 및 자기개발기회가 증가한다는 긍정적 인식은 여성에게 뚜렷하게 나타남으로써 여성에게 미치는 보상효과와 결혼이 여성에게 미치는 비용효과를 본 연구에서도 확인할 수 있었다. 그리고 독신생활에 대한 만족도는 여성이 높았으며 연령이 높을수록, 소득이 높을수록 독신생활만족도가 높게 나타난 것은 본 연구결과와 부분적으로 유사하였으며 이는 혼자 사는 생활에서 자유로움, 자신감, 경제적 여유가 삶의 만족도를 높임을 알 수 있었다.

6. 결론 및 제언

본 연구는 Q 방법론을 적용하여 중년 미혼 여성의 삶의 만족감 유형을 구분하고 각 유형별 특성과 유형별 차이점을 파악하고자 실시되었다.

본 연구에서의 대상자 선정은 40~59세 중년 미혼 여성 21명을 대상

중년 미혼 여성의 삶의 만족감에 관한 주관성 연구

으로 하였다. 삶의 만족감의 유형을 확인하기 위한 Q 표본은 박미현 (2007)과 조수용(1996)의 문헌과 심층면담을 통해 총 34문항의 진술문으로 구성하였다.

대상자에게 Q 진술문을 읽게 한 하였고 나이, 직업, 학력, 동거 가족 등 인구사회학적 특성을 파악하기 위한 질문지를 작성하도록 하였다. 대상자가 Q 진술문들을 자신의 의견에 따라 강제분포(forced-normal distribution)를 하게 한 후 PC용 Quanl Program으로 처리하였다.

연구결과 중년 미혼 여성의 삶의 만족감 유형은 '자기만족형', '부담형', '자기중심적 생기형', '결혼 희망형'의 네 가지 유형으로 확인되었다.

제 1유형인 '자기만족형'은 충분한 경제적 능력이 있으며 여가를 즐기고 스스로의 건강을 챙기는 것을 중요하게 여기며 동호회와 같은 사회적 활동을 하고 있었다. 이 유형의 중년 미혼 여성은 여성으로서 나이 들어 혼자 살아가야 하기 때문에 자신 스스로 건강을 더 챙겨야 한다고 생각하고 있으며 직장생활과 같은 활동이 성취감 제공 및 생활의 활력으로 작용하고 있었고 결혼은 못한 것이 아니며 오히려 결혼생활은 삶의 낭비라고 생각하였다.

제2유형인 '부담형'은 경제적 능력도 있고 여가를 즐기며 건강을 중요하게 생각하고 결혼에 대한 압박 없이 그것에 얽매이지 않고 생활하면서 현재의 직장생활이나 친구관계 등 현재의 삶에 만족은 하지만 나이가 들어감에 따라 혼자 사는 것이 행복한 것은 아니며, 혼자 사는 것이 두렵고 사는 것이 힘들며 삶을 지루하게 느끼는 중년 미혼 여성 유형이다.

제3유형인 '자기중심적 생기형'은 여가를 위한 충분한 경제력을 갖춘 여성으로 결혼에 얽매이지 않고 즐기며 살 수 있으며 직장생활과 같은 활동이 성취감을 제공하고 생활의 활력이 된다고 생각하면서 할 일이 있다는 것에 만족하였다. 스스로 건강을 챙겼으며, 결혼을 하지 않은 것은 뚜렷한 가치관이 있기 때문으로 타인의 시선을 중요시 생각하지 않았다. 이 유형은 나이가 들수록 생활이 따분하거나 지루한 것이 아니라 항상 활기 넘치고 행복한 생활을 하는 중년 미혼 여성 유형이다.

제4유형으로 '결혼 희망형'은 가정을 꾸리는 것에 어느 정도 동경을 가지고 있으며 결혼의 가능을 나타내는 유형으로 현재 결혼은 안 했지만 결혼에 대한 희망을 가지고 있는 중년 미혼 여성이다.

본 연구는 중년 미혼 여성의 삶의 만족감에 관한 유형별 특성을 이해하기 위함으로 그들의 특성을 알고 그들에게 긍정적인 자아개념을 형성할 수 있는 계기를 마련하고자 하였다. 본 연구는 중년 미혼 여성을 대상으로 하였기에 본 연구결과를 기존에 이루어진 독신, 미혼 여성이나 중년여성의 삶의 만족감에 대한 연구결과와 비교분석하기에 제한점이 따른다.

본 연구는 연구를 통한 개인면담자체로 중년 미혼 여성들의 삶을 되돌아보게 하는 기회를 제공하였다.

중년 미혼 여성에 대해 중년 미혼 여성은 외롭다. 안됐다. 자유롭다, 성격이 까다롭다 등과 같은 획일적인 편견을 가지고 보는 경향이 있다. 이러한 편견에서 벗어나 이들의 특성을 파악하는 것이 필요하며 본 연구의 결과를 통해서 중년이라는 생의 단계에 있는 미혼 여성의 삶의 만족감에 따른 특성을 충분히 고려하여 그들의 삶을 이해하는 것뿐만 아니라 그들이 가지고 있는 신체·심리·사회적 문제를 확인하여 삶의 질을 높이고 질 높은 노후를 준비할 수 있도록 하여야 할 것이다.

■■■ 참고문헌

김경원 · 김태현(2005), 「질적 연구를 통한 독신동기요인과 남녀 차이」, 대한가정학
　　회지, 43(6), 61-79.

김명자(1998), 『중년기 발달』, 서울: 효문사.

김분덕(2004), 「도시중산층 중년 여성의 여가생활과 삶의 만족에 관한 연구」, 서울:
　　숙명여자대학교 석사학위논문.

김인숙(2004), 중년 여성의 노후생활 준비에 관한 연구」, 서울: 경희대학교 석사학위
　　논문.

김정석(2006), 「미혼남녀의 결혼의향 비교분석」, 『한국인구학』, 29(1), 57-70.

김흥규(1992), 『주관성연구를 위한 Q 방법론의 이해』, 『간호학논문집』, 6(1), 1-11.

고명숙 · 고효정 · 김희숙 · 박명화 · 이경혜(1992), 「여성건강에 대한 간호연구의 경
　　향과 전망」, 『간호과학』, 4, 5-16.

박미현(2007), 「중년 여성의 여가활동 유형에 따른 자아존중감, 여가만족 및 생활만
　　족의 관계」, 서울: 상명대학교 박사학위논문.

박정희(2007), 「고령사회를 대비한 한국 중년 여성의 노후준비 실태에 관한 연구」,
　　부산: 동아대학교 석사학위논문.

박충선(2002), 「독신에 대한 인식과 만족도에 관한 탐색적 연구」, 한국가정관리학회
　　지, 20(6), 163-171.

보건복지부, 저출산 · 고령사회위원회, 한국 보건사회연구원(2005), 『저출산 실태조
　　사 및 종합대책 연구』.

송석전(2003), 「중 · 장년층의 노후 준비의식 연구」, 공주: 공주대학교 석사학위논
　　문.

윤영효(1994), 『시집 안 간 여자, 시집 못 간 여자』, 서울: 삼진기획.

이연수(2005), 『싱글 마케팅』, 서울: 비즈니스북스.

정진선(2007), 「30대 미혼 여성의 라이프스타일과 결혼에 대한 태도」, 서울: 이화여
　　자대학교 석사학위논문.

조수용(1996), 「주관적 지표에 의한 삶의 질 측정연구」, 서울: 건국대학교 석사학위
　　논문.

통계청(2005), 「국내 인구 총 통계조사 자료」.

황주연(2007), 「중년기 여성의 생활만족도 및 삶의 질 향상 방안에 관한 연구」, 서울:
　　서울여자대학교 석사학위논문.

Cutler, N. E.(1979), Aging variation in the dimentionality of life satisfaction. *Journal of gerontology*, 34(4), 573–578.

Hartweg D. I.(1993), Self care actions of healthy middle aged women to protote well-being. *Nursing Reasearch*, 42(4), 221–227.

Havighurst, R. J.(1968), Middle Age and Aging. Chicago: The University of Chicago Press.

Neugarten, B. L.(1968), *Middle Age and Aging. Chicago*: The University of Chicago Press.

Pender N. J., Susan Noble Wolker, Karen R., Sechrist, and Marilyn Frank Stromberg(1990), Prediciting Health–Promotiong Lifestyles in the Workplace. *Nursing Reasearch*, 39(6), 326–332.

중년 미혼 여성의 삶이 민족간에 관한 주관성 연구

연명치료에 대한 일반인과 의료인의 인식 비교[*]

윤 은 자 · 김 현 정 · 전 미 순 · 윤 정 아

건국대 간호학과 교수 · 백석대 간호학과 교수
백석대 간호학과 교수 · 중원대 간호학과 교수

[*] 본 논문은 〈주관성 연구〉 제25호(2012. 12) pp.21–34 논문 전문을 재게재한 논문임을
알려드립니다.

연명치료에 대한 일반인과 의료인의 인식 비교

1. 서론

1) 연구의 필요성

최근 의학과 과학의 발달로 생명의 단순한 연장이 가능해지면서 연명치료에 대한 윤리적·법적 관심이 높아지고 있다.

오늘날 한국의 거의 모든 병원의 중환자실에서는 말기 환자의 연명치료유보에 관한 의료 윤리적 세부 지침을 제시하였다. 그러나 그 내용에 대한 비판적 견해도 많이 제기되고 있다. 우리나라에서는 아직 모두가 동의할 만한 연명치료 유보에 대한 지침은 마련되지 못한 상황이라고 할 수 있다. 즉 우리나라의 의료법은 무의미한 연명치료를 중단할 수 있는 제도적인 장치가 없어 의료인은 법적책임에서 벗어나기 위한 방어진료를 계속 하고 있다(홍성애·문선순, 2007). 이에 따라 회복 불가능한 환자의 고통스런 삶을 무의미하게 연장하여 인간의 존엄성을 해치는 부작용과 '인간의 죽음'에 대한 복합적인 문제를 초래하고 있다(허대석, 2009). 또한 연명치료에 대한 의료인과 일반인의 견해 차이는 임상 현장에 있어서 의견의 불일치와 갈등을 초래할 수 있다. 최근 연구에 따르면 2011년 S대 병원에 내과로 입원해 암으로 사망한 172명을 분석한 결과 10명 중 9명은 대표적인 연명치료인 심폐소생술을 거부한 상태이다. 사전 의료 의향서가 도입되기 전 2000년대 초반에는 환자 측 선택으로 연명치료 거부는 거의 없는 상태였다.

한편, 연명치료에 대하여 의료인은 모든 의료지식과 의료기술을 동원하여 환자를 치료할 의무를 가졌으나 중환자 가족을 대상으로 한 연구에 의하면 중환자 가족의 73.9%가 연명치료 중단이 필요하다고 하여(이혜경·강현숙, 2010) 의료인과 일반인의 견해 차이는 갈등을 일으킬 수 있다.

지금까지의 연명치료에 대한 국내의 논의나 연구는 의학계에서 시행된 인식도 조사(김소윤·강현희·고윤석·고신옥, 2009; 윤호민, 2008; 최지윤·권복규, 2009)가 대부분이었고 간호학에서는 임종과정에서의 생명연장술 실태조사(김신미·김순이·이미애, 2002), 중환자실 간호사와 중환자 가족의 연명치료 중단에 대한 태도조사(변은경·최혜린·최애리·홍권희·김나미·김행선, 2003), 노인환자 가족의 생명연장술에 대한 인식(배보경, 2007), 성인의 생명연장술에 대한 태도에 대한 주관성 연구(최지은·정연·김분한·전혜원·김윤숙, 2007), 가족 구성원별 생명연장술에 대한 선호도 연구(홍성애·문선순, 2007), 의료진의 생명연장술에 대한 주관성 연구(서수미, 2009)등의 연구가 있다. 이와 같이 연명치료에 대한 연구가 다양하게 이루어지고 있으나 일반인과 의료인의 견해의 차이를 비교한 연구는 거의 없는 상태이다.

연명치료 중지에 대한 견해를 연구하는 것은 연명치료에 대한 여러 의료 윤리 문제들을 이해하는 데 도움이 되고 의료인이 환자나 그 가족들과 실제적이고 상호보완적인 대화를 나눔에 있어 판단기준이 된다 (Cook, Rocker, Giacomini & Sinuff, 2006). 또한 이러한 활동은 일반인과 의료인의 연명치료에 대한 견해 차이를 좁혀줄 수 있다(박형욱, 2009).

연명치료에 대한 인식이나 지각은 주관적이고 개별화된 경험으로 개인의 경험적 특성과 사회 문화적 가치관에 따라 다양하기 때문에 개인에게 내재되어 있는 관점으로부터 스스로의 주관성을 표현하게 하고 이에 대한 독특한 통찰력을 제공해야 한다. 이에 본 연구는 인간의 주관성 탐구에 적합한 Q 방법론적 접근을 통해 일반인과 의료인이 연명치료에 대해 어떤 인식을 가지고 있는지 유형별 특성을 파악하고자 한다. 본 연구결과 도출될 이들 두 집단의 인식 차이의 이해는 대상자의 자기 결정을 최대화 시키고 인간으로서의 존엄성을 중시하는 연명치료를 제공하는 사회·의료환경적 함의의 밑바탕이 될 것이다.

2) 연구의 목적

본 연구는 Q 방법론을 이용하여 일반인과 의료인의 연명치료에 대한 인식유형과 그 특성을 비교하고자 하며 구체적인 목적은 다음과 같다.

1) 일반인과 의료인의 연명치료에 대한 인식을 유형화 한다.

2) 연명치료에 대한 일반인과 의료인의 주관적 인식구조의 차이를 분석하고 설명한다.

연명치료에 대한 일반인과 의료인의 인식 비교

2. 연구 방법

1) 연구 설계

본 연구는 일반인과 의료인의 연명치료에 대한 인식유형과 특성을 발견하고 어떠한 차이가 있는가를 규명하기 위해 Q 방법론을 적용한 탐색적 연구이다.

2) 연구 절차

(1) Q 모집단과 Q 표본의 선정

Q 모집단은 연명치료에 대한 내용이 수록된 문헌고찰과 일반인과 의료인이 생각하고 있는 연명치료에 대한 의견을 듣기 위하여 먼저 의료인 10인, 일반인 10인과 심층 면담을 하여 연명치료와 연관된 진술문을 추출하였으며, 이어서 연명치료, 생명연장, 심폐 소생금지, 웰 다잉(Well dying)과 관련된 문헌과 선행 연구, 인터넷, 또는 대중매체를 통해 연명치료와 관련된 총 192개의 진술문을 추출하였다. Q 표본의 선정은 192개의 Q 모집단을 여러 번 반복하여 읽으면서 진술문의 범주화를 시행하였다. 원 자료와 함께 7개 주제와 범주 내용의 타당성 여부를 Q 방법론 전문가, 연명치료 경험이 있는 임상실무 간호사 3인과 간호학 교수의 자문을 토대로 타당도 검정과 더불어 일치 되지 않는 부분은 수차례의 의견을 교환하여 재조정하였다. 이러한 과정을 거쳐 7개의 범주별로 선택된 진술문 중에서 변별력이 높다고 판단된 33개 진술문을 최종 Q 표본으로 완성하였다.

(2) P 표본

본 연구에서는 P 표본 선정시 연령, 학력, 직업, 결혼상태 등을 고려하였으며 일반인 20명과 의료인 21명을 연구 대상으로 하였다(〈표 1〉, 〈표 3〉).

(3) Q 분류 및 자료 분석

Q 분류를 위한 자료처리는 Q 표본으로 선정된 진술문을 읽게 한 후, 자신의 견해와 일치하는 정도에 따라 7점 척도 상에 강제 정규분포 하도록 하였다(그림 1). Q 표본 분류과정은 진술문 카드를 먼저 읽은 후 찬성(+), 중립(0), 반대(-)의 세 부분으로 나눈 다음, 찬성(반대)하는 진술문 중에서 적극 찬성(반대)하는 것을 차례로 골라 바깥에서부터 분류하도록 하였다. 이후 양극단의 진술문에 대한 선택 이유를 추가 면담을 통하여 진술하도록 하였다.

수집된 자료를 7점 척도 상에 가장 부정하는 문항을 1점으로 시작하여 2점, 3점, 중립 4점, 5점, 6점, 가장 긍정하는 문항을 7점으로 점수화하여 코딩하였다. 자료의 분석은 PC-QUANL 프로그램을 이용하여 주요인 분석 방법을 적용하였다. 가장 이상적인 요인수를 결정하기 위해 아이겐값 1.0 이상을 기준으로 요인수를 다양하게 입력시켜 산출된 결과와 전체적인 설명변량을 고려하여 최선이라고 판단된 유형을 선택하였다.

(4) 윤리적 고려

본 연구의 자료수집에 앞서 연구대상자에게 연구목적을 설명하였으며, 수집된 자료는 연구목적 이외의 용도로는 사용하지 않을 것과 연구대상자는 자의로 연구에 참여할 뿐만 아니라 언제라도 연구의 참여를 철회할 수 있음을 알려주고 이에 대한 서면동의서를 받았다.

3. 연구 결과

1) 일반인의 연명치료에 대한 인식

본 연구에 참여한 일반인은 20명 이었다. 성별은 남녀 각 10명이었고, 연령 범위는 23세에서 63세였으며, 학력은 대졸이 14명, 고졸 5명, 중졸 1명이었고, 종교는 기독교 8명, 천주교 1명, 불교 4명, 무교 7명이었다. 결혼 상태는 기혼이 12명, 미혼이 8명이었고, 직업은 학생 3명, 사무직 4명, 교사 1명, 회사원 2명, 자영업 2명, 무역업 1명, 무직이 7명이었으며, 가족 중에서 연명치료 경험이 있는 경우는 2명이었다. 연명치료에 대한 일반인의 인식 유형을 살펴보기 위해 Q 요인 분석을 실시한 결과 3가지 유형으로 나타났다. 총 20명의 대상자 중 유형1에 속한 사람은 10명, 유형2에 4명, 유형 3은 6명으로 분류되었다. 이들 각각 요인들의 아이겐 값은 각각 5.1908, 2.3357, 1.8967 이었으며, 각 요인의 설명 변량은 25.95%, 11.68%, 4.47%로 전체 변량의 47.12%를 설명하였다. 요인 간 상관관계는 .122∼.197로 나타났다. 각 유형에 속한 사람들의 인구학적 특성과 요인가중치는 〈표 1〉과 같다.

〈표 1〉 일반인의 인구사회학적 특성, 인자가중치 및 요인 분석

번호	ID	인구사회학적 특성							인자가중치	유형1	유형2	유형3	유형4
		성별	나이	학력	종교	결혼	직업	연명치료경험					
					일반인 유형 1 (n=10명)								
1	1	여	23	대졸	기독교	미혼	학생	있음	1.0628	.499	−.445	.060	.450
2	3	여	29	대졸	무교	미혼	사무직	있음	1.0021	.794	.147	.029	.653
3	4	여	32	대졸	무교	미혼	사무직	없음	1.4001	.626	−.240	.230	.502
4	5	여	34	대졸	천주교	기혼	교사	없음	.7639	.566	.122	.375	.476
5	11	남	26	대졸	무교	미혼	학생	없음	.8618	.734	.088	−.027	.548
6	12	남	29	대졸	무교	미혼	회사원	없음	2.9415	.739	−.383	.167	.722
7	13	남	27	대졸	기독교	미혼	회사원	없음	.2928	.207	−.319	−.143	.165
8	14	남	31	대졸	기독교	기혼	사무직	없음	.4489	.457	−.048	−.084	.208
9	16	남	42	대졸	기독교	기혼	자영업	없음	.3322	.453	.132	−.080	.229
10	19	남	56	고졸	기독교	미혼	없음	없음	3.4997	.723	−.426	.227	.756
					일반인 유형 2 (n=4명)								
11	2	여	24	대졸	무교	미혼	학생	없음	.8311	.658	.338	−.051	.550
12	7	여	49	고졸	불교	기혼	없음	없음	1.1938	.375	.545	.151	.460
13	10	여	60	대졸	불교	기혼	없음	있음	1.1111	.153	.600	.225	.434
14	20	남	63	고졸	무교	기혼	없음	없음	1.7208	.209	.770	−.088	.644
					일반인 유형 3 (n=6명)								
15	6	여	42	고졸	기독교	기혼	없음	없음	.6230	.389	.237	−.344	.326
16	8	여	57	고졸	기독교	기혼	없음	없음	1.2863	.487	−.143	−.556	.566
17	9	여	55	중졸	기독교	기혼	없음	없음	2.3983	.179	.181	−.792	.692
18	15	남	37	대졸	무교	기혼	사무	없음	.6840	.583	.085	−.309	.443
19	17	남	41	대졸	불교	기혼	무역업	없음	.4200	−.253	−.139	−.505	.338
20	18	남	53	대졸	불교	기혼	자영업	없음	.4162	.264	−.294	−.309	.252
아이겐값										5.1908	2.3357	1.8967	
전체변량					유형별 변량					.2595	.1168	.0447	
					누적 변량					.2595	.3763	.4712	
유형간 상관관계 계수					유형 1						.122	.197	
					유형 2							.126	

(1) 유형별 분석

일반인들이 지닌 연명치료에 대한 인식은 〈표 2〉와 같다.

① 유형1 : 자신의지 중시형

유형1은 생명은 가장 소중한 것이므로 기적이 일어날 수 있는 가능성

을 바라고 연명치료를 해야 하며 환자 본인의 결정이 가장 중요하다고 하였다. 유형1에 속한 대상자들이 긍정적인 동의를 보인 진술문은 '연명치료에는 본인의 의지가 가장 중요하다(Q3). 생명은 고귀한 것이므로 연명치료를 해야 한다(Q1).'로 나타났다. 이들은 이러한 진술문 선택에 대한 이유에 대해 "연명치료는 본인의 의사가 가장 중요하며 연명되는 삶에 대한 의미를 본인 아니고는 논할 자격이 없다."고 하였다. 또한 "일말의 가능성이 있다면 연명치료를 시행해야 한다."고 주장하였다. 가장 높은 인자가중치 3.4997을 보인 유형1의 대표성을 띠는 대상자를 중심으로 가장 긍정의 진술문을 선택한 이유를 살펴보면 다음과 같다. 대상자는 56세의 미혼남성으로, 가장 찬성하는 문항으로 '연명치료 결정에는 본인의 의지가 가장 중요하다(Q3).'와 '환자가 원하는 경우에는 시행해야 하지만 사전 의사결정이 없는 상태라면 보호자의 의견이 중요하다(Q31).'를 선택하였다. 그 이유에 대해 "자신에게 일어나는 사건은 자신의 주관으로 선택을 하고 그에 책임을 질 수 있어야 한다고 생각한다."라고 하였다. 이러한 분석을 토대로 볼 때 유형1은 연명치료의 결정은 환자 자신의 결정에 따라 이루어지는 것이 바람직하다고 보며 또한 이런 과정을 통한 연명치료의 결정은 존중되어야 한다는 견해를 지닌 사람들이다. 따라서 유형1은 '자신의지 중시형'으로 명명하였다.

② 유형2 : 인간다운 죽음 추구형

유형2는 존엄하게 죽을 권리도 있으며 나이가 많으면 굳이 연명치료가 필요하지 않다고 생각하는 유형이었다. 마지막 길을 편히 가도록 주변정리를 하도록 도와주어야 하며 본인이 결정하여 자연스럽게 죽음을 맞이하는 것이 좋다고 하였다. 유형2에 속한 대상자들이 긍정적인 동의를 보인 진술문은 '살 권리도 있지만 존엄하게 죽을 권리도 있다(Q7).',

'생명 말기라는 것을 환자에게 알려서 본인이 의사결정을 할 수 있게 한다(Q12).'였다.

유형2를 가장 잘 대표하는 대상자는 인자가중치 1.7208을 보인 60대 남성이며 가장 긍정하는 문항으로 '살 권리도 있지만 죽을 권리도 있다(Q7).'와 '생명말기라는 것을 환자에게 알려서 본인이 사전 의사결정을 할 수 있게 해야 한다(Q12)'를 선택하였다. 이에 대해 "순리에 따른 자연스러운 것이 좋은 것이고 자기 자신의 일이라 정리하고 결정할 수 있는 시간을 알려주어야 한다."고 하였다. 유형2는 인간답게 자연스러운 죽음을 맞이하는 것이 좋은 죽음이며 이러한 결정은 환자 자신이 주변을 정리하고 죽음을 결정할 수 있게 하는 것이 필요하다는 인식을 지녔다. 따라서 유형2는 '인간다운 죽음 추구형'으로 명명하였다.

③ 유형3: 종교적 신념형

유형3은 생명에 대한 것은 절대자의 권한에 있다고 보았고 절대자의 뜻대로 해야 하며, 연명치료에 대한 결정에 있어 본인과 가족의 종교적인 신념이 중요하다고 하였다. 이들이 긍정적인 동의를 보인 진술문은 '회복 불가능한 환자나 환자 가족이 종교적 신념으로 연명치료 중단을 요구할 때는 존중해주어야 한다(Q25).', '생명에 대한 결정은 절대자의 몫이지 가족인 내가 관여할 문제가 아니다(Q32).' 등이었다. 이들은 본인의 종교적 신념이 가장 중요하며 절대자의 뜻대로 되는 것이 가장 좋다는 견해를 지닌 사람들이다. 유형 3의 전형적인 대상자는 인자가중치 2.3983을 보인 50대 여성으로 '회복 불가능한 환자나 환자 가족이 종교적 신념으로 연명치료 중단을 요구할 때는 존중해주어야 한다(Q25).'와 '생명에 대한 결정은 절대자의 몫이지 가족인 내가 관여할 문제가 아니다(Q32).'를 선택하였다. 그 선택 이유에 대해서 "회복 불가능한 환자를

〈표 2〉 연명치료에 대한 일반인의 각 유형별 긍정적 / 부정적 동의를 보인 진술문

유형		Q - 진술문	표준점수
유형1	Q3	연명치료 결정에는 본인의 의지가 가장 중요하다	2.19
	Q1	생명은 고귀한 것이므로 연명치료를 해야 한다	1.55
	Q31	환자가 원하는 경우에는 시행해야하지만 사전의사 결정이 없는 상태라면 보호자의 의견이 중요하다	1.43
	Q29	무의미하게 연장되는 삶이라면 삶의 어떠한 의미도 없다.	-1.31
	Q17	가족은 의학적인 문제를 판단하기 어렵기 때문에 의사가 결정하는 것이 옳다고 생각한다	-1.80
	Q4	나이가 많으면 굳이 연명치료가 필요하지 않다.	-2.18
유형2	Q7	살 권리도 있지만 존엄하게 죽을 권리도 있다	2.19
	Q12	생명 말기라는 것을 환자에게 알려서 본인이 사전의사결정을 할 수있게 해야한다	2.06
	Q14	살아있을 때 심폐소생술이나 연명치료에 대해 미리 결정해 두는 것이 필요하다	1.64
	Q21	경제적으로 여유가 있으면 연명치료를 하는 것이 당연하다	-1.47
	Q19	내 가족이라면 우선은 살리고 추후 의학정보에 따라 치료를 결정하겠다.	-1.49
	Q32	생명에 대한 결정은 절대자의 몫이지 가족인 내가 관여할 문제가 아니다	-1.54
유형3	Q25	회복 불가능한 환자나 환자 가족이 종교적 신념으로 연명치료 중단을 요구할 때는 존중해주어야 한다	2.52
	Q32	생명에 대한 결정은 절대자의 몫이지 가족인 내가 관여할 문제가 아니다	2.02
	Q31	환자가 원하는 경우에는 시행해야하지만 사전의사 결정이 없는 상태라면 보호자의 의견이 중요하다	1.57
	Q20	본인이 반대해도 가족들이 원한다면 남은 가족들이 최선을 다했다는 심리도 중요하므로 연명치료를 해야 한다.	-1.45
	Q22	연명치료는 고도의 의료자원을 낭비시킨다.	-1.79
	Q27	인공호흡기나 심폐소생술과같은 연명치료는 반대 한다.	-1.89
합의 항목	Q11	의료진은 연명치료에 있어서 항상 중립적이어야 한다.	.88
	Q26	나라면 연명치료를 하면서까지 오래 살고 싶지는 않다.	.68

어떻게든 살리려는 것보다 본인의 의사를 존중해서 결정하는 것이 좋다고 생각한다. 생명에 대한 것은 하나님의 권한에 있기 때문에 살 이유가 있으면 하나님이 살게 하실 것이고 아니라면 안하게 하실 것이다."라고 하였다. 이러한 결과에 근거하여 유형 3은 '종교적 신념형'으로 명명하였다.

2) 의료인의 연명치료에 대한 인식

본 연구에 참여한 의료인은 21명이었다. 남자가 9명, 여자가 12명이었고 연령 범위는 25세에서 44세였으며 직종은 의사가 10명, 간호사가 11명 이었고 종교는 기독교 8명, 천주교 3명, 불교 1명, 무교 8명, 기타 1명이었다. 결혼 상태는 기혼이 10명, 미혼이 11명이었고 가족 중 연명치료 경험이 있는 경우는 2명, 연명치료 지침에 대해 사전 지식이 있는 경우는 9명이었다. 연명치료에 대한 의료인의 인식 유형을 살펴보기 위해 Q요인 분석을 실시한 결과 3가지 유형으로 나타났다. 총 21명의 대상자 중 유형A, B, C에 속한 사람은 각각 7명이었다. 이들 요인들의 아이겐 값은 각각 7.6653, 1.7747, 1.5941 이었으며, 각 요인의 설명 변량은 36.50%, 8.45%, 7.59%로 전체 변량의 52.54%를 설명하고 있었다. 또한 요인간 상관관계는 .456~.502로 나타났다. 각 유형에 속한 의료인의 인구학적 특성과 인자가중치는 〈표 3〉과 같다.

(1) 유형별 분석
의료인들이 지닌 연명치료에 대한 인식의 유형별 특성은 〈표 4〉와 같다.

① 유형 A : 환자의지 중시형

유형 A는 연명치료의 지속과 중단에 있어서 환자 본인의 결정이 가장 중요하다는 인식을 지닌 사람들이다. 나이가 많거나 상태의 심각성과 상관없이 본인은 자신이 살 권리도, 죽을 권리도 가지고 있는 존재이기 때문에 환자 스스로 자신의 의지만 있다면 적극적으로 치료를 해야 한다고 하였다. 유형 A에 속한 대상자들이 긍정적인 동의를 보인 진술문은 '연명치료 결정에는 본인의 의지가 가장 중요하다(Q3).', '살 권리도 있지만 존엄하게 죽을 권리도 있다(Q7).'로 나타났다. 즉 이들은 연명치료의 중심은 환자 자신이며 환자 자신의 선택이 가장 중요한 요인으로 인식하였다. 가장 높은 인자가중치 2.7217을 나타내어 유형 A의 대표성을 띠는 대상자는 34세의 경력 10년인 의사로, 가장 찬성하는 문항으로 '연명치료 결정에는 본인의 의지가 가장 중요하다(Q3).'와 '살 권리도 있지만 존엄하게 죽을 권리도 있다(Q7).'를 선택하였다. 그 선택 이유에 대해 "다른 어떤 것보다 본인의 의지가 가장 중요하기 때문"이라고 하였다. 이러한 근거로 연명치료에 대한 의료인 유형 A의 인식은 '환자 의지 중시형'으로 명명하였다.

② 유형 B : 인간존엄 중시형

유형 B는 사람이 사람답게 사는 것이 아니라면 살 의미가 없다는 생각을 지닌 유형으로 고통의 시간을 늘리는 것이라면 연명치료를 포기하는 것이 오히려 환자의 존엄성에 도움이 된다는 견해를 지닌 사람들이다. 유형 B에 속한 대상자들이 긍정적인 동의를 보인 진술문은 '나라면 연명치료를 하면서까지 오래 살고 싶지 않다(Q26).', '무의미하게 연장되는 삶이라면 삶에 어떤 의미도 없다(Q29).'이었다. 유형 B의 전형적인 대상자는 인자가중치 1.6313의 경력 7년의 30대 의사로서 가장 긍정하는 문항으로 '생명말기라는 것을 환자에게 알려서 본인이 사전 의사결정을 할 수 있게 해야 한다(Q12).', '나라면 연명치료를 하면서까지 오래 살고 싶지 않다(Q26).'를 선택하였다. 그 선택이유에 대해 "자신이 왜 이런 상황에 놓여 있는지도 모르고 고통만을 받으며 사는 환자를 그동안 많이 보았고…… 단순히 보호자가 최선을 다하기 위한 노력선상에서 환자가 고통당하는 것은 옳지 않다고 봅니다."라고 하였다. 유형 B는 인간의 존엄성이 훼손되지 않고 죽음을 맞이하는 것이 좋은 죽음이며 무의미한 생명연장은 지향해야 할 필요가 크다고 인식하는 사람들이었다. 이러한 근거로 유형 B는 '인간존엄 중시형'으로 명명하였다.

③ 유형 C : 중립자세 추구형

유형 C는 연명치료에 대한 의료인의 역할은 환자의 상태와 치료 방향에 대해 설명해주고 그에 따른 판단은 전적으로 환자와 보호자가 해야 한다고 보며 연명치료 중지에 대한 지침의 중요성을 강조하였다. 즉 이들은 연명치료 중지에 대한 지침을 토대로 의료제공자인 의료인과 의료수혜자인 환자 및 보호자 간의 합리적인 의견 조율이 가능하다는 인식을 지니고 있었다. 유형 C에 속한 대상자들이 긍정적인 동의를 보인 진술문은 '연명치료 중지에 관한 지침은 임종환자와 연관된 의료 윤리적 및 사회환경적인 문제들을 합리적으로 해결할 수 있다(Q13).', '의료진은 연명치료에 있어 항상 중립적이어야 한다(Q11).'이었다. 가장 높은 인자 가중치 2.4373을 보여 유형 C의 전형적인 대상자인 31세, 경력 5년의 간호사는 '의료진은 연명치료에 있어 항상 중립적이어야 한다(Q11).'와 '연명치료에 대한 판단은 의료진이 할 수 없다고 생각한다(Q10).'를 선택하였다. 그 선택 이유에 대해서 "의료인은 환자에게 치료와 현상태에 대해 설명을 해주지만 연명치료에 관한 결정은 환자와 보호자에게 맡겨야

⟨표 3⟩ 의료인의 인구사회학적 특성, 인자가중치 및 요인분석(N=21)

번호	ID	성별	나이	종교	결혼	직종/경력	연명치료경험	연명치료중지관련사전지식	인자가중치	유형A	유형B	유형C	COM.
의료인 유형 A (n=7명)													
1	3	여	28	무교	미혼	간호사/5년	없음	없음	2.6710	.779	−.366	.201	.875
2	4	남	29	기독교	미혼	간호사/2년	없음	있음	1.5869	.729	−.283	.170	.769
3	8	여	27	무교	미혼	간호사/3년	있음	있음	.8841	.498	−.086	.445	.886
4	9	여	28	기독교	미혼	간호사/4년	있음	없음	1.2513	.706	−.246	.127	.829
5	10	여	28	천주교	미혼	간호사/4년	없음	없음	.9288	.606	−.262	.077	.693
6	11	여	29	무교	미혼	간호사/5년	없음	없음	.3393	.456	.038	.051	.879
7	19	남	34	기타	기혼	의사/10년	없음	있음	2.7217	.709	−.383	.291	.831
의료인 유형 B (n=7명)													
8	5	여	35	기독교	기혼	간호사/8년	없음	있음	.7649	.523	.250	.252	.899
9	6	여	34	불교	기혼	간호사/10년	없음	없음	.8739	.691	.357	−.148	.822
10	12	남	40	무교	기혼	의사/4년	없음	없음	1.1664	.580	.426	.092	.806
11	13	남	36	무교	기혼	의사/5년	없음	있음	.7134	.552	.322	−.035	.632
12	14	남	37	천주교	기혼	의사/3년	없음	있음	.6740	.661	.115	.260	.691
13	15	남	33	기독교	미혼	의사/3년	없음	없음	1.6313	.321	.600	.299	.689
14	18	여	38	기독교	기혼	간호사/10년	없음	없음	1.0661	.679	.357	.041	.831
의료인 유형 C (n=7명)													
15	1	여	27	무교	미혼	간호사/4년	없음	없음	.7514	.528	−.500	−.293	.729
16	2	여	28	천주교	미혼	간호사/5년	없음	없음	1.2191	.681	.158	−.354	.866
17	7	여	31	기독교	미혼	간호사/6년	없음	없음	.5459	.547	.042	−.166	.920
18	16	여	31	기독교	기혼	간호사/5년	없음	없음	2.4373	.394	.066	−.717	.839
19	17	남	44	무교	기혼	의사/19년	없음	있음	.9476	.665	−.112	−.283	.790
20	20	남	38	무교	미혼	의사/3년	없음	있음	.7103	.472	.064	−.310	.689
21	21	남	35	기독교	기혼	의사/4년	없음	있음	.7206	.669	−.059	−.185	.862
아이겐 값										7.6653	.0845	.0759	
전체변량							유형별 변량			.3650	.0845	.0759	
							누적 변량			.3650	.4495	.5254	
유형간 상관관계 계수							유형 A				.502	.488	
							유형 B					.456	

한다고 생각해요. 음… 뭐랄까… 의료인으로서 전문적인 판단에 의해 치료 여부를 결정한다 해도 이를 법적으로 보호받을 수 없는 현실이기 때문입니다."라고 하였다. 이러한 근거로 유형 C는 '중립자세 추구형'으로 명명하였다.

유형		Q - 진술문	표준 점수
유형A	Q7	살 권리도 있지만 존엄하게 죽을 권리도 있다.	2.15
	Q3	연명 결정에는 본인의 의지가 가장 중요하다.	2.07
	Q14	살아있을 때 심폐소생술이나 연명치료에 대해 미리 결정해 두는 것이 필요하다.	1.33
	Q16	연명치료는 나의 생각보다 기존에 병원에서 하던 대로 하는 것이 좋다.	-1.61
	Q22	연명치료는 고도의 의료자원을 낭비시킨다.	-1.85
	Q4	나이가 많으면 굳이 연명치료가 필요하지 않다.	-1.90
유형B	Q26	나라면 연명치료를 하면서까지 오래 살고 싶지는 않다.	1.95
	Q12	생명말기라는 것을 환자에게 알려서 본인이 사전의사결정을 할 수 있게 해야 한다.	1.46
	Q11	의료진은 연명치료에 있어 항상 중립적이어야 한다.	1.28
	Q10	연명치료에 대한 판단은 의료진이 할 수 없다고 생각한다.	-1.50
	Q17	가족은 의학적인 문제를 판단하기 어렵기 때문에 의사가 결정하는 것이 좋다.	-1.76
	Q21	경제적으로 여유가 있으면 연명치료를 하는 것이 당연하다.	-1.89
유형C	Q7	살 권리도 있지만 존엄하게 죽을 권리도 있다.	1.74
	Q18	연명치료에 대한 지침은 의료진과 환자 가족이 법적 합의를 위해 필요하다.	1.62
	Q11	의료진은 연명치료에 있어 항상 중립적이어야 한다	1.41
	Q32	생명에 대한 결정은 절대자의 몫이지 가족인 내가 관여할 문제가 아니다.	-1.62
	Q24	기적이 있을 수 있으므로 어떠한 이유에든 환자를 포기할 수는 없다.	-1.85
	Q17	가족은 의학적인 문제를 판단하기 어렵기 때문에 의사가 결정해야 한다.	-2.01
합의 항목	Q11	의료진은 연명치료에 있어서 항상 중립적이어야 한다.	1.22
	Q12	생명말기라는 것을 환자에게 알려서 본인이 사전 의사결정을 할 수 있게 해야 한다.	1.09

4. 논의

2012년 1월 국가생명연구원의 발족은 그간 한국사회 전반에서 활발히 지속 되어온 연명치료에 대한 논의를 체계적으로 접근하는 계기가 되고 있다. 이는 날로 발전하는 의료기술과 저출산 등으로 급격한 고령사회로 진입하는 우리의 의료 현장에서 무의미한 연명치료는 현실의 벽과 생명존중이라는 근본적인 문제 사이에서 많은 윤리적, 도덕적 딜레마를 일으키면서 매일의 의료 현장 속에서 부딪히는 문제이다. 이에 본 연구는 연명치료에 대한 일반인과 의료인의 인식 유형과 특성을 파악하고 그 차이를 규명하여 연명치료를 위한 사회적 함의와 지침을 위한 근거를 얻고자 수행하였다.

연명치료 여부 결정의 관건은 의료제공자인 의료인과 의료 수혜자인 환자, 보호자 간의 의견의 합일점에 관한 조율이라고 할 수 있다. 그러나 우리나라의 의료문화는 이러한 중요한 문제에 대해서 솔직하고 허심탄회한 대화를 하지 못하고 있으며 의료진과 병원에 대한 불신 역시 상당한 수준이고, 의료인들 대부분이 이 미묘하고 어려운 문제를 어떻게 다루어야 할지에 대한 충분한 경험과 훈련이 부족하다(권복규 외 8인, 2010). 이러한 의미에서 의료인과 일반인의 연명치료에 대한 인식은 무엇이고 그 특성의 차이는 어떠한가를 탐색하는 것은 중요한 의미가 있다고 하겠다.

연구결과, 연명치료에 대한 일반인과 의료인의 인식 유형의 공통점은 일반인의 첫 번째 유형, '자신의지 중시형'과 의료인의 '환자의지 중시형'으로 나타났다. 환자의 치료나 치료중단 여부를 결정할 수 있는 주체는 의학적인 판단을 근거로 한 환자 자신이어야 한다. 그러나 실제로는 연명치료의 결정은 의사와 가족들이 결정하는 것으로 나타났으며 간병을 담당하는 가족이나 의사의 의견이 환자의 의견보다 더 중요하게 여겨지는 것으로 나타났다(이혜경·강현숙, 2010). 즉, 치료 중단이 의사에게 의해 먼저 권유되고 가족이 이를 수용하는 형태이기 때문에 가족들은 모든 결정을 의사에게 의지하고 있는 것으로 보인다. 이러한 실정에서 연명치료에 대하여 가지고 있는 이들 두 유형의 주관적 특성이 임상 현장에서 실현될 수 있도록 해야 함은 당면한 과제라고 할 수 있겠다. 이렇듯 환자의 의견이 적극적으로 반영되고 실천되기 위해서 환자가 자신의 상병상태에 대해 정확한 정보를 제공받고 이에 대해 진실한 대화를 할 수 있는 환경이 조성되어야 한다. 권복규 외 8인의 연구(2010)에 의하면, 97%의 환자가 자신의 상태에 대한 진실을 어떻게든 알고 싶어 했으나, 이 중 25%는 단계적으로 듣고 싶다고 함으로써 각 환자의 상태와 개인차를 고려한 섬세한 접근이 필요함을 시사한 바 있다. 한편 우리나라 정서상 환자 본인의 의사를 존중하는 가운데 가족과의 협의를 거쳐 연명치료에 대한 결정을 내리게 되는데 가족간의 충분한 토의가 이루어지도록 의료진의 배려가 필요하다.

두 번째 유형은 일반인의 '인간다운 죽음 추구형'과 의료인의 '인간존엄 중시형'이었는데 두 유형 또한 주관적 인식에 있어서 유사성이 있는 것으로 나타났다. 2008년의 '김할머니 사건'은 한국 사회에서 연명치료의 중단에 대한 예민한 문제를 다룸에 있어서 전기를 마련하는 계기가 되었다. '회생 불가능하다'라는 판정을 받은 75세 할머니의 가족이 인공호흡기의 제거를 요구하자 대법원은 '회복 불가능한 사망의 단계에 이른 환자에게 무의미한 연명치료를 강요하는 것은 오히려 인간의 존엄과 가치를 해하는 것으로 예외적인 상황에서 환자가 인간으로서의 존엄과 가치 및 행복 추구권에 기초하여 자기결정권을 행사하는 경우라면 연명치료의 중지가 허용될 수 있다'라고 하였다(권복규 외 8인, 2010). 또한 연명치료 중단의 필요성에 대한 선행 연구결과(이혜경 · 강현숙, 2010)에 의하면 의사, 간호사, 중환자실 환자 보호자 모두 90% 이상이 연명치료의 중단이 필요하다고 생각하고 있었다. 스웨덴에서 1,202명의 일반인과 1,200명의 의료인을 대상으로 연명치료의 중단에 대한 태도를 조사한 연구(Lindblad, Juth, Furst & Lynoe, 2010)에 의하면 두 집단 모두에서 '무의미한 연명치료의 중단을 찬성'에 유의미하게 일치하는 태도를 보였다. 이러한 상황에서 우려될 수 있는 것은 남용의 가능성이다. '회복 불가능한 사망의 단계'에 진입하였는지는 쉽게 판단할 수 있는 것은 아니다. 또한 가족과 의사가 연명치료 지속여부 결정에서 중요한 위치를 차지하는 우리나라의 상황에서 연명치료의 중단은 무분별하게 사용되기가 쉽다. 아울러 이러한 결정은 치료비와 연결되어, 경제적인 문제로 인해 결정이 될 가능성도 배제하기 어려운 것이다. 이주희(2012)는 이러한 상황에서 필요한 것은 연명치료 중단을 위한 사회적 합의와 실제적인 지침과 법령, 그리고 무의미한 연명치료 중단의 남용을 야기할 수 있는 다양한 문화적 의료 · 환경적 원인을 최소화하는 것임을 말하고 있다. 우리나라는 관련된 이슈가 등장했을 때는 활발한 논의가 이루어지다가 시간이 지나면 다시 사그라지는 경향이 있다. 그러나 연명치료는 매일의 의료 현장에서 발생하며 이를 접하는 환자 본인과 그 가족, 의료진에게는 실존적인 중대한 문제가 되는 것이다. 연명치료 중단의 남용과 관련되어서 이러한 사례를 사후 통제하고 향후 정책에 반영할 수 있는 제도가 필요하다고 사료된다.

　일반인의 세 번째 유형으로 나타난 '종교적 신념형'은 의료인의 어느 유형과도 일치하지 않는 것으로 나타났다. 인간의 생명은 절대자에게 달려있고 주관자는 하느님이라는 신념을 지닌 일반인의 유형이 발견되었으나, 그러한 인식을 가진 의료인의 유형은 본 연구에서 나타나지 않았다. 이러한 결과는 임상 현장에서 의료인과 환자, 보호자 간에 의견의 균열 및 감정상의 불일치가 나타날 수 있음을 시사한다. 최지윤(2009)은 연명치료 중단에 대해 국민감정을 파악하기 위한 치밀한 접근 방법이 필요하며 이러한 점을 무시하고 제도적으로만 접근하게 되면 어떠한 완벽한 제도를 구축한다 해도 의료 현장에서 갈등의 빌미가 되고 환자(보호자) – 의사관계가 심지어는 절연으로도 이어질 수도 있다고 하였다. 그러므로 의사와 간호사는 환자 및 보호자의 가치와 정서, 신념을 충분히 파악하고 그것을 지지하며 함께 연명치료에 관련된 예민한 문제들을 논의해 가야 할 것으로 사료된다. 이러한 때에 간호사는 환자의 곁에서 24시간 함께 하면서 환자의 상태 및 보호자의 감정을 누구보다도 가장 잘 이해하고 그들의 갈등과 소망을 알며 그들의 어려운 결정과정을 도와줄 수 있는 의료인이며 조정자라고 할 수 있다(Efstathiou & Clifford, 2011). '종교적 신념형'에게는 연명치료 결정의 상황에서 이해받으며 안녕감과 안정감 가운데 의사결정을 할 수 있도록, 본인의 가치관에 맞는 종교적 접근을 제공하는 것도 실무현장에서의 정서심리적 접근의 한 축이 될 수 있으리라 사료된다. 환자와 보호자를 위한 진정한 간호에는 의료진이 환자 보호자와 공감적 관계를 가지고 치료적 의사소통을 할 수 있는 능력과 환자 참여를 촉진시킬 수 있는 능력이 수반되어야 하는 것이다(한혜숙, 2011).

한편 의료인의 '중립자세 추구형'이 일반인에게서는 나타나지 않았다. 중립자세 추구형은 연명치료 중지에 대한 지침의 중요성을 강조한 유형이다. 이러한 유형이 일반인에게서 나타나지 않았다는 것은 연명치료중지에 대한 의료지침의 중요성과 내용을 일반인들에게 인식시켜야 할 필요성을 크다는 것을 시사한다. 본 연구의 일반인 대상자 중에서 연명치료에 대한 지식이 있는 경우는 단 한명에 불과했다. 연명치료 중지에 대한 지침은 의료인들만의 전유물이라기보다는 일반인과 공유할 수 있는 사회문화적 환경이 조성되어야 할 필요가 크다고 하겠다. 이를 통해 실제적으로 의사결정을 내려야 하는 일반인들에게 적절한 지식과 정보를 제공해야 한다.

본 연구의 결과로 나타난 일반인의 3가지 유형과 의료인의 유형은 약 70%의 일치도를 가진 것으로 유추해 볼 수 있다. 이는 일반인의 1, 2유형과 의료인의 A, B 유형이 일치하고, 의료인의 유형 C, '중립자세 추구형'이 "…연명치료에 관한 결정은 환자와 보호자에게 맡겨야한다고 생각해요…"는 결국 환자(보호자)의 의지를 존중하여 의사결정을 해야 함을 의미하므로 일반인 유형 1과 그 맥락을 같이 한다고 본다. 결국 일반인과 의료인간의 연명치료에 대한 인식은 약 70% 정도의 일치성과 유사성을 지녔다고 사료된다. 두 집단 간의 투명한 의사소통을 통한 연명치료에 대한 주관성의 합의는 인간생명의 존중이라는 진정성 있는 목표를 이루는 길이고, 환자와 보호자가 주체가 되어야 하는 연명치료의 어렵고 중대한 문제에 있어서 두 집단 간에 달성해야 할 과업인 것이다. 이를 위해 각 유형에 대한 깊은 이해가 관건이다.

5. 결론 및 제언

본 연구는 Q 방법론을 적용하여 일반인과 의료인의 연명치료에 대한 인식의 주관적 구조와 그들 간의 차이를 비교분석하여 연명치료에 대한 사회·의료환경적 함의 도출의 근거를 얻고자 시도하였다. 연구결과, 일반인의 연명치료에 대한 인식의 '자신의지 중시형'은 의료인의 '환자의지 중시형'과 일치하였고 일반인의 '인간다운 죽음추구형'은 의료인의 '인간존엄 중시형'과 일치하였다. 일반인의 '종교적 신념형'은 의료인의 주관성에서는 발견되지 않은 반면 의료인의 인식에는 '중립자세 추구형'이 나타났다. 이러한 연구결과에 근거하여 두 집단 간의 주관성의 차이를 좁혀가기 위한 보다 투명한 의사소통과 법적, 제도적 지지가 필요하다고 하겠다.

본 연구의 의의는 일반인과 의료인의 연명치료에 대한 인식 유형을 비교, 분석하여 민감하고 중요한 사회 현안인 연명치료에 대한 두 집단 간의 인식의 차이를 줄이고 사회적 합의를 위한 근거와 방안을 제시했다는 것이다.

본 연구결과를 토대로 한 제언은 다음과 같다. 첫째, 상호지향적 관점(co-orientational look)에서 바라 본 환자와 의료인의 연명치료에 대한 태도 연구가 필요하다. 둘째, 연명치료 중지의 지침에 관한 실제적이고 객관적인 홍보자료와 교육프로그램의 개발이 필요하다. 셋째, 병원의 사전의사결정제도 정착을 위한 합의가 시행 될 수 있는 법적 근거 마련과 풍토의 조성이 필요하다. 넷째. 환자와 보호자들이 종교적인 도움을 필요로 할 때 지지를 제공하는 임상현장의 행·재정적 방안의 활성화가 필요하다.

■■■ 참고문헌

권복규 · 고윤석 · 윤영호 · 허대석 · 서상연 · 김현철 · 최경석 · 배현아 · 안경진 (2010), 「우리나라 일부 병원에서 환자, 보호자, 의료진의 연명치료 중지 관련 의사결정에 관한 태도 연구」, 『한국의료윤리학회지』 13(1), 1-16.

김소윤 · 강현희 · 고윤석 · 고신옥 (2009), 「연명치료중단과 유보 결정에 대한 한국 중환자 전담의사 인식과 실행」, 『한국의료윤리학회지』 12(1), 15-28.

김신미 · 김순이 · 이미애 (2002), 「임종과정에서의 생명연장술 관련 실태조사」, 「한국노년학」, 21(3), 15-27.

박연옥 · 장봉희 · 유문숙 · 조유숙 · 김효심 (2004), 「말기 환자의 연명치료 중단에 대한 간호사의 인식도」, 『한국의료윤리교육학회지』 7(2), 198-216.

박형욱 (2009), 「세브란스병원 사건의 경과와 의의」, 『대한의사협회지』 52(9), 848-855.

배보경 (2007), 「노인환자가족의 생명연장술에 대한 인식」, 한양대학교 석사학위논문, 서울.

변은경 · 최혜린 · 최애리 · 홍권희 · 김남미 · 김행선 (2003), 「중환자실 간호사와 중환자가족의 연명치료중단에 대한 태도조사」, 『임상간호연구』 9(1), 112-124.

서수미 (2009), 「의료인의 생명연장술에 대한 주관성 연구」, 한양대학교 석사학위논문, 서울.

윤호민 (2008), 「사전의료지시서를 통해 본 호스피스 암환자의 연명치료에 대한 태도」, 고려대학교 석사학위논문, 서울.

이주희 (2012), 「무의미한 연명치료의 중단; 정당화 가능성과 방향, 법학 연구」, 20(1), 89-111.

이혜경 · 강현숙 (2010), 「연명치료 중단에 관한 중환자실 간호사, 의사 및 중환자 가족의 태도 및 인식」, 『임상간호연구』 16(3), 85-98.

최지윤 · 권복규 (2009), 「안락사와 연명치료중단에 대한 우리나라의 최근 동향」, 『한국의료윤리학회지』 12(2), 127-142.

최지은 · 정연 · 김분한 · 전혜원 · 김윤숙 (2007), 「성인의 생명연장술 태도에 관한 주관성 연구」, 『대한간호학회지』 37(7), 1166-1176.

한혜숙 (2011), 「질적간호에 대한 암환자와 간호사의 인식 비교」, 『주관성 연구』 23, 131-146.

홍성애 · 문선순 (2007), 「가족구성원별 생명연장술에 대한 선호도 연구」, 『한국노년학』 31(2), 881-895.

허대석 (2009), 「자기결정권과 사전의료지시서」, 『대한의사협회지』 52(9), 865-870.

Cook, D., Rocker, G,. Giacomini, M. & Sinuff, T. (2006). Understanding and changing attitudes toward withdrawal and withholding of life support in the intensive care unit. Critical Care Medicine, 34(11), 317-323.

Efstathiou, N., & Clifford, C. (2011), The critical care nurse's role in end of life care: issues and challenges. *Nursing in Critical Care*, 16(3), 116-123.

Lindblad, A., Juth, N., Furst, C. J. & Lynoe, N. (2010), When enough is enough; terminating life-sustaining treatment at the patient's request: a survey of attitudes among Swedish physicians and general public. *Journal of Medical Ethics*, 36(5), 284-289

연명치료에 대한 일반인과 의료인의 인식 비교

미용 성형수술을 통한 미적 관점에 관한 연구[*]

김 봉 인 · 장 서 지

수원여자대 미용예술과 교수 · 한국외국어대 신문방송학과 석사과정

[*] 본 논문은 〈주관성 연구〉 제21호(2010. 12) pp.163-177 논문 전문을 재게재한 논문임을 알려드립니다.

미용 성형수술을 통한 미적 관점에 관한 연구

1. 서론

성형외과란 신체의 변형을 교정하고 기능상의 결함을 치료하여 주는 외과의 한 분야라고 알려져 있다(김진환, 1994). Plastic 의 어원은 희랍어의 plastikos라는 형용사에서 온 것으로 plassein이라는 동사에서 유래된 mould 즉, 형태를 만들다, 물건을 만든다는 뜻의 동사이다. Plastique 라는 용어는 디솔트(Desault)가 1798년 처음으로 사용하였고, 보편화 된 것은 1838년 handbuch der plasticschen Chirurgie 라는 책에서 사용한 후부터라고 전해진다. 일반적으로 성형외과는 손상된 외모를 복원하고, 그 기능을 되살리는 재건 성형(Reconstructive Plastic Surgery)과 미적인 아름다움을 위해서 타고난 신체 부위의 모습을 변형시키는 미용 성형(Aesthetic, cosmetic Plastic Surgery)으로 크게 나눌 수 있다.

재건 성형수술은 화재 및 각종 사고로 인해 손상된 신체 부위를 다양한 방법으로 교정하는 수술로, 각종 피판 성형술과 피부 이식술, 장기이식술에 걸쳐 다양한 수술법이 존재한다. 재건 성형 수술은 각종 선천성 기형의 교정을 위한 구순구개열 교정수술, 다지증, 합지증 교정수술, 화상환자들의 재활을 위한 각종 피부이식술 및 구축 교정술의 다양한 분야가 있다.

미용 성형수술의 발달은 재건 성형의 발달로 다져진 성형기술의 발달과 경제적인 여유가 있는 사람들의 외모 가꾸기라는 의도가 만나 현대에서 그 꽃을 피우고 있다. 아름다워지고 싶은 욕망과 감추려 해도 어쩔 수 없이 드러나는 노화현상을 늦추어 보려는 마음에서 미용 성형수술을 원하는 사람들이 늘어나게 되어 미용 성형수술이 발달하게 되었다. 미용 성형수술의 대상은 쌍꺼풀 수술에서부터 코의 성형, 얼굴 및 목의 주름살 제거술, 안면윤곽 교정술, 유두 및 유방 성형술, 지방 흡입술을 포함한 비만 성형술, 종아리 퇴축술을 비롯한 종아리 성형술, 화학적 및 기계적 박피술, 내시경 수술과 레이저 수술 등 매우 다양하다(이윤호, 1998).

성형수술에 대한 최초의 기록은 기원전 6~7세기경, 인도의 수스루타 (Susruta)에 의한 코의 성형술에 대한 자세한 보고가 있다(양두병, 1998). 인도에서는 전쟁 포로나 죄인에게 형벌을 가할 때 코를 잘랐다고 한다. 당시 코는 권력의 상징이며, 존경과 명예의 대상으로 여겨졌기 때문에 코를 절단함으로써 신체적인 고통과 정신적인 모욕을 함께 줄 수 있었기 때문이다. 절단된 코를 재건하는 방법은 불교가 전파와 함께, 유럽으로 유입되어 로마의 의사인 셀수스도 이 방법을 사용했다. 당시 인도에서 사용된 성형수술법은 이마의 피부를 이용해 코를 다시 만드는 것이었는데, 이는 18세기에 이르러 인도식 방법으로 일컬어졌고, 이 인도식 방법은 현재까지도 가장 좋은 코의 재건법 중 하나로 여겨지고 있다.

현대를 살아가는 인간에게 외모를 바꿀 수 있다는 믿음은 마음의 위안과 평화를 가져다주는 치료적인 의미가 있다. 근래 들어 고학력 미취업자의 증가로 면접 시 호감을 얻기 위해 또는 단지 자신의 콤플렉스를 해결하고, 자신의 심리적인 만족을 위해 자신의 외모를 바꾸려는 사람들이 증가하면서 성형외과를 찾는 사람들이 늘어나고 있는 추세이다. 이런 추세에 힘입어 성형외과의원들도 매우 급증하고 있는 것이 현실이다(이용길 · 박재승, 2001).

외모에 자신감이 없는 사람은 사회적으로 거절당하기 쉽고, 사진 찍는 일이나 신체적 노출을 꺼리며, 사회적 반응에 대해서도 과민하게 반응하는 경향이 있다. 성형수술이 미치는 영향 가운데 가장 중요한 것은 부정적인 자의식을 감소시키는 것이다. 아담스(Adams)는 외모가 인간의 성격구조에 미치는 영향에 대해 설명하고 있는데, 즉 매력적인 외모는 대인관계에서 상대방으로 하여금 기대를 갖게 하고, 그 매력에 따라 주위로부터 각기 다른 사회적인 반응을 받게 되는데, 개개인은 이러한 사회적 피드백을 자기 내재화함으로서, 자신에 대한 자아상과 타인에 대한 상호작용을 하는데 양향을 받게 된다. 따라서 매력적인 사람은 더욱 더 자신감 있는 자기 확신적 상호작용 양상을 보이게 된다(Adams, 1977). 이와 같이 미용 성형수술의 역할은 성형수술을 통한 외모의 개선으로 개인의 긍정적인 성격의 형성과 사회적인 자신감의 증가를 가져오게 된다는 점을 들 수 있다.

최근의 미용 성형수술의 급증을 단순히 사회 현상적으로 바라보는 관점에서 벗어나 한 개인의 미적 관점이라는 차원에서 한 개인에 대해 연구한 사례는 많이 부족하다. 개인의 관점과 성형수술의 수용, 그리고 그 결과에 대한 관점은 다분히 주관적이다. 아름다움에 대한 결과는 인간에게 객관적인 혹은 본능적인 속성을 지닌다고 할 수 있다. 하지만, 미의 관점은 학습되어 지는 것도 사실이다. 더구나, 개인이 성형수술을 결정하고 그 기대 효과를 이미지화 시키며, 실제로 수술 후 평가와 만족에 관한 특성은 그 개인에게만 국한되는 특징적이며, 주관적인 속성을 지닌다. 따라서 본 연구의 목적은 인간의 주관성 연구에 Q 방법론을 적용하여 성형수술 전후의 미적 관점을 유형화 시키고, 그 특성을 발견하는데 있다. 이러한 주관적 관점이란 성형수술에 대한 평가적 요인이며, 동시에 안면의 미에 대한 관점이 되는 것으로 크게는 한국민의 표준화된 미적 기준이 될 수 있으며, 작게는 성형수술적 주요관점 혹은 요인이 될 수 있음을 의미한다.

그러므로 본 연구에서는 미용 성형수술 전후에 나타난 한 개인의 신체상의 변화를 나타내는 설문을 통해서 미적 관점의 유형을 파악하여 어떤 특징이 있는지 알아보고, 미용 성형수술에 대한 개개인의 미적 평가와 일반적인 외모에 대한 미를 평가할 수 있는 기준을 제시하고자 한다.

2. 이론적 배경

미용 성형수술에 대한 태도와 미에 대한 조사와 연구는 다양한 방법으로 이루어져 왔다. 미는 사람의 마음을 매료시키고, 생각을 사로잡으며, 감정의 불꽃을 피우지만 외적인 모습과 상상의 균형 잡힌 조화 속에서 이루어진다(Nancy Etcoff, 1999). 사람들은 아름다움이란 이름 아래 극한의 행위 또한 마다하지 않는다. 그들은 아름다움을 위해 많은 자원을 투자하고 위험까지도 감수하려고 한다. 미국에서는 교육이나 사회봉사에 쓰이는 돈보다 더 많은 돈이 미를 위해 사용되고 있다. 역사적으로 1715년 프랑스에서는 귀족들이 머리카락에 밀가루를 사용함으로써 식량이 부족해져 폭동이 일어난 적도 있을 정도로 사회는 미에 대해 열광적이다. 그러나 그것이 절대적인 가치가 아니라 문화적 소비이며 과장된 이미지라는 의견도 있다(Naomi Wolf, 1992).

　미용 성형수술을 원하는 환자들에 대한 과거의 연구는 대부분 정신병리가 있다는 가정하에 이를 찾기 위한 노력으로부터 시작되었다(Lavell, 1984). 실제로 성형외과 수술 환자를 대상으로 시행된 연구에서는 인격의 장애가 있다는 보고가 많았다. 하지만, 최근에 들어서면서 미용 성형수술을 원하는 환자에 대한 정신과적 진단이 내려지는 경우가 감소하기 시작하였으며, 이런 결과에 대해 여러 가지 이유가 제시되었다. 퍼척(Pertschuk, 1991)은 보다 많은 정상인들이 성형수술을 허용적으로 생각하게 되었기 때문이라고 하였으며, 웬글(Wengle, 1986)은 과거에 사용된 질문지들이 대개 신뢰도와 타당도를 검증 받지 못했다는 점, 일상적인 진단을 내리는 특정인에게 편견이 있었다는 점, 진단 기준이 변화되었다는 점 등을 제시하였다.

　방사익 등(2001)에 의하면 우리나라 국민들을 대상으로 한 최근 조사에서도 일반 국민의 28.2%, 중고생의 22.6%가 아름다워질 수 있다면 성형수술을 할 수 있다고 응답했으며, 이런 비율은 20대 미혼의 경우에는 34.8%. 특히 20대 미혼여성의 경우에는 51.1% 정도 까지 차지하고 있어 많은 사람들이 성형수술에 대해 더 이상 부정적 이미지를 가지고 있지 않음을 알 수 있다.

　스토다드(Stoddard, 1982)는 신체상을 신체의 외면, 신체 내부, 신체 형태뿐 아니라 신체에 대한 개인의 태도, 감정, 성격의 반응이라고 정의하였다. 신체상과 신체자아, 신체형상을 구별하여 신체상은 개인의 마음속에 있는 신체에 대해 변화하는 개념이며 신체자아는 이러한 변화를 통해 개인의 신체를 계속적으로 깨닫게 할 수 있는 것이고 신체형상은 개인의 신체에 대하여 변하지 않는 일정한 지식으로 신체상, 신체 자아, 신체 형상은 모두 정신적 현상이라고 하였다. 이러한 신체상은 신체에 대한 개인의 미적 기준에 따라 각각 다르게 정의되며, 미용 성형수술을 통해 변화된 신체상에 대한 평가는 개개인의 미적 평가와 일반적인 외모에 대한 평가기준을 파악하는 중요한 척도이다.

외모에 자신감이 없는 사람은 사회적으로 거절당하고, 사진 찍는 일이나 신체적 노출을 꺼리며, 사회적 반응에 대해서도 과민하게 반응하는 경향이 있다. 미용 성형수술이 미치는 영향 가운데 가장 중요한 것은 부정적인 자신의 신체상을 감소시키는 것이다. 미용 성형수술을 받은 대다수는 수술 결과에 만족하고 수술로 변화된 외모에 긍정적인 느낌을 가지고 있으며, 자아존중감 향상, 우울증과 불안의 감소, 인간관계 향상을 나타낸다. 미용 성형수술로 개인의 부정적인 신체상을 감소시키고, 자신감의 향상을 가져온다면, 사회적인 반응도 긍정적이 된다.

평균적인 미의 추구와 내적인 아름다움의 강조 속에서도 계속적으로 추구되는 외형적인 미의 갈망으로 인하여 인간은 계속적으로 자신의 미를 발전시키는 데 많은 노력을 강구하였다. 미의 극적 표현을 위해서 장신구 등을 이용하는 시기를 넘어서 이제는 성형 등의 생물학적인 변형을 시도하는 것이다. 이런 미의 끊임없는 추구는 결국 몸에 대한 이론적 관심을 불러일으켰고, 인간인 육체는 동물의 몸과는 다르게 가변성을 가지고 있다(Chris Shilling, 1993). 이런 철학적 고찰을 말고도 사람의 인상이 그의 사회생활 및 인간관계에 막대한 영향력을 미치고 있다는 실용적인 관점에서도 성형은 찬성되고 있다. 인상이 좋은 사람을 만나면 왠지 호감이 가고, 함께 일하기도 수월하며 자신의 장점이나 능력을 발휘할 기회도 향상된다는 것이다(심영기, 1997). 뿐만 아니라 사회에서 타인에 대한 상호작용을 하는 자신의 자신감이 미에서 발생한다는 관점에서도 논의되는 바이다.

미의 일반적인 특징은 비율과 숫자를 바탕을 두고 있다는 것이다. 이는 상상 속에서 그려지는 미에 대한 객관적인 확실성을 제공하려는 노력의 일환으로 명료, 대칭, 조화 등이 그 불변적인 요소라고 생각하는 것이다. 하지만, 이러한 기준은 계속적으로 변하고 있으며, 특히 과학기술의 발달과 메스미디어의 발달은 현대인에게 획일화된 미의 기준을 강요하고 있다. 사회적인 보편적 미를 추구하는 현대인들이 내적인 아름다움이 아니라 권위적으로 요구되는 미적 기준을 충족시키기 위해서 억압적으로 자신의 몸을 희생하고 있다는 의견을 무시해서는 안 될 것이다. 따라서 본 연구는 미용 성형수술 전후에 나타난 한 개인의 신체상의 변화를 통하여 일반적인 비율과 숫자라는 보편타당한 기준에 해당하는 미적 기준과 학습되어진 익숙함이라는 미적 관점이라는 두 가지 기준에 대한 주관성 연구를 통해 개개인의 미에 대한 평가 기준을 밝히는데 초점을 두었다.

3. 연구방법 및 연구설계

1) 연구방법

본 연구는 윌리엄 스티븐슨(William Stephenson, 1902~1989)이 창안한 Q 방법론을 적용하였다. 이것은 인간의 주관성(subjectivity) 연구를 위해 심리학은 물론 사회과학 전반에 걸쳐 사용되고 있는 접근 방법이다. 이 방법으로 종래의 요인분석 방법으로는 불가능한 인간의 퍼스넬러티 연구, 사람간의 상관관계를 연구할 수 있다(김흥규, 2008).

그리고 Q 방법론에서는 통합체(concourse)이론과 요인분석을 통해 이를 객관적인 방법으로 측정하고 있다. 인간의 주관성을 배제하여서는 인간의 본질과 사회 현상을 제대로 연구할 수 없기 때문에 Q 방법론은 응답자 스스로가 자극들을 비교하여 순서를 정함으로써 이를 모형화하고 결국 그의 주관성을 스스로 표현해 가는 것이다. 따라서 각개개인의 다른 미적 관점의 기준의 유형을 파악하기 위해서 Q 방법론적 접근이 유용하다고 생각된다.

2) 연구설계

(1) Q 표본

Q 표본의 모집단은 Q 연구를 위해 수집된 항목의 집합체로서 이는 한 문화 안에서 공유되는 의견의 총체인 통합체(concourse)로 표현된다. 이러한 통합체는 연구주제, 대상, 개념 등에 대해 조사 대상자들 각자가 주관적으로 표현할 수 있는 모든 진술들의 세계로 구성된다(김홍규 1990). 이 연구를 위한 Q 모집단은 성형외과 전문의에 의뢰하여 최대한 동일한 헤어스타일과 화장법을 사용하고 있는 여성의 미용 성형수술 전후 사진을 제공받아 Q 모집단을 추출했다. 미용 성형수술을 시행 받은 여성의 수술 전후 사진을 각각 쌍꺼풀 수술, 코성형 수술, 광대 축소술, 사각턱 축소술, 안면거상술, 지방이식 수술, 두 가지 이상의 수술을 동시에 시행한 경우의 7가지 카테고리로 나누고, 각 카테고리 별로 4장의 수술 전후 사진을 임의로 선택하여 28장의 수술 전후 사진을 Q 표본으로 선정하였다. 본 연구의 Q 표본은 카테고리 별로 7가지 경우 각 4개의 사진으로 이루어졌다.(〈부록〉 사진 참조)

(2) P 표본

Q 방법론은 개인간의 차이(interindividual difference)가 아니라 개인내의 중요성의 차이(intraindividual difference in significance)를 다루는 것이므

로 P표본의 수와 선정에는 아무런 제한을 받지 않으며, 소 표본 이론에 근거하고 있다(김흥규, 1990). 본 연구에서는 연구에 참여를 동의하는 20세에서 57세 미만 성인 25명을 대상으로 수술 경험의 유무와 성형수술 의향의 유무와 의향이 있다면 어느 부위를 수술하고 싶은가에 대하여 설문하였다〈표 1〉.

<표 1> 진술문에 대한 요인 점수

유형	Subject Number	성별	나이	성형수술 경험유무	성형수술 의향 여부	의향이 있다면 어느 부위를	인자가중치
1	2	여	21	유	Y	턱	4983
	12	여	31	유	N		1.8809
	20	여	34	무	Y	안면윤곽	.7610
	21	남	44	무	Y	눈, 코	1.3295
2	3	남	36	무	Y	코	.8167
	5	여	28	무	Y	눈, 코	.9113
	10	남	31	무	N		.1438
	13	여	25	무	Y	안면윤곽	2.2239
	15	여	24	무	Y	안면윤곽	2.2239
	19	남	39	유	Y	코	1.0707
	24	남	42	무	N		1.1844
3	1	여	27	유	N		.7086
	4	여	57	무	N		1.2833
	7	여	25	무	N		1.1295
	9	남	37	무	Y	눈	1.0856
	11	여	28	유	Y	눈	.4203
	14	여	22	무	Y	코, 이마	.7286
	16	여	26	무	Y	귀	1.1302
	17	여	33	유	Y	코	.7512
	22	여	30	유	N		.7544
	23	여	24	무	N		1.4531
4	8	남	29	유	N		7.7361
	18	여	21	무	Y	귀	6.3881
	25	남	42	무	N		.5691

(3) Q 분류

본 연구에 있어서 Q 분류의 절차는 Q표본으로 선정된 각각의 경우의 수술 전후 사진을 보고 가장 많이 예뻐진(신체상의 개선도가 높은) 경우(+), 중립(0), 수술 후 큰 변화가 없는 경우(-)로 크게 3그룹으로 분류한 다음, 수술 후 가장 예뻐진 경우를 차례로 골라 바깥에서부터(+4) 안쪽으로 분류하게 하고, 또한 동일한 방법으로 수술 후 가장 차이가 없는 경우를 차례로 골라 바깥에서 부터(-4) 안쪽으로 분류하였다. 이때 양끝에 놓인 경우(+4, +3,-3, -4) 10개를 채택하여 각각의 이유를 진술하도록 한다. 이 진술문을 토대로 Q 유형 해석 시 유용한 정보로 사용하였다.

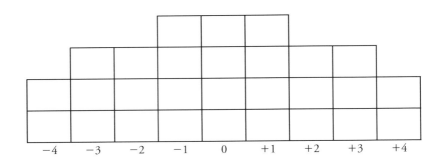

(4) 자료의 처리

P 표본으로 선정된 25명에 대해 조사가 완료된 후 수집된 자료를 점수화하기 위해, Q 표본 분포도에서 가장 부정하는 경우(-4)를 1점으로 시작하여 가장 긍정적인 것(+4)에 9점을 부여하여 점수화하였다. 이렇게 부여된 점수를 사진의 순서로 번호를 정해서, QUANL PC 프로그램을 이용하여 처리하여 그 결과를 얻었다.

4. 결과 분석

1) Q 유형의 형성

전체 연구 대상자 25명 가운데 유형1에 속하는 사람은 4명, 유형2에 속하는 사람은 7명, 유형3에 속하는 사람은 10명, 유형4에 속하는 사람은 3명으로 나타났다. 각 유형 내에서 인중가중치가 높은 사람일수록 그가 속한 유형에 전형적인 사람으로 그 유형을 대표한다. 인자가중치가 1.0이상인 사람은 유형1에서 2명, 유형2에서 4명, 유형3에서 5명, 유형4에서 2명으로 나타났다〈표 1〉.

QUANL PC 프로그램을 이용하여 요인분석을 실시한 결과 4개의 유형이 나타났다. 4개의 유형은 가장 이상적이라고 결정된 유형의 수로 각 유형별 설명력은 유형1이 25%, 유형2가 11%, 유형3이 11%, 유형4가 9%로 총 57%의 설명력을 지닌 것으로 나타났다〈표 2〉.

〈표 2〉 유형별 아이겐값과 변량

구분	유형 1	유형 2	유형 3	유형 4
아이겐값	6.2521	2.9869	2.7304	2.2013
변량	.2501	.1195	.1092	.0881
누적변량	.2501	.3696	.4788	.5668

4개의 유형간의 상관관계를 비교한 〈표 4〉를 보면 유형1과 유형3간의 상관계수가 .317로 비교적 높게 나타났다〈표 3〉.

구분	유형 1	유형 2	유형 3	유형 4
유형 1	1.000	.265	.317	.230
유형 2	.265	1.000	.294	.137
유형 3	.317	.294	1.000	.104
유형 4	.230	.137	.104	1.000

2) Q 유형의 분석

(1) 제1유형 : Naturalism

제1유형에 속한 피험자는 모두 4명으로 4가지 유형 중 가장 자연스러운 미적 기준을 추구하는 유형이다. 제1유형에 가장 긍정적인 사진 21의 경우 눈과 코 수술, 사각턱 축소술의 3가지 수술을 복합적으로 받은 경우로, 너무 높은 쌍꺼풀이나, 과도하게 높은 콧대, 심하게 턱라인이 줄어들지 않고, 자연스럽게 수술이 이루어진 것을 알 수 있다. 여러 부위의 수술을 했으나, 수술한 티가 나지 않는 방향으로 진행되었음을 알 수 있다. 제1유형에 가장 부정적인 사진 7의 경우, 사각턱 축소술을 시행한 경우로, 큰 사각턱이 줄어들면서 오히려 광대뼈가 더욱 부각되면서, 수술한 것 같은 느낌이 강하게 생긴 경우라 할 수 있다.

한국적인 미의 특징으로 많이 언급 되는 자연스러움은 한국인의 자연에 대한 지향성, 미의 자연적 취향을 드러내는 요소이다. 한국인에게는 자연성을 지향하는 미적 성향이 있다. 일부러 꾸미거나 뜻을 더하지 않고, 자연처럼 꾸미거나 의도되지 않은 있는 그대로의 모습에서 보이는 한국미의 특징으로 자연미라고 할 수 있다.

이러한 한국인의 미적 특징을 그대로 반영하는 제1유형은 미용 성형수술 후에 얻어지는 신체상의 변화가 자연스럽게 수술한 티가 나지 않으면서도 젊어 보이는 방향이거나, 부드러운 인상을 얻게 되는 방향으로의 변화를 미적 판단의 기준으로 삼는 유형이다. 즉, 인위적으로 수술한 티가 날 정도로 높은 쌍꺼풀 높이의 크기나, 콧대의 높이 보다는 전체적으로 부드러운 이미지, 수술한 티가 나지 않게 미용 성형수술이 이루어졌는가를 중요한 미적 판단 기준으로 가지고 있는 유형이다.

제1유형에 긍정적, 부정적인 사진

〈사진21〉 표준점수 : 2.09　　〈사진13〉 표준점수 : 1.47　　〈사진17〉 표준점수 : 1.34

〈사진19〉 표준점수 : 1.09　　〈사진4〉 표준점수 : 1.04　　〈사진10〉 표준점수 : 1.02

〈사진24〉 표준점수 : −1.17　　〈사진15〉 표준점수 : −1.33　　〈사진8〉 표준점수 : −1.69

〈사진1〉 표준점수 : −1.71　　〈사진7〉 표준점수 : −1.83

(2) 제2유형 : Balance

제2유형에 속한 피험자는 모두 7명으로 대칭과 비율을 미적 판단의 기준으로 삼는 유형이다. 얼굴에는 눈과 귀와 같이 2개로 이루어진 기관이 존재하며, 눈의 모양이나, 콧구멍의 크기, 얼굴형태의 대칭여부가 이들에게는 미적 판단의 중요한 기준이 됨을 알 수 있다. 제2유형에 가장 긍정적인 사진 21의 경우 눈 성형과 코 성형, 사각턱 축소술을 동시에 시행 받은 경우로, 양쪽 눈의 크기와 쌍꺼풀의 높이 눈썹의 위치나 턱라인의 대칭성이 잘 확보 된 경우임을 알 수 있다. 제2유형에 가장 부정적인 사진 27의 경우 지방이식을 단독으로 받은 경우로, 수술 전에도 약간의 안면비대칭이 있음을 알 수 있다. 수술 후의 사진에서 양쪽 콧구멍의 보이는 정도와 볼의 융기 정도, 양쪽 눈썹의 높이에 차이가 있음을 알 수 있다. 사진 27의 경우 수술 전에도 약간의 안면비대칭이 있음을 알 수 있으며, 수술 후에도 이러한 부분이 남아 있으면서, 안면부의 balance라는 차원에서의 미적 기준에서는 조금 미흡하게 느껴지는 경우임을 알 수 있다. 일반적으로 대칭성은 안정감과 편안함을 주는 것으로 알려져 있으며, 예로부터 신체의 비율을 정의하고 그 대칭성에 대한 연구는 끊임없이 이루어져 왔다. 얼굴과 신체의 황금비율을 규정하고, 그 기준에 맞추어보려는 노력들은 메스미디어나 학습을 통해 익숙하게 된 미적 기준이라고 할 수 있다.

제2유형에 긍정적, 부정적인 사진

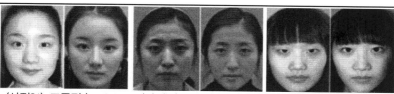

〈사진21〉 표준점수 : 2.09　　〈사진17〉 표준점수 : 1.71　　〈사진8〉 표준점수 : 1.35

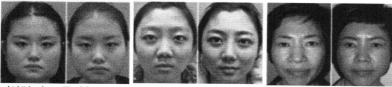

〈사진10〉 표준점수 : 1.30　　〈사진23〉 표준점수 : -1.08　　〈사진26〉 표준점수 : -1.37

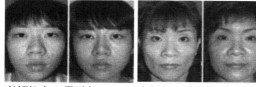

〈사진24〉 표준점수 : -1.72　　〈사진27〉 표준점수 : -1.73

미용 성형수술을 통한 미적 관점에 관한 연구

　　제3유형에 속한 피험자는 모두 10명으로 가장 많은 피험자가 해당하는 유형으로, 선명하고 또렷한 이미지, 세련된 이미지로의 변화를 중요한 미적 판단기준을 삼는 유형이다. 미용 성형수술을 통해서 세련되게 보이거나, 실제로 예뻐졌다고 설문에 답한 경우가 많은 경우이다. 제3유형에 가장 긍정적인 사진 5의 경우 사각턱 축소술을 단독으로 시행받은 경우로, 수술 전 사진에 비해 줄어든 턱 라인은 어딘지 모르게 세련된 이미지와 도시적인 이미지를 부여하고 있다. 이러한 도시적 세련됨은 개인의 능력적인 부분을 판단하는데 있어서 플러스 요인으로 작용하는 심층설문내용을 그 특징으로 들 수 있다. 제3유형에 가장 부정적인 사진 15의 경우 사각턱 축소술을 시행 받은 경우로 수술적인 변화에서

수술 전후에 큰 차이가 없는 경우임을 알 수 있다. 제3유형에 속한 경우는 미적 판단의 기준을 실제 보여지는 이미지를 넘어서, 그 사람의 능력이나, 자질적인 부분으로 확대해서 판단하는 경우라고 할 수 있으며, 아름다운 사람은 총명하고, 트렌드를 읽을 수 있는 지적 능력을 가진 것으로 판단하는 경향이 있음을 알 수 있다.

제3유형에 긍정적, 부정적인 사진

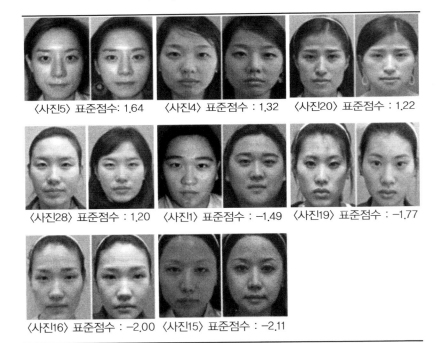

〈사진5〉 표준점수: 1.64　　〈사진4〉 표준점수 : 1.32　　〈사진20〉 표준점수 : 1.22

〈사진28〉 표준점수 : 1.20　　〈사진1〉 표준점수 : −1.49　　〈사진19〉 표준점수 : −1.77

〈사진16〉 표준점수 : −2.00　〈사진15〉 표준점수 : −2.11

(4) 제4유형 : Innocent

제4유형에 속한 피험자는 모두 3명으로 착하고 선한 이미지로의 변화를 중요한 미적 판단기준으로 삼는 유형이다. 제4유형에 가장 긍정적인 사진 6의 경우 사각턱 축소술을 시행 받은 경우로 수술 전 발달된 턱라인으로 인해 강인해 보이던 인상이 수술 후 부드러운 인상과 어딘지 모르게 착해 보이고, 어려보이는 인상으로 변할 것을 알 수 있다. 턱라인의 발달은 성장과 나이 먹음을 의미해서, 어려 보이기 위해서는 일반적으로 V라인으로 대변되는 턱라인의 발달이 최대한 없는 경우라 할 수 있다. 제4유형에 가장 부정적인 사진 16의 경우 광대 축소술을 시행 받은 경우로 튀어나온 광대뼈의 축소로 중안면 부위가 어딘지 늘어져 보이면서 수술 후의 변화로 어려보이는 모습으로의 변화가 아닌, 인상은 부드러워졌으나, 조금은 더 나이 들어 보이는 변화를 보이고 있다.

제4유형에 긍정적, 부정적인 사진

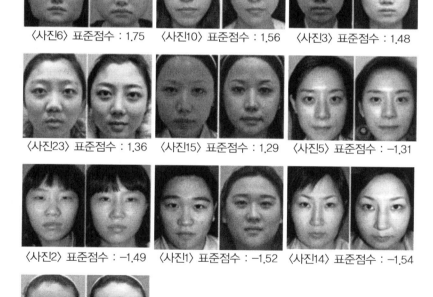

〈사진6〉 표준점수 : 1.75 　　〈사진10〉 표준점수 : 1.56 　　〈사진3〉 표준점수 : 1.48

〈사진23〉 표준점수 : 1.36 　〈사진15〉 표준점수 : 1.29 　〈사진5〉 표준점수 : −1.31

〈사진2〉 표준점수 : −1.49 　〈사진1〉 표준점수 : −1.52 　〈사진14〉 표준점수 : −1.54

〈사진16〉 표준점수 : −1.58

597

미용 성형수술을 통한 미적 관점에 관한 연구

제4유형의 경우 아름답다는 것과 착하다는 것을 동시에 떠올리는 유형으로 아기같이 순수하고, 선한 것이 아름답다고 느끼는 유형으로, 미용 성형수술 후 어려 보이는 이미지, 착하게 보이는 이미지를 중요한 미적 판단의 기준으로 삼는 유형이다.

5. 결론

본 연구는 미적 기준에 대한 관점의 유형에 대한 주관성을 유형화하고, 유형별 특징을 확인하기 위해 실시하였다. 개인에 대한 내적 의미에 중심을 두고 인간의 주관성이나, 태도 유형을 측정할 수 있는 Q 방법론을 적용하였다. Q 표본은 25개의 성형수술 전후 사진이다. Q 표본을 이용하여 20세에서 57세 사이의 연구에 동의한 성인 표본 25명을 수집하였다. 자료분석은 QAUNL PC프로그램으로 처리하였다. 연구 결과 미적 기준의 관점은 Naturalism, Balance, Silhouette, Innocent의 4가지 유형으로 확인되었다.

제1유형은 자연스러운 아름다움을 추구하는 유형이며, 제2유형은 대칭 및 비율을 미적 판단 기준으로 삼는 유형이며, 제3유형은 아름다움과 개인의 자질을 동일시하는 유형이며, 제4유형은 착하고 선한 이미지를 미적 판단 기준으로 삼는 유형이다. 그 중 제1유형과 제3유형간의 상관계수가 .317로 비교적 높게 나타나, 가장 유사한 유형임을 알 수 있다. 제3유형에 해당하는 개체가 가장 많은 숫자를 차지하였으며, 한국적인 미적 판단기준에 가장 근접한 자연스러움이라는 제1유형의 미적 판단 기준과 유사하다는 부분은 기존의 한국인의 미적 판단기준에는 자연스러움이라는 부분이 가장 중요한 요소라는 기존의 연구결과에 부합된다고 할 수 있다. 다만, 미용 성형수술이라는 측면에서 자연스러움과 함께 미용 성형수술을 통해서 미적 기준과 개인의 자질을 동일시하여 미적인 개선을 통해 개인의 역량의 증가를 꽤 하려고 하는 현대인의 심리가 반영되었다고 할 수 있다.

오직 인간만이 아름다움 자체를 추구하고, 미의 본질에 대해 탐구하는 본성을 지녔다. 본 연구의 대상인 미용 성형수술은 이러한 본질적 물음이 과학과 의학의 발전으로 인해 실현된 결과물로 볼 수 있다. 이러한 미용 성형수술을 통해서 인간이 가진 신체상에 대한 미적 판단의 기준의 유형을 분석하고, 각각의 유형의 특징을 연구한 본 연구는 외모지상주의를 살아가는 현대인의 심리적 요인 분석에 도움을 주는 바가 크다. 외모의 개선을 통해 착하고, 능력 있는 신체상을 얻고, 다른 사람사람부터 인정받기 위해 미용 성형수술을 받을 수 있는 현대인의 왜곡된 신체상은 사회병리적인 문제인 동시에 개개인의 주관적인 부분이라 할 수 있다. 개인을 둘러싸고 있는 사회적 환경, 개인의 심리적 특성에 따라 미용 성형수술에 대한 경험과 태도가 다르게 나타나며, 미용 성형수술에 의해 변화된 신체상의 미적 판단 기준도 다르게 나타난다.

미적 판단의 기준에 대한 미학적 연구는 미학자들만의 전유물은 아니다. 미학이 학문적 토대를 얻기 위해서는 인문학적 바탕 위에서 사회과학적 탐구와 분석을 통해서 예술적 연구와 함께 분석적 연구가 병행되어야 그 가치를 생산해 낼 수 있다. 본 연구는 이상의 결과를 통하여 미용 성형수술을 통하여 미적 판단의 기준을 알아봄으로써 이러한 주관적 관점의 미적 판단 기준과, 안면의 미에 대한 관점의 기준을 파악하고, 한국민의 표준화된 미적 기준과 미용 성형수술적 주요관점 혹은 요인을 제시하고 있는데 그 의의가 있다.

■■■ **참고문헌**

▒▪▪ 참고문헌

김주희 (2009), 「패션에 내재된 한, 일 미적관점 비교연구」. 숙명여자대학교 석사학
위논문.

김진환 (1994), 「성형외과학」.

김흥규 (1990), 「Q 방법론의 이해와 적용」. 서강대학교 언론문화연구소.

_____ (2008), 『Q 방법론』. 커뮤니케이션북스.

박찬석 (2001), 「미용 성형수술에 대한 태도 조사 연구-대학생들의 사례를 중심으
로」, 경희대학교 석사학위논문.

방사익 · 김형준 · 송형환 (2001), 「미용 성형수술 환자의 심리적 특성과 미용수술이
이에 미치는 영향」, 『대한미용성형외과학회지』, 7, 1-7.

심영기 (1997), 『마음을 고치는 미용성형』.

양두병 (1998), 『미용 성형수술 어디를 어떻게?』.

이기문 역 · Nancy Etcoff (1999), 『가장 예쁜 유전자만 살아남는다』.

이용길 · 박재승 (2001), 「성형외과의원의 공간구성과 면적산정에 관한 연구- 강남
구 사례분석을 중심으로-」, 『한국의료복지시설학회』, 34.

이윤호 (1998). 『미용성형외과학』.

이진호 · 김용배 · 방유현 (1983), 「미용 성형수술 환자의 정신적 측면에 관한 고찰」.
『대한성형외과학회지』, 10(3), 279-283.

인은희 (2003), 「미용 성형수술 환자의 병원 선택요인과 만족도에 대한 연구」, 한양
대학교 석사학위논문.

임소연 (2000), 「미용 성형수술 환자와 일반인의 신체상과 자아존중감」, 이화여자대
학교 석사학위논문.

임인숙 역, Chris Shilling (1993), 『몸의 사회학』.

Adams G. R. (1977), Physical attractiveness research: Toward a developmental social
psychology of beauty. *Hum Dev*, 20, 217-239.

Lavell S. & Lewis C. M. (1984), A Practical guide to psychological factors in selecting
patients for facial cosmetic surgery. *Ann Plast Surg*, 12, 256.

Naomi Wolf (1992), The Beauty Myth : How images of beauty are used against women,
12.

카테고리 1. 쌍꺼풀 수술 전후

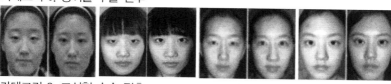

카테고리 2. 코성형 수술 전후

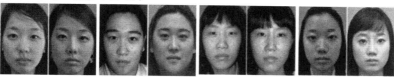

카테고리 3. 광대축소술 전후

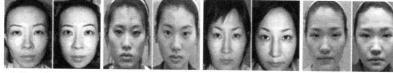

카테고리 4. 사각턱 축소술 전후

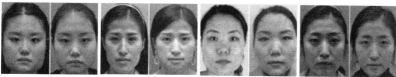

카테고리 5. 안면거상술 전후

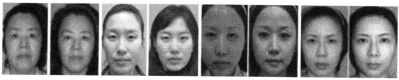

카테고리 6. 지방이식 수술 전후

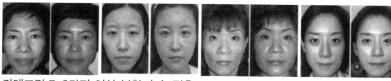

카테고리 7. 2가지 이상 복합 수술 전후

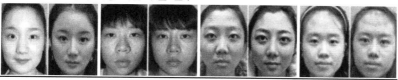

601

미용 성형수술을 통한 미적 관점에 관한 연구

노화에 대한 주관성 연구[*]

전 미 영 · 김 명 희 · 조 정 민

건국대 간호학과 부교수 · 세명대 간호학과 부교수 · 성신여대 간호대학 부교수

[*] 본 논문은 〈주관성 연구〉 제14호(2007. 6) pp.129–145 논문 전문을 재게재한 논문임
을 알려드립니다.

노화에 대한 주관성 연구

- 코오리엔테이션의 시각

1. 서론

1) 연구의 필요성

최근 사회 전반에 걸친 변화와 의료기술의 발달로 노인인구의 증가 현상은 세계적인 추세로서 우리나라는 65세 이상의 노인 인구 비율이 2000년에 7.2%로 고령화 사회에 진입하였고, 선진국에 비해 세계에서 유래가 없이 가장 빠른 속도로 고령화되어 가고 있어서 고령화 사회에 진입한지 18년이 되는 2018년이면 노인 인구가 전체 인구의 14%에 해당하는 고령 사회에 진입할 것이며 8년 뒤인 2026년에는 노인 인구가 전체 인구의 20%에 달해 초고령 사회가 될 것으로 예측된다(통계청, 2007). 더욱이 1960년대부터 시작한 산아제한정책과 여성의 사회진출 증가로 인하여 2005년 현재 가임여성 1인당 합계출산율은 1.08명으로 급격한 출산율 저하를 나타내고 있어서(통계청, 2007) 우리 사회의 고령화 문제는 더욱 심각해 질 것으로 전망된다.

게다가 핵가족화와 도시화로 세대 간의 분리가 가속되고 있어 노인과 손자녀가 친밀한 관계를 형성할 수 있는 기회가 줄어들고, 경로의식의 약화와 개인주의 가치관의 팽배로 사회 전반적으로 노인에 대한 존경심이 사라지고 있는 형편이다(한정란, 2003). 그러나 고령화 문제는 노인만의 문제가 아니라 사회 전체가 함께 극복해 나가야 하는 문제이다. 특히 고령화 문제에 대한 특별한 대책 없이 고령 사회로 진입해가고 있는 우리나라의 현실에 비추어 볼 때, 사람들이 노화에 대하여 어떤 태도를 가지고 있는가는 향후 노인 문제에 대한 방향과 정책 결정은 물론, 사회적 합의를 형성해 가는데 있어서도 매우 중요한 기준이 될 것이다.

노화란 피할 수 없는 자연적인 정상 발달 과정이지만 이에 따르는 신체적 변화, 경제적 불안정, 사회적 역할 상실, 심리적 부적응 등으로 노인들은 무력하게 되며, 의존적인 위치에 있게 하여 양가감정을 갖게 한다(윤진, 1985). 따라서 편안하고 안전한 노년기는 노인들의 공통적인 바람일 것이다. 적당한 독립성으로 의사결정에 참여하고 자긍심을 가지며, 생산적이고 성취감을 느낄 수 있는 행동에 참여할 수 있는 삶을 성공적인 노년생활이라 하여 노년기 삶의 질의 초점으로 보고 있다(이광옥, 1998).

인간발달의 연속선상에서 볼 때 노인에 대한 연구는 사회문화적 전문적인 과제가 되어가고 있는 현실에서 노인을 보다 더 잘 이해하기 위해서는 노화를 생물학적 모델보다는 개개인의 가치관에 따른 존재의 의미로서 연구하는 것이 필요하다.

간호학 분야에서의 노화와 노인에 대한 연구는 1980년대에 시작되어 1990년대에는 양적, 질적인 향상을 보였으며, 1990년대 이후 노인 간호 연구의 주된 연구 개념은 신체적 건강, 정신건강, 의료관리, 사회적 건강, 삶의 질, 가족간호, 신체활동 등이었으나 대부분이 현재의 상태에 대한 조사연구나 상관관계를 파악하는 연구였다(이영란 등, 1998). 이후 노화 경험에 대한 심층적 이해를 위한 질적 연구들이 시도되었으며(김순이, 1998; 신재신 등, 1999; 엄미란, 2002; 유양경, 2003), 노인의 의미나 성공적 노후에 대한 주관성 연구(성혜영과 유정헌, 2002; 이금재, 박인숙과 김분한, 2000; 윤은자 등, 2006)가 이루어 졌으나, 세대 간의 주관적 인식 차이를 규명한 연구는 거의 없는 실정이다.

늙는다는 사실은 모든 사람이 알고 있으나 그 진정한 의미는 개인에 따라 그리고 관점에 따라 다르게 나타나기 때문에 개개인의 주관성에 대한 심층적 연구가 필요한 것이다. 이러한 관점에서 노화는 극히 주관적인 고유한 경험이기 때문에 노화에 관한 응답자 자신의 주관적 영역을 스스로 객관화함으로써 자신의 주관성을 설명하고 표현해내는 Q 방법론은 본 연구주제의 적용에 있어서 매우 유용한 연구방법이다.

그러므로 본 연구에서는 성인초기의 젊은이들이 인지하는 노화에 대한 주관성 유형과 노인들이 인지하는 노화의 주관성 유형을 파악하여 각기 어떤 특징과 관계가 있는지 알아봄으로써 노화에 대한 이해를 높이고, 세대 간 인식 차이를 중재하여 사회적 합의를 이루기 위한 기초자료를 제공하고자 한다.

2) 연구 목적

노화에 대한 주관성을 이해하려는 본 연구의 구체적인 목적은 다음과 같다.

1) 젊은이와 노인이 노화에 대해 갖고 있는 주관성 유형과 유형별 특징을 파악한다.

노화에 대한 주관성 연구

2) 젊은이와 노인의 노화에 대한 주관성 유형과 젊은이가 지각한 노인의 노화에 대한 주관성 유형 및 노인이 직각한 젊은이의 노화에 대한 주관성 유형간의 관계를 코오리엔테이션 시각으로 파악한다.

2. 연구 방법

1) 연구 설계

본 연구는 노화에 대한 주관적 의미를 탐색하기 위하여 Q 방법론을 적용한 연구이다.

2) 연구 대상(P sample)

Q 방법론은 개인 간의 차이(interindividual difference)가 아니라 개인내의 중요성의 차이(intraindividual difference in significance)를 다루는 것이므로 P 표본의 수와 선정에는 아무런 제한을 받지 않으며 소표본 이론에 근거하고 있다(김흥규, 1990). 본 연구에서는 연구에 참여를 동의하는 20세에서 35세 미만 성인 초기의 젊은이 32명과 65세 이상 노인 35명을 대상으로 하였다〈표 1〉.

3) Q 표본 구성(Q sample)

Q 표본의 모집단은 Q 연구를 위해 수집된 항목의 집합체로서 이는 한 문화 안에서 공유되는 의견의 총체인 concourse로 표현된다. 이러한 concourse는 연구주제, 대상, 개념 등에 대해 조사 대상자들 각자가 주관

〈표 1〉 P 표본의 수성3) Q 표본 구성(Q sample)

젊은이								노인							
번호	성별	나이	교육정도	결혼상태	직업	노인과 거주경험	건강상태	번호	성별	나이	교육정도	결혼상태	직압	손자와 거주경험	건강상태
1	여	23	대재	미혼	학생	무	중	1	여	79	초졸	기혼	농업	유	하
2	여	22	대졸	미혼	전문직	무	중	2	여	77	초졸	기혼	주부	유	중
3	여	30	고졸	기혼	주부	무	상	3	여	82	초졸	기혼	농업	유	상
4	여	28	대졸	기혼	주부	무	중	4	여	79	초졸	기혼	자영업	유	중
5	여	21	대졸	미혼	전문직	무	하	5	여	77	초졸	기혼	단순노동	유	중
6	여	20	대졸	미혼	전문직	무	중	6	여	77	고졸	기혼	사무직	유	중
7	여	29	대졸	미혼	전문직	무	중	7	여	68	고졸	기혼	사무직	무	하
8	여	24	대졸	미혼	전문직	유	중	8	남	67	대졸	기혼	자영업	유	중
9	여	27	대졸	기혼	주부	무	중	9	여	93	초졸	기혼	주부	유	중
10	여	30	고졸	기혼	사무직	유	중	10	여	65	고졸	기혼	자영업	무	중
11	여	34	고졸	기혼	사무직	유	하	11	여	81	중졸	기혼	자영업	유	상
12	여	33	고졸	기혼	사무직	유	하	12	여	70	대졸	기혼	자영업	무	중
13	여	29	대졸	기혼	주부	유	중	13	여	65	대졸	기혼	자영업	무	중
14	여	33	대학원졸	기혼	사무직	유	중	14	여	78	대학원졸	기혼	전문직	유	상
15	여	25	대졸	미혼	사무직	유	중	15	남	64	대졸	기혼	전문직	유	중
16	여	20	고졸	미혼	무응답	유	상	16	남	76	대학원졸	기혼	전문직	유	하
17	남	22	대재	미혼	학생	유	상	17	남	73	대학원졸	기혼	전문직	유	중
18	남	22	대재	미혼	학생	유	상	18	남	65	대학원졸	기혼	전문직	유	중
19	남	22	대재	미혼	학생	무	중	19	남	69	대학원졸	기혼	사무직	유	중
20	남	22	고졸	미혼	단순노동	무	상	20	남	68	대졸	기혼	자영업	무	중
21	남	23	고졸	미혼	무직	유	하	21	남	72	대졸	기혼	전문직	유	상
22	남	23	고졸	미혼	단순노동	유	하	22	남	65	대졸	기혼	사무직	유	중
23	남	25	대재	미혼	학생	유	하	23	남	75	고졸	기혼	자영업	유	중
24	남	32	대졸	기혼	전문직	무	중	24	남	84	중졸	기혼	사무직	유	상
25	남	29	대졸	미혼	학생	유	중	25	남	72	고졸	기혼	사무직	무	중
26	남	21	고졸	미혼	무응답	유	중	26	남	67	고졸	기혼	자영업	유	중
27	남	28	대학원졸	미혼	전문직	유	중	27	남	68	고졸	기혼	자영업	유	상
28	남	23	대재	미혼	학생	무	중	28	남	65	중졸	기혼	자영업	유	상
29	남	21	대재	미혼	학생	무	중	29	남	65	대학원졸	기혼	사무직	유	중
30	남	27	대졸	미혼	학생	무	중	30	여	67	고졸	기혼	자영업	무	상
31	남	21	고졸	미혼	무응답	유	상	31	여	66	대졸	기혼	무응답	무	중
32	남	22	대재	미혼	학생	유	중	32	여	65	무응답	기혼	무응답	무	중
								33	여	70	대졸	기혼	사무직	유	중
								34	여	66	중졸	기혼	자영업	무	상
								35	여	66	고졸	기혼	자영업	유	상

<표 2> Q-sample로 선정된 진술문

Q 진술문

1. 나이가 들면 베푸는 삶을 살아야 한다.
2. 늙을수록 젊은이들에게나 사회에 모범이 되어야 한다.
3. 늙는다는 것은 불행한 일이다.
4. 나이가 들면 외롭고 소외감을 느낀다.
5. 노인이 되면 더 지혜로와 진다.
6. 늙으면 불안감이 생긴다.
7. 나이가 들면 모든 욕심에서 벗어나 세상 일에 초연해진다.
8. 나이가 들면 죽는 것이 두려워진다.
9. 나이가 들면 지나간 인생이 후회스러워진다.
10. 늙는 것보다 차라리 죽는 것이 더 낫다.
11. 늙었다는 것은 생각하기도 싫은 일이다.
12. 노화를 막을 수만 있다면 어떻게 해서라도 막고 싶다.

13. 늙는다는 것은 명예롭지 못한 일이다.
14. 나이가 들면 관대해지고 선해진다.
15. 늙어서 노망이 날까봐 걱정이 된다.
16. 노인이 되면 자유롭고 여유가 생긴다.
17. 나이가 들면 쓸모없는 존재가 된다.
18. 나이가 들면 축적된 경험으로 인생을 좀 더 여유롭게 볼 수 있게 된다.
19. 나이가 들면 어른으로서 효도와 공경를 받아야 한다.
20. 노년은 인생을 완성하는 보람의 시기이다.
21. 늙으면 이기적이고 보수적이 된다.
22. 나이가 들수록 신에게(종교에) 더 매달리게 된다.
23. 나이가 들면 과거에 집착하게 된다.
24. 나이가 들면 누군가에게 의존하게 된다.
25. 대부분 사람들은 자신이 늙었다는 사실을 자각하지 못하고 있다.
26. 노화가 오고 안 오고는 마음먹기에 달렸다.
27. 나이가 들어도 활기차게 생활하고 싶다.
28. 나이가 들면 이성에 관심이 없어진다.
29. 노인은 집안을 화목하게 한다.
30. 나이가 들수록 의심이 많아진다.

적으로 표현할 수 있는 모든 진술들의 세계로 구성된다(김흥규, 1990). Q 모집단인 concourse 구성을 위하여 국내외 문헌고찰과 함께 청소년, 성인, 노인, 노인연구 전문가들과의 심층면담을 실시하였으며 총 185개의 Q 모집단을 추출하였다. 진술문 내용의 중복 여부와 표현의 명확성 등을 고려하여 최종적으로 30개의 Q 표본을 선정하였다〈표 2〉.

4) Q 표본 분류(Q sorting)

Q 표본으로 선정된 진술문이 적힌 카드를 P 표본인 대상자에게 제시하여 30개의 카드를 읽은 후 자신의 견해와 일치하는 정도에 따라 9점 척도 상에 강제 정규분포 하도록 하였다〈표 3〉.

〈표 3〉 Q-sort 분포의 모양

	(disagree)				(neutral)				(agree)
점수	-4	-3	-2	-1	0	+1	+2	+3	+4
카드의 수	2	3	3	4	6	4	3	3	2

각 대상자는 자신이 생각하는 Q 표본 분류를 마친 후 젊은이의 경우 노인이 이렇게 생각할 것이라 여기는 Q 표본 분류를, 노인의 경우 젊은이가 이렇게 생각할 것이라 여기는 Q 표본 분류를 한 번씩 더 하도록 하였다. 각 Q 표본 분류 시에는 양극에 놓여있는 가장 긍정하는 항목과 가장 부정하는 항목에 대하여 선택 이유를 진술하도록 하였다.

5) 자료분석 방법

수집된 자료는 가장 부정하는 경우(-4) 1점에서부터 가장 긍정하는 경우(+4) 9점까지 점수화하여 PC QUANL program으로 Q 요인 분석하였다.

6) 코오리엔테이션 모형

노화에 대한 견해나 태도는 주관적 복합체(schemata)로서 그 사람의 사회·문화적 배경(상황적 변수), 과거경험, 가치관 등으로 이루어지 므로 코오리엔테이션 모형의 구체적 연구대상이라 할 수 있다. 코오리 엔테이션 모형은 대인간 행동(interpersonal act)에 대한 의사소통을 의미 한다. 이 모형은 다양한 그룹이나 조직에서 그 사회의 어떤 이슈에 대 한 각 개인의 관점을 분석하는데 이용되어 온 것으로, 관심의 초점은 어 떤 대상에 대한 개인 내(intrapersonal) 태도나 견해가 아니라 대인간 관계 (interpersonal relationship)로 대상에 대한 개인 간의 이해, 정확성, 일치성 등을 통하여 의사소통의 상호정향성에 대한 가설을 발견하고자 함이다 (김흥규, 1990; 윤은자와 김흥규, 1998; Tan, 1981).

3. 연구 결과

1) 젊은이의 노화에 대한 주관성 유형 분석

1-1 젊은이 자신의 주관성 유형 분석

노화에 대한 젊은이들의 주관적 태도는 3개의 유형으로 나타났으며, 전체변량의 약 54.6%를 설명하고 있다. 총 32명의 대상자 중 1유형에 14 명, 2유형에 8명, 3유형에 10명으로 나타났으며, 인자가중치가 1.0 이상 인 사람이 각각 7명, 5명, 3명이 속해 있었다.

(1) 유형1 : 모범적 삶 추구

유형1의 특성은 늙을수록 사회에 모범이 되어야 하며(z=1.93), 나이가 들어도 활기차게 생활하고 싶고(z=1.81), 노년은 인생을 완성하는 보람의 시기로(z=1.52) 베푸는 삶을 살아야 한다(z=1.33)는 진술문에 강한 동의를 하였다. 나이가 들면 쓸모없는 존재라거나(z=-1.84) 명예롭지 못한 일(z=-1.75), 불행한 일이라는 진술문(z=-1.64)에 강한 부정을 나타내었다. 타 유형에 비하여 사회에 모범이 되어야 한다는 것(타 유형과의 차이 z=1.421)과 베푸는 삶을 살아야 한다는 진술문(타 유형과의 차이 z=.971)에 강한 동의를 나타내었으며 늙었다는 것은 생각하기도 싫다거나(타 유형과의 차이 z=-1.373) 불행한 일이라는 진술(타 유형과의 차이 z=-1.342)에 강한 부정을 나타내어 노화를 아름다운 모습으로 받아들이고자 하는 태도를 나타내었다.

(2) 유형2 : 초월적 견해

유형2는 나이가 들어도 활기차게 생활하고 싶어 하며(z=2.17), 나이가 들면 자유롭고(z=1.26) 인생을 좀 더 여유롭게 볼 수 있으며(z=2.03), 노화가 오고 안 오고는 마음먹기에 달렸다는 진술문(z=1.09)에 강한 동의를 하였다. 늙는 것보다 차라리 죽는 것이 더 낫다거나(z=-1.81) 나이가 들면 이기적이고 보수적이 된다(z=-1.44), 쓸모없는 존재가 된다(z=-1.43), 명예롭지 못한 일이다(z=-1.40)라는 진술에 강한 부정을 나타내었다. 타 유형보다 강한 긍정을 보인 진술문은 노인이 되면 인생을 좀 더 여유롭게 볼 수 있다는 것(타 유형과의 차이 z=1.494)과 자유롭고 여유가 생긴다(타 유형과의 차이 z=1.467), 더 지혜로워진다(타 유형과의 차이 z=.747), 관대해지고 선해진다(타 유형과의 차이 z=.725), 이성에 관심이 없어진다는 것(타 유형과의 차이 z=.673)이었다. 타 유형보다 강한 부정을 보인 진술문은 나이가 들면 죽는 것이 두려워진다는 것(타 유형과의 차이 z=-1.361)과 외롭고 소외감을 느낀다(타 유형과의 차이 z=-1.256), 종교에 더 매달리게 된다는 것(타 유형과의 차이 z=-1.198)으로 노화에 대하여 초연한 태도를 나타내었다.

(3) 유형3 : 걱정 근심

유형3은 나이가 들어도 활기차게 생활하고 싶어 하고(z=2.27) 노화는 마음먹기에 달렸다(z=1.37)고 생각하면서도 나이가 들면 외롭고(z=1.41), 불안감을 느낀다고 하고(z=1.02) 죽는 것이 두렵고(z=1.14) 노망이 날까봐 걱정이 된다(z=1.07)는 내용의 진술문에 강한 동의를 하였다. 나이가 들면 이성에 관심이 없어진다는 진술(z=-1.84)에 강한 부정을 나타내었으며 나이가 들면 명예롭지 못한 일이라거나(z=-1.84), 쓸모 없는 존재라는 진술(z=-1.58)에도 강한 부정을 나타내었다. 특히 타 유형에 비하여 늙었다는 것은 생각하기도 싫은 일이라고 생각하며(타 유형과의 차이 z=1.979) 죽음(타 유형과의 차이 z=1.338)과 노망 등의 질병을 두려워 하였으며(타 유형과의 차이 z=1.168), 늙는다는 것은 불행한 일이라는 진술(타 유형과의 차이 z=.986)에 강한 긍정을 나타내었다. 노인이 되면 자유롭고(타 유형과의 차이 z=-1.358) 좀 더 여유로워 진다거나(타 유형과의 차이 z=-1.316), 더 지혜로워진다(타 유형과의 차이 z=-1.060), 베푸는 삶을 살아야 한다(타 유형과의 차이 z=-1.130), 사회에 모범이 되어야 한다는 진술(타 유형과의 차이 z=-1.055)에 타 유형에 비하여 부정적인 태도를 나타내어 노화를 부정적인 시각으로 보며 두려워 함을 보여주었다.

1-2 젊은이가 지각한 노인의 노화에 대한 주관성 유형 분석

젊은이가 생각하는 노인의 노화에 대한 주관적 태도는 3개의 유형으로 분석되었으며, 전체변량의 45.5%를 설명하고 있다. 1유형에 14명, 2유형에 13명, 3유형에 5명으로 나타났으며, 인자가중치가 1.0 이상인 사람이 각각 5명, 8명, 2명 속해 있었다.

(1) 유형1 : 비관적 견해

유형1은 나이가 들면 외롭고 소외감을 느끼며(z=1.81) 쓸모없는 존재가 된다(z=1.71)고 생각하고 있으며, 죽는 것이 두렵고(z=1.49) 불안감이 생기고(z=1.44) 노망이 날까봐 걱정된다(z=1.31), 노화를 막을 수만 있다면 어떻게 해서라도 막고싶다는 진술(z=1.26)에 강한 동의를 나타내었다. 늙는 것보다 차라리 죽는 것이 더 낫다거나(z=-1.65) 노화는 마음먹기에 달렸다(z=-1.41), 노인은 집안을 화목하게 한다(z=-1.34), 나이가 들면 세상일에 초연해진다는 진술(z=-1.19)에 강한 부정을 나타내어 노화는 피할 수 없는 일이라고 생각하면서도 비참하다는 태도를 나타내었다. 타 유형에 비하여 특히 나이가 들면 쓸모없는 존재가 된다는 생각(타 유형과의 차이 z=3.191)이 강하며 나이가 들면 죽는 것이 두려워진다(타 유형과의 차이 z=2.061), 늙는다는 것은 명예롭지 못한 일이다(타 유형과의 차이 z=.992)라는 생각이 강하다. 또한 타 유형에 비하여 노화는 마음먹기 달렸다거나(타 유형과의 차이 z=-1.679), 노인은 집안을 화목하게 한다(타 유형과의 차이 z=-1.602), 나이가 들면 세상 일에 초연해진다(타 유형과의 차이 z=-1.079)는 진술에 강한 부정을 나타내었다.

(2) 유형2 : 의욕적 수용

유형2는 나이가 들어도 활기차게 생활하고 싶어 하며(z=1.81) 노화는 마음먹기에 달렸다(z=1.03)고 생각한다. 늙는 것보다 차라리 죽는 것이 더 낫다거나(z=-2.17), 나이가 들면 쓸모없는 존재가 된다거나(z=-1.83), 늙었다는 것은 생각하기도 싫은 일(z=-1.57), 명예롭지 못한 일(z=-1.55), 불행한 일(z=-1.26)이라고 생각하지는 않았다. 타 유형에 비하여 특히 동의한 진술문으로 노화는 마음먹기에 달렸다는 것(타 유형과의 차이 z=1.984)과 노년은 인생을 완성하는 보람의 시기라는 것(타 유형과의 차이 z=1.808), 노인이 되면 자유롭고 여유가 생긴다는 것(타 유형과의 차이 z=1.758)이었으며, 타 유형에 비하여 특히 부정한 진술문으로는 늙었다는 것은 생각하기도 싫은 일이라는 것(타 유형과의 차이 z=-2.720)과 나이가 들면 쓸모없는 존재가 된다(타 유형과의 차이 z=-2.111), 늙는다는 것은 불행한 일이다(타 유형과의 차이 z=-1.801) 등으로 노화를 부정하지 않고 적극적으로 받아들이는 태도를 나타내었다.

(3) 유형3 : 노화 거부

유형3은 늙었다는 것은 생각하기도 싫은 일이라고 하며(z=1.63), 늙어서 노망이 날까봐 걱정이 되며(z=1.48), 노화를 막을 수만 있다면 어떻게 해서라도 막고 싶다(z=1.40)는 진술문에 강한 동의를 나타내었다. 반면 노인이 되면 자유롭고 여유가 생긴다(z=-1.90), 노년은 인생을 완성하는 보람의 시기이다(z=-1.36), 나이가 들면 베푸는 삶을 살아야 한다(z=-1.17)는 진술문에 강한 부정을 나타내어 노화를 부정적인 시각으로 보고 피하고 싶어 하는 태도를 나타내었다. 특히 타 유형에 비하여 늙는 것보다 차라리 죽는 것이 더 낫다(타 유형과의 차이 z=2.450), 늙었다는 것은 생각하기도 싫은 일이다(타 유형과의 차이 z=2.082), 늙는다는 것은 불행한 일이다(타 유형과의 차이 z=1.024)라는 진술문에 강한 동의를 나타내어 노화를 강하게 거부하는 것을 알 수 있었다. 타 유형에 비하여 강한 부정을 나타낸 진술문은 노인이 되면 자유롭고 여유가 생긴다(타 유형과의 차이 z=-1.825), 노년은 인생을 완성하는 보람의 시기이다(타 유형과의 차이 z=-1.744) 등 이었다.

2) 노인의 노화에 대한 주관성 유형 분석

2-1. 노인 자신의 주관성 유형 분석

노화에 대한 노인들의 주관적 태도는 2개의 유형으로 나타났으며, 전체변량의 약 30.7%를 설명하고 있다. 총 35명의 대상자 중 1유형에 18명, 2유형에 17명으로 나타났으며, 인자가중치가 1.0 이상인 사람이 각각 4명씩 속해 있었다.

(1) 유형1 : 초월적 견해

유형1의 특성은 나이가 들어도 활기차게 생활하고 싶어 하며(z=1.99) 나이가 들면 인생을 더 여유롭게 볼 수 있고(z=1.48) 지혜로와지며 (z=1.00) 관대하고 선해진다(z=1.13)는 진술문에 강한 동의를 하였다. 그리고 이들은 나이가 들면 쓸모없는 존재가 된다거나(z=-1.74) 이기적이고 보수적이 된다(z=-1.35)는 진술문과 노화가 두렵다거나(z=-1.98) 생각하기도 싫은 일이라는(z=-1.14) 진술문에 강한 부정을 나타내어 일관된 인지구조를 보여주었다. 유형2와 큰 차이를 나타낸 진술문으로 노인은 집안을 화목하게 한다(타 유형과의 차이 z=1.709), 나이가 들면 이성에 관심이 없어진다(타 유형과의 차이 z=1.409), 나이가 들면 축적된 경험으로 인생을 좀 더 여유롭게 볼 수 있게 된다(타 유형과의 차이 z=1.227)는 의견에 강하게 동의하였으며, 그밖에 나이가 들어도 활기차게 생활하고 싶다거나(타 유형과의 차이 z=.890) 나이가 들면 욕심에서 벗어나 세상 일에 초연해진다(타 유형과의 차이 z=.890)는 태도를 나타내었다. 또한 늙어서 노망이 날까봐 걱정이라거나(타 유형과의 차이 z=−2.029) 나이가 들면 누군가에게 의존하게 된다(타 유형과의 차이 z=−1.983), 죽는 것이 두려워진다(타 유형과의 차이 z=−1.901)는 진술문에 강하게 부정하였으며, 늙었다는 것은 생각하기도 싫은 일이라거나(타 유형과의 차이 z=−1.182) 과거에 집착하게 된다(타 유형과의 차이 z=−.863)는 진술에도 반대하는 태도를 나타내었다.

(2) 유형2 : 현실 인정

유형2의 특성은 나이가 들면 베푸는 삶을 살아야 하며(z=2.00) 사회에 모범이 되어야 한다(z=1.41)고 생각하면서도, 늙어서 노망이 날까봐 걱정하며(z=1.91) 누군가에게 의존하게 된다(z=1.43)는 진술문에 강한 동의를 나타내었다. 그리고 이들은 늙는다는 것이 명예롭지 못하다거나(z=−1.93) 불행한 일(z=−1.62)이라고 생각하지 않으며, 나이가 든다고 해서 이성에 관심이 없어진다거나(z=−1.28) 쓸모없는 존재가 된다(z=−1.24)고 생각하지 않았다. 이들은 노화를 부정적으로 생각하지는 않으나 노화로 인하여 발생할 질병이나 의존성 등 보다 현실적인 문제를 인지하고 있음을 알 수 있었다.

2-2. 노인이 지각한 젊은이의 노화에 대한 주관성 유형 분석

젊은이의 노화 인지에 대한 노인들의 지각은 4개의 유형으로 나타났으며, 전체변량의 약 34.5%를 설명하고 있다. 총 35명의 대상자 중 1 유형에 14명, 2유형에 6명, 3유형에 9명, 4유형에 6명으로 나타났다.

(1) 유형1 : 긍정적 수용

유형1은 늙을수록 사회에 모범이 되어야 하며($z=1.93$) 나이가 들면 관대해지고($z=1.67$) 베푸는 삶을 살아야 한다($z=1.50$)는 진술에 강한 긍정을 나타내었다. 늙는 것보다 차라리 죽는 것이 더 낫다거나($z=-1.77$) 늙었다는 것은 생각하기도 싫은 일($z=-1.47$)이라는 진술에 강한 부정을 나타내었다. 특히 타 유형에 비하여 나이가 들면 관대해지고 선해지며 (타 유형과의 차이 $z=2.315$) 자유롭고 여유가 생기고(타 유형과의 차이 $z=1.997$) 더 지혜로워지고(타 유형과의 차이 $z=.966$) 집안을 화목하게 한다(타 유형과의 차이 $z=.996$)는 의견에 강하게 동의하였으며, 늙었다는 것은 생각하기도 싫다거나(타 유형과의 차이 $z=-2.001$) 나이가 들수록 의심이 많아지고(타 유형과의 차이 $z=-1.363$) 이기적이거나 보수적이 된다는 의견(타 유형과의 차이 $z=-1.252$), 노화는 어떻게 해서라도 막고 싶다는 의견(타 유형과의 차이 $z=-1.144$)에 강한 부정을 나타내어 노화를 자연스럽게 받아들이는 태도를 보여주었다.

(2) 유형2 : 의존적 존재

유형2는 나이가 들면 외롭고 소외감을 느끼며($z=2.07$) 불안감이 생기고($z=1.39$) 누군가에게 의존하게 된다($z=1.17$)는 진술에 강한 긍정을 나타내었다. 나이가 들면 모든 욕심에서 벗어나 세상일에 초연해진다거나 ($z=-1.66$) 이성에 관심이 없어진다($z=-1.34$), 노인은 집안을 화목하게 한다($z=-1.43$)는 진술에 강한 부정을 나타내었다. 특히 타 유형에 비하여 외로움(타 유형과의 차이 $z=2.276$), 불안감(타 유형과의 차이

z=1.618), 의존감의 태도(타 유형과의 차이 z=1.198)가 강하며, 노화로 인해 쓸모없는 존재가 되고(타 유형과의 차이 z=1.519) 명예롭지 못한 일이라는 태도(타 유형과의 차이 z=1.292)도 강하다. 그리고 이들은 어른으로서 효도와 공경 받기를 원하였다(타 유형과의 차이 z=1.345). 타 유형에 비하여 나이가 듦으로 인하여 인생을 보다 여유롭게 볼 수 있다거나(타 유형과의 차이 z=-2.071) 세상 일에 초연해진다(타 유형과의 차이 z=-1.682), 나이가 들어도 활기차게 생활하고 싶다(타 유형과의 차이 z=-1.707)는 진술에 대해서는 강한 부정을 나타내고 있었다.

(3) 유형3 : 노화 부정

유형3은 늙어서 노망이 날까봐 걱정이 되며(z=1.77), 늙었다는 것은 생각하기도 싫은 일이고(z=1.42) 노화를 막을 수만 있다면 어떻게 해서라도 막고 싶다(z=1.40)는 진술에 강한 긍정을 나타내었다. 그러나 늙는 것 보다 차라리 죽는 것이 더 낫다거나(z=-2.11) 나이가 들면 쓸모없는 존재가 된다(z=-1.79)는 진술에는 강한 부정을 나타내었다. 특히 타 유형보다 높은 긍정을 나타낸 진술은 늙었다는 것은 생각하기도 싫은 일이다(타 유형과의 차이 z=1.861), 죽는 것이 두려워진다(타 유형과의 차이 z=1.811), 늙어서 노망이 날까봐 걱정이 된다(타 유형과의 차이 z=1.158)는 것이었으며, 타 유형보다 높은 부정을 나타낸 진술은 나이가 들면 쓸모없는 존재가 된다(타 유형과의 차이 z=-1.475), 늙는다는 것은 명예롭지 못한 일이다(타 유형과의 차이 z=-1.003), 늙는 것보다 차라리 죽는 것이 더 낫다(타 유형과의 차이 z=-1.002) 등으로 노화를 거부하는 것은 아니지만 인정하고 싶어 하지 않으며 늙지 않고 사는 삶에 대한 애착을 보여주고 있었다.

(4) 유형4 : 독립적 삶 추구

유형4는 나이가 들면 인생을 좀 더 여유롭게 볼 수 있게 되고(z=2.46) 나이가 들어도 활기차게 생활하고 싶다(z=2.02)는 진술에 강한 긍정을 나타내었으며, 늙는다는 것은 불행한 일이라거나(z=-1.45) 외롭고 소외감을 느낀다(z=-1.41), 불안감이 생긴다(z=-1.27)는 진술에는 강한 부정을 나타내었다. 타 유형에 비하여 강한 긍정을 보인 진술은 대부분의 사람이 노화를 자각하지 못하고 있다는 것(타 유형과의 차이 z=2.312)과 나이가 들면 인생을 좀 더 여유롭게 볼 수 있으며(타 유형과의 차이 z=2.269) 세상일에 초연해진다는 것(타 유형과의 차이 z=1.450) 이었다. 또한 타 유형에 비하여 강한 부정을 보인 진술은 나이가 들면 외롭고 소외감을 느낀다(타 유형과의 차이 z=-2.353), 불안감이 생긴다(타 유형과의 차이 z=-1.928), 늙는다는 것은 불행한 일이다(타 유형과의 차이 z=-1.732), 나이가 들수록 종교에 더 매달리게 된다(타 유형과의 차이 z=-1.235), 누군가에게 의존하게 된다(타 유형과의 차이 z=-1.072) 등 이었다.

3) 코오리엔테이션 시각으로 본 각 유형간의 관계

노화에 대한 견해나 태도는 주관적 복합체(schemata)로서, 본 연구에서는 젊은이와 노인, 그리고 상호간에 지각한 노화에 대한 주관성 유형을 각각 분석하였다. 코오리엔테이션 모형은 기존의 Q 방법론에 비하여 관심의 초점이 대인간의 관계, 즉 대상에 대한 개인 간의 이해(understanding or agreement), 일치성(congruency), 정확성(accuracy) 이므로(Tran, 1981), 본 연구에서는 노화에 대한 주관성을 그룹별로 각각 분석하고 두 그룹간의 관계를 파악하고자 하였다. 각 유형간의 관계를 코오리엔테이션의 시각으로 분석한 결과는 〈그림 1〉과 같다.

우선, 젊은이와 노인의 노화에 대한 주관성을 분석한 결과 젊은이는 모범적 삶 추구, 초월적 견해, 걱정 근심의 세 개 유형으로 분류되었고, 노인은 초월적 견해와 현실 인식의 두 개 유형으로 분류되었다. 이들 그룹간의 유형별 특성에 비추어 초월적 견해는 두 그룹 모두에서 나타났으며, 젊은이의 모범적 삶 추구는 노인의 현실 인식 유형과 상당부분이 일치됨을 알 수 있었고, 단지 젊은이에서는 노인에서 나타나지 않은 '걱정 근심'이라는 유형이 존재함을 발견하였다. 따라서 젊은이와 노인의 노화에 대한 주관성은 '다소 높은 정도'의 이해관계를 나타내었다.

다음으로 젊은이가 지닌 노화에 대한 주관성과 이들이 지각한 노인의 노화 인지에 대한 태도 유형간의 일치성, 그리고 노인이 지닌 노화에 대한 주관성과 이들이 지각한 젊은이의 노화 인지에 대한 태도 유형간의 일치 정도는 '낮음'을 알 수 있었다. 즉, 젊은이에서 나타난 세 개의 유형인 모범적 삶 추구, 초월적 견해, 걱정 근심 유형은 이들이 지각한 노인의 노화 인지에 대한 태도 유형인 비관적 관측, 의욕적 수긍, 노화 거부 유형과 일치되는 속성을 발견할 수 없었다. 또한 노인에서 나타난 두 개의 유형인 초월적 견해와 현실 인식 유형은 이들이 지각한 젊은이의 노화 인지에 대한 태도 유형인 긍정적 수용, 의존적 존재, 노화 부정, 독립적 삶 추구 유형의 속성과도 일치되지 않는 것으로 나타나 이들 유형간의 관계는 낮은 것으로 판단할 수 있었다.

또한 젊은이의 노화에 대한 주관성과 노인이 지각한 젊은이의 노화 인지에 대한 구조간의 정확성을 보면, 전자의 모범적 삶 추구 유형은 후자의 긍정적 수용 유형과, 초월적 견해 유형은 독립적 삶 추구 유형과, 그리고 걱정 근심 유형은 의존적 존재 유형과 상당히 유사한 속성을 지녀서 이들 유형간의 관계는 높음을 알 수 있었다. 단 노인이 지각한 젊은이의 노화 인지에 대한 태도 유형에는 젊은이에서 나타나지 않은 '노화 부정' 유형이 있음을 확인할 수 있었다. 한편 노인의 노화에 대한 주관성인 초월적 견해와 현실 인식 유형은 젊은이가 지각한 노인의 노화 인지에 대한 태도 유형인 비관적 견해, 의욕적 수긍, 노화 거부 유형과 일치되는 속성을 발견할 수 없어서 이들 유형간의 관계는 낮음을 알 수 있었다.

4. 논의

연구결과 젊은이의 노화에 대한 주관성은 선행을 베푸는 삶을 강조하는 '모범적 삶 추구'와 노화는 마음먹기에 달린 것이니 나이에 얽매이지 않겠다는 '초월적 견해', 그리고 죽음이나 노망, 외로움 등을 두려워하는 '걱정 근심' 유형이 있음을 알았다. 반면 젊은이가 지각한 노인의 노화 인지에 대한 주관성은 노화로 인하여 쓸모없는 존재로 노망이나 죽음을 두려워하는 '비관적 견해'와 이와 정 반대로 노화를 적극적으로 받아들이고 보람 있게 살고 싶어 하는 '의욕적 수용', 그리고 늙는다는 것은 불행한 일이라 생각하며 피하고 싶어 하는 '노화 거부' 유형이 있음을 발견하였다. 이러한 결과를 볼 때, 젊은이 자신이 노화에 대하여 갖는 태도는 '걱정 근심' 유형을 제외하고는 긍정적인 반면, 젊은이가 생각하는 노인의 노화에 대한 태도 유형은 상당히 부정적이라는 사실이다. 즉, 젊은이 자신은 노화를 수용하는 태도를 보이면서, 노인들은 비참하게 생각할 것이라거나 노화를 거부하고 싶어 할 것이라고 인지하고 있다는 것이다. 이는 Palmore(1999)가 산업사회에서 노년기에 대한 부정적인 태도와 고정관념이 증가한다고 한 것이나 우리나라 대학생들의 노인에 대한 지각이 외국의 선행연구들에 비하여 훨씬 더 부정적이라는 선행 연구들(서병숙과 김수현, 1999; 한정란, 2000)과 일치하는 결과였다.

노화에 대한 주관성 연구

노인의 노화에 대한 주관성 분석 결과 나이가 들면서 지혜와 여유, 선행을 추구하는 '초월적 견해'와 노화를 긍정적으로 수용하지만 질병이나 죽음, 이성에 대한 관심 등 현실적인 문제를 고려하는 '현실 인식' 유형이 있음을 알았다. 이 두 유형 모두 상당히 긍정적인 관점에서 노화를 받아들이고 있음으로써, 과거에 노인이 한, 두 가지 만성질병을 가지고 있고 거동이 불편한 모습과 같은 부정적인 모습이었던 반면 현재와 미래의 노인의 모습은 최근 이슈화 되고 있는 웰빙(well-being)과 접목되어 건강하고, 활동적이고, 유쾌한 긍정적인 모습을 지향하고 있다는 문헌(윤은자 등, 2006)과 일치하는 것으로 생각된다. 유양경(2003)은 노인들이 경험하는 노인되어감을 문화기술적 연구로 시도한 결과 '자신의 한계를 받아들이기', '신체기능의 변화를 인식하기', '자신의 한계를 인식하기', '현실을 다시 보기', '인생의 한계를 받아들이기'의 5가지 영역으로 보고하면서, 한국 노인은 신체기능의 변화와 자신의 한계를 인식하게 됨은 물론 현실을 다시 보게 되고 인생의 한계를 받아들이게 되면서 결국 자신의 한계를 받아들이고 이를 통해 스스로가 노인이 되었다는 생각을 하게 된다고 하여, 본 연구에서 나타난 노인의 노화에 대한 주관성 유형과 유사하였다. 반면 노인이 지각한 젊은이의 노화 인지에 대한 주관성은 노화를 긍정적인 시각에서 자연스러운 현상으로 받아들이는 '긍정적 수용'과 나이 들면 외롭고 불안감이 생기며 어른으로서 효도와 공경받기를 원하는 '의존적 존재', 노망이나 죽음을 두려워하며 늙고 싶지 않다는 '노화 부정', 그리고 여유로운 삶을 원하는 '독립적 삶 추구' 유형이 있음을 발견하였다. 이는 노인 자신의 노화에 대한 주관성에 비하여 상대적으로 부정적이었는데, 이는 노화를 두려운 것으로써, 노년기를 고통스러운 것으로써 보는 사회적 고정관념과 태도(박경란과 이영숙, 2001)를 반영한 것이라 볼 수 있다.

<그림 1> 젊은이와 노인의 노화에 대한 태도유형간의 관계 : 코오리엔테이션 시각

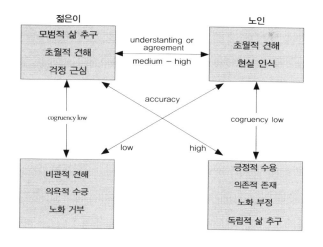

본 연구는 코오리엔테이션 설계를 통하여 두 집단 간의 커뮤니케이션의 상호정향성에 대한 가설을 발견하고자 시도한 결과 젊은이와 노인의 노화에 대한 주관성은 각각의 두 유형이 상당부분 일치됨을 알 수 있었고, 젊은이에서는 '걱정 근심'이라는 유형이 하나 더 나타나 두 그룹에서 '다소 높은 정도'의 이해관계를 나타내었다. 젊은이의 노화에 대한 주관성과 이들이 생각하는 노인의 노화, 노인의 노화에 대한 주관성과 이들이 생각하는 젊은이의 노화에 대한 주관적 태도 유형간의 일치 정도는 '낮음'을 알 수 있었다. 젊은이의 노화에 대한 주관성과 노인이 지각한 젊은이의 노화 인지에 대한 주관성 간의 정확성은 세 유형이 상당히 유사하여 이들 유형간의 관계는 '높음'을 알 수 있었고, 노인의 노화에 대한 주관성과 노인이 지각한 젊은이의 노화 인지에 대한 주관성 간의 정확성은 각 유형간 일치되는 속성을 발견할 수 없어서 이들 유형간의 관계는 '낮음'을 알 수 있었다. 즉, 젊은이는 자신들이 생각하는 노화의 주관성 유형보다 노인들이 노화를 훨씬 부정적으로 생각할 것이라고 여기

고 있으나, 실제로 노인은 그렇게 생각하지 않음을 의미한다. 특이한 사항은 젊은이가 생각하는 노인의 노화에 대한 주관성 유형에서 나타난 '노화 거부'나 노인이 생각하는 젊은이의 노화에 대한 주관성 유형에서 나타난 '노화 부정'이 사실상 젊은이, 노인 두 그룹 자신이 인지하는 노화에 대한 주관성 유형에는 나타나지 않는다는 사실이다. 또한 전체적으로 볼 때 젊은이와 노인 자신이 인지하는 노화에 대한 주관성 유형이 서로 상대그룹이 이렇게 생각할 것이라고 여기는 노화에 대한 주관성 유형보다 상대적으로 상당히 긍정적인 양상임을 확인할 수 있었다.

이상의 결과에서 볼 때 노화에 대한 젊은이와 노인 간의 인식 유형에는 별 차이가 없으나(high agreement), 문제는 세대 간 인식 유형의 차이가 아니라 서로가 다를 것이라는 가정(preconception)이 존재한다는 것이다(lower congruencies).

과거에는 전통적으로 노인들이 아이들을 키우는 책임을 공유하였으며, 그래서 젊은 사람들과 자연스럽게 지속적인 상호작용을 주고받는 생활을 갖고 있었으나, 현대 사회에서는 대부분 가정이 아닌 다른 기관에서 가족 이외의 사람들에 의해 수행되고 있다. 이로 인해 노인은 노인끼리, 젊은이는 젊은이끼리 대부분의 시간을 보내게 되었고, 이러한 세대 간의 생활분리와 노인의 지위하락은 젊은이로 하여금 노인에 대한 편견이나 부정적인 태도, 고정관념을 갖도록 만들었다(이영숙과 박경란, 2002). 본 연구 결과에서도 젊은이가 인지하는 노인의 노화에 대한 주관성 유형이 실제 노인이 인지하는 노화의 주관성 유형에 비하여 부정적인 것은 많은 연구에서 젊은이들이 노인에 대해 부정적인 고정관념과 태도를 갖고 있다는 보고(박경란과 이영숙, 2001; 서병숙과 김수현, 1999; 한정란, 2000; Vernon, 1999)와 일치하는 것이라 볼 수 있다.

또한 노인이 젊은이의 생각을 보다 정확히 인식하고 있다는 점이 주목할만 한데(high accuracy), 노인은 삶의 풍부한 경험을 통하여 젊은이들이 생각하는 것보다 훨씬 젊은이의 생각을 잘 알고 있는 것이라 생각해 볼 수 있다. 반대로 젊은이들은 노화나 노인의 문제에 대한 관심이 없거나 혹은 통찰력이 부족하여 적어도 노인의 생각을 정확히 인식하지 못하고 있음을 알 수 있다(low accuracy). 젊은이는 노화의 경험이 없을 뿐 아니라 어쩌면 노화에 대하여 생각해 볼 필요성이나 계기조차 없었을 수 있다. 따라서 세대 간의 갈등, 혹은 적어도 커뮤니케이션의 문제는 노인들에게 이상적 노화, 성공적 노화를 위한 중재도 중요하지만 젊은 세대에 대한 노인 문제의 올바른 이해와 인식 전환을 위한 중재 방안이 전재되어야 할 것이다. 즉, 노인 문제에 대한 대상이 노인 뿐 아니라 보다 젊은 세대임을 확인할 수 있으며 이를 통하여 사회적 합의를 도출하는 것이 바람직하리라 본다.

노화에 대한 주관성 연구

5. 결론 및 제언

본 연구는 젊은이와 노인이 노화에 대하여 어떤 견해를 가지고 있으며, 서로가 인지하는 노화에 대한 태도 유형은 각기 어떤 특징과 관계가 있는지를 알아봄으로써, 상호간 노화에 대한 이해를 높이고자 시행하였다. 인간의 주관성을 심층적으로 측정할 수 있는 Q 방법론을 적용하여 20~35세 미만의 성인 초기 젊은이 32명과 65세 이상 노인 35명을 P 표본으로 하여, 이들이 30개의 Q 표본 진술문을 9점 Q 표본 분포도 상에 강제분포 하도록 하였다. 수집된 자료는 QUANL PC program으로 분석한 후 코오리엔테이션 모형을 적용하였다. 연구결과 젊은이와 노인의 주관성은 각각 세개(모범적 삶 추구, 초월적 견해, 걱정 근심), 두 개

(초월적 견해, 현실 인식)의 유형이 발견되었으며, 각 그룹이 지각한 상대그룹의 노화에 대한 주관적 인지구조는 각각 세 개(비관적 견해, 의욕적 수긍, 노화 거부), 네 개(긍정적 수용, 의존적 존재, 노화 부정, 독립적 삶 추구)의 유형이 존재함을 발견하였다. 대인간 행동에 있어서 의사소통의 증진을 위해서, 초점이 되는 대상에 대한 개인 간의 이해, 정확성, 일치성 등이 높을수록 효과적이라는 본 연구의 이론적 기틀에 비추어 살펴본 결과, 젊은이와 노인의 노화에 대한 이해정도는 다소 높게, 젊은이의 노화와 노인이 지각한 젊은이의 노화간의 정확성은 높게 나타났으나, 노인의 노화와 젊은이가 지각한 노인의 노화간의 정확성은 낮게 나타났으며, 각 그룹이 자신의 노화에 대한 인지와 상대그룹의 노화에 대한 인지의 일치 정도는 낮게 나타났다.

본 연구의 결과를 종합하여 볼 때 젊은이와 노인이 지각하는 노화의 주관성 유형은 비교적 긍정적임을 확인할 수 있었으나, 이 두 그룹이 지각한 상대 그룹의 노화에 대한 주관성은 상대적으로 부정적이며 서로가 다를 것이라 인지하고 있는 것이 확인되어, 세대 간의 이해가 매우 부족함을 알 수 있었다. 또한 이를 토대로 향후 세대 간의 의사소통 및 이해 증진을 위한 교육, 사회적 정책 설정에 활용할 수 있을 것이라 생각한다.

따라서 젊은이와 노인의 이해 증진을 도모하기 위한 방안으로 다음과 같은 제언을 한다. 첫째 삶의 과정인 노화를 다양한 측면으로 이해함으로써 상호간의 일치정도를 높일 수 있는 중재전략의 개발이 필요하다. 특히 젊은이에 대한 노인의 이해를 도모하기 위하여 청소년기부터 청장년층에 이르기까지 다양한 교육프로그램을 적용해야 할 것이다. 둘째 사회적으로 긍정적인 노화에 대한 인식과 노인에 대한 이미지 정립을 하기 위한 노력이 필요하다. 매스컴을 통한 노화 및 노인에 대한 이미지 제고 또한 하나의 전략으로 사용할 수 있으리라 제언한다.

■■■ 참고문헌

김경자 (1993), 「종교 참여에 따른 노인의 죽음 불안 연구」, 이화여자대학교 대학원 석사학위논문.

김순이 (1998), 「한국노인의 노화체험」, 『성인간호학회지』 10(2), 234-244.

김홍규 (1990), 「Q 방법론의 이해와 적용」, 『언어학 논선』 7, 서강대학교 언론문화연구소.

박경란, 이영숙 (2001), 「대학생이 갖고 있는 노인에 대한 고정관념 분석」, 『한국노년학』, 21(2), 71-83.

서병숙, 김수현 (1999), 「대학생의 노인에 대한 이미지 연구」, 『한국노년학』, 19(2), 97-111.

성혜영, 유정헌 (2002), 「성공적 노화 개념의 인식에 관한 연구 -Q 방법론적 접근-」, 『한국노년학』 22(2), 75-93.

신재신, 최송실, 이선옥, 박은주, 김영희, 김영미, 윤영숙, 주영희, 서영승 (1999), 「중년 여성의 늙어감 경험에 대한 현상학적 연구」, 『성인간호학회』 11(4), 673-683.

엄미란 (2002), 「여성노인의 노화경험」, 서울대학교 박사학위논문.

유양경 (2003), 「한국 노인의 노인되어감에 대한 문화기술지」, 경희대학교 대학원 박사학위논문.

윤은자, 김홍규 (1998), 「죽음의 이해-코오리엔테이션의 시각」, 『대한간호학회지』, 28(2), 270-279.

윤은자, 박옥분, 원수진, 이명현, 박수호, 이희정, 김연진 (2006), 「중년 후기 성인의 성공적 노후에 대한 주관성」, 『주관성 연구』 13(2), 65-80.

윤 진 (1985), 『성인, 노인심리학』, 중앙적성출판사.

이광옥 (1998), 「재가노인의 일상생활 기능상태, 삶의 질 및 가정간호 요구에 관한 연구」, 『간호과학』 10(2), 73-82.

이금재, 박인숙, 김분한 (2000), 「노인의 의미에 대한 주관성 연구」, 『기본간호학회지』 7(2), 271-286.

이영란, 김신미, 박혜옥, 박효미, 조계화, 노유자 (1998), 「국내 노인간호연구 분석과 발전방향」, 『대한간호학회지』, 28(3), 676-694.

이영숙, 박경란 (2002), 「노년학 교육이 대학생의 노인에 대한 태도에 미치는 영향」, 『한국노년학』 21(3), 29-41.

노화에 대한 주관성 연구

전산초, 최영희 (1985), 『노인간호학』, 서울:수문사.

통계청 (2007), 「국제간 비교-고령화 속도, 합계출산율」, http://www.index.go.kr/
gams/default.jsp

한정란 (2000). 「대학생들의 노인에 대한 태도에 관한 연구」, 『한국노년학』 20(3),
115-127.

Birren J.E., & Renner V.J. (1981), Concepts and criteria of mental health and aging.
American Journal of Orthopsychiatry, 51(2), 242-254.

Birren, J.E., & Schaie, K.W. (1990), *Handbook of Psychology*. N. Y. Academic Press,
3rd. Ed.

Palmore, E. (1999), *Ageism: negative and positive*. New York: Springer Publishing.

Schroots J.J., & Birren, J.E. (1988), The nature of time: implications for research on aging.
Gerontology, 2(1), 1-29.

Tan, A.S. (1981), *Mass Communication Theories and Research*. Grid. Pub. Inc.,
Columbus, Ohio.

Vernon, A.E. (1999), Designing for change: Attitudes toward the elderly and
intergenerational programming. Child & Youth Services, 20(1-2), 161-173.

제5부 보건·의학

심상유도 음악치료 경험자의 주관성 연구[*]

이 난 복 · 김 흥 규

경기대 대체의학대학원 강사 · 한국외국어대 언론정보학부 교수

[*] 본 논문은 〈주관성 연구〉 제22호(2011. 6) pp.23–39 논문 전문을 재게재한 논문임을 알려드립니다.

심상유도 음악치료 경험자의 주관성 연구

- GIM 과정별 기초적 Q 사정도구 개발을 중심으로

1. 연구의 필요성 및 목적

최근 우리 사회에 정신건강의 문제로 고통 받고 있는 사람들의 숫자가 지속적으로 증가하고 있다. 2010년도 OECD 국가에 대한 삶의 만족도 조사결과에서 우리나라의 자살률이 다른 나라에 비해 매우 높고, 삶의 만족도는 상대적으로 낮은 것으로 나타났다(OECD, 2010). 행복한 삶과 정신건강 간에는 밀접한 관련성이 있다. 행복한 삶이란 신체적으로 건강한 것 뿐 아니라 정신적으로 건강하여 행복감과 안녕감을 유지하는 상태를 말한다. 세계보건기구는 정신건강(mental health)의 개념을 주관적 안녕감, 자기효능감, 자발성, 유능감, 세대상호 간 의존과 타인과의 관계 속에서 개인의 인지적, 정서적 잠재력에 대한 자기실현을 포함하며, 정신건강이 정신장애보다 광의의 개념이라고 정의하고 있다(WHO, 2001). 이것은 정신건강이 모든 종류의 개인적, 사회적 적응을 포함하는 것이며 어떠한 환경에도 대처해 나갈 수 있는 건전하고, 균형 잡히고,

통합적인 발달 상태를 의미하는 것이라고 할 수 있다. 우리나라는 경제 규모가 세계 10위권에 진입할 만큼 경제적으로 크게 성장했지만 정신건강 유지에 취약하여 정신적 안정과 삶의 만족도, 행복 체감지수가 갈수록 심각하게 낮아지고 있다(보건복지부 · 여성가족부, 2010). 오히려 정신건강의 문제가 점차 심각하게 대두되고 있음에도 불구하고 이를 위한 전문적인 서비스 환경은 열악한 실정이다.

정신건강의 부정적인 양상은 기분장애와 불안장애를 포함하여 매우 다양하다. 우리사회에서 정신건강의 문제로 인해 역기능적 삶을 사는 사람들이 증가함에 따라 약물치료나 상담 · 심리치료의 수요가 증가하고 있다(조선일보, 2009. 11. 16).

음악치료는 정신건강 유지에 어려움을 갖고 있는 사람들에게 약물이나 기존의 방법으로는 해결하기 힘든 개인적, 사회적 필요를 채워주고, 손상된 자아상을 회복하게 해주는 효과적인 치료방법이다. 많은 연구들이 음악치료가 정신적 문제를 가진 사람들의 언어적 · 비언어적 반응을 촉진시켜 자존감과 문제해결능력 향상, 타인에 대한 이해력 향상, 결정력 · 판단력 증진, 현실인식과 기억력 · 집중력 · 지속력 향상, 우울 및 불안감 등의 부정적 정서감소 등을 통해 삶의 질을 향상시키는 데 효과적이라고 보고하고 있다(Grocke, Bloch, & Castle, 2009; Hadsell, 2003; Hillard, 2005; Silverman, 2009). 음악치료에서 치료의 도구로 사용되는 음악은 비언어적 의사소통 수단으로 사람의 감정뿐만 아니라 대뇌에 직접 영향을 주어 내면의 깊은 곳 뿐 아니라 영적영역까지도 탐색하게 한다(Radocy & Boyle, 1999). 뿐만 아니라 음악은 언어로 표현하지 못하는 감정을 자연스럽게 표현할 수 있게 해주고 다른 사람들과 교류하며 감정을 공유하게 하는 매우 유용한 비언어적 교류수단이다(Kaplan, 1990).

심상유도 음악치료(Guided Imagery and Music, 이하 GIM)는 다양한 음

악치료 방법 중 정신건강에 어려움을 겪고 있는 사람들을 돕는데 특히 유용한 음악 심리치료의 한 방법이다. GIM은 '전환된 의식상태(altered state of consciousness)'에서 음악에 의해 유도되는 심상(image)을 통해 인간의 내면세계를 탐색하는 심층음악 심리치료이다. 음악은 '전환된 의식상태'를 촉진하는 영향력 있는 매개체로 오랫동안 인정 받아왔다. GIM은 내담자가 자신의 다양한 측면을 탐색하게 하고, 스스로에 대한 이해를 넓히고, 자신을 잘 조율할 수 있는 능력을 개발하며, 삶에 필요한 대응전략과 문제 해결력을 획득하고, 존재의 목적을 인식하게 한다. GIM은 궁극적으로 개인의 신체와 정신, 영혼을 통합하도록 하여 자기실현에 이르도록 돕는다. 즉 GIM은 과거에서 기인한 뿌리 깊은 심리적 문제에서부터 일시적인 스트레스 관리까지 정신건강을 위협하는 다양한 요인에 노출되어 있는 현대인의 정신건강 회복과 유지를 위해 효과적인 치료방법이다(이난복, 2010). 많은 연구들이 GIM이 정신적 어려움이나 문제를 가지고 있는 사람들 및 영적고양을 위한 정서적 측면에서의 지원을 통해 다양한 영역에서 매우 효과적인 치료서비스를 제공할 수 있다고 보고하고 있다(이난복, 2010, 2011; Blake & Bishop, 1994; Borling, 1992; Bush, 1995; Clark, 1991; Goldberg, 1989; Grocke, 1999; Holligan, 1994; McKinney, 1995; Rinker, 1991; Stokes, 1992; Summer, 1988).

그동안 대부분의 연구가 GIM 경험자들, 즉 내담자의 관점보다는 연구자인 치료사의 관점에서 행해져 왔다. 내담자의 관점에서 접근하는 것은 GIM을 경험한 개인이 GIM의 과정을 어떻게 인식하고 있는지를 보다 더 정확하고 생생하게 이해할 수 있게 해준다. 내담자의 관점에서 조망하는 연구는 기존의 연구에서 직접적으로 다루기 힘들었던 구체적이고 주관적인 경험, 혹은 변화의 세밀한 지점과 의미의 미묘한 차이를 그대로 확인할 수 있도록 해준다.

GIM은 매 회기마다 다음과 같은 일정한 4단계의 절차적인 과정 (protocol)을 가지고 실시된다. 1) 그날의 치료목표인 주제를 정한다 (prelude). 2) '전환된 의식상태'로 유도하기 위해 심신을 이완한다 (induction). 3) 음악을 감상하며 심상을 산출하고 인식하는 경험을 한다 (music journey). 4) 음악감상이 끝난 후 음악적 심상들의 상징적 의미를 통합하여 통찰을 얻는다(postlude). 그러나 기존연구들은 대부분 GIM에서의 음악경험에만 국한하였으므로 GIM의 각 과정을 구분한 연구는 거의 없는 실정이다. 그러므로 본 연구에서는 음악경험을 중심으로 도입(음악경험 전), 음악경험, 통합(음악경험 후)의 세 과정으로 구분하여 내담자 유형의 특성을 파악할 수 있는 기초적 Q 사정도구를 개발하고자 한다. GIM의 전체과정을 세 과정으로 구분하여 내담자의 유형별 특성을 통해 개발된 Q 사정도구는 치료현장에서 다양한 전략을 수립할 수 있도록 도와 보다 더 효율적인 치료서비스를 제공하기 위한 기초적 자료로써 매우 유용할 것이다. 본 연구의 목적은 구체적으로 GIM의 도입과정(음악경험 전)과 음악경험 과정, 그리고 통합과정(음악경험 후)에서 발견된 내담자의 주관성에 따른 Q 사정도구를 개발하기 위한 것이다.

2. 이론적 배경

1) 정신건강

행복이란 정신적으로 건강한 상태를 말하는 데 정신건강은 일상생활에서 다른 사람들과의 사이에 행복감을 느끼고 효과적으로 적응해 가는 것이다(Menninger, 1987). 미국정신위생위원회(1948)는 '정신건강이란 정신적 질병에 걸리지 않은 상태만이 아니라 만족스러운 인간관계와 그것을 유지해 나갈 수 있는 능력을 의미한다'고 하고 있다(조민영, 2005). 즉, '건강하다'는 것이 단순하게 질병이 없는 상태가 아니라 행복감을 유지하는 것을 포함하는 매우 포괄적인 개념으로 정의되고 있음을 알 수 있다.

현재 우리나라는 경제적으로는 세계 10위권에 들만큼 성장하였으나 급격한 현대화 과정으로 인하여 많은 사람들의 정신건강이 위협받고 있으며, 삶의 만족도가 저하됨에 따라 불안정한 정신건강 상태에 있는 사람이 증가하고 있다(보건복지부 · 여성가족부, 2010). 그러나 현재 우리나라에서는 정신질환자가 아닌 일반인의 불안정한 정신건강 상태에 대해 정신건강 전문영역의 대응은 미진할 뿐 아니라, 이들을 위한 정신건강 전문 상담서비스도 매우 부족하다. 따라서 정신질환자뿐 아니라 일반인들이 정신건강을 유지하여 행복한 삶을 살아가도록 돕기 위한 다양한 치료적 프로그램이 절실히 요청되고 있다. 이에 인간의 생리적인 측면뿐 아니라 정서와 인지적인 측면까지 광범위하게 영향을 미치는 음악을 치료의 도구로 사용하는 심층음악 심리치료인 GIM은 정신건강 분야에서 이들의 정신건강을 회복시키고 잘 유지하도록 돕는 데 유용한 치료방법으로 사용되어 오고 있다.

2) 심상유도음악치료(GIM)

GIM은 1960년대 헬렌 보니(Helen Bonny)가 메릴랜드 정신 의학 연구소 (Maryland psychiatric Research Center)에서 정신장애전문가들과 함께 약물 중독과 분열성을 가진 환자들에게 LSD(lysergic acid diethylamide) 투여 시 이들의 절정경험을 촉진시키기 위해 음악과 이완을 연합해 사용하며 얻은 경험과 연구결과에 기초하고 있다(이난복, 2011). 여러 연구의 결과들을 토대로 1970년대에 보니가 개발한 이 방법은 오늘날 정신 건강과 관련된 다양한 분야에서 적용되어 오고 있다(Grocke, 1999).

GIM은 음악에 의해 유도되는 심상을 통해 인간의 내면세계를 탐색 하는 심층음악 심리치료 기법이다. 깨어있는 상태에서 꿈을 꾸는 것 (waking dream)과 같은 '전환된 의식상태(Altered State of Consciousness)'에 서 음악을 감상하고, 의식을 초월한 다양한 심상을 경험하며, 그 심상의 상징적 의미를 찾고, 이로부터 통찰을 얻어 자신을 이해하고 문제를 해 결해가도록 하는 음악치료 방법으로 인간의 내적세계를 광범위하게 다 룬다. 즉 GIM은 자신의 무의식적 세계를 탐색하여 내적 통찰 및 자신에 대한 이해를 얻고, 자신을 잘 조율할 수 있는 능력을 개발하며, 삶에 필 요한 대응전략과 문제해결력을 획득하고, 존재의 목적을 인식함으로써 신체와 정신, 영혼을 통합하도록 하여 궁극적으로 자기실현에 이르도록 돕는 심층적 정신역동 음악 심리치료 방법이다(이난복, 2011).

GIM은 내담자들이 음악경험을 통해 산출하는 심상(imagery), 상징 (symbol), 원형(archetype)에 많은 초점을 두고 있다. 그 이유는 특히 GIM 음악이 일반적인 방법으로는 접근하기 힘든 개인 및 집단무의식에 있는 자료들이 표출되도록 하여 상징적 원형들과 만나게 하는 데 유용하기 때문이다(이난복, 2010; Bush, 1995; Ward, 2002). 이와 더불어 GIM은 내면세계와 초월적 영역에서의 초월경험을 중요시 한다. GIM에서는 자 신의 존재를 인간의 형태뿐 아니라 다양한 초월적 심상과 원형의 형태 로 경험하는데 심상의 상징적 의미에 대한 통찰을 통해 자신에 대해 전 체적인 시각을 가지고 보다 깊이 있는 이해를 얻게 된다. 즉 현실세계가 아닌 내면세계를 탐색함으로써 내재된 욕구들을 규명하는 기회를 갖게 되고, 존재의 의미와 정체성을 확인하며, 이때 획득한 통찰력은 현실에 서 자기실현을 촉진하는 데 기여한다(Burns & Woorich, 2004).

이와 같은 특성을 가진 GIM은 정신건강을 위해 다양한 분야에서 적용되어오고 있다. 앞에서 설명한 것처럼 GIM은 내담자의 정신적 성장에 대한 연구가 다양한 분야에서 활발하게 이루어지고 있는데 특히 정신건강의 문제를 가져오는 정신적 외상과 관련된 문제를 다루는데 효과적인 것으로 보고되고 있다(이난복, 2010; Blake & Bishop, 1994; Borling, 1992; Brusciua, 1998; Clark, 1991; Rinker, 1991). 이밖에도 정신건강과 관련된 GIM 연구들은 매우 많다.

3) 심상유도 음악치료(GIM)의 과정

GIM의 과정은 매 회기마다 다음과 같은 일정한 4단계의 절차로 진행된다. 이때 소요시간은 치료형태가 개별 또는 집단인지와 및 내담자의 이슈와 감정 상태에 따라 다를 수 있다. 개별 치료에서는 보통 2시간 정도가 소요되는데 비해 집단치료에서는 내담자의 수와 집단의 특성에 따라 다르게 된다.

(1) 도입대화 (Prelude: 치료 목표설정)
내담자가 그날의 치료 목표와 관련하여 주제를 정하는 과정이다. GIM은 심상의 여정이므로 목표가 없으면 정처 없이 심상과 심상 사이를 떠돌게 되기 때문이다.

(2) '전환된 의식상태' 유도(Induction)
'전환된 의식상태'를 유도하기 위한 과정이다. 보니(1978b)는 정신치료의 목표를 달성하기 위해서는 '전환된 의식상태'에서의 경험을 통해야 치유가 가능하게 된다고 하였다. 따라서 음악 감상을 통해 내담자가 의

식, 무의식적 내용 및 자료들과 만나고 이것을 표출하도록 하기 위해 의
식상태가 전환되도록 유도하는 것으로 그날의 주제와 감정상태 및 신체
에너지를 고려하여 다양한 긴장이완 기법을 사용한다. 이때 음악은 사
용하지 않는다.

(3) 음악경험(Music Journey)

음악과 심상의 연합을 제공하는 음악경험은 GIM에서 가장 핵심적
인 치료의 동인이다. GIM에서 음악의 기능은 심미적 경험을 위한 것
이 아니라 음악에 따른 감정을 촉진시키고 심상을 산출하기 위한 것이
다(Bush, 1995; Grocke, 1999). GIM에서는 잘 알려지지 않은 고전음악
을 사용하는 데, 이때 음악은 내담자로 하여금 다양한 심상경험과 함께
절정의 경험을 하게한다. 대부분의 고전음악은 폭이나 깊이가 있어 획
일적이거나 제한적이지 않고 외부세계에 대해 열려있고 끝없이 펼쳐진
지평선 같은 확장된 공간을 제공해주므로 어떤 획일적인 경계나 구성
을 형성시키지 않으며 심상을 경험하게 된다. GIM 음악은 의식과 무의
식의 경계를 허물 수 있는 매우 유용한 도구이다. 동질성의 원리에 따라
내담자의 치료목표에 맞게 선곡된 음악프로그램은 그들의 역동적인 내
적 경험을 외부로 표출하게 한다. 음악이 심상경험을 구체화시키기 때
문에 치료사의 음악선곡은 치료환경의 중추적인 역할을 한다(이난복,
2011). 개별치료에서는 음악을 감상 시 치료사와 대화를 하며 심상을 경
험한다.

(4) 통합과정(Postlude)

음악경험이 끝난 후 내담자는 '전환된 의식상태'에서 깨어나 일상적인
의식상태로 돌아온 다음 음악경험에서의 심상 및 자신의 감정을 구체화

시키기 위해 만달라(mandala)를 그리거나, 즉흥연주, 콜라주, 찰흙 만들기 등의 작업을 하게 된다. 그 후 치료사와의 토의를 통해 음악을 통해 경험한 심상들이 갖는 상징적 의미를 찾고 그날의 치료목표인 주제와 연관하여 통찰하게 된다. 이때 심상의 상징적 의미에 대해 내담자가 어떤 내적정서를 갖고 있는가는 심상을 통해 얻은 통찰을 자신의 현재 삶과 연결시키는 데 중요한 작용을 한다.

본 연구에서는 이와 같은 GIM의 절차를 음악경험이 없는 '도입대화와 전환된 의식상태 유도'를 도입과정으로 하여, 음악경험 과정, 음악경험 후를 통합과정으로 구분하여 연구하였다.

4) Q 사정도구

(1) Q –도구(Q–Tool)

Q–도구는 그동안 많은 연구에서 그 유용성이 검증되어 왔다(김근면 · 장성옥 · 김순용 · 임세현, 2010; 김흥규, 2008). Q 사정도구는 크게 두 단계에 걸쳐 완성된다. 먼저 Q 방법론적 접근을 통해 발견한 각각의 유형에 대한 해석을 진행하는 것이다. Q 유형 즉 요인은 특정 주제에 관해 비슷한 생각을 하는 사람들의 자결적 조합으로 어떤 특성을 공유한 사람들의 집단이라기보다는 한 사람 안에서 특정 지워지는 주관적인 특성이다. 그리고 이러한 유형의 해석은 일반적으로 그 안에 감추어진 마음을 알기 위해 모든 정보와 직관을 동원하여 가설 생성적으로 진행해 나가게 된다. 여기에서 사용되는 정보는 Q 분류 과정을 거쳐 얻게 된 Q 소트들을 점수화시켜 QUANL 프로그램을 사용하여 얻은 결과물이 중심이 된다. 특히 분석 결과 내용 중 각 유형표에서 표준점수가 ±1.00 이상인 Q 표본(진술문)들의 특성을 중심으로 다른 유형 간의 차이, 각 유

형에 해당되는 P 표본들의 추가 인터뷰 자료나 인구학적 특성 등을 바탕으로 각기 독특한 특성을 지닌 유형의 해석이 완성되게 된다(김흥규, 2008). 특정 Q 표본에서 유형간 표준점수를 각각 비교하여 특정 유형에서 ±1.00 이상의 차이가 나는 판별력(discriminant power)이 높은 Q 표본은 그 유형의 특성을 대표하는 것으로 추출하게 된다(Talbott, 1963, 재인용, 김흥규, 2008).

(2) Q- 블럭(Q-Block)

1963년 아이오와대학교의 탤벗 교수에 의해 개발된 Q-블럭은 유형 간 상대적 차별성이 비교적 큰 대표적 Q 표본을 골라 블럭을 구성하는 방법으로 분류과정은 Q 소팅과 동일하여 간소화된 Q 소트라 할 수 있다. 그러나 적어도 40개 이상의 Q- 블럭을 구성할 충분한 양의 Q 표본이 있어야 가능하며, 요인 간 유사성이 높거나 Q 표본의 수가 적은 경우에는 불가능하다. 통계적 관점에서 볼 때 유형의 요인 가중치(factor weight)가 낮은 사람은 Q-블럭으로 사정할 때 다른 유형으로 분류될 가능성이 있으며, 요인의 수가 적을수록 동점으로 나타날 확률도 높아진다(김흥규, 2008).

(3) 본 연구를 위한 기초적 Q-사정도구의 유용성

Q-블럭과 달리 Q-도구는 Q 방법론을 이용하여 발견된 유형 즉 요인의 해석 시 사용한 요인 배열표(factor array)와 요인 간 차이, 인터뷰, 인구학적 특성 등을 종합적으로 고려해 만든 요인에 대한 간략한 설명으로써 요인 가중치가 비교적 낮은 사람도 어려움 없이 스스로를 특정 유형으로 분류할 수 있는 장점을 갖고 있다(김흥규, 2008). Q-블럭은 연구자에 의해 사정되어지는 것이며, Q-도구는 피험자가 특정유형에 속한

다. 따라서 Q-도구의 유형분류는 유형 간 상호배타적인 반면에 Q-블럭에서는 특정 유형들에 있어서 동일한 점수가 나와 분류가 불가능해질 수도 있는 것이다. 즉 Q- 도구는 요인 가중치가 높은 경우뿐만 아니라 요인 가중치가 낮은 경우에도 각 유형에 대한 특성을 쉽게 파악할 수 있게 보여준다는 장점이 있다.

GIM은 전 세계적으로 정신건강 분야에서 널리 사용되어 오고 있다. GIM 전문가가 되기 위해서는 오랜 기간에 걸쳐 전문적인 훈련을 받아야한다. 우리나라에서는 GIM 전문가가 배출된 역사가 짧다는 제한으로 인해 아직 GIM이 널리 확산되지 못하고 있는 실정이다. 이렇게 GIM 역사가 짧은 우리나라에서 Q 사정도구를 개발하는 것은 치료현장에서 보다 더 효율적인 GIM을 제공하기 위한 기초적인 자료들을 제시할 수 있는 것이어서 그 중요성이 크다고 할 수 있다. 브루시아(Bruscia, 2000)가 GIM에서 내담자의 반응에 대한 사정척도를 만들었으나, 이것은 치료사가 내담자의 반응을 확인하도록 제작된 것으로 내담자의 주관적 경험을 통해 내담자의 유형을 사정하도록 한 것은 아니다. 그러므로 GIM의 전체과정을 도입과정(음악경험 전), 음악경험 과정, 통합 과정(음악경험 후)으로 구분하여 Q-사정도구를 만드는 것은 내담자의 주관적 관점을 통해 개발된 최초의 기초적 사정도구라는 점에서 의의가 크다.

3. 연구방법 및 설계

본 연구는 Q 방법론을 적용하여 GIM의 전체과정을 내담자의 주관적 관점에서 도입(음악경험 전), 음악경험, 통합(음악경험 후)의 세 과정으로 구분하여 Q-사정도구를 개발하기 위한 것으로 다음과 같은 절차를 통해 발견된 각각의 유형을 통해 이루어졌다.

1) Q 표본 선정

본 연구는 GIM 전체 과정에서 각각 100여개의 Q 모집단이 수집되었으며, 도입과정(음악경험 전)에서 36개, 음악경험 과정에서 33개, 그리고 통합과정(음악경험 후)에서 34개의 진술문이 Q 표본으로 선정되었다.

2) P 표본

본 연구는 스티븐슨(Stephenson, 1967)의 소표본 원칙을 따라서 P 표본을 선정하였다. P 표본은 26세 −61세까지 정신건강의 문제로 GIM을 경험한 사람들로서 치료 초기(3회기)부터 종결(41회기)까지 치료회기가 다양하게 구성된 20명을 선정하였다.

3) Q 소팅

각 과정에 대한 Q 소팅의 절차는 각 피험자가 각각의 진술문이 적힌 카드를 읽은 후에 동의(+), 중립(0), 비동의(−)로 크게 3개 그룹으로 분류한 다음 동의진술문 중에서 가장 동의로 판단되는 진술문을 Q 소트 분포에 맞게 선택하여 바깥부터(+4) 안쪽으로 분류케 하였다. 비동의는 이와 반대로 분류하게 하였다. Q 분류가 모두 끝난 후 P 표본을 대상으로 Q 분포도의 양 끝에 위치한(−4와 +4) 각각의 진술문을 선택한 이유에 대해 구체적으로 구술하도록 하였다.

4) 자료의 처리

20명의 P 표본으로부터 수집된 Q 소트를 점수화시키기 위하여 Q 표본에서 가장 동의하지 않은 −4를 1점으로 하여 −3은 2점, −2는 3점, −1은 4점, 0은 5점, +1은 6점, +2는 7점, +3은 8점, +4는 9점으로 변환시켜 점수화 하였다. 부여한 점수를 Q 표본의 점수로 코딩한 후 이를 QUANL 프로그램을 이용하여 Q 요인분석을 실시하였다.

5) Q 유형(factor)의 형성

(1) 도입과정(음악경험 전)

Q 방법론의 설계에 따른 총 36개의 진술문을 분석한 결과 2개의 유형이 확인되었는데 아이겐 값은 유형1이 12.4398, 유형2가 1.1223으로 나타났다. 이들 유형이 전체 변량에서 차지하는 비율은 유형1이 62.2%, 유형2는 5.61%로 총 67.81%의 변량을 지닌 것으로 나타났다. 즉 유형1이 더 주도적인 것으로 나타났다. Q 연구에서 진술문들 간의 점수 차는 분류자에게 진술문이 갖는 중요도의 차이를 반영하는 것으로 의미성에 있어서 개인내의 차이에 근거하여 GIM 경험자들의 도입과정에 대한 주관성을 표현하는 것이다. 따라서 유형의 명명은 형성된 Q 표본의 진술문의 표준점수와 가장 동의/비동의에 대한 면담자료를 근거로 하였다. 도입과정에서 확인된 유형은 제1유형: 주도적 자기탐구(개방적 기대형), 제2유형: 의존적 자기탐구(폐쇄적 기대형)형이다.

(2) 음악경험 과정

Q 방법론의 설계에 따라 총 33개의 진술문을 분석한 결과 3개의 유형

심상유도 음악치료 경험자의 주관성 연구

이 확인되었는데 아이겐 값은 유형1이 10.3582, 유형 2가 2.2945, 유형3이 1.1385로 나타났다. 이들 유형이 전체 변량에서 차지하는 비율은 유형1이 51.79%, 유형2는 11.47%, 유형3은 5.69%로 총 68.95%의 변량을 지닌 것으로 나타났다. 즉 제1유형이 더 주도적인 것으로 나타났다. 음악경험 과정에서 확인된 세 유형은 제1유형: 유희적 여정(인지적 반응형), 제2유형: 강박적 여정(방어적 반응형), 제3유형: 신뢰적 여정(감정적 반응형)이다.

(3) 통합과정(음악경험 후)

Q 방법론의 설계에 따라 총 34개의 진술문을 분석한 결과 다음과 같이 2개의 유형이 확인되었다. 이들 2개 유형의 아이겐 값은 제1유형이 9.9154, 제2유형이 1.9187로 나타났다. 이들 유형이 전체 변량에서 차지하는 비율은 유형1이 49.58%, 유형 2는 9.59%로 총 59.17%의 변량을 지닌 것으로 나타났다. 통합과정에서 확인된 유형은 제1유형: 전체적 신뢰(자율적 성취형)형, 제2유형 : 부분적 신뢰(방어적 성취형)형이다.

4. 연구결과

본 연구는 Q 방법론을 통해 밝혀진 GIM 과정(도입/음악경험/통합 과정)에서 나타난 경험자의 주관성 유형을 통해 기초적 Q 사정도구를 개발한 것이다. 특정 Q 표본에서 유형간 표준점수를 각각 비교하여 특정 유형에서 ±1.00 이상의 차이가 나는 판별력이 높은 Q 표본을 그 유형의 특성을 대표하는 것으로 추출하였다.

1) 도입과정(음악경험 전)의 기초적 Q 사정도구

도입과정에서 확인된 2개 유형의 특성을 토대로 Q 사정도구를 구성하였다. 제1유형은 '주도적 자기탐구(개방적 기대형)'이고 제 2유형은 '의존적 자기탐구(폐쇄적 기대형)'이다. 제1유형은 GIM을 처음 시작할 때부터 주도적으로 탐구하여 자신의 문제에 대한 원인을 찾고, 자기이해를 통해 문제를 주체적으로 해결해 가려는 의지를 갖고 있으며, GIM을 통해 내적세계를 탐구하는 것에 상당히 높은 기대를 갖고 있는 긍정적 탐구자라고 할 수 있다(#17, z=1.70). 이들은 GIM을 경험하는 것이 마치 새로운 이상세계를 경험하는 것처럼 개방적인 자아의 태도를 가지고 적극적으로 참여하므로 매우 자발적이며 긍정적 특성을 가지고 있다(#22, z=1.30). 또한 이들은 치료사에 대한 신뢰도 상당히 높아서 치료의 효과를 증대시킬 수 있는 열린 마음의 상태에 놓여 있다(#18, z=1.11). 따라서 이들은 GIM 치료효과에 대해서도 상당히 긍정적인 믿음을 강하게 가지고 있음을 알 수 있다(#2, z=1.40, #21, z=-1.83, #7, z=-1.72, #6, z=-1.55).

반면에 제2유형은 GIM 방법 자체보다는 치료사의 전문성에 비중을 두고 있어 GIM에 대한 구체적이고 전문적인 설명을 요구하고 있으며(#4, z=1.93, #13, z=1.78, #20, z=1.73), 자신에게 문제가 있다고 받아들이지 않는 자아의 태도를 가지고 있고(#1, z=-1.37), 치료과정에서 사생활 노출 등의 문제에 민감하여 치료사를 충분히 신뢰한 후에야 GIM에 몰입하여 효과를 볼 수 있는 유형이다. 즉 제2유형의 특성은 GIM 자체보다 치료사의 전문성에 더 무게를 두며, 제1유형과 달리 폐쇄적인 자아의 태도와 의존적 특성을 가지고 GIM에 대한 기대를 하고 있음을 알 수 있다(〈표 1〉 참조).

〈표 1〉 도입과정(음악경험 전)의 유형별 판별력이 높은 진술문과 표준점수

유형	진술문	F1	F2	Q- 사정도구 유형 특성
제 1 유형 주도적 자기 탐구 (개방적 기대형)	2. 우울증에는 정신과 상담이나 약물 치료보다는 음악으로 치유하는 것이 좀 더 도움이 되는 것 같다 .	1.4	−0.0	GIM 을 경험하는 데 있어서 주도적으로 탐구하려 하며 , 자발적인 특성을 가지고 있으므로 GIM 에 대해서 전혀 거부감이 없으며 , GIM 의 효과에 대한 믿음이 강하고 , GIM 치료사에 대한 신뢰가 높아서 스스로 치료의 효과를 증대시킬 수 있는 열린 마음의 상태에 놓여 있는 유형이다 .
	34. 이완 과정을 통해 내면의 무의식 속으로 자연스럽게 들어갈 수 있어 재미있고 신기하다 .	0.7	−0.4	
제 2 유형 의존적 자기 탐구 (폐쇄적 기대형)	1. 나 자신에 대한 이해보다는 신체적 또는 정신적으로 겪고 있는 문제를 치료하기 위해 음악치료 (GIM) 를 받는다 .	0.4	−1.3	GIM 방법 자체보다는 치료사의 전문성에 비중을 두고 있어 GIM 에 대한 구체적이고 전문적인 설명을 요구하고 있으며 , 자신에게 문제가 있다고 받아들이지 않는 자아의 태도를 가지고 있고 , 치료 과정에서 사생활 노출 등의 문제에 민감하여 치료사를 충분히 신뢰한 후에야 GIM 에 몰입하여 효과를 볼 수 있는 유형이다 .
	4. 효과적인 치료를 위해 GIM 이라는 음악치료 방법보다 치료사에 대한 신뢰가 무엇보다 더 중요한 것 같다 .	0.7	1.9	
	13. 치료 이전에 치료사가 내담자에게 GIM 에 대해 충분히 설명 해주어 내담자 스스로 이 음악치료 방법에 대해 신뢰를 하고 치료에 적극적으로 임하도록 이해시키는 것이 가장 중요한 것 같다 .	0.6	1.8	

제5부 보건 · 의학

2) 음악경험 과정의 기초적 Q 사정도구

음악경험 과정에서 확인된 3개 유형의 특성을 토대로 Q 사정도구를 구성하였다. 제1유형: '유희적 여정(인지적 반응형)', 제2유형: '강박적 여정(방어적 반응형)', 제3유형: '신뢰적 여정(감정적 반응형)'으로 3개의 유형이 확인되었다. 제1유형은 GIM에서 주된 치료의 동인이 되는 음악에 대한 신뢰감이 매우 높아 '음악여정(music journey)' 속에서 자신의 문제를 해결하고 진정한 자아(self)를 찾기 위해 이 과정을 즐기며 자신을 탐구하고 있는 '유희적 음악여정(playful music journey)'을 하고 있다고 할 수 있다. 즉 이 유형은 스티븐슨(1967)이 말하는 '유희(play)'의 개념을 가지고 음악경험에 즐거운 마음으로 몰입하고 있음을 알 수 있다. 동시에 자신의 문제를 해결하기 위해 원인을 탐구하는 데 더 큰 목적을 두는 인지적인 측면에서 음악에 반응하고 있다. 제1유형은 "음악을 들으면서 경험하는 이미지들이 내 삶을 완벽하게 재현하는 것 같아서 문제의 원인을 찾는 데 도움이 되는 것 같다(#23, z=1.46)"고 음악경험을 인지적으로 인식하며 자신의 문제를 해결해 가는데 초점을 두고 있다. GIM은 과거의 기억이나 사건을 재현해주는 것처럼 생생하게 재경험하게 하여 문제의 근원을 찾고 해결해가도록 하는데 매우 효과적이다(이난복, 2011; Borling, 1992). 이들은 음악이 과거나 힘들었던 어린 시절을 재현시키고, 추상적인 심상을 경험하게 하여도 그 모든 것이 다 자신의 삶과 연결되어 있어 문제의 원인을 찾게 해준다는 것을 알고 즐거운 마음으로 경험하고 있다(#14, z=1.43, #32, z=1.17). 또한 음악을 통해 초월적인 심상의 경험을 통해 자신의 문제와 어려움에 대한 통찰을 얻고 정리해 가고 있음을 알 수 있다(#14, z=1.43, #19, z=1.40, # 32, z=1.17, #5, z=1.14). GIM에서 초월적인 심상을 경험하고 이를 통해 통찰을 얻는 것은 자주 확인되는 현상이다(이난복, 2010; Bush, 1995).

반면에 제2유형은 강박적 특성과 함께 방어적으로 반응하게 하는 폐쇄적인 자아의 태도를 가지고 자신의 내적세계를 탐구하고 있다고 할 수 있다. 제2유형은 이러한 특성으로 인해 음악자극에 따른 자연스러운 반응을 경험을 하기보다는 음악경험에 자연스럽고 편안하게 몰입하지 못하는 것으로 나타났다(#7, z=-1.14, #30, z=-1.11). 이들은 음악감상 과정에서 가졌던 부정적인 경험들을 긍정적인 경험에 비해 더 크게 부각시키는 방어적인 특성을 가진 것으로 나타났다(#1, z=1.72). 또한 제2유형은 치료사와의 신뢰성을 중요하게 생각하고 있어 제1유형과 달리 음악경험에 깊이 몰입하거나 빠져들지 못하고 방어적으로 반응하고 있는 것을 알 수 있다(#3, z=1.23). 그러나 음악경험이 고통으로 느껴진다고 인식하지 않는다(#11, z=-2.00, #31, z=-1.57, #29, z=-1.32).

한편 제3유형은 음악에 대한 믿음과 신뢰성이 매우 높아서 몰입을 잘하며, 음악의 비언어적 특성이 치료에 크게 도움을 준다고 인식한다. 이들은 음악에 대한 반응에 대해 인지적 측면에 중요성을 두는 것이 아니라, 음악에 대해 감정적 또는 신체적으로 반응하는 사람들이라고 할 수 있다. 즉, 이 유형은 음악이 제공해주는 즐거움을 자연스럽게 경험하고, 음악에 쉽게 몰입하며 꿈꾸는 것 같은 편안함을 통해 신체적 반응을 하는 것이 더 크게 나타나고 있다(#14, z=1.19, #14, z=1.19, #9, z= 1.06, #7, z=1.02). 그렇기 때문에 이 유형은 음악이 심상을 자연스럽게 연상할 수 있게 해주며, 언어로 표현하는 것보다 쉽게 자신의 문제를 표현하도록 도와주는 음악의 역할을 가장 중요하다고 인식하고 있는 유형이다(#5, z=2.05)(표 2 참조).

〈표 2〉 음악경험 과정의 유형별 판별력이 높은 진술문과 표준점수

유형	진술문	F1	F2	Q-사정도구 유형 특성
제1유형 유희적 여정 (인지적 반응형)	6. 음악이 시작되는데도 이미지 연상이 잘 안 되어 신경이 쓰이고 화가 난다.	1.4 0.7	-0.0 -0.4	GIM에서의 음악에 대한 신뢰가 매우 높아 전반적으로 즐겁고 유쾌하며 자기(self)를 찾아가는데 매우 유용한 음악여정이라고 인식하고 있기 때문에 열린 자아의 태도를 가지고 있으며, 음악 속에서 자신들의 기억하고 싶지 않은 과거의 상처를 재경험한다고 해도 괴롭지 않게 받아들이고, 문제의 원인을 찾고 해결해 가는데 더 초점을 두며 인지적으로 반응하는 유형이다
제2유형 강박적 여정 (방어적 반응형)	1. 음악을 들으면 무엇인가에 쫓기듯이 빨리 이미지를 연상해야 할 것 같은 강박관념에 사로잡히게 된다. 3. GIM을 경험할 때마다 내 이슈(주제)와 상관없는 이미지들이 연상이 되어서 집중이 잘 안 되는 편이다. 4. 항상 같은 이미지만 연상하게 돼서 GIM을 통해 효과를 얻을 수 있을지 의구심이 든다. 5. 음악이 이미지를 자연스럽게 연상할 수 있도록 도와줘서 언어로 상담하는 것보다 쉽게 내 문제를 표현할 수 있는 것 같다.	0.4 0.7	-1.3 1.9	GIM에 대해 높은 기대감은 가지고 있으나 강박적이고 민감한 개인의 폐쇄적 성향으로 인해 음악경험에 자연스럽고 편안하게 몰입하지 못하며, 이들은 자신들의 강박적인 특성으로 인해 음악선곡에 민감한 유형이다.
제3유형 신뢰적 여정 (감정적 반응형)	8. 주로 내가 기억하지 못했던 과거의 상처들이나 잊고 싶었던 일들이 이미지로 나타나서 GIM을 경험하는 것이 괴롭다.			GIM 음악에 대한 믿음과 신뢰성이 매우 높아서 음악의 비언어적 특성이 치료에 크게 도움을 주는 효과적인 도구라고 인식하고 있으나 심상산출에 강박관념을 가지고 있기 때문에 음악 선곡 및 치료사의 역할에 따라 GIM의 효과가 달라질 가능성이 있는 유형이다.

651

심상유도 음악치료 경험자의 주관성 연구

3) 통합과정(음악경험 후)의 기초적 Q 사정도구

통합과정에서 확인된 2개 유형의 특성에 따라 Q 사정도구를 구성하였다. 제1유형은 '전체적 신뢰(자율적 성취형)'이고, 제 2유형은 '부분적 신뢰(방어적 성취형)'이다. 제 1유형은 GIM이라는 치료방법에 대해 매우 신뢰하는 자아의 태도를 가지고 있으며 그 효과에 대해 강한 확신을 가지고 있다. 동시에 치료사가 주도적으로 이끌어 가는 것이 아니라 내담자가 스스로 해결할 수 있는 자율적 성취감을 강조하는 GIM의 고유한 방식에 크게 의미를 두는 특성을 가지고 있다(#27, z=1.54). 이 유형이 효과적이라고 믿는 GIM의 가장 큰 긍정적인 특성은 한 방법 안에 매우 다양한 치료적 도구로서의 내용들을 포함하고 있다는 것에 동의하고 있다는 점이다(#14, z=1.76). 특히, GIM의 커다란 장점은 마치 TV 드라마나 영화를 보듯이 모든 것이 포함된 치료방법으로 음악을 감상하며 자발적으로 심상을 산출하는 데 있어 자유롭게 보고, 듣고, 느끼고, 몸으로 표현할 수 있어 다른 심리치료보다 내면의 병을 치유하는 데 효과적이라고 하고 있다. 또한 음악심상에서 얻은 통찰들이 근원적으로 치료해주어 실타래처럼 얽혀있는 삶의 문제들을 풀어주어 정신적으로 안정감을 찾게 해주고 해결할 수 있는 자신감을 갖게 해준다고 인식한다(#27, z=1.54, #6, z=1.14).

반면에 제2유형은 GIM을 긍정적으로 신뢰하지만 완전하게 신뢰하기보다는 부분적으로 신뢰하며, 방어적인 자아의 태도를 가지고 성취해 가고 있는 것으로 나타났다. 이 유형은 치료사에게 의존하지 않고 문제의 원인을 스스로 찾으며 극복해 가는 것을 가장 중요하게 생각하고 있지만(#3, z=2.17), 치료사와의 토의를 통해서 치료 효과에 대해 확신을 가지며, 치료사의 존재감에 무게를 두는 것을 알 수 있다(#5, z=1.58, #4, z=1.39). 즉, 치료사와 함께 토의하며 음악적 심상의 상징적 의미를 찾고, 통찰하는 과정을 통해 자신의 문제를 자연스럽게 해결하는 경험을 한 다음 치료효과를 확신하는 유형이다. 이 유형은 음악경험으로만 끝나는 것이 아니라 심상경험에 대해 치료사와 토의하는 것을 통해 답답함이 해소되는 매우 긍정적인 경험을 통해 GIM의 효과에 대한 확신을 가지게 됨을 알 수 있다(〈표 3〉 참조).

〈표 3〉 통합과정(음악경험 후)의 유형별 판별력이 높은 진술문과 표준점수

유형	진술문	F1	F2	Q-사정도구 유형 특성
제1 유형 전체적 신뢰(자율적 성취형)	6. GIM 치료법이 내 문제의 원인과 해결책을 스스로 발견할 수 있도록 훈련시켜 줌으로써 또 다른 문제에 직면하더라도 혼자 해결할 수 있는 자신감을 심어주는 것 같다.	1.1	0	GIM을 매우 신뢰하므로 음악을 통해 얻은 통찰들이 원인을 찾아서 근원적으로 치료해주어 정신적으로 안정감을 얻고 있으며, 문제의 원인과 해결책을 스스로 발견할 수 있는 훈련을 통해 자율적 성취감을 강조하며 삶에서 긍정적인 변화를 얻는 유형이다.
	28. 한 세션을 마치고 나서 다음에 올 때 설레임보다는 또 해결해야 할 숙제들이 얼마나 남아 있을지 하는 부담감이 더 크게 느껴진다.	-1.8	-0.8	
	29. GIM을 통해 자연스럽게 어린 시절로 돌아가 내가 미처 알지 못했던 상처들을 꺼내보고 어루만질 수 있는 계기가 된 것 같다.	1.2	-1.0	

	2. 세션을 시작하기 전에는 무엇인가를 생각해내야 한다는 것이 부담스럽게 느껴지지만 끝나고 나면 생각이 정리되는 것 같아 후련하다.	−0.6	1.1	음악경험을 통합하는 단계에서 치료사와 함께 토의하며 음악적 심상의 상징적 의미를 찾고, 그것에 대해 통찰하면서 내 문제를 파악하고, 문제의 원인을 스스로 찾아내어 극복하며, 자연스럽게 긍정적으로 문제를 해결해 가는 과정을 통해 답답함을 해소하고 치료효과를 확신하는 유형이다.
	3. 치료사에게 조언을 구하는 것보다 음악을 통해서 내 문제의 원인을 스스로 찾아내고 극복해 나가는 과정을 경험하니까 나 자신에 대해 알고 이해할 수 있는 계기가 된 것 같다.	0.1	2.2	
	4. 음악만 듣고 끝나는 것이 아니라 치료사와 내가 경험한 이미지들에 대해 토의를 하게 되니까 답답했던 것들이 해소가 되는 것 같다.	−0.0	1.4	
제2유형 부분적 신뢰(방어적 성취형)	5. 음악을 들으며 심상을 경험하고 그 뜻을 찾아내는 과정이 힘들고 치료효과에 확신이 없었는데 토의를 하면서 그 의미들을 파악하게 되니까 내 문제들이 자연스럽게 해결되는 것 같고 GIM에 대해 확신이 생긴다.	−0.0	1.6	
	8. 만달라를 그리면서 경험한 이미지들을 좀 더 구체적으로 표현할 수 있기 때문에 내 감정을 나타내는 데 도움이 되는 것 같다.	−0.1	0.9	
	21. 이미지에서 어떤 신적인 존재가 나타나서 도움을 받은 경험을 통해 내가 어떤 어려운 상황에 처하더라도 세상에 나 혼자가 아닌 나를 도와줄 누군가가 있고 내 스스로 도울 힘이 있음을 믿는다.	0.8	−1.0	
	30. GIM을 연속적인 형태의 시리즈로 할 때 몰입이 잘 돼서 치료 효과가 더 큰 것 같다.	−0.2	0.8	

5. 결론 및 제언

이상과 같이 본 연구는 GIM의 전체과정을 도입(음악경험 전), 음악경험, 통합(음악경험 후)과정으로 구분하여 정신건강에 어려움을 겪고 있는 경험자(내담자)들의 주관적 인식유형의 특성에 따른 기초적 Q 사정도구를 제시하였다. Q 요인 분석결과 도입과정(음악경험 전)에서는 '주도적 자기탐구(개방적 기대형)', '의존적 자기탐구(폐쇄적 기대형)'라는 2개의 주관적 유형, 음악경험과정에서는 '유희적 여정(인지적 반응형)', '강박적 여정(방어적 반응형)', '신뢰적 여정(감정적 반응형)'이라는 3개의 주관적 유형, 그리고 통합과정(음악경험 후)에서는 '전체적 신뢰(자율적 성취형)', '부분적 신뢰(방어적 성취형)'라는 2개의 주관적 유형에 대한 특성을 토대로 기초적 Q 사정도구를 개발하였다.

GIM의 각 과정에 대한 Q 사정도구의 특성을 종합해 설명하면 다음과 같다.

먼저 도입과정에서 확인된 2개 유형 모두 GIM의 독특한 치료방법에 흥미를 가지며 치료효과에 대한 기대를 갖고 있지만 GIM을 인식하는 자아의 태도는 서로 다른 것으로 나타났다. 제1유형: '주도적 자기탐구(개방적 기대형)'형은 주도적이고, 자발적인 특성을 가지고 내적 탐구를 하고자하므로 GIM에 대해서 전혀 거부감이 없으며, GIM의 효과에 대한 믿음이 강하고, 치료사에 대한 신뢰가 높아서 치료의 효과를 증대시킬 수 있는 열린 자아의 태도를 가지고 있는 유형이다. 반면에 제 2유형 '의존적 자기탐구(폐쇄적 기대형)'형은 GIM에 기대를 갖고 있지만 GIM이라는 방법 자체보다는 치료사의 전문성에 비중을 더 두고 있으며, 자신에게 문제가 있다고 받아들이지 않는 자아의 태도를 가지고 있고, 치료과정에서 사생활 노출 등의 문제에 민감하여 치료사를 충분히 신뢰한 후에야 GIM에 몰입하여 효과를 볼 수 있는 유형이다. 이것은 제2유형의 내담자들과 작업할 때 치료사는 특히 작업동맹이 잘 이루어지도록 충분히 고려해야 할 필요가 있음을 시사해 준다. GIM을 실시하는 현장에서 내담자와 치료사 사이의 신뢰성을 바탕으로 하여 작업동맹이 이루어지고 긍정적인 전이가 나타날 때 그 효과가 증대된다(2011, 이난복). GIM 창시자인 보니(Bonny, 1978a)를 비롯하여 많은 치료사와 연구자들이 GIM에서 치료사의 지지적 역할과 긍정적 전이, 신뢰성 확립에 대해서 강조하고 있다. 이것은 치료사의 전문성의 중요성을 의미하는 것이다. 특히, 제2유형과 같은 내담자에게 치료서비스를 제공할 경우 치료사에 대해 의존적이며 신뢰성을 중요하게 인식하는 이들의 강박적이고 폐쇄적인 특성을 고려해야 할 것이다. 즉 본 연구에서 확인된 도입과정의 기초적 Q 사정도구에서 밝혀진 내담자 유형의 특성에 따라 전략을 수립하여 중재한다면 치료효과를 증진시키는 데 도움이 될 것이다.

다음으로 음악경험과정에 대한 분석결과 3개 유형 모두 기본적으로 음악에 대한 신뢰를 높게 가지고 있어 음악이 심상을 산출하는데 매우 중요한 역할을 한다는 것에 크게 동의하고 있다. 결과를 통해 GIM 음악이 개인의 무의식적 자료들을 표층으로 끌어올리며 심상을 산출하도록 해주어 내담자의 내적세계를 탐험하고 성장하도록 해주는 매우 유용한 치료적 도구임을 확인하였다. 제1유형인 '유희적 여정(인지적 반응형)형'은 GIM 음악경험에 대한 신뢰가 매우 높고, 음악여정이 전반적으로 즐겁고 유쾌한 유희의 개념으로 자기(self)를 찾아가는데 매우 유용하다고 인식하고 있기 때문에 열린 자아의 태도를 가지고 있다. 또한 이들은 음악 속에서 기억하고 싶지 않은 과거의 상처를 재경험한다고 해도 괴롭지 않게 잘 받아들이고, 문제의 원인을 찾고 해결해 가는데 더 초점을 두며 인지적으로 반응하는 유형이다. 따라서 제1유형은 GIM에서 사용하는 '음악여정'이라는 본래의 의미 속에서 자신의 문제를 해결하고 진정한 자기를 찾기 위해 음악경험 과정을 즐기며 자신을 탐구하고 있는 유희적 여정을 하고 있다고 말할 수 있다. 반면에 제2유형은 '강박적 여정(방어적 반응형)형'으로 GIM에 대해 높은 기대감은 가지고 있으나 강박적이고 민감한 개인의 폐쇄적 성향으로 인해 음악경험에 자연스럽고 편안하게 몰입하지 못하며, 이들은 자신들의 강박적인 특성으로 인해 음악선곡에 민감한 유형이다. 그러므로 제2유형에게 음악은 잘 사용하면 매우 유용한 도구가 되지만, 그렇지 않은 경우 잘 못 사용하면 오히려 도움이 되지 않을 수도 있다는 것을 말해준다. 또한 치료사는 이들의 특성을 고려하여 음악에 잘 몰입할 수 있도록 치료적 환경을 조성하는 것과 함께 지지적인 태도와 전문성을 가지고 신뢰관계 속에 작업동맹을 잘 구축하고 음악적 전이가 잘 일어나도록 지원해야 할 필요가 있다. 제3유형은 '신뢰적 여정(감정적 반응형)형'으로 음악에 대한 믿음과 신뢰성이 매우 높아서 음악의 비언어적 특성이 치료에 크게 도움을 주는 효과적인 도구라고 인식하고 있으나 심상산출에 강박관념을 가지고 있기 때문에 음악 선곡 및 치료사의 역할에 따라 GIM의 효과가 달라질 가능성이 있는 유형이다. 따라서 이 과정에 대한 본 연구의 Q 사정도구를 참고한다면 보다 더 효율적인 중재를 할 수 있을 것이다.

마지막으로 통합과정(음악경험 후)에 대한 분석결과 2개의 유형이 확인되었는데 유형 간에 약간의 차이는 있지만 GIM 경험에 대해 매우 긍정적인 것을 볼 수 있다. 두 유형 모두 GIM이 다른 일반적인 방법과 달리 한 치료방법 속에 청각, 시각, 촉각, 감정과 사고 등 모든 요소들을 통해 종합적으로 경험할 수 있다는 독특함을 가지고 있다는 것을 가장 큰 장점으로 인식하고 있다. 제1유형은 '전체적 신뢰(자율적 성취형)형'으로 GIM을 매우 신뢰하므로 음악을 통해 얻은 통찰들이 원인을 찾아서 근원적으로 치료해주어 정신적으로 안정감을 얻고 있으며, 문제의 원인과 해결책을 스스로 발견할 수 있는 훈련을 통해 자율적 성취감을 강조하며 삶에서 긍정적인 변화를 얻는 유형이다. 제2유형은 '부분적 신뢰(방어적 성취형)형'으로 음악경험을 통합하는 과정에서 치료사와 함께 토의하며 음악적 심상의 상징적 의미를 찾고, 그것에 대해 통찰하면서 내 문제를 파악하고, 문제의 원인을 스스로 찾아내어 극복하며, 자연스럽게 긍정적으로 문제를 해결해 가는 과정을 통해 답답함을 해소하고 치료 효과를 확신하는 유형이다. 그러므로 본 연구결과를 통해 개발된 Q 사정도구를 통해 치료 중재 시 방어적으로 성취해가려고 하며 치료사의 역할에 무게를 두는 제2유형의 특성을 고려하여 치료중재 서비스를 제공하는 것이 요구된다.

앞에서 설명한 것처럼 기초적 Q 사정도구는 Q를 통해 확인된 자결적 요인(유형)들이 실제로 어느 정도 분포되어 있고, 특정인이 어떤 유형에 속하는지 쉽게 판별하고 그들의 인구통계학적 변인이나 연구주제와 관련한 변인들과의 차이점 또는 관련성을 추가적으로 검증할 수 있다는 김흥규(2008)의 설명은 본 연구에서도 확인되었다고 할 수 있다.

이상과 같이 본 연구에서 내담자의 주관성을 통해 개발된 GIM의 각 과정에 대한 기초적 Q 사정도구는 GIM 임상현장에서 내담자의 유형에 대한 이해를 넓힐 뿐 아니라 효율적인 중재를 위해 매우 유용함을 제공할 것이다. 뿐만 아니라 본 연구에서 개발된 GIM의 각 과정에 대한 기초적 Q 사정도구는 GIM에서는 처음으로 내담자의 주관적 관점에서 개발된 것이라는 점에서 의의가 크다고 할 수 있다. 또한 본 연구에서 개발한 GIM의 기초적 Q 사정도구는 효율적인 치료중재를 위한 다양한 전략을 수립할 수 있는 구체적인 근거를 제시해 줄 것이다. 기초적 Q 사정도구는 Q 연구를 통해 발견된 유형을 R 연구로 연결시켜주는 다리인 셈이다(김홍규, 2008). 따라서 본 연구에서 개발된 기초적 Q 사정도구가 GIM에서 일반화할 수 있는 사정도구, 즉 진단도구를 개발하기 위한 기초적 자료로서 일반화를 추론할 수 있는 근거를 제시해줄 수 있을 것이다.

김근면 · 장성옥 · 김순용 · 임세현 (2010), 「생의주기별 흡연유형 및 흡연유형별 흡연관련 변수에 관한 연구」, 『주관성 연구』 20, pp.145-163.

김흥규 (2008), 『Q 방법론: 과학철학, 이론, 분석 그리고 적용』, 서울: 커뮤니케이션 북스.

_____ (2008), 「Q-블럭과 Q-도구의 일치도 연구」, 『주관성 연구』 16, pp.5-16.

보건복지부 · 여성가족부 (2010), 「행복한 사회와 정신 건강」, 국회 정신건강정책포럼자료. 10. 26.

조민영 (2005), 「중 · 고등학생들의 스트레스가 정신건강에 미치는 영향연구」, 부천: 가톨릭대학교 석사학위논문.

조선일보 (2009), 11월 16일.

이난복 (2010), 「침잠의 시기에서 성숙의 시기로: 가정폭력여성의 그룹 심상유도음악치료(GIM) 경험에 대한 현상학적 연구」, 『한국음악치료학회』 12(1), pp.43-45.

_____ (2011), 「심상유도음악치료(GIM) 과정에서 나타나는 내담자의 주관적 인식유형과 특성에 관한 연구」, 서울: 숙명여자대학교 박사학위논문.

Blake. R. & Bishop, S. R. (1994b), The Bonny Method of Guided Imagery and Music (GIM) in the treatment of post- traumatic stress disorder (PTSD) with adults in the psychiatric setting. *Music Therapy Perspectives*, 12(2), pp.125-129.

Bonny, H. L. (1978a), *Facilitating guided imagery and music sessions. GIM Monograph #1*. Baltimore, Maryland.

_____ (1978b), *Facilitating guided imagery and music sessions. GIM Monograph #1*. Baltimore, Maryland.

Borling, J. (1992), Perspectives on growth with a victim of abuse: a Guided Imagery na Music (GIM) case study. *Journal of association for Music and Imagery*, 1, pp.85-98.

Bruscia, K. (1998), The Dynamics of Music Therapy. Gilsum, NH: Barcelona Publishers.

_____ (2000), A Scale for assessing responsiveness to Guided Imagery and Music, *Journal of the Association for Music Imagery*, 4, pp.17-38.

Burns, D., Woolrich, J. (2004). Guided Imagery and Music. In Darrow, A.(Eds). *Introduction to Approaches in Music Therapy*. America Music Therapy

Association, Inc.

Bush, C. (1995). *Healing imagery and music*. Portland, OR: Rudra Press.

Clark, M. (1991). Emergence of the adult self in Guided Imagery and Music GlM) Therapy. In K. Bruscia(Ed.), *Case Studies in music therapy*(pp.321–331). Phoenixville PA: Barcelona Publishers.

Goldberg, F. (1989). Music psychotherapy in acute psychiatric inpatient and private practice settings. *Music Therapy Perspectives*, 6, pp.40–43.

Grocke, D. E. (1999). *A phenomenological study of pivotal moments in Guided Imagery and Music(GIM) Therapy*. Doctoral dissertation, University of Melbourne; Melbourne, Australia.

Grocke, D., Bloch, S. & Castle, D. (2009). The effect of group music therapy on quality of life for participants living with a severe and enduring mental illness. *Journal of Music Therapy*, 46(2), pp.90–105.

Hadsell, N. A. (2003). Music therapy in the treatment of adults with mental disorders. *Journal of Music Therapy*, 40(1), pp.74–76.

Hillard, R. E. (2005). Psychiatric music therapy in the community: The legacy of Florence Tyson. *Journal of Music Therapy*, 42(2), pp.159–163.

Holligan, F. (1994). Guided Imagery and Music in spiritual retreat. *Journal of Association for Music Imagery*, 4, pp.59–67.

Kaplan, M. (1990). *The arts a social perspective*. Salem. Massachusetts: Associated University Press.

Menninger, K. (1987). *The human mind*. 『인간의 마음 무엇이 문제인가』. 설영환 역 (1994), 서울: 선영사.

OECD (2010). *OECD Fact Book*. 5. 27.

Radocy, R, E. & Boyle, J. D. (1999). *Psychological foundations of musical behavior*. Sptingfield IL: Charles, c, Temas.

McKinney, C. H. (1995). The effects of Guided Imagery and Music on depression and beta–endorphin levels in healthy adults: A pilot study. *Journal of the Association for Music and Imagery*, 4, pp.67–78.

Rinker, R, L. (1991). Guided Imagery and Music: Healing the wounded healer, In K. Bruscia(Ed), *Case studies in music therapy* (pp.309–319), Gilsum, NH: Barcelona Publishers.

Silverman, M. J. (2009), The effect of single session psychoeducational music therapy on verbalizations and perceptions in psychiatric patients. *Journal of Music Therapy*,

46(2), 105−132.

Stokes, S. J. (1992), Letting the sound depths arise. *Journal of the Association for Music Imagery*, 1, 69−76.

Summer, L. (1988), *Guided Imagery and Music in the institutional setting*. MMB Music: St, Louis, MO.

Stephenson, W. (1967), *The play theory of mass communication*. Chicago: the University of Chicago Press.

Ward, K. (2002), A Jungian orientation to the Bonny Method. In K. Bruscia & D. Grocke(Eds), *Guided Imagery and Music: The Bonny method and beyond*(pp. 207−224). Gilsum, NH: Barcelona Publishers.

WHO (2001), *The world health report 2001−Mental health*: New understanding, New hope.

제5부 보건·의학

■ 찾아보기

Q방법론의 적용과 실제

Q방법론의 적용과 사례

ㅊ

ㅋ

 ㅌ

671

찾아보기

Q 연구를 하려고만 하면 교수님 생각이 자꾸 납니다. 그러면서 사모님과 현준이, 혜선이 생각이 또 납니다. 사람이 살아있다는 게 뭔가? 우리가 가는 시간은 알지 못하지만 누구나 다 간다는 건 아는데… 너무 아쉽고 그립기도 합니다. 교수님도 우리들이 그러시겠죠?

— 한양대학교 간호학과 김분한 교수

고 김홍규 교수님은 필자와 더불어 한국외국어대학교 사회과학대학 교수로서 25년 이상 봉직한 지극히 소중한 학문적 동료이며, 연구전통을 철저히 해체함으로써 바로 그것을 격파하고 새로운 분석시각과 연구문제를 창출하는 데 성공한 '진정한 과학자'의 표상이었다. Q 방법론을 강고한 분석구도로 정착시키기 위해 진력했던 그의 빈자리가 더욱 크게 부각되는 것은, 우리 사회과학, 특히 방법론 연구에 있어서 오직 그만이 감당할 수 있는 커다란 몫이 주역을 잃은 채 남아있기 때문일 것이다. 아무쪼록 자상하고도 엄정한 김 교수의 훈육을 받은 문하생들이 그가 애써 구축한 연구 프로그램을 더욱 발전시켜 주기를 소원한다.

— 한국외국어대학교 정치외교학과 김웅진 교수

누구나 결국은 가야 할 길이라지만 그토록 홀연히 떠나시니 여태 믿어지지 않습니다. 이 나라 주관성 연구와 후학들을 위한 사명이 태산 같은데 어찌 그리 일찍 가셨는지요? 떠나시고 첫 봄, 님의 풍모를 닮은 목련화가 애달픔과 빈자리를 더욱 크게 합니다. 비록 님은 가까이 뵐 수 없지만 남기신 자취는 길이 빛나 후진들이 따를 것입니다. 간절한 추모의 마음으로 영전에 분향하오니 풍진의 노고를 놓으시고 편히 쉬소서.

— 경희대학교 언론정보대학원 김창남 교수

1988년으로 기억합니다. 당시 학위 과정 중에 있던 저는 '환자의 희망'의 본질은 무엇일까? 에 관심을 가지고 어떻게 하면 알아낼 수 있을까 고민하고 있었습니다. 그런데 어떤 보건관련 신문 귀퉁이 정보란에 '김흥규 교수 Q 방법론 강의'를 보았습니다. 왠지 Q 글자가 고민을 해결하여 줄 것 같아 지인을 통하여 외대에서 교수님을 만나 뵙게 되었습니다. 그 때 저는 Q 방법론에 대한 교수님의 열정을 보았고, 저는 Q 방법론으로 학위 논문을 썼습니다. 그 이후 저는 제 학문의 주제에 대한 새로운 조망을 갖게 되었으며, 계속 정진하고 있습니다. 그런데 저는 이제 교수님을 볼 수 없습니다. 하지만 2009년 Q 방법론을 적용한 제 박사 학생 학위논문 심사 지도를 하기 위하여 암 투병 중에도 한 번도 빠지지 않고 대전으로 내려 오시어 열정으로 지도하여 주실 때 교수님 모습을 그려봅니다. 교수님 존경합니다. 그리고 제 학문의 스승이 되어 주셨음을 진심으로 감사드립니다. 하늘나라에서 편히 계십시오.

— 충남대학교 간호대학 김달숙 교수

낯가림이 심한 분이

계서어찌 지내시나

지근거리 계시길래

양산으로 나섰다가

이다음에 보자길래

그러마고 미뤘더니

다시보잔 선생소식

남을통해 듣는구료

— 동의대학교 관광홍보학과 김인철 교수

■ **김흥규** 미국 미주리대학교 언론학 박사, 전 한국외국어대학교 언론정보학부 교수
전 한국주관성연구학회 학회장
국제주관성연구학회 William Stephenson 'Achievement Award' 수상 (2011)
2009 한국언론학회 학술상 수상

■ **임도경** 경희대학교 언론학 박사

■ **길병옥** 미국 켄트대학교 정치학 박사, 현 충남대학교 평화안보대학원 교수

■ **김창남** 미국 켄트주립대학교 정치학 박사, 현 경희대학교 언론정보대학원 교수

■ **김웅진** 미국 신시내티대학교 정치학 박사, 현 한국외국어대학교 정치외교학과 교수

■ **김우룡** 고려대학교 언론학 박사, 현 한국외국어대학교 언론정보학부 명예교수

■ **차찬영** 한국외국어대학교 언론학 박사, 현 한국외국어대학교 언론정보학부 강사

■ **윤용필** 한국외국어대학교 언론학 박사, 현 KT SkyLife 콘텐츠본부 본부장 및 상무

■ **김승환** 한국외국어대학교 언론학 박사, 현 YTN 심의위원(국장)

■ **최원주** 한국외국어대학교 언론학 박사, 현 건국대학교 신문방송학과 교수
현 한국주관성연구학회 학회장

■ **오세정** 한국외국어대학교 언론학 박사, 현 한국외국어대학교 언론정보학부 강사

■ **허유정** 한국외국어대학교 신문방송학과 박사과정 수료, 현 부산광역시 서구의회 의원

■ **오주연** 한국외국어대학교 언론학 박사, 현 한국외국어대학교 언론정보학부 강사

■ **황상민** 미국 하버드대학교 심리학 박사, 현 연세대학교 심리학과 교수
현 위즈덤센터 연구이사

■ 유상원　연세대학교 심리학과 박사과정

■ 권미형　한양대학교 간호학과 박사과정

■ 김분한　이화여자대학교 간호학 박사, 현 한양대학교 간호학과 교수

■ 김윤정　한양대학교 간호학과 박사과정

■ 윤은자　중앙대학교 간호학 박사, 현 건국대학교 간호학과 교수
　　　　　전 건국대병원 간호부장

■ 김현정　현 백석대학교 보건학부 교수

■ 전미순　중앙대학교 간호학 박사, 현 백석대학교 보건학부 교수

■ 윤정아　한양대학교 간호학 박사, 현 동명대학교 간호학과 교수

■ 김봉인　중앙대학교 간호학 박사, 전 수원여자대학교 미용예술과 교수

■ 장서지　한국외국어대학교 신문방송학과 박사과정

■ 전미영　한양대학교 간호학 박사, 현 건국대학교 간호학과 교수

■ 김명희　한양대학교 간호학 박사, 현 세명대학교 간호학과 교수

■ 조정민　한양대학교 간호학 박사, 현 성신여자대학교 간호학과 교수

■ 이난복　숙명여자대학교 음악치료학 박사, 현 숙명여자대학교 음악치료대학원 겸임교수
　　　　　현 음악치료연구소 소장

* 필자 약력은 집필순

Q 방법론의 적용과 사례

인쇄 · 2014년 5월 22일 | 발행 · 2014년 5월 28일

편저자 · 한국주관성연구학회
펴낸이 · 한봉숙
펴낸곳 · 푸른사상사
주간 · 맹문재 | 편집 · 지순이
등록 · 1999년 7월 8일 제2−2876호
주소 · 서울시 중구 충무로 29(초동) 아시아미디어타워 502호
대표전화 · 02) 2268−8706(7) | 팩시밀리 · 02) 2268−8708
이메일 · prun21c@hanmail.net
홈페이지 · http://www.prun21c.com

ⓒ 한국주관성연구학회, 2014

ISBN 979−11−308−0232−9   93300
값 48,000원

Q 방법론의 적용과 사례

한국주관성연구학회